DENISE LEDUC-FAYETTE

Pascal et le mystère du mal

La clef de Job

LES ÉDITIONS DU CERF

PASCAL ET LE MYSTÈRE DU MAL

DU MÊME AUTEUR

Jean-Jacques Rousseau et le mythe de l'Antiquité, Paris, Vrin, 1974 (ouvrage publié avec le concours du CNRS).
Fénelon et l'amour de Dieu, Paris, PUF, 1996 (ouvrage couronné par l'Institut).

Éditions d'ouvrages collectifs.

Pascal au miroir du XIXe siècle, Paris, Mame-Éditions universitaires, 1993.
Fénelon. Philosophie et spiritualité, Genève, Droz, coll. «Histoire des idées et critique littéraire», 1996.

DENISE LEDUC-FAYETTE

PASCAL ET LE MYSTÈRE DU MAL

La clef de Job

Présentation par
XAVIER TILLIETTE, s. j.

LES ÉDITIONS DU CERF
PARIS
1996

 Tous droits réservés. La loi du 11 mars 1957 interdit les copies ou reproductions destinées à une utilisation collective. Toute représentation ou reproduction intégrale ou partielle faite par quelque procédé que ce soit, sans le consentement de l'auteur et de l'éditeur, est illicite et constitue une contre-façon sanctionnée par les articles 425 et suivants du Code pénal.

Toute reproduction par quelque procédé que ce soit, même partielle est interdite.
Tous droits réservés pour tous pays.

© *Les Éditions du Cerf*, 1996
(29, boulevard Latour-Maubourg
75340 Paris Cedex 07)

ISBN 2-204-05428-3
ISSN 0587-6036

PRÉSENTATION

L'honneur que fait Denise Leduc-Fayette à un lecteur fervent de Pascal, mais non spécialiste, en lui demandant de signer une présentation, alors qu'elle pouvait compter sur l'amitié de pascalisants illustres et chevronnés comme Jean Mesnard, Philippe Sellier ou Pierre Magnard, a pour cause la fidélité du souvenir. J'ai été préféré à de plus dignes parce que je remplace à ses yeux, en vertu d'une longue sympathie et d'un compagnonnage intellectuel, celui qu'à bon droit elle appelle son maître et ami, Claude Bruaire. Il aurait eu soixante-quatre ans cette année, et dix ans tout juste nous séparent de son trépas, au moment où je m'apprête à rédiger ces lignes en son nom. Il n'est pas question de plagier son écriture robuste qui servait admirablement l'énergie de la pensée. Bruaire, il me semble, n'était pas particulièrement attiré par Pascal, il avait trop pratiqué Hegel pour contester le droit régalien de la raison. Mais sa personnalité exigeante, de forte trempe, n'adhérait pas sans réserve au rationalisme, Hegel n'était pas un bréviaire, Bruaire accueillait l'alternance, Jacob Boehme, le dernier Schelling, la Bhagavad-Gitâ. Il aurait apprécié, certes, un ouvrage nourri de théologie ; la théologie était son regret et sa nostalgie. Il eût livré sa réaction avec la franchise et la pertinence de style que nous admirions naguère. Du moins sa trace est-elle visible, plus d'ailleurs dans l'accent convaincu et l'exactitude des termes que dans les quelques références.

Cet ouvrage d'une belle venue est aussi un fragment d'histoire personnelle. Pascal n'y est pas seulement un auteur qu'on étudie, il est un interlocuteur et un frère aîné. On devine ou on pressent qu'au-delà de la thèse universitaire une affaire vitale a occupé l'interprète. Entre elle et Pascal, comme on dit familièrement, le courant passe. Du reste, n'est-ce pas le propre de Pascal vis-à-vis de son lecteur ? Il n'est pas un auteur comme la plupart des autres : il vous prend au cœur et quel-

quefois à la gorge, il vous saisit par son verbe, ample ou syncopé (poétique, c'est un point sur lequel insiste Denise Leduc-Fayette), et il vous contraint à un parti. Derrière les phrases, haletantes ou sereines, respire le même souffle brûlant. Ils sont peu nombreux, les écrivains qui parviennent ainsi à vous assiéger, à ne pas vous laisser en paix: Kierkegaard, Leopardi, Jules Lequier, Simone Weil, éventuellement Kafka, et à un moindre degré Chestov et Weininger, si irritants toutefois. L'historiographie de Pascal, plus que toute autre, ne serait qu'une succession d'anamorphoses sans le rapport personnel que chaque critique entretient avec lui. Pascal ne laisse pas indifférent. Il a été l'objet de détestation ou de froideur glaciale: Voltaire, Louise Ackermann, Victor Cousin, Valéry... plus souvent il a été passionnément interrogé et admiré, quoique diversement interprété. Notre siècle surtout a été fasciné, multipliant les miroirs: le Pascal raisonnable des universitaires, Boutroux, Brunschvicg, Michaut, Victor Giraud, Strowski, Lacombe... le Pascal dévôt de Bremond, Gouhier, Blanchet, Jeanne Russier... le Pascal religieux de Balthasar, Chevalier, Guitton, Steinmann, Magnard, le Pascal vibrant et angoissé de Chestov, Unamuno, Merejkovski, le Pascal serein, pleurant de joie, de Guardini, Valensin, Albert Béguin, Henri Massis, le Pascal laïcisé de Lucien Goldmann et de Henri Lefebvre... et nous ne mentionnons que les études où un portrait se profile. Toutes témoignent d'un rayonnement incomparable, en France peut-être inégalé.

Avec Denise Leduc-Fayette, nous sommes sans doute au plus près du vrai Pascal. Pénétrée par le génie de l'écrivain et très au fait de la littérature environnante, elle a su joindre les exigences d'un travail académique fortement étayé et documenté, à la voix du cœur qui lui donne sa résonance. Son premier souci n'était pas de cueillir les plus beaux épis, l'effort répondait à une ambition et à une intention plus hautes. Sous le sérieux de l'analyse, c'est un contact d'âme à âme qui s'établit, on oserait presque parler de connaturalité. Denise Leduc-Fayette a choisi d'interroger Pascal — tout Pascal, pas seulement les Pensées — à fond, c'est-à-dire jusqu'à ce « fond de la religion » qui l'effrayait (« Les malheureux, qui m'ont obligé de parler du fond de la religion », Br. 833), mais Blondel l'a justifié après coup. Elle s'est donc mise en méditation avec « l'homme de la Bible », le questionnant d'abord sur le mystère du mal, indissolublement péché et souffrance, à la fois amorce et défi de toute religion, gnose et philosophie. Pascal accepte le mal, il n'est pas pour lui objet de spéculation, mais de contemplation. Il est *inscrit dans la misère de l'homme, son malheur, le* figmentum malum (ut immundus pro luto), *le péché originel, la haine, la Croix, le Rédempteur... Il rôde partout dans le clair-obscur de l'œuvre, lancinant et vaincu. Ce n'est pas une dialectique savante qui le maîtrise, c'est un regard intense et lucide qui le subjugue.*

C'est pourquoi Denise Leduc-Fayette a eu l'idée de concentrer à la manière de Pascal lui-même son attention sur une *figure, un figuratif majeur, le saint homme Job, qu'elle encadre dans sa copieuse tradition, en amont et en aval. Il ne faut pas se leurrer sur le « recensement parcimonieux » des occurrences, moins d'une vingtaine. Le nombre n'importe guère, les rares apparitions de l'*Entäusserung *dans l'œuvre de Hegel sont sans proportion avec leur impact. Ce qui compte, c'est l'emplacement, le contexte, le lieu stratégique, la « balle mieux placée ». Or Job se présente à quelques points clés, c'est précisément ce terme de clef qui a suggéré le beau sous-titre énigmatique* La clef de Job, *si pascalien. Il signifie que Job est la clef du mystère, la clef des figures, génitif objectif — mais aussi qu'il est à son tour un chiffre, passible et requérant d'une clef, génitif subjectif; cette clef est la clef universelle du Christ, centre de convergence de toutes les figures. Lorsque Rimbaud illuminé déclare que « la charité est cette clef », il s'arrête au seuil du Paradis. Ainsi Pascal ne lève pas tous les voiles qui couvrent Dieu, il les traverse dans la foi et s'arrête à la vision. Quelque chose de cette démarche, reprise de l'*Épître aux Hébreux, *est resté dans la* Phénoménologie de l'Esprit *de Hegel, grandiose transposition de l'itinéraire des figures jusqu'à leur foyer christique, sous le signe de la conscience malheureuse. Il est frappant que Hegel ait pris son départ dans Pascal : la Nature est telle qu'elle marque partout un Dieu perdu, et dans l'homme et hors de l'homme (conclusion de* Foi et savoir).

Le saint homme Job, « saint païen de l'Ancien Testament » (J. Daniélou), « chrétien admirable aux yeux de Pascal », dresse, sur l'horizon des siècles, sa haute silhouette décharnée, impressionnante de supplication et de « désespoir enragé ». Il conteste, il exige explication, il tient tête, il argumente ; et cependant, face aux trois faux avocats de la Providence, il érige sa foi invincible, il est le prophète du Sauveur vivant. Aussi a-t-il traversé les âges, à l'instar d'Abraham et de Moïse. Il n'est pas surprenant que Pascal se soit attaché à lui et que Kierkegaard, séduit par la « répétition » dont il est le paradigme, au plus fort de son chagrin d'amour, l'ait choisi pour « muet confident » : ah, si je n'avais pas Job... Il est l'image éponyme du malheur, au sens prégnant de Simone Weil, qui implique la souffrance, la honte, le rejet et l'exclusion, la raillerie, la déchéance sociale... Il n'empêche! avec les traits de cet homme dévasté se forme le visage impérissable de l'homme. Il anticipe de très loin et à jamais ce que, dans une époque volage, d'Alembert a appelé le malheur de l'existence, devenu pour nos contemporains le tragique de la vie. Toute une typologie, ou une symbolique, émane des scènes pathétiques de l'épreuve et de la soumission, comme de la longue chaîne de discours, imprécations et appels, qui montent à l'assaut du silence de Dieu. Mais plutôt que de paraphraser et de gloser sans fin l'écriture du désastre, l'interprète a poursuivi intuitivement la plainte de Job sur une pluralité de registres et d'endroits topiques, qu'elle nomme « lieux jobiens », de sorte que sous le couvert de Job, c'est encore de Pascal qu'il s'agit. La seconde partie est dédiée à cette thématique.

Figure de l'homme, préfigure du Christ, confident de Pascal, le saint homme Job introduit au mystère du mal ou au mal comme mystère: opaque, impénétrable, mais, par la grâce du Christ Rédempteur, révélateur et, pour l'initié, bienfaisant. C'est pourquoi Denise Leduc-Fayette ne s'est pas arrêtée en chemin, elle a continué sur la lancée de Job. Dans la surabondante littérature secondaire, il manque une théologie de Pascal, à propos de laquelle, dans les conclusions de son beau livre récent Pascal et la philosophie, Vincent Carraud émettait des doutes, à coup de questions pressantes et pertinentes. Autant le rapport de Pascal à la philosophie est précis et fondé, autant sa relation à la théologie est incertaine et mal établie. Un christocentrisme envahissant nuit à l'élaboration d'une théologie, celui que le père Auguste Valensin saluait en ces termes: « On sent se lever dans les Pensées un immense lyrisme autour de Jésus-Christ. Les références se dressent et se joignent en rangs pressés, comme les strophes frémissantes d'un chant éternel. » D'ailleurs la christologie pascalienne a besoin selon Carraud d'être examinée de près et décantée. On voit bien que l'attention du critique est dirigée vers la théologie comme science ou sciences au pluriel. Toutefois, obnubilé par l'exactitude des énoncés philosophiques, n'y a-t-il pas quelque excès à affirmer en plein élan: « l'ordre de la charité brille par son absence »? Le paraphe net et catégorique fait mouche, mais laisse interloqué.

En fait, Pascal est bibliste et controversiste d'abord. Il est théologien par surcroît, un « profond théologien », comme le sera Lequier, comme le sera Blondel. Une dogmatique inarti-

culée est éparpillée en exégèse, apologétique, anthropologie, dévotion, spiritualité. Or du projet latent d'une théologie de Pascal, Denise Leduc-Fayette, sans contredire ni réfuter vraiment un collègue plus jeune et fort estimé, offre, à défaut d'une entière réalisation, de solides prémices. Job a servi de médiation en vue de la théologie. Mieux encore, il est un « monogramme », un « fil conducteur », qui permet de scruter et de relier les différents aspects et thèmes de la pensée de Pascal, et notamment de sa réflexion théologique. Car le couple souffrance-sacrifice, immolation-oblation, est inscrit dans la chair meurtrie de Job. On n'a donc pas abandonné à son triste sort l'homme de Hus à l'entrée de la troisième partie. Mais désormais c'est la doctrine chrétienne qui prévaut, irradiée et regroupée autour du foyer eucharistique. Dans la Quatrième Lettre à Charlotte de Roannez, Dieu sous le voile du Christ s'est retiré « dans le plus étrange et le plus obscur secret de tous », à savoir les espèces eucharistiques. L'Eucharistie est le Dieu on ne peut plus caché. Mais dans sa dissimulation même elle recèle la somme et la quintessence des vérités chrétiennes, elle en est le lien substantiel, et la pointe extrême du christocentrisme. Tout est dans la sainte Eucharistie : le sacrifice et le sacrement, l'aliment (le viatique) et la communion, le silence et la présence perpétuée, l'anéantissement et la vie. En outre, elle jette de singulières lueurs, des aperçus saisissants, par la multilocation et la polychronie (assortie d'une « mémoire d'éternité »), sur l'envers mystérieux de l'espace et du temps. Elle comble ainsi, avec usure, ce que Bruaire appelait une demande d'esprit. Parallèlement — c'est la remarquable intuition de Denise Leduc-Fayette — le mystère eucharistique est le pendant et la réponse permanente, et l'achèvement, au mystère jobien de l'Innocence (ou du Juste) livrée au mal. L'hostie est pour Pascal ce qu'elle sera pour Blondel, « l'idéal de l'unité... l'humanité et la divinité même... une réalité pour ainsi dire plus que divine, une synthèse vraiment universelle » (d'une lettre précoce à Victor Delbos).

C'est aussi Blondel qui a réhabilité en philosophie le terme édifiant *(proscrit par Hegel de sa voix grinçeuse) : « édification, le beau mot ! » Je ne trouve pas de plus bel éloge que d'accorder le prédicat* édifiant *au livre à la fois savant et jailli du cœur que Denise Leduc-Fayette tend aux amis de Pascal.*

Septembre 1996.

XAVIER TILLIETTE.

REMERCIEMENTS

Ce livre reprend pour l'essentiel une thèse de doctorat d'État soutenue à l'Université de Paris-Sorbonne, le 2 octobre 1993, sous la présidence de Jean Mesnard. Le jury comprenait également Nicolas Grimaldi, Pierre Magnard, Jean-François Marquet, Philippe Sellier, le P. Xavier Tilliette. Mon cœur se serre en pensant à Henri Gouhier auquel je dois tant, à Claude Bruaire (qui avait accepté en 1983 de diriger ce travail) — tous deux, hélas, aujourd'hui disparus. Je dis ma gratitude à Jean-Marie et Michelle Beyssade Hélène Bouchilloux, Alain Cugno, Jean-Philippe Guinle, Michel Hulin, Jean-François Marquet, Pierre-François Moreau, Geneviève Rodis-Lewis, Philippe Sellier, à mon cher compagnon Jean Leduc, aux nombreux autres amis qui m'ont aidée de leurs conseils, témoigné leur amitié fidèle, encouragée à persévérer... Je tiens à remercier, en particulier, le P. Tilliette pour sa généreuse présentation, pour sa présence cordiale et attentive au long de ces années difficiles — et, enfin, le P. Claude Geffré qui a bien voulu m'accueillir dans sa collection.

D. LEDUC-FAYETTE.

À la mémoire de mon maître et ami,
Claude Bruaire (1932-1986).

« Le fameux livre de Job, ce cri de détresse et, par moments, de nuit de l'intelligence, dans la souffrance privée de tout sens, a une unique réponse historique, c'est celle du Dieu souffrant, et aucune autre » (Claude Bruaire, *La Force de l'esprit*, Paris, Desclée de Brouwer, 1986, p. 105).

LISTE DES PRINCIPALES ABRÉVIATIONS UTILISÉES

Textes de Pascal

Abrégé... : *Abrégé de la vie de Jésus-Christ* (*OC* III).
Conversion... : *Écrit sur la conversion du pécheur* (*OC* IV).
Entretien... : *Entretien avec M. de Sacy sur Épictète et Montaigne* (*OC* III).
EG : *Écrits sur la grâce* (*OC* III). I. *Lettre sur la possibilité des commandements (Lettre...)* ; II. *Discours sur la possibilité des commandements (Discours...)* ; III. *Traité de la prédestination (Traité...)*.
Mort... : *Lettre sur la mort de son père* (*OC* II).
OC : *Œuvres complètes*, éd. J. Mesnard (4 vol. parus) ; à défaut, éd. Lafuma = Laf. Chaque citation est suivie de l'indication du tome et de la mention de la pagination. Ex. : *OC* III, p. 578, ou Laf., p. 191.
Prière... : *Prière pour demander à Dieu le bon usage des maladies* (*OC* IV).
Prov. : *Provinciales*, éd. L. Cognet. Chaque citation est précédée du numéro de la lettre en chiffres romains et de l'indication de la page. Ex. : XVII *Prov.*, p. 342.
S : *Pensées*, éd. Ph. Sellier. Chaque citation est suivie de la mention de la numérotation (accompagnée souvent, si la pensée est longue, de celle de la pagination). Nous précisons toujours à quel fragment de l'éd. Lafuma (L) la citation correspond. Ex. : S 78, p. 177/L 44 (fr. : fragment ; Br. : éd. Brunschvicg *minor*).

Autres abréviations utilisées
(en dehors des abréviations courantes)

AT :	*Œuvres* de Descartes, éd. Adam Tannery.
BA :	Bibliothèque augustinienne, Paris, Desclée de Brouwer.
CT :	*Le Saint Concile de Trente œcuménique et général.*
Denz. :	Denzinger, *Enchiridion symbolorum.*
DSp :	*Dictionnaire de spiritualité ascétique et mystique.*
DTC :	*Dictionnaire de théologie catholique.*
Ench. :	*Enchiridion patristicum.*

Jb et Job : Nous avons toujours recours (sauf indication expresse) à la traduction et au commentaire (« Sens littéral et spirituel ») de la *Bible de Sacy*, sous les références : Jb : traduction, et Job : commentaire, suivies du numéro du chapitre en chiffres romains, du verset et de la page en chiffres arabes. Ex. : Jb, V, 6, p. 78, ou Job, V, 6, p. 85.

N.T. I ou II :	*Nouveau Testament de Mons*, 2 vol.
PEV :	Péronne, Écalle, Vincent, etc. (œuvres de saint Augustin).
PG :	Patrologie grecque de Migne.
PL :	Patrologie latine de Migne.
PR :	*Port-Royal* de Sainte-Beuve.
SC :	Sources chrétiennes.

Sauf indication expresse, nous modernisons l'orthographe et citons les *Psaumes* selon la numérotation de la Vulgate.

Les citations bibliques proviennent toujours, sauf mention expresse de la *Bible de Sacy*, éd. Ph. Sellier, Paris, Laffont, 1990.

PROLOGUE

> « Aux limites de l'espace cartésien,
> Pascal [...] ouvre un autre espace. Ce toit
> incompréhensible sous lequel la femme de
> Job ploie la tête[1]. »

« La Tour traduit Pascal[2]. » Cette proposition de Michel Serres met l'accent sur la tonalité commune au « monde vu[3] » par le peintre lorrain (1593-1652) et au « monde vu » par son contemporain, l'auteur des *Pensées* — ces quelque huit cents « fragments » dont la composition date des années 1656-1662. Ces deux visions du monde réverbèrent, chacune sur son mode, la sensibilité d'une époque meurtrie. La première moitié du XVIIe siècle est déchirée par les ravages de toutes les sortes de guerres, à commencer par la guerre civile. Pascal, qui a connu la Fronde (1648-1652), déclare : « la guerre civile est le plus grand des maux » (S 786/L 977). Et comment oublier les conflits religieux toujours vivaces à l'ère de la Contre-Réforme ? Mais le caractère distinctif de cette période est, assurément, sa ferveur spirituelle intense. Les esprits sont travaillés par la quête du salut, assoiffés de retrouver la pureté originelle de la vie chrétienne, quand les mœurs, y compris ecclésiales (comme on le voit dans ce beau texte trop peu médité : la *Comparaison des chrétiens des premiers temps avec ceux d'aujourd'hui*[4]), sont gangrenées. Or, remarque Pascal, « ce qui arrive à l'Église arrive aussi à chaque chrétien en

---

1. M. SERRES, *Hermès III. La traduction*, Paris, Éd. de Minuit, 1974, p. 226.
2. *Ibid.*, p. 203.
3. Cette expression renvoie à la méthode de H. Gouhier ; voir D. LEDUC-FAYETTE, « La sympathie qui fait l'histoire », *XVIIe Siècle*, 4, 1995.
4. *OC* IV, p. 54-60.

particulier». Le début de la première lettre à Mlle de Roannez met en rapport la prédiction de la «destruction du Temple réprouvé» (Mc, XIII) avec «le temps où nous sommes, où la corruption de la morale est aux maisons de sainteté et dans les livres des théologiens et des religieux[1]».

Peu d'années après que la Lorraine a été dévastée par la peste, la famine, les pillards[2], La Tour peint celui de ses tableaux qui, avec *Les Larmes de saint Pierre*, est le plus proche de la *Stimmung* des *Pensées*. Il exprime l'angoisse de la solitude, de l'incompréhension, et pour le dire en un mot magnifique emprunté au vocabulaire des théologiens, la «déréliction»: le *Job et sa femme* du musée d'Épinal. Un vieillard, à demi nu, prostré sur un siège bas, joint les mains dans un geste d'ardente prière. Il lève la tête vers une dame imposante, à la lourde robe cinabre, qui tient une chandelle. La flamme éclaire faiblement un genou, la partie gauche du torse, un bras, une épaule, des chairs molles et flétries... Quel drame se joue en «ce champ étroit cerné de ténèbres[3]», anamorphose de cet obscur «recoin» (S 229/L 198) qui peut faire évoquer la prison où Job a été «renfermé» — l'univers! — où les prisonniers attendent l'arrêt fatal[4]? La toile tout entière est investie par la composition stylisée, larges aplats, structure géométrique, grille d'un piège emblématique de l'humaine condition. Le visage émacié échappe en partie à la pénombre; il trahit un insupportable tourment: «C'est une chose horrible de sentir s'écouler tout ce qu'on possède» (S 626/L 757). Job est cet «homme de douleur», «objet de l'abandon des hommes», décrit par le prophète Isaïe[5]. Avant le Christ, il connaît les affres du «délaissement universel» (S 749/L 919): «[Le Seigneur] a écarté mes frères loin de moi, et mes amis m'ont fui comme ceux qui m'étaient les plus étrangers» (Jb, XIX, 13). Serait-ce donc là une des conséquences d'un «abandon» plus fondamental, l'«abandon de Dieu», évoqué, dans la troisième Provinciale, par Montalte qui cite saint Jean Chrysostome: «La chute de saint Pierre [...] arriva [...] parce que la grâce lui manqua[6]»? Un terme archaïque cher à Port-Royal vient à l'esprit pour

---

1. *OC* III, p. 1031.
2. Voir A. REINBOLD, «Le désastre de Lunéville sous le signe de Job», *Georges de La Tour*, Paris, Fayard, 1991.
3. P. QUIGNARD, *De La Tour*, Charenton, Flohic, 1991, p. 6.
4. Voir Jb, VII, 12, p. 108, et S 195/L 163.
5. Is, LIII, 13 (trad. Dhorme).
6. P. 42-43. L'on sait que Montalte est un des pseudonymes de Pascal.

tenter de dire la situation de Job — « Le Seigneur a fermé de toutes parts le sentier que je suivais, et je ne puis plus passer ; et il a répandu des ténèbres dans le chemin étroit par où je marchais[1] » —, celui d'« abandonnement », dont Pascal use dans la *Lettre sur la possibilité des commandements*[2].

Tel un amant désespéré, Job fait à Dieu une « scène[3] ». « Je crie vers vous, ô mon Dieu, et vous ne m'écoutez point ; je me tiens devant vous, et vous ne me regardez pas » (Jb, XXX, 20)… Sa femme — est-ce la « déesse dominatrice » que voit P. Quignard[4] ? — esquisse un geste de la main gauche qui pourrait sembler admonester plutôt qu'il ne console et marquer l'éviction : « Quoi, vous demeurez encore dans votre simplicité ? Bénissez Dieu, et mourez[5]. » La faible lueur dévoile le secret de l'expression du vieil homme : au-dessous du nez busqué, pincé, la bouche entrouverte, édentée, dessine un ô noir plaintif — le cri de Munch déjà —, le cri de tous les humiliés, le cri de tous les offensés, le cri angoissé de Job, celui de Kierkegaard, peut-être : « Un homme a-t-il jamais

---

1. Jb, XIX, 8, p. 277.
2. *EG*, *OC* III, p. 714 (Laf., p. 335). Le terme ne présente qu'une seule occurrence dans les *Pensées* (S 339/L 308). En raison sans doute du fait que Port-Royal l'affectionne, il est perçu comme un « néologisme jansénisant » par le P. Bouhours qui le condamne (voir dom Jungo, *Le Vocabulaire de Pascal étudié dans les fragments pour une Apologie. Contribution à l'étude de la langue de Pascal*, Paris, s. d.) ; on trouve le terme sous la plume de saint François de Sales dans le troisième des *Entretiens spirituels*, intitulé : « De la Confiance et Abandonnement » (*Œuvres*, Paris, Gallimard, coll. « Pléiade », p. 1023), mais pour l'auteur du *Traité de l'amour de Dieu*, c'est l'âme indifférente qui doit s'abandonner (« se mettre à bandon », en vieux français) à la volonté du Tout-Puissant, quand bien même celui-ci nous abandonnerait à la peine du dam — c'est la fameuse supposition impossible qui fera trembler aussi Fénelon. Voir D. Leduc-Fayette, *Fénelon et l'amour de Dieu*, Paris, PUF, 1996.
3. Le terme était déjà employé familièrement au XVIIe siècle (voir Mme de Sévigné [1626-1696], *Lettres*, 1113, 29 décembre 1688). Il y aurait toute une étude à faire du *Livre de Job* sous le signe du « Je suis malade d'amour » du *Cantique des Cantiques* et sous l'éclairage de R. Barthes (voir *Fragments d'un discours amoureux*, Paris, Éd. du Seuil, 1977), comme le poème de l'amour blessé, l'amour exacerbé par l'angoisse d'être perdu. Mais Pascal, qui partageait les réticences de Sacy vis-à-vis de ce texte, ne se réfère pas au *Cantique des Cantiques* ; c'était, au contraire, le livre de prédilection de saint Ambroise ou de saint François de Sales, comme il le sera de Fénelon et de Mme Guyon.
4. *De La Tour*, p. 6.
5. Jb, II, 9. Le texte hébreu dit évidemment « bénissez », selon l'euphémisme en usage. « Ce qui peut signifier : maudissez-le », remarque, à juste titre, le commentateur dans la *Bible de Sacy*. « Maudis Elohim et meurs ! » traduit Dhorme.

été capable d'envisager cette effrayante pensée d'un amour malheureux pour Dieu résultant de l'impossibilité pour Dieu d'en être l'objet [...] S'il survenait la moindre chose capable, ne serait-ce qu'en apparence, de prouver que Dieu n'est pas amour, alors, certes, tout serait perdu et Dieu aussi[1]... » Ne peut-on voir, néanmoins, dans cet «élément récurrent dans les œuvres du peintre[2]», la chandelle verticale qui diffuse une lumière intemporelle, l'index d'une ouverture sur les «biens invisibles», comme dirait Pascal. Et si la femme de Job le regardait avec compassion? Si c'était là une peinture de la miséricorde[3]?

« Faire poser » Pascal dans son «atmosphère[4]», tel était le vœu de Brunschvicg. Le XVIIe siècle est celui du *Triumphus biblicus*, selon le titre emblématique du livre de J. H. Alsted (1625), le siècle de la *Bible de Sacy*, un siècle tout imprégné des textes vétéro et néotestamentaires[5]. J. Lhermet voyait dans la Bible «l'axe principal autour duquel gravite la vie de Pascal», l'«âme de ses ouvrages», «l'unique centre» de toute sa démonstration[6]. L'univers vétérotestamentaire joue, pour sa part, dans la pensée de l'apologiste[7], un rôle dont, après

---

1. *L'Évangile des souffrances*, trad., Bazoges-en-Pareds, 1937.
2. Dupont et Mathey vont jusqu'à y reconnaître « la présence divine que marque la lampe du sanctuaire» (*Les Tendances nouvelles en Europe de Caravage à Vermeer*, Lausanne, Skira, 1951, p. 36).
3. Ce serait là, selon l'interprétation profane de A. FERMIGIER, la «rencontre du malheur et de la pitié» («Un dieu de la peinture pure», *Le Nouvel Observateur*, 392, p. 61). Il existe toute une tradition du Job «consolé», en rapport avec un texte apocryphe du Ier siècle apr. J.-C., le *Testamentum in Job*, répandu à partir du XVe siècle, où le personnage était décrit entouré d'instrumentistes qui apaisaient sa douleur par un concert; c'est pourquoi Job est un des patrons de la musique. Voir J. LAFOND, «Job et les musiciens», *Bulletin de la Société des antiquaires de France*, 1957, p. 183-189.
4. Voir L. BRUNSCHVICG, *Le Génie de Pascal*, Paris, Hachette, 1924, p. XI: «Si la raison d'un portrait consiste dans la fidélité au modèle, le premier devoir du peintre est de le faire poser de face et dans son atmosphère.»
5. Voir *Le Grand Siècle et la Bible*, sous la direction de J.-R. ARMOGATHE, Paris, Beauchesne, coll. «Bible de tous les temps», 6, 1989, panorama exhaustif. *La Bible en France et dans la francophonie* (Publisud, 1991) de F. DELFORGE peut être un bon outil de travail; en particulier pour la période qui nous concerne, voir le chap. VI, «De l'édit de Nantes à la mort de Mazarin (1598-1661)», p. 112-127. Voir aussi B. CHEDOZEAU, *La Bible et la liturgie en français*, Paris, Éd. du Cerf, 1990.
6. *Pascal et la Bible*, Paris, Vrin, 1931, p. 673-674.
7. Quarante-cinq dossiers sur soixante et un ont une finalité apologétique. Voir Ph. SELLIER, «L'ouverture de l'apologie pascalienne», XVIIe Siècle, 4,

D. Wetsel, nous tenons à souligner l'importance[1]. Nous nous interrogerons, en particulier, sur la fonction des noms illustres de Job, de Moïse, de Salomon, dans la genèse et l'économie de sa pensée... Ne faudrait-il pas rattacher la tendance de Pascal (tendance initiale car il évolue vers une conceptualisation croissante et progresse vers la catégorisation[2]) à se référer à des individus singuliers plutôt qu'à des théories — ainsi désigne-t-il Épictète et Montaigne comme lieu(x)-tenants du stoïcisme et du pyrrhonisme — à son imprégnation biblique ? En effet, c'est un des traits de la mentalité hébraïque que de faire jouer un rôle symbolique aux noms de personnes[3]. Ce trait rapproche Pascal de Kierkegaard.

Mais il ne faudrait pas oublier non plus Babylone, Sodome, les fleuves de Babylone, etc., tout un répertoire historique et géographique, surdéterminé dans l'esprit de Pascal par un contexte culturel littéralement saturé par la tradition biblique. L'auteur des *Pensées* eut l'âme biblique à l'instar de son contemporain Bossuet — si un Fénelon ne l'eut pas[4]... Nous tenterons de restituer, à la lecture des textes pascaliens, ce que nous désignons comme leur dimension «imaginale», par différence avec l'imaginaire proprement dit (puisque ici les personnages ont existé ou sont censés avoir existé), sans jamais perdre de vue l'enracinement de cet imaginaire proprement

---

177, 1992, p. 437. Ph. Sellier remarque dans l'introduction à son édition : «Le terme d'*apologie* n'a jamais été utilisé par l'écrivain lui-même, peut-être parce que le mot désignait surtout au XVIIe siècle "un livre ou un discours fait pour justifier quelqu'un" (*Dictionnaire de Furetière*, 1690).» L'auteur montre bien que, pour autant, une part majeure des *Pensées* relève de ce «genre *littéraire* et théologique» (p. 24). Nous soulignons l'épithète «littéraire» qui ouvre un champ de recherches passionnant : l'apologie comme genre littéraire.

1. Voir *L'Écriture et le reste. The «Pensées» of Pascal in the Exegetical Tradition of Port-Royal*, Columbus Ohio State University Press, 1981.
2. Voir P. FORCE, *Le Problème herméneutique chez Pascal*, Paris, Vrin, 1989.
3. Voir l'article de J. BARR, «The Symbolism of Names in the Old Testament», *Bulletin of the John Rylands Library*, 52, 1969, p. 11-29. L'auteur (spécialiste de sémantique biblique) rattache cette étude, consacrée à la fonction des noms de personnes dans l'Ancien Testament, à l'hypothèse qu'en hébreu ce n'est pas seulement la phrase mais le mot qui est une unité de pensée.
4. Voir à ce sujet les remarques du P. VARILLON, *Fénelon. Œuvres spirituelles*, Paris, Aubier, 1954, p. 133. L'on peut aussi comparer Pascal à «Descartes [qui n'avait] pas facilement la Bible à la bouche, ou sous la plume» (V. CARRAUD, «Descartes et la Bible», *Le Grand Siècle et la Bible*, p. 277).

chrétien dans le terreau culturel[1]. Loin d'avoir recours au concept flou d'influence, nous ferons ressortir l'existence du *code* sous-jacent aux références utilisées par Pascal. Il n'est pas neutre de voir écrit — fût-ce de manière lapidaire, et même si c'est là aussi un des signes distinctifs de la manière de l'auteur —, par exemple dans les fragments S 103/L 69 et S 109/L 74, les noms inducteurs de «Job et Salomon». Immédiatement, un monde de représentations surgit à la conscience claire. Bien plus, le lecteur du XVIIe siècle est atteint dans son subconscient, du fait de la surdétermination inhérente à l'évocation de personnages aussi prestigieux dans la tradition judéo-chrétienne. Par-delà l'opposition célèbre entre le fameux fumier (ou la cendre) et le trône, images présentes à tous les esprits, dédaignées par Pascal qui n'a guère de goût pour ce genre de métaphores, surgit la traditionnelle comparaison entre la misère de l'un et la richesse de l'autre (pseudo-grandeur, si la vraie est de se connaître misérable, selon le thème déterminant dans la stratégie apologétique pascalienne du «tant plus nous nous connaissons misérables» de saint François de Sales[2]). Tel est, sans doute, l'effet choc recherché par l'apologiste, désireux non seulement de convaincre mais encore de persuader — à moins qu'il n'ait là prévu de rédiger quelque développement (maint fragment se réduit en effet à des indications pour une future rédaction), mais cela ne change rien, tout au contraire, quant à l'importance de la référence! D'une manière ou de l'autre, les dossiers «Misère» et «Vanité» se retrouvent placés sous le double patronage du pasteur du pays de Hus et du plus grand des rois[3].

Il est révélateur de mettre en parallèle le sort privilégié que Pascal réserve aux personnages bibliques et le peu d'intérêt qu'il manifeste pour ceux de l'Antiquité que, cependant, ne fût-ce qu'à travers son cher Montaigne et la tradition humaniste, il a nécessairement beaucoup fréquentés. Ainsi n'est-il pas inutile, avec K. E. Christodoulou, de constater que «Socrate, cité d'après les calculs de P. Villey, quatre-vingt-treize fois dans les *Essais*, ne figure, sauf erreur, qu'une seule fois dans

---

1. Ce véritable «humus», comme dit Ph. SELLIER, dans «Dix ans d'études pascaliennes en Occident: positions et propositions (1979-1988)», *Pascal. Port-Royal. Orient. Occident*, Paris, Klincksieck, 1992, p. 353.
2. Voir *Entretiens spirituels*, III, p. 1020.
3. I R, X, 14-29.

les *Pensées*[1] », et surtout de rendre manifeste le pourquoi de cet *hapax* : « La conversion des païens n'était réservée qu'à la grâce du Messie [...] Les sages, comme Platon et Socrate, n'ont pu le persuader » (S 690, p. 488/L 447)... Il est pertinent de prendre en compte des détails de ce genre, car ils sont symptomatiques et doivent être traités comme révélateurs des sensibilités et des idées des auteurs concernés ; d'accessoires, ils deviennent essentiels et autorisent une plus juste appréciation. Ainsi nous proposons-nous de mettre au jour la relation, au sens très fort du terme — de l'ordre de l'affinité élective —, que Pascal entretient avec Job, mais aussi, bien entendu, avec d'autres personnages connexes : nous avons déjà nommé Salomon, nous rencontrerons Moïse... Il y a là toute autre chose qu'un simple procédé auquel il serait réducteur et fautif de limiter la présente analyse.

Notre propos consistera, pour l'essentiel, à rendre manifeste que le personnage de Job, figure du Christ, joue, d'une certaine manière, un rôle de motif-cheville dans l'économie de cette charpente inachevée, les *Pensées*, et, plus largement, qu'il hante, au titre de l'inspiration, la pensée de Pascal, appréhendée, conformément au vœu de Ravaisson[2], comme ensemble « lié[2] ». La pensée pascalienne apparaît comme une vision de type intégratif. Éminemment cohérente, elle fait système au sens d'une « systémique » — comme l'on dit de nos jours pour les systèmes ouverts — et par différence avec tout système philosophique. Elle irradie à partir d'un foyer central, le dogme de l'Eucharistie. En effet, pour Pascal, le Christ eucharistique est « principe d'explication de tout le réel[3] ». Sa théologie, trop peu étudiée, s'organise autour de cette intuition focale qui lui communique une extraordinaire fécondité spirituelle. Par là est transcendée la visée apologétique à laquelle les *Pensées* — cette « œuvre-univers[4] » — ne peuvent être réduites. L'on comprend aussi pourquoi « certains textes mystiques [...] auraient

---

1. Voir « Socrate chez Montaigne et Pascal », *Diotima, Proceedings of the First International Week of Greek Culture*, Chios, 1977, vol. VII, 1979, p. 39-50, en particulier p. 39. Voir aussi l'étude de P.-M. SCHUHL, « Montaigne et Socrate », *La Fabulation platonicienne*, Paris, PUF, 1947.
2. Voir « La philosophie de Pascal », *La Revue des Deux Mondes*, 15 mars 1887, p. 399-428, et D. LEDUC-FAYETTE, éd., *Pascal au miroir du XIXᵉ siècle*, Paris, Mame-Éditions universitaires, 1993.
3. Ph. SELLIER, « Jésus-Christ chez Pascal », *Revue des sciences philosophiques et théologiques*, 66, 1982, p. 505-521, en particulier p. 517.
4. ID., introduction aux *Pensées*, p. 5.

pu [y] trouver place [...] tout autant que tel fragment d'une lettre de direction spirituelle[1]». Il nous paraît légitime aussi, comme l'ont fait bien des éditeurs, d'y intégrer le *Mystère de Jésus* qui, en droit, n'en fait pas partie. A. Béguin ne déclarait-il pas : «Quand on me prouverait que le *Mystère de Jésus* ne fut jamais destiné par Pascal à l'Apologie, je conseillerais encore à l'éditeur de mes rêves de l'y insérer[2]»? Il en va de même pour le *Mémorial* (S 742/L 913).

Nous prendrons aussi en compte l'*Entretien avec M. de Sacy sur Épictète et Montaigne*, puisque «de l'*Entretien* aux *Pensées*, s'établit une évidente continuité[3]»; les *Provinciales*, contemporaines du projet apologétique, lequel leur est peut-être même antérieur; les *Écrits sur la grâce*, cet ensemble «organique» de textes, rédigé dans les années 1656-1657, dont J. Mesnard souligne à juste titre les «affinités» avec les *Pensées*[4]. La *Lettre sur la mort de son père* du 17 octobre 1651 et la *Prière pour demander à Dieu le bon usage des maladies* sont aussi deux textes fondamentaux. Le premier renferme «une doctrine, théologique et mystique, de la mort, dont la portée va bien au-delà de l'événement qui en a suscité l'expression[5]». L'on doit se souvenir que Job, XIX, 23-25, est lu à matines, le jour des Morts, «ce jour épouvantable» comme dit Pascal dans la *Prière...*, celui du *Dies irae*[6]... Le second recèle «toute une christologie», en particulier le thème, repris dans l'*Abrégé de la vie de Jésus-Christ*, de la session à la droite[7].

Si l'univers pascalien est christocentrique, si «Jésus-Christ est l'objet de tout et le centre où tout tend», si «Qui le connaît connaît la raison de toutes choses» (S 690, p. 490/L 449), il n'est en rien présomptueux que nous nous autorisions d'un précepte augustino-pascalien : «Cet ordre [celui de la charité] consiste principalement en la digression sur chaque point qui

---

1. *Ibid.*, p. 25. Il s'agit du fragment S 753/L 924, qui serait, selon Pol Ernst, une note préparatoire à la deuxième lettre à Ch. de Roannez (voir *OC* III, p. 1032; ce n'est pas prouvé, dit J. Mesnard dans la note 6). À titre d'exemple de ces textes «mystiques», voir *Conversion...*, *OC* IV.
2. A. BÉGUIN, *Création et destinée*, Paris, Éd. du Seuil, 1973, p. 175.
3. J. MESNARD l'a démontré (voir *OC* III, p. 119). H. Gouhier l'avait pressenti (voir *Blaise Pascal. Commentaires*, Paris, Vrin, 1966).
4. *OC* III, p. 488. «Seul manque, dit-il, le recours à l'idée de *figure*: ce sera la grande nouveauté des *Pensées*», *OC* III, p. 488, 636.
5. J. MESNARD, *OC* II, p. 848.
6. Voir Ph. SELLIER, *Pascal et la liturgie*, Paris, PUF, 1966, p. 89.
7. Voir *OC* III, en particulier p. 202, 211-212-215.

a rapport à la fin pour la montrer toujours[1] » (S 329/L 298). Les « saints », dont Pascal prend soin de noter que leur « exemple [n'est pas] disproportionné à notre état » (S 495/L 598), ne digressent-ils pas sans intermission (comme priaient les exercitants de Cassien)? Pascal, directeur de conscience, écrivait à Mlle de Roannez: « il est bien juste que la prière soit continuelle, quand le péril est continuel[2] ». Les présentes « digressions », placées sous le signe de Job, n'ont qu'un but: montrer comment la lecture du livre vétérotestamentaire reconduit l'auteur des *Pensées* et ses lecteurs à l'« unique nécessaire » (S 301/L 270). « Une seule chose est nécessaire » (Lc, X, 42)... P. Magnard remarquait justement: « Entre Moïse et Job, entre juif et païen, [Jésus-Christ] est [...] le centre commun[3]. » Sous cet angle d'ailleurs, la question insoluble de savoir quel eût été le véritable ordonnancement des *Pensées* est rendue accessoire[4] (ce qui ne signifie en aucune

---

1. Dans Br. 283, on lit: « qu'on rapporte à la fin », ce qui fausse le sens.
2. *OC* III, p. 1030.
3. P. MAGNARD, *Nature et histoire dans l'apologétique de Pascal*, Paris, Les Belles-Lettres, 1980, chap. VII, p. 93.
4. L'édition Martineau (*Discours sur la religion et quelques autres sujets*, Paris, Fayard-A. Colin, 1992) nous paraît correspondre à une étape de l'organisation par Pascal de ses dossiers, travail de critique génétique donc, d'où notre préférence pour les éditions « objectives »: celles de L. Lafuma, qui prend pour base la première copie, ou de Ph. Sellier, qui repose sur la seconde. L'édition Martineau ne peut d'ailleurs modifier nos vues: nous partons du stade terminal, le désordre tel qu'il s'offre, sans être convaincue de la nécessité de reconstituer les « discours continus » qui auraient préexisté aux découpages, ni préjuger de ce qu'eût pu être l'ouvrage terminé. Selon nous, la forme fragmentaire est un des modes d'expression que l'auteur eût conservés, à côté certes des discours continus. Notre interprétation, à distance de toute tâche éditoriale, se veut reconnaissance de la circularité de droit de l'apologétique pascalienne, quant à l'esprit (*kata*, dirait-on en langage aristotélicien), en dépit de la nécessité où Pascal se trouvait, de fait, acculé: un procès discursif et donc linéaire. Les fragments de Pascal font souvent songer, *mutatis mutandis*, à ceux laissés par Marc Aurèle dont le projet était de rédiger une œuvre de consolation, et dont l'on ne sait si le caractère désordonné tient à l'état de fait dans lequel l'auteur les a laissés à sa mort, ou si, par après, un secrétaire ou les scribes, au fil des temps, l'ont mutilé par leurs choix (voir P. HADOT, *La Citadelle intérieure. Introduction aux « Pensées » de Marc Aurèle*, Paris, Fayard, 1992, p. 42. L'auteur renvoie à la comparaison effectuée par A. S. L. Farquharson entre les *Pensées* de Marc Aurèle et celles de Pascal dans *The Meditations of the Emperor Marc Antoninus*, Oxford, 1968). En tout cas, chez Pascal comme chez Marc Aurèle, un travail de rédaction, souvent très élaboré, prouve une volonté littéraire, à côté de préoccupations de l'ordre de l'apologétique pour l'un, de celui de la parénétique pour l'autre. Ce souci de la forme ne doit en aucun cas être dissocié du fond.

façon superflue). La pensée de Pascal est régie par un modèle ellipsoïdal (l'ellipse étant anamorphose du cercle, une parmi le nombre indéfini des sections «évenues» à l'occasion des «rencontres d'un cône et d'un plan[1]») dont les deux foyers sont l'Incarnation et la conversion, dans le «jeu» subtil de la liberté de Dieu et de celle de l'homme, désigné par Pascal (et par le Concile de Trente) comme *coopération*[2]. La révélation chrétienne joue ici le rôle essentiel. Schelling a magnifiquement montré dans *Les Âges du monde* que l'ange de la vision de Moïse est la Face divine elle-même qui se montre[3]. La théophanie du *Livre de Job*, comme toutes les théophanies, doit faire l'objet d'une interprétation dans l'horizon de la thèse centrale de Pascal sur le *Deus absconditus*, Celui même qui daigne Se révéler. Le Feu du *Mémorial*...

Somme toute, «Job» qui est une clef quant au mystère du mal est aussi une clef pour l'interprétation de la pensée pascalienne, lui qui occupe, dans la première partie (supposée) des *Pensées*, un *situs* privilégié: il apporte sur la misère son témoignage d'homme; il est là où nous sommes tous — à terre! — et, de tous nos prochains, le plus proche. Pascal le désigne nommément comme l'index de la «misère», son porte-parole (il est celui qui avec Salomon en a «le mieux parlé[4]»), tandis qu'en parallèle ce dernier est celui de la «vanité». «Misère» et «Vanité», tels sont les titres, on le sait, de deux des vingt-sept liasses classées par l'auteur lui-même[5], et qui eussent, selon toute probabilité, occupé une place prééminente dans ce qui eût constitué la partie dite anthropologique de l'ouvrage (partie dont l'idée a surgi «tardivement[6]»), à la suite du

---

1. G. DESARGUES, *Brouillon projet d'une atteinte des événements des rencontres d'un cône et d'un plan*, éd. R. Taton, Paris, PUF, 1951. Pascal, on le sait, a médité et enrichi la géométrie arguésienne (sections coniques).
2. Voir *EG*, *OC* III, p. 619, et *Le Saint Concile de Trente*, trad. abbé Chanut, 3ᵉ éd., Paris, 1686, Vᵉ session, chap. VII, p. 37.
3. *Les Âges du monde*, trad. S. Jankélévitch, Paris, Aubier, 1949, p. 102-103.
4. S 22/L 403. Est-il besoin de souligner l'importance du *ex auditu* quand le témoin est inspiré, et l'auteur du *Livre de Job* ne peut, pour Pascal, que l'être.
5. «Vanité»: liasse II; «Misère»: liasse III.
6. Comme le montre Ph. SELLIER, «L'ouverture de l'apologie pascalienne», p. 439.

« Protreptique[1] ». La liasse « Table de juin 1658 », qui constitue « le synopsis de l'œuvre future[2] », atteste la nécessité pour l'apologiste de s'appuyer sur le doublet vanité-misère, marque distinctive de l'humaine condition. Pascal nous propose une véritable eidétique de la misère de l'homme — H. Gouhier parlait d'une « phénoménologie de l'homme sans Dieu[3] » — où Job, sur le devant de la scène aux côtés du roi des rois, joue le rôle de parangon quant à l'expérience de la « réalité des maux » (S 22/L 403). Job est aussi, de tous les hommes, le plus proche du Christ. Les tourments de ce juste figurent la Passion. Par son comportement, il est un modèle à imiter. Crainte et espérance composent, en l'occurrence, une mélodie dont le contrepoint est la colère et la miséricorde divine. Job est un *exemplum* (songeons à l'importance de la pratique des *exempla* chez les stoïciens, et à la relève chrétienne en ce domaine) jusque dans sa pratique du questionnement à Dieu, à certains égards fautive, mais pas dans son principe (Job reconnaît, certes, qu'il aurait dû se taire, mais interpeller Dieu est un acte de confiance, c'est-à-dire de foi). Voilà qui oblige à une réflexion sur la catégorie du « devant Dieu ». Il convient aussi, à l'évidence, d'évoquer sa légendaire « patience » : « Vous avez appris quelle a été la patience de Job et vous avez vu la fin du Seigneur[4]. » L'œuvre pascalienne contient une théorie implicite de l'imitation de Job, anamorphose

---

1. Pour reprendre l'expression empruntée par Ph. Sellier à Clément d'Alexandrie (voir art. cit., p. 453). Le Protreptique aurait consisté dans une « ample Ouverture [...] en quatre Lettres [...] : une exhortation à rechercher Dieu, un appel à dépouiller les passions païennes, une incitation au cheminement intellectuel, une *Critique* de la raison dans la recherche de l'infini » (p. 449 ; « Critique » est en italiques dans le texte : idée à suivre d'une comparaison avec Kant).
2. Voir la note de Ph. SELLIER dans son édition, p. 155/S 1. La table de dossiers qui émane de Pascal, et qui ouvre la seconde copie, n'est qu'un simple récapitulatif de dossiers par différence avec le « sommaire » qu'ont cru y découvrir tant d'interprètes.
3. Voir *Blaise Pascal. Commentaires*, Paris, Vrin, 1966. En sens, c'est seulement au paradis que l'homme est « avec » Dieu. Même le vrai chrétien, ici-bas, n'est pas complètement consolé, car jamais totalement converti, ou plutôt la conversion est toujours à recommencer, théorie de la conversion continuée à laquelle nous nous attacherons.
4. Ainsi Sacy traduit-il, dans le *Nouveau Testament de Mons*, le lieu de l'*Épître de saint Jacques* (chap. v, § 11). En note, il précise (p. 347) que par « la fin du Seigneur » l'on peut entendre aussi : « [la fin] dont le Seigneur l'a couronné ». Il n'adopte pas cette traduction, car, selon lui, il s'agit de « la Passion de Jésus-Christ » et de « la gloire qui l'a suivie ». Il est, certes, fidèle à Augustin et à Bède, mais le véritable sens ne peut être que celui qu'il signale et refuse, sinon comment entendre la suite : « car le Seigneur

de la célèbre *De Imitatione Christi* de Thomas a Kempis, ce lieu théologique incontournable : de tous les livres latins, probablement celui qui fut le plus traduit en français, ainsi au XVIIe siècle par Corneille (en vers), par Sacy (sa traduction sous le nom du sieur du Bueïl, abbé de Saint-Val, connut presque deux cents éditions !)[1]. Le texte latin figurait en bonne place dans la bibliothèque du directeur de Pascal, y compris dans une traduction italienne[2]. La pensée pascalienne, en tant qu'elle conjugue le *contemptus mundi*, la connaissance de soi comme pécheur, la reconnaissance de l'amour divin — la grâce —, et prescrit le renoncement, la soumission de la raison et de la volonté qui, par là, peuvent espérer trouver leur sanctification, entretient un rapport patent avec le courant de la *devotio moderna*. Ce mouvement de réforme spirituelle, tout imprégné de l'esprit évangélique dans le souci (qui sera aussi celui de Port-Royal) du retour aux sources, animé d'un augustinisme fervent (les Frères de la vie commune pratiquent assidûment Augustin — les *Soliloques* en particulier — sous le signe du « *Noverim te, noverim me* »), se situe au carrefour du Moyen Âge et des Temps modernes ; il doit être découvert à l'origine aussi bien des *Exercices spirituels* de saint Ignace de Loyola que des écrits de Bérulle et de ses disciples.

Le point capital à prendre en compte est, sans doute, que Pascal, après avoir envisagé le *Livre de Job* dans le cadre des écrits sapientiaux, le considère dans son ouverture à la dimension prophétique, en rapport avec le *topos* illustre entre tous : « *Scio enim quod Redemptor meus vivit*[3]. » Job annonce en prophète la venue du Sauveur. Derechef, nous voyons donc surgir dans le fragment S 658/L 811, Job, cette fois associé non plus à Salomon mais à Moïse. C'est là une des « Pensées mêlées » (sur le statut desquelles il convient de s'interroger[4]).

---

est plein de compassion et de miséricorde » ? Le Seigneur ne peut être miséricordieux envers le Christ. Sur la « patience », voir aussi Ph. Sellier, introduction au *Livre de Job*, dans la *Bible de Sacy*, Paris, Laffont, 1990, coll. « Bouquins », p. 617.

1. L'on connaît l'admirable traduction de Lamennais. C'est elle que nous utiliserons, dans l'édition du P. Chenu (Paris, Plon, 1959), car elle a l'avantage de comporter le texte latin original.
2. Voir O. BARENNE, *Une grande bibliothèque de Port-Royal. Inventaire inédit de la Bibliothèque d'Isaac-Louis Le Maistre de Sacy*, Paris, Études augustiniennes, 1983.
3. Jb, XIX, 23-25. Voir S 658/L 811.
4. Liasse XXXIX. *Pensées mêlées*, 7 (p. 444-451, éd. Sellier). Dossier tardif.

Est-il illégitime de juger qu'elle était en instance de classement, et qu'elle eût fait jouer la réunion de ces deux noms prestigieux, comme l'index de ce qui aurait été la seconde partie? Le fragment S 40/L 6, où il est licite de découvrir une possible esquisse de la structure d'ensemble, propose deux formulations équivalentes de la problématique; la première: «Première partie: Misère de l'homme sans Dieu. Deuxième partie: Félicité de l'homme avec Dieu», la seconde: «Première partie: Que la nature est corrompue, par la nature même. Deuxième partie: Qu'il y a un Réparateur, par l'Écriture[1].»

On remarquera d'abord que «homme» est commun dénominateur dans la première formulation. Or Job, pour nombre de Pères de l'Église dont Jean Chrysostome[2], symbolise l'homme, alors que le Christ est, par excellence, le Fils de l'Homme. Il semble donc impératif de faire jouer le dogme de «l'union des deux natures en Jésus-Christ», comme le déclare Pascal dans le fragment S 614, p. 423/L 733, où il s'en prend à l'hérésie arienne: «Jésus-Christ est Dieu et homme. Les ariens ne pouvant allier ces choses qu'ils croient incompatibles, disent qu'il est homme: en cela, ils sont catholiques. Mais ils nient qu'il soit Dieu: en cela, ils sont hérétiques.»

On remarquera ensuite que, dans la seconde formule, face au monde souillé, cassé, dévasté[3], objet de l'enquête anthropologique, se dresse celui que Pascal nomme le «Réparateur». L'Incarnation est essentiellement, au regard de l'apologiste, rédemptrice: «Le Verbe, lequel était de toute éternité, Dieu en Dieu [...] s'étant fait homme dans la plénitude des temps, est venu dans le monde qu'il a créé, pour sauver le monde[4].»

---

1. G. FERREYROLLES rapproche «les deux états de la nature humaine déchue et rédimée [qui] forment le sujet des deux parties de l'apologie pascalienne» du diptyque de l'oratorien Senault: *L'Homme criminel ou la Corruption de la nature par le péché* (1664), *L'Homme chrétien ou la Réparation de la nature par la grâce* (1648), dans «De l'usage de Senault» (*Corpus*, 7, 1988).
2. Nous avons été conduite à réévaluer l'importance de la littérature patristique pour Pascal, par exemple en ce qui concerne saint Jean Chrysostome. Pascal ne partageait pas le mépris de Jansénius pour les Pères grecs, mépris qui fit s'exclamer à Isaac Habert: «*Non solum indignor, sed etiam obtupesco*», comme le rapporte le P. de Lubac qui ajoute: «C'est à la lettre, en effet, que pour Jansénius, en dehors de l'enseignement d'Augustin, rien ne compte» (*Augustinisme et théologie moderne*, Paris, Aubier, 1965, p. 84). Cela est loin d'être vrai pour Pascal, nous le constaterons.
3. Voir R. GUARDINI, *Pascal ou le Drame de la conscience chrétienne*, Paris, Éd. du Seuil, 1953: «On [doit] parler [...] de dévastation» (p. 123).
4. Préface de l'*Abrégé*..., *OC* III, p. 248.

La différence est grande avec d'autres types de spiritualités, celle d'un Bérulle ou d'un Malebranche, par exemple (l'Oratoire sur ce point suit la tradition scotiste et franciscaine, ainsi que la théologie salésienne, selon lesquelles Dieu se fût incarné même si l'homme n'eût pas péché[1]). Non certes que Pascal méconnaisse la fonction déifiante, mais il lui accorde fort peu de place, du moins à titre explicite (il y fait allusion à la fin du fragment S 164/L 131 et dans le fragment S 746/L 916, en réminiscence du «*Dii estis*» du Ps, LXXXI, 6). L'accent est mis sur la faute primitive: Pascal a tendance, comme nombre de Pères de l'Église et saint Thomas (au seuil de la *Tertia pars* de la *Somme*) à faire dépendre l'Incarnation du premier péché, ce dernier en est donc le motif déterminant, sinon le seul... L'on trouve une indication fondamentale dans le fragment S 35/L 416 qui a pour titre: «La nature est corrompue.» L'auteur scrute le mal. Il dresse le constat de l'«incompréhensibilité». Mais le phénomène n'en appelle pas moins au savoir de son être et de son origine. *Quid* du «mal»? C'est un théologoumène[2], la doctrine janséniste des deux états, qui rend compte de la condition actuelle de l'humanité. Une impénétrable obscurité demeure quant au «premier péché» (celui d'Adam proprement dit) et au «péché originel», lequel a rapport au délicat problème de la transmission: «il est sans doute [c'est-à-dire: «sans aucun doute» dans le langage de Pascal] qu'il n'y a rien qui choque plus notre raison que de dire que le péché du premier homme ait rendu coupables ceux qui, étant si éloignés de cette source, semblent incapables d'y participer» (S 164, p. 213/L 131). Le dogme a donc bien une

---

1. Il est intéressant de noter que pour Malebranche et la tradition dans laquelle, sur ce point, il s'inscrit, l'Incarnation est la raison d'être de la Création. «Si l'homme n'eût point péché, le Verbe ne se fût point incarné», déclare Ariste dans le neuvième des *Entretiens sur la métaphysique et la religion*, à quoi Théodore rétorque: «Je ne sais, Ariste. Mais quoique l'homme n'eût point péché, une personne divine n'aurait point laissé de s'unir à l'univers pour le sanctifier, pour le tirer de son état profane, pour le rendre divin, pour lui donner une dignité infinie» (*Œuvres*, Paris, Gallimard, coll. «La Pléiade», 1992, p. 831).

2. Voir la définition de *theologoumenon* par K. RAHNER et H. VORGRIMLER: «On peut appeler ainsi une doctrine théologique, qui n'est pas directement attestée par le magistère et n'a donc pas d'autorité obligatoire, mais qui se recommande par la manière dont elle éclaire dans leur connexion et ainsi fait mieux comprendre beaucoup d'autres enseignements explicites de l'Église», *Petit dictionnaire de théologie catholique*, Paris, Éd. du Seuil, 1970, p. 429.

portée explicative, au sens où expliquer, selon l'étymologie, signifie : déployer (*ad extra* donc) aux yeux de l'esprit. Il autorise une certaine compréhension au for externe, si l'on peut dire. Il donne à «voir». Le P. von Balthasar a admirablement montré pourquoi, «au contraire de Descartes qui est un penseur, Pascal est essentiellement un "voyant"[1]»... Ce sont les prophètes qui annoncent, en sus de prophéties particulières, l'événement central de l'histoire du Salut. «Je sais que mon Rédempteur est vivant», s'écrie Job. La théorie prophétique joue un rôle prééminent dans la vision pascalienne. L'intention d'origine de l'auteur était d'écrire un traité sur les miracles. C'est «au cours de ce travail» qu'il conçut le «projet plus ample» de l'Apologie. Par la suite, il renoncera «à s'appuyer sur les phénomènes miraculeux [...] pour convaincre les incroyants[2]». En revanche, dans cette perspective, il s'attachera aux prophéties. Job, d'abord convoqué par l'auteur comme le témoin privilégié et le porte-parole de la condition humaine, se mue en prophète. Une dimension inouïe de «témoin» se fait jour, qui met en lumière la situation propre au chrétien authentique. Qu'un «païen[3]» joue, à chaque étage de l'architecture des *Pensées*, un rôle déterminant n'est pas le moindre des paradoxes auxquels nous serons confrontée. Voilà pourquoi son statut est central, qui permet de préciser la délicate relation entretenue par les termes connexes et distincts de «figures» et de «prophéties». Cette relation doit être décryptée dans un double horizon.

D'abord, celui, tout traditionnel, de la thèse selon laquelle le Nouveau Testament est la «vérité de l'Ancien» : «*Novum Testamentum in vetere latet, vetus Testamentum in novo patet.*» Irréfragable cohérence! D'où l'importance primordiale de la fameuse théorie des figuratifs[4]. Le dossier XX, «Que la loi était figurative», montre à quel point Pascal est imprégné, en l'occurrence, par saint Paul : «Saint Paul dit que les Juifs ont peint les choses célestes» (S 279/L 247); «*La lettre tue. Tout

---

1. *La Gloire et la Croix, Styles*, t. II, *De saint Jean de la Croix à Péguy*, Paris, Aubier, coll. «Théologie», 1972, chap. «Pascal», p. 69-127; voir «Les thèmes fondamentaux, 2», p. 75.
2. Ph. Sellier, introduction à son édition, p. 22.
3. Voir J. Daniélou, *Les Saints païens de l'Ancien Testament*, Paris, Éd. du Seuil, 1956, p. 12.
4. Voir J. Mesnard, «La théorie des figuratifs dans les "Pensées" de Pascal», *Revue d'histoire de la philosophie et d'histoire générale de la civilisation*, 1943, p. 219-227.

arrivait en figures [...] Voilà le chiffre que saint Paul nous donne » (S 299/L 268) ; « Saint Paul est venu apprendre aux hommes que toutes ces choses étaient arrivées en figure » (S 301, p. 280/L 270). Si Pascal a recours à l'expression « clef du chiffre » pour désigner le Sauveur, c'est que « le *Vieux Testament* est un chiffre[1] » (S 307/L 276) — et, pour le peuple juif, « un livre scellé » (S 736/L 495)[2]. L'exégèse allégorique est chère à bien des exégètes de Port-Royal : « L'idée centrale [...] est que l'Ancien Testament est l'image anticipée du Nouveau, sa préfiguration, sa *figure*, et que les promesses temporelles faites à Israël par les prophètes sont les images des biens éternels apportés par le Christ à son Église qui est le nouvel Israël[3]. » Si la grâce est liée d'une manière définitive au Christ, n'est-ce pas, en effet, comme y insistera Romano Guardini, qu'elle « ne vient pas d'une expérience religieuse détachée de toute contingence, mais [...] est liée à certaines figures historiques : aux messagers précurseurs de l'Ancien Testament, "Abraham, Isaac, et Jacob", figures représentatives de toute la lignée des hérauts de l'Alliance et des prophètes[4] » ?

Ensuite, celui de la lecture proprement pascalienne de la Bible, qui fait aussi l'originalité de la préface de Sacy au *Nouveau Testament de Mons* : « la lecture de l'Écriture [comme] mode éminent de participation au sacrifice du Christ[5]. » Pascal a collaboré

---

1. Il aurait pu être tentant de conférer à la notion de « chiffre » une connotation jaspersienne, en l'émergence qui s'opère ici de la transcendance par le jeu central du voile — le *Deus absconditus* — et de la Révélation, mais c'eût été un anachronisme. Inversement, il serait discutable d'éclairer par la conception pascalienne la notion jaspersienne de chiffre. Sur ce point, voir les importantes remarques du P. TILLIETTE, *Karl Jaspers*, Paris, Aubier, 1960, p. 170-173.
2. Voir Is, XXIX, 11.
3. H. SAVON, « Le figurisme et la tradition des Pères », dans *Le Grand Siècle et la Bible*, chap. XLV, p. 757-785, en particulier p. 758. (Le terme « allégorique » renvoie à la terminologie traditionnelle. De nos jours, l'on dirait « typologique ».) Nicolas FONTAINE publiera, dans le dernier tiers du siècle, un ouvrage intitulé *Figures de La Bible par le sieur de Royaumont, prieur de Sombreval* (d'où le nom de *Bible de Royaumont*), que l'on a parfois attribué à Sacy dont il était le secrétaire. Notons, cependant, que Jansénius et Arnauld étaient, pour leur part, grands partisans de l'exégèse littérale. Pascal se défiait, quant à lui, des excès des trop grands figuratifs : « Il y a des figures claires et démonstratives, mais il y en a d'autres qui semblent un peu tirées par les cheveux [...]. Celles-là sont semblables aux apocalyptiques » (S 250/L 217).
4. *Pascal ou le drame de la conscience chrétienne*, p. 126.
5. B. CHEDOZEAU, « La Bible catholique en français », dans *Le Grand Siècle et la Bible*, p. 351.

au travail de traduction de la Bible, au château de Vaumurier en 1657[1]. La conclusion de la première partie de cette préface est éclairante: «[Les] anciens solitaires dont parle S. Chrysostome ne communiaient qu'une fois l'année, mais [...] en même temps ils s'appliquaient sans cesse à méditer l'Écriture et à pratiquer ce qu'ils y lisaient, suppléant ainsi à la nourriture qu'ils auraient reçue du corps du fils de Dieu, par celle de sa vérité et de sa parole.» Il y a la Bible comme la lit le libre-penseur auquel Pascal s'adresse et auquel, parfois, il donne la parole pour mieux le réfuter. Il y a la Bible comme Pascal la lit, comme le vrai chrétien doit la lire. L'interférence est subtile. Ce qui compte, à terme, c'est l'affirmation maintenue (par-delà la stratégie adoptée d'un «faire comme si» — comme si la Bible n'était qu'un livre parmi les livres destiné à faire nombre sur les étagères des bibliothèques!) que la Bible demeure le Livre par excellence, inspiré, surnaturel. La lecture du Livre[2] n'est pas pour les port-royalistes un supplément préparatoire à la communion, mais, quasiment, elle y supplée. Sacy, à l'écoute d'Augustin, fait un parallèle en sept points entre Parole et Eucharistie. Comment ne pas reconnaître dans l'un de ses aspects «le secret de l'Esprit de Dieu caché [...] dans l'Écriture», la thèse fondamentale de Pascal sur «cet étrange secret dans lequel Dieu s'est retiré, impénétrable à la vue des hommes[3]»? À la fin d'une rédaction primitive de la prosopopée de la Sagesse, cette dernière affirmait: «Je suis la seule qui peut vous apprendre ces choses, et je les enseigne à ceux qui m'écoutent. Les livres que j'ai mis entre les mains des hommes les enseignent bien nettement[4].» Et comme le pose J. Ladrière, en semblable occurrence, «l'horizon de sens [est] constitué par la foi elle-même. C'est bien la foi qui devient ici principe ultime d'intelligibilité et d'articulation discursive[5]». Si donc la stratégie pascalienne

---

1. Ce fut d'ailleurs lui «qui suggéra maintes et maintes corrections» à la traduction jugée «trop recherchée» de M. de Sacy, lequel ne respectait pas «la simplicité évangélique», J. LHERMET, *Pascal et la Bible*, p. 172.
2. Y compris en français pour les non-latinistes, d'où l'admirable travail de traduction des Messieurs, farouches opposants à la quatrième des *Regulae indiciis* de 1564 qui interdisait de lire la Bible en langue vernaculaire, sauf en cas de permission écrite, voir B. CHEDOZEAU, *La Bible et la liturgie en français*, p. 31, et D. LEDUC-FAYETTE, «La lecture de l'Écriture sainte: un "droit"?», *Antoine Arnauld, Chroniques de Port-Royal*, 44, 1995.
3. À Mlle de Roannez, 29 octobre 1656, *OC* III, p. 1035.
4. Rapporté par Brunschvicg, n. 1, p. 524 (Br. *minor*) à la pensée 321 (voir S 182, p. 229/L 149).
5. *L'Articulation du sens*, t. II, *Les Langages de la foi*, Paris, Éd. du Cerf, 1984, p. 311.

consiste à s'exprimer dans le seul langage qui puisse être entendu par certains de ses interlocuteurs, celui de la raison, c'est dans un unique but: que cette dernière, secouée de sa torpeur, comprenne enfin — entende! — qu'elle ne s'est mise à chercher que parce qu'elle avait *toujours déjà* trouvé, même si elle ne le savait pas. Il y a là un itinéraire dont les étapes sont minutieusement décrites dans le bref mais substantiel *Écrit sur la conversion du pécheur*[1]. La régression (le retour à l'origine) est progressive, puisque c'est de la destinée qu'il est question: l'archéologie et la téléologie sont indissociables. L'être spirituel, comme le disait Cl. Bruaire, «trouve sa définition dans le secret de sa fin, comme une promesse indiscernable de l'être qui est donné sans être abandonné ni à lui-même ni au néant[2]». Notre condition misérable n'est donc pas inintelligible, mais le sens provient d'une source transcendante que notre finitude nous condamne à appréhender comme obscure. De la ténèbre matricielle rayonne la lumière. Il est donc impératif de réfléchir sur le rapport qu'entretient la pensée de Pascal avec la théologie, rapport dont lui-même a fait ressortir, dans l'*Entretien avec M. de Sacy sur Épictète et Montaigne* qu'il n'avait rien de conjoncturel mais était le réquisit de toute recherche[3]. Il n'y a que la Révélation qui soit capable d'«expliquer» ce qui, sans ce recours, serait plus «inexplicable» encore: la condition humaine. La notion de péché originel, par exemple, accède ainsi au rang de catégorie, en fonction de sa capacité à ordonner le champ chaotique de l'expérience du mal.

Sommes-nous loin de Job? N'est-il que le biais artificiel par lequel nous en viendrons à méditer sur la théologie pascalienne, ce qui eût pu se faire sans ce recours? C'est par la médiation de Job, pris, à la fois, comme emblème[4] et comme symbole, en l'acception forte de la participation (ainsi donc n'est-il pas

---

1. Dont J. Mesnard vient d'établir le texte dans *OC* IV, p. 35-45.
2. *Pour la métaphysique*, Paris, Fayard, 1980, p. 264.
3. Voir *OC* III, p. 154.
4. Karl Wolfskehl, poète allemand, également connu comme traducteur de textes du Moyen Âge germanique, illustrera magnifiquement cela dans son *Job ou les Quatre Miroirs*. Ce recueil de poèmes a paru en 1946 (la même année que le *Job* de la philosophe allemande, Margarete Susman, exégète autorisée de F. Rosenzweig, très attentif, lui aussi, au *Livre de Job*). L'auteur présente, de manière fort suggestive, quatre «miroirs» de Job: *Job-Israël* (Job est identifié au serviteur souffrant d'Isaïe, c'est là un des *topoi* de la tradition exégétique juive qui rejoint la tradition chrétienne, à ceci près que, dans le premier cas, il s'agit de la souffrance humaine, dans

de la pensée pascalienne — ni de notre démarche — le signe extérieur, mais figure d'intercession), que nous avons tenté de nouer, de manière synthétique, l'ensemble des perspectives, à la mesure du statut central de la catégorie du sacrificiel. Assurément, parmi les cinq lieux où Dieu se cache selon Pascal[1], le plus essentiel est l'Eucharistie. C'est dans la notion de sacrifice que se découvre le schème dynamique de la vie et de la pensée de l'auteur, lui qui avait compris «qu'un chrétien doit regarder cette vie comme un sacrifice[2]». Sa théologie sacrificielle se situe à distance de toute tentative de théodicée[3]. La difficulté d'intégrer le mal — cette «*donnée* réfractaire à la synthèse», selon la juste expression de Lévinas[4] — dans un système conceptuel, jointe à la nécessité théorique et pratique de la prendre en compte, en fait un véritable *schibboleth* quant à la possibilité de «boucler» tout discours philosophique. Pascal qui n'est pas «philosophe[5]», selon l'acception que lui-même donne au terme, mais qui l'est — peut-être... — à la mesure

le second, de celle du Christ préfigurée par les tourments de Job), *Job-Samson* (Wolfskehl a dans l'esprit la lutte contre les Philistins, symboles de l'esprit bourgeois, mais, à titre personnel, nous opérerions volontiers une transposition, les colonnes effondrées du temple symboliseraient l'épreuve surmontée, et nous serions ainsi confrontés à un Job «athlète», celui, par exemple, de saint Jean Chrysostome, très marqué par l'influence stoïcienne), *Job-Nabi* (la dimension prophétique sera, nous l'avons dit, une des pièces maîtresses de notre spéculation, dans la pespective pascalienne, bien entendu), *Job-Messie* enfin (pour Wolfskehl, Satan personnifie le défi de Dieu, auquel Job répond: «Le Messie vient de l'homme»); telle est la conclusion de A. Neher dans l'analyse qu'il présente du livre de Wolfskehl et dont nous ne venons de donner qu'un trop bref aperçu (voir «Le Livre de Job», *La Conscience juive. Données et débats*, Paris, PUF, 1963). E. AMADO LÉVY-VALENSI consacre, elle aussi, au recueil de Wolfskehl, un commentaire détaillé dans son *Job: réponse à Jung*, Paris, Éd. du Cerf, 1991, p. 225-227.
1. La Création, l'Incarnation, l'Eucharistie, l'Église et l'Écriture. Il convient, évidemment, d'être attentif à la spécificité de chacun de ces registres.
2. Comme l'écrivait Marguerite PÉRIER, dans la *Vie de Monsieur Pascal*, Laf., p. 26.
3. À moins de parler ici d'une «conversion de la théodicée», comme le faisait P. FONTAN, *mutatis mutandis*, à propos de Kant qui faisait, lui aussi, appel au *Livre de Job*. Voir «La théodicée de Kant», dans *Le Fini et l'Absolu*, Paris, Téqui, 1990, p. 161.
4. «La souffrance inutile», dans «Il problema della sofferenza "inutile"», *Giornale di metafisica*, 1, 1982, p. 13-25, en particulier p. 13; le mot «donnée» est souligné dans le texte.
5. Voir V. CARRAUD, *Pascal et la philosophie*, Paris, PUF., coll. «Épiméthée», 1992. L'ouvrage le plus récent sur ce point discuté est celui de H. BOUCHILLOUX, *Apologétique et raison dans les «Pensées» de Pascal*, Paris, Klincksieck, 1995.

du christocentrisme qui irradie et unifie sa pensée (nous reviendrons sur ce point délicat au terme de notre parcours) se heurte — et confronte son lecteur — au fait brut du mal, tel un nouveau Job, mais sans la moindre velléité protestataire. Cette réalité du mal, il ne l'exténue ni ne l'évacue, mais, fidèle sans le savoir, en particulier dans la *Lettre sur la mort de son père*, à la prescription plotinienne : « ceux qui cherchent d'où les maux viennent [...] feraient bien de commencer leur recherche en posant la définition du mal et de sa nature[1] », il l'impute à la faute première, à la liberté humaine, lui refuse tout être, et d'une certaine manière le délie de la souffrance, puisque celle-ci rédime le mal moral, en vertu d'une transmutation mystérieuse, d'une véritable *catharsis* : le mal devenu souffrance du mal. Ainsi serons-nous renvoyée à l'énigme du Dieu souffrant, chère au P. Varillon[2]. Seul « Pascal sacrifiant[3] » apporte la réponse spécifiquement pascalienne à la question du mal. Cette réponse ressortit à la logique de l'Incarnation dont la pointe extrême est un sacrement qui est un sacrifice, dans son visage duel : oblation-immolation. Il y a une logique pascalienne de l'Eucharistie qui anticipe la perspective blondélienne.

Imputer, comme le fait l'apologiste, le mal à la liberté humaine conduit nécessairement à poser avec lui la délicate question de l'articulation du libre arbitre et du concours divin, enjeu à l'époque de controverses, redoutables en leur surdétermination. Il sera donc nécessaire que nous tentions, d'une part, d'analyser — compte tenu de l'horizon historique : la réactualisation au XVIIe siècle du vieux débat entre saint Augustin et les pélagiens — la structure de l'acte libre, telle que la déploient les *Écrits sur la grâce*; d'autre part, de rendre manifeste la temporalité dans laquelle cette structure s'inscrit : l'*instant* de l'insertion de la motion divine, à la jointure de l'avant et de l'après[4], dans le cadre de la théorie de la « grâce continuée » — si la grâce peut, n'importe quand, à n'importe qui, être donnée ou retirée, d'où l'aspect dramatique dans ce cas de la vie

---

1. PLOTIN, *Ennéades*, I, VIII, 8.
2. *La Souffrance de Dieu*, Paris, Centurion, 1975.
3. Nous reprenons ici le titre symbolique d'un article de Ph. SELLIER, dans *L'Intelligence du passé. Les faits, l'écriture et le sens. Mélanges offerts à Jean Lafond*, Université de Tours, 1988, p. 437-442.
4. Nous emprunterons, en une libre utilisation, le vocabulaire de G. Fessard. Voir la *Dialectique des « Exercices spirituels » de saint Ignace de Loyola*, Paris, Aubier, 1956.

chrétienne[1]... Pascal a comme le pressentiment de l'idée chère à la théologie biblique moderne d'un *temps de décision*[2] — celui même où Dieu intervient de façon décisive. Ainsi le surnaturel s'insère-t-il dans la trame de l'agir, ainsi les principes d'une morale surnaturelle sont-ils dévoilés. Notre histoire empirique n'est histoire que par l'irruption, dans le temps qui est le sien, de l'éternité métahistorique et non anhistorique (c'est-à-dire : privée d'hitoire ; or l'éternité est sa propre histoire). L'alpha et l'oméga ne sont tels que par le surplomb de l'événement central (l'Incarnation) qui promeut le temps en Sens (dans la double acception signification-direction). Tel est le « point haut » (S 55/L 21). La pensée de Pascal est celle d'une eschatologie existentielle où, à chaque moment, se (re)joue la seule « partie[3] » : le choix de l'homme dans la foi, le choix de la grâce de Dieu... Il est impossible d'esquiver cette problématique si complexe, indissolublement unie à celle du mal. Examiner, sous l'éclairage de Job, les réponses qu'apporte Pascal, est d'autant plus justifié que son maître, l'évêque d'Hippone, était, lui-même, dans la lutte qu'il mena contre les pélagiens, obsédé par Job. Et le moins paradoxal, dans cette optique, est bien finalement que la prière puisse être pour Pascal, comme pour saint Augustin, le prototype de la résolution quant à la double question qui n'en fait qu'une : la liberté-le mal.

« Job est la question, Jésus est la réponse », écrivait le P. Daniélou[4]. Job est *déjà* la réponse, car Dieu, « pour affirmer

---

1. En ce sens, R. GUARDINI (*Pascal ou le Drame de la conscience chrétienne*) parlait du « drame de la conscience chrétienne ».
2. Voir K. BARTH, *Kirkliche Dogmatik*, IV, I, p. 278 de la traduction française. Il est sans doute possible de rattacher l'idée de temps décisif, de temps critique, au *kairos* des Septante, et, plus lointainement, mais avec prudence, à la conception du temps chez les Hébreux. Le lecteur remarquera que nous ne parlons pas ici de « pari », ne serait-ce que parce que Pascal n'emploie jamais ce substantif ! Nous pensons, avec L. THIROUIN (*Le Modèle du jeu dans la pensée de Pascal*, Paris, Vrin, 1991), que le fait de devoir parier illustre, pour l'auteur des *Pensées*, l'incapacité où se trouve l'homme d'être convaincu par une argumentation exclusivement rationnelle. Le fragment, dit du pari, eût trouvé sa place dans le Protreptique et ne représente qu'un moment à l'intérieur d'un dispositif plus ample.
3. Voir L. THIROUIN, *Le Modèle du jeu dans la pensée de Pascal*. Utile est aussi le travail (non cité par Thirouin) de I. HACKING, « The Logic of Pascal's Wager » (*American Philosophical Quarterly*, 9, 1972, p. 186-192), qui porte sur Pascal et la théorie des jeux. Voir aussi *The Emergence of Theory of Probability*, Cambridge University Press, 1975 et B. SAINT-SERNIN, *La Raison au XXe siècle*, Paris, Éd. du Seuil, 1995, p. 252-253, p. 294 (entre autres).
4. *Les Saints païens de l'Ancien Testament*, p. 109-129, en particulier p. 125.

l'espérance de ses élus, leur en a fait voir l'image dans tous les temps » (S 11/L 392). Le Dieu souffrant rayonne au centre des *Pensées*. « En méditant sur la nuit de Gethsémani, en s'avançant seul à la rencontre du Sauveur, Pascal entrait dans ce qui est le mystère par excellence de la religion », écrivait justement M. Raymond[1]... « Il ne faut nous unir qu'à ses souffrances » (S 767/L 943) ! La plus térébrante de toutes nos interrogations : le mystère de l'iniquité, trouve là sa réponse. La problématique pascalienne ne peut être affrontée que dans les termes de l'*expérience religieuse*[2]. Le P. Calvet écrivait : « Pascal est un croyant, un apôtre et un théologien ; un commentaire qui ne tient pas compte de cette foi et de cet esprit de prosélytisme, ou qui laisse de côté la théologie pour courir après la littérature, est un commentaire mal fait[3]. » Nous souscrivons entièrement à cette formule, sauf sur un point : elle manifeste une appréhension par trop modeste quant à l'essence de la chose littéraire : nous « courrons » donc aussi « après[4] » la littérature (au sens contemporain du terme, évidemment — au XVIIe siècle, le mot renvoyait à l'*eruditio*, un savoir légué par l'Antiquité[5]). Notre vœu serait d'être capable de faire apparaître à quel point chez Pascal la forme est le fond même : aucune distance entre l'écriture et son objet, d'où la tension extrême d'un texte nu qui exprime une pensée à l'état brut, dans la transmutation qui s'opère, insensiblement, de la prose en poésie, dès que la parole atteint un certain degré d'intensité[6]

1. Dans « La conversion de Pascal », *Vérité et poésie*, Neuchâtel, 1964, p. 13-37, en particulier p. 37. Voir aussi le beau livre de A. FEUILLET, *L'Agonie de Gethsémani. Enquête exégétique et théologique suivie d'une étude du « Mystère de Jésus » de Pascal*, Paris, Gabalda, 1977.
2. Voir A. MOSCATO, *Pascal. L'esperienza e il discorso*, Milan, 1963 ; *Pascal e la metafisica*, Genève, Tilgher, 1978.
3. « Une théorie récente sur les "Pensées" de Pascal », *Bulletin de littérature ecclésiastique*, Institut catholique de Toulouse, juin 1905, p. 175. Mais Calvet n'en consacre pas moins des pages fort éclairantes à la rhétorique pascalienne, voir *La Littérature religieuse de François de Sales à Fénelon*, Paris, Del Duca, 1956, chap. IX, p. 203-214.
4. Nous avons là recours, avec Calvet, à une expression vulgaire. Notons qu'elle se trouve sous la plume de Pascal qui ne dédaignait pas d'avoir recours au langage trivial : « les hommes [...] se reprochent de courir témérairement après les nouvelles » (S 78, p. 177/L 44). Dom JUNGO commente : « Courir après, c'est presque l'argot des gamins » (*Le Vocabulaire de Pascal étudié dans les fragments pour une Apologie. Contribution à l'étude de la langue de Pascal*, p. 131).
5. Voir l'article « Littérature », *Dictionnaire de Furetière*, 1690.
6. Voir J. MESNARD : Pascal se révèle « un poète en prose ». Ainsi l'*Abrégé*... est-il, par exemple, « le lieu d'une savante recherche esthétique »

— métamorphose dont le *Livre de Job* était déjà l'un des lieux privilégiés. Cette imitation de Job, que nous assignions ci-dessus à la sphère éthique, est aussi imitation rhétorique, mais finalement cela ne dit pas deux registres distincts : « l'imitation rhétorique de Jésus-Christ[1] » et de sa figure, Job, est un devoir ! L'horizon « inspiré » du discours de Pascal transfigure à terme toutes les perspectives. Sans nous donner la facilité de jouer sur les mots, lorsque tous les concepts envisagés s'exhaussent à la dimension théologale, il est « constant », comme dirait encore Pascal (c'est-à-dire certain), que la recherche se meut dans un autre ordre que celui de l'érudition et de la psychocritique. Si la rhétorique pascalienne retient notre attention, c'est à la mesure du dévoilement métaphysique qui s'opère quant à son essence.

Ph. Sellier notait : « C'est au *Livre de Job* que Pascal emprunte l'idée de faire longtemps chercher l'incroyant "par dialogues", de façon à le travailler, le lasser par l'inutile recherche du vrai bien[2]. » Au terme de cet épuisant et stérile dialogisme retentira le monologisme de la sagesse créatrice : « Je suis celle qui vous ai formés et puis seule vous apprendre qui vous êtes » (fragment 149-430). Deux grands fragments, les fragments 131-134 et 149-430, reproduisent ces thèmes (à la frontière de l'*inventio* et de la *dispositio*) du *Livre de Job*, à la fin duquel Dieu dit en substance : « Humiliez-vous raison impuissante, taisez-vous nature imbécile[3]. » Pénétrante intuition ! Et Ph. Sellier d'écrire aussi dans l'introduction à son édition des *Pensées* : « Le coup de génie de [Pascal] fut d'adapter à ses propres visées l'organisation du *Livre de Job*.

(*OC* III, p. 245). Que Pascal soit un rare poète est incontestable. Claudel a donné une analyse admirable (sur des exemples) de l'accord « entre une *dominante* choisie à un point variable de la phrase et la cadence finale » chez Pascal (voir « Réflexions et propositions sur le vers français », *Nouvelle revue française*, 1925, p. 563-567). Bien entendu, il est nécessaire de s'attacher aux métaphores, comme Ph. Sellier ou M. Le Guern. A. Vinet avait eu raison d'écrire : « Il est toujours quelques points par où la passion communique avec l'imagination ; la passion ne peut pas éternellement se passer d'images, et c'est ainsi que de temps en temps [...] elle le [Pascal] fait poète », *Études sur Pascal*, Paris, 1848 ; éd. 1936, Paris, Fischbacher, p. 307.

1. Comme le dit encore Ph. SELLIER, voir « "Rhétorique" et Apologie », *Méthodes chez Pascal*, Paris, PUF, 1979, p. 381.
2. Celui que proposent les philosophes, évidemment : voir le fameux « Deux cent quatre-vingts sortes de souverain bien dans Montaigne » ! (S 27/L 408.) Dieu seul est le « véritable bien » (S 181, p. 226/L 148).
3. « "Rhétorique" et Apologie », p. 376. Ph. Sellier cite Pascal dans les éditions Lafuma et Brunschvicg.

C'est là qu'il a vu un personnage errer pendant trente-huit chapitres, se heurter au mur de l'incompréhensible, pour finalement écouter, prostré dans la poussière et la main sur la bouche, la révélation de la transcendance[1]. » Tout notre propos consistera, au bout du compte, à faire résonner de ce thème les harmoniques, à l'amplifier, afin de mettre en lumière que « Job » (le livre, le personnage) n'est pas seulement modèle dans le registre structurel de l'organisation présumée de la future Apologie (clef pour l'interprétation des *Pensées*) mais aussi, pour leur auteur, la « clef », au titre de l'exégèse figuriste. Pascal invoque et évoque l'Ancien Testament parce que celui-ci est le premier chapitre de l'« histoire immobile[2] ». Seule une *théologie de l'histoire* valide la théorie des figuratifs. Au travers du système pascalien des allusions, des références, des citations relatives à l'Ancien Testament, se joue la question essentielle, celle du *mysterium salutis* (dont le sacrement eucharistique est le « principal moyen[3] »). Pour reprendre l'heureuse formule du P. Daniélou, au regard de l'auteur des *Pensées*, l'Ancien Testament est « déjà l'Incarnation avant l'Incarnation[4] »...

---

1. P. 76. Voir aussi H. JAUSS : « Il n'y a aucun texte où la question et la réponse aient plus d'importance que dans le *Livre de Job* [...]. La tension violemment dramatique du dialogue est due spécialement à ce que Job, dans cette dispute avec ses amis orthodoxes, passe de la plainte personnelle aux grandes questions du *pourquoi?* » (*Pour une herméneutique littéraire*, Paris, Gallimard, 1982, voir p. 119-137).
2. P. MAGNARD, *Nature et histoire dans l'apologétique de Pascal*, chap. V, p. 194-206.
3. Nous empruntons l'expression à Nicole, mais, comme il le précise lui-même, il se fait là l'écho des Pères. Voir *Instructions théologiques et morales sur les sacrements*, nouvelle édition, 1719, t. II, chap. I, p. 2.
4. *Approches du Christ*, Paris, Grasset, 1960, p. 83.

PREMIÈRE PARTIE

LE « MYSTÈRE ». LA « CLEF »

> « [Pascal a] repris le fil du discours du vieux Job[1] » (Paul Claudel).

---

1. Lettre à H. F. Stewart du 11 juin 1939, publiée dans le 18ᵉ *Bulletin de la Société Paul Claudel*, avec un commentaire de H. Gouhier (voir P. CLAUDEL, *Œuvres en prose*, Paris, Gallimard, coll. «La Pléiade», 1965.) Claudel qui, en général, se contente d'évoquer Pascal, explicite dans cette lettre sa position à son égard. Il est évidemment hostile au «jansénisme» de Pascal, lui reproche de «nous arracher à la Création», au lieu de lire le Livre du monde («Combien à ce point de vue saint François de Sales est-il supérieur à Pascal!»). En revanche, il le loue d'avoir pratiqué une exégèse spirituelle.

CHAPITRE PREMIER

LE « MYSTÈRE DE JOB »

> « Va, tu ne te satisferais pas longtemps d'un monde que le mystère aurait déserté » (Gabriel Marcel, *L'Iconoclaste*, Paris, Stock, 1923).

Est-il légitime de parler du « mythe » de Job[1] ? Richard Simon écrivait en 1678 : « Quelques-uns ont cru que les livres de Job, de Tobie et de Judith n'étaient pas tant des histoires que des ouvrages écrits dans [un] style parabolique et de saintes fictions qui avaient leur utilité [...] On remarquera cependant que selon le sentiment le plus commun et le plus approuvé les livres de Job, de Tobie et de Judith ne sont point de simples paraboles[2]. »

---

1. Job figure dans le *Dictionnaire des mythes littéraires*, publié sous la direction de P. Brunel, Paris, Éd. du Rocher, 1988, p. 838-846.
2. *Histoire critique du Vieux Testament*, éd. 1685, Rotterdam, p. 58. Voir aussi dom CALMET : « Il n'y a aucun livre dans l'Écriture contre lequel on forme plus de difficultés que contre celui-ci. Nul ne fournit plus de sujets de doute et d'embarras, et nul ne donne moins de lumières pour résoudre ces doutes. On dispute sur la personne de Job, sur son existence, sur le temps auquel il a vécu, sur son pays, sur son origine, sur sa religion, sur l'auteur de cet ouvrage, sur son authenticité, sur le temps et l'occasion auxquels il a été écrit » (*Commentaire littéral sur tous les livres de l'Ancien et du Nouveau Testament*, 1712, p. 11). Mais le savant bénédictin rejette « avec horreur » ces doutes : « Comment reconnaître pour canonique et pour Écriture sainte une histoire fausse, une allégorie ? » Et il finit sur cet ensemble de précisions : « Job est le même que Jobab, de la race d'Édom [...] il vécut et régna même dans l'Ausite et dans l'Idumée orientale, connue sous le nom d'Arabie déserte [...] Il suivait la loi naturelle, éclairée des lumières de la foi et de la révélation, sans être obligé à observer les lois de Moïse qu'il n'ignorait pas toutefois [...] Il mourut apparemment à Denaba » (p. 415). Dans son introduction au *Livre de Job* dans l'*Ancien Testament* (Paris, Gallimard, coll. « La Pléiade », t. II, p. CXXVI-CXXXIV), E. Dhorme écrit : « Job est un riche pasteur du pays de Ous, entre l'Arabie et l'Idumée. Il n'est pas d'Israël mais appartient aux "fils de l'Orient" [...] la composition du livre [...] n'a pas été l'œuvre d'un seul auteur [...] Le milieu du Ve siècle avant notre ère conviendrait bien à la rédaction définitive. »

À Pascal, comme à ses amis de Port-Royal, le terme de «fiction» ou de «mythe» eût semblé impertinent. Ils étaient persuadés — à l'instar de saint Augustin pour lequel la vérité historique des malheurs du juste est, nous le verrons, un thème privilégié — de l'existence réelle du sage de Hus. «Il s'agit d'un fait passé et non d'une parabole», déclarait lui aussi saint Thomas, dans son *Exposition sur Job*: «Certains ont pensé que Job n'avait pas existé mais qu'il s'agissait d'une sorte de fiction sous forme d'allégorie pour servir de matière à un débat sur la Providence [...] il faut tenir compte de la vérité. En effet cette opinion est en opposition avec l'autorité de l'Écriture sainte[1]», et de citer à l'appui le prophète Ézéchiel et saint Jacques. La préface du *Job, traduit en français, avec une explication tirée des saints pères et des auteurs ecclésiastiques* de la *Bible de Sacy*, reprend la même argumentation traditionnelle, confortée de références identiques: «Si on considère que Dieu même parle de Job dans Ézéchiel comme d'un homme très véritable qu'il joint à Noé et à Daniel dans les œuvres de la justice; que le Saint-Esprit propose l'exemple de sa patience à toute la postérité avec celui de Tobie; que saint Jacques apôtre le représente comme un modèle de constance, en le joignant à Jésus-Christ dont il a été la figure, il ne nous restera aucun sujet de douter que Job n'ait été très réellement un homme, dont la vertu attaquée par toute la fureur du démon a été récompensée dès ce monde, et ensuite couronnée dans l'autre, selon l'éloge que le Saint-Esprit en a fait depuis sa mort en le nommant un saint homme[2].» Ces formules: «exemple de patience», «modèle de constance», «figure», «homme [...] saint homme», seront les *leitmotive* de notre future analyse. Pendant des siècles l'on s'est représenté Job comme l'homme «patient», décrit dans les chapitres I et II du livre, mais aussi comme le serviteur souffrant d'Isaïe LIII. Dans la tradition exégétique juive, à laquelle, de nos jours, une Margarete Susman est demeurée fidèle[3], la souffrance est assumée par le juste; dans la perspective chrétienne, par Dieu qui se fait homme. Comment ne pas être sensible à la proximité de ces interprétations? Mais si, dans

---

1. Voir *Job. Un homme pour notre temps. Exposition littérale sur le Livre de Job de saint Thomas d'Aquin*, trad. J. Kreit, Paris, Téqui, 1980.
2. *Job*, préface.
3. Pour M. Susman, le Troisième Reich est (à juste titre!) l'avatar du Satan.

un cas, Job est Israël, dans l'autre, il convient de parler de « l'unique Israël de Dieu[1] ».

L'idée d'un Job « révolté » est chère à bien des auteurs actuels qui entendent ses plaintes comme un farouche réquisitoire et s'appuient volontiers sur la lecture des chapitres III à XXXI, tandis que la Tradition est également attentive au cadre narratif — « le conte populaire tel qu'on l'entendait raconter sous les tentes avant qu'il n'eût pénétré dans le patrimoine sapientiel d'Israël[2] » — presque entièrement en prose: le Prologue et l'Épilogue[3], dont les interprétations modernes souvent font fi, comme éléments surajoutés. En ce qui nous concerne, nous ne considérerons pas Job sous l'angle au demeurant passionnant de l'exégèse scientifique. Nous nous tiendrons aussi à distance du tourbillon de certains herméneutes actuels qui font servir le texte (dissous!) à leurs thèses... Notre décision est de tenter de « voir » Job comme Pascal le voyait, afin de lui restituer sa vibrante intériorité qui se situe dans la droite ligne des Pères et des auteurs médiévaux, par exemple un Rupert von Deutz qui mettait « dans la bouche du Christ, s'adressant à son Père, les paroles que Job disait à Dieu ». Rupert, dans le traité intitulé *Sur les œuvres du Saint-Esprit*, avait reconnu dans le sage de Hus « le symbole de l'homme en face de Dieu, et d'abord de l'homme parfait: Job est le Christ, le juste qui exprime sa pensée sur la rédemption[4] ». Ce sera, *mutatis mutandis*, la lecture de Pascal et, du fait même, la nôtre.

Assurément, à un autre point de vue, celui que nous adopterions si notre but était une étude du thème (la moisson serait d'une exceptionnelle abondance) et si, par ailleurs, nous ne faisions effort, en l'occurrence, pour penser comme Pascal pensait en son temps, l'emploi du terme « mythe » nous semblerait légitime. En effet, l'extraordinaire richesse des variations sur le motif des malheurs de Job, à partir du livre canonique (qui,

---

1. Voir le collectif portant ce titre, sous la direction de J.-M. Garrigues, Paris, Criterion, 1987.
2. J. LEVÊQUE, *Job, le livre et le message*, Paris, Éd. du Cerf, 1985, p. 5. Voir aussi, du même auteur, le monumental *Job et son Dieu, essai d'exégèse et de théologie biblique*, Paris, Gabalda, coll. « Études bibliques », 1970, 2 vol.
3. Le livre a été composé, nous l'avons dit, entre le Ve et le IIIe siècle av. J.-C. (le poème de la Sagesse au chapitre XXVIII est le dernier ajout en date). Il comporte quarante-deux chapitres et articule des éléments de style différent: prose et poésie, dialogues et monologues, discours, etc.
4. Cité par dom Jean LECLERCQ, *L'Amour des lettres et le désir de Dieu*, Paris, Éd. du Cerf, 1990, p. 81.

lui-même, a été composé par strates successives, émanant d'auteurs différents, et dont l'écho a été amplifié au cours des âges), est proprement saisissante. Plus profondément, il faut noter que la portée du drame de Job dépasse le contexte oriental où il se situe; ses cris de supplication font évoquer, par une légitime association, la communauté lugubre de l'expérience du malheur : bien d'autres tragédies, éclatantes : « Prométhée crucifié, Œdipe aveugle, Oreste traqué, Hippolyte mourant, Iphigénie, Antigone [...] flaque de sang éternellement miroitante sur l'orchestre du théâtre grec[1] », ou obscures : les drames qui tissent le quotidien des humbles mortels, ainsi celui de la poétesse Marie Noël (H. Gouhier n'intitule pas arbitrairement « Le cri de Job », un chapitre de son livre, *Le Combat de Marie Noël*[2]). Ce n'est pas le moindre mérite de Pascal que d'avoir été attentif à la morne banalité de la souffrance... M. Bochet utilise l'expression de « capital mythique du personnage » dans l'article « Job » du *Dictionnaire des mythes littéraires*, où il fait figurer le sage de Hus aux côtés de Prométhée, d'Œdipe ou de Faust... L'apôtre de la religion du « Progrès », Edgar Quinet, dans un esprit de système et le refus de toute perspective surnaturelle, avait, quant à lui, mis en parallèle Job et Faust, Job et Prométhée, et même Job et Hamlet[3]. Nous aurons l'occasion de rencontrer des exemples du parallèle Job-Prométhée, mais, d'emblée, nous tenons à rappeler la proximité entre le Prologue au ciel du *Faust I* de Goethe et le Prologue en prose du livre vétérotestamentaire. Jung, entre autres, avait noté cette parenté dans les analyses gnostiques que nous évoquerons ci-dessous, mais, ajoutait-il, « ce n'est pas Faust lui-même qui souffre, ce sont les autres qui souffrent à cause de lui, et même le diable vient à pâtir de lui[4] »... E. Souriau écrivait, pour sa part : « Si, selon un modèle théologique traditionnel (auquel Pascal a pu, peut-être, un peu penser), on donne consistance sous forme de pari au "jeu à l'infini" en le situant tout entier dans l'au-delà, par un pari au sujet de l'homme entre Dieu et son Adversaire, comme on le voit au Prologue du *Livre de Job* (ou au "Prologue dans le ciel" du *Faust* de Goethe, lequel d'ailleurs imite Job) [...] évidemment, l'homme n'est

---

1. J. STEINMANN, *Le Livre de Job*, Paris, Éd. du Cerf, 1955, p. 23.
2. Paris, Stock, 1971.
3. Voir *Du génie des religions*, Paris, 1842, p. 311-321.
4. *La Vie symbolique. Psychologie et vie religieuse*, Paris, Albin Michel, 1989, p. 98.

plus du tout partie contractante au pari. Il n'y est "intéressé" qu'indirectement, par le pouvoir spécialement conféré ensuite à l'Adversaire, de l'éprouver[1].» Par ailleurs, D. Pic remarque, dans un autre registre : «Job et Faust sont deux amoureux abandonnés, ceux pour lesquels J. Kristeva a inventé le qualificatif d'"hainamourés" et Barthes celui de "enamourés", ceux à qui la douleur donne la parole[2].»

Dans la perspective de l'exégèse telle que la pratique Pascal, «mythe» devient un terme inadéquat. Celui d'«allégorie» serait valable, à condition de se placer résolument dans la perspective de la tradition exégétique chrétienne, celle de saint Paul, d'Origène, ou de Tertullien, et de ne pas conférer au vocable une définition passe-partout qui donnerait, par exemple, à croire, comme y insiste le P. de Lubac, que «les exégètes chrétiens auraient [...] traité Moïse exactement comme les Grecs traitaient Homère[3]». Trop d'auteurs, en effet, quand ils retracent l'histoire de ce qu'il est convenu de nommer la méthode allégorique, ont tendance à amalgamer la tradition païenne (stoïcienne en particulier) et la tradition chrétienne qui sont hétérogènes. «Mystère» nous paraît le mot adéquat, en dépit de la mauvaise cote du terme, parfaitement injustifiée dès lors que l'on restitue au mot sa pleine portée, dans l'optique de la tradition chrétienne où il est en prise directe sur la réalité divine en tant qu'elle est enclose dans l'Écriture, ainsi que J. Le Brun le rappelait à juste titre[4]. Parler du «mystère de

---

1. *L'Ombre de Dieu*, Paris, PUF, 1955, p. 81 (voir le chapitre, «Valeur actuelle du pari de Pascal»). L'auteur poursuit: «C'est bien pourquoi le rétablissement final de Job dans tous ses biens est, selon l'auteur hébreu, un acte gratuit de Dieu, et nullement le gain par Job de l'enjeu du pari. Cette sorte d'affabulation ontologique, en transférant le pari hors du monde, laisse absolument intacte la difficulté, qui est toujours de faire communiquer les deux plans, infini et fini.»

2. «Faust et Job ou les aventuriers de l'Autre perdu», *Études allemandes*, 3, recueil dédié à R. Girard, université de Lyon-II, mai 1989, p. 197. Voir aussi le développement de H. JAUSS, *Pour une herméneutique littéraire*, Paris, Gallimard, coll. «Bibliothèque des idées», 1982, p. 129-131, 186-218.

3. *Exégèse médiévale. Les quatre sens de l'Écriture*, Paris, Aubier, 1959, vol. II, Ire partie, II, p. 384-396, en particulier p. 388. Homère, écrivait Pascal, «fait un roman qu'il donne pour tel et qui est reçu pour tel» (S 688/L 436). «Roman» au XVIIe siècle — comme plus tard, au XVIIIe siècle, où la physique de Descartes, par exemple, sera traitée de roman — est péjoratif: production d'une imagination débridée. C'est en ce sens que Pascal écrit aussi: «Je ne trouve rien de si aisé que de traiter de roman tout cela» (S 783/L 992).

4. Dans *La Spiritualité de Bossuet*, Paris, Klincksieck, 1972, p. 139-140.

Job » nous semble approprié en raison de l'aspect « sacramental[1] » de la notion de « mystère », aspect qui consone parfaitement avec cette présence au cœur de la pensée pascalienne d'une théologie sacrificielle, dans la logique du christocentrisme eucharistique que nous voudrions mettre en lumière. Il convient aussi de rappeler que, traditionnellement, « les mystères sont des exemples, si bien que le chrétien doit imiter tout ce qu'il croit », comme nous le signifie l'évêque de Meaux à l'écoute de saint Léon[2]. L'on comprend pourquoi nous nous autoriserons à parler d'une « imitation de Job », d'autant qu'il y a dans « mystère » une connotation dramaturgique parfaitement adaptée au drame vécu par le sage de Hus, comme elle l'est aussi, en ce sens, à la Passion.

La connotation « secret » n'apparaît qu'au IVe siècle (elle n'est pas présente chez saint Paul[3]). Au XVIIe siècle, « mystère » et « secret » sont indissociables, point essentiel dans la perspective de Pascal pour lequel Dieu se cache « jusque » dans l'Eucharistie ; « mystère », de surcroît, est synonyme de « sacrement », comme on le voit chez Bossuet : « *Sacrement* dans notre usage ordinaire veut dire un signe sacré ; mais dans la langue latine, d'où ce mot nous est venu, *sacrement* veut dire souvent chose haute, chose secrète et impénétrable[4]. » Enfin, ne

---

1. Terme évincé par « sacramentel ». Il était encore préféré au XVIIe siècle. Furetière ne retient que lui dans son *Dictionnaire universel*, publié en 1690, en revanche les deux formes figurent dans le *Dictionnaire de l'Académie* (1694).
2. Voir J. Le Brun, *La Spiritualité de Bossuet*, p. 144.
3. Saint Paul emploie rarement le pluriel « mystères » (contrairement à l'usage grec courant). Voir cependant I Co, IV, 1 : « Que [tout] homme nous regarde [...] comme dispensateurs des mystères de Dieu. » L'apôtre use ici du terme pour préciser l'objet de l'institution apostolique : « l'acception paulinienne [...] se rattache au langage de la mystique philosophique où le mystère signifie l'enseignement théologique délivré par un personnel spécialisé. Ces mystères très en vogue dès le premier siècle avant notre ère ressortissent à la sagesse. Ils donnent une certaine vue du monde, des origines et des destins de l'âme humaine [...] Clément d'Alexandrie avait raison, dans sa *Protreptique*, de présenter la religion chrétienne sous la figure d'un mystère plus véridique et plus sûr que ceux des païens » (note de l'édition Pirot-Clamer).
4. Nous empruntons cette citation à J. Le Brun, *La Spiritualité de Bossuet*, p. 139. Les termes en italiques le sont dans le texte. Dans le beau *Sermon sur l'honneur du monde* du 21 mars 1660, nous lisons : « le mystère d'ignominie que nous commençons de célébrer ». Il s'agit de dresser le procès de la gloire profane, devant le tribunal du Christ qui ne vint pas « pour s'élever au-dessus des hommes par l'éclat d'une vaine pompe » (mais quand Pascal écrit : « Nos magistrats ont bien connu ce mystère », S 78, p. 176/L 44 —

l'oublions pas, « mystère » est de la même famille que « mystique ». Or pour l'auteur des *Pensées*, il y a deux sens de l'Écriture[1] : le littéral et le spirituel qu'il nomme une fois, précisément, « mystique[2] » (S 305/L 274). Que « spirituel » et « mystique » puissent, dans ce cas, être synonymes n'est pas surprenant. L'esprit s'oppose à la lettre, le sens est dissimulé — hors la foi... Mais la lettre est le corps de sa manifestation aux yeux de ceux qui savent voir. La loi de l'évidence appropriée enseigne qu'il y a « assez de lumière pour ceux qui ne désirent que de voir et assez d'obscurité pour ceux qui ont une disposition contraire[3] » (S 182, p. 233/L 149). Pascal joue dialectiquement du clair et de l'obscur. « Cacher » et « révéler » ne sont pas seulement, ici, deux notions antithétiques, mais l'expression d'une totalité : il convient de ne pas s'arrêter à la spécification des opposés, mais de comprendre que Celui qui se cache est Celui qui se montre à ceux qui ont les « yeux de la foi ». « Qu'on est heureux d'avoir cette lumière dans cette obscurité ! » (S 348/L 317.) L'évidence qui « engendre la certitude sans procurer la conviction[4] », d'une certaine manière,

cette fois le terme s'applique à la fausse gloire, la pompe, et ne renvoie à rien d'« inconcevable » ou d'« incompréhensible », épithètes souvent associées à « mystère » par Pascal — voir la Concordance).

1. Voir S 284/L 252 qui dénonce les deux erreurs symétriques : « 1. Prendre tout littéralement. 2. Prendre tout spirituellement. » À propos de cette réduction pascalienne de quatre (l'on sait que, dans la tradition médiévale, il y a quatre sens : le littéral qui enseigne les faits, l'allégorique, ce qu'il faut croire, le tropologique ou moral, ce qu'il faut faire, l'anagogique, ce vers quoi l'on tend) à deux, voir H. DE LUBAC : « Il n'y a au fond, partout reconnu, dans la tradition ancienne qu'un double sens de l'Écriture : l'un qui consiste dans l'histoire ou dans la lettre ; l'autre qu'on nomme plus généralement spirituel, ou allégorique ou mystique » (*Exégèse médiévale. Les quatre sens de l'Écriture*, p. 405).

2. « Preuves par l'interprétation mystique que les rabbins mêmes donnent de l'Écriture. » Il y a deux occurrences de « mystique » dans les *Pensées*, l'autre est : « La coutume fait toute l'équité, par cette seule raison qu'elle est reçue. C'est le fondement mystique de son autorité » (S 94/L 60). On le voit, « mystique » signifie simplement « caché ». Cependant, par saint François de Sales interposé qui dit de la « théologie mystique » qu'elle est l'oraison elle-même, le terme reçoit, par ailleurs, une signification plus haute et plus proche du sens que nous lui donnons communément aujourd'hui.

3. Tout le fragment est régi par des métaphores visuelles. Voir H. U. VON BALTHASAR, *La Gloire et la Croix, Styles*, t. II, *De saint Jean de la Croix à Péguy*, Paris, Aubier, coll. « Théologie », 1972, 2, section IV : « Obscurité et amour ».

4. J. RUSSIER, « L'expérience du mémorial et la conception pascalienne de la connaissance », *Blaise Pascal. L'homme et l'œuvre*, Paris, Éd. de Minuit, 1956, p. 239.

demeure obscure, mais n'en jouit pas moins d'une clarté qui lui est propre. «Dieu éclaire[1]» — cette formule au revers de celle qui pose que Dieu aveugle : «Barjésu aveuglé» (S 428/L 840), «*Excaeca*» (S 260/L 228)!

Si «impénétrable» ne signifie donc pas «défense d'entrer», pour autant, du mystère, l'«incompréhensibilité» (selon un terme ainsi défini par Furetière : «obscurité d'une chose qui fait qu'on ne la peut concevoir») subsiste. Son vaste registre recouvre, selon Pascal, les questions traditionnelles des métaphysiciens, à commencer par Descartes, sur l'existence et les attributs de Dieu, ou encore l'immortalité de l'âme et son union avec le corps, mais aussi celles des théologiens. «Incompréhensible que Dieu soit, et incompréhensible qu'il ne soit pas; que l'âme soit avec le corps, que nous n'ayons point d'âme; que le monde soit créé, qu'il ne le soit pas; etc.; que le péché originel soit, et qu'il ne soit pas» (S 656/L 809). Situation aussi inquiétante pour la raison (elle dit l'impuissance, l'échec, la dislocation) que le sera celle décrite par Kant dans la dialectique transcendantale (et, plus particulièrement du point de vue structurel, dans la cosmologie, lors que la *Vernunft*, déchirée par des propositions contradictoires, dans son obstination à quêter l'Inconditionné sous les deux visages de la cause première et de l'ensemble des conditions, se refuse à admettre la distinction — au principe de la résolution des antinomies — entre phénomènes et chose en soi). Cependant, pour Pascal, le fait de l'incompréhensibilité (doublement relatif: la finitude créaturelle, l'obscurcissement de nos facultés à la suite du péché) ne renvoie pas à une absence primordiale de Sens mais, au contraire, au suprême intelligible en droit, s'il ne peut l'être, pour nous, ici-bas! La requête d'intelligibilité dit un désir légitime qui, pour devoir accepter d'être sacrifié (la raison doit s'humilier), n'en trouve pas moins son transcendantal dans le Verbe divin: tout se résout en ce Sens plénier où, certes, nous n'atteignons pas, mais par la vision béatifique, les élus y auront accès, tandis que le fait de la Révélation consacre la donation du Sens: le Christ est la Parole du Père; l'intérêt que porte Pascal au Prologue de l'évangile johannique — il n'est que de relire le début de l'*Abrégé de la vie de Jésus-Christ* — est patent. C'est pourquoi l'auteur des *Pensées*, avant de faire parler la Sagesse divine dans une prosopopée célèbre (inspirée, certes, par le texte des *Proverbes*, mais qui évoque

---

1. *OC* III, p. 1036 (lettre du 29 octobre 1656 à Ch. de Roannez).

aussi le discours que le Tout-Puissant tient à Job) fait débuter la liasse «APR» par cette indication: «Commencement. Après avoir expliqué l'incompréhensibilité.» Ce qui signifie: il convient d'abord de constater l'incompréhensibilité (en l'occurrence, celle de la misère) dont l'enquête anthropologique a montré qu'elle régnait en maîtresse. Cette situation, comme dirait l'auteur, nous «passe». La seule issue est de se mettre à l'écoute du Verbe («Entendez de votre Maître votre condition véritable que vous ignorez», telle était déjà l'injonction du fragment S 164/L 131). Nous devons comprendre que le dogme du péché originel rend raison de l'incompréhensibilité de l'humaine condition: «l'homme est plus inconcevable sans ce mystère, que ce mystère n'est inconcevable à l'homme» (S 164, p. 213/L 131).

Ph. Sellier a souligné l'importance du souci pascalien d'une «incitation au cheminement intellectuel» dans le discours sur le seuil qui eût introduit l'Apologie[1]. Le recours instrumental aux preuves trouve sa justification dans l'idée que la foi, dans l'ordre du cœur, satisfait l'intelligence. La dix-septième Provinciale permet de préciser ce qu'il en est de l'usage pascalien de la raison (n'oublions pas que la liasse XIV du projet de 1658 s'intitule: «Soumission et usage de la raison»). Pascal y distingue «point de foi», «raisonnement», «chose de fait». La «chose de fait» dont Job témoigne est la misère; le constat brutal doit secouer l'indifférence (qui est sans doute conjointement une conduite d'évitement et un mécanisme de défense) et mettre en branle le «raisonnement» qui est ici l'effet du bon sens, tandis que le recours à la raison abstraite des philosophes se révèle décevant; enfin, il apparaît que la «foi» seule, *raisonnablement*, apporte la réponse: la faute première rend compte de la situation, il faut donc y croire comme nous l'enseigne l'autorité. Mais la raison a encore son rôle à jouer: elle s'exerce maintenant sur les données de la Révélation pour expliquer, à partir donc de la Bible, notre expérience quotidienne.

Pascal s'inscrit, mais avec une différence notable dans la perspective des polémistes médiévaux. Dans la première partie des *Pensées*, il établit une base commune de réflexion entre lui et ses interlocuteurs, libertins ou chrétiens assoupis: la situation de misère (dont Job est, à la fois, le porte-parole et le lieu-

---

1. «L'ouverture de l'apologie pascalienne», *XVIIe Siècle*, 4, 177, 1992, p. 449.

tenant) et que la raison se doit d'expliquer; dans la seconde partie, c'est l'Écriture qui lui sert de base: le recours aux textes, par l'intermédiaire des recueils de *testimonia* (qui sont comme les analogues, dans leur ordre des recueils d'*excerpta* profanes) — et Pascal de traduire, en particulier, des pages de son prophète favori, Isaïe (le *Livre de Job* joue donc son rôle au même titre que n'importe quel livre; si privilège il y a, c'est à la mesure du statut de la «figure» de Job, de sa fonction prophétique et paradigmatique). Bernard Oliver, au XIIIe siècle, dans son traité *Contre l'aveuglement des juifs*, préconisait de «[produire] seulement des *autorités* de l'Ancien Testament, que les juifs acceptent, et des *raisons* qui peuvent découler de celui-ci[1]». (Est-il besoin de préciser que l'apologétique pascalienne ne vise plus les juifs mais la libre-pensée?) C'était aussi, à la même époque, la méthode de Raymond Martin que Pascal a lu de très près. Les libertins (à la différence des juifs qui reconnaissent l'autorité de la Bible hébraïque) ne reconnaissent pas l'autorité de l'Écriture, il faut donc, dès lors qu'on les a acculés à se mettre à son écoute (seule issue), faire comme si elle était un texte profane (puisqu'ils ne peuvent l'envisager autrement). Il n'empêche que c'est bien elle que la raison doit mettre à l'épreuve (entreprise sans risque pour le chrétien si l'Évangile est vrai), afin d'en mettre au jour la rationalité, par-delà les apparentes contradictions ou les extravagances que ses ennemis se font le malin plaisir de relever. L'emploi de la raison est précisé: montrer que l'Écriture «fait preuve», en rendant manifeste au regard de l'incroyant la rationalité intrinsèque du texte sacré et la cohérence unitaire des deux Testaments. La foi, certes, est fruit de la seule grâce: il ne s'agit donc que de préparer la raison à admettre la légitimité de sa soumission. La requête d'intelligibilité n'en est pas moins valorisée. Le prétendu «fidéisme» de Pascal n'est qu'un fantasme (comme tel non innocent!) si le vrai Dieu est le «dieu vrai[2]».

La religion est, pour la majorité des esprits du grand siècle, la véritable science, d'où l'acharnement d'un Malebranche ou d'un Leibniz à manifester l'identité terminale de la foi et de la raison, ou encore «l'insistance de Bossuet sur un des caractères du Christ: le Christ sagesse et maître de vérité[3]». L'auteur

---

1. Éd. F. Cantera-Burgos, Madrid-Barcelone, 1965, p. 70.
2. Voir P. MAGNARD, «Plaidoyer pour un dieu vrai», *Le Dieu des philosophes*, Paris, Mame-Éditions universitaires, 1993, Prologue.
3. J. LE BRUN, *La Spiritualité de Bossuet*, p. 145.

des *Pensées*, assurément, est fort loin de ce grand rationalisme ; il est pénétré de la distinction radicale entre les domaines de la science profane (autonome dans son plan) et de la foi. Mais il ne cesse de souligner le fait qu'il y a en l'homme une « capacité de connaître la vérité » (S 151/L 119), il lui reste une « lumière confuse » (S 182, p. 229/L 149), « trace » (S 181/L 148) du divin. Il est donc possible, si Dieu le veut et s'il nous donne de le vouloir, d'espérer accéder à un certain type et à un certain degré de connaissance. L'on saisit toute la différence, par-delà leur commun refus de toute preuve métaphysique de l'existence de Dieu, entre l'auteur des *Pensées* et celui de la *Critique de la raison pure*. En effet, le premier reconnaît la possibilité d'une « vision » intellectuelle que le second récuserait en fonction de sa définition étroite de l'expérience. Ainsi Pascal déclare-t-il : « Il ne faut pas qu'il [l'homme] ne voie rien du tout [...] il faut voir et ne voir pas ; et c'est précisément l'état où est la nature » (S 690, p. 492/L 449). Le P. von Balthasar commente : « Cette sorte de vision est si essentielle pour Pascal qu'il la retrouve formellement à tous les degrés [...] vision dans la non-vision[1]. » Pascal ne s'enferme pas dans une théologie négative qui serait « indiscernable de la négation de Dieu[2] ». Ainsi quand il évoque « l'intelligence des mots de bien et de mal » (S 710/L 473), cela doit, certes, s'entendre comme la *libido sciendi*, mais pourrait aussi, après tout, être interprété comme le degré de compréhension dont nous sommes « capables », et auquel nous devons faire effort, si Dieu le veut, pour nous élever.

L'on se souvient de la célèbre distinction que faisait Gabriel Marcel entre « problème » et « mystère ». Elle intervenait à propos de la question du mal[3]. L'auteur de *Pour une sagesse tragique* écrivait : « Mystère du Mal, ceci veut justement dire qu'il

---

1. *La Gloire et la Croix, Styles*, p. 77. La métaphore acoustique serait aussi adéquate : tout homme entend et n'entend pas. Il doit être un auditeur, à l'écoute de Dieu, comme en témoigne le fragment S 751/L 919 (Ph. Sellier a divisé L 919 en deux morceaux : S 749 et 751. Seul le premier reçoit l'appellation « Mystère de Jésus » qui, on le sait, n'est pas de Pascal).
2. Nous empruntons cette proposition à Cl. BRUAIRE.
3. Voir *Pour une sagesse tragique*, Paris, Plon, 1968, chap. IX, « La rencontre avec le mal », p. 193-213, mais aussi *Être et avoir*, Paris, Aubier, 1968, p. 125 ; *Présence et immortalité*, Paris, Flammarion, 1959, p. 173-175 ; *Les Hommes contre l'humain*, Paris, La Colombe, 1951, p. 11, 95 ; « Notes sur le mal », *Revue de métaphysique et de morale*, 79, 1974, p. 402-410.

est vain, qu'il est chimérique de croire à on ne sait quelle résorption possible du mal dans l'histoire [Il s'agit de l'histoire des philosophes de l'histoire non de l'histoire surnaturelle, est-il besoin de le préciser?], et il ne l'est pas moins de vouloir recourir à quelque artifice dialectique pour l'intégrer en une synthèse supérieure [...] en face du mystère du Mal, après que tant de possibilités se sont évanouies, la seule voie qui demeure ouverte est celle d'une double affirmation qui doit être maintenue dans sa tension : le Mal est réel [...] nous avons à accéder non à une certitude mais à la *foi* en la possibilité de le surmonter [...] cette foi n'est pas sans la grâce[1]. » Pour Pascal, le mystère du mal participe d'une certaine intelligibilité, à preuve lorsqu'il s'attache, dans la *Lettre sur la mort de son père*, à découvrir « la source de tous les vices et de tous les péchés », et déclare : « la vérité qui ouvre ce mystère est que[2]... ». Comment ne pas être frappé par cette soif de comprendre à propos de laquelle surgit, paradoxalement, le terme « mystère ». De la vérité et du mystère, le rapport n'est d'opposition qu'en vertu de l'apparence... L'intelligibilité du mal n'est pas celle que lui confèrent indûment les philosophes dans leurs tentatives avortées de théodicée. Cette intelligibilité ne relève pas de l'ordre de l'esprit mais de celui de la charité, car c'est l'Esprit-Saint qui confère la véritable intelligence, laquelle est inséparable d'un choix de vie, celui d'une vie « chrétienne ». La religion chrétienne est éminemment « raisonnable », dit Pascal : elle est, seule, susceptible de rendre compte de la situation (un monde dévasté par les effets du mal); seule, elle apporte « les remèdes à [nos] impuissances », « à nos concupiscences », « à nos maux » (S 182/L 149). L'essentiel n'est pas d'assouvir la curiosité mais de focaliser toute l'énergie intellectuelle sur l'enjeu : le devenir de l'âme — si « le temps de cette vie n'est qu'un instant [et] l'état de la mort [...] éternel, de quelque nature qu'il puisse être »... Par conséquent, « toutes nos actions et nos pensées doivent prendre des routes si différentes selon l'état de cette éternité qu'il est impossible de faire une démarche avec sens et jugement qu'en la réglant par la vue de ce point qui doit être notre dernier objet » (S 682/L 428).

---

1. P. 213.
2. *OC* II, p. 857.

CHAPITRE II

JOB MIROIR
JOB AUX MIROIRS

Lorsque Jean-Jacques Rousseau concluait la deuxième Promenade des *Rêveries du promeneur solitaire* par cette belle profession de foi : « Dieu est juste ; il veut que je souffre ; et il sait que je suis innocent. Voilà le motif de ma confiance », comment aurait-il pu ne pas songer au pauvre Job[1] ? Ce n'est là qu'un exemple, parmi tant d'autres, de la fascination exercée par Job, au fil des temps. Il fait partie de la galerie de ces figures qui hantent l'inconscient et la conscience collective avec parfois une telle vivacité que certains auteurs, par-delà la référence codifiée (le fait de culture), les nourrissent du sang de leur cœur, comme ils en sont nourris[2]. Combien puissant est le lien qui unit Pascal à la cohorte des personnages bibliques : il est « l'homme de la Bible[3] » ! Pour apprécier la profondeur de cette fascination, il nous semble opportun de rendre manifeste la fécondité de la configuration jobienne et la féconde diversité de ses multiples avatars, en brossant la toile de fond sur laquelle se détache l'interprétation pascalienne dans l'horizon de sa propre époque, mais aussi compte tenu de l'amont et de l'aval. Tâche trop ambitieuse pour que nous prétendions la mener à bien ! Nous ne livrerons donc qu'une esquisse. En ce qui concerne l'amont, dans le but d'éviter une fastidieuse énumération qui, de surcroît, ne pourrait être que

---

1. *Rêveries du promeneur solitaire*, dans *Œuvres complètes*, Paris, Gallimard, coll. « La Pléiade », t. I, p. 1010. Voir le développement convaincant de A. PHILONENKO, *J.-J. Rousseau et la pensée du malheur. Apothéose du désespoir*, Paris, Vrin, 1984, p. 294.
2. Voir D. LEDUC-FAYETTE, *J.-J. Rousseau et le mythe de l'Antiquité*, Paris, Vrin, 1974.
3. Selon l'expression de J. LHERMET, *Pascal et la Bible*, Paris, Vrin, 1934.

lacunaire, nous tenterons de ventiler au maximum les interprétations selon des concepts clefs, tels que «justice», «constance», «patience», «vertu», «sainteté», «crainte», «prophétie», le tout en liaison indissoluble avec l'«épreuve» subie par Job. Le doublet «souffrance humaine» - «miséricorde divine» domine toutes les perspectives, y compris, en aval, les interprétations de penseurs catholiques fidèles à la Tradition. Mais le plus souvent, pour l'aval, il conviendra de faire jouer l'«interpellation», la «révolte», la «protestation morale» (selon l'expression symptomatique d'Ernest Renan), ou encore la catégorie du «bouc émissaire» chère à René Girard[1], toutes catégories évidemment étrangères à la pensée pascalienne, mais qui, par effet de contraste, en font ressortir et l'aspect, certes, traditionnel, et la spécificité déjà bien perçue par Kierkegaard qui écrivait: «Pascal dit [...] : la souffrance est l'état naturel d'un chrétien [...] et il fut un chrétien et parla d'après son expérience chrétienne[2].» Blaise déclarait, en effet, à sa sœur: «La maladie est l'état naturel des chrétiens, parce qu'on est là comme on devrait être toujours, c'est-à-dire dans les souffrances, dans les maux, dans la privation de tous les biens et les plaisirs des sens, exempt de toutes les passions, sans ambition, sans avarice, et dans l'attente continuelle de la mort[3]?» Propos terrible! Rien de surprenant, en un sens, à ce que Nietzsche ait cru pouvoir soutenir que l'auteur des *Pensées* était le modèle des ravages accomplis par le christianisme: «Je [...] vois en lui la victime la plus instructive du christianisme qui l'a lentement assassiné d'abord physiquement, puis psychologiquement, avec toute la logique de cette forme particulièrement atroce d'inhumaine cruauté[4]...» Il échappait à l'auteur d'*Ecce homo* en quel sens et au prix de quelle méta-

---

1. *La Route antique des hommes pervers*, Paris, Grasset, 1985. Pour Girard qui, on le sait, pratique une méthode à la fois historique et structuraliste, la violence «ritualisée» dont Job est l'objet sert, au regard de ses «amis», à conjurer les conflits sociaux. Girard oppose à semblable conception l'amour, présent dès l'origine dans le judéo-christianisme et qui fulgure dans l'évangile johannique.
2. Cité par A. CLAIR, *Kierkegaard. Penser le singulier*, Paris, Éd. du Cerf, 1993, p. 146.
3. *Vie de M. Pascal, par Mme Périer, sa sœur*, OC I, p. 599/Laf., p. 32.
4. *Ecce homo* (*Pourquoi je suis si avisé*, § 3), dans *Œuvres complètes*, Paris, Gallimard, t. VIII, 1974, p. 264. Mais Nietzsche disait aussi dans le même passage: «Je ne me contente pas de lire Pascal mais je l'*aime* [souligné dans le texte].»

morphose la souffrance peut être appréhendée comme une valeur authentiquement chrétienne.

I. En amont

Dans les plus anciens livres de la Bible, ainsi dans le *Livre des Juges* (chap. II), « faire ce qui est mal aux yeux de Yahvé », selon l'expression consacrée, appelle le malheur ; la souffrance apparaît comme une sanction. La colère de Dieu s'enflamme contre les fils d'Israël qui l'ont abandonné. C'est la philosophie religieuse du *Deutéronome*. Mais que faut-il penser du cas de l'« innocent puni », coupable d'un péché qu'il ignore avoir commis, si tant est qu'il l'ait commis ? La légende du « juste persécuté » s'inscrit dans toute une tradition, antérieure au *Livre de Job* lui-même, illustrée dans la littérature mésopotamienne[1]. « J'ai été mis au rang de celui qui dans sa folie oublie son Seigneur, et celui qui profane le nom de Dieu, et pourtant je n'ai pensé qu'à prier et à supplier, la prière a été ma règle, le sacrifice ma loi », peut-on lire dans un texte pathétique auquel feront écho les *Psaumes* : le *Monologue du juste souffrant*[2].

1. Voir dans *Job et son Dieu, essai d'exégèse et de théologie biblique* (Paris, Gabalda, coll. « Études bibliques », 1970, 2 vol., vol. I, Ire partie, p. 111-116) l'étude du thème du « juste souffrant » dans les littératures anciennes, de Sumer à Qumran, en passant par la Grèce et l'Inde ; voir aussi J. BOTTÉRO, *Naissance de Dieu. La Bible et l'historien*, Paris, Gallimard, 1986. À Babylone, au IIe millénaire, « le thème de l'honnête homme qui veut savoir pourquoi il est malheureux » (p. 133) hante déjà les esprits.

2. Voir les commentaires de M. SENDRAIL, *Histoire culturelle de la maladie*, Paris, Privat, 1980. L'auteur écrit : « Trois versions du même thème sont à retenir. Le Monologue du "Juste" se plaint seulement de voir l'innocent aussi mal loti que le coupable. Le "Dialogue entre le Juste et son ami" [...] étale dans son ampleur l'iniquité des dieux [...]. Enfin un document plus ancien (que l'on fait remonter à la première dynastie babylonienne) et plus récemment déchiffré (par J. Nougayrol) propose davantage encore l'assimilation au Job de l'Ancien Testament. » (p. 41). Notons qu'il y a une évolution des thèses. En un premier temps, la période archaïque de la civilisation assyro-babylonienne, les maux apparaissent comme l'effet des caprices de démons fantasques dont les humains étaient les jouets : les médecins au chevet des patients décelaient toujours la « main d'Ishtar », mais ultérieurement, à partir de l'an 2000, les souffrances punissent une faute quelconque : sacrilège, adultère, etc. L'on trouvera une magnifique traduction commentée des textes cités par Sendrail, dans « Le problème du mal en Mésopotamie ancienne. Prologue à une étude du "Juste souffrant" », *Recherches et documents du centre Thomas More*, 77, 7, L'Arbresle, 1977.

(L'idée que l'on est puni pour des fautes inconscientes sera aussi l'un des ressorts les plus puissants de la tragédie grecque — Freud et la psychanalyse en tireront le parti que l'on sait[1]. Le croisement Œdipe-Job — « Si on attribuait ce qui m'arrive à une divinité cruelle, n'aurait-on pas raison ? », s'écrie le héros de Sophocle[2]; mais certains interprètes soutiendront la thèse de sa responsabilité intérieure, ainsi René Schaerer[3] — n'est pas moins passionnant à explorer que celui de Job et de Prométhée...).

Dans le célèbre poème, Job fait entendre « son » point de vue[4] — contre la thèse d'Éliphas de Theman, Baldad de Suh, Sophar de Naamath, « ces grands philosophes nourris dans la vraie sagesse [qui] s'élevèrent contre [lui] plutôt par ignorance que par malice, et dans la pensée où ils étaient que Dieu punissait les péchés de son serviteur[5] ». Ce dernier estime, du moins en un premier temps (puisqu'il finira par se condamner lui-même et reconnaîtra avoir parlé « à la légère »), être victime d'un sort injuste. Dieu le reprend, certes, mais n'en donne pas moins tort à ses amis. La *Bible de Sacy* ne se fait pas faute de le rappeler même si, est-il précisé, « ils ne laissent pas de dire plusieurs choses véritables dont saint Paul en a loué lui-même quelques-unes »... Il vaut de noter, par ailleurs, que, dans la perspective de l'exégèse rabbinique antique et médiévale[6], la souffrance de Job sera conçue comme expiation des

---

1. Voir Y. BRES, *La Souffrance tragique*, Paris, PUF, 1992.
2. SOPHOCLE, *Œdipe*, Paris, Garnier-Flammarion, p. 125. L'on assiste dans l'histoire de la tragédie grecque à une moralisation du drame de l'innocence persécutée, et à une projection de la conscience morale dans la sphère transcendante : le mal entendu comme prix à payer, Dieu érigé en juge suprême. Alors que dans les tragédies d'Eschyle ou de Sophocle les héros sont persécutés par des dieux envieux (c'est la thèse de la malignité transcendante), dans celles d'Euripide le *phtonos* (la jalousie divine) est moralisé et se transforme en *némésis* (juste colère) qui châtie l'*ubris* (cette arrogance insupportable de l'homme satisfait de sa réussite).
3. Voir *Le Héros, le Sage et l'Événement*, Paris, Aubier-Montaigne, 1964, p. 51, 59, 72.
4. Il est intéressant qu'il s'agisse là du point de vue d'un individu particulier. Voir aussi Jr, XII, 1-3. En revanche, dans Jr, XXV, 8-9; XXVII, 5-6; XLIII, 10, resurgit le point de vue collectif: Nabuchodonosor est l'instrument de la justice divine.
5. Job, p. 46-47.
6. Voir N. N. GLATZER, *Geschichte der talmudischen Zeit*, Berlin, Schocken, 1937, chap. IX, et, pour l'époque médiévale, L. GINZBERG, *The Legends of the Jews*, Philadelphie, 1961, p. 280 s.

péchés commis *par les autres*[1]. Quant au message évangélique, il enseigne que le véritable agneau de Dieu doit être sacrifié pour les péchés du monde — Jésus est «l'accomplissement de cette figure légale[2]», déclarera Pascal. Le «sacrifice» est véritablement ici la catégorie cruciale, au sens propre, qui nous renverra à une expérience spirituelle et métaphysique.

Job est donc présenté dès les premières lignes du poème comme un homme «simple et droit de cœur [qui] craignait Dieu et se retirait du mal» (Jb, I, 1). La version *inculpabilis* — comme dit, par exemple, saint Hilaire[3] — a fasciné les Pères de l'Église grecque et latine[4]. Plus largement, le personnage leur a inspiré maint développement. Ainsi faudrait-il relire les *Stromates* de Clément d'Alexandrie dans lesquelles on trouve de nombreuses références, les *Selecta in Job* d'Origène (le P. Kannengiesser a souligné le «rôle décisif» de ce dernier «parmi les initiateurs à la lecture de Job dans l'Église chrétienne»[5]), ou encore les *Excerpta in Job* de saint Athanase[6]. Et comment ne pas citer saint Jean Chrysostome[7]!

---

1. Voir aussi Ps, XLIV, 22, et Is, LIII.
2. *Abrégé...*, *OC* III, 153.
3. *Fragmentum in Job*, PL 10, 723 c. Voir aussi *Homélies sur l'Évangile* et *Tractatus super Psalmos*, PL 9.
4. Voir Ch. KANNENGIESSER, «Job et les Pères», *DSp* (la définition du terme «Père» comme témoin autorisé de la foi a été fixée au Ve siècle et référait aux écrivains ecclésiastiques de l'Antiquité chrétienne, mais notons qu'au XVIIe siècle, où sont parues les premières patrologies, des écrivains chrétiens du XVIe siècle, tel saint Bernard, ou du Moyen Age non scolastique sont appelés «Pères». Depuis la fin du XVIIIe siècle, il est d'usage en Occident de réserver l'appellation aux auteurs de l'Antiquité chrétienne par opposition à l'époque médiévale, la coupure se faisant en 1650; voir l'article «Pères», *DTC*).
5. «Job et les Pères», p. 1220 (voir pour les *Selecta in Job*, PG 64, et les *Enarrationes*, PG 17). Ch. Kannengiesser, qui a recensé plus de trois cents citations du livre dans l'œuvre origénienne, accompagnées «souvent d'exégèses détaillées», note: «Origène insiste sur la liberté de Job, il explique le mystère du mal par un recours aventureux au mythe de la préexistence des âmes et de leur chute inévitable. Jamais il ne présente Job comme une figure du Christ souffrant ni par conséquent comme un symbole anticipé de l'Église. Mais il en fait le prototype de tous les martyrs chrétiens.»
6. PG 27.
7. Voir PG 64. Dans l'édition d'Érasme (traduction latine des œuvres du saint, Paris, Guillard, 1543), l'on trouve au tome I un index utile où le nom de Job (Iob) figure 69 fois. Voir, par exemple, t. I, *De patientia Iob*, 136 D; *De beato Iob*, 144 F; *In beatos Iob et Abraham (sermo)*, 145 K.

Le P. Kannengiesser écrit : « Vrai, juste, craignant Dieu, Job offrait [...] à ce moraliste intrépide du IVe siècle, un miroir de toutes les vertus qu'il avait à prêcher [...] la patience, la charité, l'humilité [...] tout comme sa modestie ou sa chasteté, sa vigilance ou sa confiance aveugle dans la Providence, [qui représentent] un accord anticipé des préceptes de l'Évangile. »

La catégorie de l'« épreuve » est l'une des plus intéressantes à examiner. Elle renvoie à la misère, à la mort, mais encore — si l'épreuve est surmontée — à la grandeur, à la gloire[1]. Misère-grandeur, ce doublet conceptuel régit la structure de l'Apologie pascalienne. Dans le fragment S 181, p. 225/L 148, l'existence est décrite comme cette « épreuve si longue, si continuelle et si uniforme »... Et le fameux « Éternellement en joie pour un jour d'exercice sur la terre » du *Mémorial* prend, par là, sa pleine portée[2]. Au XVIIe siècle, « exercer » signifie « soumettre à une épreuve » ; Bossuet parle de Job, « livré entre les mains de Satan pour être exercé par toutes sortes de peines[3] ». Comme le disait Racine, à propos de la maison de Port-Royal : « Dieu a permis qu'elle fût exercée par les plus grandes tribulations qui aient jamais exercé une maison religieuse[4]. » La catégorie de l'épreuve articule l'héritage du stoïcisme à la perspective chrétienne — saint Jérôme n'affirmait-il pas : *« Stoici qui nostro dogmati in plerisque concordant*[5] » ? Le penseur le plus représentatif de cette articulation est saint Jean Chrysostome, et d'autant plus intéressant à nos yeux que Sacy, Fontaine, et Antoine Le Maistre l'ont traduit[6]. L'auteur de

---

1. Voir S 182, p. 229/L 149 : « les mouvements de grandeur et de gloire que l'épreuve de tant de misères ne peut étouffer. »
2. Voir S 742, p. 547 (n. 13)/L 913 et J. Daniélou, « La nuit de Pascal », *La Table ronde*, 171, avril 1962, p. 19.
3. Voir J. Le Brun, *La Spiritualité de Bossuet*, Paris, Klincksieck, 1972 : Job représente aux yeux de Bossuet, une « autorité spirituelle », p. 600.
4. *Abrégé de l'histoire de Port-Royal*, dans *Œuvres complètes en prose*, Paris, Gallimard, coll. « Pléiade », t. II, 1966, p. 37-147. Voir aussi : « [...] Déjà plus d'une fois / Rome a de mes pareils exercé la constance », *Bérénice*, v. 1159).
5. *In Isaïam*, IV, 11, PL 24, 147 D. Voir M. Spanneut, *Le Stoïcisme des Pères de l'Église de Clément de Rome à Clément d'Alexandrie*, nouvelle édition, Paris, Éd. du Seuil, 1957.
6. Sacy avait traduit l'*Abrégé sur le Nouveau Testament* et les *Homélies sur l'évangile de saint Matthieu*, Fontaine les *Homélies sur l'épître de saint Paul aux Romains*, et A. Le Maistre *Le Sacerdoce* (voir O. Barenne, *Une grande bibliothèque de Port-Royal. Inventaire inédit de la bibliothèque d'Isaac-Louis Le Maistre de Sacy*, Paris, Études augustiniennes, 1985).

l'*Entretien avec M. de Sacy sur Épictète et Montaigne*[1] connaissait bien, pour sa part, de nombreux textes du célèbre orateur du christianisme[2]. L'élément stoïcien, l'aspect militaire peut-on dire (puisqu'il s'agit pour Job comme pour tout homme dont « la vie sur la terre est une guerre continuelle », de lutter contre l'adversité[3]; l'image du lutteur est dans saint Paul[4], lui-même marqué par les idées stoïciennes[5]) est très important chez Jean Chrysostome, fort attaché au thème stoïcien de la souffrance éducatrice[6], thème qui sera totalement métamorphosé dans la perspective de Pascal. Jean Chrysostome, bien entendu, insiste sur la fameuse «patience» de Job (dont il n'est fait aucune mention dans le texte hébreu, alors qu'elle est présente dans la traduction des Septante[7]). Dans l'optique de l'héllénisme païen, l'homme éprouvé qui supporte patiemment ses tourments manifeste par là sa grandeur naturelle et en tire orgueil. Le christianisme met, au contraire, l'accent sur la vraie grandeur,

1. Cet écrit, composé par N. Fontaine, reproduit, pour une grande part, un original de Pascal retrouvé par P. Mengotti. Voir la présentation de J. MESNARD à la nouvelle édition du texte (Paris, Desclée de Brouwer, coll. «Les carnets», 1994).
2. Il est intéressant de noter aussi que Guillaume Du Vair cite souvent saint Jean Chrysostome dans *De la sainte philosophie*. Pascal avait lu Du Vair dont, selon Méré, il « admirait l'esprit et l'éloquence » (voir J. MESNARD, *OC* I, p. 828).V. CARRAUD rapproche le fragment S 230/L 199 du texte de Du Vair (voir *Pascal et la philosophie*, Paris, PUF, 1992, p. 214, 422 s.).
2. Voir Jb, VII, 1, et ci-dessous, «De quelques autres lieux jobiens»: «Guerre».
4. Voir «les armes de Dieu», la «cuirasse de la justice», le «bouclier de la foi», le «casque du salut», l'«épée de l'Esprit», dans Ep, VI, 10-17. Et les «courses du stade», la «palestre», dans I Co, IX, 24-27. Érasme, dans la *Préparation à la mort*, parle de saint Paul comme d'«un soldat plus entraîné que Job» (*Érasme*, Paris, Laffont, coll. «Bouquins», 1992, p. 882). Voir aussi «la vie de l'homme sur la terre est un service militaire, a dit le bienheureux Job» (*ibid.*, p. 884). Nous retrouverons cet aspect «militaire» dans l'*Exposition littérale sur le Livre de Job* de saint Thomas.
5. Au point qu'à partir du XIVe siècle et pour longtemps, l'on a pu croire authentique une correspondance pseudépigraphique saint Paul-Sénèque qui date du IVe siècle. Voir A. MOMIGLIANO, «Note sulla leggenda della cristianesimo di Seneca», *Rivista storica italiana*, 62, 1950, p. 325-344.
6. Mais, certes, il met aussi l'accent sur la récompense promise au juste éprouvé: la gloire éternelle dans le contexte de la Résurrection.
7. Cette patience deviendra positivement légendaire. Citons *Le Mystère de la pacience de Job*, célèbre au XVe siècle (éd. A. Meiller, Paris, Klincksieck, 1971). Voir aussi (entre autres illustrations possibles) la pittoresque remarque de Panurge: «Je serais plus que Job tiercelet», c'est-à-dire, en l'occurrence, une figure diminuée de la patience de Job (Panurge s'imagine marié et devant supporter d'être battu par sa femme). Voir RABELAIS, *Le Tiers Livre*, IX, 60.

d'ordre surnaturel, et sur la valeur purificatrice et sanctificatrice de la souffrance, celle des témoins, celle des martyrs, celle, éminemment, du Christ. « *Il fallait que le Christ souffrît* », déclare Pascal, en mémoire des *Actes des apôtres*[1]...

Du côté des Latins, les deux premiers siècles connaissent un silence relatif en ce qui concerne Job[2]. Le P. Kannengiesser va même jusqu'à écrire : « Les témoins les plus frappants [du] silence des chrétiens sur Job à l'époque où se constitue le premier corps doctrinal et spirituel du christianisme restent sans doute Irénée de Lyon et Tertullien... » Cependant, c'est bien Job que Tertullien[3] choisit à titre d'*exemplum* dans le *De patientia*[4]. Le recours aux *exempla* était une pratique ordinaire chez les stoïciens latins, un Sénèque ou un Cicéron ; avec l'*exemplum* biblique, Tertullien prend la relève[5] — et saint Cyprien, de même, qui se réfère à Job dans le *De lapsis* et dans le *De bono patientiae*[6]. Ultérieurement, l'on peut citer les *Homélies* de saint Ambroise[7], et surtout les écrits de deux autres grands saints qui ont exercé sur Pascal une extrême influence : Augustin et Grégoire le Grand[8].

Les écrits pascaliens sont véritablement le « lieu d'une épiphanie augustinienne[9] ». Or M. Pontet remarquait que si « les

1. S 299 (en italique dans le texte)/L 268. Voir Ac, XVII, 3.
2. Ainsi Justin cite-t-il Job incidemment dans son *Dialogue avec Tryphon* (après 150-155), Paris, Desclée de Brouwer, 1982 (voir § 46, p. 199 ; § 79, p. 260 ; § 103, p. 295. Il n'y a rien dans les *Apologies*).
3. Auquel Pascal se réfère pour légitimer sa pratique de l'ironie dans XI *Prov.* De Tertullien, Pascal cite, p. 199, *Contre les Valentiniens*, chap. VI, PL 2, 550, et, p. 214, *Ad nationes*, liv. II, chap. XII, PL 1, 601. L'on découvre le fameux « *deus ridens* » dans le *De patientia*. Voir J. Daniélou, *Les Origines du christianisme latin*, Paris, Desclée-Éd. du Cerf, 1991, p. 262.
4. Voir SC 310, p. 107. Tertullien cite Job en XIV, 1, aux côtés d'Isaïe et d'Étienne.
5. Voir H. Pétré, *L'« exemplum » chez Tertullien*, Paris, 1940, p. 94-95.
6. Voir sur Job comme *exemplum* chez Tertullien et saint Cyprien, J. Daniélou, *Les Origines du christianisme latin*, liv. III, « Les latins et la Bible », chap. III, « Les "exempla" », 2, Job, p. 261-264. Les *Opera* de Tertullien figuraient dans la bibliothèque de Sacy, de même que celles de Cyprien. Voir O. Barenne, *Une grande bibliothèque de Port-Royal. Inventaire inédit de la bibliothèque d'Isaac-Louis Le Maistre de Sacy*.
7. Voir *De interpellatione Job et David*. La bibliothèque de Sacy comporte les *Opera* d'Ambroise.
8. *Moralia in Job*, PL 75-76, et SC pour les livres I et II (ces livres, hélas! ne sont pas les plus représentatifs de la spiritualité de Grégoire, car l'exégèse y est surtout littérale), introduction et notes de dom R. Gillet, 1952.
9. Selon la juste formule de Ph. Sellier, *Pascal et saint Augustin*, Paris, Colin, 1970, p. 5.

docteurs de l'Église ont tous, parmi les richesses de la Bible, leur livre préféré, celui qui donne la réponse à leur question essentielle, où leur âme se répercute, s'accorde avec elle-même [...] pour saint Augustin, c'est le *Livre de Job*[1]». Lors de la prise de Rome par les Wisigoths en 410, le saint évoque Job et déclare que la capitale de l'empire a moins souffert que lui[2]. Il le présente, par ailleurs, comme la figure du crucifié et l'annonciateur de sa venue[3]. Il lui avait consacré des *Adnotationes*[4], composées, nous apprend-il dans les *Retractationes*[5], entre 400 et 402, et dont il ne sait plus s'il s'agit là d'un ensemble de notes qu'il aurait rédigées en marge de son exemplaire du livre et qui auraient été collationnées par des scribes, ou si c'est là son propre ouvrage... Quoi qu'il en soit, il est intéressant de relever aussi que dans le *Speculum*[6], livre de philosophie morale composé vers 427, il découvre dans le *Livre de Job* une suite de préceptes guides de vie dont il fait le recueil. Dans l'ensemble de l'œuvre augustinienne, les références abondent. «On [y] dénombre environ quatre cents citations de Job (mais dont la moitié sont réservées à cinq versets seulement: Jb 1, 21/2, 9-10/7, 1/14, 4-5/28, 28), cent quatre-vingt-cinq citations au total renvoyant aux seuls chapitres 1 et 2 du livre biblique», précisent le P. Kannengiesser et A.-M. La Bonnardière[7]. Notons aussi que dans le *Miroir* cinq citations proviennent du vingt-quatrième livre (1-3, 6-7, 9-10, 12-13, 21-23), sept du trente et unième livre (5-7, 9, 11-13, 16-21, 24-25, 29, 32-39), une du vingt-neuvième livre (11-17)... Très intéressant est le passage du livre second du *De peccatorum meritis et remissione* où Augustin rappelle que, pour le prophète Ézéchiel, seuls Noé, Daniel et Job sont «dignes d'échapper à la colère de Dieu», alors que, selon lui, ils sont, à l'instar de tous les hommes, d'une certaine manière, des pécheurs: «Personne n'est juste devant Dieu[8].» Ainsi se

---

1. *L'Exégèse de saint Augustin prédicateur*, Paris, Aubier, s. d., p. 469.
2. Voir le sermon *De urbis excidio*, PEV 22, PL 40.
3. Voir «*Gratia Salvatoris, quem etiam prophetavit*», *De natura et gratia*, PL 44, 283, et «*Ut praesciret Christum ad passionem esse venturum*», *De peccatorum meritis et remissione*, 2, 16, PL 44, 161.
4. Voir PEV 8, 1871, p. 110-202, et PL 34.
5. II, chap. XIII.
6. Éd. Vivès, t. VIII, PL 34.
7. «Job et les Pères.»
8. Trad. N. Merlin, p. 48, dans *Saint Augustin et les dogmes du péché originel et de la grâce*, Paris, Letouzey et Ané, 1931.

trouve réglée la question de l'impeccance. Pour autant, le saint ne peut modérer son exaltation quand il évoque, dans ses *Sermons*, Job : « Ô homme putride et intact, horrible et beau, blessé et bien portant ; ô homme assis sur un fumier et régnant dans le ciel ! » Les *Enarrationes in Psalmos* (traduits par Arnauld en 1683) sont une mine de citations jobiennes, il importe d'y être particulièrement attentif dans la mesure où Pascal les avait pratiquées de fort près[1]. Augustin s'attache au célèbre *« Dominus dedit et Dominus abstulit ; sicut Domino placuit, ita factum est ; sit nomen Domini benedictum »* de Jb, I, 21[2]. Il aime à le mettre en parallèle avec Adam, pour faire ressortir qu'il lui est bien supérieur : « Victorieuse dans le paradis, Ève est vaincue sur un fumier ! »

Aussi bien Jean Chrysostome qu'Augustin ont mis en rapport le « cas » Job et la question de la liberté et du mal. « Les insistances de Jean Chrysostome soit sur la liberté de l'homme face à toute solution de type fataliste au problème du mal, soit sur l'indétermination en bien et en mal de la souffrance et de la mort au plan métaphysique, soit encore sur la miséricorde de Dieu à l'égard de ses pécheurs, renvoient au grand conflit doctrinal de l'Église d'Occident qui allait conférer au *Livre de Job* une actualité imprévue à l'aube du Ve siècle[3]. » Plaçons-nous donc dans le contexte de la lutte antipélagienne et de la représentation que se faisait le moine Pélage de Job. « Avec sa pauvreté héroïque et sa conscience sans reproche, qui mieux que tout autre, au cours de ses épreuves, nous a découvert les richesses cachées de la nature humaine, montrant en lui ce

---

1. Voir le précieux index, établi par Ph. Sellier, des « citations, allusions et réminiscences augustiniennes dans l'œuvre de Pascal », *Pascal et saint Augustin*, p. 634-640, en particulier p. 635-636 pour les *Psaumes*.
2. Voir par exemple *In Psalmos*, 133, 2, que nous ne résistons pas à l'envie de citer un peu longuement, tant ces lignes sont emblématiques : *« Quando benedixit Iob ? Quando tristis nox erat. Ablata sunt omnia quae possidebantur ; ablati filii quibus servabantur ; quam tristis nox ! Sed videamus si non in nocte benedicit. »* Le saint cite alors Jb I, 14-21, et poursuit : *« Quam nox atra ! percussus ulcere a capite usque ad pedes, putrefactus liquescebat in se. Tunc Eva* [la femme de Job est assimilée à Ève] *ausa est eum tentare* : Dic aliquid in Deum tuum et morere ». Augustin cite la réponse de Job en II, 7-10, et commente : « Adam putris repulit Evam ! » (Nous reproduisons le texte de l'édition bilingue espagnol-latin, *Obras de san Agustin, Enarraciones sobre los Salmos*, Madrid, BAC, 1964-1967.) Nous commenterons ce lieu (Jb, I, 21) dans notre deuxième partie (voir « De quelques autres lieux jobiens »).
3. Ch. KANNENGIESSER, « Job et les Pères », p. 1224.

que nous pouvons tous, nous apprenant quel est ce trésor de l'âme que nous possédons sans vouloir l'exploiter, sans même croire qu'il est en nous[1]. » Voilà un Job capable de se sauver de par ses propres forces, nul besoin ici de la grâce efficace ! Combien différent est le Job d'Augustin, qui « se présente comme le témoin par excellence de l'universalité du péché. Il est l'homme juste qui n'espérait aucune récompense du fait de sa bonne conduite, le prophète qui réalise avant tous les autres que la justice divine n'est soumise à aucune condition terrestre[2]. » Julien d'Éclane dans son *Expositio Libri Job* répond à Augustin[3]. La controverse au XVIIe siècle des molinistes néo-pélagiens et des jansénistes, dont le Pascal des *Provinciales* se fait le porte-parole, est l'écho réverbéré de cette querelle, dans l'affrontement de ces deux Job: un Job-Prométhée, humain trop humain, persuadé du pouvoir de sa liberté (aidée, certes, par cette grâce dite «suffisante», mais qui, comme le soutiennent les adversaires de Molina, porte mal son nom puisqu'elle ne suffit pas!), et l'homme Job, libre assurément, mais auquel seule la grâce «efficace» donne de l'être. Les *Écrits sur la grâce* nous permettront d'approcher le secret de cette dynamique mystérieuse qui n'exclut pas, du point de vue de l'auteur, la «coopération»... Là réside le secret de la «dignité» humaine, telle que Pascal la conçoit — à distance finalement de cet «antihumanisme» dans lequel H. Gouhier voyait la marque distinctive de l'apologétique pascalienne[4].

L'influence de Grégoire le Grand sur l'Occident chrétien fut immense: saint Thomas le cite tout de suite après Aristote et Augustin[5]; sainte Thérèse, pour ne nommer qu'elle, annote les *Moralia in Job*... Saint Grégoire fut, de tous les Pères,

---

1. G. DE PLINVAL, *Pélage. Ses écrits, sa vie et sa réforme*, Paris, Payot, 1943, p. 249.
2. Ch. KANNENGIESSER, «Job et les Pères», p. 1222.
3. Ne pas confondre avec le commentaire sur Job de l'arien Julien (compilateur des *Constitutions apostoliques* et de la recension longue des lettres d'Ignace d'Antioche) dont la traduction latine (faite par le dominicain Joachim Périon) a été imprimée en 1574 par G. Génébrard dans son édition des œuvres d'Origène. Le texte grec a été édité, accompagné d'une remarquable introduction (en particulier en ce qui concerne les chaînes de Job); voir D. HAGERDORN, *Der Hiobkommentar des Arianer Julian*, Berlin, De Gruyter, 1973.
4. Voir *L'Antihumanisme au XVIIe siècle*, Paris, Vrin, 1987.
5. Voir *Indices in «Summa theologica» et «Summa contra gentiles»*, Rome, 1948, p. 213-215.

l'un des plus admirables commentateurs du *Livre de Job*. Que Pascal l'ait médité ne nous paraît guère douteux. L'on peut détecter de fortes affinités entre leurs sensibilités. Pour ces deux grands malades, la «réalité des maux» n'est pas une vaine expression, elle renvoie à une expérience térébrante, et ils prêtent une attention aiguë à la misère humaine; par ailleurs, tous deux sont pénétrés de l'importance du «cœur» comme organe de la vie spirituelle — ce cœur que, pour nous réveiller[1], Dieu «pique» ou «point», comme disait Grégoire (c'est la fameuse «componction», terme que l'on retrouve chez Pascal, par exemple dans l'*Écrit sur la conversion du pécheur*[2]). De la profondeur de cette affinité, nous verrions la manifestation la plus patente dans la célèbre expression: «Joie, joie, pleurs de joie», du *Mémorial*, qui fait indubitablement écho aux larmes de l'amour grégorien[3]. Leurs pensées aussi consonent: pour l'un et l'autre, Job est la figure du Christ[4]. Certes, Pascal a pu être imprégné de la théologie de l'auteur des *Moralia* par la médiation de la tradition cistercienne. Saint Bernard devait beaucoup à saint Grégoire. Le célèbre «tu ne me chercherais pas si tu ne m'avais trouvé» (S 751/L 919) fait évoquer le «Celui-là seul peut te chercher qui t'a déjà trouvé» de saint Bernard, mais aussi, par-delà, cette maxime de Grégoire: «Celui qui de tout son esprit désire Dieu a déjà certainement celui qu'il aime[5].» Le désir joue un rôle prééminent dans la recherche de Dieu chez tous les spirituels qui ne dissocient pas le *quaeritur* du *desideratur*. Nous tenons là un élément appréciable pour jauger la démarche de l'apologiste des *Pensées*. Il lui serait inutile d'avoir recours au procédé typique de la scolastique, celui de la *quaestio*, si son interlocuteur n'était, en quelque manière, déjà secrètement ébranlé, travaillé par le désir de la lumière, malgré son aveuglement[6]. Dieu seul convertit! Que le cœur ait «ses raisons que la raison ne connaît

---

1. Voir, entre autres, *Moralia*, 6, 40-43; 27, 42.
2. *OC* IV, p. 43.
3. L'on trouve, par exemple, l'expression «pleurs de joie» dans les *Dialogues*, III, 34, et dans *In Ez.*, II, 10, 10-21; *Epist.*, VII, 26 (elle est récurrente).
4. Grégoire, ce grand représentant de l'exégèse allégorique, déclarait: «Parfois on reçoit la lettre dans l'histoire, mais parfois aussi, à travers la signification de la lettre, on cherche l'esprit» (trad. de *In Ez.*, liv. 1, hom. 3, n. 4 [PL 76, 807 C] par H. DE LUBAC, *L'Écriture dans la tradition*, Paris, Aubier, 1966, p. 27).
5. *In evangelia homiliae*, 30, I.
6. Lumière, aveuglement, tous termes communs à Pascal et à Grégoire.

point » (S 680, p. 473/L 423), voilà un propos que n'eût pas désavoué celui qui écrivait dans le *In evangelia homiliae* : « l'amour lui-même est une connaissance[1]. »

La profondeur des réponses du Docteur angélique au questionnement sur le mal et son plaidoyer en faveur de la divine Providence (« les choses naturelles sont régies non par le hasard mais par la providence à cause de l'ordre qui y est manifeste[2] ») sont justement célèbres[3]. Job, pour saint Thomas d'Aquin comme pour Pascal, est une figure du Christ et le prototype de l'humanité souffrante, figure militante : « La vie est un combat et un service[4]. » Saint Thomas est particulièrement attentif aux deux catégories de la « tentation » et de la « fidélité ». Nous aurons l'occasion de rencontrer son *Exposition littérale sur le Livre de Job* dans la suite de ce travail, en particulier en ce qui concerne la « vraie crainte », c'est pourquoi nous ne nous y attardons pas ici. Une revue exhaustive se devrait aussi de mentionner le Job souffrant de saint Albert le Grand. Ce dernier prenait ses distances (Aristote à l'appui) face à saint Grégoire : « *Expositio Gregorii ab hac non differt nisi quod ille processum dicit in peccatis, nos autem afflictionibus Satanae[5].* » Son interprétation avait subi l'influence de Maïmonide[6]. Selon le grand philosophe juif, le *Livre de Job* aurait été inspiré par l'Esprit-Saint ; il y voyait plutôt qu'un récit vrai une parabole qui contiendrait le discours des différents systèmes sur la Providence. L'opinion personnelle de Job serait conforme à celle d'Aristote. Le plus intéressant dans cette interprétation est la mutation qu'elle décrit : Job, au départ, aurait une foi seulement traditionnelle mais, à la fin, il parviendrait à une véritable connaissance de Dieu, le seul vrai bien, et à la foi authentique qui apprend à l'homme le décentrement dans

---

1. *In evangelia homiliae*, 27, 4.
2. *Job. Un homme pour notre temps. Exposition littérale sur le Livre de Job de saint Thomas d'Aquin*, trad. J. Kreit, Paris, Téqui, 1980, Prologue, p. 24.
3. Voir par exemple l'ouvrage récent de L. SENTIS, *Saint Thomas d'Aquin et le mal. Foi chrétienne et théodicée*, Paris, Beauchesne, coll. « Théologie historique », 92, 1995.
4. Voir *Job. Un homme pour notre temps de saint Thomas d'Aquin. Exposition littérale sur le Livre de Job*, chap. VII, Ire leçon, p. 127-129, et Jb, VII, 1.
5. *Commentarii in Job*, éd. Weiss, Fribourg, 1904, col. 56.
6. Voir *Le Guide des égarés*, trad. Munk, Maisonneuve et Larose, 1970, IIIe partie, chap. XXII.

l'amour du « Saint béni soit-il » : « L'homme s'imagine que l'univers entier n'existe que pour sa personne, comme s'il n'y avait d'autre être que lui seul[1] ! » L'aspect scandaleux (comme nous dirions de nos jours) du mal est aboli, il s'explique par la pesanteur matérielle, par la volonté de puissance et surtout par la coupable ignorance : « Peu de savoir signifie peu d'amour[2]. »

Jetons un rapide regard sur la Renaissance. Giannozzo Manetti, le plus complet des humanistes italiens du Quattrocento, inscrit le *Livre de Job* et l'*Ecclésiaste* sur la « liste noire[3] » des contempteurs de la grandeur de l'homme, dans son *De dignitate et excellentia hominis* (1452). En revanche, aux yeux de Pic de la Mirandole, Job représente la victime exemplaire des terribles divisions intestines qui déchirent l'humanité, il est « notre figure à tous[4] » (c'est là le thème du fragment S 22/L 403). Le point est controversé de savoir si l'auteur de l'*Oratio de hominis dignitate* (1487) aurait traduit le *Livre de Job* et lui aurait consacré tout un commentaire[5]. Quoi qu'il en soit, dans *De la dignité de l'homme*, Pic présente Job comme un « théologien » qu'il charge « le philosophe Empédocle » de traduire[6]. Il interroge nommément ce « juste qui conclut une alliance avec le Dieu de vie avant de recevoir

---

1. Voir, entre autres, l'interprétation de H. COHEN, *La religion de la raison tirée des sources du judaïsme*, trad., Paris, PUF, 1994.
2. *Le Livre de la connaissance*, Paris, PUF, 1961, p. 423.
3. Voir H. DE LUBAC, *Pic de La Mirandole*, Paris, Aubier-Montaigne, 1974, IIIe partie, chap. I, « Pic et Manetti », p. 237.
4. Voir *ibid.*, p. 59.
5. Voir C. WIRSZUBSKI, « Giovanni Pico's Book of Job », *Journal of the Warburg and Courtauld Institute*, 32, 1969. Voir aussi H. REINHARDT, *Freiheit zu Gott: Der Grundgedanke des Systematikers Giovanni Pico della Mirandola (1463-1494)*, Veinheim, VCH, Acta Humaniora, 1989 (l'ouvrage est discuté, mais l'auteur reproduit une partie de la traduction attribuée à Pic — mais le point est controversé — du *Livre de Job*, qui, jusque-là, était demeurée inédite, voir ms. Vat. Ottob. 607).
6. « Et puisque l'ordre intermédiaire traduit pour les êtres inférieurs les avertissements de l'ordre supérieur, le philosophe Empédocle traduira pour nous les paroles du théologien Job. Il nous donne à entendre qu'en notre âme se trouvent deux natures, dont l'une nous permet d'être élevés vers les choses célestes, tandis que l'autre nous précipite vers les régions infernales » (*De la dignité de l'homme*, trad. Y. Hersant, Paris, Éd. de l'Éclat, 1993, p. 25). Il y a là déjà comme l'ange et la bête pascaliens, mais aussi la double postulation de Baudelaire : le ciel ou l'enfer. Autres références à Job, p. 17, 39, 59.

lui-même la vie » : « Demandons-lui quelle est, parmi les dizaines de centaines de milliers de vertus qui se tiennent auprès de lui, la vertu que le Dieu suprême désire le plus. Il ne manquera pas de répondre que c'est la paix[1]. » Cela avant d'interroger Moïse, toujours dans le cadre d'une revue critique des représentants de la *prisca theologia* : « Appelons-en aussi à Moïse lui-même, si peu éloigné de la jaillissante plénitude de la sacro-sainte et ineffable intelligence, dont le nectar enivre les anges[2]. » Pascal, à son tour, associera les noms des deux illustres personnages dans le fragment S 658/L 811, mais comme « prophètes », et non, certes, comme théologiens[3], puisque, contrairement à Pic (qui est sous l'influence de la kabbale interprétée en un sens chrétien), il affirme son hostilité à la *prisca theologia*[4].

À cette époque, le sage de Hus fait aussi figure de « saint ». L'expression « le bienheureux Job » est récurrente dans la

---

1. *De la dignité de l'homme*, p. 23. Voir aussi PIC DE LA MIRANDOLE, *Œuvres philosophiques*, texte latin, traduction et notes par O. Boulnois et G. Tognon, Paris, PUF, coll. « Épiméthée », 1993. Le terme « alliance » a suscité la réaction de Y. Hersant : « Rien de tel dans le texte biblique : loin de conclure une alliance, Job a subi une épreuve, et la restauration finale de sa fortune n'est nullement l'effet d'un pacte » (p. 22, n. 28). Sans doute, mais il faut peut-être se souvenir que si le mot hébreu « alliance » est souvent traduit par « pacte », dans l'esprit des auteurs bibliques, elle est « donnée », ou « établie », plutôt qu'à vrai dire « conclue », ce qui serait contredire à la majesté divine. Dieu n'est pas dans leur esprit, à proprement parler, un partenaire ! Par-delà le vocabulaire conventionnel de Pic : *« inire foedus »*, ne faut-il pas voir en cette « alliance » comme un équivalent de justice, de grâce, d'amour, de salut, et l'entendre au sens d'une restauration, d'un rétablissement. C'est de « vie » qu'il s'agit.
2. *Ibid.*, p. 29; nous soulignons. Notons le « si peu éloigné » : éloigné tout de même !
3. En 1584, G. BRUNO, dans *Le Banquet des cendres*, après avoir présenté, lui aussi, le *Livre de Job* comme « un ouvrage empli d'excellente théologie, de philosophie naturelle et de doctrine morale, où abondent les discours les plus savants », déclare : « Moïse l'a annexé tel un sacrement aux livres de sa loi » (Paris, Éd. de l'Éclat, 1988, p. 92-93, 4ᵉ Dialogue). Les interlocuteurs du *Banquet des cendres* s'accordent, par le biais de la *cosmogonie*, pour rapprocher Moïse et Job. Cette attention prêtée au discours de Dieu dans sa dimension cosmologique sera récupérée par l'apologétique physico-théologique du XVIIIᵉ siècle. Ce trait est évidemment étranger à la perspective de Pascal.
4. Qui était ainsi définie dans la seconde partie du *Oratio de dignitate hominis* : « Telle est exactement la manière dont fut révélée à Moïse, sur ordre divin, la véritable interprétation de la loi que Dieu lui avait transmise; aussi l'a-t-on appelée kabbale, d'un mot qui signifie la même chose chez les Juifs que *receptio* en latin » (p. 89).

Préparation à la mort d'Érasme. Thomas More évoque avec émotion « le saint homme Job », dans la sublime méditation sur l'agonie de Jésus qu'il rédigea, à la veille de son supplice, dans les prisons de Henri VIII[1]. Il importe, enfin, de souligner l'importance de la figure de Job dans la communauté réformée. Attentive à sa fermeté dans l'épreuve, elle partageait son angoisse : la justification de Job serait-elle perdue ? La toile de fond ici est évidemment la parution à Genève, en 1563, des célèbres *Sermons sur Job* de Jean Calvin, qui connurent au XVIe siècle plusieurs rééditions. Dans le premier Sermon, le prédicateur s'attache à montrer comment Job, soumis à la tentation spirituelle (« quand le diable vient nous mettre en fantaisie que Dieu nous est ennemi mortel »), trouve la force d'y résister et de ne pas succomber au désespoir. Job est aussi présent dans *L'Institution chrétienne*, en rapport, par exemple, avec le thème « Comment Dieu besogne aux cœurs des hommes » : « Le Seigneur abandonne son serviteur Job à Satan pour l'affliger[2]. » Et n'oublions pas les paroles d'une brûlante piété prononcées par Calvin mourant : « Seigneur, tu me piles, mais il me suffit que c'est de ta main[3]... » Autre thème cher aux Réformés, celui de Job « athlète de Dieu », d'inspiration paulinienne (et que nous avons retrouvé chez saint Jean Chrysostome et saint Thomas) : il est central chez Théodore de Bèze. Ce dernier détecte dans la structure du poème biblique (Prologue et Épilogue étant mis entre parenthèses) une véritable « tragédie[4] ». Voilà qui illustre son idée que tous les genres littéraires sont présents dans le livre des livres. Il conviendrait aussi, comme l'a fait Marguerite Soulié[5], de prêter la plus grande attention au Job d'Agrippa d'Aubigné, en particulier au début des *Fers*, au cinquième livre des *Tragiques*, magnifique transposition du Prologue[6]. Le poète André de Rivaudeau,

---

1. *La Tristesse du Christ*, Paris, Téqui, 1990, p. 85.
2. Liv. IV, chap. II (p. 74, t. I de l'édition Kerygma, 1978). Pour une étude exhaustive, se reporter à la table des citations bibliques (t. III, p. 516).
3. Citées par E. G. LÉONARD, *Histoire générale du protestantisme*, Paris, PUF, 1961, t. I, p. 266.
4. Voir *Jobus [...] partim commentariis, partim paraphrasi illustratus*, Genève, 1589, p. 2-3.
5. Voir *L'Inspiration biblique dans la poésie religieuse d'Agrippa d'Aubigné*, Paris, Klincksieck, 1977.
6. « Ains te blasphémeront, Éternel, en ta face », déclare Satan — il faut entendre par là les protestants, pourchassés, ruinés, accablés par les persécutions.

ce « franc Réformé[1] », ce stoïcien chrétien qui traduisit Épictète du grec en français, ouvrant la voie à Du Vair et à dom Goulu (l'on sait que Pascal lut le *Manuel* dans la traduction de ce dernier), confirme Épictète par Job, dans *La Doctrine d'Épictète stoïcien, comme l'homme peut se rendre vertueux, libre, heureux, sans passion*[2]. Il commente, en particulier, le lieu célèbre : « Ne dis jamais : j'ai perdu cela, mais je l'ai rendu » (lieu auquel Pascal ne manquera pas de se référer dans l'*Entretien avec M. de Sacy sur Épictète et Montaigne*) : « Ceci est conforme à la sentence de ce grand ami de Dieu, Job, comme il est écrit au chapitre premier de son livre[3]. »

II. Job au Grand Siècle

« Impossible [...] de comprendre un Pascal ou un Bossuet sans s'être familiarisé avec leur vision du monde, une vision à laquelle la Bible sert non seulement de centre, mais aussi de cadre[4] », écrivait justement Ph. Sellier. Il importe donc d'envisager l'horizon qui situe notre enquête, tant il est vrai que l'horizon n'est pas seulement, comme l'a bien compris Heidegger, ce qui borne mais ce qui fait surgir. Alors qu'au XVIII siècle, l'on assistera à un véritable « retour à l'antique[5] », le XVII siècle n'entretient plus dans l'ensemble (Fénelon fait exception qui conjugue avec bonheur, en particulier dans le *Télémaque*, références chrétiennes et références antiques) avec l'Antiquité gréco-latine qu'un rapport de convention purement rhétorique, hérité de l'humanisme de la Renaissance, mais sans la substantielle vivacité qui caractérisait le lien qu'entretenait ce dernier avec les auteurs grecs ou latins. En revanche, le grand siècle renoue avec l'univers biblique un rapport passionné. Le personnage de Job occupe toujours une place éminente.

Il n'est donc pas arbitraire de placer ce développement sous le signe de François de Sales, ce « grand chef de file du monde

---

1. Voir F. STROWSKI, *Pascal et son temps*, Paris, Plon, 1907, Ire partie, chap. II, 1, p. 21-25.
2. 1567. Voir la réédition de L. Zanta, Paris, Champion, 1914 (traduction et commentaire).
3. Cité par F. STROWSKI, *Pascal et son temps*, p. 24.
4. Préface à D. WETSEL, *L'Écriture et le reste. The « Pensées » of Pascal in the Exegetical Tradition of Port-Royal*, Columbus Ohio State University Press, 1981, p. XI.
5. Voir D. LEDUC-FAYETTE, *J.-J. Rousseau et le mythe de l'Antiquité*.

religieux issu du XVIe siècle[1]». Les Messieurs de Port-Royal, comme tous les spirituels du XVIIe siècle, subirent l'influence de la spiritualité salésienne, malgré le pessimisme qui, dans la ligne de Bérulle, les en sépare. Nous avons eu l'occasion de voir ci-dessus que, dans le troisième de ses *Entretiens spirituels*, l'auteur fait de Job, comme de «tous les grands saints», une figure de l'«abandonnement». Dans le *Traité de l'amour de Dieu*, il consacre de belles pages au «roi des misérables de la terre, assis sur un fumier comme sur le trône de la misère[2]». Il en fait un héros de cette «sainte indifférence», qui sera chère aussi à Fénelon et aux théoriciens de l'amour de préférence de Dieu à soi[3], et le met sur le même plan que les Apôtres dont la vie fut «affligée, selon le corps par les *blessures*, selon le cœur par les *angoisses*, selon le monde par l'*infamie* et les *prisons*. Et parmi tout cela, ô Dieu, quelle indifférence!» «Job, quant à la vie naturelle, fut ulcéré d'une plaie la plus horrible qu'on eût vue; quant à la vie civile, il fut moqué, bafoué, vilipendé, et par ses plus proches; en la vie spirituelle, il fut accablé de langueurs, blessures, convulsions, angoisses, ténèbres, et de toutes sortes d'intolérables douleurs intérieures, ainsi que ses plaintes et ses lamentations font foi[4].»

Il serait fastidieux de recenser tous les lieux où Job apparaît au XVIIe siècle. La *Paraphrase sur Job* de l'oratorien Senault connut dix-huit éditions (il faut dire que le genre «paraphrases» jouissait d'une particulière faveur[5]). Citons aussi, à titre emblématique, le beau sonnet de Drelincourt[6], assorti, selon l'usage de l'époque, de commentaires en bas de pages:

---

1. J. CALVET, *La Littérature religieuse de François de Sales à Fénelon*, Paris, Del Duca, 1956, t. V, p. 13.
2. Dans *Œuvres*, Paris, Gallimard, coll. «La Pléiade», liv. IX, chap. II, p. 764. Voir aussi chap. III, p. 767: «Job en ses travaux fait l'acte de résignation.»
3. Voir D. LEDUC-FAYETTE, *Fénelon et l'amour de Dieu*, Paris, PUF, coll. «Philosophies», 1996.
4. *Traité de l'amour de Dieu*, p. 771. Voir aussi saint VINCENT DE PAUL, *Entretiens spirituels aux missionnaires*, Paris, Éd. du Seuil, 1960, p. 90 (sur Jb, VII, 20), p. 467 (sur Jb, I, 21).
5. Voir, par exemple, J.-B. CHASSIGNET, *Paraphrases sur les cent cinquante psaumes de David*, Lyon, 1613. *Paraphrase en vers français sur les douze petits prophètes du vieux Testament mis en vers français. Avec un ample sommaire sur chaque chapitre; pour l'éclaircissement et pleine interprétation des passages difficiles*, Besançon, 1601. Voir P. LEBLANC, *Les Paraphrases françaises des Psaumes à la fin de la période baroque (1610-1660)*, Paris, PUF, 1960.
6. Pascal cite le ministre Drelincourt dans le *Cinquième écrit des curés de Paris*, Laf., p. 480.

Sur Job

GRAND SAINT, de qui le Ciel protège l'Innocence,
De combien de Douleurs accablé, je te vois!
Tous les Maux, conjurés, viennent fondre sur toi:
Et tu sens du Démon la cruelle Insolence.

La Poudre, qui te sert de Siège en ta Souffrance,
Te donne plus d'éclat que le Trône d'un Roi:
Et, comme deux Saphirs, l'Espérance et la Foi
Font, dans tes yeux mourants, éclater la Constance.

Illustre, par les Biens que le Ciel te versa;
Illustre, par les Coups dont l'Enfer te perça;
Tu parais aujourd'hui dans la Scène du Monde,

Je te vois des Égaux, dans ta Prospérité;
Mais la Grâce, où ton Cœur dans l'Orage se fonde,
Te rend Incomparable en ton Adversité[1].

Le ministre protestant écrit: «J'ose dire que [Job] a été l'égal aux apôtres (saint Jean Chrysostome) [...] Job sur son fumier est plus excellent qu'Adam vaincu dans le Paradis (saint Augustin). Dieu applaudissait à ce spectacle et le démon enrageait (Tertullien).» Le *Livre de Job* fait donc partie de ces «lieux communs bibliques des savants et des philosophes» dont parle V. Carraud, lequel remarque qu'il est, à l'instar des *Psaumes*, presque aussi fréquemment cité au XVIIe siècle que la *Genèse*[2]. Aux savants et aux philosophes (Hobbes, par exemple[3], ou Malebranche[4]), il conviendrait d'ajouter les

---

1. *Sonnets chrétiens sur divers sujets* (Niort, 1677), Paris, Éd. du Chêne, 1948 (préface de A.-M. Schmidt, lequel écrit: «Les diverses péripéties de l'histoire juive, telle que l'A. T. la relate, lui apparaissent comme autant de "figuratifs" grâce auxquels on peut comprendre la nécessité des révélations directes du N. T.», p. 11). Nous avons modernisé l'orthographe mais respecté la typographie.
2. Dans «Descartes et la Bible», *Le Grand Siècle et la Bible*, sous la direction de J.-R. ARMOGATHE, Paris, Beauchesne, coll. «Bible de tous les temps», 6, 1989, p. 277.
3. Voir W. H. GREENLEAF, «Hobbes and Job», *Anales de la catedra Francisco Suarez*, 12.
4. Voir MALEBRANCHE, «Index des citations bibliques, patristiques, philosophiques et scientifiques», *Œuvres complètes*, Paris, Vrin, 1970.

hommes de lettres[1], sans parler des orateurs religieux et des théologiens, tel Bossuet, pour ne citer que lui, dont la méditation est nourrie[2] (comme celle de Pascal, nous le verrons ultérieurement) des livres de Salomon (ceux qu'il est convenu d'attribuer à ce dernier à l'époque[3]) et de Job[4], qui fait partie des autorités spirituelles qu'il invoque: David, Jésus, saint Paul, saint Jean, saint Pierre[5].... L'on mesure à quel point Job est considéré comme grand parmi les plus grands! Fénelon qui note: « seuls les hommes indociles et corrompus s'étonnent de ce qu'on leur propose pour modèle de patience Job[6] », et, surtout, son inspiratrice, Mme Guyon, font eux aussi appel au *Livre de Job*. Jeanne lui consacrera un passionnant commentaire au tome VII de son *Vieux Testament*. Elle écrit à son directeur-dirigé: « Soyez persuadé avec Job que *quand vos mains*, c'est-à-dire vos actions, *seraient éclatantes* comme le soleil, Dieu *les enfoncera dans la boue*[7]. » La loi du pur amour est impitoyable!

Les libertins avaient de Job une tout autre lecture! G. Delassault rapporte en quels termes le père jésuite Garasse, dans la *Doctrine curieuse des beaux esprits de ce temps ou prétendus tels* (1624) qui est une mine de renseignements, les accusait de lire « les Livres de Job et ceux de Salomon [...] comme l'avait fait Mahomet », à savoir: interpréter « littéra-

---

1. RACINE annota un seul livre de l'exemplaire en sa possession de la Vulgate imprimée par Vitré, celui de Job (*Prose*, Paris, Gallimard, coll. « La Pléiade », p. 699-705). Voir la note de R. Picard, p. 1121.
2. Voir Th. GOYET, *L'Humanisme de Bossuet*, Paris, Les Belles-Lettres, 1965, 2 vol., et J. LE BRUN, *La Spiritualité de Bossuet*.
3. Voir *Libri salomonis: Proverbia, Ecclesiastes, Canticum canticorum, sapientia, Ecclesiasticus, cum notis J. B. Bossuet. Accesserunt ejusdem supplenda in Psalmos*, Paris, 1693. (L'on sait que Pascal n'aime pas se référer au *Cantique des Cantiques*.)
4. L'importance de la référence à Job dans sa correspondance nous a frappée. Nous avons repéré (mais ces indications sont, hélas! loin d'être exhaustives): t. IV, p. 212, 345; t. V, p. 144, 317; t. VI, p. 358 (*Correspondance* publiée par Ch. Urbain et E. Lévesque, Paris, 1909-1925, 15 vol.).
5. *Instruction sur les états d'oraison, Œuvres complètes*, éd. Lachat, t. XVIII, p. 462. Sur Job, voir aussi, t. I, p. 4; t. VI, p. 347-348.
6. *Lettre sur la lecture de l'Écriture sainte en langue vulgaire*, dans *Œuvres complètes*, Paris, 1851-1852, t. I, p. 190-201.
7. Lettre IX (*Fénelon et Mme Guyon*, M. Masson, Paris, Hachette, 1907, p. 37). Les expressions en italique sont tirées de Jb, IX, 30.

lement tout ce qui se disait des délices du corps[1]». La Mothe Le Vayer, le fameux auteur *De la vertu des païens*[2], prend, parmi d'autres exemples, le *Livre de Job* pour illustrer sa thèse selon laquelle des idées d'autres cultures contaminent, sans qu'il y ait là matière à s'indigner, les textes sacrés: «Les mots *Pléiades, Arcturus* et *Orion* se lisent sans scandale parmi les saintes moralités de Job[3].» L'application de l'Écriture à des sujets profanes avait été proscrite par le Concile de Trente[4]. Il n'empêche que Job fait l'objet d'une utilisation que l'on peut dire séculière puisque le mot au XVIIe siècle avait aussi le sens de mondain, profane, par opposition à religieux[5]. Ainsi Théophile de Viau écrit-il dans l'ode *Au roi, sur son exil*:

Job, qui fut tant homme de bien,
Accusa le ciel d'injustice
Pour un moindre mal que le mien.

Le célèbre sonnet *Job* d'Isaac de Bensérade se situe, quant à lui, dans la sphère de la «galanterie froide et de l'artifice[6]».

1. G. DELASSAULT, *Le Maistre de Sacy et son temps*, Paris, Nizet, 1957, p. 169.
2. 1642. A. ARNAULD réfuta cet ouvrage dans son *Traité de la nécessité de la foi en Jésus-Christ*.
3. *Œuvres*, Dresde, 1756-1759, vol. VI, lettre XCIII («Rapport de l'histoire profane à la Sainte»), p. 406.
4. Session IV tenue le 8 avril 1546, décret II «touchant l'usage des livres sacrés»: «Après cela, le Saint Concile désirant encore réprimer cet abus insolent et téméraire d'employer et de tourner à toutes sortes d'usages profanes les paroles et les passages de l'Écriture Sainte, les faisant servir à des railleries, à des applications vaines et fabuleuses, à des flatteries, à des médisances, et jusques à des superstitions, des charmes impies et diaboliques, des divinations, des sortilèges et des libelles diffamatoires, ordonne et commande, pour abolir cette irrévérence, et ce mépris des paroles saintes, et afin qu'à l'avenir personne ne soit assez hardi pour en abuser de cette manière, etc.», *CT*, p. 16.
5. Ainsi Bossuet parle-t-il «des vanités de l'éloquence séculière», *Panégyrique de saint Paul*, 1659.
6. Comme dit l'auteur de l'article «Sonnet sur Job» du *Dictionnaire des œuvres*, Laffont-Bompiani. Citons ce sonnet, à titre de comparaison avec celui de Drelincourt.
«Sur Job./Job, de mille tourments atteint,/Vous rendra sa douleur connue;/Et raisonnablement il craint/Que vous n'en soyez pas émue./Vous verrez sa misère nue: Il s'est lui-même ici dépeint;/Accoutumez-vous à la vue/D'un homme qui souffre et qui se plaint./Bien qu'il eût d'extrêmes souffrances,/On voit aller des patiences/Plus loin que la sienne n'alla./Il souffrit des maux incroyables,/Il s'en plaignit, il en parla;/J'en connais de plus misérables» (*Grands poètes français. Le dix-septième siècle*, Lausanne, Éd. du Grand-Chêne, 1958, vol. II, p. 171).

Il suscita une querelle célèbre entre les «jobistes» et les «uranistes» qui préféraient le sonnet *Uranie* de Voiture[1]. Mais le «précieux» laïc est l'écho d'un «précieux» théologique. Ninon de Lenclos ne voyait-elle pas dans la préciosité le jansénisme de l'amour? Il est toujours arbitraire d'occulter la réverbération de la sphère sacrée sur la sphère profane; il faut tenir compte comme d'un symptôme de l'imprégnation de celle-ci par celle-là. Lorsque Pascal fait jouer à Job, dans la partie dite anthropologique des *Pensées*, le rôle symbolique de porte-parole de la misère (avant de le traiter comme «figure» dans la partie scripturaire, le faisant par là accéder à sa vérité), le procédé ne peut surprendre les esprits cultivés de son temps.

Regardons donc du côté de Port-Royal dont l'augustinien Pascal fut si proche. En première analyse, il convient d'être attentif à l'un des mots d'ordre de la Réforme au siècle précédent: le retour au texte de la Bible et à l'immense travail de traduction entrepris au XVIIe siècle[2]. La traduction par Sacy de la Bible, œuvre gigantesque à laquelle Pascal, au départ, était associé, est un des plus beaux fleurons dont l'époque puisse s'enorgueillir. C'est pourquoi nous avons choisi de citer Job dans cette traduction, même si elle a été publiée en 1687 (et donc après la mort de Sacy) par Pierre Thomas du Fossé qui a poursuivi le travail éditorial. Par l'esprit, elle est la plus proche de la lecture que Pascal pouvait opérer. Steinmann affirmait: «Il n'y pas grand-chose à tirer de ce Job [...] le commentateur n'y sort jamais des sentiers battus[3].» Il est fort instructif, au contraire, pour l'historien des mentalités, afin de se pénétrer de la manière dont Job était lu à l'époque classique, de prendre connaissance des commentaires qui accompagnent le texte: préface, annotations dans les marges selon l'usage[4].

---

1. Il est intéressant de retrouver mêlés à ce conflit entre poètes les noms de la duchesse de Longueville, adversaire de Bensérade (voir ses démêlés avec Mme de Brégy dans Sainte-Beuve, *PR*, II, liv. V, p. 738), et dans le rang des partisans, le prince de Conti, protégé par l'évêque d'Aleth, Nicolas Pavillon, l'un des «saints» de Port-Royal.
2. Voir la section «Traduire» de l'ouvrage, *Le Grand Siècle et la Bible*, p. 297-425.
3. *Le Livre de Job*, Paris, Éd. du Cerf, 1955, p. 342.
4. Les traductions s'accompagnaient souvent de commentaires exégétiques, surtout chez les protestants, car le programme de l'université de Genève le prescrivait. Le *Libri Job versio nova ex Hebraeo* du ministre Philippe Codurc, hébraïsant chrétien nîmois, est souvent cité en référence dans les marges du *Livre de Job* de la *Bible de Sacy*, ainsi que les *Adnotationes* du jésuite

La traduction du *Livre de Job* est-elle l'œuvre de Sacy ou de son fidèle secrétaire ? Il est difficile de trancher. Le Caron et Blampignon, les deux signataires de l'« Approbation des docteurs » du 12 septembre 1687, après s'être étendus sur l'affliction de Job, « exercé » par Dieu, sur sa patience dans l'épreuve et la restitution opérée par la libéralité divine, notent : « Ce sont toutes ces grandes vérités que feu Monsieur de Sacy a expliquées dans la traduction du livre de Job et dans les réflexions qu'il y a jointes. » Mais dans le catalogue de la British Library, le commentaire est attribué à Thomas du Fossé[1]. Quoi qu'il en soit, le secrétaire ne pouvait qu'être fidèle aux indications de son maître, et il y a là une mine de précieuses informations.

« Port-Royal a vu dans le personnage de Job une figure de la "patience" du Christ, de sa confiance lors de la traversée douloureuse de la Passion ; mais aussi un exemple pour tout chrétien, puisqu'il n'est pas de vie sans épreuves[2]. » Les Messieurs vénèrent Job. M. de Pontchâteau, « ce modèle de pénitence et d'humilité, avait une grande dévotion à ces paroles : *Putredini dixi: Pater meus et mater mea, et soror mea vermibus* (j'ai dit à la pourriture : Tu es mon père et ma mère ; et aux vers de la terre : Vous êtes mes sœurs)[3] ». Le neveu de Saint-Cyran, Martin de Barcos, écrit à la mère Agnès : « Je n'oserais me plaindre de Lui [Dieu], parce que je ne suis pas aussi saint que Job pour le faire innocemment », ou encore à Madame du Plessis-Guénégaud : « Quand vous seriez aussi sainte que Job, vous devriez considérer qu'ayant souffert beaucoup plus que vous, il a reconnu qu'il le méritait devant Dieu, quoiqu'il fût irréprochable devant les hommes[4]. » Enfermée chez les Annonciades, la mère Angélique de Saint-Jean, en

---

Estius ; né en 1542, mort en 1613, le célèbre Wilhem Van Est, *doctor fundatissimus*, disciple de Baïus à Louvain, professeur à Douai, était le grand théoricien d'« un sens littéral unique ». Voir V. CARRAUD, *Le Grand Siècle et la Bible*, p. 283, et les remarques de J.-R. Armogathe, relatives au « souci croissant de préserver le *sens littéral* » (p. 49) dans le contexte du conflit entre « La vérité des Écritures et la nouvelle physique » (p. 49-61).

1. Voir D. WETSEL, p. 68, n. 43.
2. Ph. Sellier, introduction à la *La Bible de Sacy*, Paris, Laffont, 1990, p. 617.
3. Selon Nicole ; voir SAINTE-BEUVE, *PR*, III, liv. VI, p. 240. Il pratiqua « l'abandonnement total de tous les siens », nous apprend encore Sainte-Beuve.
4. *Correspondance de Martin de Barcos*, éd. L. Goldmann, Paris, PUF, 1954, p. 310, 486.

proie à l'accablement, apprit «ce que c'est que le désespoir et par où on y va»; elle crut voir «les portes ténébreuses dont Dieu parle à Job[1]», et avoua à son frère: «Je me fais peur en écrivant cela[2].» Cette liaison entre Job et la crainte dans la pluralité de ses visages (ici en venir, sous le poids de l'affliction, à douter «de toutes les choses de la foi et de la Providence[3]») devra retenir l'attention, si, comme le veut Bernanos, «pour rencontrer l'espérance, il faut être allé au-delà du désespoir[4]».

En résumé, «Job au grand siècle» doit être considéré selon une double perspective: d'une part, en tant que référence obligée, conventionnelle — elle fait partie du code de tout homme cultivé à l'époque (le *Livre de Job* est d'ailleurs inscrit dans les programmes éducatifs, et Bossuet conseille aux Filles de La Ferté-sous-Jouarre la lecture de ce précieux recueil de «préceptes moraux[5]»); d'autre part, en tant que le personnage est l'objet d'un investissement affectif qui peut aller jusqu'à l'identification au prototype de l'homme souffrant. François de Sales, nous l'avons vu, exploite ce thème. La souffrance de Job, comme celle du Christ, est sa «gloire[6]». Catherine de Sienne, aussi, choisira comme plus conforme à l'amour la couronne d'épines... Le XVIIe siècle, à la suite du prince de Genève, se complaît à célébrer les tourments de Job (au sens très fort du terme à l'époque: tortures), explicitement comparés à ceux de saint Paul et du Christ à l'agonie. Bossuet évoque l'«ennui»[7] dont est saisie «l'âme sainte de Notre-Seigneur», et de déclarer: «La chose a été poussée bien plus loin dans ses serviteurs, puisque Job a été poussé jusqu'à dire *Je suis au désespoir*; et ailleurs *J'en suis réduit au cordeau*[8]...» Dans cette extrémité,

---

1. *PR*, V, II, p. 714.
2. *Ibid.*, p. 715.
3. Et Sainte-Beuve de commenter: «Elle n'a fait qu'entrevoir l'abîme mais elle l'a entrevu [...] elle traversa en un mot, le Jardin des Olives» (*ibid.*).
4. «La Liberté, pourquoi faire?», note de la p. 1849 (relative à la p. 1116 du *Journal d'un curé de campagne*, à propos du «péché contre l'espérance»), *Œuvres romanesques*, Paris, Gallimard, coll. «La Pléiade».
5. Voir éd. Lachat, t. I, p. 4. La femme de Job, quant à elle, est une des illustrations du péché, comme on voit dans le *Grand catéchisme* de Pierre Canisius, où les citations s'accompagnent d'*exempla*, ce qui est nouveau.
6. Voir Ga, VI, 14; II Co, XII, 5, 10.
7. Le fameux: «Dans l'orient désert, quel devint mon ennui», de la *Bérénice* de Racine est dans toutes les mémoires.
8. Voir J. LE BRUN, *La Spiritualité de Bossuet*, p. 382.

Job fait figure de « saint[1] », et non plus de héros, comme aux yeux des nouveaux stoïciens. Ces derniers — ainsi Jean-Baptiste Chassignet dans son *Job ou la fermeté*[2] — louaient sa force d'âme et sa fameuse « constance ». Tout au contraire Pascal et ses amis sont-ils fascinés par la faiblesse. Le courage de Job, celui du Christ, n'ont rien à voir avec la tension[3] que Pascal moquait dans un plaisant passage de l'*Entretien avec M. de Sacy sur Épictète et Montaigne* : « Cette vertu stoïque qu'on peint avec une mine sévère, un regard farouche, des cheveux hérissés, le front ridé et en sueur, dans une posture pénible et tendue, loin des hommes, dans un morne silence et seul sur la pointe d'un rocher[4]. » Il remarque dans le fragment S 347/L 316 : « Qui a appris aux évangélistes les qualités d'une âme parfaitement héroïque pour la peindre si parfaitement en Jésus-Christ ? Pourquoi le font-ils faibles dans son agonie ? Ne savent-ils pas peindre une mort constante ? Oui, car le même saint Luc peint celle de saint Étienne plus forte que celle de Jésus-Christ./Ils le font donc capable de crainte [comme Job], avant que la nécessité de mourir soit arrivée... »

Il est enfin nécessaire de souligner que ce sont les *Moralia in Job*, dont nous avons dit ci-dessus l'importance, qui servent de relais entre le livre biblique et l'appréhension qu'en ont les lecteurs du XVIIe siècle. Pascal a assidûment pratiqué les *Moralia*, comme tant de ses contemporains — ainsi Malebranche[5], Bossuet qui ne se lasse pas d'admirer cette œuvre remplie, à l'instar des *Confessions* de saint Augustin,

---

1. Malebranche mentionne « le saint homme Job », dans ses *Réflexions sur la prémotion physique* (*Œuvres complètes*, Vrin, t. XVI, p. 15).
2. J.-B. CHASSIGNET (voir ci-dessus, p. 66, n. 5) est aussi l'auteur de l'ouvrage, *Le Mépris de la vie et la consolation contre la mort*, Besançon, 1594.
3. À propos de cette « tension », remarquons que Montaigne qui admirait la mort volontaire de Caton d'Utique, « patron que la nature choisit pour montrer jusques où l'humaine vertu et fermeté pouvait atteindre » (*Essais*, I, XXXVII, p. 231) lui préfère la mort de Socrate, selon lui « aisée », et de comparer la « mort plus tragique et plus *tendue* » de Caton avec « le pas mol et ordinaire » du sage athénien dont la mort, disait-il, « je ne sais comment [est] plus belle » (nous soulignons ; voir III, XII, p. 1037-1038).
4. *OC* III, p. 150.
5. Ils jouent un grand rôle dans les dernières pages du dixième Éclaircissement à *De la recherche de la vérité* (« Réponse à la quatrième objection », Paris, Gallimard, coll. « La Pléiade », t. I, p. 927 ; voir la note de G. Rodis-Lewis, p. 1685).

de «piété» et de «beaux sentiments»[1], ou encore Fénelon[2]. Le duc de Luynes, protecteur attitré des jansénistes, fait paraître, en 1666, sa traduction des *Morales de saint Grégoire, pape, sur le livre de Job,* trois volumes qui figurent dans la bibliothèque de Sacy[3] et dont on a tiré la *Morale pratique* (1697). L'influence de Grégoire le Grand, dans la parenté de sa pensée avec celle d'Augustin, est également manifeste chez Nicole (pour ne citer que lui): les références à l'œuvre du «grand saint Grégoire, que Dieu a donné particulièrement à son Église pour l'instruire des règles de la vie spirituelle[4]», abondent, en particulier, dans les *Essais de morale*. Le premier traité (1671), intitulé «De la faiblesse de l'homme», tout imprégné de la lecture de Pascal, retiendra ultérieurement notre attention, car Nicole place, sous le signe de Job, l'injonction qu'il fait à l'homme dans le chapitre III (qui offre, à l'évidence, une paraphrase du fameux fragment S 230/L 199 sur la «disproportion de l'homme»), de considérer la «machine de son corps» et l'«immensité de l'univers», pour y découvrir que ce dernier l'engloutit, tel «un atome imperceptible». Nicole écrit: «Pour dissiper cette illusion naturelle [l'idée avantageuse que l'homme se forme de sa grandeur], [...] Dieu ayant dessein d'humilier Job sous sa majesté souveraine le fait comme sortir de lui-même pour lui faire contempler ce grand monde et toutes les créatures qui le remplissent, afin de le convaincre par là de son impuissance et de sa faiblesse, en lui faisant voir combien il y a de causes et d'effets dans la nature qui surpassent non seulement sa force, mais aussi son intelligence[5].» Dans le petit traité «De la manière dont on tente Dieu», au

---

1. Voir *Revue Bossuet*, 1900, p. 17-18. Bossuet évoque Grégoire comme une des autorités sur lesquelles il convient de s'appuyer. Voir «Sur le style et la lecture des Pères de l'Église pour former un orateur», *Œuvres oratoires*, éd. Urbain et Lévesque, t. VII, p. 13 s. Pour Bossuet, l'éloquence n'est pas qu'une question de style. Elle touche au fond des «choses» (voir *ibid.*), lesquelles sont découvertes dans l'Écriture et dans les Pères, parmi lesquels, en bonne place, Grégoire le Grand.
2. Voir *Mémoire sur l'état passif*, dans *La Notion d'indifférence chez Fénelon et ses sources*, éd. J.-L. Goré, Grenoble, 1956, p. 239.
3. Voir O. BARENNE, *Une grande bibliothèque de Port-Royal. Inventaire inédit de la bibliothèque d'Isaac-Louis Le Maistre de Sacy*.
4. *Des diverses manières dont on tente Dieu*, chap. IV, dans *Choix des petits «Traités de morale» de Nicole*, par Sylvestre de Sacy, Paris, J. Techener, 1857, p. 230.
5. *Ibid.*, p. 16. Nicole enjoint de lire les chap. XXXVIII et XXXIX du *Livre de Job*.

chapitre IV, il cite longuement saint Grégoire et s'attache au passage des *Moralia* où il est question de «l'holocauste que Job offrait pour chacun de ses enfants. Car c'est offrir à Dieu un holocauste [...] que de lui offrir des prières pour chaque action de vertu[1].» Bel exemple d'exégèse spirituelle, comme d'ailleurs celui que l'on découvre dans la citation de Grégoire que Nicole fait à la suite: «Il faut ôter la peau de la victime, et la couper en morceaux, c'est-à-dire qu'il faut ôter à nos actions cette surface extérieure qui nous les fait paraître vertueuses, pour les regarder jusque dans le fond[2].»

III. En aval

Nous ne présenterons ici que quelques indications, destinées, pour l'essentiel, à faire ressortir le caractère prométhéen de beaucoup d'interprétations contemporaines, dont finalement Pascal a eu le pressentiment, puisqu'il les a, en quelque sorte, dénoncées par avance, comme cette maladie dont il a pu constater les premiers symptômes dans le néopélagianisme qui sévissait à son époque.

C'est pourquoi nous ne porterons sur le XVIIIe siècle chrétien qu'un rapide regard[3]. Traductions, commentaires, paraphrases de Job continuent à abonder[4]. En 1712, dom Calmet fit paraître

---

1. *Ibid.*, p. 231. Il réfère en note aux *Moralia*: «lib. I. 17 et 18. nov. edit. 34. et 15. n. 47 et 48.»
2. *Ibid.*, p. 232. Comment ne pas évoquer l'érésipèle de Job?
3. Dans la mesure où nous croiserons ultérieurement le Job de Kant, nous n'en traitons pas ici. Notons que Shaftesbury, avant Kant, dénonçait, non la théodicée leibnizienne (cela va sans dire, puisque *A Letter concerning Enthusiasm* date de 1708) mais le verbiage justificatif des pseudo-amis (voir *Lettre sur l'enthousiasme*, trad. A. L. Leroy, p. 247-250). Il eût été intéressant aussi de réfléchir avec A. FOULET sur «Zadig et Job» (*Modern Language Notes*, 75, 1960, p. 421-423). En 1748, Voltaire est encore optimiste. Il changera de point de vue, en raison du désastre de Lisbonne. Il est intéressant de noter que *Candide* est de la même année (1759) que les *Considérations sur l'optimisme* de Kant, dont l'optique est alors leibnizienne. Kant se serait-il reconnu dans Pangloss, cela aurait-il contribué à le faire changer d'avis? (Voir P. FONTAN, «La théodicée de Kant», *Le Fini et l'Absolu*, Saint-Cénéré, Téqui, 1990, p. 151-165.)
4. Là encore, l'on pourrait multiplier les exemples. Ainsi, en Allemagne, paraissent le *Liber Jobi cum nova versione ad Hebraeum fontem et commentario perpetuo*, t. I, Leyde, 1737, et le *Commentarius in librum Jobi*,

un *Commentaire littéral sur tous les livres de l'Ancien et du Nouveau Testament* où Job figure en bonne place. Il vaudrait, assurément, d'examiner le Job d'un grand ami de Port-Royal, l'oratorien Duguet[1]. Ce dernier, durant les premières années du siècle, faisait chaque semaine une conférence sur des livres vétérotestamentaires. Parmi les auditeurs se trouvaient Rollin, et Asfeld qui publia en 1732 l'*Explication du Livre de Job où selon la méthode des saints Pères l'on s'attache à découvrir les mystères de Jésus-Christ et les règles des mœurs renfermées dans la lettre même de l'Écriture*. Duguet, qui disait de lui-même, en une belle formule: «Je contribue à la consolation[2]», n'hésitait pas à écrire: «Il fallait que Job, pour représenter dignement Jésus-Christ, avouât aussi des péchés qui lui étaient étrangers; et qu'il les avouât comme propres, comme dignes de la colère de Dieu, comme la cause de ses souffrances[3].» Et il commente ainsi le chapitre XXXI: «Les préceptes de l'Évangile les plus sublimes sont ici rapportés à peu près comme dans le sermon sur la Montagne. Et il était digne en effet de la divine Providence, que Job qu'elle avait choisi pour annoncer les mystères de Jésus-Christ, et pour les représenter dans sa personne, fût encore le prédicateur de la perfection évangélique, et la justifiât par sa conduite[4].» L'influence de Grégoire le Grand est là encore manifeste.

Il serait aussi intéressant d'étudier l'utilisation de Job par la cohorte des «causes-finalistes» du siècle. L'on connaît la fortune de la preuve physico-théologique, dont l'anglais Derham a consacré l'appellation[5], en un temps où la critique par Locke — maître à penser de l'*Enlightenment* qui a précédé les Lumières françaises et l'*Aufklärung* — de l'innéisme cartésien est censée invalider les preuves *a priori*. Les adorateurs du *Spectacle de la nature*, comme dira le fameux abbé Pluche,

---

t. II, Halle-Magdebourg, 1774, de Albertus Schultens, ainsi que le *Scholia in libros veteris Testamenti poeticos Jobum et tres Salomonis*, Halle, 1779, de Johann Christoph Doederlein, auxquels se réfère le jeune Schelling dans son *De malorum origine*, 1792.
1. Paris, 3 t., 4 vol. Toujours en 1732, Asfeld et lui publieront des *Règles pour l'intelligence des Saintes Écritures*, qui exposent la méthode de l'exégèse spirituelle.
2. «Sa sévérité porte le principe d'espérance», commente l'auteur de *Port-Royal*, *ibid*.
3. *Règles pour l'intelligence des Saintes Écritures*, t. I, p. 124.
4. *Ibid.*, t. III, p. I.
5. Voir sa *Physicotheology* (1713), et son *Astro-theology, or a Demonstration of the Being of God from a Survey of the Heavens* (1715).

sont attentifs, à la suite de Fénelon et de son *Traité de l'existence de Dieu*, à la cosmologie jobienne, au discours où le Dieu tout-puissant fait étalage des merveilles de sa Création. Fénelon écrivait, dans la première partie du *Traité de l'existence de Dieu*, à propos du flux et du reflux de la mer: «Qui est-ce qui a su prendre des mesures si justes dans des corps immenses? Qui est-ce qui a su éviter le trop et le trop peu? Quel doigt a marqué à la mer, sur son rivage, la borne immobile qu'elle doit respecter dans la suite de tous les siècles, en lui disant: Là vous viendrez briser l'orgueil de vos vagues (Jb, XXXVIII, 2)?» La physico-théologie luthérienne, au piège de l'impasse naturaliste où sombre ce genre de théodicée, verra dans ce verset la clef du drame vécu par l'homme de Hus: *Clavis jobea*[1]. Assurément, cette clef n'est pas celle de l'auteur des *Pensées*, mais les apologistes du XVIIIe siècle, au rebours d'un Pascal et de sa critique des preuves par la nature, ne craignent pas, pour leur part, de conjuguer la théophanie de Job et le *De natura deorum* dont ils sont friands lecteurs.

Au XIXe siècle, Chateaubriand sera un grand lecteur du *Livre de Job* comme il le rapporte dans les *Mémoires d'outre-tombe*[2]. À cette époque où les textes scripturaux deviennent des «classiques de la poésie sacrée[3]», le poème vétérotestamentaire sert de modèle à Lamartine qui construit bien des poèmes des *Méditations poétiques* sous forme de débat entre la foi et l'athéisme (il peut, en ce sens, être comparé à Pascal[4]). Alfred de Vigny ne se souviendra, quant à lui, que des récriminations jobiennes quand il s'écriera dans *Jephté*:

Seigneur, vous êtes bien le Dieu de la vengeance;
En échange du crime, il vous faut l'innocence[5].

---

1. Voir le remarquable article de Wolfgang PHILIPP, «Physicotheology in the Age of Enlightenment», *Studies on Voltaire and Eighteenth Century*, 7, 1967, p. 1234-1239.
2. Voir Ire partie, liv. III.
3. Comme le remarque P. BÉNICHOU dans *Le Sacre de l'écrivain*, Paris, José Corti, 1985.
4. Cl. GRILLET a consacré un article à «Job dans les "Méditations" de Lamartine», *Le Correspondant*, 25 décembre 1922, p. 1023 s.; voir P. BÉNICHOU, *Le Sacre de l'écrivain*, p. 177.
5. Vigny reprochait à Pascal et aux jansénistes (laissons-lui la responsabilité du propos!) d'être «coupables envers l'humanité, car ils arrêtaient le progrès en soutenant la cause de la grâce contre la liberté» (cité par P. BÉNICHOU, *Les Mages romantiques*, Paris, Gallimard, 1988, p. 400). Bénichou présente une analyse intéressante du débat entre la grâce et le libre arbitre chez Vigny, et consacre à *La Deuxième Consultation du docteur Noir* quelques

Et il est possible qu'une des sources possibles de son *Moïse*, lors que le prophète déplore d'être séparé de Dieu, rejoignant par là le lot du commun des mortels, soit les plaintes de Job[1].

Un Kierkegaard, un Dostoïevski furent bouleversés par la lecture du *Livre de Job*. L'étudiant de *La Répétition* écrivait à son muet confident: «Si je n'avais pas Job! Il est impossible de décrire et de nuancer la multiple signification qu'il a pour moi. Je ne le lis pas avec les yeux, comme un autre ouvrage; je mets pour ainsi dire le livre sur mon cœur et je le lis avec les yeux du cœur [...] Vous avez bien lu Job? Lisez-le et relisez-le encore et toujours [...] La nuit, je me lève; je le lis à haute voix, criant presque tel ou tel passage de Job. J'ouvre encore une fenêtre et jette au vent ses imprécations. Si Job est une fiction de poète, si jamais il n'y a eu d'homme qui ait ainsi parlé, je m'approprie alors ses paroles, et j'en prends la responsabilité [....] J'ai lu et relu son livre; pourtant chaque mot m'est toujours nouveau, enfanté chaque fois et produisant dans mon âme une impression entière[2].» Quant à Dostoïevski, il déclarait à sa femme dans une lettre de 1875: «Je [le] lis et puis j'abandonne le livre, et je me mets à marcher dans la pièce, une heure peut-être en pleurant presque... Ce livre, Ania, c'est singulier, mais il est un des premiers qui m'aient frappé.»

Si superficiel que puisse être notre survol, il serait impardonnable de passer sous silence Renan, ce Celte amoureux de l'Orient, qui traduisit en 1858 le *Livre de Job*, dans lequel il voyait «le plus haut degré de la philosophie sémitique[3]», animé

---

pages, où l'on peut lire cette affirmation, à notre point de vue, contestable: «On peut y voir l'inspiration pascalienne, avec la différence radicale qui sépare l'angoisse appelant la foi de l'angoisse assumée et maîtrisée par une pensée purement humaine» (p. 188).

1. Voir P. BÉNICHOU, *Les Mages romantiques*, p. 371. Voir l'édition du *Moïse* de Vigny par F. Bartfeld, coll. «Archives des lettres modernes», 83, 1967, n. 2 et 45, ainsi que son livre, *Vigny et la figure de Moïse*, Paris, 1968, IIe partie, chap. II.

2. *La Répétition*, trad. Tisseau, 1948, p. 74-75. Sur Kierkegaard et Job, voir par exemple L. CHESTOV, «Job ou Hegel? À propos de la philosophie existentielle de Kierkegaard», *La Nouvelle Revue française*, 23, 1936, p. 755-762; J. WAHL, «Sören Kierkegaard et le livre de Job», dans COLLECTIF, *L'Homme*, Neuchâtel, La Baconnière, coll. «Être et penser», 27, 1948, p. 147-166; J. Wahl détecte des «liens profonds» entre Kierkegaard et Job (particulièrement p. 148).

3. Il déclare cela dans son *Histoire générale et système composé des langues sémitiques*, dont l'on trouve un extrait dans *Judaïsme et christianisme*, textes présentés par J. Gaulmier, Paris, Copernic, 1977, particulièrement p. 42.

par le souci de conserver «le rythme de l'original, dans un français où l'on n'a voulu faire aucune concession aux idiotismes du texte[1]». Renan est un véritable précurseur des interprétations contemporaines. Il voyait dans le poème de Job «la plus sublime expression» du cri de l'âme révoltée[2], et se plaisait à souligner la supériorité morale de Job, «victime de la part d'un Dieu rusé d'une véritable trahison», lui l'homme juste par excellence. Cependant, «sa grande âme, écrivait-il, en appelle au Dieu futur contre le Dieu injuste qui le persécute». Par cet «appel de Dieu à Dieu», Job affirmerait donc sa croyance aux fins providentielles et qu'il y a un «espoir à tirer du désespoir». Dans l'ouvrage de 1871, intitulé *Réforme intellectuelle et morale*, Renan insiste sur le fait que «les lois de l'histoire sont les lois de la justice de Dieu. Dans le *Livre de Job*, Dieu, pour montrer qu'il est fort, se plaît à écraser celui qui triomphe[3]». L'auteur de *La Vie de Jésus* arrache Job à la tradition judaïque du messianisme pour en faire un «produit de la pensée arabe», et de souligner «la fierté du nomade»[4]... Pierre Leroux réagira, avec la dernière virulence, contre l'interprétation renanienne dans l'appendice qui accompagne son drame en cinq actes, *Job* (1886). Il reprochera à Renan de méconnaître la portée «sociale» de l'histoire du sage de Hus...

Avant comme après la Seconde Guerre mondiale, le *Livre de Job* — «livre de chevet du tragique et du deuil[5]», «premier roman métaphysique de la littérature universelle[6]» — a continué à être une source d'inspiration vivace pour les penseurs comme pour les artistes[7]. Il faudrait consacrer un développement privi-

---

1. Comme il l'annonçait dans les *Nouvelles études d'histoire religieuse*, dans *Judaïsme et christianisme*, p. 144.
2. *Œuvres complètes*, Paris, Calmann-Lévy, t. VII, p. 335.
3. *Ibid.*, t. I, p. 731.
4. *Ibid.*, t. VII, p. 335. Voir L. RÉTAT, *Religion et imagination religieuse : leurs formes et leurs rapports dans l'œuvre de Renan*, Paris, Klincksieck, 1977, IIe partie, chap. I, p. 176.
5. Voir J. EISENBERG, É. WIESEL, *Job ou Dieu dans la tempête*, Paris, Fayard-Verdier, 1985, p. 14.
6. A. CHOURAQUI, *La Bible*, Paris, Desclée de Brouwer, 1985, p. 1279.
7. Il n'est que de consulter la vaste bibliographie publiée par G. MORETTO, «Présence du livre de Job dans la pensée contemporaine», *Giornale di metafisica*, IV, 1, p. 209-218. L'auteur avait écrit en 1988 un article intitulé «Teodicea, storia e jobismo» (*Archives de philosophie*, LVI, 1-3, p. 245-271). Depuis il a publié *Giustificazione e interrogazione. Giobbe nella filosofia*, Naples, Guida, 1991.

légié aux lectures israélites puisque, et ainsi en est-il pour Margarete Susman, comme pour Hermann Cohen, le peuple juif «est le Job de l'histoire universelle[1]». *Le Procès* (1924) de Kafka, par exemple, est à lire «comme une espèce de *midrash* sur le livre de Job[2]»; Joseph Roth, pour sa part, transposa le mythe biblique dans son *Hiob. Der Roman eines einfachen Mannes*[3] (1930). Et comment ne pas évoquer la foule des écrits du «Nach Auschwitz[4]». L'idée que les serviteurs fidèles expient les fautes commises par d'autres, idée qui était prônée dans le monde hébraïque médiéval, est encore présente dans certains écrits juifs de notre siècle, tels que *The Face of God after Auschwitz* d'Ignaz Maybaum[5]. Cette idée a suscité l'opposition violente de A. Neher[6] qui découvre dans la Bible même, et dans le *Livre de Job* plus particulièrement, l'affirmation de la dignité de l'homme. Livré à ses propres forces, c'est légitimement qu'il réagit contre le silence de Dieu dans l'invention de ses propres valeurs. Cette riposte athéistique n'est pas toujours celle de la réflexion hébraïque contemporaine[7]. Un passage d'un entretien que l'auteur de *Bilder von Gut und Böse* (1952) eut à Pontigny avec Brunschvicg et Berdiaeff, entre autres, est très révélateur d'une volonté de préserver la dimension de la Transcendance. Martin Buber, qui fut dès sa jeunesse taraudé par la question du mal, anticipe sur un thème qui sera exploité par Hans Jonas[8]. Alors que le Dieu *chrétien* de Pascal choisit de s'incarner et de

1. *La religion de la raison tirée des sources du judaïsme*, p. 325.
2. N. Frye, *Anatomie de la critique*, Paris, Gallimard, coll. «Bibliothèque des idées», 1969, p. 265.
3. Traduit sous le titre *Le Poids de la grâce*, Paris, Calmann-Lévy, 1965.
4. Pour reprendre la célèbre expression de Theodor Adorno, dans *Negative Dialektik* (Francfort-sur-le-Main, Suhrkamp, 1966, III, i, p. 352-356). Voir aussi I. Kajon, *Fede ebraica e ateismo dopo Auschwitz*, éd. Benucci, Pérouse, 1993 (sur Job, p. 19-21, 30-33, 99-100, 111, 121). X. Tilliette écrit: «*Auschwitz è un'iperbole per una mentalità filosofica che ha fatto i suoi conti con tutte le metafisiche e le teodicee*» («Il Cristo dei non credenti», *Rassegna di teologia*, 2, 1992, p. 134).
5. Amsterdam, Polak-Van Gennep, 1965.
6. Voir *L'Exil de la parole. Du silence biblique au silence d'Auschwitz*, Paris, Éd. du Seuil, 1970.
7. Voir M. Buber, *Le mal est-il une force indépendante?* (1936), ouvrage présenté par D. Bourel, dans *Théodicée dans le judaïsme contemporain*, *Archives de philosophie*, LVI, 1-3, p. 529-545, et son article, «Bien qu'il tarde...», *ibid.*, p. 139-146.
8. Lequel, marqué comme Schelling et, plus tard, Rosenzweig par Isaac Luria et la kabbale, verra dans le «nihilisme» de Nietzsche, de Heidegger et de Sartre comme l'écho lointain du Dieu caché de Pascal, dans l'oubli du précepte pascalien: «*Ne evacuetur crux Christi.*»

périr sur la Croix pour sauver l'humanité misérable, le Dieu de «miséricorde» de Buber ne le serait qu'au sens humain du terme, tandis que du Dieu transcendant, incompréhensible, l'unité originaire serait antérieure au bien et au mal...

La théologie contemporaine, au lieu d'être, comme par le passé, attentive à la patience du juste tourmenté des chapitres I et II et à l'Épilogue (le récit-cadre), découvre, elle aussi, le Job rebelle des chapitres III à XXXI[1]. C'est un trait distinctif du monde contemporain que de mettre l'accent sur l'obscurité insondable du mal et sur l'aspect paradoxal et même scandaleux du phénomène de «la souffrance inutile», selon le beau titre d'un colloque tenu à Santa Margherita Ligure en 1981, auquel prirent part, entre autres, Emmanuel Lévinas et Luigi Pareyson[2]. L'exclamation de Beckett dans *L'Innommable*: «Tout ici est faute, on ne sait pas pourquoi, on ne sait pas de quoi, on ne sait pas envers qui[3]...», a valeur de symptôme quant à la *Stimmung* de notre époque. L'Oreste de Sartre serait-il «l'héritier légitime [...] de Job[4]»? Et comment ne pas évoquer *La Peste* de Camus? Le consensus de la contestation est large! Combien y a-t-il d'interprétations qui, à quelque égard, soulignent l'aspect «protestation de l'homme moral», et, *mutatis mutandis*, retrouvent les accents d'un Renan, c'est-à-dire mettent en cause la divinité à laquelle des comptes sont demandés, bien loin que l'homme ait à lui en rendre[5]! Il faudrait un ou même plusieurs ouvrages[6] pour déployer dans toute sa richesse le pano-

---

1. O. Keel fait preuve, en ce sens, d'une grande originalité en s'attachant, pour sa part, à décrypter les chapitres XXXVIII et XLI, dans *Dieu répond à Job*, Paris, Éd. du Cerf, 1995. L'on remarquera que le journaliste et philosophe Ph. Nemo, dans *Job ou l'Excès du mal* (Paris, Grasset, 1977), choisit (et s'en explique) de ne relever que les citations des chapitres III à XXVII et XXIX à XXXI du *Livre de Job*.

2. Colloque publié par le *Giornale di metafisica*, IV, 1. Voir aussi la communication de X. Tilliette, «Le cri de la croix», p. 85-100, et, du même auteur, «Aporétique du mal et de l'espérance», *Archives de philosophie*, LVI, 1-3, ainsi que «Du mal et de la souffrance», *Les Études philosophiques*, 1, 1990.

3. Paris, Éd. de Minuit, 1953.

4. Comme le voulait J. Wahl, «Sören Kierkegaard et le livre de Job», p. 149.

5. Le procès est ancien! À l'aube du XVIIIe siècle, Leibniz n'hésitait pas à se faire l'avocat du Tout-Puissant et à plaider «la cause de Dieu»...

6. Voir, par exemple, M. Bochet, *Présence de Job*, Berne-Francfort-sur-le-Main-Paris, 1988 (ce livre est consacré à ce que l'auteur appelle, sous le patronage d'Artaud, le théâtre du «cri», au lendemain des traumatismes de la Seconde Guerre mondiale).

rama contemporain de la réflexion protestataire relative à la question du mal. La réaction de C. G. Jung à la lecture du *Livre de Job* est symptomatique[1]: «À cette occasion, Dieu s'humanisera et l'homme sera divinisé. C'est ainsi qu'à Job se rattachera l'idée de l'Incarnation de Dieu, et la Rédemption et l'apothéose de l'homme[2]!» Yahvé découvrirait donc la nécessité de se dépouiller «de sa divinité et [de] prendre une forme de serviteur, c'est-à-dire la forme la plus basse de l'existence humaine, pour obtenir le joyau que l'homme possède dans sa conscience réflexive[3]»... À la traditionnelle question: «*Cur deus homo?*», la réponse jungienne est donc que l'Incarnation joue un rôle de mécanisme compensatoire de l'infériorité divine: «l'intelligence lucide de l'homme a un temps d'avance sur [Dieu][4]»; elle ne peut avoir pour fonction de rédimer un monde corrompu, et, à l'inverse de la thèse de Malebranche et de la tradition scotiste, loin d'exhausser la Création à sa propre hauteur, elle parviendrait à l'égaler[5]. Le *Livre de Job* coïnciderait avec le moment où s'effectue un progrès de la moralité, par le biais de l'idée qu'il y de la souffrance injuste. Il s'agit ici, certes, de la lecture par un «psychologue» d'un texte «mythologique». Rien de surprenant, cependant, à ce que les théologiens de Lausanne aient réagi avec violence.

Ernst Bloch, pour sa part, interprète le message biblique comme un discours de la révolte dont Job serait un des hérauts[6].

---

1. Voir, par exemple, la célèbre *Réponse à Job* de Carl Gustav Jung, *Antwort auf Hiob* (Zurich-Stuttgart, Rascher, 1952), où est repris le thème de l'innocent soumis à la vindicte divine; l'ouvrage de E. Amado Lévi-Valensi, *Job: réponse à Jung*, Paris, Éd. du Cerf, 1991; et l'article de D. Leduc-Fayette, «La ténèbre divine dans la "Réponse à Job" de C. G. Jung», dans J.-M. Paul (sous la dir. de), *Le Pessimisme, idée féconde, idée dangereuse*, Presses universitaires de Nancy, 1992, p. 239-251.
2. C. J. Jung, *La Vie symbolique. Psychologie et vie religieuse*, Paris, Albin Michel,1989, p. 205.
3. *Ibid.*, p. 176.
4. *Ibid.*
5. Pour le psychanalyste zurichois, Dieu est un archétype, une structure mentale, engendré par l'inconscient (certes, comme l'image d'une réalité inconnaissable dont il est vain de vouloir prouver ou nier l'existence, d'où cette prise de position révélatrice: «À mon avis, l'existence d'une idée est plus importante que sa vérité», p. 158).
6. «Le Prométhée hébreu», comme Bloch surnomme Job dans *Das Prinzip Hoffnung*, aurait en commun avec le Prométhée grec (le premier saint du calendrier philosophique selon Marx) la découverte de la dimension tragique de l'existence mais, contrairement au «solipsisme» de ce dernier, s'inscrirait dans toute une tradition.

Au regard de Bloch — ce « nouveau Marcion », comme dit si bien le P. von Balthasar —, le Dieu créateur du monde, traité à la lettre de « diable », « sert de repoussoir au [...] Rédempteur »[1]. « L'axe véritable de la Bible[2] » serait « la prédication subversive de l'apocalypse sociale[3] ». Face à Yahvé se dressent Moïse et Job! L'auteur de *L'Athéisme dans le christianisme* ne les met pas, d'ailleurs, sur le même plan, car si tous deux sont des figures de la rébellion, dans le cas de Moïse elle serait libératrice, dans le cas de Job simplement protestatrice, d'où l'affirmation de la supériorité du premier, fondateur d'une nation, sur le second. Ce qui importe à Bloch est de récupérer dans la dimension utopique la portée messianique : Moïse et Job incarnent, selon lui, la catégorie de l'ouverture, de l'exode (la sortie de Dieu), celle de l'espérance proprement athée[4]. Dans une perspective fidèle au texte hébreu, il voit dans le « goël » de Jb, XIX, 25-26, un « vengeur du sang versé » qui, d'après lui, demanderait éternellement des comptes à Yahvé et, en aucune façon évidemment, ne prophétiserait la venue du Christ, même s'il apparait comme l'« Annonciateur » qui ouvre la porte de l'utopie[5]... Son interprétation s'oppose à celle de Margarete Susman que nous avons évoquée ci-dessus. Dans la tragédie de Job-Israël, elle voit poindre la lueur de la Rédemption *(Erlösung)* et voit donc dans le « goël » le Messie annoncé.

Comment ne pas constater avec Jean Wahl que le *Livre de Job* a traversé les siècles « maintenant sa question à Dieu, la transformant en une question aux hommes[6] ». L'esprit se

---

1. *Points de repère*, Paris, Fayard, 1973, p. 135. Bloch a évidemment lu A. von Harnack, et en particulier *Marcion das Evangelium vom fremden Gotte*, 1921.
2. *L'Athéisme dans le christianisme*, Paris, Gallimard, 1978, p. 92. Voir A. NEHER, « Job dans l'œuvre de E. Bloch », dans *Utopie-Marxisme selon E. Bloch. Hommage publiés par G. Raulet*, Paris, Payot, 1976, p. 233-238 ; D. LEDUC-FAYETTE, « L'athéisme dans le christianisme de E. Bloch ou l'espérance défigurée », *International Studies in Philosophy*, XV, 3, 1983, p. 45-54.
3. *Ibid.*, p. 121. Voir J.-R. ARMOGATHE, « E. Bloch, prophète marxiste », *Les Quatre Fleuves*, 2, Paris, Éd. du Seuil, 1974.
4. Voir sur ce point le débat qui opposa Bloch à G. Marcel : « G. Marcel et E. Bloch : dialogue sur l'espérance », *Présence de G. Marcel*, 1, Paris, Aubier, 1979, p. 39-74
5. Voir *L'Athéisme dans le christianisme*, p. 146.
6. J. WAHL, « Sören Kierkegaard et le livre de Job », p. 147.

déchire à vouloir percer le mystère du sort emblématique de l'homme de Hus, ou bien, dans la méditation du livre biblique, trouve-t-il à la fin quelque mystérieux apaisement. C'est dans le libre abandon à Dieu que le Job de Karl Jaspers retrouve la vérité originaire et connaît la sérénité, au terme d'une expérience traumatisante mais qui est aussi celle, quand elle est éclairée par la réflexion, de la piété, ce don gratuit[1]... Les questions posées par Job appellent donc toujours des réponses — «à longue échéance», comme le dit H. R. Jauss qui, pour sa part, analyse admirablement celles de Goethe, de Nietzsche, de Heidegger[2]. Berdiaeff voyait dans le destin de Job «le prototype du destin humain sur terre[3]». Le «cri de Job» symbolise la revendication légitime de toutes les victimes face à l'opacité du mal, à l'incapacité où la philosophie se trouve de l'expliquer s'il est, selon l'expression de E. Lévinas et de Ph. Nemo, en «excès» dans tous les sens du terme — «l'inassumable[4]». Aucune rationalisation n'explique la Shoah... La philosophie se retrouve pesée «sur la balance de Job[5]». Quant aux «amis», ces hypocrites représentants de toutes les théodicées lénifiantes, les voici sur la sellette, où Kant, déjà, les avait placés dans *Sur l'insuccès de toutes les tentatives de théodicée* (1791): «On donne le nom de théodicée à la défense de la très haute sagesse du Créateur contre les reproches que la raison lui adresse au sujet des malfaçons du monde. On appelle cela plaider la cause de Dieu, bien qu'au fond cette cause ne soit que celle de notre propre raison, d'une raison qui, en la circonstance, méconnaît présomptueusement ses bornes[6]!»

---

1. Voir *La Foi philosophique face à la Révélation*, Paris, Plon, 1973, p. 363-383.
2. Voir *Pour une herméneutique littéraire*, Paris, Gallimard, coll. «Bibliothèque des idées», 1982, p. 119-137.
3. *Esprit et réalité*, Paris, Aubier, 1943, p. 131.
4. Voir l'analyse du livre de Nemo par E. LÉVINAS, «Transcendance et mal», *Le Nouveau Commerce*, 41, 1978. Voir aussi, dans le même ordre d'idée, C. CHALIER, *La Persévérance du mal*, Paris, Éd. du Cerf, 1987, en particulier chap. VI, 2, «Le scandale du mal», p. 170-186.
5. L. CHESTOV, *Sur la balance de Job*, Paris, Flammarion, 1971.
6. Trad. Festugière, Paris, Vrin, 1963, p. 196.

CHAPITRE III

LA «CLEF»

Dans le *Corpus hermeticum*[1], ce véritable compendium de l'hermétisme, «La clef» est le titre du dixième *logos*: «D'Hermès Trismégiste. La Clef.» Les platoniciens de la Renaissance vénéraient le *Pimandre* comme un livre saint qui bénéficiait de la caution de Marsile Ficin et de Lefèvre d'Étaples. L'on connaît, par la traduction latine de Ficin (1463), les quatorze premiers *logoi*, sous le titre célèbre de *Poimandrès*, que publia[2] Lefèvre d'Étaples en 1491. Traduction et commentaires seront repris par différents éditeurs. Citons, par exemple, la *Theologia trismegista* de Symphorien Champier (1508), tandis qu'en 1549, Du Préau dédie au cardinal Charles de Lorraine ses *Hermetica*. Tous croyaient à l'existence d'une révélation secrète qui remonterait à Moïse — la *prisca theologia* — et à son contemporain, Hermès (identifié à partir du IIIe siècle au scribe d'Osiris, Thoth, ce dieu égyptien, inventeur de l'écriture et de toutes les branches de sciences et d'arts qui en dépendent[3]), révélation parallèle à la révélation scripturaire, mais différente. Pascal est sévère pour le Trismégiste et les thaumaturges: «Toute histoire qui n'est pas contemporaine est suspecte. Ainsi les livres des sibylles et de Trismégiste, et tant d'autres qui ont eu crédit au monde, sont faux et se trouvent faux à la suite

---

1. *Corpus hermeticum*, éd. Nock-Festugière, Paris, Les Belles-Lettres, 2 vol., 1947. Voir A.-J. FESTUGIÈRE, *La Révélation d'Hermès Trismégiste*, Paris, Gabalda, 4 vol., 1949-1954, en particulier t. II, «Le dieu cosmique».
2. Et non «traduisit», comme il est dit dans l'*Histoire de la philosophie*, Paris, Gallimard, coll. «Pléiade», t. II, p. 169.
3. Le texte canonique, à cet égard, est CICÉRON, *De natura deorum*, III, 22. Hermès est devenu chez les stoïciens Hermès-*logos*. Sur la *prisca theologia*, voir D.P. WALKER, *The Ancient Theology Studies in Christian Platonism from the Fifteenth to the Eighteenth Century*, Londres, Duckworth, 1972. Voir aussi ci-dessus, p. 63, n. 4.

des temps» (S 688/L 436). Néanmoins, il connaissait la tradition hermétique et le platonisme renaissant a indiscutablement un écho dans les *Pensées*; souvenons-nous du fameux «Platon, pour disposer au christianisme[1]» du fragment 505/L 612, dont il serait fâcheux de minimiser la portée dans le cadre d'un discours destiné à convertir. L'on mesure ici l'importance de Platon qui, au regard de l'apologiste comme à celui de son maître saint Augustin[2], ou encore des moines de Cîteaux[3] et de Jansénius[4], ne fait pas partie de ces «philosophes» dont il raille la vanité des promesses, tandis qu'il s'irrite du fait qu'ils osent dissocier la question morale de celle de l'immortalité de l'âme. Au contraire, il voit dans l'auteur des *Lois* «le plus sage des législateurs[5]» (S 94/L 60), et, à celui du *Phédon*[6], il décerne le beau titre de théologien. Il hérite là d'une conception propre

1. Voir l'article, portant ce titre, de Ph. SELLIER, dans *Diotima*, 7, Athènes, 1979, p. 178-183. L'auteur montre bien l'originalité avec laquelle Pascal et ses amis de Port-Royal considèrent Platon. Leur admiration contraste avec l'hostilité des uns, par exemple celle du P. Petau, ou le dédain des autres, par exemple celui du P. Rapin («la Compagnie de Jésus, favorable à Aristote, reprend contre Platon les slogans de Tertullien», p. 178).
2. P. COURCELLE a mis en lumière la dette d'Augustin envers les *Libri platonicorum* (qui l'avaient incité à chercher la vérité hors de la matière) et envers leurs auteurs, Plotin et Porphyre en particulier (*Les «Confessions» de saint Augustin dans la tradition littéraire. Antécédents et postérité*, Paris, Études augustiniennes, 1963, Ire partie, I). Le saint dénoncera, certes, dans les *Confessions* (VII, 20, 26, 1, éd. Labriolle, p. 169-172), leur insuffisance, mais ce n'est pas là un rejet radical. Il y a toute distance entre ce qu'il dit là, et le repentir qui le saisit d'avoir, victime de la fascination d'Aristote, osé soumettre Dieu aux prédicaments (*ibid.*, IV, 16, 29, 11, p. 87).
3. Ils n'étudiaient pas Platon, mais il était pour eux une «présence religieuse». Jean Scot Érigène avait traduit au IXe siècle des écrits imprégnés de néoplatonisme (Grégoire de Nysse, Maxime le Confesseur, pseudo-Denys). Il a influencé Guillaume de Saint-Thierry et saint Bernard. Voir M.-D. CHENU, «Platon à Cîteaux», *Archives d'histoire doctrinale et littéraire du Moyen Âge*, 21, 1954, p. 106.
4. En ce qui concerne Jansénius, voir Ph. SELLIER, «Platon, pour disposer au christianisme», *Diotima*, 7, Athènes, 1979, p. 180: «Jansénius décerne à Platon le titre de *principem philosophorum christianisque vicinissimum.*»
5. Qu'il s'agisse de Platon est évident; voir aussi MONTAIGNE, *Essais*, II, 12.
6. Ne pourrait-on voir dans *Phédon*, 91, a-b (*Œuvres*, Paris, Gallimard, coll. «Pléiade», t. I, p. 815), l'une des «sources» à inscrire dans l'histoire de l'argument du «pari»: Socrate suppute le «risque» (il «calcule»: «vois quelle est ma cupidité!» dit-il à Phédon) qu'il y a à ne pas se comporter «sainement» — et l'intérêt qu'il y a à le faire — «à l'heure présente», *à supposer que* l'âme soit éternelle... L'on sait que le pari chez J. DE SILHON, par exemple, porte non sur l'existence de Dieu mais sur l'immortalité de l'âme (voir *Les Deux Vérités* [1626], Paris, Fayard, 1991, Seconde Vérité, Discours VI, p. 184).

à Ficin et à sa *Theologia platonica immortalitate anima*[1]. Après avoir cité un passage d'une lettre du 1er avril 1648 de Pascal et de Jacqueline (mais c'est «le frère qui parle[2]») à leur sœur Gilberte: «Nous devons nous considérer comme des criminels dans une *prison* toute remplie des images de leur libérateur et des instructions nécessaires pour sortir de la servitude[3]», J. Mesnard déclarait, à juste titre: «Nous ne sommes pas loins du mythe de la Caverne. La seule réalité substantielle se trouve au-delà du monde. Comme l'Ancien Testament, le monde est un chiffre renvoyant à un ailleurs[4].» Toute une tradition devrait donc surgir à l'esprit de qui lit le fragment S 196/L 164: «Commencement-Cachot.» Pascal partage, en effet, avec Platon et la tradition hermétique l'idée que le monde est une geôle. La métaphore du «cachot» est récurrente dans les *Pensées*. Qu'elle vienne du petit caveau de Montaigne[5] ne change rien: Montaigne avait beaucoup pratiqué Cicéron qui avait hérité de thèmes hellénistiques. Le fragment S 196/L 164 est une indication de plan: commencer par rappeler que la condition des hommes en ce bas monde est comparable à celle (comme il

---

1. Voir Ph. SELLIER, «Platon pour disposer au christianisme», p. 180. Il est également passionnant de lire l'*Argumentum in Phaedonem* qui sert de préface à la traduction en latin du *Phédon* par Ficin (voir *Omnia divini Platoni opera*, Bâle, 1539). Voir R. MARCEL, *Marsile Ficin*, Paris, Les Belles-Lettres, 1958, p. 626. Ficin voit dans la vie et la mort de Socrate une ébauche *(adumbratio)* de celles du Christ, p. 487. Sur ce point, Pascal ne le suivrait pas, qui va même jusqu'à reprocher à Socrate l'erreur que réitérera Sénèque: avoir «pris la mort comme naturelle à l'homme», *Mort...*, *OC* II, p. 853/Laf. p. 276. Aucune velléité de socratisme chrétien donc chez Pascal, à la différence d'Érasme; il ne partage pas davantage la fascination d'un Montaigne pour le maître de Platon.
2. Voir *OC* II, p. 580. Il convient d'insister, dit-il, sur l'importance de cette lettre, «remarquable exposé de doctrine spirituelle où l'on découvre, exprimées pour la première fois, quelques-unes des idées maîtresses empruntées par Pascal à saint Augustin et à ses disciples». Les lettres à Gilberte sont marquées par l'influence des *Lettres chrétiennes et spirituelles* de Saint-Cyran, comme l'a bien montré sœur M.-L. HUBERT, *Pascal's Unfinished Apology*, New Haven, 1952, p. 38-40.
3. Laf. p. 273/*OC* II, p. 582; nous soulignons «prison». À la suite du passage cité par J. Mesnard, Pascal précise: «Il faut avouer qu'on ne peut apercevoir ces saints caractères sans une lumière surnaturelle», celle même qui fait défaut au libre-penseur, acculé, s'il est honnête, au désespoir, sauf à parier, mais la foi n'en sera pas moins un don de Dieu!
4. Voir aussi J. MESNARD, «La clef du chiffre» dans *Les Pensées de Pascal*, Paris, Sedes, 2e éd., 1993, p. 262 s.
5. Voir *Essais*, II, 12. Voir aussi B. CROQUETTE, *Pascal et Montaigne*, Genève, Droz, 1974.

est dit dans le fragment S 686/L 434, modulation du fragment S 195/L 163[1]) de prisonniers qui attendent leur arrêt de mort: « Qu'on s'imagine un nombre d'hommes dans les chaînes[2]. » Comment ne pas citer aussi le fameux « J'entre en effroi comme un homme qu'on aurait porté endormi sur une île déserte et effroyable, et qui s'éveillerait sans connaître et sans moyen d'en sortir[3] » (S 229/L198)? De même, dans le long fragment S 230/L 199, lorsque Pascal évoque «ce canton détourné de la nature», «ce petit cachot où il [l'homme] se trouve logé, *j'entends l'univers*», la dimension cosmique s'introduit. Nous voyons une possible confirmation du bien-fondé de cette thèse dans le début du texte dont la finalité est de produire l'effroi[4]: « Que l'homme contemple donc la nature entière dans sa haute et pleine majesté, qu'il éloigne sa vue des objets bas qui l'environnent. Qu'il regarde cette éclatante lumière mise comme une lampe éternelle pour éclairer l'univers, que la terre lui paraisse comme un point au prix du vaste tour[5] que cet astre décrit [etc.]. » L'on peut songer à Marc Aurèle, même si ce n'est pas là une référence pascalienne (Pascal ni Montaigne, en général, ne citent l'empereur stoïcien), et, par-delà Pascal et Marc Aurèle, le fameux *Songe de Scipion* de Cicéron, lui-même héritier du thème hellénistique[6]. L'empereur stoïcien s'écrie: « le petit-fils de Scipion l'Ancien, contemplant le monde du haut de la voie

---

1. Voir Ph. SELLIER, « L'ouverture de l'apologétique pascalienne », *XVIIe Siècle*, 177, octobre-décembre 1992, p. 441.
2. Ces «chaînes» pourraient être une réminiscence de Ep, IV, 1.
3. C'est l'effroi du libertin lucide qui s'exprime ici. Ne pourrait-on voir un écho dans ces lignes et, en particulier, dans celles qui précèdent: le «sans savoir qui l'y a mis, ce qu'il y est venu faire, ce qu'il deviendra en mourant, incapable de toute connaissance», d'un passage de l'*Augustinus*: « *Quod ut, Augustini sensu et plerumque verbis, breviter perstringamus [...] quid indicat horrenda quaedam profonditas ignorantiae, cum qua nunc mundum ingredimur? Nam in hisce tenebris profundissimis ab utero profusus in lucem quilibet infans jacet, nesciens ubi sit, quid sit, a quo creatus, a quibus genitus sit, jam reus delicti, nondum capax praecepti; tanta videlicet caligine involutus et pressus, ut neque tanquam de somno excitari possit, ut haec saltem demonstrata cognoscat; sed expectetatur tempus quo hanc nescio quam velut ebrietatem, non per unam noctem, sicut quaelibet gravissima solet, sed per aliquot menses et atque annos paulatim digerat* » (*De statu naturae lapsae*, liv. II, chap. I, éd. 1641, p. 119)?
4. Il serait trop long de rappeler toutes les gloses dont ce texte a été l'objet, la dernière en date, au moment où nous écrivons ces lignes (V. CARRAUD, *Pascal et la philosophie*, Paris, PUF, 1992, p. 404 s.).
5. L'on retrouve cette image chez Ch. DRELINCOURT, voir ci-dessus, p. 66-67.
6. Voir, en particulier, 3, 16.

lactée, voit la terre si petite que l'Empire romain lui paraît imperceptible, le monde habité une petite île dans l'Océan, la vie moins qu'un point[1].» Le modèle de la lunette astronomique et du microscope que fait jouer V. Carraud, dans son interprétation du fragment S 230/L 199[2], ne dit que la surdétermination de l'approche pascalienne, dans le contexte scientifique de son époque. Mais la relativisation elle-même est une pratique traditionnelle, puisqu'on la trouve déjà dans la Bible et, en particulier, dans le *Livre de Job*.

Le libertin de Pascal, tel le petit-fils de Scipion, «contemple» l'univers. L'acte de contempler, qui est (non contradictoirement) une passion (nous entendons par là qu'il engendre un *pathos* chez le sujet qui regarde, en l'occurrence dans le fragment S 229/L 198 l'«effroi», négatif de l'admiration), amplifie le «vu» dans le sens de l'infiniment grand ou de l'infiniment petit (c'est la même chose), et cette double infinitisation ne trouve sens que par rapport à Dieu, auteur des *mirabilia*, ce dont le libertin doit prendre conscience. La nature renvoie à la surnature. V. Carraud écrit: «chez Pascal, la contemplation n'est *jamais* [souligné dans le texte] la contemplation de Dieu[3].» Ce *«jamais»* n'est-il pas contestable? Dans l'*Écrit sur la conversion du pécheur*, que l'on doit, selon J. Mesnard, rapprocher des *Pensées* dont il est contemporain (il a été composé dans les années 1657-1658) jusque dans «le détail de l'expression[4]», l'on retrouve comme une image du fragment S 230/L 199 qui en éclaire la signification et la portée. Pascal écrit: «connaissant son *égarement*», l'âme qui «entre dans la *vue* des grandeurs de son Créateur [...] et *considérant* Dieu dans des immensités qu'*elle multiplie sans cesse* [Pascal ne substitue donc pas à «l'amplitude du regard l'immensité du regardé[5]»] [...], dans cette conception qui *épuise ses forces*, [...] *l'adore en silence* [...] *Dans la vue de ces immensités* [...] elle commence à *connaître* Dieu.» Si la contemplation est «sans connais-

---

1. Voir P. HADOT, *La Citadelle intérieure. Introduction aux pensées de Marc Aurèle*, Paris, Fayard, 1992 p. 273. Voir aussi P. BOYANCÉ, *Études sur le «Songe de Scipion»*, Paris, 1936, et A. FESTUGIÈRE, *La Révélation d'Hermès Trismégiste*, IVe partie, chap. XIII, § 4.
2. *Pascal et la philosophie*, p. 415.
3. *Ibid.*, p. 406.
4. Voir *OC* IV, p. 39.
5. *Pascal et la philosophie*, p. 414.
6. *Ibid.*, p. 407.

sance[6]», comme le dit V. Carraud, en revanche, elle est conaissance dans la belle acception d'un Paul Claudel, par différence avec l'intellection des scientifiques, avides d'intelligibilité. Cette «élévation», écrit Pascal, est «si éminente et transcendante qu'elle ne s'arrête pas au ciel [*a fortiori* au monde] [...] ni au-dessus du ciel [...] elle traverse toutes les créatures et ne peut arrêter son *cœur* qu'elle ne soit rendue jusqu'au trône de Dieu»[1]. L'on retrouve donc dans ces pages le schéma bernardien «considération-contemplation» que Carraud analyse bien, mais dont il soutient qu'il n'œuvre pas dans la pensée pascalienne. Dans l'*Écrit sur la conversion du pécheur*, le dipôle «considérer-contempler» structure incontestablement l'analyse de la conversion. Revenons au fragment S 230/L 199 dans lequel la contemplation, toujours selon V. Carraud, est «sans amour, sans ravissement, sans extase [...] contemplation sans signification mystique[2]», à partir de quoi il extrapole à la contemplation chrétienne selon Pascal. Dans le fragment analysé, la contemplation est, assurément, un équivalent de la «considération»; si elle a été prescrite comme exercice au libertin, c'est dans le but de lui faire prendre conscience de sa condition infime — «S'estime[r] son prix», tel est, en effet, le sens de «considérer» (S 151/L 119) — et de le terrifier. Or c'est là le commencement quant à la possibilité de la foi, le premier degré de l'itinéraire de l'âme à Dieu. Elle doit s'élever jusqu'à son «trône». Alors, l'effroi du libertin laissera place à l'admiration du chrétien, l'inquiétude qui le travaille se métamorphosera en *quies mentis*. Trembler, comme il le fait, «à la vue [des] merveilles» d'un univers dont il ne sait pas encore qu'il est théophanique (la nature est un des cinq lieux où Dieu se cache mais par conséquent, aussi, se révèle à ceux qui savent voir, c'est-à-dire qui ont reçu le don de la foi), doit le conduire à l'humilité, à «contempler en silence». Une transformation s'opère en lui, si Dieu le veut, sa «curiosité se changeant en admiration». Pour autant, la métamorphose de l'effroi préserve le sens aigu du sacré dans sa dimension distinctive: l'«incompréhensibilité» — c'est le *tremendum* cher à Rudolf Otto! La contemplation proprement chrétienne, celle

---

1. *Conversion...*, *OC* IV p. 42-44; nous soulignons.
2. V. CARRAUD, *Pascal et la philosophie*, p. 419.

même d'un Pascal, est tout imprégnée du récit de l'extase d'Ostie, comme l'a perçu Ph. Sellier, et il ne nous paraît pas qu'elle se présente «comme une anti-béatitude[1]». L'auteur de *Pascal et la philosophie* croit détecter là un symptôme de ce *Crépuscule des mystiques* si bien décrit par Louis Cognet[2]. Celui qui a fait l'expérience de la «nuit de feu» peut-il être confondu avec un Pierre Nicole, dont le *Traité de l'oraison* (1679) est, assurément, un véritable manifeste antimystique, dans la droite ligne du sévère *Examen de la théologie mystique* (1657) du carme Jean Chéron? Il nous semble quelque peu abusif d'affirmer — quand bien même le propos se limiterait à l'analyse du fragment S 230/L 199, ce qui n'est d'ailleurs pas le cas — que Pascal subvertit «les caractéristiques principales qui définissent la contemplation, de Cassien ou saint Augustin à saint François de Sales ou Bérulle», et que, par conséquent, en l'occurrence, «rien ne subsiste de l'acquis de la tradition chrétienne de la contemplation[3]».

Mais revenons au thème de l'univers «cachot», à cette «incompréhensible» situation d'esclavage dont seul le mystère encore plus incompréhensible de la faute rend raison[4]. Voilà qui justifie le recours au mot «clef[5]», puisque la «clef», dans la tradition hermétique, ouvre les portes de la prison cosmique (par-delà le traité X, elle désigne l'ensemble de la révélation de Poimandrès à Hermès). «Le titre symbolique *Clef (Kleis)* répond bien, écrivait le P. Festugière, au contenu: on a là ce qu'il faut savoir pour avoir l'intelligence du mystère, c'est-à-dire de l'union à Dieu[6].» C'est un des traits du courant pessimiste de la pensée religieuse gréco-romaine, illustré en particulier par le traité hermétique qui porte le nom

---

1. *Ibid.*, p. 420. Voir p. 422: «L'effroi pascalien est une anti-contemplation. La contemplation pascalienne est une anti-béatitude.» Ce n'est pas l'effroi de Pascal, c'est celui du libertin...
2. Paris, Desclée, 1991. Ce crépuscule caractérise la seconde moitié du siècle.
3. V. CARRAUD, *Pascal et la philosophie*, p. 405.
4. Voir S 164, p. 213/L 131.
5. Il serait fastidieux de recenser tous les ouvrages dont le titre fait jouer la métaphore de la «clef». Citons seulement, puisqu'il s'agit d'un ouvrage fort lu au XVIIe siècle, la fameuse *Pro theologia mystica clavis* de Sandaeus, Cologne, 1640. Sandaeus est le nom latinisé, selon l'usage en vigueur à l'époque, de Maximilien van der Sandt. A. H. FRANCKE, dans l'importante préface de sa traduction (de l'italien en français) à *La Guide spirituelle* de Molinos (Leipzig, 1687), fait figurer en bonne place la clef de Sandaeus.
6. A.-J. FESTUGIÈRE, *La Révélation d'Hermès Trismégiste*, p. 12.

d'*Asclépius*[1], que de considérer le monde comme une prison, dans la ligne d'une vieille tradition orphique rappelée par Platon dans le *Phédon*: «La doctrine qu'on enseigne en secret [...] que nous autres hommes, nous sommes dans un *poste* d'où l'on n'a pas le droit de s'échapper ni de s'enfuir[2]»; c'est le célèbre passage sur la *phroura* (poste de garde), identifiée déjà par Xénocrate comme le cosmos en sa totalité. L'on retrouve le même thème dans la quatrième des *Ennéades*[3]. Plotin déclare: «La caverne, chez [Platon], comme l'antre chez Empédocle, signifie, me semble-t-il, notre monde, où la marche vers l'intelligence [...] est pour l'âme la délivrance hors de ses liens.» Lorsque Pascal énonce l'assertion: «Platon pour disposer au christianisme», il est révélateur que cette pensée qui fait partie des *Miscellanea* s'inscrit en fait, comme l'a prouvé Pol Ernst, à la suite du fragment S 195/L 163: «Un homme dans un *cachot*, ne sachant si son arrêt est donné [...] il est contre nature qu'il emploie cette heure-là [...] à jouer au piquet.» Il y a là, incontestablement, une réminiscence du *Phédon* et de toute une tradition... À l'évidence, l'image platonicienne du monde comme geôle est familière à Pascal. Nous avons donc eu volontiers recours à la métaphore de la «clef». L'auteur lui-même emploie le terme. Dans le fragment S 305/L 274, il avait d'abord écrit puis barré: *Preuves par la clef que J.-C. et les apôtres nous en donnent*[4].

Seul le sang du Sauveur ouvre la porte de notre prison et la porte du ciel (He, IX, 23-28). La seule clef pour Pascal est et ne peut être que le Christ. De quel droit, par conséquent,

---

1. L'*Asclépius* est la traduction latine du fameux *Traité parfait*, l'original grec; le logos X est adressé à Tat, en présence d'Asklépios.
2. *Phédon*, 62b, trad. Chambry. Le mot «poste» est souligné par nous, mais dans l'édition de la Pléiade, L. Robin le traduit par «garderie», t. I, p. 771; voir aussi n. 4, p. 1370.
3. *Ennéades*, IV, 1. Et voir, bien sûr, l'allégorie platonicienne de la caverne.
4. En italique, dans le texte. Il s'agit essentiellement ici de la «clef du chiffre» (S 281/L 249), le monde étant comme un langage codé, puisque tout est «brouillé», comme le rappelle P. MAGNARD, dans *Nature et histoire dans l'apologétique de Pascal* (Paris, Les Belles-Lettres, 1975), «tout», y compris le code qui permettrait de décrypter notre condition. Dans ce même fragment, l'on trouve une référence à Maïmonide, lequel écrivait: «*scito quod* clavis universorum quae dixerunt prophetae est intelligere parabolas atque metaphoras, similitudines atque aenigmata» (citation empruntée par Pascal au *Pugio fidei*; voir Ph. SELLIER, *Pascal et saint Augustin*, Paris, A. Colin, 1970, p. 386).

substituons-nous Job au Christ, l'homme de Hus[1] au Dieu-homme ? Si nous nous autorisons à parler d'une « clef de Job », c'est essentiellement[2] à la mesure du statut privilégié que Pascal confère à cette « figure » prophétique, lors qu'il maintient vivace la tradition de l'exégèse figurative, au temps même où la parution imminente du *Traité théologico-politique* de Spinoza et le célèbre ouvrage de l'oratorien Richard Simon vont en sonner le glas. Lorsqu'il déclare : « J.-C. que les deux *Testaments* regardent, l'*Ancien* comme son attente, le *Nouveau* comme son modèle, tous deux comme leur centre » (S 7/L 388), qui, mieux que Job, pourrait exprimer cette attente ? Qui, mieux que lui, pourrait anticiper le divin modèle ? Au fond, l'on pourrait dire que Job réussit là où les « philosophes » échouent : « Sera-ce [eux] qui nous proposent pour tout bien les biens qui sont en nous ? Est-ce là le vrai bien ? Ont-ils trouvé le remède à nos maux ? Est-ce avoir guéri la présomption de l'homme que de l'avoir mis à l'égal de Dieu ? [...] ont-ils apporté le remède à nos concupiscences ? » (S 182, p. 228/L 149).

Il n'est ni arbitraire ni anachronique de citer, derechef, Paul Claudel — ce contemporain de Pascal ! — qui, de nos jours, a su restituer sa poétique (au sens étymologique) fécondité à cette fascinante exégèse spirituelle qu'avaient diversement pratiquée avec bonheur un Origène, un saint Augustin : « Écoutez Job, notre frère, quand au nom de toute la Création privée de son auteur, au nom de cette douleur sans fond, incommensurable, qui a arraché le Fils au sein de la Trinité, il se met à sangloter[3] ! » Ne demeurons pas sourds au cri de Job... Le bruit du monde est une assourdissante cacophonie, ce « tinta-

---

1. Selon la transcription de la *Bible de Sacy* que nous adoptons (Dhorme écrit « Ous » dans son introduction, *Ancien Testament*, Paris, Gallimard, coll. « La Pléiade », II, p. CXXV-CXXXIV).
2. Le lecteur l'aura constaté, nous jouons sur tous les sens du terme. Job est la clef au sens du génitif subjectif (la clef que le *Livre de Job* apporte — la théophanie —, la clef que le personnage fournit par son comportement — la patience, la prière) et du génitif objectif (la lecture chrétienne de Pascal est clef pour comprendre le poème biblique, lequel est aussi une clef des *Pensées* au plan structurel).
3. *Œuvres en prose*, Paris, Gallimard, coll. « La Pléiade », 1965, p. 991. L'on sait que Claudel est l'auteur d'un commentaire inspiré, *Le Livre de Job*, Paris, Plon, 1946 : « De tous les livres de l'Ancien Testament, Job est le plus sublime, le plus poignant, le plus hardi, et en même temps, le plus énigmatique, le plus décevant, et j'irais presque jusqu'à dire le plus rebutant » (p. 1).

marre » que Pascal évoque, et de s'étonner : « les hommes aiment tant le bruit et le remuement » (S 168, p. 217/L 136)... « Beaucoup de bruit pour rien », disait déjà Shakespeare ! Mais la voix humaine doit être entendue quand elle est inspirée, et, nécessairement alors, elle enjoint : « Écoutez Dieu » (S 164, p. 212/L 131), c'est-à-dire : « faites silence », ce silence cher à Port-Royal[1]... N'est-ce pas la leçon de Job qui reconnaît, dans l'Épilogue, qu'il a mal parlé, met la main sur la bouche et se tait ? C'est aussi celle de l'Ecclésiaste, car il y a le silence de la bête brute ou de l'homme stupide dont saint Augustin et Érasme ont noté la parenté[2], et le silence du face-à-face avec Dieu, le *coram deum*, qui est de l'ordre du l'émerveillement[3]. De même faut-il distinguer le futile « parlage[4] » et la parole authentique qui fondamentalement réfère à la seule Parole... Rien de surprenant à ce que, dans les *Pensées*, la Sagesse divine prenne elle-même la parole[5]. Cette prosopopée

1. Sur le silence chez Pascal, voir l'analyse de O. Todisco, « Dal silenzio interessato al silenzio salutare », *Il silenzio e la parola da Eckhart a Jabès*, Brescia, Morcelliana, 1989. L'auteur distingue : 1. le silence du sceptique qui ne se prononce pas ; 2. celui de l'homme prudent qui juge opportun de se taire, de ne pas prendre parti, silence stratégique donc, destiné à préserver sa tranquillité au sein de la société (l'on sait ce que Pascal pensait de ce silence, lui qui s'écriait : « Jamais les saints ne se sont tus ») ; 3. le « silence des espaces infinis » qui susciterait l'effroi de Pascal (en fait, l'effroi du libertin) et que Descartes conjurait par la médiation de la parole scientifique, dans son ambition de décrypter une nature écrite en langage mathématique, afin de s'en rendre « maître et possesseur » (et voilà l'exemple, dit Todisco, d'« un grand *divertissement* ») ; 4. le vrai silence, enfin, celui du croyant, qui « ayant compris qu'il n'est pas possible de trouver hors de lui ni en lui la réponse aux suprêmes interrogations, se tait, pour s'en remettre à la voix de Celui dont nous sommes loin et vers lequel nous devons tendre » (p. 48 ; nous traduisons).
2. Voir les *moriones* d'Augustin, les hommes intellectuellement stupides, proches des bêtes brutes et, chez Érasme, le verbe *obbrutesco* qui signifie « devenir stupide comme un animal sans raison ».
3. Sur l'*obstupesco* érasmien, employé en rapport avec les états extatiques, voir M. A. Screech, *Érasme. L'extase et l'« Éloge de la folie »*, Paris, Desclée, 1980, p. 105.
4. Selon un terme évocateur mais qui n'est pas employé au XVIIe siècle, il le sera seulement à la fin du XVIIIe siècle (1773). À ne pas confondre avec la « parlerie » montaignienne qui signifie l'éloquence.
5. S 182, p. 229/L 149. Sans vouloir opérer un rapprochement forcé, d'autant qu'il ne s'agit pas d'un monologue rompant la structure dialogique, signalons cependant que dans le *Livre du gentil et des trois sages*, écrit vers 1270 par Raymond Lulle, la Sagesse divine questionnée par les protagonistes — musulman, juif, chrétien — prend la parole. C'est là un schéma, comme nous le verrons, hérité des *Proverbes*.

fait d'ailleurs suite à un premier discours de la Sagesse, rapporté au style indirect. Elle est d'un autre ordre que le simple effet oratoire[1]. La harangue divine dans les *Pensées* (même si elle trouve son modèle dans les *Proverbes*[2]) fait évoquer celle que proféra l'Éternel, quand il daigna répondre à la longue plainte de Job[3].

---

1. À la différence donc de celle, fort célèbre, de Fabricius à la fin de la première partie du *Discours sur les sciences et les arts* (J.-J. ROUSSEAU, *Œuvres complètes*, Paris, Gallimard, coll. «La Pléiade», 1964, t. III, p. 15; la prosopopée de Fabricius serait un rappel de Virgile, *Énéide*, liv. VI, v. 848 s.). Sur la tension inhérente à l'extériorité propre au genre oratoire antique et à l'intériorité spécifique de la parole chrétienne, voir M. FUMAROLI, *L'Âge de l'éloquence*, Paris, Droz, 1980.
2. Pr, II et VIII. Comme le note Dhorme, «cet admirable poème (VIII, 22-31) inspire les descriptions de la Sagesse dans le livre de Job» (*Ancien Testament*, II, p. CXXXVII); de même, «la description de la Sagesse dans les *Proverbes*, III, 13-20 rappelle de très près Jb, XXVIII, 15-19» (*ibid.*, p. CXXXV).
3. Jb, XXXVIII, 42.

DEUXIÈME PARTIE

PASCAL ET L'UNIVERS VÉTÉROTESTAMENTAIRE

> « Pascal, autant que Pic, est un fervent des Écritures juives dans lesquelles il scrute les figuratifs »
> (Henri de Lubac, *Pic de La Mirandole*, Paris, Aubier-Montaigne, 1974, p. 346).

INTRODUCTION

Comme l'a fait ressortir Brunschvicg dans un parallèle, sur certains points contestable, entre Pascal et Spinoza, pour le premier, «Jésus est celui qu'attendaient les Juifs spirituels, il remplit les prophéties, il justifie sa doctrine par ses miracles, suivant la règle donnée dans le Deutéronome; il accomplit la loi[1]». Paradoxalement le second, lorsqu'il prétend découvrir la religion «en esprit et en vérité», est fondamentalement infidèle à l'interprétation de ses ancêtres... Et Brunschvicg de noter: le «Juif de Voorburg» subordonne la révélation historique à la démonstration rationnelle, «le solitaire de Port-Royal [...] défend l'interprétation judaïque de la religion[2]». Mais tous deux, assurément, avaient la Bible sur leur table de travail! Dans les *Pensées*, citations et traductions[3] de passages des deux Testaments composent un véritable «florilège[4]»; le lexique pascalien est pour une bonne part emprunté à l'Écriture[5], sans parler de bien des métaphores célèbres... Le destinataire pluriel de l'Apologie — esprit fort, joueur mathématicien athée qui sera mis en demeure de parier[6], ou chrétien

---

1. *Spinoza et ses contemporains*, Paris, PUF, 1951, p. 205. La suite du texte nous paraît partisane: «Aussi semblable aux prophètes qui menaçaient Jérusalem de la colère et de la vengeance de Dieu, [Pascal] apporte dans le monde, et dans son Église même, le "couteau et non la paix", vouant au châtiment éternel la masse des perdus, veillant sur les rares élus qui doivent traverser la terre dans l' "exercice" et la persécution.»
2. *Ibid.*, p. 198. L'expression «le solitaire de Port-Royal», appliquée à Pascal, est bien contestable.
3. Voir S. ANTONIADIS, *Pascal, traducteur de la Bible*, Leyde, Brill, 1930.
4. Voir Ph. SELLIER, «La Bible de Pascal», dans *Le Grand Siècle et la Bible*, sous la direction de J.-R. ARMOGATHE, Paris, Beauchesne, coll. «Bible de tous les temps», 6, 1989.
5. «De la Bible, Pascal tient [...] environ huit cent mots», Dom JUNGO, *Le Vocabulaire de Pascal étudié dans les fragments pour une Apologie. Contribution à l'étude de la langue de Pascal*, Paris, s. d., p. 127.
6. L. THIROUIN a bien montré que le «Pari» n'est qu'un «discours de commencement pour capter l'écoute. Cette fonction est tenue essentiellement par l'idée de jeu» (*Le Modèle du jeu dans la pensée de Pascal*, Paris, Vrin, 1991, p. 189). Autrement dit, le «Pari», métonymie par laquelle on désigne

nonchalant —, sous le choc de la lecture des quatre Lettres : « chercher Dieu », « ôter les obstacles », « préparer la machine », « chercher par raison » (S 45/L 11)[1], enfin conscient de la frustration inhérente à la quête philosophique — « Deux cent quatre-vingts sortes de souverain bien dans Montaigne[2] ! » (S 27/L 408) —, se doit de méditer la Bible en son entier. Si le raisonnement échoue à prouver Dieu (est-il besoin de rappeler que le « Pari » n'est pas une preuve !), que pourraient faire d'autre le libre-penseur, l'incroyant travaillé par le doute, le mondain qui réalise la vanité de son agitation, ou quiconque est pénétré de l'importance de l'enjeu : le salut de l'âme, sinon se plonger dans le texte où se découvre la clef de l'anthropologie et la compatibilité de deux affirmations « répugnantes » (c'est-à-dire contradictoires), celle de la grandeur de l'homme, vantée à juste titre par Épictète (ne serait-ce la présomption du sage stoïcien), celle de son infinie misère à laquelle Montaigne a été si sensible (mais pour autant le sceptique auteur des *Essais* ne réagissait-il pas en « païen » ?). Ici éclate la supériorité de Job sur Épictète et Montaigne, sur tous les philosophes, ces vains discoureurs ! Job, cet homme de foi, si grand, si misérable, si lucide, ce juste tourmenté, ce prophète inspiré, Job et son indéracinable espérance... La Bible, d'abord lue par les esprits forts et par Pascal (qui, en bon tacticien, choisit de procéder comme ceux qu'il veut convaincre) à la façon de n'importe quel ouvrage, doit, à terme, être réinstaurée dans son statut de Livre inspiré, mais cela suppose que la raison soit conduite à dûment constater que les prophéties sont vérifiées (ce qui, certes, par rapport à la vraie foi, ne peut avoir qu'une fonction préparatoire). Ainsi — et cela est paradigmatique de la stratégie mise en œuvre — le *Livre de Job*,

---

le fragment « Infini rien », n'a qu'une valeur toute provisoire, et « l'appel à la machine apparaît alors un moyen temporaire pour alimenter ce nouveau désir de Dieu » (p. 188) qu'il avait pour fin de susciter, et non d'assouvir. Toute l'analyse de Thirouin mérite d'être considérée tant elle échappe aux deux excès ordinaires qu'elle dénonce : donner au « Pari » une place centrale, le marginaliser.

1. Ces quatre lettres sont des *Pensées*, comme le « Protreptique » ; voir Ph. SELLIER, « L'ouverture de l'apologétique pascalienne », *XVIIe Siècle*, 177, octobre-décembre 1992, p. 443.
2. Voir S 44/L 10 : « Les misères de la vie humaine ont fondé tout cela. / Comme ils ont vu cela, ils [les disciples de Montaigne ?] ont pris le divertissement. » S 44 initialement suivait immédiatement S 27. Voir la note 6 de Ph. Sellier dans son édition des *Pensées*, p. 166.

considéré, en un premier temps, selon la perspective de la littérature sapientielle chère aux libertins qui, indûment, coupent cette dernière de l'ensemble dont elle ne peut être en droit séparée, doit l'être, en un second temps, dans sa dimension prophétique — par là même, sa vérité se dévoile.

« Je te suis présent par ma parole dans l'Écriture », déclare le Seigneur à Pascal dans le *Mystère de Jésus*. L'Écriture n'est-elle pas, comme y insistera le P. von Balthasar, « forme et véhicule de la Parole de Dieu émise sans cesse et maintenant[1] » ? Elle constitue une « seconde et magnifique ouverture du plan de Pascal, la seconde genèse, et celle qui mène directement à la vie[2] », la vraie vie, la vie éternelle... Cette seconde ouverture est prioritaire quant à l'esprit. La fonction du texte biblique, éminemment, est « consolatrice ». Le programme que l'apologiste s'assigne est d'exhiber cette dimension : « ceux qui cherchent Dieu de tout leur cœur, qui n'ont de déplaisir que d'être privés de sa vue, qui n'ont de désir que pour le posséder et d'ennemis que ceux qui les en détournent, qui s'affligent de se voir environnés et dominés de tels ennemis, qu'ils se consolent [...] il y a un libérateur pour eux » (S 300/L 269). Le thème de la « consolation » est fondamental, dans le rapport qu'il entretient avec celui de la faute originelle. Dans la *Comparaison des chrétiens des premiers temps avec ceux d'aujourd'hui*, texte centré sur la question du baptême, Pascal rappelle avec nostalgie que l'Église ancienne préconisait le baptême tardif. Et s'il ne succombe en rien aux séductions de l'hérésie manichéenne et de ses avatars[3], la soif intense de pureté chez lui et ses amis jansénistes provient d'une même appréhension exacerbée de la souillure. La conversion ne peut être déliée du sacrement du baptême, l'« eau de la régénération », comme il est dit dans le chapitre sur « la justification de l'impie », préambule de la sixième session du Concile de Trente. La justification y est définie au chapitre VII comme ne se réduisant pas à la seule « rémission des péchés mais [étant] aussi la sanctification et le renouvellement de l'homme

---

1. Cité par H. DE LUBAC dans *L'Écriture et la Tradition*, Paris, Aubier-Montaigne, 1966, p. 100.
2. *PR*, III, p. 396.
3. Songeons au rite fondamental du *consolamentum* chez les cathares — baptême par l'Esprit —, imparti non par l'eau comme le baptême chrétien, mais par l'imposition des mains. Les cathares retardaient, parfois jusqu'à leur lit de mort, l'administration de ce sacrement.

intérieur[1]». La lecture des Écritures ne peut se réduire pour Pascal à la pratique profane qu'il feint initialement de partager. Elle constitue, à l'intérieur même du procès continu de la *metamorphosis*[2], infiniment plus qu'une obligation. Elle représente une des dimensions de la vie chrétienne, d'où la volonté, révolutionnaire pour l'époque, des port-royalistes de traduire la Bible en langage vernaculaire afin que *tous* y aient accès[3].

Brunschvicg écrivait encore : « Descartes demande à Dieu d'assurer le triomphe de l'esprit; Pascal implore le salut de l'âme[4]. » Dans le même sens, H. Gouhier remarquait : « [L'auteur des *Pensées*] ne construit pas une philosophie même sans le vouloir »; c'est pourquoi ce très grand historien de la philosophie prescrivait de ne « jamais [lire] une phrase de Pascal comme si la comprendre pouvait consister à lui restituer un contexte philosophique alors non explicité », de « ne jamais la prendre pour une pierre détachée d'un édifice comparable à ceux de Descartes ou de Kant »[5]. Comme le Job d'André Neher, Pascal est un « porte-parole de la non-philosophie[6] » qui dialogue avec les philosophes (les amis de Job). Pour ce faire, il adopte une méthode que l'on peut, certes, qualifier de « philosophique », mais c'est pour mieux faire entendre à ses interlocuteurs que la seule réponse au questionnement qui les travaille est la sortie hors de la philosophie ! Si l'on considère l'ensemble de son œuvre spirituelle, Pascal se présente selon les cas (mais souvent les différentes prestations se recoupent) comme un apologiste, un polémiste chrétien, un théologien ou un directeur de conscience. Son unique but, parce qu'il est converti, est, si Dieu le veut, d'aider à la conversion d'autrui (et encore lui-même a-t-il à être re-converti, puisque la tâche est toujours à refaire...). Or, dans cette optique, à divers titres, la Bible a toujours son rôle à jouer, en chacun des registres évoqués. L'appréhension pascalienne de l'univers biblique ne relève donc pas de ce que l'on pourrait appeler un régime extérieur, purement instructif, mais, pourrait-on dire dans le langage de

---

1. Voir *CT*, VIe Session, chap. IV, p. 33, et chap. VII, p. 36.
2. Voir II Co, III, 18.
3. Voir D. LEDUC-FAYETTE, « La lecture de l'Écriture sainte : un "droit" ? », *Antoine Arnauld*, *Chroniques de Port-Royal*, 44, 1995.
4. *Descartes et Pascal, lecteurs de Montaigne*, New York-Paris, Brentano's, 1944, p. 189.
5. *Blaise Pascal. Conversion et apologétique*, Paris, Vrin, 1986, p. 14.
6. « Pensée biblique et non-philosophie », *Les Études philosophiques*, 2, 1984, p. 151.

Blondel, d'un phénomène d'assimilation, d'intégration, une sorte d'«intussusception»... La Bible est un aliment spirituel, sa lecture a quasi-valeur de sacrement, comme Sacy le dira dans la préface du *Nouveau Testament de Mons*... Elle sustente Pascal, «l'homme de la Bible» : «L'exposition complète des figures bibliques aurait formé une immense galerie de tableaux, si Pascal eût pu donner la dernière main à son *Apologie*[1].» Noé «a vu la malice des hommes au plus haut degré [...] a mérité de sauver le monde en sa personne par l'espérance du Messie dont il a été la figure» (S 313/L 281); Jacob, «mourant et bénissant ses enfants, s'écrie [...] : *"J'attends, ô mon Dieu, le sauveur que vous avez promis"*»; le roi David, «grand témoin. Roi, bon, pardonnant, belle âme, bon esprit, puissant», lui qui «prophétise, et son miracle arrive» (S 346/L 315)... Pascal a suivi Moïse au travers du désert; il a été saisi d'angoisse à Babylone au bord des «fleuves de feu», il s'est tenu debout dans les porches de la sainte Jérusalem... Babylone, Jérusalem — non Athènes et Sparte ou Rome[2]! Joue là un des ressorts puissants de l'imaginaire «chrétien». Nous n'aurons pas la naïveté d'opposer ce registre à l'intellectualité pure : une secrète osmose opère entre les deux pouvoirs, si tant est qu'ils soient radicalement séparables. La vie plénière de l'esprit ne saurait être mutilée de ce «sens» — osons le terme : un grand poète n'a-t-il pas dit que l'imagination, c'est «les cinq sens confondus[3]»? —, ce sens par lequel elle a accès au seul monde qui soit digne d'être aimé et qui, certes, ne peut être «ce» monde; mais voilà une des rares choses que Pascal n'a pas vue : il partageait la méfiance et l'hostilité généralement répandues à son époque face à l'imagination (Cyrano de Bergerac

---

1. Voir J. LHERMET, *Pascal et la Bible*, Paris, Vrin, 1934, p. 403. Lhermet énumère Adam, Noé, Joseph, Melchisédech, Jonas, Isaac, Ismaël, Moïse, David... et donne les références des fragments de Pascal concernés. Voir aussi : «La Bible occupait une place unique dans la vie et dans l'œuvre littéraire de Pascal. Tous les éléments qui ont concouru à former ce grand génie, toutes les influences principales qui ont dominé sa pensée convergent vers cet unique centre : la Bible. C'est autour du Livre Sacré que tout se groupe et se réunit; c'est lui qui donne à ce tout la cohésion, l'harmonie, la fécondité» (p. 673).

2. Il ne s'écrierait, certes pas, comme Rousseau, devant le pont du Gard : «Que ne suis-je né romain!» (*Confessions*, VI, Paris, Gallimard, coll. «La Pléiade», t. I, p. 256.)

3. P. ÉLUARD, *Poésie ininterrompue*, dans *Œuvres complètes*, Paris, Gallimard, coll. «La Pléiade», II.

mis à part[1]), il a eu le mérite d'en souligner la puissance, mais il l'a perçue comme une « faculté trompeuse » (S 78, p. 177/L 44), alors qu'elle est aussi, et plus profondément, comme le dira Claudel, puissance visionnaire.

Il faut donc se pénétrer de l'esprit dans lequel Pascal, qui a, tel l'homme de Hus, écouté l'Éternel lui parler, a lu et relu le *Livre de Job*, ce texte sapientiel *et* prophétique. Persuadé, à l'instar de saint Augustin, de la « congruence » de l'Ancien et du Nouveau Testament, de leur « conformité[2] », il prend soin de noter dans le fragment S 300/L 269 que « Moïse et David et Isaïe usaient de mêmes termes », afin de montrer à quel point, en lui-même déjà, l'ensemble vétérotestamentaire est unifié par le Sens qui le transit secrètement (et que la seule lecture chrétienne permet de mettre au jour). La Vérité, figurée dans les textes vétérotestamentaires, resplendit dans les Évangiles. Puisque c'est la Vérité, elle est intangible, immuable : les Pères de l'Église, les Conciles n'ont fait que la répéter, l'expliciter sans jamais la modifier. L'interpréter ne consiste qu'à en déployer la richesse enclose. L'on comprend pourquoi, au XVIIe siècle, il apparaissait obligatoire de recourir à la pratique des « citations », à leur apprentissage « par cœur » (comme le préconise le célèbre pédagogue Mercier dans son *Instruction de Théophile ou De l'enfant chrétien* de 1654), tandis que l'on estimait nécessaire, pour préparer le terrain à la conversion des incroyants, de constituer des recueils de *testimonia*, selon la pratique ordinaire des polémistes médiévaux. C'est là comme le pendant des recueils d'*excerpta* profanes dont Pascal alimente, par exemple, son éloge critique d'Épictète et de Montaigne (auquel Sacy, citant pour sa part les *Confessions*, oppose le témoignage d'Augustin[3]). L'accent est mis sur l'authenticité préservée du texte biblique par la médiation de la transmission fidèle. Elle est assurée par la Tradition, et c'est pourquoi la théologie est et ne peut être qu'une science de « mémoire[4] ». L'usage des citations n'a rien d'une morne répétition ; le recours à la mémoire, dans laquelle Pascal ne

---

1. Voir M. EIGELDINGER, *J.-J. Rousseau et la réalité de l'imaginaire*, Neuchâtel, La Baconnière, chap. II, « De Cyrano de Bergerac à Diderot ».
2. Voir *De utilitate credendi*, III, 7, et *Des mœurs de l'Église catholique*, chap. IX.
3. Voir P. COURCELLE, *La Postérité de saint Augustin*, Paris, Études augustiniennes.
4. Voir le passage célèbre de la *Préface sur le Traité du vide*, OC IV, p. 777.

voyait en 1648 qu'un « corps inanimé et judaïque[1] » (mais ultérieurement, en bon augustinien, il découvrira qu'elle fait partie du « cœur[2] »), est vivifié par l'Esprit ; « lire [et] ouïr les choses saintes si communes et si connues qu'elles soient[3] », se les remémorer, est une véritable activité : loin de toute sclérose, elle vivifie la raison, elle la dynamise, elle l'anime au sens étymologique, elle la « fléchit » — le *flectere* est une des fonctions traditionnelles de l'éloquence, privilégiée par Pascal. Ainsi la mémoire apparaît-elle « nécessaire pour toutes les opérations de la raison » (S 536/L 651). Pascal, « convaincu de la capacité des citations à infléchir les existences, ne se propose rien de moins que de composer une œuvre qui d'emblée s'impose à toutes les mémoires[4] ».

Un extrait du *Cinquième écrit des curés de Paris*, considéré par Pascal, selon sa nièce Marguerite Périer, comme son « plus bel ouvrage[5] », résume tout cela : « [Notre religion] est toute divine, c'est en Dieu seul qu'elle s'appuie, et n'a de doctrine que celle qu'elle a reçue de lui par le canal de la tradition qui est notre véritable règle, qui nous distingue de tous les hérétiques du monde, et nous préserve de toutes les erreurs qui naissent dans l'Église même : parce que selon la pensée du

---

1. Cette catégorie du « judaïque » est fondamentale chez Pascal. Lorsqu'il parle de l'« état de judaïsme » (XVI *Prov.*), doctrine ou mode de vie qui peut concerner d'autres sujets que les juifs (les calvinistes, les molinistes, les chrétiens grossiers), ce serait un contresens de détecter quelque antisémitisme, mot moderne qui implique une théorie des races. Pascal a une position théologique : son antijudaïsme ne vise que l'enseignement de la synagogue (les juifs orthodoxes ne pourraient-ils pas dire du *Traité théologico-politique* de Spinoza qu'il est antijudaïque ?). Aucun antisémitisme donc chez Pascal, par différence avec, au siècle suivant, Voltaire ou Frédéric II, pour ne citer qu'eux ! Mais une catégorie : les « juifs », dans laquelle il distingue les juifs spirituels, chrétiens de la Loi ancienne, et les juifs de la Loi nouvelle (« les chrétiens grossiers »). Voir S 318/L 286, S 321/L 289, et P. FORCE, *Le Problème herméneutique chez Pascal*, Paris, Vrin, 1989, ouvrage qui a bien mis en lumière le mécanisme de la catégorisation chez Pascal (IVe partie, « La gradation du sens », chap. III, 1, « Classements et combinaisons », p. 267-272).
2. Sur ce terme capital, voir, entre autres, l'analyse de dom JUNGO, *Le Vocabulaire de Pascal étudié dans les fragments pour une Apologie. Contribution à l'étude de la langue de Pascal*, p. 113 s.
3. Voir la lettre à Gilberte du 5 novembre 1648, et la note 160 de Ph. SELLIER dans *Pascal et saint Augustin*, Paris, A. Colin, 1970, p. 134.
4. Voir Ph. SELLIER, « Imaginaire et rhétorique », dans L. M. HELLER, I. M. RICHMOND, éd., *Pascal. Thématique des « Pensées »*, Paris, Vrin, 1988, p. 134.
5. Voir la note 5 de Lafuma, p. 480 de son édition.

grand saint Basile, nous ne croyons aujourd'hui que les choses que nos évêques et nos pasteurs nous ont apprises, et qu'ils avaient eux-mêmes reçues de ceux qui les ont précédés et dont ils avaient reçu leur mission : et les premiers qui ont été envoyés par les apôtres, n'ont dit que ce qu'ils en avaient appris. Et les apôtres qui ont été envoyés par le Saint-Esprit n'ont annoncé au monde que les paroles qu'il leur avait données : et le Saint-Esprit, qui a été envoyé par le Fils a pris ses paroles du Fils [...] et le Fils qui a été envoyé du Père n'a dit que ce qu'il avait ouï du Père[1]. » Dans un passage barré de la prosopopée, la Sagesse divine ne déclarait-elle pas : « Je suis la seule qui peux vous apprendre ces choses, et je les enseigne à ceux qui m'écoutent. Les livres que j'ai mis entre les mains des hommes les découvrent bien nettement ; mais je n'ai pas voulu que cette connaissance fût si ouverte[2]. » Autrement dit, s'il y a des passages obscurs dans l'Ancien Testament, c'est que joue comme une « règle de l'évidence appropriée » aux différents lecteurs et aux différents époques, d'où la nécessité de l'exégèse biblique, mais cette dernière, dans l'esprit d'un Pascal, doit tenir du dévoilement, et non de l'interprétation arbitraire : « Nous nous fonderons sur la pierre inébranlable de l'Évangile et des saintes Écritures : mais nous ne l'expliquerons pas suivant notre esprit propre, mais suivant celui des anciens Pères, des Papes, des Conciles, des prières de l'Église[3]. » Il s'agira donc de faire resplendir, par-delà les apparentes contradictions, la pleine et lumineuse cohérence d'un ensemble monolithique dont le caractère inspiré ne peut être mis entre parenthèses qu'à titre transitoire, en rapport avec la dimension stratégique de tout discours apologétique.

L'Écriture doit être appréhendée « comme une seule et simple composition littéraire[4] » dont l'auteur est Dieu. Étienne Périer dans la préface qu'il écrivit pour l'édition de Port-Royal, en 1670, avait compris que l'admiration de Pascal pour le « style » de l'Écriture — son modèle littéraire — ne pouvait être déliée de l'affirmation : « Dieu parle bien de Dieu[5] » (S 334/L 303).

1. Laf., p. 481-482.
2. Signalé par Brunschvicg en note, Br., p. 524.
3. *EG, Traité...*, *OC* III, p. 769.
4. A. GOUNELLE, *La Bible selon Pascal*, Paris, PUF, 1970, p. 8, n. 17.
5. Périer résume Filleau de La Chaise (voir Laf., p. 498, et S 658/L 812) qui avait pressenti que Pascal, si la mort n'avait point interrompu sa tâche, se serait étendu sur l'aspect stylistique des textes sacrés : « que n'eût-il point dit du style des Évangélistes [...] ? », *Discours sur les « Pensées » de M. Pascal*, éd. V. Giraud, Paris, Bossard, 1922, p. 90.

« La véritable exégèse [est] christologique et mystique[1]. » Dans le Christ seul fulgure l'unité du sens et se résolvent les « contrariétés » : « Tout auteur a un sens auquel tous les passages contraires s'accordent ou il n'a point de sens du tout. On ne peut pas dire cela de l'Écriture [...] Il faut donc en chercher un qui accorde toutes les contrariétés. / Le véritable sens n'est donc pas celui des Juifs, mais en Jésus-Christ. toutes les contradictions sont accordées » (S 289/L 257). Convient-il, cependant, de conclure avec A. Gounelle que « la véritable exégèse n'est pas littéraire et érudite[2] » ? La véritable exégèse est aussi littéraire. Pour Pascal, le style « admirable » de l'Évangile est une preuve : il est divin ! Quant à l'érudition, certes, il ne s'agit pas de confondre Pascal et Richard Simon (avec lequel Steinmann le fera fictivement dialoguer[3]), mais le fait de constituer des recueils de *Testimonia* et de les traduire en langue vernaculaire (non seulement pour les faire lire mais aussi dans le souci de clarifier au maximum le sens) est un travail qui est comme la base de l'exégèse scientifique. De même la tactique qui consiste à en appeler à la raison du libertin (lequel ne lit pas le texte sacré comme tel), afin de lui faire prendre conscience de la cohérence des deux Testaments, a pour but de faire ressortir la rationalité suprême du Livre (d'un autre ordre, évidemment, que celle des sciences profanes) par-delà toute adhésion superstitieuse, tenue par Pascal en horreur : « Dieu éclaire[4] » ; il ne demande pas de nous « une créance aveugle » (S 182, p. 230/L 149). L'Écriture est, dans la stratégie persuasive de l'apologiste, argument à part entière, argument décisif — l'argument par excellence, « l'Écriture qui n'a que J.-C. pour objet » (S 36/L 417).

Pascal est totalement étranger à la déviance marcionite qui, au IIe siècle, s'acharnait à séparer et même à opposer l'Ancien Testament au Nouveau, déviance qu'un Ernst Bloch, entre autres, reprendra à son compte, et que déjà saint Augustin imposait de combattre quand il dénonçait, avec une vigueur extrême, « l'erreur et l'insolence des manichéens, qui vomissent des injures contre la Loi, c'est-à-dire le Vieil Testament, avec autant

---

1. A. Gounelle, *La Bible selon Pascal*, p. 26.
2. *Ibid.*
3. Voir *Richard Simon et les origines de l'exégèse biblique*, Paris, Desclée de Brouwer, 1960, p. 423-431.
4. Lettre du 29 octobre 1656 à Ch. de Roannez, *OC* III, p. 1036.

d'impiété que d'ignorance[1] »... Le Dieu d'Abraham, d'Isaac, de Jacob — « non des philosophes et des savants » — est le Dieu des chrétiens. « Il ne se trouve que par les voies enseignées dans l'Évangile » (S 742/L 913). Mais si la connaissance pascalienne de l'Ancien Testament est toujours surdéterminée par sa lecture du Nouveau Testament, comme il est logique dans la perspective qui est la sienne, il n'empêche que l'auteur a une connaissance approfondie des textes vétérotestamentaires, jusqu'à être attentif à la Bible hébraïque (dans le but, certes, de conforter ses thèses). Au moins deux fois en rédigeant la future Apologie, il a éprouvé le besoin de se reporter à la traduction latine du texte hébreu (celle de Vatable au XVIe siècle) et l'a préférée à la version hiéronymienne (établie elle-même à partir de l'hébreu). Il prenait soin de retraduire lui-même, sur la base du texte de la Vulgate, les passages de l'Ancien Testament qu'il voulait faire figurer dans l'Apologie; il avait sous les yeux (on le sait) la traduction en français des docteurs de Louvain qui, selon S. Antoniadis, est très proche de *La Sainte Bible contenant le Vieil et le Nouveau Testament traduite en français* de René Benoist[2] (1566). Sa connaissance de l'hébreu était plus que limitée, mais comme le prouve la teneur d'une lettre que lui adressa, le 6 avril 1658, le géomètre liégeois Sluse qui était aussi un orientaliste éminent[3], il en avait quelque teinture[4].

Si « l'érudition est indispensable à la compréhension, étant à la fois œuvre de l'intelligence qui cherche et nourriture de l'intelligence qui explique[5] », comment négliger l'apport de

---

1. *Des mœurs de l'Église catholique*, chap. I, p. 2 (trad. Arnauld, nouvelle édition, 1725).
2. Voir *Pascal, traducteur de la Bible*, p. IV.
3. Voir *OC* IV, p. 119. De cette correspondance savante, le souci apologétique n'est pas exclu ; nous aurons l'occasion de revenir sur la lettre de Sluse à propos de la traduction faite par Pascal de Is, XLIX, 5. En ce qui concerne Sluse, voir *Actes du colloque international « René-François de Sluse »*, Liège, 1986.
4. Il est intéressant de noter, avec Orcibal, que Jansénius dont « le souci d'information est [...] visible [...] invoque à diverses reprises le Talmud et des rabbins, en particulier Aben Ezra [et] fait preuve de connaissances grammaticales [en hébreu] », *Jansénius d'Ypres*, Paris, Études augustiniennes, 1989, IIe partie, p. 186. Jansénius, professeur d'Écriture sainte, avait de grandes qualités d'exégète qui lui furent reconnues même par Richard Simon (lequel, par ailleurs, ne lui ménage pas ses critiques). A la différence de son ami Saint-Cyran et de Pascal, il est adversaire de l'interprétation allégorique et, à l'instar d'Arnauld, demeure attaché au sens littéral.
5. H. Gouhier, préface à Ph. SELLIER, *Pascal et la liturgie*, Paris, PUF, 1966, p. VI.

l'étude attentive que Pascal a opérée d'un texte paru à son époque et donc qui avait pour lui valeur d'actualité, le *Pugio fidei (Poignard de la foi)* du dominicain Raymond Martin, dans la traduction de Joseph de Voisin qui connut au XVIIe siècle deux éditions[1]? L'importance fondamentale de cette lecture n'avait pas échappé à la vigilance de Molinier, éditeur des *Pensées* en 1877, le premier à notre connaissance à l'avoir mise en lumière, ni à celle de Havet, de Brunschvicg, de Strowski, ou d'aucuns des grands pascalisants qui leur ont succédé[2]. P. Magnard n'écrit-il pas : « La symbolique du mal en 278 vient du *Pugio*, III, 7, fol. 579 s.[3] » ? L'on sait que la *disputatio* de Barcelone, en 1263, avait eu pour conséquence une mutation dans la façon de considérer le Talmud. Au lieu d'y voir, comme Pierre le Vénérable, par exemple, dans son *Tractatus adversus Iudeorum inveteratam duritiem* (dont le titre est tout un programme!), un sottisier et un recueil de blasphèmes, les polémistes y cherchèrent une argumentation propre à étayer la foi chrétienne. Telle fut l'attitude d'Alain de Lille, et, de manière systématique, celle de Raymond Martin, excellent hébraïsant, dont le « poignard » (ne nous méprenons

---

1. De 1651 et 1687. Raymond Martin (Ramon Marti) était, au XIIIe siècle, un moine catalan de l'ordre des Frères prêcheurs, inquisiteur renommé pour sa science, le plus grand orientaliste médiéval, peut-être, avec Raymond Lulle, son contemporain. Professeur au *Studium hebraicum*, fondé par Raymond de Penafort qui estimait que pour convertir les juifs il fallait connaître leur religion afin d'en démontrer l'insuffisance, et chargé par lui, dans le même esprit, de fonder à Tunis un *Studium arabicum*, il possédait un savoir stupéfiant des textes arabes et judaïques, avait longuement discuté avec des rabbins et était au fait de leur pratique exégétique. En 1278, il rédige, à Barcelone, le *Pugio fidei* où il offre un florilège de textes empruntés aux *midrashim*. Ces derniers proposaient des interprétations allégorisantes des textes bibliques, ce que l'on appelle l'exégèse figurative (Pascal en donne un exemple, entre autres, à propos du *Cantique des Cantiques*, poème que, par ailleurs, il ne cite jamais). Ce type d'exégèse était également très en vogue chez les chrétiens, mais pour ces derniers il s'agissait toujours de montrer que l'Ancien Testament préfigure le Nouveau Testament. Le manuscrit fut plagié, pillé, puis oublié. Au XVIIe siècle, Joseph de Voisin et son condisciple au collège de Foix, le futur évêque de Lodève, découvrent une copie qu'ils demandent à un orientaliste allemand, Joseph de Rozen, de transcrire : elle servira de base à l'édition de 1642, dédiée au cardinal de Richelieu. Estimée insuffisante par Joseph de Voisin, ce dernier en 1651 en donne une édition complète avec un utile commentaire dont l'intérêt n'a pu échapper à Pascal.
2. Ph. SELLIER, en particulier, voir *Pascal et saint Augustin*, p. 386.
3. *Nature et histoire dans l'apologétique de Pascal*, Paris, Les Belles-Lettres, 1980, p. 342, n. 4; [L] 278 = S 309.

pas sur le sens) sert à « couper pour les juifs le pain de la parole divine »[1]. Notons qu'un autre ouvrage du moine catalan, le *Capistrum Iudeorum (Licou des juifs)*, n'a jamais été traduit[2], sauf un passage de la préface dont nous extrayons ces lignes révélatrices : « J'ai tiré du Talmud et d'autres livres qu'ils [les rabbins] reconnaissent comme faisant autorité un certain nombre de paroles de leurs maîtres, qui produisent ou exposent ces autorités et d'autres paroles des Prophètes d'une manière qui va dans notre sens, grâce à une disposition divine et non, je pense, selon leur propre intention[3]. » Au siècle suivant, Nicolas de Lyre constituera la liste des textes écrits par les juifs que l'on peut retourner contre eux.

Les fragments S 305-308-309-346-509-718 (L 274-277-278-315-616-483) attestent à quel point Pascal avait pratiqué le *Pugio fidei*. Il prenait, comme à son habitude, des notes dont, sans doute, il eût fait ample usage dans la réalisation de son projet. Il mentionne même, en certains cas, les pages qui ont retenu son attention, ce qu'il fait aussi pour Montaigne. D'ailleurs, ici, s'offre un parallèle : Pascal étaye par les propos de l'auteur des *Essais* la partie anthropologique, de même que par le texte biblique et le *Pugio fidei* (celui-ci n'occulte certes pas la référence par excellence : la Bible, il en précise l'usage), il étaye la partie doctrinale. La liasse XXI s'intitule « Rabbinage ». Pol Ernst nous apprend que « Pascal avait d'abord titré : "Du péché originel selon les Juifs". Puis il a fait précéder ce titre du mot "Tradition". Enfin, un dernier ajout a été intercalé entre "Tradition" et "Du péché originel chez les Juifs" : l'adjectif "ample". Ces indications […] montrent […] que Pascal [comptait] s'appuyer […] sur le fait de la croyance des rabbins au péché originel telle qu'on peut la

---

1. Voir G. DAHAN, *La Polémique chrétienne contre le judaïsme au Moyen Âge*, Paris, Albin Michel, 1991, p. 112.
2. Paris, B. N., ms. lat. 3644.
3. Trad. G. DAHAN, *La Polémique chrétienne contre le judaïsme au Moyen Âge*, p. 113. L'on pourrait comparer l'opposition qui existait entre ceux qui rejetaient le judaïsme avec horreur (par exemple, Pierre le Vénérable) et ceux (tels Martin ou Alain de Lille) qui voulaient utiliser le Talmud (contre lui-même, assurément !) et prescrivaient donc de le lire en hébreu, à la controverse célèbre du début du XVIe siècle entre Pfefferkorn, ce champion de l'invective qui invite dans son *Judenspiegel* à détruire le Talmud, et l'hébraïsant Reuchlin qui, dans son *Augenspiel*, souhaite qu'on poignarde les juifs avec leur propre dague; l'on notera ici la connotation résolument agressive de « poignard » par différence avec le *« pugio »* de Martin.

découvrir dans les commentaires qu'ils donnent de la Loi[1].»
Et l'auteur d'*Approches pascaliennes* de se poser la question qui vient nécessairement à l'esprit : pourquoi faire appel aux rabbins quand il s'agit là d'un dogme fondamental de la religion chrétienne ? Parce que cette dernière est entée sur la tradition judaïque, comme lestée par cet enracinement. Or cette tradition, par différence avec les discours des païens, les philosophes grecs en particulier, enseigne la corruption de la nature humaine, et que le seul remède est de vivre en l'espoir d'un Sauveur. Les rabbins déclarent : «La composition du cœur de l'homme est mauvaise dès son enfance», et n'ont cesse de gloser sur la semence de malignité, qui travaille l'humaine pâte. Pascal veut ancrer dans l'esprit de ses interlocuteurs l'idée de la faute première, comme principe explicatif de cette «réalité du mal», expérimentée, à titre privilégié, par Job. L'apologiste est donc heureux de trouver dans le *Pugio fidei* des textes qu'il recopie avec soin. Soucieux de fournir une documentation précise, il présente une chronologie du rabbinisme, toujours tirée du *Pugio fidei*. Son centre d'intérêt est évidemment l'exégèse spirituelle telle que les rabbins la pratiquaient (en l'occurrence, le mauvais levain n'est évidemment pas pris au sens littéral). Malgré des excès qu'il ne se fait pas faute de souligner[2], cette dernière conforte son propre recours à l'exégèse figurative. Ce qui l'intéresse au premier chef, à côté de l'affirmation du péché originel, c'est donc celle — concomitante — de la venue du Messie. Mais les rabbins qui ont, à bon droit, décrypté l'annonce de cette venue n'ont pas su reconnaître la figure du Réparateur. D'où, dans la copie, cet ajout : «Principe des rabbins. Deux Messies», qui, comme le suppose Pol Ernst, nous oriente «vers l'argumentation que Pascal comptait développer *à partir* des matériaux qu'il accumulait[3]». Dans *Le Problème herméneutique chez Pascal*[4], P. Force, pénétré de l'importance dans les *Pensées* des citations littérales du *Pugio fidei*, rappelle, à juste titre, que la méthode du moine catalan «consiste essentiellement à démontrer aux juifs que le

---

1. *Approches pascaliennes*, Gembloux, Duculot, 1970, p. 389.
2. S 284/L 252 : «Deux erreurs : 1. Prendre tout littéralement. 2. Prendre tout spirituellement.»
3. *Approches pascaliennes*, p. 391 ; l'expression «à partir» est soulignée par nous.
4. Cet ouvrage a le mérite de donner des références au *Pugio fidei*, souvent plus précises que celles de Molinier ou de Brunschvicg.

sens chrétien de l'Ancien Testament est le vrai, en employant aux fins de cette démonstration les techniques exégétiques juives et la doctrine rabbinique du sens spirituel[1]». Pascal se sert donc de l'apport de l'exégèse rabbinique à titre de preuve externe du sens spirituel, mais il y trouve aussi la confirmation de l'interprétation chrétienne de l'Ancien Testament.

---

1. *Le Problème herméneutique chez Pascal,* p. 27.

CHAPITRE PREMIER

«SALOMON ET JOB»
DE LA «VANITÉ» ET DE LA «MISÈRE»
PAR ANTONOMASE

> «Misère. / Salomon et Job ont le mieux connu et le mieux parlé de la misère de l'homme, l'un le plus heureux et l'autre le plus malheureux, l'un connaissant la vanité des plaisirs par expérience, l'autre la réalité des maux» (S 22/L 403).

Les *Proverbes*, *Job*, *Qohéleth* (ordre de la Bible hébraïque), jouent, quant à la forme et quant au fond, un rôle essentiel, alternatif ou simultané, dans le discours pascalien. Ils déclinent la misère sous tous ces aspects dont la vanité de toutes choses (et de la misère elle-même!). Peut-être la forme ne peut-elle être que le fragment quand il est question de la misère, le fragment comme éclat substituable, si tout s'équivaut «sous le soleil»... D'où également la récurrence obsédante des thèmes et leur entrelacement qui n'est pas sans faire évoquer Job. J. Mesnard a su y reconnaître la musique, reprises, variations, broderies thématiques mais aussi silences, pauses, ruptures... D'où enfin — mais comment ceci ne renverrait-il pas à cela? — la fréquence des morceaux poétiques, la poésie étant la plus proche du cri primitif qui exhale la misère, quand c'est l'homme, non l'animal, qui le profère. Il convient de relire le beau texte d'Ernesto Grassi, élève de Heidegger, sur «La plainte de l'Ecclésiaste», dans *La Métaphore inouïe*[1]. Que viendrait faire dans la description de la misère de l'homme

---

1. Paris, Quai Voltaire, 1991, en particulier chap. IX. Les travaux de Grassi s'inscrivent dans la ligne d'une réhabilitation du sens métaphysique de la rhétorique (l'un de ses ouvrages porte le titre de *Rhetoric as Philosophy* [La rhétorique comme philosophie]) illustrée en France par M. Fumaroli.

un développement qui se réduirait au logico-rationnel? Elle ne peut être piégée dans un système, elle qui prolifère à partir d'une vénéneuse racine. La rhétorique pascalienne est d'abord pathétique en son jaillissement. Le grand art de Pascal est d'exténuer les images porteuses de l'émotion, mais cette dernière (la plainte de Job, finalement) continue à travailler le texte, en sourdine...

Job est, selon Pascal, celui qui parmi les humains, à l'instar de Salomon avec lequel il est associé à plusieurs reprises, a « le mieux parlé de la misère de l'homme », parce qu'il a « le mieux connu [...] par expérience [...] la réalité des maux » (S 22/L 403). Lorsque Pascal prononce le nom de Job (ou celui de Salomon), il s'agit là, nous l'avons dit, d'une référence « codée » et qui fonctionne comme telle; c'est pourquoi, il n'éprouve pas le besoin d'expliciter le non-dit cependant fortement présent. Si l'on considère, de surcroît, l'extraordinaire économie de moyens qui caractérise le style de l'auteur, comment s'étonner de la brièveté et de la relative parcimonie des références à Job dans l'œuvre pascalienne? Faut-il d'ailleurs mesurer la profondeur ou la hauteur d'une signification au nombre des occurrences? Il importe de tenir compte du phénomène si important de la résonance implicite (ainsi la *Prière pour demander à Dieu le bon usage des maladies* est-elle tout entière habitée par Job même s'il n'est pas nommé) et de demeurer attentif aux allusions ou aux réminiscences, fussent-elles inconscientes, en rapport avec la banalisation de la figure de Job dans l'espace mental du XVIIe siècle.

À Job, Dieu se révèle. Cette théophanie peut être mise en parallèle avec celle dont bénéficie Moïse auquel Pascal ne se fera pas faute de le comparer : « les deux plus anciens livres du monde sont *Moïse* et *Job*, l'un juif, l'autre païen, qui tous deux regardent Jésus-Christ comme leur centre commun et leur objet » (S 658/L811)... Aussi aurons-nous successivement à considérer le couple Salomon-Job et le couple Moïse-Job. Le plus grand des Hébreux, le roi des rois et l'homme de Hus sont un dans le Christ; ils sont donc, en ce sens, contemporains. C'est pourquoi il est légitime que Pascal accole le nom de Job à celui de ces illustres figures. Du fait de cette double association, Job joue, dans la charpente de l'Apologie, un rôle de motif-cheville, selon le terme auquel nous avons déjà eu recours, et ce à deux niveaux : le discours sur la misère de l'existence pécheresse, d'où le parallèle avec le roi d'Israël, chantre de toutes les vanités (les dossiers « Vanité » et « Misère » sont placés sous le double patronage Salomon-Job); le discours sur les prophètes, d'où le parallèle avec Moïse, c'est-à-dire les deux parties présumées de la future Apologie : à savoir, la sphère dite «anthropologique» (la considérer sous un angle exclusivement «naturaliste» est réducteur : le Transcendant fait irruption au cœur de la liasse «APR», elle-même au cœur des *Pensées*, à l'occasion de la prosopopée de la Sagesse, laquelle fait écho non seulement à la dix-huitième Provinciale, mais aussi à la théophanie du *Livre de Job*); la sphère doctrinale, exégétique, où la réflexion sur les prophéties joue un rôle capital.

«Ô homme!» Un mot suffisait à saint Augustin[1], comme à saint Jean Chrysostome[2], pour désigner Job : «l'homme». Pour l'auteur des *Pensées*, Job est *l'homme* en sa misère : la créature pécheresse, faible et mortelle; en sa grandeur : un être ouvert au don de Dieu, capable de Dieu[3], capable «de la grâce qui peut [l']éclairer» (S 681, p. 480/L 427), existant par et devant son Créateur; et *cet* homme Job, cet élu, est figure de l'Homme, du premier-né de la nouvelle humanité régénérée. Car enfin, l'homme, tel est au fond «le» souci de Pascal, si Dieu s'est fait homme. S'il ne faut pas demander aux recherches informatiques appliquées aux textes philosophiques ou littéraires plus qu'elles ne peuvent donner, qui ne serait cependant frappé de constater que «Le discours pascalien use des forme(s) HOMME(S) immédiatement après la forme DIEU», laquelle occupe la première place dans la table de fréquence lexicale de *Pensées 73*[4], tandis que le verbe CONNAÎTRE est «le

---

1. *Sermo*, 343, 10.
2. Dans son commentaire du chapitre VI de la *Genèse*, Jean Chrysostome compare Job à Noé et dit qu'à l'instar de ce dernier Job est «digne d'être appelé du nom d'homme» *(« dignus qui hominis nomine vocetur »)* (*Œuvres*, trad. latine d'Érasme, Paris, Guillard, 1543, t. I, p. 36, H). La comparaison avec Noé est longue (HI).
3. Voir S 690, p. 488/L 444. «Les hommes sont tout ensemble indignes de Dieu et capables de Dieu, indignes par leur corruption, capables par leur première nature.»
4. Voir A. ROBINET, «Informatique et lexique pascalien : remarques critiques», *Méthodes chez Pascal*, Actes du colloque de Clermont-Ferrand, 1976, Paris, PUF, 1979, p. 193. Le résultat est confirmé par H. M. DAVIDSON, P. H. DUBÉ, *A Concordance to Pascal's «Pensées»* (Cornell University Press, 1975) où l'on constate que «Dieu» compte 687 occurrences, que «Homme» a deuxième place avec 344 occurrences, et «Hommes» la quatrième avec 252 occurrences. Voir H. M. DAVIDSON, «Remarques sur la concordance des "Pensées"», *Méthodes chez Pascal*, p. 175-179.

plus fréquemment en constellation verbale avec HOMME. À longueur de discours, Pascal affirme la nécessité pour l'homme de connaître[1]. » Or que peut connaître l'homme s'il est « caché à lui-même », si le nœud de sa condition est « caché [...] si haut ou pour mieux dire si bas [qu'il est "incapable" d'] y arriver » (S 164, p. 213/L 131), et si « Dieu est un Dieu caché[2] » ? Or, souvenons-nous : l'homme Job est « celui qui a le mieux connu la réalité des maux » — est-il besoin de rappeler le primat donné dans la construction de l'Apologie à la considération de la misère, et le fait que Job est précisément cet homme à qui Dieu a parlé et par lequel Il nous parle...

Havet lorsqu'il rédigea son utile « Table des matières et des expressions les plus remarquables des *Pensées* de Pascal », à l'occurrence « misère », renvoie non à tel ou tel article de sa classification, mais à l'occurrence « Job ». Voilà qui est le signe d'une grande acribie. Job, en effet, « est » la misère ! Havet écrit : « Voir tout le livre de Job, et en particulier les chapitres VII et XIV. Il y a un verset qui semble résumer tout le reste : "L'homme né de la femme, vit très peu de temps, et il est rempli de beaucoup de misères[3]". » Remarquons d'emblée que Pascal, même s'il associe évidemment à Job le nom de « juste », en aucun cas ne détecte dans ce héraut de la misère quelque dimension d'impeccance — même la sainteté n'est pas « exempte de mal » (S 385/L 353). Par là il s'inscrit, à l'évidence, dans la perspective de saint Augustin qui, dans le livre second du *De peccatorum meritis et remissione*, rappelait : « [Ézéchiel affirme que] Noé, Daniel et Job [sont] les seuls dignes d'échapper à la colère de Dieu, bien qu'il soit probable qu'en leur personne, il [le prophète] ait en vue les

---

1. *Ibid.*, p. 193.
2. « *Vere tu es Deus absconditus* », Is, XLV, 15. Voir S 275/L 242. Le syntagme *Deus absconditus* est récurrent dans les *Pensées* : voir S 644/L 781 ; S 681, p. 474/L 427 ; S 752/L 921. Quant au thème, est-il besoin de rappeler qu'il est l'un des plus célèbres de la pensée pascalienne ?
3. Jb, XIV, 1. Le verset suivant vaut aussi d'être cité : « Il naît comme une fleur, qui n'est pas plutôt éclose qu'elle est foulée aux pieds ; il fuit comme l'ombre, et il ne demeure jamais dans le même état » (Jb, XIV, 2, p. 203). Schopenhauer qui, à notre connaissance, se réfère fort rarement à Job, cite ces versets dans *Parerga et Paralipomena. Écrivains et styles*, Paris, Alcan, 1905, p. 59. Schopenhauer a écrit une belle page sur l'équivalence comparée du monde et du mal dans l'Ancien Testament et dans les Évangiles, *Le Monde comme volonté et comme représentation*, Paris, PUF, 1978, p. 411.

différentes catégories d'hommes qui leur ressemblent[1] » — et de montrer que, de toute façon, il est hors de question de poser qu'un homme est *inculpabilis*, si vertueux soit-il. Une difficulté pourrait ici se présenter. Elle concerne la qualité de « juste » conférée au sage de Hus : selon toute une tradition qui trouve son répondant dans la légende babylonienne, précédemment évoquée, du juste souffrant, Job apparaît, selon le terme de saint Hilaire, comme *« inculpabilis »*. Comment pourrait-il apporter quelque lumière sur la situation commune ? Pascal écrit : « Il n'y a que deux sortes d'hommes : les uns justes, qui se croient pécheurs ; les autres pécheurs, qui se croient justes » (S 469/L 562). Job devrait relever de la première catégorie, le problème est qu'il ne cesse de proclamer son innocence... Mais il reconnaît dans l'Épilogue qu'il a parlé sans savoir. Se croire juste lorsque l'on est pécheur est une faute, en revanche se croire pécheur lorsque l'on est juste est le vrai. Dans l'étonnant fragment S 240/L 208, où nous trouvons l'écho de l'*Entretien avec M. de Sacy sur Épictète et Montaigne*, Pascal dénonce ceux qui, « ne voyant pas la vérité entière [...], n'ont pu arriver à la parfaite vertu, les uns considérant la nature comme incorrompue, les autres comme irréparable » ; les premiers méconnaissent l'« infirmité de la nature », les seconds, l'« excellence de l'homme ». Attachons-nous aux premiers puisque Job ne cesse de proclamer sa propre excellence, jusqu'au moment où il avoue sa présomption. Or, précisément, Pascal écrit : « La seule religion chrétienne [...] apprend aux justes qu'elle élève jusqu'à la participation de la divinité même qu'en ce sublime état ils portent encore la source de toute la corruption qui les rend toute la vie sujets à l'erreur, à la misère, à la mort, au péché. » Job qui est pour l'auteur des *Pensées* « le » représentant de « notre déplorable condition », selon la forte expression du fragment S 240/L 208, est, *à la fois* — et donc sans contradiction — juste *et* pécheur (doublement pécheur, d'ailleurs : il est, comme tout un chacun, taré par la faute première et, en s'estimant exempté, commet une faute actuelle. Pascal est en accord avec le dogme. N'est-il pas affirmé dans les canons du Concile de Carthage que tous les hommes sans exception, y compris les saints, sont pécheurs[2] ?

---

1. *Saint Augustin et les dogmes du péché originel et de la grâce*, trad. N. Merlin, Paris, Letouzey et Ané, 1931, p. 47.
2. *Denz.*, 106-107.

Aucune raison pour que Job échappe à la règle. La qualité de «juste» ne dit pas l'absence de péché...

La confrontation de l'*Entretien* entre Épictète et Montaigne, qui disent la «grandeur» et la «misère», est formellement analogue à celle entre Job et Salomon qui disent la «misère» et la «vanité» (ces dernières, pour ne pas être des contraires, toutefois, ne peuvent être confondues). L. Thirouin a montré dans un article récent, «Les premières liasses des *Pensées* : architecture et signification», que Pascal *couplait* ses dossiers[1]. Dans le cas qui nous intéresse, il éprouve le besoin de conjuguer deux noms concrets pour incarner deux notions[2]. Le singulier, seule réalité pour un nominaliste, s'élève ici à l'universel[3]. Les personnages bibliques, en effet, loin de devoir s'effacer devant les concepts sont au contraire plus signifiants — le Christ, *totum singulis*, n'est-il pas l'universel concret?

Si Job et Salomon sont l'index des liasses «Misère» et «Vanité» (lesquelles figurent en contrepoint au dossier «Grandeur»), c'est dans l'énonciation d'une opposition que nous interprétons comme suit : le discours sur la vanité est celui de la sagesse profane, le discours sur la misère celui de la sagesse chrétienne, d'un autre ordre donc. Ainsi expliquons-nous le retour prééminent de Job dans la seconde partie des *Pensées*, associé cette fois à Moïse. Salomon est mis «pour» Montaigne, en raison de leur commune profession sceptique; l'auteur supposé de l'*Ecclésiaste* (puisque telle est l'hypothèse à l'époque) remplace celui des *Essais*. N'oublions pas que l'*Ecclésiaste* est l'écho de la philosophie hellénique et le bréviaire, au XVIIe siècle, à la fois des libres-penseurs et des pyrrhoniens chrétiens. Le phénomène de la reviviscence du pyrrhonisme[4] est aussi important à étudier que celui de la reviviscence du stoïcisme au XVIIe siècle. À chaque fois, ces doctrines antiques font l'objet d'une utilisation duelle : par les libres-penseurs, par les apologistes.

Il n'est certes pas arbitraire, dans la foulée de la thèse de Ph. Sellier, de détecter dans le double patronage, par Salomon

---

1. Voir *XVIIe Siècle*, décembre 1992.
2. L'on notera cependant que, dans les *Pensées*, Pascal remplace Épictète et Montaigne par «grandeur» et «misère», en un travail évident de conceptualisation.
3. D'où la portée du projet que Montaigne «a de *se* peindre!» (S 644/L 781). Mais Pascal ne voit pas cela.
4. H. GOUHIER parle de «transplantation», dans *Blaise Pascal. Conversion et apologétique*, Paris, Vrin, 1986.

et par Job, des dossiers « Vanité » et « Misère » la trace augustinienne ; en effet, dans l'ouvrage *Des mœurs de l'Église catholique* dont la traduction par Arnauld date de 1644 (c'est elle que nous citons et dont nous reproduisons le plus fidèlement possible la typographie), nous pouvons lire : « Que si considérant ces paroles du Nouveau Testament : *Ne vous rendez point conformes au monde*, qui nous DÉFENDENT D'AIMER RIEN DE TOUT CE QUI EST DANS LE MONDE, parce que tous ceux qui aiment se rendent conformes à ce qu'ils aiment, nous en cherchons dans le Vieil qui s'y rapportent, nous en trouverons aisément plusieurs. Mais le seul livre de Salomon qui est appelé l'Ecclésiaste ramasse ensemble toutes ces choses et les expose à un général mépris. *Vanité des hommes vains*[1], dit-il, *vanité des vains, tout n'est que vanité. Que reste-t-il à l'homme de tous les travaux où il s'employe sous le soleil?* Si on veut considérer, peser et examiner chacune de ces paroles, on y trouvera des instructions excellentes pour ceux qui désirent de fuir le monde et de se retirer vers Dieu[2]. » Et, quelques pages plus loin, il s'exprime dans ces termes en ce qui concerne Job : « cet homme [...] dans la violence des tourments du corps, et dans une horrible plaie de tous les membres, n'a pas seulement souffert courageusement les douleurs humaines mais encore parlé des choses divines[3] » (suit toute une méditation sur les biens temporels[4]). Le saint met en rapport les paroles de Job non avec ses misères, comme le fera Pascal, mais avec les « choses divines ». La différence est infime, car la référence Job fonctionne à deux niveaux dans les *Pensées*, un niveau en quelque sorte naturel : ses souffrances sont celles que tout homme peut expérimenter (il y a d'ailleurs là un phénomène d'universalisation fort intéressant, très net dans le livre vétérotestamentaire lui-même, le passage de sa plainte à celle de toute l'humanité) ; un niveau surnaturel puisque les souffrances de cet homme droit et craignant le Seigneur anticipent celles du Christ et que, de surcroît, Job annonce la venue du Messie, ce en quoi Pascal le rapproche de Moïse. Il est rapide d'affirmer, comme le fait A. Gounelle, que Pascal a recours à la Bible seulement dans la seconde partie de l'édifice supposé

---

1. Arnauld prend soin de noter en marge : « Il [le saint] avait lû *[sic]* dans le Latin, *Vanitas vanitantium*. V. *Retr.* lib. 5. cap. 7. »
2. Éd. Pralard, 1725, chap. XXI, p. 96-97.
3. *Ibid.*, p. 103.
4. Voir S 693, p. 497/L 453 : « que les biens temporels sont faux et que le vrai bien est d'être uni à Dieu. »

des *Pensées*. Citons tout au long le passage que nous incriminons : « Un texte nous renseigne sur la place que Pascal comptait donner à la Bible dans son Apologie. C'est le fragment B. 60.L. 6, où est esquissé un projet de plan en deux parties : *Première partie : Misère de l'homme sans Dieu. Seconde partie : Félicité de l'homme avec Dieu. Autrement : Première partie : Que la nature est corrompue. Par la nature même. Seconde partie : Qu'il y a un réparateur. Par l'Écriture.* » Dans la première partie, Pascal ne veut se servir que des moyens naturels de la connaissance, c'est-à-dire de l'observation et de la réflexion. L'homme n'a pas besoin d'une révélation divine pour prendre conscience de sa misère [...]. Quand, dans la seconde partie, Pascal veut établir qu'il y a un réparateur, il n'y a pas d'autre moyen que l'Écriture. L'Apologie ne peut se dispenser de ce recours à la Bible : il est impossible de montrer que des doctrines comme le péché originel sont vraies si on fait abstraction de la parole de Dieu qui les fonde et les garantit. Ici la vérité est inséparable de l'autorité, on ne peut connaître l'une sans l'autre[1]. »

En admettant la validité du plan proposé ici, comme étant celui de l'œuvre à venir, s'il est juste de dire qu'en un premier temps la prise de conscience par l'homme de sa situation misérable est le fruit de l'expérience, l'appel réitéré, à titre paradigmatique, à Job et à Salomon[2], s'il ne contredit pas cette assertion, prouve en revanche que la Bible a, d'ores et déjà, un rôle à jouer dans la première partie. Certes, le ressort de cette lecture que l'incroyant est appelé à opérer du texte est bien la raison, et abstraction est faite effectivement de la Révélation à laquelle, assurément, un libre-penseur ne peut adhérer. Les livres bibliques ont néanmoins une fonction de révélateur, comme, de nos jours, dirait un photographe. Ce que le lecteur découvre d'abord est donc l'écho biblique, dans la radicalisation opérée par les deux livres invoqués, de l'expérience la plus banale, celle du mal, en son évidence opaque. Pascal pousse l'incroyant à « se travailler » (S 681, p. 477/L 427), à s'interroger sur la nature et l'origine du phénomène, tant est pesant le fardeau du corps qui, selon saint Augustin, « nous aggrave et nous baisse vers la terre[3] » (S 230,

---

1. *La Bible selon Pascal*, p. 18.
2. Voir les fragments S 22/L 403 ; S 103/L 69 ; S 109/L 74.
3. Voir ÉRASME : « Le corps étant visible lui-même, aime les choses visibles, étant mortel, il s'attache aux choses temporelles, étant pesant, il

p. 254/L 199) — et, comment, là encore, ne pas évoquer saint Grégoire pour lequel la « gravité » renvoie à la chute (les fautes sont graves, c'est-à-dire pesantes : elles nous attirent vers la terre[1]), tant est vaine la fuite, cependant inévitable, dans le divertissement. La psychologie et l'anthropologie pascaliennes, si modernes à certains égards[2], sont entées sur le livre antique par excellence, la Bible. Rien là de surprenant : la Bible est le premier traité en ces matières, à ceci près — mais c'est évidemment l'essentiel — qu'elle considère toujours, en raison du lien fondamental de dépendance entre la créature et le créateur, l'homme en situation devant Dieu. L'anthropologie et la psychologie bibliques sont donc théologiques.

Par ailleurs, A. Gounelle croit à tort que le recours à l'Écriture dans la présumée seconde partie est uniquement placé sous le signe de l'autorité. Pascal présente, au contraire, le péché originel comme la seule hypothèse explicative de la situation constatée (la misère) que puisse découvrir la raison ; même si cette explication quant à son fond demeure enténébrée, le péché, à ce niveau, joue le rôle d'une catégorie destinée à synthétiser la diversité du champ empirique sous l'unicité d'une perspective qui en rend compte. Cependant le péché originel n'est pas effectivement une catégorie de la raison au sens étroit, c'est un dogme éclairant (même si, par définition, il est obscur), en sa paradoxale transparence qui fait voir et n'est pas vue. Seule la foi lève le voile. L'Apologie pascalienne n'est qu'une apologétique, c'est-à-dire qu'elle est destinée à lever les obstacles, en l'occurrence rationnels. Tout le raisonnement pascalien relatif à la nature non contradictoire (bien que, selon l'apparence, ce soit un tissu de contradictions) de l'Ecriture, comme d'ailleurs

---

se fixe en bas» (*Le Poignard du soldat chrétien*, dans *Œuvres*, p. 51). *Aggravare* est un verbe biblique (voir Sg, IX, 15 : « le corps qui se corrompt appesantit l'âme », *Bible de Sacy*, éd. par Ph. Sellier, Paris, Laffont, 1990, p. 815 ; I R, V, 6 : «Cependant, la main du Seigneur s'appesantit sur ceux d'Azot», *ibid.*, p. 322). Voir l'« appesantissement » pascalien : «C'est un appesantissement de la main de Dieu » (S 195/L 163).

1. Voir «*Corruptionis gravitas*», «*mutabilis pondus*», dans *In Ez.*, II, 1, 17 ; *Moralia*, 8, 19, 53 ; 11, 68 ; 12, 17.
2. Comment ne pas souligner l'acuité d'une analyse qui sonde tous les replis de la vie souterraine de la psyché. Ainsi, le divertissement, ce mécanisme de défense, nous paraît relever de la « dénégation ». L'amour-propre n'est pas étranger au «narcissisme», la concupiscence à la *« libido »*, sans parler de l'angoisse, des processus conflictuels (voir les « contrariétés » pascaliennes) et du possible rapprochement entre les trois ordres et l'organisation topique de l'appareil psychique, etc.

le discours fondamental sur les prophéties, relève du même souci : s'adresser à l'esprit critique de l'interlocuteur car tel est le seul angle d'attaque possible. Ainsi Pascal fait-il appel, à chaque étape de son entreprise, à la Bible : elle est «la» méthode. Au sens le plus superficiel, il s'agit d'une tactique; au sens profond, la voie se révèle être la vie[1], et ce sens réel — Pascal parle de «vérité substantielle» (S 680, p. 468/L 418) —, au regard du croyant, valide, authentifie la stratégie.

Hume dans le dixième de ses *Dialogues sur la religion naturelle* se gaussera, par la bouche de Philon, de ces générations de «théologiens populaires» qui exploitent le thème de la vanité et de la misère, avec en contrepoint celui de l'incompréhensibilité divine. À l'évidence, dans le fragment S 22/L 403, Pascal assigne au terme de «misère» une portée générique; il sert de chapeau, il englobe les «plaisirs», les «maux». Tout le champ de l'expérience existentielle est ainsi couvert dans sa dimension de *pathos* : l'existence est subie, elle est ressentie sur le mode de la jouissance, sur celui de la douleur, mais les «plaisirs» sont vains, les «maux» sont réels. L'*Ecclésiaste* est là pour nous le rappeler : l'existence est un plaisir, mais l'affirmation n'est posée que pour être démentie, l'existence est souffrance[2]. Dans le texte pascalien, deux voix expriment cela, véritables porte-parole de notre condition (qui, mieux qu'elles en effet, a su «parler» de notre malheureux état?), celle de Job, celle de Salomon. C'est ici l'un des lieux où se décèle dans cette partie des *Pensées* l'influence de Charron (alors que si souvent l'on se doit d'évoquer Montaigne[3]). Ce beau passage de *La Sagesse* contraste, d'ailleurs, avec la sobriété pascalienne : «Toutes les peintures et descriptions que les sages, et ceux qui

---

1. Voir «Digression(s)», p. 336 s
2. Voir Qo, II, 24.
3. Voir B. CROQUETTE, *Pascal et Montaigne* (Genève, Droz, 1974), où plusieurs pages sont consacrées à démarquer l'influence de Charron par rapport à celle de Montaigne, avec laquelle elle est trop souvent identifiée : «Plusieurs fragments des *Pensées* attestent une lecture attentive de Charron» (p. 99). Charron dans sa préface a fourni à Pascal une sorte de dictionnaire, comme l'avait déjà noté Brunschvicg dans PASCAL, *Pensées*, t. I, p. LXXVI : «les anecdotes et saillies profondes de Montaigne sont distribuées dans un ordre didactique, elles se déroulent en séries régulières sous les titres que Pascal avait notés, avec le dessein de les reprendre : *Vanité, Faiblesse, Inconstance, Misère, Présomption*». Selon B. Croquette, il ne s'agit toutefois que d'un «relais qui s'efface pour laisser apparaître [...] le texte premier de Montaigne» (p. 107).

ont fort étudié en cette science humaine, ont donné de l'homme semblent toutes s'accorder et revenir à marquer en l'homme quatre choses ; vanité, faiblesse, inconstance, misère, l'appelant dépouille du temps, jouet de la fortune, image d'inconstance, exemple et montre de faiblesse, trébuché d'envie et de misère, songe, fantôme, cendre, vapeur, rosée du matin, fleur incontinent épanouie et fanée, vent, foin, vessie, ombre, feuilles d'arbres emportées par le vent, or de semence en son commencement, éponge d'ordures, et sac de misères en son milieu, puantise et viande de vers en sa fin, bref la plus calamiteuse et misérable chose du monde. *Job, un des plus suffisants en cette matière tant en théorique qu'en pratique, l'a fort au long dépeint, et après lui, Salomon, en leurs livres*[1]. » Charron conseillait donc de lire « Job, Salomon, Plutarque, Sénèque », et ne craignait pas d'associer deux auteurs de l'Antiquité gréco-romaine aux auteurs bibliques. L'on ne découvre aucun cas de ce type chez Pascal, ce qui confirme ce que nous avancions ci-dessus : la Bible est, au fond, pour lui le référent unique, même sur le plan profane. Au fond, l'on pourrait aller jusqu'à dire que Pascal ne connaît, ne veut connaître qu'un livre, le Livre. Rappelons qu'à l'époque, Salomon était pris pour l'auteur de l'*Ecclésiaste* (de même que celui des *Proverbes* ou du livre de la *Sagesse*[2]). Les exégètes ont fait justice de cette attribution qui, cependant, garde pour l'un de nos contemporains, J. Ellul (auquel on doit un commentaire inspiré du texte[3]), un certain degré de vérité au sens où le Qohélet que traduit le vocable « ecclésiaste » serait un texte rituel, fort ancien et pouvant remonter au roi des rois bien que transformé par des ajouts successifs : « Un texte qui a progressé par accrétion, par sédimentation d'auteurs au fur et à mesure que tel facteur nouveau paraissait, à partir d'une première expérience faite peut-être, pourquoi pas, par Salomon dans l'amertume de la fin de son règne[4]. »

1. *De la sagesse* (1601), « Quatrième considération de l'homme moral », préface, p. 227, Paris, Fayard, coll. « Corpus », 1986 ; nous soulignons.
2. Ainsi Jansénius écrit-il : *« Salomon author libri Sapientiae quam librum et canone bibliorum rejicunt Pelagiani. »*
3. *La Raison d'être. Méditation sur l'Ecclésiaste*, Paris, Éd. du Seuil, 1987.
4. *Ibid.*, p. 35. Ph. Sellier partage ce sentiment quant au livre des *Proverbes*. Il note dans l'introduction à ce texte, dans son édition de la *Bible de Sacy* : « Aucune raison de douter que ces ensembles ne remontent effectivement aux origines de la royauté et ne soient liés à la personnalité du sage par excellence. Salomon, auteur de 3 000 sentences d'après le premier livre des *Rois* (II, 12) » (p. 758).

Le parallèle Job-Salomon[1] est un lieu commun. Ainsi Jean Chrysostome et Augustin opposent volontiers le fumier de l'un au trône[2] de l'autre. Dans la *Bible de Sacy*, nous lisons : « Job, couvert d'ulcères et de vers, et couché sur son fumier, est devenu à toute la terre un plus grand objet de vénération, que Salomon même assis sur son trône magnifique et revêtu de sa pourpre. On ne parle plus de ce dernier qu'avec tremblement en considérant sa chute effroyable. Et l'on ne pense au contraire au premier qu'avec une extrême consolation en voyant les avantages que Dieu a tirés de sa victoire pour attirer l'affermissement de tous ses élus. » L'auteur rapporte, avec une visible complaisance, que, selon Jean Chrysostome, « on voit encore aujourd'hui beaucoup de personnes passer les mers et venir de pays fort éloignés en Arabie dans le désir de voir ce fumier célèbre, et de baiser cette terre où s'est passé le combat fameux de ce vainqueur du démon, et où il a répandu un sang plus précieux que n'est l'or[3] » ! Pascal fait abstraction de cette imagerie concrète, mais elle l'habite, lorsqu'il se contente, sobrement, de présenter Salomon comme « le plus heureux des hommes » selon les critères humains (un puissant monarque régnant sur de vastes contrées avec un harem de trois mille femmes!), Job étant, selon les mêmes critères, « le plus malheureux ». Quelle puissance dans ces superlatifs ! Et peut-être, Pascal se souvient-il aussi de Jean Chrysostome, pour lequel Salomon était « le plus heureux de tous » *(omnium fœlicior[4])* ?

---

1. Le « parallèle » est l'héritage d'une tradition rhétorique illustre (songeons à Plutarque, et d'ailleurs Pascal met aussi en parallèle Persée et Paul-Émile); voir S 49/L 15 - S 149/L 117. Il est pratiqué par les Pères. Jean Chrysostome fait un parallèle entre Job et saint Paul.
2. Ce trône est un des *topoi* de l'imaginaire biblique. Voir, par exemple, Agrippa d'Aubigné, *Tragiques*, liv. III, « La chambre dorée », v. 722-730, 839-840, en réminiscence de I R, X, 18-20, et de II Ch, IX, 17-19.
3. Le commentateur traduit un long passage de *Ad popul. Antioch. homil*, 5, dont nous ne donnons ici qu'un extrait. Voir Job, préface (nous ne pouvons indiquer la page : il n'y a pas de numérotation). L'auteur de la préface continue à citer Jean Chrysostome qui, visiblement, fait de Job un saint qui ressemblerait fort à une idole, s'il ne fallait voir en ces métaphores des symboles : « Figurez-vous Job sur son fumier comme une image toute d'or, ou de pierreries, ou d'une matière plus riche que tout ce que nous pouvons imaginer. Car je ne connais aucune matière d'assez grand prix pour pouvoir être comparée à ce corps tout couvert de pus et de sang, dont les plaies jettent des rayons plus éclatants que ceux du soleil », etc.
4. *In caput Matthaei*, XXI, *Œuvres*, t. II, p. 123, E. « Qui fut plus heureux que Salomon ? » s'interroge-t-il *(« Quis Salomone foelicior ? »)*.

Il est important que les deux discours sur la misère et sur la vanité soient placés sous le signe de l'expérience effective (l'expression « par expérience » est élidée dans la fin du fragment S 22/L 403, selon une pratique fréquente chez l'auteur). Ce qui est proféré est le fruit de ce qui a été vécu, non un assemblage d'abstractions comme les affectionne l'entendement découpeur des philosophes. Le bilan proposé pourrait s'intituler « dans l'inachevé[1] ». Une certitude s'en dégage : ici-bas, « sous le soleil[2] », règnent désenchantement, frustration, déception, et, plus radicalement, la douleur sous tous ses aspects. Pascal associe Job et Salomon, la « vanité des plaisirs » et la « réalité des maux », et les place sous un commun dénominateur, la « misère ». Ce serait un contresens d'entendre « vanité » de manière étroite comme défaut des personnes imbues d'elles-mêmes (Pascal n'a rien d'un moraliste); elle est le caractère de ce qui est vain. Nous sommes renvoyés à l'acception biblique du terme hébreu qu'elle traduit, *hébél* qui signifie « vapeur », « buée », « vacuité »[3]. L'on a beaucoup glosé sur le fait que c'est le nom du second fils d'Adam, Abel, qui symboliserait l'existence en sa précarité : Abel ou la fragilité[4], Abel voué à la mort... Le leitmotiv de l'*Ecclésiaste* est célèbre : « Tout est vanité et poursuite de vent[5] », et surtout le fameux « Vanité des vanités. Tout n'est *que* vanité », selon la traduction de la *Bible de Sacy*[6]. Le « que » ajouté est symptomatique dans son rapport à « tout » : tout donc égale rien, « Fumée de fumées », selon A. Chouraqui[7]. Certes, il s'agit du tout mondain, des honneurs, des décorations et fanfreluches, aussi bien que de la science ou de la sagesse profane dans sa présomption distinctive d'autosuffisance, quand, de nous-mêmes, nous

---

1. Voir *Quelque part dans l'inachevé*, titre magnifique d'un recueil de plusieurs entretiens de Jankélévitch.
2. Expression qui revient 29 fois dans l'*Ecclésiaste*, nulle part ailleurs dans la Bible.
3. Voir l'adage 1248 d'ÉRASME (*Œuvres*, p. 382 s.) : « L'homme est une bulle. » Érasme commente ce proverbe uniquement en se référant à des auteurs de l'Antiquité gréco-latine — Homère, Pindare, Sophocle, Aristote, Pline —, et ne se réfère pas à l'*Ecclésiaste*.
4. Autre étymologie : pasteur.
5. Qo, I, 14.
6. Le « que » est souligné dans le texte. L'on peut constater le scrupule des traducteurs port-royalistes.
7. La traduction de Chouraqui est, en l'occurrence, contestée par J. ELLUL, voir *La Raison d'être. Méditation sur l'Ecclésiaste*, Paris, Éd. du Seuil, 1987, p. 52.

n'avons « que la misère et l'erreur », et devons nos vertus à la grâce (S 759/L 931). L'on retrouve donc la marque de l'*Ecclésiaste* dans les pages consacrées au divertissement, en particulier dans le traitement du thème si pascalien de l'ennui, lequel ne peut être délié des considérations sur le temps naturel et l'importance du présent. Sans doute, d'ailleurs, est-ce dans cette méditation sur la dimension temporelle de l'existence que l'on peut découvrir le point nodal de la spéculation sur la « vanité » — non celle des seuls plaisirs mais plus largement celle de toutes choses, celle du « monde » (S 50/L 16). Au fil des *Pensées*, Pascal déploie l'éventail des différents visages de la vanité. La liste du fragment S 521/L 628 : « Vanité : jeu, chasse, visites, comédies, fausse perpétuité de nom », qui est une sorte de condensé de l'eidétique du divertissement. Le fragment S 107/L 73 montre comment « le sentiment de la fausseté des plaisirs présents et l'ignorance de la vanité des plaisirs absents causent l'inconstance[1] ». Et Pascal de dénoncer la vanité des règles, en particulier des lois juridiques (S 94/L 60), qui régissent la société ; il met en cause plus radicalement encore la vanité de n'importe quel mode de vie : celui du « commun des hommes [qui] met le bien dans la fortune et dans les biens du dehors ou au moins dans le divertissement » (S 519/L 626) comme celui du philosophe qui critique « tout cela ». Il ne se fait pas faute de fustiger « la vanité des vies philosophiques, pyrrhoniennes, stoïques » (S 573/L 694), puisque ce sont là, à ses yeux, les deux catégories de philosophes. L'existence tout entière est placée sous le signe du vide. Rien ne l'atteste mieux que la disproportion entre certaines causes infimes et les effets majeurs qu'elles engendrent : « Le nez de Cléopâtre s'il eût été plus court toute la face de la terre aurait changé » (S 32/L 413 ; voir S 228/L 197) ; « La cause et les effets de l'amour. Cléopâtre » (S 79/L 46)... Pascal présente aussi une analyse de la vanité comme ce défaut de caractère rédhibitoire auquel nul n'échappe : elle « est si ancrée dans le cœur de l'homme qu'un soldat, un goujat, un cuisinier, un crocheteur se vante et veut avoir ses admirateurs, et les philosophes mêmes en veulent, et ceux qui écrivent contre veulent avoir la gloire d'avoir bien écrit, et ceux qui les lisent

---

1. Notons que, pour Grégoire le Grand, l'instabilité, la mutabilité *(inquietudo)* étaient proprement mortifères. L'on connaît aussi l'admirable analyse de J. ROUSSET sur l'inconstance : *Circé et le paon. La littérature de l'âge baroque en France*, Paris, Corti, 1953.

veulent avoir la gloire de [les] avoir lus, et moi qui écris ceci ai peut-être cette envie, et peut-être que ceux qui le liront... » (S 520/L 627). L'ostentation, le plaisir de « montrer » (S 168, p. 219/L 136) — la « montre » si bien fustigée dans le fragment S 78, p. 76/L 44 : « Nos magistrats [...] Leurs robes rouges, leurs hermines dont ils s'emmaillotent en chats fourrés[1] » — cherche à masquer le néant de l'état de la nature déchue, gangrenée par le péché originel. Le pessimisme augustinien triomphe dans les *Pensées* comme dans les *Maximes* de La Rochefoucauld. Quel lamentable constat que celui de l'être réduit au paraître ! L'on se souvient de la célèbre comparaison d'origine stoïcienne, faite par saint Jean Chrysostome[2] ou par Érasme, entre la vie humaine et une pièce de théâtre[3] : « Toute la vie des mortels n'est rien donc qu'une pièce de théâtre où chacun entre à son tour en scène masqué jusqu'à ce que le régisseur l'invite à sortir du plateau[4]. » La description pascalienne de la vie des homme de cour fait écho au chapitre XIII du *El Discreto* (1645) de Baltasar Gracián sur l'*Hombre de ostentación*. Quant à la condition royale, elle dit le comble de la vanité. Nous retrouvons évidemment Salomon. Il est logique en effet que le plus grand des rois ait écrit les sentences les plus désabusées et que le summum de l'avoir coïncide avec la conscience aiguë de la pauvreté de l'être ! Le thème connu de la vanité des biens temporels est illustré aussi dans le *Livre de Job*. « Où trouvera-t-on un homme, qui étant comme Job dans l'abondance de toutes sortes de biens, et qui devenant très pauvre en un moment, de très riche qu'il était, demeure aussi ferme que lui, aussi immobile, aussi attaché à Dieu, et qui montre par ses actions qu'il n'était pas possédé des richesses, mais que c'étaient les richesses qui étaient possédées

---

1. L'on retrouve chez Pascal la verve érasmienne. Voir *L'Éloge de la folie*, en particulier le passage célèbre sur les « capuchons » des moines (*Œuvres*, p. 189-191), qui a inspiré le fragment S 52/L 18.
2. Voir *Hom. sur Lazare*, 6, PG 48, col. 1034-1035, § 780, 1. Nous avons souligné l'impact du stoïcisme sur Jean Chrysostome.
3. J. ROUSSET montre dans *Circé et le paon. La littérature de l'âge baroque en France*, comment, au XVIIe siècle, les voix conjuguées « d'un Gracián, un La Rochefoucauld, un Corneille, un Pascal », disent que « l'homme est un déguisement dans un monde qui est théâtre et décor » (p. 28). Le thème sera également cher au cœur de Rousseau, dans sa dialectique de l'être et du paraître (voir D. LEDUC-FAYETTE, *J.-J. Rousseau et le mythe de l'Antiquité*, Paris, Vrin, 1974, « Le théâtre fallacieux », p. 125-127).
4. ÉRASME, *L'Éloge de la folie*, p. 142.

de lui, et lui de Dieu[1] ?» Que Salomon soit le plus opulent des monarques, que Job ait été d'une immense richesse ne relèvent pas du détail sans importance. Tous deux font un identique constat : il est impossible de trouver ici-bas le Souverain Bien promis par les philosophes, sauf à en posséder les arrhes si, et seulement si, l'on est un chrétien authentique. Par-delà la précarité de toutes les possessions, ce qui s'atteste encore, c'est le dénuement inhérent au fait tout simplement d'être au monde : «Je suis sorti nu du ventre de ma mère, et j'y retournerai nu» (Jb, I, 21). Le riche et le pauvre sont soumis à la même contrainte : se divertir pour conjurer l'angoisse de la prise de conscience de notre situation qui dit la corruption et la déréliction, en leur indissoluble liaison. L'on connaît le passage célèbre sur le «roi sans divertissement» qui a donné son titre à un roman de Giono. Job, qui ne possède plus rien et comprend qu'en fait il n'a rien perdu, Salomon qui sait que tout ce qu'il possède ne vaut rien, sont interchangeables. Ce jeu de bascule entre Job et Salomon est très pascalien... L'unique Bien est Dieu — peut-il être perdu?

«Curiosité n'est que vanité» (S 112/L 77). Pascal place cette affirmation sous l'énoncé d'un terme isolé : «orgueil[2]», lequel, Jansénius y a insisté, «précède la chute[3]». «Guérissez-vous de l'orgueil, et vous ne pécherez plus», déclarait saint Augustin[4]. Un lien profond existe entre la «curiosité» et ce que les Anciens nommaient la «superbe». L'emploi de ce terme comme substantif (usage condamné par Vaugelas, et ultérieurement par Thomas Corneille et le *Dictionnaire de l'Académie* —

---

1. JANSÉNIUS, *Discours de la réformation de l'homme intérieur*, reproduit en appendice par G. MICHAUT, *Les Époques de la pensée de Pascal*, Paris, Fontemoing, 2ᵉ éd., 1902, p. 205. Ce discours, traduit en 1644 par Arnauld d'Andilly, a été pour l'auteur des *Pensées* une source d'inspiration, au même titre que les *Lettres chrétiennes et spirituelles* de Saint-Cyran ou le *Traité de la fréquente communion* d'Arnauld.
2. Dans le *Discours de la réformation de l'homme intérieur*, l'orgueil est défini comme «le désir de cet [sic] injuste grandeur», entendons le «désir que l'homme se porte». Jansénius écrit : «et à quoi se termine cet amour, sinon à quitter ce bien souverain et immuable que l'on doit aimer plus que soi-même» (p. 198). Dans l'homme corrompu, donc, «la volonté a reçu l'impression de l'orgueil, l'esprit celle de la curiosité, et le corps celle de la concupiscence» (p. 204). Nous reconnaissons les trois concupiscences de I Jn, II, 16, que l'on retrouve chez Augustin et chez Pascal (voir S 460/L 545 ; S 761/L 933).
3. *Discours de la réformation de l'homme intérieur*, p. 213.
4. *In Joannem*, tract. 25 ; *De Trinitate*, liv. VIII, chap. VIII.

il est vrai qu'ils admettent son utilisation dans le langage dévot) est récurrent dans le lexique pascalien où l'on rencontre des expressions frappantes comme « la superbe des philosophes » (S 690, p. 490/L 449), « abaisser la superbe » (S 266/L 234), « ils se perdaient dans la superbe » (S 240/L 208). La curiosité est la fille de l'orgueil, de la « superbe diabolique », comme il est dit dans l'*Entretien avec M. de Sacy sur Épictète et Montaigne*[1]. Elle occupait une place de choix dans le *De gradibus humilitatis et superbiae* de saint Bernard lequel déclarait : « *De primo superbiae gradu qui est curiositas.* » C'est la fameuse *libido sciendi*, l'un de ces « trois fleuves de feu qui embrasent plutôt qu'ils n'arrosent [la terre de malédiction][2] » (S 460/L 545). Comme si le « vide du cœur » pouvait être rempli par l'accumulation toute profane des connaissances ! Et toujours Salomon doit être évoqué qui symbolise traditionnellement le savant. « Vanité des sciences » (S 57/L 23) ! Nous sommes passés, par conséquent, selon les indications expresses du fragment S 761/L 933, du premier ordre, celui de la puissance temporelle, au second, celui de la sphère des « spirituels » qu'il faut entendre comme celle des hommes intelligents, avides de s'instruire et de comprendre. Et c'est là une variété inattendue de la coupable *avaricia* : l'avarice intellectuelle... Est-il besoin de souligner que chacun de ces deux ordres, d'un certain point de vue, a son côté positif, *a fortiori* le deuxième, si l'on considère l'homme de sciences que fut Pascal. Mais cet aspect positif ne peut être que relatif : le chrétien doit renoncer à la science aussi... Ce dont Pascal eut sans doute beaucoup à souffrir, lors de ses conversions successives. Dans le dernier tiers du XVIe siècle, la *curiositas* était un mot d'ordre[3],

---

1. *OC* III, p. 134.
2. Voir, par différence — car que devient ici la *libido sciendi* ? —, ce texte de Senault : « De cette source de malheurs [l'amour-propre], il sort trois ruisseaux qui inondent tout l'univers, et qui causent un déluge dont il est bien malaisé de se sauver ; car de cet amour déréglé naissent trois autres amours qui empoisonnent toutes les âmes et qui bannissent toutes les vertus de la terre ; le premier est l'amour de la beauté, qu'on appelle incontinence ; le second est l'amour des richesses, qu'on appelle avarice ; le troisième est l'amour de la gloire qu'on appelle ambition » (*De l'usage des passions*, Paris, Fayard, coll. « Corpus », II, I, 2 [Pascal a lu ce traité paru en 1641]). Voir M. LE GUERN, « Thomisme et augustinisme chez Senault », *Corpus*, 7, 1988, p. 29.
3. Voir *La Curiosité à la Renaissance*, Actes réunis par J. CÉARD, Paris, CDU-SEDES, 1986.

comme l'on voit dans le dialogue de Descartes, *La Recherche de la vérité par la lumière naturelle*, où Épistémon incarne l'esprit renaissant, désireux de tout embrasser. Eudoxe, au contraire, est conscient du danger qu'il y a à vouloir «passer outre», comme dirait Pascal. Ce thème de la limitation inhérente au pouvoir de l'intellect connaîtra la fortune que l'on sait dans les discours des philosophes ultérieurs, de Locke à Kant. Mais la sévérité de Pascal, qui emploie le terme révélateur de «présomption», tient à des raisons exclusivement morales. Il raille sans pitié l'ambition encyclopédique des adeptes du «*De omni scibili*» (S 230, p. 250/L 199) et veut substituer la quête de l'«unique nécessaire» (S 301/L 270) à la véritable chasse de Pan pratiquée par les disciples impénitents de Bacon[1]. À la soif de «connaissances naturelles», dont un Guillaume de Salluste Du Bartas se faisait le chantre dans son étonnante *Sepmaine*[2] (1581), il oppose, l'«admiration» silencieuse des merveilles de la nature (S 230, p. 249/L 199).

L'*Écrit sur la conversion du pécheur* présente, dans un désordre voulu — celui même de l'exister mondain —, une liste de ce que l'âme doit considérer «comme un néant» : «le ciel, la terre, [l'] esprit, [le] corps, [les] parents, [les] amis, [les] ennemis, les biens, la pauvreté, la disgrâce, la prospérité, l'honneur, l'ignominie, l'estime, le mépris, l'autorité, l'indigence, la santé, la maladie et la vie même[3]». Admirons la chute! Dans le *Livre de Jérémie*, le mot *hébél* est associé aux pratiques idolâtres : la pensée de Pascal est que le monde est une idole, indûment adorée, et qui, comme telle, doit être traitée avec mépris. C'est le célèbre *contemptus mundi* des augustinisants médiévaux, bernardiens ou bonaventuriens[4]. «Oubli du monde et de tout, hormis Dieu», cette expression fulgure dans le *Mémorial*[5]. Dans la traduction par Corneille de *L'Imitation de Jésus-Christ*, texte sublime tout empreint de l'*Ecclésiaste*,

---

1. Songeons à ces cabinets de curiosité, comme il a pu en visiter à son époque; ainsi, à Clermont-Ferrand, y en avait-il deux célèbres : celui de Louis Chaduc et celui de Jean Savaron.
2. Rééd. en 1992 par la Société des textes français modernes.
3. *OC* IV, p. 41.
4. Voir M. BATAILLON, J.-P. JOSSUA, «Le mépris du monde», *Revue des sciences philosophiques et théologiques*, 51, 1967, p. 27-38.
5. S 742/L 913. Voir aussi la lettre de Jacqueline à Gilberte du 8 décembre 1654, *ibid.*, p. 68. Jacqueline écrit : «Il [Pascal] [a] depuis plus d'un an un grand mépris du monde et un dégoût presque insupportable de toutes les personnes qui en sont.»

on peut lire : « Et le plus sûr chemin pour aller jusqu'aux Cieux / C'est d'affermir nos pas sur le mépris du monde[1]... »

La vanité est proprement la caducité, celle des feuillages comme celle des créatures : elle désigne « ce qui est porté à tomber » — ainsi, pour Érasme, le corps est-il « caduque » en ce monde[2]. C'est là une réminiscence d'Origène (traduit par Rufin) : « toute chose visible et corporelle est *caduca* et *fragilis* — périssable et facilement brisée[3] ». Pascal aime l'adjectif « périssable ». Les « biens » sont périssables (S 270/L 238) comme les « qualités » du moi (S 567/L 688), et que de « choses périssables » charrient les tumultueux torrents de Babylone (S 460/L 545)... Comment ne pas évoquer le *« Nil omne »* de l'*Allégorie de la caducité* du peintre espagnol Antonio de Pereda, contemporain de Pascal[4]? Le XVIIe siècle a particulièrement exploité le thème des vanités apparu au début du XVIe siècle. Avec Monsu Desiderio, il acquiert une sorte d'amplitude apocalyptique. Dans son tableau, *Incendies et ruines*, fuient deux personnages minuscules et cependant identifiables — Job et sa femme ! —, survivants menacés d'une ville en flammes où s'écroulent façades, colonnes, péristyles. L'on songe à la tour de Pascal, Babel bien évidemment, « qui s'élève à l'infini, mais tout notre fondement craque et la terre s'ouvre jusqu'aux abîmes » (S 230, p. 252/L 199). Ainsi donc, *tout* s'effondre : les cités, les civilisations, les empires, et toujours la mort souffle la chandelle, comme on voit dans *Las postrimerias de la vida*

---

1. Cité par SAINTE-BEUVE, *PR*, I, p. 198. Le critique rapporte : « Quelques années après *Polyeucte*, et par suite de la même impulsion chrétienne combinée avec la chute de ses derniers ouvrages, il [Corneille] donna sa traduction en vers de *L'Imitation.* »
2. *Paraphrases*, LB 7, 923 DE, par opposition au corps éternel *(aeternum)* (le corps glorieux), alors que pour Cicéron la caducité du corps est sa dimension distinctive par opposition à l'âme immortelle (voir *République*, VI, 17).
3. *Homélies sur le Cantique des Cantiques*, PG 13, 75 CD. Origène est une des grandes sources d'Érasme.
4. Le tableau (peint vers 1640) se trouve à Vienne, au Kunsthistorisches Museum. Voir aussi *Le Rêve du chevalier* (Madrid, Real Academia de San Fernando). Pascal fut un connaisseur de l'Espagne, ce qui n'a rien de surprenant à l'époque où Bérulle introduit le Carmel en France. La spiritualité ibérique exerce son emprise, par la médiation de saint Jean de la Croix et de sainte Thérèse d'Avila. Sur Pascal et Thérèse d'Avila, voir D. DE COURCELLES, « Écritures spirituelles de la conversion, à la suite des "Confessions" d'Augustin : les exemples de Thérèse d'Avila et de Pascal », *Recherches de science religieuse*, 77, 4, octobre-décembre 1989, p. 509-529.

de Juan Valdés Leal... La méditation pascalienne sur la vanité est hantée par la pièce de Calderón de la Barca, *La vie est un songe*[1]. Et Pascal de déclarer : « Car la vie est un songe, un peu moins inconstant »... Il reprend la comparaison de l'artisan qui rêve qu'il est roi, au roi qui rêve qu'il est artisan (S 653/L 803), comme dans la fiction du dramaturge espagnol, le prince enfermé rêve qu'il règne, et quand il est libre et règne, on lui fait croire qu'il rêve...

Job symbolise donc, pour Pascal, l'homme malheureux. Lieu commun ! L'originalité de l'auteur tient à ce qu'il détecte sa grandeur et celle de l'homme, par la même occasion, dans cette misère même qui, au prime abord, ne semble renvoyer qu'à l'état corrompu de la nature déchue. « Un arbre ne se connaît pas misérable. / C'est donc être misérable que de [se] connaître misérable mais c'est être grand que de connaître qu'on est misérable » (S 146/L 114) ; « Cercle sans fin » (S 155/L 122). Mais le fragment S 690/L 449 montre que la véritable grandeur tient au fait de « connaître tout ensemble et Dieu et sa misère ». C'est s'égarer, en effet, que de « connaître Dieu sans sa misère, et sa misère sans Dieu ». Et c'est pourquoi Job est grand, éminemment, qui clame sa misère *devant* Dieu et qui, comme eût dit Grégoire le Grand, « sert le Seigneur dans l'espoir de la Résurrection[2] ». L'originalité de Pascal ne serait que relative si, à la suite de nombre de Pères de l'Église, parmi lesquels saint Jean Chrysostome[3], il exaltait Job pour sa seule force de caractère et ne le citait qu'en tant que modèle. Cette dimension est présente dans sa pensée mais à titre implicite, du moins en l'état où il a laissé l'Apologie. Si Pascal célèbre Job, c'est parce qu'il est la figure de « l'universel stigmatisé des misères [des douleurs] humaines[4] » ; c'est parce que, tel Moïse, il a prophétisé la venue du Messie. La corrélation de la misère et de grandeur est donc irréfragable.

L'homme a la nostalgie de sa « vraie nature [...] perdue »

---

1. Voir la tirade de Sigismond, *La vie est un songe*, troisième Journée, scène X, dans *Le Théâtre espagnol*, Paris, Club des libraires de France, 1957, p. 89-90.
2. *Moralia*, I, 12.
3. « *Est et alius justus quidam, cui hoc nomen pro summo encomio cotigit, et prae aliis omnibus hoc nomine praedicatur, ut sic virtus illius diligenter exponatur. Quis ille est? beatus Iob, ille pugil pietatis, athleta orbis.* »
4. Formule étonnante de M. Blondel, commentée par X. TILLIETTE dans *La Semaine sainte des philosophes*, Paris, Desclée, 1992, p. 57.

(S 16/L 397) car il porte, à titre vestigiel, la «trace» de l'état de nature innocente. Or, «si l'homme n'avait jamais été que corrompu, il n'aurait aucune idée de la vérité, ni de la béatitude. Mais [...] nous avons une idée du bonheur» (S 164, p. 212/L 131). Voilà qui explique pourquoi, si ardemment, «nous souhaitons la vérité» (S 20/L 401). Puisque «l'homme est tombé de son vrai lieu [...] il le cherche partout» (S 19/L 400), il n'aspire qu'à le retrouver. Il ne s'agit pas là d'une impossible régression, mais de la finale retrouvaille, rendue possible par l'Incarnation. Les commentateurs ont insuffisamment perçu à quel point le thème du «retour» travaille en filigrane ou explicitement les *Pensées*, ainsi lorsque Pascal cite Is, XLIV, 21 : «*Revertere ad me quoniam redemi te*», dans le fragment S 726, p. 523/L 486, ou encore lorsqu'il écrit dans le fragment S 700/L 461 : «Le monde subsiste pour exercer miséricorde et jugement, non pas comme si les hommes y étaient sortant des mains de Dieu, mais comme des ennemis de Dieu, auxquels il donne par grâce assez de lumière *pour revenir* [nous soulignons], s'ils veulent chercher et le suivre.» Ne peut-on évoquer ici la théorie nysséenne de l'épectase? Le retour conversif à l'origine est, en même temps, progression vers le stade final de l'union, en une boucle de relance du mouvement. L'archéologie est inséparable de la téléologie. Le retour à l'origine est, à la fin des temps, union à Dieu[1]. Serait-il possible par ailleurs de montrer la fin si elle ne se manifestait d'une certaine façon? Pascal en fait l'expérience mystique, ce que traduit souvent le mode lyrique, émotionnel, des «digressions». Preuve s'il en était besoin que la forme ici est le fond même, ainsi par exemple dans le fragment 339, sublime poème des trois ordres : «Ô qu'il a éclaté aux esprits.» «Ô qu'il est venu en grande pompe et en prodigieuse magnificence aux yeux du cœur et qui voient la sagesse.» Ainsi la théophanie du *Livre de Job*...

La pensée de Pascal ne peut être valablement décryptée que dans l'atmosphère biblique dont elle reçoit une irradiation constante. Comme pour ses amis de Port-Royal, il pourrait écrire : «Jésus-Christ lui-même a voulu, pour la consolation et l'instruction de ceux qui se trouveraient en cet état où Job s'était trouvé avant lui, faire paraître en sa propre personne

---

1. Voir D. LEDUC-FAYETTE, «Du retour à l'origine», *Revue philosophique*, 1, 1990, p. 47-57.

cette excessive tristesse que l'Évangile appelle du nom d'*agonie* et qui fut capable de tirer par une sueur mortelle des gouttes de sang de toutes les parties de son corps[1].» Comment ne pas évoquer le «*Ecce homo*[2]» de Pilate, Jésus livré aux soldats qui le flagellent puis le revêtent d'oripeaux, le moquent, le soufflettent, comme on le voit sur le célèbre tableau de Jérôme Bosch. Cet homme voûté (la même voussure que celle du Job de Georges de La Tour), accablé par la «réalité des maux», c'est l'homme-Dieu... Unir la nature humaine et la nature divine ex-alte la première à sa véritable dimension, la restitue à sa grandeur originelle par cette assomption, mais aussi lui confère, d'ores et déjà, sa grandeur future. Considérer le personnage de Job chez Pascal suppose donc d'en préciser le dessein sous l'éclairage des deux dogmes liés du péché originel et de l'union hypostatique, en relation avec la promesse de déification faite au moment de la Création. Pascal ne méconnaît pas la dimension divinisante. Il paraît clairement que l'homme par la grâce est «rendu semblable à Dieu et participant de la divinité, et que, sans la grâce, il est censé être semblable aux bêtes brutes[3]».

Si la lutte contre le néopélagianisme de son temps est un des objectifs principaux de Pascal — et quel lecteur attentif des *Provinciales* pourrait mettre ce point en doute? —, Job dans la mesure où il symbolise la «réalité des maux» est, en cet affrontement, un rouage essentiel. En effet, il convient de prêter toute attention au terme «réalité», à sa densité, comme on le dit des corps[4]. La misère est *res*[5], comme on le voit dans le fragment S 238/L 206, où Pascal confère une portée générale à une proposition augustinienne: *«Rem viderunt, causam non viderunt»*, tirée du *Contra Julianum* et relative à Cicéron auquel l'évêque d'Hippone reprochait d'avoir méconnu la cause (le péché ori-

---

1. Job, p. 467; «agonie» est en italique dans le texte.
2. Jn, XIX, 5.
3. S 164, p. 213/L 131, et voir la note 16 de Ph. Sellier, p. 214.
4. Voir P. BAYLE: «Le chagrin est une chose qui coule sur nous par mille et mille canaux, et qui est de la nature des corps denses: il renferme beaucoup de matière sous un petit volume; le mal y est entassé, serré, foulé.» Voir J.-P. JOSSUA, *Pierre Bayle ou l'Obsession du mal*, Paris, Aubier-Montaigne, 1977. Jossua écrit: «Il [Bayle] s'exprime comme un nouveau Job» (p. 12).
5. Bien entendu, nous n'entendons pas là que le mal est une substance. Nous voulons simplement souligner le poids de la misère.

ginel) de notre état de misère dont, cependant, il avait opéré un juste constat[1]. Que font pélagiens et stoïciens, sinon minimiser précisément cette réalité évidente de la misère comme effet de la corruption («*rerum evidentia*», comme le dit encore le *Contra Julianum*[2]) d'où leur refus du péché originel (raison des effets[3]), tandis qu'à l'inverse, les manichéens l'intronisent[4] en l'imputant à un mauvais principe, un *deus malus* auquel Pascal ne manque pas de faire allusion dans le fragment S 164/L 131. Job est la preuve vivante, contre les premiers, du fait de la misère qui renvoie, pour incompréhensible qu'il soit, au mal radical du péché comme son fondement. À la différence des seconds, pour terrifié qu'il soit, il place sa confiance dans le Dieu providentiel. Le mauvais principe, pas plus qu'il n'est substantiel n'est coéternel au bon. Ainsi l'on peut considérer que Job joue un rôle-cheville à l'articulation du combat mené sur le double front antipélagien-antimanichéen qui fut celui même d'Augustin. Laissons en suspens le côté manichéen (nous l'examinerons au moment opportun), mais souvenons-nous que c'est dans l'atmosphère de la lutte antipélagienne qu'il faut situer les *Adnotationes in Job* où le saint africain, sur un mode récurrent, relate les malheurs du sage mis à l'épreuve[5]. De la bonne conduite il ne faut escompter aucune rétribution car le péché est universel (c'est le fameux «Qui peut rendre pur celui qui est né d'un sang impur[6]» de Job, commenté dans la *Bible de Sacy*[7]) et la justice de Dieu insondable. Tel est le message augustinien dont il faut se garder d'édulcorer l'aspect redoutable et contre lequel se dresse Julien d'Éclane dans son *Expositio libri Job*.

---

1. Voir l'importante note 4 de Ph. Sellier, p. 257, et le chapitre, «Nature et origine du mal» (IIIe partie, chap. I), où nous analysons plus précisément le «*viderunt*».
2. *Ibid.*, n. 3.
3. Voir la liasse VI.
4. Nous empruntons cette expression à SAINTE-BEUVE, (*PR*, liv. II, t. I, p. 593) : «On l'avait vu [Augustin] passer de la guerre contre les manichéens qui intronisaient le principe du mal, à la lutte tout inverse contre les pélagiens qui le palliaient.»
5. *De peccatorum meritis et remissione*, liv. II, chap. X, PL 44 (X, 1, Maur) : «*damnationem carnalis generationis ostendens ex originalis transgressione peccati*».
6. Jb, XIV, 4.
7. Job, p. 209 : «[Dieu] seul peut rendre pur ce qui est né d'un sang impur», déclare le commentateur, traduisant saint Augustin.

Reste enfin à tenter de mettre en lumière l'«ordre[1]» de la démonstration pascalienne. Pour le détecter, il convient de mettre en rapport les fragments S 27/L 408 et S 44/L 10 : «Une *Lettre* de la *folie* [nous soulignons] de la science humaine et de la philosophie./Cette *Lettre* avant le divertissement» (fr. 27); «Les misères de la vie humaine ont frondé tout cela./Comme ils ont vu cela, ils ont pris le divertissement» (fr. 44).

Originellement, comme l'explique Ph. Sellier, s'appuyant sur *Géologie et stratigraphie des «Pensées»* de Pol Ernst[2], les fragments 27 et 44 se suivaient immédiatement. Il est donc logique de faire précéder la liasse «Misère» par la liasse «Vanité», comme on le voit d'ailleurs dans la «Table de dossiers» (S 1). C'est l'échec des spéculations philosophiques, en leur vanité foncière dénoncée par l'Ecclésiaste, qui pousse le libre-penseur désespéré à se jeter dans le divertissement pour se «consoler» de sa misère : «La seule chose qui nous *console* de nos misères est le divertissement» (S 33/L 414), non la philosophie qui nous précipite dans ce dernier et, du fait même, dans le désespoir — «éviter la vanité [...] en se précipitant dans le désespoir» (S 240/L 208)! Funeste conséquence de la «folie» des philosophes dénoncée par l'apologiste, par différence avec cette folie d'un autre ordre, la folie chrétienne.

«Consolation», «folie», deux termes à considérer. Rien de surprenant à ce que le premier soit récurrent dans le vocabulaire pascalien si le propre de la religion chrétienne (et non de la philosophie!) est de consoler. Quant au thème de la «philosophie consolatrice», il fait évoquer toute une tradition, à commencer par les trois *Consolationes* de Sénèque. Le stoïcien démontre la vanité des biens de ce monde et prêche la vertu; cependant, dirait Pascal (qui cite l'Épître XX dans le fragment S 180/L 147), il ne montre pas la fin, le Souverain Bien : «Il y a contradiction, car [les stoïques] conseillent enfin de se tuer». «Ce que les stoïques proposent est si difficile et si vain» (S 177/L 144)! L'on trouve quantité d'allusions à Sénèque dans le célèbre texte de Boèce, *De consolatione philosophiae*, mais la tonalité d'ensemble est néoplatonicienne; la sublime exhortation finale rappelle le *Phédon*. La Providence de Boèce («*immotusque manens dat cuncta moveri*»; le fameux moteur immobile qui

---

1. Voir, dans l'édition Sellier, *Le Projet de juin 1658*, [II] Ordre, et n. 1, p. 164.
2. Voir n. 6, p. 166, de l'édition Sellier.

conduit tout sans montrer sa main de *Consolation...,* III) n'est évidemment pas le Dieu chrétien. Mais ce qui compte, c'est comment le texte a été lu. L'ouvrage a inspiré les synthèses chrétiennes médiévales, et l'on ne saurait trop insister sur cette influence capitale qui est toujours grande au XVIIe siècle (surtout la première moitié). Bossuet le range aux côtés de saint Augustin, saint Anselme et saint Thomas[1]. Il faisait partie de la liste des livres à lire que l'on trouve dans le manuel du P. Véron[2]. L'on peut se demander si Pascal avait lu Boèce qui, bien évidemment, lui serait apparu comme un auteur chrétien et non comme «philosophe»? En tout cas, M. de Sacy cite Boèce dans son *Epigrammatum delectus*, recueil d'épigrammes choisies à l'usage des enfants (l'on connaît le souci pédagogique de Sacy et l'intransigeance du censeur telle qu'elle se manifeste dans son fameux entretien avec Pascal sur l'utilité des lectures profanes).

À propos du terme de «folie», il vaut de noter qu'un dramaturge contemporain de Pascal, Tristan L'Hermite, allait jusqu'à parler de «folisophie» dans sa pièce *La Folie du sage* (1645). Le héros Ariste vient de perdre sa fille. Dans l'excès de sa douleur, il maudit les philosophes :

Ah! voici ces Docteurs de qui l'erreur nous flatte :
Aristote, Platon, Solon, Bias, Socrate...
[...]
Effrontés Imposteurs, allez, je vous défie
De me faire avouer votre Philosophie :
Vous m'avez abusé de discours superflus,
Changez de sentiments, ou ne vous montrez plus[3].

Mais Pascal, à coup sûr, n'inscrirait pas Platon dans la liste susdite, puisque, nous l'avons vu, il le considère comme un «théologien».

---

1. Voir Th. GOYET, *L'Humanisme de Bossuet*, Paris, Klincksieck, 1965, t. II, p. 639.
2. *Manuale sodalitatis beatae Mariae Virginis in domibus et gymnasiis Societatis Jesu [...]*, Lyon, 1622.
3. Éd. J. Madeleine, Genève, Droz, 1936, acte III, scène IV, v. 945-946, 977-980. Dans *Un prêtre marié* de Barbey d'Aurevilly, le héros, dans la même situation, maudit Dieu.

CHAPITRE II

JOB ET MOÏSE.
L'ESSENCE DE LA PROPHÉTIE

> « Plût à Dieu que tout le peuple prophétisât,
> et que le Seigneur répandît son esprit sur eux »
> (Nb, XI, 29).
> « *Prodita lege / Impleta cerne / Implenda
> collige*[1] » (S 343/L 312).

Un élément essentiel de la christianisation du *Livre de Job* consiste assurément à y découvrir une dimension prophétique. Le grand admirateur de Richard Simon, J. Steinmann, fasciné par les prestiges de l'exégèse scientifique, prompt à dénoncer les méfaits de l'exégèse typologique, s'insurgeait contre cette transformation de l'homme de Hus en « protorédempteur[2] ». Il affirmait : « Le livre de Job n'est pas une prophétie[3]. » Dans sa perspective, il ne convient pas de relire Job à la lumière de l'Évangile. Steinmann est tout à fait conscient, certes, des origines juives du christianisme, mais il refuse de voir dans celui-ci l'« accomplissement » — notion clef pour Pascal — de la religion judaïque. Tout au contraire, il préconise la relecture de l'Évangile « à la lumière de Job[4] ». Job, disait-il, est l'homme

---

1. « Lis les prophéties. / Vois ce qui est accompli. / Recueille ce qui est à accomplir. » Pascal est à l'écoute de son maître Augustin, voir n. 8, p. 300, éd. Ph. Sellier.
2. *Le Livre de Job*, Paris, Éd. du Cerf, 1955, p. 348. Steinmann, cependant, est sensible au fait que « Job débouche sur le monde prophétique ou plus précisément apocalyptique [et que] son dénouement, sa poésie même en [font] une pré-apocalypse [...] l'une des sources directes des grandes apocalypses » (p. 368).
3. P. 368.
4. P. 328.

qui souffre[1]; rien de plus n'est à entendre, rien de moins non plus, et le message est terrible : il ne faut pas «oublier la portée profonde de ce texte si humain qu'il exclut que Job soit l'image du Fils de Dieu incarné. Le texte n'a pas de portée figurative[2]». Cette position conduit à évacuer du temps chrétien sa dimension propre et à effacer ce qui, pour Pascal et ses prédécesseurs, est l'essentiel : la «perpétuité» (liasse XXII), car «toujours les hommes ont parlé du vrai Dieu ou le vrai Dieu a parlé aux hommes» (S 439/L 860). L'on notera que Pascal dit «les hommes», dans toute l'extension du terme, sans exclusive. Les Juifs n'ont été que le vecteur élu de la nécessaire transmission. Ainsi a-t-il parlé à un «païen» comme Job — mais qui entretenait, à coup sûr, des liens étroits avec le peuple d'Israël, unique «conducteur» de la vérité[3]. La «perpétuité» dit un temps paradoxal au regard humain : tous les événements qui en rythment le cours, dans leur puissance transformante, y sont contemporains, car le geste d'amour divin englobe la totalité des extases temporelles, les fusionne en instant[s] privilégié[s]. L'éternité est un unique instant, contraction (temps pressé au sens propre, temps resserré) de tous les instants qui se compénètrent, ou plutôt ceux-ci sont-ils cet instant ponctuel infiniment dilaté : temps plein, celui de la «plénitude[4]» : «L'Église regarde les enfants qui lui sont promis dans tous les siècles comme s'ils étaient présents; et, les unissant tous dans son sein, elle recherche dans l'imitation de ceux qui sont passés les règles de la conduite de ceux qui sont à venir[5].» Et si «le Messie a toujours été cru» (S 314/L 282), quoi de surprenant à ce qu'il ait été annoncé : il était toujours déjà là. «Le Christ promis dès le commencement du monde» (S 313/L 281). C'est bien pourquoi, il importe de conférer à la «contemporanéité» selon Pascal une portée qui dépasse l'acception commune qu'elle a ici et transfigure la perspective strictement historique — «Sem,

---

1. Job est «l'homme, et non pas l'homme souffrant», écrit, pour sa part, A. Neher, «Étude et commentaire de textes : le Livre de Job», *La Conscience juive. Données et débats*, Paris, PUF, 1963, p. 151.
2. J. Steinmann, *Le Livre de Job*, p. 368.
3. Voir S 711/L 474.
4. Comme l'écrivait J. Desmorets, «la plénitude est [...] une densité de l'être. Ce terme [que Pascal] emploie si volontiers répond à une disposition essentielle de sa personnalité, une disposition qui se communique au style. Il suggère une vérité accomplie dans l'expérience d'une totalité qui serait vécue et appropriée» (*Dans Pascal*, Paris, Éd. de Minuit, 1953, p. 56).
5. *EG, Discours...*, *OC* III, p. 754/Laf., p. 337.

qui a vu Lamech, qui a vu Adam, a vu aussi Jacob, qui a vu ceux qui ont vu Moïse» (S 327/L 296). Même si Pascal s'imagine naïvement que Sem a vu, par les yeux du corps, X qui a vu Y, etc. (et l'«authenticité[1]» de la Bible — alors que «Moïse et Job sont les deux plus anciens livres du monde[2]» (S 658/L 811) — tient à cette chaîne de la contemporanéité des témoins, rendue effective par la longévité des patriarches[3]), en droit, il faut poser que n'importe quel chrétien peut «voir», par les yeux de l'esprit, le Christ — et il y eut des chrétiens (dont Job!) avant l'époque de Tibère et de Ponce Pilate, puisque la religion chrétienne, «qui consiste à croire [...] qu'après cette vie on serait rétabli par un Messie qui devait venir, a toujours été sur la terre» (S 313/L 281). Semblable vision ne relève plus de l'expérience sensorielle, mais d'une sensibilité plus haute. «C'est le cœur qui sent Dieu, et non la raison» (S 680, p. 473/L 418). Si Pascal, d'une part, oppose le cœur à la raison, d'autre part, il laisse entendre que la raison peut sentir. Cela vient du fait que «sentiment» au XVIIe siècle a surtout le sens d'acte de l'intelligence[4]. Il y a donc une intelligence du cœur, mais le cœur entretenant un rapport éminent avec la sensibilité (laquelle à l'époque renvoie toujours au trait de caractère d'un individu), cette intelligence est transfigurée par l'affectivité, elle a un caractère intime qui ne peut être délié de la «communication» entretenue par Dieu. Mais il est licite de parler de connaissance, si l'on ne délie pas cette dernière de l'amour qui la transverbère.

1. Voir S 276/L 243.
2. Sur «L'antiquité des Juifs» selon Pascal et Augustin, dans leur différence, voir Ph. SELLIER, *Pascal et saint Augustin*, Paris, A. Colin, 1970, p. 470-472. Grotius insiste lui aussi sur l'antiquité de la Bible, voir *De veritate religionis christianae*, 3, 13. Au XVIIIe siècle, on rencontre toujours le thème de l'antiquité du poème de Job: voir, par exemple, J.-J. ROUSSEAU, *Essai sur l'origine des langues*, éd. Ch. Porset, Ducros, 1968, p. 101: «Le livre de Job, le plus ancien peut-être de tous les livres qui existent», ou encore, Voltaire: «Ce livre qui est d'une très haute antiquité» (*Essai sur les mœurs*, éd. R. Pomeau, 1963, t. I, p. 21).
3. Voir S 322/L 290.
4. Voir *Dictionnaire de l'Académie*: «opinion qu'on a de quelque chose, ce qu'on en pense, ce qu'on en juge». Ainsi Pascal, dans les *Provinciales*, parle-t-il des différents sentiments sur la grâce qui s'opposent; voir, par exemple, IV *Prov.* : «ils ne sont pas tous du même sentiment». P. DUMONCEAUX montre d'ailleurs que, pour l'auteur, en l'occurrence, il faut distinguer «sentiment» d'«opinion» et d'«avis» (voir *Essais sur quelques termes clés du vocabulaire affectif et leur évolution sémantique au XVIIe siècle*, Lille, 1971).

Du temps historique, le *« Itus et reditus*[1] *»* (S 636/L 771) est l'image, en la réminiscence de l'*Ecclésiaste* (I, 4-11). Perpétuel recommencement : «Le flux de la mer se fait ainsi, le soleil semble marcher ainsi» (S 636/L 771). «La nature recommence toujours les mêmes choses : les ans, les jours, les heures [...] Ainsi se fait une espèce d'infini et d'éternel» (S 544/L 663). Une «espèce» qui a tout du leurre : elle suscite la redoutable illusion du progrès ! Et voilà bien le mythe par excellence dont furent dupes les hommes des Lumières, à l'époque des prodromes du capitalisme et de la civilisation industrielle. Chez Pascal, au contraire, «le mot progrès n'a aucune valeur axiologique; il désigne un processus quelconque, sans considération d'amélioration ou d'enrichissement[2]». Certes, l'humanité accroît le savoir profane, perfectionne ses techniques[3], mais «tout ce qui se perfectionne par progrès périt aussi par progrès. Tout ce qui a été faible ne peut jamais être absolument fort. On a beau dire : Il est crû, il est changé; il est aussi le même» (S 643/L 779). Baudelaire — si proche à certains égards de notre auteur[4] — avait-il lu ces lignes, lorsqu'il s'écriera : «Quoi de plus absurde que le Progrès, puisque l'homme, comme cela est prouvé par le fait journalier, est toujours égal à l'homme[5] ?» Vanité ! La stagnation est l'état de la nature pécheresse. Et si le présent est le seul temps qui nous appartienne[6], c'est parce que au principe des vrais changements, dans le dynamisme du

---

1. Voir l'analyse de P. MAGNARD, *Nature et histoire dans l'apologétique de Pascal*, Paris, Les Belles-Lettres, 1980, p. 198.
2. *Ibid.*, p. 202.
3. Voir *Préface sur le Traité du vide*, *OC* II, p. 782. E. Havet et J. Mesnard ont reconnu dans cette comparaison une réminiscence de *La Cité de Dieu* (liv. X, chap. XIV). Mesnard retrace la genèse de l'idée que «l'antiquité est la jeunesse du monde» (p. 774). Nous y verrions aussi avec G. Sortais, B. Rochot, et, plus récemment, H. Gouhier et T. Gregory, la reprise inversée de la vieille image de Bernard de Chartres : les nains juchés sur les épaules des géants. Pour les modernes, Bacon et Gassendi, les anciens sont les nains, les modernes les géants ! (Voir la bibliographie de la question dans T. GREGORY, *Scetticismo e empirismo*, Bari, 1961, p. 30 et n. 67.)
4. Voir Ph. SELLIER, «Pour un Baudelaire et Pascal», dans *Baudelaire. «Les Fleurs du mal». L'intériorité de la forme*, Paris, SEDES, 1989.
5. *Fusées*, dans *Œuvres complètes*, Paris, Gallimard, coll. «Pléiade», p. 1260. Il vaut de relire la suite, prophétique : «Le monde va finir [...] la mécanique nous aura si bien américanisés, le progrès aura si bien atrophié en nous toute la partie spirituelle...»
6. Voir S 80/L 47.

souffle vivifiant de l'Esprit[1], une motion transcendante nous restitue à nous-mêmes — sinon comment pourrions-nous avoir quoi que ce soit, et a fortiori, être véritablement? — et œuvre au point mystérieux où s'articulent le libre arbitre et la grâce. Le temps réel, le temps métahistorique, surnaturel, fait irruption, présence de l'éternel Présent en notre présent[2], prélude à «la béatitude éternelle et essentielle» qui commence à la mort. Le temps fallacieux, le temps historique, naturel, ne nous renvoie jamais qu'à notre mutabilité, il est, à nos maux, un pseudo-remède, il déconstruit: «Le temps guérit les douleurs et les querelles, parce qu'on [...] n'est plus la même personne; ni l'offensant, ni l'offensé ne sont plus les mêmes» (S 653/L 802). Vanité! Mais il est une «vérité substantielle», celle même du «bien véritable et subsistant par lui-même»[3]. Seule la dimension d'une temporalité «verticale[4]» autorise à parler de «conversion», de re-création, de cœur nouveau. L'ordre de la théologie, de la morale, de la charité, ressortit à l'histoire surnaturelle. Ce que le prophète dévoile est le futur actualisé (pas seulement anticipé) et qui ne pourrait l'être s'il n'était qu'à venir («l'avenir comme trop lent à venir» [S 80/L 47], écrivait Pascal — belle allitération —, mais cela n'est vrai qu'au point de vue de la psychologie de la durée mondaine). L'on comprend en quoi «toute histoire qui n'est pas contemporaine est suspecte» (S 688/L 436). Ce que Pascal privilégie, dans son approche de la prophétie, n'est pas la relation passé-futur qui renvoie au temps profane et à l'échelle factice de son étalement linéaire, mais celle de ce temps et de l'éternité, le seul temps véritable car non physique, durée spirituelle toute qualitative (la qualité n'est-elle pas, selon l'intuition pénétrante qui sera celle d'un Leibniz, d'un Schelling, d'un Ravaisson, la catégorie la plus proche de l'Être?). A. Neher écrit justement: «Par le prisme de la prophétie, le temps de Dieu se reflète en multiples temps de l'histoire[5].» Un lien intime existe, par conséquent, entre

---

1. «[Jésus-Christ] leur donna sa paix et leur inspira par son souffle, qui en était le symbole extérieur, qui marque qu'il procède aussi de lui [Pascal renvoie évidemment à Augustin, Cyrille, Hilaire]» (*Abrégé...*, *OC* III, § 336, p. 310).
2. «Le but [de cette «présence de l'éternité au temps», écrit P. Magnard] est cette pédagogie spirituelle qui enfante les hommes aux vérités de vie», *Nature et histoire dans l'apologétique de Pascal*, p. 202.
3. *Conversion...*, *OC* IV, p. 41.
4. Voir P. MAGNARD, *Nature et histoire dans l'apologétique de Pascal*.
5. *L'Essence du prophétisme*, Paris, PUF, 1955, p. 3.

prophétie et grâce, et il nous était impossible d'aborder le chapitre central des prophéties, sans anticiper sur la réflexion relative au mystère du temps chrétien qui sera au cœur de la troisième partie de cet ouvrage.

Comme Steinmann le déplore, la Tradition fait donc de Job un prophète, en fonction d'une cohérence interne qu'il appartient à l'historien d'entendre et non de juger. Ainsi lisons-nous dans la *Bible de Sacy* : « Saint Grégoire pape [...] témoigne comme saint Ambroise, saint Augustin et saint Bernard que Job faisa[i]t sur son fumier la fonction d'un Prophète. » Le propos est récurrent du Moyen Âge au XX[e] siècle. « C'est un esprit de prophétie qui s'est rué sauvagement sur lui, qui le tord et qui le ravage[1] », s'exclame Claudel. Saint Thomas écrivait : « [du] péché, le Christ devait racheter le genre humain et cela Job le voyait d'avance par esprit de foi [...] il ne dit pas *mon rédempteur* vivra mais bien vit ; et c'est la cause pour laquelle il prophétise la résurrection future, précisant aussi le temps[2]. » Duguet déclare au XVIIIe siècle : « la divine Providence [...] avait choisi [Job] pour annoncer le mystère de J.-C., et pour les représenter dans sa personne », et dom Calmet d'affirmer : « Job a été un véritable prophète... » Northrop Frye notait dans *Le Grand Code* : « Le Livre de Job bien que classé dans la littérature sapientielle a besoin de de la perspective prophétique pour être compris[3]. » C'est là une profonde intuition parfaitement illustrée avant la lettre par Pascal : « Moïse et Job, l'un juif, l'autre païen, qui tous deux regardent Jésus-Christ. comme leur centre commun et leur objet : Moïse en rapportant les promesses de Dieu à Abraham, Jacob, etc., et ses prophéties ; et Job : *Quis mihi det ut*, etc. — *Scio enim quod Redemptor meus vivit*, etc.[4] » (S 658/L 811). Ce fragment fait

---

1. *Le Livre de Job*, Paris, Plon, 1946, p. 6.
2. *Job*, Ire partie, chap. XIX, IIe leçon, p. 299 ; les termes en italique le sont dans le texte.
3. *Le Grand Code*, Paris, Éd. du Seuil, 1984, IIe partie, p. 269.
4. Moïse, écrit Pascal, « rapporte » les prophéties, donc il n'est pas prophète lui-même au sens étroit (mais il l'est, évidemment, au sens large de « témoin », comme nous le verrons ci-dessous). Souvenons-nous de Lc, XVI, 39 : « Moïse et les prophètes », autrement dit, le législateur et les grands voyants d'Israël. Pour Rabelais, en revanche, Moïse était un prophète : il fait dire à Salomon qu'il prend pour l'auteur des *Ecclésiastiques* (comme il dit) dans sa lettre au cardinal de Chastillon (1552) : « Moses, grand prophète et capitaine d'Israël » (Prologue du *Quart Livre*, Genève, Droz, 1957, p. 9). Salomon couvre Moïse de louanges qui susciteront l'ire de Calvin (voir *Troisième sermon sur le Deutéronome* du 16 octobre 1555).

partie des papiers non classés. Les citations de Job reproduites par Pascal à partir du texte de la Vulgate sont extraites d'un ensemble : Job, XIX, 23-25, qui sera ainsi traduit dans la *Bible de Sacy* : « Qui m'accordera que mes paroles soient écrites ? Qui me donnera qu'elles soient tracées dans un livre ? / Qu'elles soient gravées sur une lame de plomb avec une plume de fer, ou sur la pierre avec le ciseau ? / Car je sais que mon Rédempteur est vivant[1] et que je ressusciterai de la terre au dernier jour. »

La prophétie est une des catégories de la Révélation. L'on mesure l'importance de la dimension prophétique pour le théoricien du Dieu caché, si de l'obscur et du clair le dipôle est indissociable. Voir, ne pas voir, là est le constant contrepoint qui rythme toute la pensée pascalienne. Il trouve son acmé dans le fragment S 467/L 560, « Sépulcre de Jésus-Christ » : « Jésus-Christ était mort, mais *vu*, sur la croix. Il est mort et *caché* dans le Sépulcre. [...] / C'est là où Jésus-Christ prend une vie nouvelle, non sur la croix./C'est le dernier mystère de la Passion et de la Rédemption *(Jésus-Christ enseigne vivant, mort, enseveli, ressuscité)*[2]. »

Lorsque Pascal écrit : Jésus est « vu sur la Croix », il énonce une simple monstration : le corps est vu sur la Croix, qui ne dit rien de plus ; lorsqu'il écrit : « caché[3] dans le sépulcre », bien loin de dire : le corps n'y est plus, il interprète comme l'apôtre ce fait au sens de la Résurrection. Cette interprétation se vérifie dans l'*Abrégé de la vie de Jésus-Christ* : « Ils [Pierre et Jean] ne virent pas le corps » (§ 319) ; « Et Jean entra après Pierre au sépulcre. Et Jean, quand il eut vu que le corps n'y était pas, crut qu'il était ressuscité » (§ 321)[4]. Il crut : il vit avec les yeux de l'Esprit quand les yeux de la chair ne voyaient rien ! Ainsi les prophètes voient-ils — par les yeux de l'Esprit...

---

1. Pascal a coupé ici le verset 25, mais il a écrit « etc. », ce qui est à souligner. Les versets 26 et 27 qui suivent sont consacrés à l'affirmation de l'immortalité de l'âme, de la résurrection des corps et de la vision béatifique.
2. Cette dernière proposition est en italique dans le texte. Les autres termes soulignés le sont par nous.
3. Voir, sur ce fragment qu'il estime pouvoir être inscrit « dans la ligne des contemplations ignatiennes » (p. 135), le commentaire de X. TILLIETTE : « Ce qui attire Pascal humblement au bord du sépulcre — seuls les saints y entrent — c'est que Jésus est *caché*, plus que jamais un Dieu caché [...] il commence une nouvelle vie, d'abord secrète », *La Semaine sainte des philosophes*, Paris, Desclée, 1992, p. 136.
4. *OC* III, p. 305. Et voir la note 1 de J. Mesnard.

L'ange Gabriel dit au prophète : «Daniel, je suis venu à vous pour vous ouvrir la connaissance des choses.» Voir est le maître mot : «Entendez donc la parole, et entrez dans l'intelligence de la vision» (S 720, p. 516/L 485). C'est là l'un des deux cas où Pascal utilise de manière évidente Vatable[1]. Il traduit Dn, IX, 20 en se fondant sur la leçon de Vatable qui se veut fidèle au texte hébreu. *« Et intelligere fecit me*[2]*»* est transcrit : «me donnant l'intelligence». D'où l'importance attachée par Pascal au *«scio quod»* de Job. *Scio* est un terme qui fait partie du vocabulaire de l'évidence, il est l'équivalent du *video* ordinairement prêté aux prophètes, lesquels, par antonomase, sont appelés «voyants». Comme dirait Malebranche, «Il n'y a que Dieu seul qui nous fasse voir avec évidence[3]». Au moment où Job énonce cette assertion (qui, de fait, exprime dans le texte hébreu la conviction qui est la sienne : «son» vengeur viendra), tout se passe comme si le Christ était d'ores et déjà là. *Scio* est un présent qui énonce l'absoluité *hic et nunc* de la Présence, une incomparable proximité, le contraire de l'éloignement en un temps reculé ou d'une simple éventualité. Inversement, l'événement effectif, dans la mesure où il a été annoncé, échappe à la contingence : «Afin qu'on ne prît point l'avènement pour les effets du hasard, il fallait que cela fût prédit» (S 4/L 385). Telle est la réponse à la question : «Pourquoi Jésus-Christ n'est-il pas venu d'une manière visible au lieu de tirer sa preuve des prophéties précédentes?/Pourquoi s'est-il fait prédire en figures?» (S 7/L 388.)

Le souci est constant chez Pascal de conjurer le hasard de faire éclater aux yeux le plan providentiel — L. Thirouin parle, à juste titre, d'un «coup de force permanent de Dieu contre le hasard[4]» —, c'est pourquoi il prête une attention centrale aux prophéties au point d'avoir abandonné l'idée d'une Apologie construite autour de la défense des miracles bibliques[5]. En effet, d'après l'apologiste, l'accomplissement des prophéties est un

1. Voir S. ANTONIADIS, *Pascal, traducteur de la Bible*, Leyde, Brill, 1930, p. VII.
2. Vulgate : *«Et docuit»*; Septante : *«kai sunetisen me»*; Bible de Louvain : «Et m'enseigna».
3. *De la recherche de la vérité*, V, 4, Paris, Gallimard, coll. «Pléiade», p. 516.
4. *Le Modèle du jeu dans la pensée de Pascal*, Paris, Vrin, 1991, p. 195.
5. Voir D. WETSEL, *L'Écriture et le reste. The «Pensées» of Pascal in the Exegetical Tradition of Port-Royal*, Columbus Ohio State University Press, 1981, p. XX, et T. SHIOKAWA, *Pascal et les miracles*, Paris, Nizet, 1977, chap. V.

argument plus probant que les miracles : «On n'entend les prophéties que quand on voit les choses arrivées» (S 751, p. 563/L 936). Mais prophéties et miracles ne sont pas de nature hétérogène, ce sont deux effets d'une cause toute-puissante, transcendante. «Écouter Dieu», c'est aussi décrypter le monde phénoménal comme ensemble de signes : «Dieu par sa voix opère des merveilles» (Jb, XXXVII, 1-5). (Cela ne vaut, bien entendu, que pour le croyant puisque — comme nous l'avons déjà dit —, selon Pascal, la preuve qui sera dite physico-théologique ne vaut que pour celui qui n'en a nul besoin : il a la foi, d'où l'inutilité, plus généralement, des preuves.) La véritable causalité ne doit plus être quêtée dans le plan horizontal, celui de l'immanence, ce règne des consécutions empiriques où d'ailleurs elle est affectée d'un coefficient hypothétique car rien ne prouve que demain reproduira l'enchaînement constaté aujourd'hui : «Quand nous voyons un effet arriver toujours de même, nous en concluons une nécessité naturelle, comme qu'il fera jour demain» (S 544/L 660). Or ce n'est pas là une nécessité ontologique : «Notre âme est jetée dans le corps, où elle trouve nombre, temps, dimensions. Elle raisonne là-dessus et appelle cela nature, nécessité, et ne peut croire autre chose» (S 680/L 418). Finitude créaturelle, «facticité», comme nous dirions au XXe siècle... L'on a souvent souligné l'accent préhumien de ce texte[1]. Il serait encore plus approprié de citer Berkeley. En effet, ce dernier a devancé Hume dans la déconstruction de la causalité naturelle (et de la substance matérielle). C'est lui dont l'intuition fondamentale est celle de l'esprit comme acte, et non, certes, l'auteur de l'*Enquête sur l'entendement humain*, discours phénoméniste que caractérise la labilité d'un tout glisse, tout échappe, à la surface d'un plan sans soutien, où, dirait Pascal, il est impossible de trouver une «assiette» — d'où l'angoisse perceptible de Hume qui préconise dans le *Traité de la nature humaine* le divertissement comme le seul remède, loin d'en dénoncer, comme l'auteur des *Pensées*, la puissance d'égarement (n'oublions pas que divertir a dans le langage du XVIIe siècle la double acception de donner du plaisir et de détour-

---

1. Voir par exemple P. MAGNARD, «Pascal dialecticien», dans *Pascal présent (1662-1962)*, Clermont-Ferrand, 1962, p. 273, et *Nature et histoire dans l'apologétique de Pascal*, p. 103. Plus généralement, sur Hume et Pascal, voir A. VERGEZ, «Hume, lecteur de Pascal», *Annales littéraires de l'université de Besançon*, Paris, Les Belles-Lettres, 1955, t. II, fasc. 2 ; J. PUCELLE, «Hume et Pascal», *«David Hume»*, *Revue internationale de philosophie*, 115-116, fasc. 1, 2, 1976, p. 47-63.

ner de la bonne direction[1]). En effet, la véritable causalité pour Pascal, comme pour Berkeley, dit le vouloir divin. Et c'est pourquoi le premier n'emploie pas l'expression «lois de la nature», tandis que le second y substitue la notion de décrets divins.

«La plus grande des preuves [ici, évidemment, il s'agit de preuves au sens de l'historien : un «fait», non de preuves métaphysiques] de Jésus-Christ sont les prophéties. C'est aussi à quoi Dieu a la plus pourvu, car l'événement qui les a remplies est un miracle subsistant depuis la naissance de l'Église jusques à la fin[2]» (S 368/L 335). Et d'affirmer : «Pour prouver Jésus-Christ, nous avons les prophéties qui sont des preuves solides et palpables» (S 221/L 189). Que Jésus-Christ tire «sa preuve des prophéties précédentes» (S 8/L 389) atteste, pour Pascal, sa nature divine, alors que Mahomet n'est pas prédit[3]. Pascal

1. Voir P. Dumonceaux, *Essais sur quelques termes clés du vocabulaire affectif et leur évolution sémantique au XVIIe siècle*, chap. v, p. 281-283.
2. Voir aussi «Les prophéties accomplies sont un "miracle subsistant"», S 211/L 180 et S 491/L 594 : «L'événement ayant prouvé la divinité de ces prophéties, le reste doit en être cru. Et par là nous voyons l'ordre du monde en cette sorte»; S 493/L 593 : «Les prophéties sont les seuls miracles subsistants qu'on peut faire, mais elles sont sujettes à être contredites»; en effet, les juifs s'obstinent à ne pas reconnaître dans le Christ le Messie temporel qu'ils attendaient. «Jésus-Christ a été tué, disent-ils, il a succombé, il n'a pas dompté les païens par la force, il ne nous a pas donné leurs dépouilles, il ne donne point de richesses.» Mais Pascal ajoute : «Ce n'est que le vice qui les a empêchés de le recevoir. Et par ce refus ils sont des témoins sans reproche, et qui plus est par là ils accomplissent les prophéties.» L'aveuglement des juifs est pour Pascal la preuve que leur témoignage n'est pas suspect. Cet aveuglement aussi avait été prédit, car prévu dans le plan divin ! Voir L. Thirouin, *Le Modèle du jeu dans la pensée de Pascal*, p. 201.
3. Voir S 37/L 1. Voir aussi «Mahomet non prédit. Jésus prédit», S 241/L 209. Pascal est à l'écoute de Grotius, *De veritate religionis christianae*, VI, 5 : «Mahomet même avoue que J.-C. est le Messie qui avait été promis dans la Loi et dans les prophètes.» Selon le Coran, Mahomet est prédit : «Jésus, fils de Marie disait : Fils d'Israël, je suis pour vous l'apôtre de Dieu, je confirme ce qui est venu de la Thora et j'annonce après moi un apôtre à venir au nom du Très-Glorieux», Sourate LXI, verset 6, *Le Coran*, trad. J. Grosjean, Paris, 1979, p. 264 (on lit aussi, Sourate V, verset 17 : «Certes, ils sont incroyants ceux qui disent : Dieu, c'est le messie fils de Marie», *ibid.*, p. 78). Notons encore, à propos de S 239/L 207 : «L'Alcoran n'est pas plus de Mahomet que l'Évangile de saint Matthieu, car il est cité de plusieurs auteurs, de siècle en siècle», que, c'est du point de vue de Mahomet que saint Matthieu n'est pas l'auteur de l'Évangile : Mahomet dénonce des contradictions entre les évangiles qui prouveraient, toujours selon lui, que le texte a été falsifié, tandis que Grotius déclare au contraire : «Julien même avoue que les écrits qui sont attribués à saint Pierre, à saint Paul, à saint Matthieu [...] ont été écrits par ces auteurs», *De veritate religionis christianae*, III, 2.

insiste : « ce n'était pas assez que les prophéties fussent, il fallait qu'elles fussent distribuées par tous les lieux et conservées dans tous les temps » (S 4/L 385). Leur message se doit d'être universellement diffusé.

Il est nécessaire ici de se souvenir que Pascal a forcé son interlocuteur dans la première partie de l'Apologie à constater l'échec de la philosophie (en l'acception qu'il confère au terme) et l'incapacité de cette dernière à clarifier la situation existentielle (misère et vanité). Il lui a fait comprendre que le dogme incompréhensible du péché originel est l'unique hypothèse explicative satisfaisante pour sa raison. Puis il essaie de lui faire prendre conscience, à la lumière de la confrontation des deux Testaments et de la théorie des figuratifs, que les contradictions qu'il croit détecter dans l'Écriture s'évanouissent, tandis qu'un Dieu simplement « auteur des vérités géométriques », celui du déisme, ne saurait remédier à ses affres : la religion chrétienne qui doit le « consoler » est certaine ! La première partie sur la misère l'a aidé à ressentir le besoin d'un « Réparateur » ; la seconde expose les preuves historiques contenues dans le texte biblique. Ainsi l'argumentation par les prophéties répond-elle et à la demande du sentiment et à celle de la raison, les deux plans sur lesquels joue constamment l'art de persuader ! Cependant si l'exégèse figurative fait preuve[1], « Ce qui [...] fait croire, c'est la croix » (S 427/L 842). « La foi est un don de Dieu, ne croyez pas que nous disions que c'est un don de raisonnement » (S 487/L 588). La lecture pascalienne de l'Écriture se conforme seulement par tactique aux exigences des lecteurs qu'elle veut préparer à la conversion (impossible de faire plus) ; pour autant, elle n'en demeure pas moins, en son fond, celle d'un livre inspiré par définition. Surdétermination qui explique finalement la gêne des commentateurs lorsqu'ils ne distinguent pas soigneusement les deux registres.

---

1. Les « preuves » de l'existence de Dieu qui partent de la considération de la nature ont été radicalement déboutées de leur prétention. Pascal est à toute distance de Grotius. Les autres preuves des métaphysiciens (il faut donner au mot « métaphysique » le sens qu'il a, à l'époque, par exemple dans *La Métaphysique* de Scipion Dupleix) ont été relativement déboutées de leurs prétentions : elles ont une validité purement logique et ne peuvent engendrer qu'une « foi [...] humaine et inutile pour le salut » (S 142/L 110), d'où l'équivalence formelle du déisme et de l'athéisme, ce qui est très bien vu.

faciet expectantibus se, etc."[1]. » Le fragment 304 est donc à mettre en rapport avec le fragment S 369/L 337 : « Malédiction des Juifs contre ceux qui comptent les périodes des temps », que Pol Ernst a reconnu comme un passage du *Pugio fidei*[2]. Quant à Maïmonide, il notait : « C'est un dogme fondamental de croire en la venue du Messie ; même s'il tarde beaucoup, attends-le. Mais personne ne devrait essayer de déterminer le temps, ni rechercher des *passages* bibliques afin d'en déduire le temps de la venue[3]. » Maïmonide met les rabbins en garde qui supputaient volontiers sur « le temps de la venue » (« le temps prédit » du fragment S 365/L 333) car voilà qui suscitait de « faux prophètes », de « faux messies », comme le dira Pascal dans le fragment S 797/L 961. Selon ce dernier le temps de la venue du Messie a été prophétisé clairement : « Que Jésus-Christ est venu en la manière et au temps prédit » (S 696/L 457), si la manière de sa venue l'a été obscurément : « Dieu, pour rendre le Messie connaissable aux bons et méconnaissable aux méchants, l'a fait prédire en cette sorte. Si la manière du Messie eût été prédite clairement, il n'y eût point eu d'obscurité même pour les méchants. Si le temps eût été prédit obscurément, il y eût obscurité même pour les bons [car la bonté de leur cœur] ne leur eût pas fait entendre que par exemple le "mem" signifie six cents ans. Mais le temps a été prédit clairement et la manière en figures » (S 287/L 255). Pascal a lu de près la seconde partie du *Pugio fidei* où il est question des Soixante-dix semaines de Daniel, auxquelles il fait allusion dans le fragment S 348/L 317. Notons donc qu'il y a des prophéties claires.

Le droit.

Pour le chrétien la Bible est la Parole, terme qu'il faut entendre dans l'acception du vocable hébreu *dabar* dont le sens est beaucoup plus riche que le mot français « parole[4] ». Voilà qui nous conduit à une réévaluation de la notion de témoignage et à une nouvelle acception de la contemporanéité. Au prime abord, que le prophète soit un témoin pourrait sem-

---

1. *Pugio fidei*, éd. Carpzow, Leipzig, 1687, p. 674 ; nous soulignons.
2. *Pugio fidei*, éd. 1651, p. 13. Voir la note 15 de Ph. Sellier, p. 307.
3. *Yad Ha-Chazacah, Melakhim*, 21, 2 ; nous soulignons.
4. *Dabar* est traduit dans les Septante par « Logos ». Cette hellénisation (et tout ce qu'elle implique) fausse le sens premier.

bler surprenant puisque ce qu'il annonce doit être confirmé par un événement futur. Ainsi Pascal fait-il allusion aux prophéties particulières qui ont pu être vérifiées peu après leur énonciation et qui, au regard de l'incrédule, constituent donc une raison d'être attentif à la prophétie par excellence, celle de la venue du Messie. Cette dernière est d'un autre ordre. Comme dans le cas précédent, certes, c'est bien l'effectivité de l'événement qui, rétroactivement, confère sa valeur à la prédiction. Mais l'événement en question a un caractère a-temporel, par-delà sa datation dans notre histoire humaine, et, en ce sens, il est toujours contemporain de toutes ses énonciations. « Moïse d'abord enseigne la Trinité, le péché originel, le Messie », écrit Pascal dans le fragment S 346/L 315, qui est un résumé de la troisième partie du *Pugio fidei*, laquelle comporte trois sections (onze chapitres sur la Trinité, neuf sur la chute d'Adam et le péché originel, onze sur la Rédemption). Une note éclairante de Ph. Sellier montre que « d'abord » signifie « d'emblée » : « C'est la théorie augustinienne : les saints d'Israël voyaient de loin, à travers un voile, la totalité de la Révélation à venir[1]. » Il faut se pénétrer de la dignité du témoin selon Pascal : « David grand témoin. / Roi, bon, pardonnant, belle âme, bon esprit, puissant, il prophétise, et son miracle arrive. Cela est infini » (S 346/L 315). Le Christ est le témoin par excellence : il témoigne par son sang ; la phrase souvent citée de Pascal : « Je ne crois que les histoires dont les témoins se feraient égorger » (S 663/L 822), prend toute sa portée. Job est prophète au sens de témoin. *Testamentum* comme *testimonium* viennent de *testari* qui signifie « tester », c'est-à-dire témoigner dans le droit chrétien primitif, comme le rappelait J.-Fr. Marquet : « Le croyant est *quelqu'un* qui témoigne de *quelque chose*[2]. » Définition essentielle qui a le mérite de faire saisir pourquoi l'histoire de Job est pour Pascal porteuse de vérité et ne peut être traitée dans sa perspective comme une fiction ou un mythe, au risque de la multiplicité des interprétations qui pourraient ainsi en être délivrées et d'un « glissement perpétuel du sens qui, partout présent et nulle part, reste [rait] dans tous les cas un phénomène de surface[3] ». Le message de Job doit être interprété au sens où il renvoie à la subjectivité

---

1. P. 300, n. 11, de son édition.
2. « Témoignage et testament », dans *Le Témoignage,* colloque Castelli, Paris, Aubier-Montaigne, 1972, p. 155 ; en italique dans le texte.
3. *Ibid.*

transcendée de ce dernier : la vérité s'offre par le vecteur d'une personne singulière *(quelqu'un)* qui joue le rôle de médium, car dans sa vie le sacré a fait irruption ; l'essentiel est ce qui est énoncé objectivement *(quelque chose)* : l'existence du Rédempteur. Si donc Pascal est herméneute, il l'est comme saint Paul discutant avec les Thessaloniciens «d'après les Écritures», «établissant que le Christ devait souffrir et ressusciter des morts, "et le Christ, disait-il, c'est Jésus-Christ que je vous annonce"[1]». Que Pascal se vive lui-même comme une sorte de prophète n'a rien de surprenant : «Mais ceux qui cherchent Dieu de tout leur cœur [...] Je leur annonce une heureuse nouvelle : il y a un libérateur pour eux. Je le leur ferai voir, je leur montrerai qu'il y a un Dieu pour eux. Je ne le ferai pas voir aux autres» (S 300/L 269), car il est le «contemporain» des prophètes de l'Ancien Testament. Lui et eux, en effet, ont «un même et unique Dieu, une même révélation, une même expérience intemporelle[2]»...

Le lien entre prophétie et témoignage devient fort clair en rapport avec la définition pascalienne de la prophétie : «Prophétiser, c'est parler de Dieu, non par preuves du dehors mais par sentiment intérieur et IMMÉDIAT[3]» (S 360/L 328). Il y a donc entre Dieu et le prophète un contact direct, une «communication». Au paragraphe 323 de l'*Abrégé de la vie de Jésus-Christ*, nous lisons cette importante précision : «Dieu est son Dieu [celui de Jésus-Christ] par la communication de sa divinité [...] il est notre Dieu par la communication de sa grâce[4].» Pour Pascal, l'immédiateté est la dimension distinctive de la prophétie[5], et il pourrait dire que tout chrétien à la limite

---

1. Voir Ac, XVII, 3.
2. Comme l'écrit P. MAGNARD (à propos de Pascal et de Moïse), *Nature et histoire dans l'apologétique de Pascal*, p. 135.
3. «Immédiat» est en capitales dans le texte. L'on comprend pourquoi «Jamais un philosophe n'est devenu prophète»! comme l'écrit A. NEHER dans l'optique de Juda Hallévi (1080-1145), ce «précurseur juif de Pascal» qui aurait énoncé la distinction, «Dieu d'Abraham, d'Isaac et de Jacob, non des philosophes et des savants» (*Histoire de la philosophie*, Paris, Gallimard, coll. «Pléiade», t. I, p. 1024).
4. *OC* III, p. 307.
5. Spinoza est aux antipodes de cette conception lorsqu'il définit la prophétie comme ce qui nécessairement requiert la médiation : l'imagination, comme relais obligé. C'est pourquoi il ne tient pas à ce que l'on dise de Jésus qu'il est un prophète, puisque la communication entre Dieu et lui est «immédiate», communication du type *«de mente ad mentem»* (voir *Traité théologico-politique*, éd. Gebhardt, t. III, chap. I, p. 21).

est prophète, à l'imitation (qui suppose la dissemblance) du Christ, lequel est le prophète absolu. Comme l'écrit encore J.-Fr. Marquet, le discours chrétien est « témoignage redoublé », car c'est un « témoignage rendu au Témoin »[1].

La prophétie n'est donc pas seulement prédiction dans la seule forme du futur. Elle est essentiellement confession de foi. La rencontre est effective entre Job et Dieu. Lorsque le chrétien dit publiquement : « Je sais, je crois », il le dit parce qu'à ce moment-là, c'est Dieu qui témoigne de Lui, par ce canal. Et alors ce témoignage n'est plus entaché d'aléatoire comme le témoignage au sens courant où Spinoza aura raison de reconnaître la connaissance du troisième genre. Et que de faux témoins ! Comme il y a de faux prophètes, selon Pascal, dont c'est là un thème favori. Lorsqu'il fait des Juifs les témoins privilégiés de la venue du Christ dont ils ne reconnaissent point la divinité, c'est évidemment au sens ordinaire du terme. Voilà pourquoi il éprouve le besoin de rappeler l'immensité de leurs souffrances, lesquelles authentifient un témoignage qu'ils n'ont, certes, aucun motif intéressé de fournir. Ils servent, sans le savoir, d'outils à la Providence. Le témoin, dans l'acception qui nous intéresse, se situe en un tout autre registre, un autre « ordre », car il échappe, ici et maintenant, à la conjoncture particulière de son époque, de sa personnalité, de son environnement — tous ces conditionnements qui rendent, par définition, un témoignage suspect. En effet, il est en contact direct avec l'Absolu et contemporain de l'Éternité, quitte à se retrouver soumis, à l'instant suivant[2] — si la grâce vient à manquer, diraient les Messieurs de Port-Royal —, au régime ordinaire : la loi du corps, de l'état social, etc. Job, vrai prophète, est un témoin hors pair. Cela dit, il reste « lui », il est seulement « figure » du Christ. La distance n'est abolie que d'une certaine manière. Notons aussi que la figure, en bonne logique, anticipe l'original puisque celui-ci est toujours déjà présent. La forme du futur n'est telle que par rapport à notre temporalité. C'est pourquoi Pascal peut écrire qu'Abraham (ou Job !) a vu le Christ « devant qu'[il] [fût] » (S 288/L 256; « fût » est entre crochets dans le texte). L'on notera que le témoignage de Job

---

1. « Témoignage et Testament », dans *Le Témoignage*, colloque Castelli, Paris, Aubier, 1972, p. 158.
2. Voir les belles analyses de G. FESSARD sur les risques du « temps suivant » (*La Dialectique des « Exercices spirituels » de saint Ignace de Loyola*, Paris, Aubier, 1956, « Règles de la deuxième semaine »).

n'est pas figuré : « Je sais. » (Jb, XIX, 25). Quant aux futurs qui suivent (« je ressusciterai », « je serai revêtu », « je verrai ») — nous allons y revenir —, ils expriment clairement le contenu de sa foi. Le cas de Job ne relève de l'exégèse figurative que relativement à sa personne.

Essayons de rassembler l'acquis. Nous avons d'abord distingué la *prophétie ancienne (messianique)*. Les juifs n'ont plus, selon Pascal, de prophètes, d'où le ritualisme de la Loi qui n'est plus entendue qu'à la lettre, alors que les prophètes l'entendaient quant à l'esprit : « Qui jugera de la religion des Juifs par les grossiers la connaîtra mal. Elle est visible dans les saints Livres et dans la tradition des prophètes, qui ont assez fait entendre qu'ils n'entendaient pas la Loi à la lettre. » Les prophéties, entendues « grossièrement », sont interprétées au sens de la venue d'un Messie charnel, « grand prince temporel », mais là n'était pas leur message. Et, d'ailleurs, il n'y a pas de différence entre les chrétiens charnels qui « dispensent d'aimer Dieu » et ces juifs « grossiers ». Ils sont les juifs de la nouvelle Loi : l'Amour[1]. Les prophéties anciennes, bien comprises, se rapportent, comme les prophéties nouvelles, à l'« unique nécessaire ». Les catégories du juif et du chrétien (et cela est vrai du païen) se dédoublent. D'une part, elles renvoient à l'équivalence du grossier, du charnel, de l'idolâtre, d'autre part, à l'identité du « spirituel » : « deux sortes d'hommes en chaque religion./Parmi les païens, des adorateurs de bêtes, et les autres adorateurs d'un seul dieu dans la religion naturelle./Parmi les Juifs, les charnels et les spirituels, qui étaient les chrétiens de la Loi ancienne./Parmi les chrétiens, les grossiers, qui sont les Juifs de la Loi nouvelle [Les molinistes mais aussi les calvinistes pour Pascal]./Les Juifs charnels attendaient un Messie charnel et les chrétiens grossiers croient que le Messie les a dispensés d'aimer Dieu. Les vrais Juifs et les vrais chrétiens adorent un Messie qui les fait aimer Dieu[2] » (S 318/L 286).

---

1. Voir S 319/L 287.
2. Voir aussi : « Les Juifs charnels tiennent le milieu entre les chrétiens et les païens. Les païens ne connaissent point Dieu et n'aiment que la terre, les Juifs connaissent le vrai Dieu et n'aiment que la terre, les chrétiens connaissent le vrai Dieu et n'aiment point la terre. Les Juifs et les païens aiment les mêmes biens, les Juifs et les chrétiens connaissent le même Dieu./Les Juifs étaient de deux sortes : les uns n'avaient que les affections païennes, les autres avaient les affections chrétiennes » (S 321/L 289).

Quand Pascal met en parallèle Moïse et Job, « l'un juif, l'autre païen », selon la catégorisation qui lui est coutumière, il considère Moïse comme « juif spirituel », Job, comme « païen monothéiste spirituel ». Grégoire le Grand écrivait : « Pour confondre notre impudence, c'est l'exemple d'un païen qui nous est offert. Que l'homme soumis à la loi, dédaigneux d'obéir à cette loi, ouvre au moins les yeux à l'exemple de celui qui, sous la loi, vécut selon la loi[1]. » Il faut insister cependant sur le fait que le cas du « païen » Job constitue nécessairement une exception[2]. Pascal écrit : « les Juifs païens ont des misères et les chrétiens aussi. Il n'y a point de rédempteur pour les païens, car ils n'en espèrent pas seulement. Il n'y a point de rédempteur pour les Juifs, ils l'espèrent en vain. Il n'y a de rédempteur que pour les chrétiens » (S 255/L 222 ; païens et juifs doivent être convertis). Il souligne, ailleurs, que le lot des païens est la misère, la douleur : ils sont « sans consolation », « [ils] n'ont aucun sentiment de la grâce[3] ». Pour Pascal, Job est donc chrétien, *stricto sensu*, et du « plus malheureux des hommes », il faut bien affirmer qu'il a été affligé et consolé comme chrétien[4]. Son drame n'est donc pas une tragédie : l'espérance l'habite. Avant les apôtres et comme eux, persécuté, il bénit[5] et fait sienne la volonté divine (Jb, I, 21). Job fait partie des élus.

Nous avons ensuite distingué la *prophétie nouvelle (chrétienne)*. Le *« Quis mihi det ut omnes prophetent »* du fragment S 326/L 295 est emblématique[6]. L'on pourrait penser qu'après l'avènement du Christ il ne devrait plus y avoir de prophètes

---

1. Et le saint de remarquer que Job a prouvé qu'il était un juste au milieu des païens, lorsqu'il s'est écrié : « J'ai été le frère des dragons et le compagnon des autruches. » Steinmann ironise sur cette traduction qui est celle dans la Vulgate de Jb, XXX, 29 (« traduction fautive », « contresens manifeste » ; voir *Le Livre de Job*, p. 325).
2. Cependant, nous lisons sous la plume de FÉNELON : « Dieu, avant Jésus-Christ, ne pouvait avoir mis son vrai culte que dans le peuple israélite [...] on a vu ceux qu'on a nommés Noachides, et ensuite Job, adorer uniquement le vrai Dieu sans être dans l'alliance et le culte reçu par Moïse [...] [Dieu] *ne s'est jamais laissé lui-même sans témoignage*, comme dit l'Ecriture » (*Lettres sur la religion*, III).
3. *Mort...*, *OC* II, p. 860/Laf., p. 278.
4. Voir *ibid.* : « il est juste que nous soyons affligés et consolés comme chrétiens. »
5. Voir I Co, IV, 12 : « Nous sommes persécutés et nous bénissons », cité par Pascal, *Mort...*, *ibid.*
6. Nb, XI, 29. À ne pas confondre avec le *« quis mihi det ut »* de Job (S 658/L 811).

et que la vie et la mort du Seigneur ont épuisé les prophéties anciennes. L'on aurait tort. Le don est inépuisable ! Il convient de se demander ce qu'il en est, par ailleurs, de l'*eschaton* pour Pascal. L'entreprise de ce dernier est indubitablement marquée par le souci du «grand et terrible jour du Seigneur» (Jl, II, 11), perspective apocalyptique, même s'il est on ne peut plus réticent face au contenu vaticinant de l'Apocalypse[1]. Job affirme : «Je sais [...] que je ressusciterai à mon dernier jour», «que je serai revêtu encore de cette peau», «que je verrai Dieu dans ma chair». Le «etc.» du fragment S 658/L 811 renferme évidemment ces affirmations qui sont les conséquences impliquées de la première : «Je sais que mon Rédempteur vit.» Comme Grégoire le Grand[2], Pascal ne peut être indifférent au thème de la résurrection des corps et de la vision béatifique. Abstraction ne doit pas être faite de la forme du futur. Après la crucifixion il peut toujours y avoir des prophéties relatives à l'accomplissement des desseins divins, «au dernier jour». L'on pourrait donc aller jusqu'à dire, nous l'avons vu, que Jésus lui-même est prophète, ce qui d'une certaine manière peut paraître absurde puisque si toutes les prophéties sont empiriques et ne connaissent Dieu que partiellement et inadéquatement, le Verbe fait chair est au contraire la Parole même de Dieu (Jn, I, 14). Mais, cependant, selon un autre point de vue, le Christ peut être considéré comme le prophète absolu[3]. Dans l'Évangile selon saint Jean est d'ailleurs souligné le parallèle entre Jésus et Moïse. Pour Pascal, Moïse n'est que la figure, le Christ la vérité, mais le dévoilement total de cette dernière implique le retour, la parousie[4] : «Alors on verra le Fils de l'Homme qui reviendra sur

---

1. Point qui fait toute la différence entre Claudel et lui. Pascal déclare, dans le fragment S 286/L 254, qu'il faut : «Parler contre les trop grands figuratifs.»
2. *Moralia*, liv. XIV, chap. VI.
3. Jn, VI, 14 : «Ces personnes donc, ayant vu le miracle qu'avait fait Jésus, disaient : C'est là vraiment le Prophète, qui doit venir dans le monde»; Jn, VII, 40 : «Plusieurs donc d'entre le peuple écoutant ses paroles disaient : Cet homme est vraiment prophète.»
4. M. PONTET soutenait que «la Résurrection n'a pas de place dans les *Pensées*. La moitié de l'acte rédempteur est pour ainsi dire passée sous silence» (*Pascal et Teilhard, témoins de Jésus-Christ*, Paris, Desclée de Brouwer, 1968, p. 112). À notre sens, une affirmation aussi péremptoire provient du fait que, de Pascal, sont souvent lues les seules *Pensées*, inachevées. Une attention insuffisante est prêtée à tous les autres textes qui aident à les déchiffrer.

ses nuées avec une grande puissance et une grande gloire» (Mc, XIII, 26). Il y a là un point qui ne peut être occulté dès lors que l'on médite sur le mystère de l'histoire surnaturelle. Pascal écrivait à Charlotte de Roannez : «Je lisais tantôt le 13e chapitre de saint Marc en pensant à vous écrire [...] Jésus-Christ y fait un grand discours à ses Apôtres sur son dernier avènement [...] l'univers entier [...] sera détruit pour faire place à de nouveaux cieux et à une nouvelle terre, comme dit l'Écriture[1].» Il serait absurde d'imaginer que le peu d'occurrences, relatives à la Résurrection ou à la Parousie dans les *Pensées* serait significative de l'absence de cette dimension dans sa vision du christianisme. Il suffit de lire l'*Abrégé de la vie de Jésus-Christ* pour en être persuadé[2].

La prophétie nouvelle est pour Pascal qui, là encore, rejoint l'Église des premiers temps[3], une fonction de la vie de l'Église. Certes, il s'agit d'un don de Dieu à certains chrétiens, mais, en droit, tout croyant peut être appelé à prophétiser. Il suffit qu'il ait une révélation au cours du culte : «Vous pouvez tous prophétiser l'un après l'autre, afin que tous apprennent, et que tous soient consolés[4].» Le fragment S 414/L 382, qui porte le titre «Connaissance de Dieu», est ici essentiel : «Car Dieu ayant dit dans ses prophètes [...] que dans le règne de Jésus-Christ il répandrait son esprit sur les nations et que les fils,

---

[1]. Vers le 10 septembre 1656 (*OC* III, p. 1029). L'occasion de cette lecture est la conversion de Mlle de Roannez; c'est là une «manière tout à fait habituelle à Port-Royal de se reporter aux textes sacrés selon les sollicitations de l'événement», écrit J. Mesnard (p. 1010). «Le déchirement général que constituera la fin du monde est présent comme l'image grossie du trouble qui secoue l'âme chrétienne» (p. 1020). Sur la date de cette lettre, voir Ph. SELLIER, *Pascal et la liturgie*, Paris, PUF, 1966, p. 71-74.

[2]. Voir le paragraphe 290 : «La terre trembla, les monuments s'ouvrirent, les corps des saints [...] ressuscitèrent pour la gloire éternelle, après le Seigneur, car il est les prémices des morts, et apparurent à ceux qui étaient dignes de voir des corps glorieux, pour leur confirmer la vérité de la résurrection du Seigneur. Et leur donner l'espérance, le gage et la certitude de la résurrection générale, dont ils ont été les avant-coureurs, et Jésus l'auteur»; le paragraphe 352 : «Alors il reviendra, au même état où il est monté»; le paragraphe 353 : «Juger les vivants et les morts, et séparer les méchants d'avec les bons. Et envoyer les injustes au feu éternel. Et les bons en son Royaume.»

[3]. Pour Pascal et pour Port-Royal, il importe de «retrouver l'esprit de l'Église primitive» (J. Mesnard, *OC* IV, p. 52, dans sa préface à l'opuscule si augustinien, *Comparaison des chrétiens des premiers temps avec ceux d'aujourd'hui*).

[4]. I Co, XIV, 31.

les filles et les enfants de l'Église prophétiseraient, il est sans doute que l'Esprit de Dieu est sur ceux-là et qu'il n'est pas sur les autres[1]. » À l'évidence, Pascal démarque ici un célèbre passage des *Actes des Apôtres*, le discours où Pierre, à la Pentecôte, rapporte les paroles du prophète Joël : « Dans les derniers temps, dit le Seigneur, je répandrai mon Esprit sur toute chair. Vos fils et vos filles prophétiseront, vos jeunes gens auront des visions, et vos vieillards auront des songes./En ces jours-là, je répandrai mon Esprit sur mes serviteurs et sur mes servantes, et ils prophétiseront[2]. » C'est la réalisation du vœu de Moïse : « Plût à Dieu que tout le monde prophétisât, et que le Seigneur répandît son Esprit sur eux[3] ! » Il s'agit de l'universelle effusion de l'Esprit aux derniers jours, c'est un texte apocalyptique. Mais ici il est entendu par Pascal comme « régime normal de toute existence chrétienne », ainsi que le souligne Ph. Sellier : « le second prophétisme, identique au premier pour la qualité de la rencontre avec Dieu, n'ajoute plus rien à la Révélation[4]. » Précisons toutefois que le second prophétisme déploie, à chaque fois, cette dernière pour la suite des hommes qui, dans le décours empirique, succèdent au Christ.

« Prophétiser » ne doit donc pas seulement être entendu comme « prédire l'avenir » mais, tout autant, comme « parler pour » (d'ailleurs le verbe grec, *prophèteuô*, de même que le substantif, dérivent de *prophèmi*) et convient à tout discours inspiré. L'Esprit de Dieu est sur l'homme de foi : le « fidèle est véritablement inspiré de Dieu » (S 414/L 382). « Il y a trois moyens de croire : la raison, la coutume, l'inspiration », mais le propre de la religion chrétienne, « qui seule a la raison », est de « n'admettre point pour ses vrais enfants ceux qui croient sans inspiration » (S 655/L 808). Job est inspiré ; il est « rempli de l'esprit de Dieu[5] ». Pascal partage le point de vue traditionnel

---

1. Les chrétiens, évidemment.
2. Ac, II, 14-36. Joël prophétise le Jugement dernier (Jl, II, 1-5 ; Jl, II, 28. (Voir Jn, XVI, 13). Le discours de Pierre comporte deux parties : du verset 16 au verset 21, les temps messianiques prédits par Joël sont inaugurés ; du verset 22 au verset 36, Jésus est le Messie.
3. Nb, XI, 29.
4. « La Bible de Pascal », dans *Le Grand Siècle et la Bible*, sous la direction de J.-R. ARMOGATHE, Paris, Beauchesne, coll. « Bible de tous les temps », 6, 1989, p. 702.
5. Les « Prophètes [sont] remplis de l'esprit de Dieu », écrit Pascal (XI *Prov.*, p. 197).

du commentateur de Jb, XIX, 23-25, dans la *Bible de Sacy* : « Les plus savants interprètes [et de citer en marge, Codurcus, Estius, Bède, Tirinius] soutiennent que l'on ne doit et qu'on ne peut point l'entendre, d'une autre manière que de l'avènement de Jésus-Christ, et de la résurrection des morts ; et que nul autre n'en a parlé aussi clairement que lui, après même la naissance du Sauveur du monde [...]. Job ne trouvant donc, comme dit le vénérable Bède, dans aucun homme la juste consolation qu'il en pouvait espérer se tourne vers Dieu et *prophétise* par son Esprit l'avènement du Seigneur et la résurrection à venir [...]. Il [Job] ne dit pas, selon la remarque d'un auteur[1] : je crois, mais je sais [...] il ne dit pas mon créateur, mais *Mon Rédempteur*, faisant connaître par là clairement qu'il parlait de Dieu, qui après avoir créé toutes choses a paru dans notre chair au milieu de nous, et nous a rachetés du péché et de la mort éternelle par le mérite de la mort qu'il a soufferte pour nous[2]. » Il est souligné fermement que le mystère de la naissance et de la mort de Jésus-Christ est connu de Job[3].

En bref, Job résume donc pour Pascal et pour Port-Royal l'essence de la prophétie. Job, messager comme Moïse de la promesse messianique dont tout l'Ancien Testament est porteur ; Job qui a su décrypter la vérité de la figure du messie charnel ; Job qui confesse sa foi et permet ainsi de comprendre en quel sens il peut y avoir encore des prophètes après la venue historique du Christ, tandis que, d'une autre façon, il le donne à entendre, puisqu'il se réfère au jour du Jugement, à la Résurrection, à la vision béatifique. Ainsi la vie et la mort du Seigneur n'épuiseront-elles pas les prophéties anciennes puisqu'il y a encore un délai mystérieux, le temps d'une attente, entre la Résurrection et la Parousie... Job a le pas sur Salomon parce qu'il n'est pas seulement le porte-parole de la misère mais l'annonciateur du remède : un prophète qui transcende la perspective du messianisme hébraïque, lequel n'entendait ni la grandeur ni l'abaissement du Messie prédit. Enfin, et ce point capital fera l'objet de notre troisième partie, Job est « la *figure* non seulement du chef de l'Église qui est Jésus-Christ,

---

1. Il s'agit de Grégoire. L'auteur se réfère aux *Moralia*, liv. XIV, chap. XXVI.
2. Job, p. 293. Nous avons souligné « prophétise » ; en revanche, « Mon Rédempteur » est en italique dans le texte.
3. Voir *ibid.*, p. 650. Le commentateur renvoie en marge à saint AUGUSTIN, *De peccatorum meritis et remissione*, liv. II, chap. XI, et le cite même expressément.

mais de ses membres qui sont tous les justes[1] ». Job a donc aussi le pas sur Moïse parce qu'il est « déjà » l'homme de souffrances. Il importera de bien conférer au verbe « souffrir » la portée qu'il avait dans les écrits spirituels du XVIIe siècle, tout imprégnés du *pati divina* de l'Aréopagite. « Il a fallu que le Christ ait souffert pour entrer en sa gloire » (S 285/L 253)... Rien de surprenant à ce que Job, ce chrétien admirable aux yeux de Pascal, hante la *Prière pour demander à Dieu le bon usage des maladies* et que son auteur se vive comme un nouveau Job !

---

1. *Ibid.*, p. 651 ; nous soulignons.

CHAPITRE III

DE QUELQUES AUTRES LIEUX JOBIENS

Nous avons, au cours des précédents chapitres, commenté les deux références les plus importantes des *Pensées* à Job et souligné le rôle de motif-cheville que joue, selon nous, dans l'économie de l'Apologie, la figure du sage de Hus. Ce dernier nous a semblé pouvoir, à bon droit, être désigné comme l'index (avec Salomon) de la description de la condition humaine dans la première partie, et l'index (avec Moïse) d'une seconde partie dont le ressort est l'argument prophétique. Mais Job apparaît en plusieurs autres occurrences dans l'œuvre pascalienne. Chaque fois, il conviendra de préciser si la référence est explicite ou implicite, de détecter les réminiscences, de demeurer sensible aux allusions. Nous risquerons quelques hypothèses... Loin de nous le projet de vouloir soumettre l'auteur au joug d'une perspective unique et arbitraire, mais envisager l'ensemble de sa pensée «sous le signe de Job» permet d'en effectuer une appréhension synthétique qui privilégie l'axe clef de l'imprégnation biblique (hors lequel le «vrai» Pascal est manqué!), et d'insister sur la dimension distinctive de «Pascal théologien», trop souvent effacée au profit de la seule anthropologie.

Sous l'intitulé *« Quaestio »*, nous rencontrerons un point fondamental, mis en lumière par Ph. Sellier : Job comme *modèle rhétorique* de la structure de l'apologétique, aspect formel qui ne saurait être dissocié du contenu. Nous méditerons aussi les thèmes essentiels du don, de la crainte, de l'ironie, du mensonge, de la guerre... À la suite, nous examinerons les thèmes de la grandeur et de la faiblesse, des merveilles de la nature, et, enfin, la catégorie de l'épreuve qui s'inscrit dans la perspective plus vaste de l'*imitation morale* de Job.

I. « Quaestio »

Jb, XXXVIII, 3 : « Je vous interrogerai et vous me répondrez. »

Pascal ne dédaigne pas, à l'occasion, d'avoir recours au procédé médiéval des « objections » et des « réponses » (par exemple, dans le fragment S 629/L 760 ou encore dans le fragment S 621/L 748) qui ressortit au genre « questions » et « réponses ». Les *quaestiones*, ce genre littéraire[1] qui prend son essor au XIIe siècle et connaît son apogée aux XIIIe et XIVe siècles, trouve son origine lointaine chez saint Augustin, grand lecteur de Cicéron (ce dernier, dans le *De finibus* [II, 1-3], faisait du questionnement un procédé pédagogique privilégié). Mais en fait, ce n'est pas à l'évêque d'Hippone qu'il faut remonter, c'est à la Bible et, plus particulièrement, au *Livre de Job*. L'homme de Hus ose questionner le Seigneur qu'il craint, et avec quel acharnement, quelle virulence ! Or ce questionnement trouve sa légitimité. Dieu, à la fin du poème, condamne non Job mais ses amis qui n'ont « point parlé devant [lui] dans la droiture de la vérité, comme Job » (XLII, 7), et cela, bien que Job ait parlé « indiscrètement et de choses qui surpassaient sans comparaison [sa] science » (XLII, 3), point que ce dernier confesse volontiers pour s'écrier tout aussitôt : « Écoutez-moi et je parlerai ; je vous interrogerai et répondez-moi. » Il n'y a pas là réitération d'un comportement fautif, mais la reprise de ce qui, dans ce comportement, était justifié — sa part de vérité, somme toute — et où l'on pourrait reconnaître la prière de demande. En l'occurrence, il s'agit pour Job de demander, selon le commentateur de la *Bible de Sacy*, que Dieu « veuille bien l'enseigner[2] ».

Rappelons que Dieu, le premier, en questionnant l'homme, a induit un type de rapport interpersonnel : « Alors le Seigneur Dieu appela Adam et lui dit : "Où êtes-vous ? […] Et d'où avez-vous su que vous étiez nus, sinon de ce que vous avez

---

1. Voir *Les Genres littéraires dans les sources théologiques et philosophiques médiévales. Définition, critique et exploitation*, colloque tenu à Louvain en 1981, Louvain-la-Neuve, 1982, et en particulier l'article de Coloman VIOLA, « Manières personnelles et impersonnelles d'aborder un problème : saint Augustin et le XIIe siècle. Contribution à l'histoire de la *quaestio* », p. 11-30.
2. Job, p. 649.

mangé du fruit de l'arbre dont je vous avais défendu de manger?" [...] Le Seigneur Dieu dit à la femme : "Pourquoi avez-vous fait cela?" » (Gn, III, 9.11.13). Chaque fois, Adam ou Ève répondent. Cet échange a lieu après le premier péché. Jusqu'alors Dieu s'était contenté d'édicter une prescription fondamentale : « Vous ne mangerez pas, etc. » L'interrogation présente, même si elle ressortit à l'admonestation, est un geste. Dieu eût pu simplement punir les coupables; il s'adresse à eux comme à des êtres responsables. Dans le *Livre de Job*, la situation initiale s'inverse. C'est Job qui se permet de questionner. Dieu finalement lui répond — par des questions — et, par là, condescend à se mettre dans la situation de *répondeur* (adjectif du XIIe siècle), ou même de *répondant* (substantif qui date de 1255). Le répondant cautionne. Souvenons-nous du sens étymologique du *respondere* latin : s'engager en retour[1]. N'y a-t-il pas là comme une reconnaissance par le Créateur du droit relatif qu'aurait la créature de questionner? Le questionnement n'est donc plus unilatéral comme dans la Genèse. Bien plus, l'on peut voir dans le fait que le Seigneur réponde à Job (et non dans la teneur du discours qu'il lui tient) une anamorphose du dialogue entre l'âme pécheresse et le Rédempteur, véritable échange amoureux : « Si *tu* connaissais tes péchés, *tu* perdrais cœur. — Je le perdrai donc, Seigneur, car je crois leur malice sur *votre* assurance. — Non, car *moi* par qui tu l'apprends t'en peux guérir, et ce que *je te* le dis est un signe que *je te* veux guérir [...] — Seigneur, *je vous* donne tout... » (S 751, p. 561/L 919; nous soulignons).

C'est ici le *conversar*, le « parler avec Dieu » cher aux mystiques espagnols, si bien décrit par le P. de Certeau : la communication brisée par le péché est ainsi rétablie; le « colloque » *(colloquium)* est l'anti-Babel[2]. Pascal ne manque pas de remarquer : « Si l'on veut dire que l'homme est trop peu pour *mériter la communication* avec Dieu, il faut être bien grand pour en juger » (S 263/L 231 ; nous soulignons). Libre à Dieu de décider que nous ne sommes pas indignes de communiquer avec lui.

---

1. Au XVIIe siècle, l'une des acceptions de « répondre » est « satisfaire, payer de retour », ce qui peut s'entendre comme « rendre compte de » (« Le fils me répondra des mépris de la mère », RACINE, *Andromaque*, I, IV). Le terme, souvent aussi, se charge d'une connotation affective, ainsi dans la belle expression cornélienne : « Baisers mal répondus » *(Clitandre)*.
2. Voir *La Fable mystique*, I, Paris, Gallimard, 1982, p. 216 s.

En un premier temps, l'homme «misérable», confronté tel Job à sa condition insupportable, s'interroge et interroge le Créateur. Or Dieu donne «des marques de soi visibles à ceux qui le cherchent». La Sagesse créatrice — «Je suis celle qui vous ai formés» — répond en déboutant de leur superbe les philosophes [les amis], elle seule peut apprendre aux hommes à se connaître : «[Je] peux seule vous apprendre qui vous êtes», et leur donner à comprendre que l'état de misère constaté est imputable à leurs péchés (radicalement, le premier péché). Elle seule apporte le remède tant espéré. En un second temps, il apparaît que Dieu nous rend «capables de sa communication» et que nous avions bien tort, en un sens, de nous écrier : «Incroyable que Dieu s'unisse à nous.» C'était méconnaître la fonction du Médiateur. L'analyse du fragment S 182/L 149 permet donc de situer Job par rapport à ce parcours. Il se situe au premier stade, mais anticipe le second. Il faut bien voir que l'ordre adopté retrace une succession chronologique. C'est d'abord le Dieu de l'Ancien Testament qui se manifeste à Job dans l'épisode de la théophanie. Il est normal que, dans ce contexte, il s'adresse à lui comme le Créateur et lui rappelle les merveilles incompréhensibles de la nature. Ensuite, quand le Christ paraît, cette venue est, en fait, le véritable commencement de l'histoire surnaturelle (et non la Création ni le péché). C'est à partir de l'«*evenit*» qu'il convient donc de reconsidérer l'histoire en son entier. Or cet événement, dans sa dimension inouïe de surgissement imprévisible, est aussi, et paradoxalement selon notre logique étriquée, inscrit dans l'éternel présent divin : «*Agnus occisus est ab origine mundi*» (S 290/L 259 - Ap XIII, 8), comme ne manque pas de le rappeler Pascal. Le fait que Job (et les prophètes) prédisent l'Incarnation est donc, selon *une autre logique*, impliqué dans cette perspective. Il importe donc de substituer à l'ordre chronologique de l'histoire empirique le véritable ordre, celui de la temporalité surnaturelle : celle du point central dilaté jusqu'à englober les deux extrémités, l'alpha de la Création, l'oméga de la Parousie. L'on peut voir une confirmation de la possibilité de cette interprétation dans celle que donne saint Augustin du discours de Yahvé : selon lui ce n'est pas le Dieu de l'Ancien Testament mais bien «le *Fils de Dieu* qui fit à Job cette sévère réprimande [...] en lui racontant toutes les œuvres de sa divine puissance[1]». Pascal qui a toujours déclaré que le ciel et les oiseaux ne

---

1. *De peccatorum meritis et remissione*, liv. II, chap. XI; nous soulignons.

manifestent Dieu qu'à celui qui a déjà la foi ne pouvait voir dans le discours de Dieu l'énoncé, par lui-même, de la preuve physico-téléologique, cela à la différence de Fénelon à la fin du siècle et des physico-théologiens du siècle suivant — tous à l'écoute du discours du stoïcien Balbus dans le livre second du *De natura deorum* de Cicéron. Bien plutôt devait-il opérer une lecture augustinienne, sensible au fait que si Dieu parle à l'homme, c'est *toujours déjà* le Fils qui s'exprime, et que c'est à l'*intérieur* de l'âme qu'essentiellement résonne cette voix, à l'écoute de laquelle nous devons nous mettre. Le *conversar* est avant tout «la Parole de *Toi* en moi[1]». Certes, la prosopopée de la Sagesse divine dans les *Pensées* est un équivalent formel du texte des *Proverbes* qu'elle imite. Mais, *selon l'Esprit*, et dans la mesure où (au regard du chrétien) le *Livre de Job* est chrétien avant la lettre, elle en est plus proche. Que le lecteur nous permette de redire ici notre décision personnelle de lire ce texte *comme* Sacy ou Pascal. Nous sommes pleinement conscience que le «vengeur du sang» du texte hébreu n'est pris pour le Sauveur que par la vertu de l'«interprétation», mais nous estimons qu'il peut y avoir une vérité propre à cette dernière, point qui échappe aux exégètes étroits qui confondent vérité et existence objective.

II. Le don

Jb, I, 21 : «Le Seigneur m'avait tout donné,
le Seigneur m'a tout ôté. Il n'est arrivé que ce
qu'il lui a plu. Que le nom du Seigneur soit béni.»
Pascal : «Seigneur, prenez mes affections que le monde
avait volées; volez vous-même ce trésor,
ou plutôt reprenez-le, puisque c'est à vous qu'il appartient»
(Prière, § IV); «Donnez-moi, ôtez-moi,
mais conformez ma volonté à la vôtre» (Prière, § XIII).

Ce verset de Job a été maintes fois rapproché d'un passage bien connu de l'éloge d'Épictète dans l'*Entretien avec M. de Sacy*, où Pascal fait dire au sage stoïcien : «Ne dites jamais [...] : "J'ai perdu cela"; dites plutôt : "Je l'ai rendu." "Mon

---

1. Voir M. DE CERTEAU, *La Fable mystique*, p. 219.

fils est mort, je l'ai rendu : ma femme est morte, je l'ai rendue."
Ainsi des biens et de tout le reste. "Mais celui qui me l'ôte est un méchant homme", dites-vous : De quoi vous mettez-vous en peine par qui celui qui vous l'a prêté vous le redemande ? Pendant qu'il vous en permet l'usage, ayez-en soin comme d'un bien qui appartient à autrui, comme un homme qui fait voyage se regarde dans une hôtellerie[1].» A. Gounelle qui a raison de mettre ce passage en rapport avec Jb, I, 21, et I P, II, 11 (les «voyageurs»), déclare toutefois : «le contexte spirituel et théologique est tout différent, et la ressemblance assez superficielle[2].» Il aurait raison, assurément, s'il s'agissait du registre proprement stoïcien; il fait erreur, en l'occurrence, car même si Pascal, à coup sûr, ne relève pas de l'étiquette «stoïcisme chrétien» (qui d'ailleurs recouvre bien des cas de figures et n'est pas nécessairement répertoriée par Pascal comme telle), le propos est entendu par un chrétien, et le dipôle prêté-rendu réverbéré dans la catégorie du «don» chrétien et de l'économie chrysostomienne du don.

À propos du paragraphe IV de la *Prière pour demander à Dieu le bon usage des maladies*, il faudrait aussi évoquer, avec Ph. Sellier[3], la liturgie du vingt-deuxième dimanche après la Pentecôte, où lecture est faite de Mt, XXII, 16-21 : «Rendez donc à César ce qui est à César, et à Dieu ce qui est à Dieu[4]», suivie, à la fin de l'office des matines, par celle d'une homélie de saint Hilaire dont la teneur est très proche du texte pascalien.

---

1. *OC* III, p. 131. L'on sait, grâce d'abord à Strowski, que Pascal a constitué son recueil d'*excerpta* à partir de la traduction des *Propos* (les *Entretiens*) et du *Manuel*, faite en 1609 par le feuillant dom Jean de Saint-François (Jean Goulu). Il vaut de la comparer à celle faite sur le texte grec par le traducteur du volume *Les Stoïciens* (Paris, Gallimard, coll. «La Pléiade») : l'on y constate la fidélité de Goulu en ce qui concerne le chapitre qui nous intéresse, le chap. XI du *Manuel*, p. 1114 (XXXVI chez Goulu, XXXI dans les éditions ordinaires). Intéressant problème : Pascal serait-il en dette vis-à-vis de la traduction de Du Vair qui date de 1591? Oui, disait Ch. Adam. J. Mesnard est réticent (voir *OC* III, p. 100, 131). Pascal, nous apprend le chevalier de Méré, admirait l'esprit et l'éloquence de M. du Vair (*OC* I, p. 828). Voir l'utile analyse de V. CARRAUD : «La lecture pascalienne de Guillaume Du Vair», *Pascal et la philosophie*, Paris, PUF, 1992, p. 213-215).
2. Éd. Gounelle de l'*Entretien*..., p. 56.
3. Voir *Pascal et la liturgie*, Paris, PUF, 1966, p. 90-91.
4. Voir la note 2 de J. Mesnard, *OC* IV, p. 1002.

III. La crainte

Jb, XXXI, 23 : « *Car j'ai toujours craint Dieu comme des flots suspendus au-dessus de moi, et je n'en ai pu supporter le poids.* »
Jb, XXVIII, 28 : « *La souveraine sagesse est de craindre le Seigneur.* »
Pascal : « *Je finis donc par ces paroles de Job :
J'ai toujours craint le Seigneur comme les flots
d'une mer furieuse et enflée pour m'engloutir. Et ailleurs :
Bienheureux est l'homme qui est toujours en crainte* »
(lettre V à Mlle de Roannez, OC III, p. 1040).

La traduction que donne Pascal du texte de la Vulgate est belle : « *Semper enim quasi tumentes super me fluctus timui Deum* ». Par les épithètes « furieuse » et « enflée », il renforce la portée de la formulation latine. Et comment ne pas évoquer la métaphore qui lui est chère de la vie comme passage à bord d'un navire : « Vous êtes embarqué » (S 680, p. 469/L 418) ? Voyage maritime au signe de l'« incertain » : « Travailler pour l'incertain, aller sur la mer, passer sur une planche » (S 134/L 101). Le navigateur au long cours est guetté par tous les périls, la dérive quand le gouvernail est brisé, la tempête qui jette le naufragé sur l'« île déserte » du fragment S 229/L 198 — image de l'« abandonnement »... Mais, et nous ne le savons pas encore, il nous faut, comme Abraham béni par Dieu et « toutes nations bénies en sa semence » (S 254/L 221 ; Gn, XII, 3), obéir à l'injonction divine : « *Egrede* » (Sors) (Gn, XII, 1). Telle est la structure « ex-statique » de l'amour (à entendre dans la perspective augustinienne comme une « in-stase »), mais Pascal, contrairement à Fénelon, n'explicite pas ce thème néoplatonicien et dionysien[1].

Pascal « combine », selon le terme employé par J. Mesnard[2], le propos de Job avec le début du Ps, CXI, 1 : « Heureux est l'homme qui craint le Seigneur[3] », mais ce pourrait être (comme le donne à penser le terme « toujours ») une citation de Pr, XXVIII, 14 : « Heureux l'homme qui est toujours dans la

---

1. Voir D. LEDUC-FAYETTE, *Fénelon et l'amour de Dieu*, Paris, PUF, coll. « Philosophies », 1996, p. 53 s.
2. Voir *OC* III, p. 1040, n. 2.
3. *Bible de Sacy*, p. 733.

crainte, mais celui qui a le cœur dur tombera dans le mal[1].» L'intérêt de cette seconde possibilité (elles ne s'excluent évidemment pas) est qu'elle rend le lecteur plus attentif à l'adverbe temporel présent dans les deux citations et qu'elle lui donne à envisager la problématique de l'endurcissement dont nous verrons l'étroite liaison avec le thème de la crainte. Cette dernière apparaît comme la modalité essentielle du rapport de l'homme à Dieu[2], à condition de ne pas être déliée de l'espérance.

La crainte fait partie des passions énumérées par saint Thomas qui la conjugue avec son antonyme, la hardiesse : «*timor et audacia*[3]»; de même que l'espérance, elle relève selon le Docteur angélique de l'appétit irascible dont l'objet est le bien ou le mal en tant qu'ils ont un caractère difficile[4]. Mais Pascal est à l'écoute de *La Cité de Dieu*[5], et, tel son contemporain Senault dans *De l'usage des passions*, il pourrait écrire : «La raison nous force à croire qu'il n'y a qu'une passion, et que l'espérance ou la crainte, la douleur ou la joie sont les mouvements ou les propriétés de l'amour [...] Le désir est la course de l'amour, la crainte est sa fuite, la douleur est son tourment, et la joie son vrai repos[6].» La crainte est avant tout, aux yeux de Pascal, une des expressions de la foi. Il distingue la «bonne» et la «mauvaise» crainte : «Crainte, non celle qui vient de ce qu'on croit Dieu, mais celle de ce qu'on doute s'il est ou non. La bonne crainte vient de la foi, la fausse crainte vient du doute, la bonne crainte jointe à l'espérance parce qu'elle naît de la foi et qu'on espère au Dieu que l'on croit, la mauvaise jointe au désespoir parce qu'on craint

---

1. *Ibid.*, p. 783.
2. Voir le précepte qui émane des Statuts synodaux du diocèse de Clermont (chap. XIII, art. 2, publiés par J. d'Estaing, Clermont,1620), tout imprégnés par le souffle de régénération spirituelle du concile de Narbonne (1609) : «Les curés instruiront aux jours de fête le peuple en la crainte de Dieu» (voir MANSI, *Amplissima collectio conciliorum*, Leipzig-Paris, Welter, t. XXXIV, col. 1481).
3. *Summa theologica*, I[a] II[ae], qu. 23, a. 4 : «*In concupiscibili sunt tres conjugationes passionum : scilicet amor et odium, desiderium et fuga, gaudium et tristitia; similiter in irascibili sunt tres : scilicet spes et desperatio, timor et audacia, et ira, cui nulla passio opponitur.*»
4. Alors que l'appétit concupiscible a pour objet le bien ou le mal sensible.
5. XIV, VII.
6. *De l'usage des passions*, Paris, Fayard, coll. «Corpus», I, 1, 3. M. LE GUERN note que l'œuvre de Senault «constitue une réinterprétation augustinienne de la théorie thomiste des passions» («Thomisme et augustinisme chez Senault», *Corpus*, 7, 1988, p. 24).

le Dieu auquel on n'a point eu foi. Les uns craignent de le perdre, les autres craignent de le trouver» (S 451/L 908). Seule ici, pour le moment, la «bonne crainte» doit retenir notre attention[1]. Elle s'offre, de manière indissociable, sous les deux aspects de la peur de la Transcendance et de celle du châtiment. Enfin, contrairement à ce que pourrait donner à penser ce terme de «peur», il s'agit toujours là d'un sentiment ambivalent qui dit tout autant l'amour, la confiance, l'espérance, comme le souligne Pascal dans le fragment cité ci-dessus[2].

La modalité de la crainte est omniprésente dans les textes vétérotestamentaires[3]. Y serait-elle plus présente que dans les Évangiles? Cela est vrai, mais seulement, en un sens. Il ne faut d'ailleurs pas oublier que l'Ancien Testament parle souvent de «crainte de Dieu» là où nous dirions «religion»[4]. En fait la crainte a pour le peuple hébreu (comme pour Pascal) une double face : elle est aussi expression de l'amour. Considérons ce visage bifrons.

Le premier est celui de la crainte justifiée face à la majesté divine : «Ne m'épouvantez point par la terreur de votre puissance[5]», supplie Job. Voir Dieu est une épreuve insoutenable (songeons à l'épisode du buisson ardent ou au feu dévorant de Dt, IV, 24). Tomber dans la main du Dieu vivant est terrifique. Job déclare : «le trouble me saisit en sa présence, et lorsque je le considère, je suis agité de crainte[6].» Sa frayeur

---

1. Nous laissons, pour le moment, de côté l'effroi auquel est censé être en proie l'interlocuteur de Pascal, ainsi quand il contemple les espaces infinis, puisque c'est bien là de sa réaction qu'il s'agit, et non, comme l'estimait à tort P. Valéry, de Pascal lui-même. Valéry écrivait : «Pascal ne reçoit des espaces infinis que le silence. Il se dit *effrayé* [en italique dans le texte]. Il se plaint amèrement d'être abandonné dans le monde. Il n'y découvre pas Celui qui déclarait par Jérémie : *"Caelum et terram impleo."* Et cet étrange chrétien ne trouve pas son père dans les cieux...» (*Œuvres*, Paris, Gallimard, coll. «La Pléiade», t. I, p. 461).
2. Notre attention a été attirée par une notation du *Recueil de choses diverses* qui jette une suspicion sur l'idée que la crainte est fondamentale dans l'optique pascalienne, mais cela provient du fait que «crainte» n'est entendu que négativement : «M. Pascal dit qu'une religion qui n'établit que la crainte est fausse : il faut dire qu'elle est imparfaite» (*OC* I, p. 890). Ce recueil a été édité par J. Lesaulnier, sous le titre *Port-Royal insolite*, Paris, Klincksieck, 1992.
3. Voir, par exemple, Si, I, 11-12.
4. Par ailleurs, dans le Nouveau Testament, le terme «religion», à notre connaissance, n'a que deux occurrences : Ac, XXVI, 5, et Jc, I, 26-27.
5. Jb, XIII, 21.
6. Jb, XXIII, 15.

est extrême : « Qu'il retire donc sa verge de dessus moi et que sa terreur ne m'épouvante pas[1]. » Cependant, le Seigneur répète par la bouche du prophète Isaïe : « Ne craignez point, parce que je suis avec vous[2]. » Aucune inconséquence ici. Le paradoxe n'est qu'apparent. En effet, Dieu est aussi le Dieu de l'Alliance, dans lequel il faut avoir confiance : « Ne craignez point [...] je vous ai fortifié, je vous ai secouru, et le juste que je vous ai envoyé vous a pris de sa main droite [...] c'est moi qui vous soutiens [...]. Ne craignez point, ô Jacob, qui êtes devenu comme un ver qu'on écrase, ni vous, ô Israël, qui êtes comme mort ; c'est moi qui viens vous secourir [...] c'est le Saint d'Israël qui vous rachète[3]. »

Le second visage est celui de la crainte sans espoir, la crainte des « méchants », de ceux qui, comme dit Job, « ont été rebelles à la lumière, n'ont point connu les voies de Dieu, et ne sont point revenus par ses sentiers[4] ». Ceux-là, « si l'aurore paraît d'un coup, ils croient que c'est l'ombre de la mort, et ils marchent dans les ténèbres comme dans le jour[5] ». Leur vie est empoisonnée, à l'image de leurs cœurs vénéneux. Éliphaz de Théman les menace du châtiment divin, lorsqu'il évoque le « souffle de Dieu », le « tourbillon de sa colère[6] ».

Mais Job, c'est parce qu'il aime Dieu qu'il est tellement rempli de crainte ! Quant à Pascal, il traduit ainsi Is, VIII, 13 : « Sanctifiez le Seigneur avec crainte et tremblement, ne redoutez que lui » (S 735, p. 529/L 489), et médite le précepte paulinien qui captivera Kierkegaard : « Ayez soin [...] d'opérer votre salut avec crainte et tremblement » (Ph, II, 12). Il a ce propos terrible : « Personne ne sait s'il est digne d'amour ou de haine [...] les plus saints doivent toujours demeurer dans la crainte et le tremblement, quoiqu'ils ne se sentent coupables en aucune chose, comme saint Paul le dit de lui-même[7] » — comme Job le dit de lui-même ! Dès le début du poème, ce dernier est présenté comme *« timens deum »* (Jb, II, 3), ce qui le conduit à s'éloigner du mal. C'est là une indication quant

---

1. Jb, IX, 34.
2. Is, XLI, 10.
3. *Ibid.*, et 13.14 (p. 928, *Bible de Sacy*). Voir aussi XLIII, 1 : « Ne craignez point, parce que je vous ai racheté, et que je vous ai appelé par votre nom ; vous êtes à moi. »
4. Jb, XXIV, 13.
5. *Ibid.*, 17.
6. Jb, IV, 9.
7. IV *Prov.*, p. 66. Voir Qo, IX, 1 - Ph, II, 12.

à la portée morale du sentiment, au sens de la *Meditatio ad concitandum timorem* de saint Anselme[1]; mais il importe de voir qu'il fonctionne dans le texte vétérotestamentaire, comme chez Pascal, selon un registre duel — métaphysique et éthique — et qu'il convient de faire jouer, à chacun de ces niveaux, son antonyme, l'amour de Dieu, qui est proprement la charité. Puisqu'il y a deux aspects à souligner, nous les examinerons successivement, dans la conscience qu'ils sont unis de façon indissoluble. Il n'est pas vain d'évoquer ici avec V. Jankélévitch le régime nocturne qui préside à la naissance de la foi. Lorsque Pascal fait référence à la crainte de Job, il est saisi d'effroi devant la grandeur divine dont il est impossible de supporter le poids : le «pour m'engloutir» remplace le «*pondus ejus ferre non potui*[2]». Cette crainte fondamentale est comme l'horizon obligé de la crainte morale, celle qui a rapport au châtiment. C'est la majesté divine qui est en cause, comparée à une vague monstrueuse ou à un raz de marée[3]. La crainte est donc légitime et incontournable. «Toute condition et même les martyrs ont à craindre : par l'Écriture» (S 752/L 921). Nul n'y échappe. Elle est engendrée par la conscience de l'omnipotence divine (notons qu'un même vocable en hébreu désigne «force» et «Dieu») et par la prise de conscience de l'existence de la malignité « ce mauvais

---

1. Éd. Schmitt, vol. III. Tandis qu'Érasme notera : «Job, aimé de Dieu, s'écrie : "Je craignais toutes mes actions, car je savais que tu ne pardonnes pas au pécheur"» (*Œuvres choisies*, Paris, Le Livre de poche, 1991, p. 884). La suite est intéressante : Érasme fait déclarer à Job : «même si j'étais pur comme eau de neige [...] néanmoins, tu me plongerais dans les immondices.»
2. L'idée est la même, simplement le texte pascalien est plus poétique !
3. Mais voir le commentaire de saint Augustin sur la *miséricorde*, dans *De diversis quaestionis ad Simplicianum libri duo* (BA, X, p. 469). Augustin s'est souvent attaché de manière complexe et subtile à analyser la crainte, et il serait intéressant, par ressemblance et par différence, de comparer ses analyses à celles des textes stoïciens. Dans la mesure où la crainte est un *topos* des exégètes, nous pourrions citer, l'on s'en doute, bien d'autres commentaires. Contentons-nous de noter que Grégoire le Grand, dans les *Moralia* (liv. XXI, chap. XVII), commente le verset qui retient notre attention. Il interprète «poids» comme le symbole des biens de la terre, interprétation rectifiée, si l'on peut dire, par Sacy qui explique qu'il s'agit là de la majesté divine, car, dit le commentateur, «le mot hébreu signifie plutôt majesté» (Job, p. 481). Pascal souligne, dans XI *Prov.*, p. 195, la «sainte majesté» des vérités chrétiennes qui, dit-il, rend la religion «vénérable» (la vénération ne va pas sans crainte), alors que leur «beauté» la rend «aimable» (toujours la même ambivalence).

levain a sept noms dans l'Écriture. Il est appelé mal, prépuce[1], immonde, ennemi, scandale, cœur de pierre, aquilon » (S 309/L 278; Pascal se réfère au *Massechet Succa*). La malignité, comme déjà le Talmud l'affirmait, engendre un mécanisme d'évitement relatif à cette prise de conscience nécessaire. Les rabbins citent le Psaume 36 : «*L'impie a dit en son cœur : que la crainte de Dieu ne soit point devant moi*. C'est-à-dire que la malignité naturelle à l'homme a dit cela à l'impie», ou encore le Psaume 4 : «*Frémissez et vous ne pécherez point*. Frémissez et épouvantez votre concupiscence, et elle ne vous induira point à pécher» (S 309/L 278; Pascal se réfère ici au *Midrash Tillim* et conserve exceptionnellement la numérotation hébraïque des Psaumes). La crainte est donc l'antidote du péché. Par sa médiation, la concupiscence peut être jugulée. Ce n'est pas le seul châtiment présent qui est envisagé, c'est aussi le châtiment futur puisque le péché actuel vient renforcer les effets du péché originel. La chétive créature confrontée à la Transcendance est donc en proie à la terreur que suscite la disproportion entre son caractère infime et la grandeur incommensurable du Créateur, mais elle est aussi travaillée par la crainte de l'enfer : celle d'être à jamais séparé de l'objet de son amour! Pascal décrit les transes de l'âme qui entre dans la piété alors qu'elle est encore en butte aux tentations impies. État de division : «notre cœur se sent déchirer entre ces efforts contraires. Mais il serait bien injuste d'imputer cette violence à Dieu, qui nous attire, au lieu de l'attribuer au monde, qui nous retient[2].» Il y a là un processus d'intériorisation. Cependant, il convient d'évoquer également la «violence» de Dieu. Pascal affirme au paragraphe 69 de l'*Abrégé de la vie de Jésus-Christ* : «[Il faut] ne craindre que Dieu, qu'il n'est pas venu apporter la paix, mais le glaive[3]», et, dans le fragment S 753/L 924, il déclare : «la plus cruelle guerre que Dieu puisse faire aux hommes en cette vie est de les laisser sans cette guerre qu'il est venu apporter. [...] *Je suis venu apporter le fer et le feu*. Avant lui le monde vivait dans cette fausse paix.»

---

1. Dans la tradition juive, la circoncision est nécessaire pour enlever la souillure contractée à la naissance (voir PHILON D'ALEXANDRIE, *Quaest. Gen.*, III, 48, 52).
2. S 753/L 924, fragment dans lequel Pol Ernst voit une note préparatoire à la deuxième lettre à Charlotte de Roannez (*OC* III, p. 1031). Voir aussi la note 53 de Ph. Sellier, p. 564.
3. *OC* III, p. 265.

L'imprégnation augustinienne de Pascal justifie de citer, une fois encore, les *Adnotationes* de l'évêque d'Hippone qui commente ainsi Jb, XXIII, 15 : «C'est pourquoi le trouble me [Job] saisit en sa présence [Dieu] », et Jb, XXIII, 16 : «Et le Seigneur amollit mon cœur» : «Mon âme sera maintenant dans le trouble, mais dans un trouble salutaire qui me mettra en garde contre le jugement à venir, où tout sera dévoilé devant lui»; «Cette crainte qui lui fait éviter les châtiments éternels, il l'attribue à la miséricorde de Dieu [...]. c'est dans un sens contraire qu'il est dit que Dieu endurcit le cœur de Pharaon» (Ex, VII, 3).

Le thème de l'«endurcissement», effet de la réprobation, est capital. Le fragment S 428/L 840 évoque «l'incrédulité de Pharaon et des pharisiens [...] effet d'un endurcissement surnaturel»; et avec Is, VI, 10 et Jn, XII, 40, le fragment S 736/L 496 proclame : «Endurcis leur cœur.» Le fragment S 182, p. 232/L 149 évoque l'«obstination des plus endurcis»; le fragment S 690, p. 491/L 449, les «athées endurcis».

Mais reportons-nous maintenant au fragment S 645/L 785 : «*Ne timeas, pusillus grex. Timore et tremore./Quid ergo, ne timeas* [souligné dans la copie de Gilberte], *modo timeas.*» L'on voit que Pascal a choisi de juxtaposer à sa citation de Lc, XII, 32, le texte de la Vulgate italique *(«Timore et tremore»)* plutôt que celui de la Vulgate hiéronymique *(«Metu et tremore»)*, comme chaque fois qu'il tient à insister sur la tradition de l'Église des premiers temps : «Surtout dans les débats théologiques, il adopte l'ancienne italique qui fonde la tradition de la primitive Église sur les questions dogmatiques et morales[1].» Ce fragment met en relief le caractère salutaire de la crainte : «*Ne craignez point*, pourvu que vous craigniez, mais si vous ne craignez pas, craignez.» La crainte de la crainte est le palliatif, si la foi est confiance. Et là il faudrait relire en son entier la lettre du 24 décembre 1656 à Ch. de Roannez, à propos de l'inquiétude extrême que provoque la pensée du jour du jugement, mais aussi du courage donné «aux lâches et pusillanimes (Is XXXV, 4)[2]». «Mon joug est doux et léger», dit le Christ, comme le rappelle Pascal, par différence avec le terrible fardeau (le *pondus* du *Livre de Job*) évoqué dans la lettre du 5 novembre 1656.

La lettre datée de la veille de Noël s'attache aussi au thème de la crainte en tant qu'elle est une composante de la foi à

---

1. J. LHERMET, *Pascal et la Bible*, Paris, Vrin, 1934, p. 240.
2. *OC* III, p. 1043; voir la note 4 de J. Mesnard.

La stratégie utilisée.

Pascal est un apologète pugnace, conscient des résistances, comme dirait un analyste, de ses interlocuteurs, et qui, en quelque sorte, déblaye le terrain, ôte les obstacles. Et rappelons la définition traditionnelle de la prophétie : ce qui est prédit par inspiration divine. Prédit et prévu. Anticipé. Nous voici renvoyée au temps naturel dans l'extensivité de la séquence qui l'énonce : passé-présent-futur. Selon un mouvement rétrograde du vrai, analysé par Pascal, l'avenir réalisé confère valeur de vérité au propos qui autrefois l'a annoncé comme un plus ou moins lointain présent. Fernando Gil l'a montré dans son *Traité de l'évidence*[1], il y a chez Pascal une véritable *épistémologie de la prophétie*. La marque la plus forte de la vérité du christianisme est l'existence des prophéties, d'où le soin apporté par l'auteur de la future Apologie à constituer un dossier de textes prophétiques qu'il emprunte au *Pugio fidei* qu'il va jusqu'à retraduire parfois. « Preuve » car l'absence de contradiction entre les deux Testaments trouve ici sa vérification : « Preuve des deux Testaments à la fois./Pour prouver tout d'un coup tous les deux il ne faut que voir si les prophéties de l'un sont accomplies en l'autre » (S 305/L 274).

Le vice rédhibitoire de la religion judaïque est cet aveuglement qui consiste, alors que ses adeptes sont « grands amateurs des choses prédites », d'être « grands ennemis de l'accomplissement » (S 304/L 273). Pascal écrit : « "Ne pensez pas aux *passages* du Messie", disait le Juif à son *fils* » (S 659/L 815 ; nous soulignons). Brunschvicg commentait ainsi : « Le sens de la phrase est clair : ne songez pas aux passages [de la Bible] qui prédisent le Messie, et ne vous embarrassez pas des preuves que les chrétiens en ont tirées en faveur de Jésus » ; il ajoutait : « mais on ne sait pas de quel ouvrage elle serait tirée[2] ». Nous y détectons, pour notre part, le double écho du *Pugio fidei* et du commentaire sur *Sanhedrin* (98a-99b) de Maïmonide. Il est écrit dans le *Pugio fidei* : « On lit dans le traité de *Sanhedrin* (Cheleq 98a) : "*Dixit* R. [*i. e.* Rabbin] Chija, *filius* R. Abba, R. Joachanan dixit : Omnes prophetae universi non prophetaverunt nisi de diebus Messiae : de diebus autem saeculi venturi oculus non videbit absque te deus quod

---

1. Grenoble, Millon, 1993.
2. N. 4 à Br. 259, p. 452.

son début : « ces inquiétudes ne viennent pas du bien qui commence d'être en elle [il s'agit d'une connaissance commune de Pascal et de Ch. de Roannez], mais du mal qui y est encore et qu'il faut diminuer continuellement ; et [...] il faut qu'elle fasse comme un enfant qui est tiré par des voleurs d'entre les bras de sa mère, qui ne le veut point abandonner ; car il ne doit point accuser de la violence qu'il souffre la mère qui le retient amoureusement, mais ses injustes ravisseurs. » L'auteur est très attentif à la peine qu'il y a « en entrant dans la piété » (S 753/L 924). En sa phase de plénitude seulement, la « joie » triomphera de la crainte (S 240/L 208), car « la religion chrétienne tempère [...] la crainte avec l'espérance » (S 164/L 131). Pour autant, quelque trace de la crainte fondamentale subsiste nécessairement, puisque celle-ci est indissolublement liée à l'état de la corruption et du péché. Le souffle de la consolation l'exténue (au sens mallarméen du terme), mais ne l'abolit point. Un mécanisme subtil articule les notions de crainte et d'espérance, comme on peut le voir par l'étude du fragment S 240/L 208, complétée par celle du fragment S 309/L 278. Selon Pascal, la crainte est donc la tonalité affective privilégiée de la foi débutante, mais, bien plus encore, elle est au fondement de la sagesse, non seulement la sagesse profane[1], mais la sagesse véritable (à ne confondre ni avec celle du vulgaire, ni avec celle des Grecs et des « philosophes »). Il s'agit de la sagesse des saints : la folie. « Notre religion est sage et folle » (S 427/L 842). « Et c'est pourquoi [...] les saints ont toujours pour la vérité ces deux sentiments d'amour et de crainte, et [...] leur sagesse est toute comprise entre la crainte qui en est le principe, et l'amour qui en est la fin[2]. » La crainte est donc ordonnée à l'amour. L'élan d'un même mouvement opère sa transmutation en joie rassurée. La crainte et son contraire l'espérance trouvent en Dieu lui-même leurs référents : colère et miséricorde[3]. Dans le *Projet de mandement contre* « *L'apo-*

---

1. Le thème est présent, en ce sens, chez Érasme. Dans *La Préparation à la mort*, il s'écriait : « Toute justice humaine si parfaite qu'elle soit est prise de tremblement quand elle est citée au tribunal de la justice divine », et se référait de manière privilégiée au « bienheureux Job » : « Craindre Dieu est la sagesse », « s'éloigner du mal est l'intelligence » (citant Jb, XXVIII, 28), car, expliquait-il, « la foi engendre chez les impies la crainte de Dieu qui est le commencement de la sagesse », « la crainte de Dieu est le commencement de la sagesse, d'après le bienheureux Job » (*Œuvres choisies*, p. 883-885).
2. XI *Prov.*, p. 195/Laf., p. 419.
3. Voir ci-dessus, p. 173, n. 3.

logie pour les casuistes », Pascal s'en prend à ces derniers et à leur « abominable doctrine de la probabilité[1] », dans laquelle il détecte « une fausseté horrible » ; il les compare aux « faux prophètes » contre lesquels fulminaient Jérémie et Ézéchiel. Par la bouche de ce dernier, Dieu déclare : « J'ai cherché quelqu'un qui opposât sa justice à ma vengeance, et je n'en ai point trouvé. Je répandrai donc sur eux le feu de mon indignation, et je ferai retomber sur leur tête le fruit de leurs impiétés[2]. » Et Pascal de commenter : « il n'y a plus de miséricorde à attendre, parce qu'il n'y a plus personne pour la demander. » Comme à son ordinaire, l'auteur est d'une étonnante précision quant à l'articulation des concepts. Il a en mémoire les textes augustiniens, par exemple le commentaire du *« Misericordia Domini plena est terra*[3] *».* L'homme misérable est grand parce que Dieu tout-puissant lui a donné le pouvoir de demander : l'espérance est légitime. Il ne craint pas en vain, mais la rétribution n'est pas temporelle, et il n'y a rien de surprenant à ce que saint Jacques, lorsqu'il condamne les richesses de ce monde, promises à la consomption par la pourriture, fasse appel à Job (c'est la seule apparition du sage de Hus dans le Nouveau Testament) : « Vous avez appris quelle a été la patience de Job, et vous avez vu la fin du Seigneur[4] ! » Comment Pascal, lorsqu'il cite ce lieu de l'Apôtre, aurait-il pu ne pas avoir Job en tête ? L'on comprend aussi pourquoi Augustin déclarait à propos du fameux *« Numquid Iob gratis colit Deum ? »* du Prologue[5] : *« Hoc enim erat verum lumen, hoc lumen viventium, ut gratis coleret Deum. »* Cela pourrait sembler paradoxal, puisqu'il s'agit d'une question que Satan pose à Dieu : Job comblé de bienfaits serait-il intéressé ? Mais, tout au contraire, comme le montre Augustin, là est la clef de l'histoire : Job ne respecte pas Dieu dans l'attente d'une récompense, mais

---

1. Laf., p. 486.
2. Ez, XXII, 31 ; voir Laf., p. 485.
3. *In Psalmos*, 32, II ; voir en particulier, 4 (v. 6), dont l'on retrouve l'écho quasi littéral dans le fragment S 705/L 468 : « Il n'y a rien sur la terre qui ne montre ou la misère de l'homme ou la miséricorde de Dieu, ou l'impuissance de l'homme sans Dieu ou la puissance de l'homme avec Dieu. »
4. Jc, V, 11.
5. Jb, I, 9 (« Est-ce en vain que Job honore Dieu ? »). La *Bible de Sacy* traduit à partir du *« Numquid Job frustra timet Deum ? »* (« Est-ce en vain que Job craint Dieu ? ») de la Vulgate. Voir AUGUSTIN, *In Psalmos*, 55, 20 (v. 13) (*Obras de San Agustín*, Madrid, coll. « Biblioteca de autores cristianos », 1965-1967, p. 391).

gratuitement. Or la logique de la revendication port-royaliste, comme l'a bien vu J. Laporte, c'est l'amour pur fénelonien (en dépit de l'hostilité manifestée par l'archevêque de Cambrai aux jansénistes, ces apôtres de la délectation dans leur théorie de la grâce[1]). Il s'agit, en effet, de «soustraire [...] la charité aux conditions psychologiques qui font de toute cupidité une espèce d'amour-propre[2]». Le respect, comme le dira Kant, est éminemment désintéressé, mais c'est aussi un sentiment ambivalent qui dit et la vénération pour la loi morale et l'effroi qu'elle inspire. Dans le *Livre de Job*, Satan demande à Dieu : «Est-ce en vain que Job craint Dieu? N'avez-vous pas remparé[3] de toutes parts, et sa maison, et sa personne, et tout son bien» (Jb, I, 9). Le commentateur discerne là toute la malice du Satan qui «décrie [«décrier» au XVIIe siècle signifie discréditer] Job comme un mercenaire qui ne se servait de Dieu que dans la vue de la récompense temporelle[4]».

L'on voit comme tous les thèmes ici encore se nouent. La «bonne» crainte unit, comme le positif et le négatif, l'exaltation amoureuse et confiante face à la sainteté de Dieu à la terreur sacrée de sa juste colère; elle ne va pas sans l'espérance dans la divine miséricorde — espérance des biens spirituels, à toute distance de la rétribution des biens temporels («Les choses nous sont promises mais elles ont valeur de figures» : «*Haec terrena promissa sunt, sed tamen figurata*[5]»). La grande leçon du *Livre de Job* pour Pascal, comme pour saint Augustin, est que le salut n'est pas fonction des mérites, contrairement au célèbre *«post praevisa merita»* des molinistes, mais qu'il a partie liée avec la foi, don de Dieu, foi non séparée des œuvres : «Contre ceux qui sur la confiance de la miséricorde de Dieu demeurent dans la nonchalance sans faire de bonnes œuvres» (S 638/L 774).

---

1. Voir D. LEDUC-FAYETTE, *Fénelon et l'amour de Dieu*.
2. *La Doctrine de Port-Royal*, Paris, PUF, 1923, t. II, 1. *Les Vérités de la grâce*, Paris, 1923, p. 69.
3. Quelle force en cette traduction; voir Furetière : «il s'est remparé de l'autorité de son nom.»
4. Job, p. 20.
5. *In Psalmos*, 34, 7 (p. 522, *Obras*, t. XIX, I), qui nous intéresse au premier chef puisqu'il y est question des plaintes du juste contre la persécution dont il est l'objet. Voir aussi : «les biens temporels qu'on semble nous proposer là [il s'agit des prophéties] signifient secrètement une récompense spirituelle» (*Quaestiones in Heptameron*, 4, 33).

IV. L'ironie

Jb, XXII, 19 : « *Les justes [...] verront périr [les impies], et ils se réjouiront, et l'innocent leur insultera.* »
Pascal : « *Innocens subsannabit eos* » *(XI Prov., p. 196).*

Pascal, dans la onzième lettre des *Provinciales*, cite en latin ce fragment du discours que tient Éliphas de Theman à Job : citation exacte, mais fragmentaire, du texte de la Vulgate. Cette lettre est sous-titrée comme suit par Wendrock qui, on le sait, est le pseudonyme de Nicole (nous donnons la traduction de Mlle de Joncoux) : « Qu'on peut réfuter par des railleries les erreurs ridicules. Précautions avec lesquelles on doit le faire ; qu'elles ont été observées par Montalte, et qu'elles ne l'ont point été par les jésuites. Bouffonneries impies du père Le Moyne et du père Garasse. » Ce résumé édulcore considérablement la portée d'un texte étincelant de verve caustique et d'une extrême importance quant à l'enjeu : rien de moins, en effet, que justifier l'existence d'une tradition fort ancienne — saint Augustin, par exemple, la défend dans le *De doctrina christiana* : « Qui oserait dire que la vérité doit demeurer désarmée contre le mensonge, et qu'il sera permis aux ennemis de la foi d'effrayer les fidèles par des paroles fortes, et de les réjouir par des rencontres d'esprit agréables ; mais que les catholiques ne doivent écrire qu'avec une froideur de style qui endorme les lecteurs[1] », — celle de la polémique chrétienne, dont nous pouvons encore, à notre époque, admirer de magnifiques fleurons chez Bloy, Bernanos ou Claudel. Par-delà cet aspect, y compris dans sa dimension ludique[2], nous voudrions

---

1. Cité par Pascal, XI *Prov.,* p. 201.
2. Il ne faut pas minimiser cette dimension trop souvent occultée ; c'est cependant là un trait essentiel du caractère de Pascal. L. JERPHAGNON aurait dû y être plus sensible (voir *Le Caractère de Pascal*, Paris, PUF, 1962) : songeons à la prégnance du *modèle du jeu*, dans la pensée de l'auteur de l'argument dit du pari (sinon de son inventeur : on trouve l'argument chez quantité d'autres apologistes ; voir Julien-Eymard D'ANGERS, *Pascal et ses précurseurs*, Paris, Nouvelles éditions latines, 1954, p. 206 s., sans que cela ôte rien à l'originalité de l'auteur des *Pensées*). Ce point a été bien mis en lumière par L. THIROUIN (voir *Le Modèle du jeu dans la pensée de Pascal*, Paris, Vrin, 1991). Ian HACKING a montré, pour sa part, qu'il n'y avait aucun concept réel de la probabilité en Europe avant le milieu du XVIIe siècle, bien que les jeux de hasard soient communs. Il retrace la genèse du concept et

rendre manifeste l'existence d'une composante métaphysique de l'ironie qui en dévoile à terme l'essence véritable et engage «une vision ironique du monde», selon la formule percutante de J. Mesnard. Il est révélateur que, dans l'ouvrage classique que ce dernier a consacré aux *Pensées*, un chapitre intitulé «Le tragique» succède dans le droit fil au chapitre consacré à «L'ironie»[1].

Northrop Frye voyait, à juste titre, dans le *Livre de Job* un «chef-d'œuvre d'ironie tragique[2]». Vue profonde qui a le mérite de mettre l'accent sur l'ironie de situation, laquelle nous semble être comme l'horizon obligé de tout examen de l'ironie sous ces deux formes recensées : l'ironie rhétorique et l'ironie socratique. Sainte-Beuve avait noté que les dix premières lettres des *Provinciales* sont un nouvel avatar du «dialogue ironique platonicien[3]», tandis que J. Mesnard voit à l'œuvre, dans les *Pensées* aussi, une forme résurgente de la méthode de Platon (et de citer le fragment S 579/L 701 : «Quand on veut reprendre avec utilité et montrer à un autre qu'il se trompe, il faut observer par quel côté il envisage la chose, car elle est vraie ordinairement de ce côté-là, et lui avouer cette vérité, mais lui découvrir le côté par où elle est fausse[4]»). G. Ferreyrolles souligne, quant à lui, comment dans les *Provinciales*, l'ironie rhétorique s'intègre à l'ironie socratique[5]. Cela est d'autant plus digne d'être relevé que la personne de Socrate est quasi absente chez Pascal (point que nous avons déjà souligné et qui distingue ce dernier d'Érasme ou de Montaigne). Évoquer la thèse de doctorat de Kierkegaard, «Le Concept d'ironie constamment rapporté à Socrate» (1840), ne nous semble pas arbitraire. Mais, il nous paraît de la plus grande importance de remonter, en l'occurrence, jusqu'à l'origine de la notion d'ironie qui est

---

centre le débat autour des figures de Pascal, Leibniz, Bernoulli (voir «The Logic of Pascal's Wager», *American Philosophical Quarterly*, 9, 1972).
1. *Les «Pensées» de Pascal*, éd. 1993, Paris, SEDES, p. 296.
2. *Le Grand Code*, Paris, Éd. du Seuil, 1984, p. 59.
3. *PR*, t. II, liv. III, p. 124 : «Jusqu'à la dixième [lettre], [Pascal] pratique l'art du dialogue ironique comme Platon l'a pu faire ; de la onzième à la seizième, il rappelle plus d'une fois ces *Verrines*, ces *Catilinaires*, ces *Philippiques* des grands auteurs de l'Antiquité, et la vigueur surtout de Démosthène. Ce sont toutes sortes d'éloquence comme dit Voltaire.»
4. J. MESNARD précise : «L'ironie consiste à adopter le point de vue de l'interlocuteur pour amener celui-ci à le dépasser» (*Les «Pensées» de Pascal*, p. 289).
5. «L'ironie dans les "Provinciales" de Pascal», *CAIEF*, 38, mai 1986.

l'Ancien Testament. Nous retrouvons ainsi le *Livre de Job* et l'*Ecclésiaste*[1]. Le *Livre de Job* sert de modèle rhétorique, cette fois, non seulement aux *Pensées* mais aussi aux *Provinciales* (et aux fragments des *Pensées* qui ont rapport à la lutte contre les molinistes) dont le recours à l'ironie — qui enchantera un grand expert en la matière, Voltaire! — est proprement la dimension distinctive.

Le mode ironique ne dit pas seulement le choix d'un procédé, il est manifestation impliquée de la logique du Bien *et* du Mal, en tant qu'une conception agonistique de l'existence est ici à l'œuvre. L'ironie relève en quelque sorte d'un régime mixte. Elle est «bonne» dans la mesure où elle est une arme appropriée dans le combat qu'il convient de livrer aux ennemis de la Vérité. Mais Pascal en est conscient : comme toute arme, elle pourrait être synonyme de malfaisance. Souvenons-nous du «fouet de la langue» dans Jb, V, 21 : «Il vous mettra à couvert des traits de la langue perçante» (*a flagello linguae absconderis*, c'est Éliphas qui parle). L'ironie est flagellante, elle blesse. Elle peut être au service des seules forces du mal, et alors purement négative. Pascal doit donc légitimer son usage, prouver qu'en certains cas il y a des guerres justes, des guerres saintes, d'où son emportement contre le silence coupable : «Jamais les saints ne se sont tus» (S 746/L 916). Cependant, il convient de prêter attention au choix des armes[2] : c'est à la langue, ici, qu'il faut avoir recours. L'ironie, d'ailleurs, en son étymologie grecque, l'*eirônia* homérique, dit bien sa nature fondamentalement langagière.

La réaction de Pascal est vive quand il est accusé de blesser la charité[3]. Dans les *Provinciales*, il s'en défend. Il plaide sa cause en rappelant que, selon Hugues de Saint-Victor, l'ironie est «action de justice[4]»; il veut rendre «raison» du procédé auquel il a recours et, dans le souci de se couvrir par des références scripturaires, cite les Pères, les «plus grands saints», les prophètes qui «remplis de l'esprit de Dieu ont usé de ces moqueries, comme nous voyons par les exemples de Daniel

---

1. Voir E. M. GOOD, *Irony in the Old Testament*, Londres, 1965. Voir aussi M. LE GUERN, «Éléments pour une histoire de la notion d'ironie», *L'Ironie*, Lyon, Presses universitaires, 1978, p. 49 s.
2. Voir l'article de F. DELFORGE, «Sacy et le problème de la violence des armes», *Chroniques de Port-Royal*, 33, 1984.
3. XI *Prov.*, p. 202 : «j'aurais blessé la charité».
4. *Ibid.*, p. 197.

et d'Élie »[1]. Il va jusqu'à rappeler que Dieu lui-même ironise (certes, *ad extra* : en tant qu'il condescend à entrer en rapport avec ce monde). Il cite le texte de Gn, III, 22 : « C'est une chose bien remarquable sur ce sujet que, dans les premières paroles que Dieu a dites à l'homme depuis sa chute, l'on trouve un discours de moquerie, et une ironie piquante, selon les Pères. Car, après qu'Adam eut désobéi, dans l'espérance que le démon lui avait donnée d'être fait semblable à Dieu, il paraît par l'Écriture que Dieu, en punition, le rendit sujet à la mort, et qu'après l'avoir réduit à cette misérable condition qui était due à son péché, il se moqua de lui en cet état par ces paroles de risée : Voici l'homme qui est devenu comme l'un de nous : *Ecce Adam quasi unus ex nobis*[2]. » Comment ne pas reconnaître le trope par excellence : la réalité est retournée, puisque voici que l'homme est Dieu !

Bien plus, Dieu se moquerait des réprouvés (c'est même dans ce contexte que Pascal a recours à la citation qu'il emprunte au *Livre de Job*), et l'auteur de s'abriter derrière saint Augustin : « Les sages rient des insensés, parce qu'ils sont sages, non pas de leur propre sagesse mais de cette sagesse divine qui rira de la mort des méchants[3]. » L'on trouvera, à la fin du XVIIe siècle (mais ce n'est là qu'un exemple parmi tous ceux que l'on pourrait donner), une forme exacerbée de cette conception pour le moins terrifique dans les fantasmes extravagants d'un ermite déchaussé, Angelo Maria de San Filippo, qui se complaisait à décrire l'hilarité du Tout-Puissant à la vue des damnés en proie aux tourments du feu infernal... « S'il n'y a personne qui les écoute pour les plaindre, il y a cependant quelqu'un qui les écoute pour se moquer d'eux. *Dominus irredebit eos* [...] Quelqu'un qui porte l'amour au fond de ses entrailles[4] se délecte de leurs tortures et, depuis son trône divin en compagnie des saints, il se moque et plaisante d'eux. *Dominus subsannabit eos*[5]. » Pascal, pour sa part,

---

1. *Ibid.*, p. 198.
2. XI *Prov.*, p. 196. Texte dont l'on trouve un écho en Jb, XXXVIII, 4, quand le Seigneur dit à Job : « Où étiez-vous quand je jetais les fondements de la terre ? Dites-le-moi, si vous avez de l'intelligence ! »
3. *Ibid.*, p. 197.
4. Que serait-ce s'il ne le portait pas ! L'auteur, en dépit de sa dénégation relative à l'amour divin, nous semble anticiper les spéculations du marquis de Sade à propos de Dieu comme idée du mal.
5. *Quaresimale*, Venise, 1715, p. 88. Texte cité par CAMPORESI, *L'Enfer et le fantasme de l'hostie*, Paris, Hachette, 1989, p. 120.

va jusqu'à se réclamer de l'Évangile! «Jésus-Christ voulut humilier Nicodème, qui se croyait habile dans l'intelligence de la loi.» Et il conclut : «Vous voyez donc, mes Pères, que, s'il arrivait aujourd'hui que des personnes qui feraient les maîtres envers les Chrétiens, comme Nicodème et les Pharisiens envers les Juifs, ignoraient les principes de la religion et soutenaient, par exemple, *qu'on peut être sauvé sans avoir jamais aimé Dieu en toute sa vie*, on suivrait en cela l'exemple de Jésus-Christ, en se jouant de leur vanité et de leur ignorance[1].» Cependant, il faut insister sur le fait que, pour autant, la miséricorde n'est pas dans son esprit un vain mot, mais le doublet impliqué de la colère, laquelle est comme son reflet inversé. C'est le mystère finalement du Dieu caché... *A parte hominis*, l'auteur des *Pensées* y insiste, la pitié est supérieure à l'ironie : «Et celui-là se moquera de l'autre? / Qui doit se moquer? Et cependant celui-ci ne se moque pas de l'autre, mais en a pitié» (S 758/L 932).

V. Guerre

Jb, XIV, 14 : «Dans cette guerre où je me trouve maintenant, j'attends tous les jours que mon changement arrive.»

Dans ce royaume divisé, le monde, l'ironie règne en maîtresse. Le *Livre de Job* en est l'illustration la plus appropriée, où Job, lui-même, en butte à l'ironie de Satan, de ses amis, de Dieu, ironise sur sa situation. Par-delà l'aspect polémique du recours au sarcasme comme procédé, Pascal est conscient que l'ironie n'aurait pas cours en Utopie, pas plus qu'elle n'aurait eu raison d'être au jardin d'Éden, ni n'en aura dans la Jérusalem céleste. Il évoque avec nostalgie «le langage de la ville de paix[2]». La paix est le bien messianique par excellence (S 746/L 916)[3]; la guerre, le lot des pécheurs, symptôme d'une

---

1. XI *Prov.*, p. 198; la proposition en italique l'est dans le texte.
2. XIV *Prov.*, p. 272 : «Vous avez ouï le langage de la ville de paix, qui s'appelle la Jérusalem mystique, et vous avez ouï le langage de la ville de trouble, que l'Écriture appelle la *spirituelle Sodome*» (en italique dans le texte); voir Ap, XI, 8.
3. Voir Jn, XX, 19.21.

tare, puisqu'elle renvoie, comme sa conséquence, au péché originel. Toute réflexion approfondie sur l'ironie implique une ouverture (mise en abyme?) théologique, car elle a partie liée, et avec le péché, le mal moral, et avec le rachat salutaire. Comme toute violence, elle peut être «injurieuse et tyrannique» ou «amoureuse et légitime»[1]. Ce n'est pas donc toute forme de violence qui est proscrite. Rien de lénifiant dans cette conception. Quand la Vérité est attaquée, c'est un devoir de la défendre, de soutenir la cause de la morale chrétienne (souvenons-nous de l'épitaphe de Pascal : «*Christianae moralis corruptorum acerrimus hostis*[2]») et de ne pas demeurer dans une «fausse paix», «paix devant les hommes qui serait une guerre devant Dieu». Ces expressions sont tirées d'un texte trop peu lu, la *Réponse des curés de Paris*, rédigée par Pascal, où il déclare aussi : «Bien loin de blesser la charité par ces corrections, on blesserait la charité en ne les faisant pas, parce que la fausse charité est celle qui laisse les méchants en repos dans les vices, au lieu que la véritable charité est celle qui trouble ce malheureux repos, et qu'ainsi au lieu d'établir la charité de Dieu par cette douceur apparente, ce serait la détruire au contraire par une indulgence criminelle, comme les saints Pères nous l'apprennent par ces paroles, *Haec charitas destruit charitatem*. / Aussi c'est pour cela que l'Écriture nous enseigne que Jésus-Christ est venu apporter au monde non seulement la paix, mais aussi *l'épée et la division*, parce que toutes ces choses sont nécessaires chacune en leur temps pour le bien de la vérité, qui est la dernière fin des fidèles, au lieu que la paix et la guerre n'en sont que les moyens, et ne sont légitimes qu'à proportion de l'avantage qui en revient à la vérité. Ils savent que c'est pour cela que l'Écriture dit qu'il y a un temps de paix et un temps de guerre, au lieu qu'on ne peut dire qu'il y a un temps de vérité et un temps de mensonge[3].»

Pascal envisage sous tous ses aspects le visage polymorphe de la guerre, guerres entre les nations, guerres civiles intestines, guerres fratricides qui déchirent le corps mystique. Il évoque, dans le *Cinquième écrit des curés de Paris*, le spectre de l'hérésie[4] et déclare avec Augustin, Irénée et Jean Chrysostome, que

---

1. S 753/L 924, et voir *OC* III, p. 1043 : lettre [7] à Mlle de Roannez.
2. Voir L. JERPHAGNON, *Le Caractère de Pascal*, p. 227.
3. Laf., p. 478.
4. Voir B. NEVEU, *L'Erreur et son juge. Remarques sur les censures doctrinales à l'époque moderne*, Naples, Bibliopolis, 1993, et D. LEDUC-FAYETTE, «La catégorie pascalienne de l'hérésie», *Revue philosophique*, 2, 1995.

le schisme est un mal intolérable : « Ce crime surpasse tous les autres [...] c'est le plus abominable de tous [...] pire que l'embrasement des Écritures Saintes [...] ce mal ne peut être balancé par aucun autre [...] il n'y a jamais de juste nécessité de se séparer de l'unité de l'Église[1]. » « Hérésie » est le maître mot des *Provinciales*[2] ; dans les *Pensées*, tout autant, le souci de leur réfutation est obsédant. En effet, subvertir les dogmes est d'une gravité sans pareille, et l'auteur s'en prend avec virulence, même s'il ne les nomme pas toujours, non seulement au manichéisme et au pélagianisme, mais au nestorianisme, à l'arianisme (S 746/L 916), au donatisme (S 446/L 892), au monothélisme[3], etc. Toutes les hérésies ne pourraient-elles être réduites à un commun dénominateur (à la mesure du fait que tous les dogmes nécessairement s'entr'expriment), puisque toutes mettent en cause le Médiateur dans son unique personne, dans sa double nature, dans sa fonction doublement rédemptrice et déifiante ? Comme l'écrit V. Carraud : « la figure même du Christ [...] est le lieu conflictuel par excellence, fondateur des conflits de l'histoire, puisque sa propre dualité d'homme-Dieu fait l'objet de deux reconnaissances partielles possibles, constitutives des hérésies[4]. » La source commune de toutes les hérésies est l'orgueil qui est aussi le péché philosophique par excellence — Tertullien déjà l'avait souligné. Pascal note : « Dieu et les apôtres prévoya[ie]nt que les semences d'orgueil feraient naître les hérésies » (S 458/L 539). Toute philosophie peut d'ailleurs être considérée comme l'analogue d'une hérésie[5]. De deux des plus célèbres hérésies, le manichéisme et le pélagianisme, celles mêmes auxquelles a eu affaire saint

---

1. Laf., p. 483.
2. Comme on pourrait le constater au seul vu de la *Concordance*, le substantif se rencontre 63 fois au singulier, 10 fois au pluriel ; l'adjectif « hérétiques », 54 fois au pluriel, 45 fois au singulier.
3. XVII *Prov.*, p. 346, 348.
4. *Pascal et la philosophie*, p. 143. L'on trouve dans cet ouvrage de nombreuses remarques sur les hérésies : voir, en particulier, la note capitale p. 150, où il est justement remarqué : « pour Descartes l'idée même d'hérésie en philosophie n'a pas de sens » ; voir aussi p. 175, 179, 372 (avec un très intéressant commentaire sur Charron).
5. Voir *ibid.*, p. 206, et le tableau p. 212. Nous ne suivons pas l'auteur quand il déclare que la façon dont Jansénius condamne les philosophies « par leurs effets en théologie » n'est « jamais [...] celle de Pascal » (p. 177). (Jansénius déclarait que le fondement des hérésies n'est rien d'autre que la philosophie et l'expérience de nos misères.)

Augustin[1], Pascal voit toujours, à son époque, les vivaces résurgences et les ravages. L'existence d'hérésies, l'accusation d'hérésie, sont un des traits dominants de l'espace spirituel du XVIIe siècle. « L'Église a toujours été combattue par des erreurs contraires. Mais peut-être jamais en même temps comme à présent » (S 614/L 733). Il faut prendre conscience des enjeux : le salut de l'âme, de façon prioritaire, mais aussi — pour « ordinaire[2] » que soit le reproche — le danger d'exclusion, d'excommunication, de persécution que représente, à l'époque, l'accusation d'hérésie. « C'est une témérité insupportable de l'avancer, si on n'a pas de quoi la prouver », s'écrie Pascal qui déclare à ses adversaires : « j'apprendrai [...] à tout le monde la fausseté de ce bruit scandaleux que vous semez de tous côtés *que l'Église est divisée par une nouvelle hérésie*[3]. » Les port-royalistes refusent d'être perçus comme secte hérétique : « ceux que vous appelez jansénistes[4]. » Les dix-septième et dix-huitième lettres des *Provinciales* n'ont pour but que de faire voir « qu'il n'y a point d'hérétiques dans l'Église[5] ». Montalte est passé de l'offensive à la défensive, d'où le changement de ton noté par les interprètes. Mais les deux stratégies sont liées puisqu'il y a réciprocité des accusations. Montalte avait dénoncé sans aménité le risque inhérent aux thèses molinistes : verser dans le demi-pélagianisme, lequel consiste, comme le rappelle Bossuet, non, certes, à nier le péché originel, mais à soutenir que la grâce se donne « selon les mérites précédents, et que l'homme commence son salut de lui-même sans la grâce » — ce qui, l'on en conviendra, rend superflue la Rédemption[6]. Très logiquement (et l'on voit

---

1. Saint Augustin, on le sait, a été longtemps manichéen. Il raconte dans le livre VII des *Confessions* comment il était proprement obsédé par le problème de la nature et de l'origine du mal. Voir, en particulier, chap. VII, XII, XVI. Bossuet, qui a pris soin de dénombrer les hérésies, en dresse un utile catalogue. Il mêle manichéens et marcionites dans sa définition : « Les marcionites et les manichéens croient deux premiers principes indépendants, l'un du bien, l'autre du mal : l'un créateur du monde corporel, l'autre des esprits ; l'un du corps, l'autre de l'âme ; l'un auteur de l'Ancien Testament, l'autre du Nouveau, etc. » (*Avertissements aux protestants sur les lettres du ministre Jurieu contre l'histoire des Variations...*, t. IV, 1734, p. 313).
2. XVII *Prov.*, p. 328.
3. *Ibid.*, p. 333 ; en italique dans le texte.
4. *Ibid.* Voir *Lettres sur l'hérésie imaginaire* ; parues sans nom d'auteur — elles sont de Nicole — entre 1664 et 1666.
5. *Ibid.*
6. Voir *Avertissements aux protestants sur les lettres du ministre Jurieu contre l'histoire des Variations...*, t. IV, p. 314.

qu'il n'y a pas rupture entre la quatrième et la cinquième Provinciale), les jésuites sont amenés à minimiser la réalité de la misère, à adopter une position laxiste vis-à-vis des plaisirs qui occultent cette dernière et détournent de considérer le seul remède.

Et que dire enfin de l'esprit humain quand ce dernier devient lui-même champ de bataille (songeons à la célèbre « tempête sous un crâne » de Victor Hugo) ! Pascal décrit avec une sombre lucidité ce qu'il appelle la « guerre intérieure » : « guerre intérieure de la raison contre les passions » (S 29/L 410) ; « guerre intestine de l'homme entre la raison et les passions » (S 514/L 621) ; guerre de l'imagination contre la raison (S 78/L 44) ; « guerre qui est entre les sens et la raison » (S 78, p. 179/L 45)... Ainsi, l'homme « est toujours divisé et contraire à lui-même[1] » (S 514/L 621). L'on comprend que le monde puisse être assimilé à un « hôpital de fous » (S 457/L 533) ! Pascal se complaît à dénoncer la force de l'emprise des passions « toujours vivantes dans ceux qui veulent y renoncer » (S 29/L 410). Il décrit d'autant mieux leurs ravages qu'il y détecte le mécanisme d'une réaction d'évitement : ne sont-elles pas, tel l'amour-propre, « un merveilleux instrument pour nous crever les yeux agréablement » (S 78, p. 178/L 44) ? Voilà donc l'ennemi caché de notre salut, le ressort du divertissement : « Nous sommes pleins de choses qui nous jettent au-dehors [...] Nos passions nous poussent au-dehors » (S 176/L 143). Elles ne nous possèdent que pour nous déposséder de nous-mêmes, c'est-à-dire de Dieu qui seul peut faire que nous soyons à nous et, du fait même, à nos frères, comme on voit dans le fragment S 392/L 360, intitulé « Morale[2] ». Elles constituent donc le principal obstacle à la charité qui ordonne d'aimer son prochain comme Dieu même. « Alors Jésus-Christ vient dire aux hommes qu'ils n'ont point d'autres ennemis qu'eux-mêmes, que ce sont leurs passions qui les séparent de Dieu, qu'il vient pour les détruire et pour leur donner sa grâce, afin de faire d'eux tous une Église sainte » (S 685/L 433). Il importe donc de faire la guerre aux passions, comme y avaient déjà insisté, dans la perspective païenne de leur « superbe diabolique », les stoïciens, à condition de prendre

---

1. Pascal dit cela à propos de la lutte entre la raison et les passions, mais rien n'interdit d'extrapoler.
2. Voir aussi S 403/L 371 : « Qu'on s'imagine un corps plein de membres pensants » ; c'est là un bel alexandrin caché. Il y en a bien d'autres à découvrir, par exemple : « Au prix du vaste tour que cet astre décrit » !

conscience que seule la grâce donne à la liberté d'être libre et lui confère la maîtrise. Dans le renversement dialectique — typique de la méthode pascalienne — du pour au contre, la lutte qui, en soi, est symptôme d'écartèlement devient le signe du sursaut salvateur. « Souvenez-vous de la guerre », disait le Seigneur à Job, dans le célèbre chapitre sur Béhémot et Léviathan, ces figures du démon que seul le Rédempteur a pu vaincre et « lier[1] ». Saint Jean Chrysostome voyait en Job l'athlète paulinien[2], vainqueur non sur le stade, mais dans la vie, des passions. Ce sera le Job-Samson de Wolfskehl[3]. Jansénius, très hostile au stoïcisme, à juste titre taxé par lui de « pélagien », a recours à la métaphore de l'athlète dans le *Discours de la réformation de l'homme intérieur* que Pascal, comme nous l'avons dit, a lu et médité. L'évêque d'Ypres écrit : « Que ces vérités vous servent de consolation dans vos travaux, généreux athlètes de Jésus ! et si dans cette guerre que vous avez déclarée à toutes les passions de l'âme [...] vous sentez une division et une révolte dans votre esprit, si vous-mêmes résistez à vous-mêmes ; et si cette résistance vous empêche de vaincre cet ennemi que vous avez à combattre, c'est-à-dire vous-mêmes, et de le dompter aussi absolument que vous le souhaiteriez, ne vous défiez pas pour cela de l'amour que Dieu vous porte. Que la douleur d'une blessure que vous aurez reçue dans ce combat, ne vous fasse pas quitter l'épée ni le bouclier[4]. » L'on ne trouve pas l'image de l'athlète chez Pascal, mais quant à l'esprit, c'est bien la même atmosphère : le chrétien est vu comme un soldat. Il se doit d'être vainqueur, à toute distance de la perspective stoïcienne, puisque c'est de Dieu qu'il tient sa force et que, finalement, la véritable force est dans la faiblesse : les Pères de l'Église avaient souligné que « Job est le plus courageux des hommes, mais ce courage est fait d'humilité et l'humilité est tout l'opposé de l'orgueil stoïcien. Job ne sup-

---

1. Voir Jb, XL ; Job, p. 622, 625 ; et GRÉGOIRE LE GRAND, *Moralia*, liv. XXXIII, chap. IX.
2. I Co, IX, 24-27, *NT* II, p. 94. L'apôtre réfère aux jeux Isthmiques, aux environs de Corinthe. Le concours s'appelait *« agôn »*. Voir PINDARE, *Isthmiques*. Les stoïciens utiliseront volontiers cette métaphore de l'athlète. Voir, par exemple, CICÉRON, *De officiis*, III, X, 42 (*Les Stoïciens*, « Bibl. de la Pléiade » p. 600). Le stoïcisme chrétien la récupérera évidemment, et Jean Chrysostome, très marqué par le stoïcisme, l'avait fait avant eux.
3. C'est aussi la perspective du *Samson Agonistes* (1671) de Milton.
4. *Discours de la réformation de l'homme intérieur*, reproduit en appendice par G. MICHAUT, *Les Époques de la pensée de Pascal*, Paris, Fontemoing, 2e éd., 1902, p. 219.

porte point une destinée malheureuse avec les seules ressources qui sont en lui, mais il la supporte parce qu'il trouve l'épreuve comme un juste châtiment de sa faiblesse et de sa culpabilité devant Dieu[1] ».

La perspective agonistique se reflète jusque dans le « style agressif » de l'apologiste dont le vocabulaire est celui « de l'attaque et de la déroute », selon l'expression de J. Desmorets dans son analyse de la psychologie pascalienne du « heurt[2] ». Ph. Sellier, lui aussi, souligne la « véhémence » du fameux fragment S 637/L 773 : « Rien ne nous plaît que le combat », tandis qu'il se plaît à relever les occurrences du leitmotiv lexical du « Contre[3] ». Lutter contre la tentation, tel est, l'on s'en doute, le mot d'ordre. Mais lutter, en l'occurrence, est d'abord prier ! « *Priez, de peur d'entrer en tentation. Il est dangereux d'être tenté. Et ceux qui le sont, c'est parce qu'ils ne prient pas* » (S 461/L 550 ; voir Lc, XXII, 40.46). Il y aurait toute une étude à conduire sur le thème de la tentation, en rapport avec la « malignité » qui « tente le cœur de l'homme en cette vie et l'accusera en l'autre », comme dit le Talmud[4]. Quand rôde l'ombre de l'Adversaire... Le plus abominable péché est de « tenter Dieu[5] » : « *Volumus signum videre, DE CAELO TENTANTES eum. Luc, 11, 16* » (S 432/L 851 ; graphie de l'éd. Sellier). Le passage ici du passif (être tenté) à l'actif dit le choix délibéré du mal en sa quintessence : se prendre pour l'égal du créateur ! Un certain type de guerre est donc paradoxalement un devoir. Ne faut-il pas savoir « s'accoutumer à profiter du mal puisqu'il est si ordinaire, au lieu que le bien est si rare[6] ». Les prophètes eux-mêmes font la guerre : « c'est ainsi que les saints patriarches et les prophètes ont été accusés, comme fut Élie, de troubler le repos d'Israël et que les apôtres et Jésus-Christ même ont été condamnés comme des auteurs de trouble et de dissension, parce qu'ils déclaraient une guerre salutaire aux passions corrompues et aux funestes égarements

---

1. L. ZANTA, *La Renaissance du stoïcisme au XVIe siècle*, Paris, 1914, p. 120.
2. *Dans Pascal*, Paris, Éd. de Minuit, 1953, p. 152.
3. Voir, p. 65, l'introduction à son édition.
4. Voir S 309/L 278.
5. Il serait intéressant de voir, par différence, ce qu'il en est, pour Pascal, du Dieu qui tente mais « n'induit pas en erreur » du fragment S 431/L 850.
6. Huitième lettre à Mlle de Roannez, *OC* III, p. 1045.

des pharisiens hypocrites et des prêtres superbes de la synagogue[1]. » Guerroyer contre les passions qui nous rendent étrangers à nous-mêmes, nous dé-centrent, nous exilent, est donc la tâche de tout chrétien, et, pour ce faire, il ne doit pas hésiter à les utiliser contre elles-mêmes, afin de les asservir au lieu d'en demeurer l'esclave. En effet, « quand les passions sont les maîtresses, elles sont vices, et alors elles donnent à l'âme de leur aliment, et l'âme s'en nourrit et s'en empoisonne » (S 500/L 603). Dans cette perspective, l'on ne dénoncera jamais assez leurs ravages. Non seulement, elles altèrent qualitativement, mais elles aliènent ! Elles disent l'autre, tapi sournoisement en nous, et le déclinent sous toutes ses formes, alors que le seul référent est l'Autre, « en nous » et « hors de nous ». Il faudrait pouvoir les dompter. Du moins peut-on essayer de travailler à leur « diminution » (S 680, p. 471/L 418). Là est la grandeur de la liberté humaine, entendue certes dans la perspective janséniste : « À mesure que notre volonté propre diminue par le progrès que l'on fait dans la vertu, on désire de dépendre plutôt d'un autre que d'être maître de soi-même, et d'être plutôt gouverné par la vérité et la volonté de Dieu que par sa propre puissance[2]. » Lorsque Pascal pose la question : « Les philosophes qui ont dompté leurs passions, quelle matière l'a pu faire ? » (S 147/L 115), l'on voit le sens tout pratique qu'il confère au mot « philosophie », et que, dans cette acception, il en reconnaît l'utilité, à la condition *sine qua non* (Épictète et ses disciples, précisément, ne l'ont pas vue !) que toute la gloire revienne à Dieu, cause première, volonté infinie ! La grâce seule peut convertir la concupiscence. Voilà pourquoi, une fois dominées, les passions du juste sont « vertus » : « L'avarice, la jalousie, la colère, Dieu même se les attribue ; et ce sont aussi bien des vertus que la clémence, la pitié, la constance, qui sont aussi des passions. Il faut s'en servir comme d'esclaves et, leur laissant leur aliment, empêcher que l'âme n'y en prenne » (S 500/L 603). En Dieu et dans le juste, elles sont sanctifiées. Senault avait affirmé, lui aussi : « Toutes nos passions peuvent être sanctifiées par la grâce[3]. » Comme l'écrivait Saint-Cyran :

---

1. *Réponse des curés de Paris*, Laf., p. 479.
2. JANSÉNIUS, *Discours de la réformation de l'homme intérieur*, reproduit en appendice par G. MICHAUT, *Les Époques de la pensée de Pascal*, Paris, Fontemoing, 2ᵉ éd., 1902, p. 210.
3. *De l'usage des passions*, II, 3, 3, p. 423.

« Il faut une bonté infinie pour arrêter cette corruption qui est en nous, et beaucoup plus pour en sécher les fruits et détruire les péchés qui en sont sortis. Cette bonté de Dieu ne peut pardonner un péché qu'elle ne les pardonne tous ; comme l'homme n'en saurait faire un qu'il ne soit capable de les commettre tous ; et cela peut consoler un grand pécheur et lui faire espérer de la bonté de Dieu son pardon et l'effacement de ses crimes, puisque, soit qu'il en ait commis un ou plusieurs, *il est toujours besoin d'une grâce infinie*[1]. » Et Pascal de poser avec la plus extrême fermeté : « Un homme dans les ténèbres [...] un homme, quelque juste qu'il soit, s'il n'est aidé d'une grâce assez puissante, ou, pour user des termes du Concile, *d'un secours spécial de Dieu*, il est véritable [...] qu'il n'a pas le pouvoir de persévérer[2]. » Du fait même, combien plus grande que celle des philosophes est la grandeur des saints qui ont travaillé à dominer « l'avarice, la jalousie, la colère » ! L'on notera que ces passions, ainsi dominées, sont « aussi bien vertus que la clémence, la pitié, la constance, qui sont aussi des passions ». Ce qui fait la vertu ou le vice n'est pas le contenu, en tant que tel, d'un acte. Il y a donc, selon Pascal, un bon usage des passions : « Il faut s'en servir comme d'esclaves et, leur laissant leur aliment, empêcher que l'âme n'y en prenne. Car quand les passions sont les maîtresses, elles sont vices, et alors elles donnent à l'âme de leur aliment, et l'âme s'en nourrit et s'en empoisonne » (S 500/L 603). À qui demanderait : « D'où vient cette force ? », l'auteur de l'Apologie répond : « Le Messie est arrivé » (S 332/L 301), ou encore : « Pour faire d'un homme un saint, il faut que ce soit la grâce » (S 440/L 869). La grâce fait toute la différence ! « *Élie était un homme comme nous* et sujet aux mêmes passions que nous, dit saint Pierre pour désabuser les chrétiens de cette fausse idée, qui nous fait rejeter l'exemple des saints comme disproportionné à notre état : c'était des saints, disons-nous, ce n'est pas comme nous » (S 495/L 598 ; la proposition en italique l'est dans le texte). Le saint homme Job aussi doit être imité !

---

1. Voir J. ORCIBAL, *La Spiritualité de Saint-Cyran avec ses écrits de piété inédits*, Paris, Vrin, 1962 p. 438 ; nous soulignons.
2. *EG, Discours...*, § 66-67, *OC* III, p. 736. Voir *CT*, VIe Session, Canon XXII, p. 57.

VI. Mensonge

Jb, VI, 28 : «*Prêtez l'oreille et voyez si je mens.*» Pascal :
«*Videte an mentiar*» *(S 216/L 184).*
Jb, XIII, 7 : «*Dieu a-t-il besoin de votre mensonge?*»
Pascal : «*La vérité de Dieu n'a pas besoin
de votre mensonge*» *(XI Prov., p. 204).*

Dans la onzième Provinciale, Pascal traduit, en se référant à l'Écriture (sans préciser qu'il s'agit du *Livre de Job*), la question que ce dernier pose à ses «amis». Comme il s'agit d'une traduction, nous rangeons cette occurrence dans la catégorie des «références explicites». Pascal substitue à la forme interrogative du texte latin *(« Numquid Deus indiget vestro mendacio»)*, une proposition négative, comme l'y autorise d'ailleurs le *numquid* qui, comme *num*, induit toujours une réponse de ce type. Il serait donc quelque peu outré de dire avec L. Cognet que sa traduction est «libre». Tout de suite après cette citation empruntée à Job, il en donne une de saint Hilaire qu'il trouve chez Arnauld : «Il est du devoir des défenseurs de la vérité de n'avancer que des choses vraies.» Le thème du mensonge est d'une extrême importance dans la pensée pascalienne. «L'homme n'est [...] que mensonge» (S 743, p. 550/L 978); «nous ne sommes que mensonge» (S 539/L 655); «[nous] ne possédons que le mensonge» (S 164, p. 212/L 131)! Pascal souligne notre «aversion», notre «haine mortelle», pour la vérité (S 743/L 978). Quand il se met à l'écoute d'écrits augustiniens, il se montre encore plus rigoriste que saint Augustin. Ce dernier, en effet, admettait dans le *De diversis quaestionibus 83* des degrés entre le respect de la vérité et le mensonge, et allait même jusqu'à dire que, dans l'Ancien Testament, il arrive à Dieu de mettre des paroles menteuses dans la bouche des faux prophètes, ainsi dans l'épisode d'Achab. Il permettrait donc le mensonge pour un plus grand bien[1]. Pascal a présent à l'esprit d'autres textes plus restrictifs, ainsi le chapitre I du *De mendacio*[2], dans le *Sixième écrit des curés de Paris*[3], où il attaque le «discours artificieux»

---

1. Voir BA, X, p. 147, et note 54, p. 731.
2. LXXXIII *Quaest.*, 53, 2. Voir Index de Ph. SELLIER, *Pascal et saint Augustin*, Paris, A. Colin, 1970, p. 638.
3. Laf., p. 487-491.

des casuistes, leur « indifférence affectée », leurs « déclarations équivoques », « captieuse[s] », leurs « soumissions feintes et imaginaires »... Dans le fragment S 490/L 591 où il dénonce le mensonge comme tyrannie, il se réfère au *Contra mendacium*. La loi du plus fort trouve là une illustration particulièrement sinistre. Le mensonge est terroriste. Il asservit en aveuglant. Le diable, cela est bien connu, est le père du mensonge. « Quiconque se sert du mensonge agit par l'esprit du diable[1]. » Satan est « l'esprit mensonger », comme disait Du Bartas, c'est lui qui tente « l'humble Job »[2]...

VII. « Ver »

Jb, XXV, 6 : « L'homme qui n'est que pourriture, et le fils de l'homme qui n'est qu'un ver. »
Pascal : « Imbécile ver de terre » (S 164/L 131).

Dans le « Projet de juin 1658 », nous lisons sous la rubrique « Contrariétés » (liasse VIII) : « S'il se vante, je l'abaisse/S'il s'abaisse, je le vante. » Par ce jeu de balance, Pascal veut faire comprendre à l'homme « qu'il est un monstre incompréhensible », thème que l'on retrouve dans le passage connu : « Quelle chimère est-ce donc que l'homme, quelle nouveauté, quel monstre, quel chaos, quel sujet de contradiction, quel prodige, juge de toutes choses, imbécile ver de terre, dépositaire du vrai, *cloaque* d'incertitude et d'erreur, gloire et rebut de l'univers[3] » (S 164, p. 211/L 131 ; nous soulignons). Dans le *Livre de Job*, le discours de Baldad de Suh rend manifeste la

---

1. XI *Prov.*, p. 204.
2. *La Sepmaine ou création du monde*, Paris, 1578, « Le premier jour », v. 658.
3. Sous la plume de Charron, nous lisons dans le même sens (tout cela est évidemment très montaignien) : « L'homme est l'animal de tous le plus difficile à fonder et à connaître, car c'est le plus double et contrefait, le plus couvert et artificiel, et y a *[sic]* chez lui tant de cabinets et d'arrière-boutiques, dont il sort tantôt homme, tantôt satyre ; tant de soupirails dont il souffle tantôt le chaud, tantôt le froid, et d'où il sort tant de fumée. Tout son branler et mouvoir n'est qu'un cours perpétuel d'erreurs : le matin naître, le soir mourir ; tantôt aux ceps, tantôt en liberté, tantôt un dieu, tantôt une mouche, etc. » (*De la sagesse* [1601], Paris, Fayard, coll. « Corpus », 1986, chap. XXXVIII, « Inconstance », p. 252).

« disproportion » (le mot est dans le commentaire de la *Bible de Sacy*[1]) entre la grandeur divine, son immarcescible pureté : « La lune même ne brille point, et les étoiles ne sont pas pures devant ses yeux » (Jb, XXV, 5), et notre « pourriture ». Pascal emploie, pour sa part, le terme de « cloaque »... L'on a pu voir dans le passage concerné du Ps, XXI, 6, la source du fragment S 164/L 131 : « Mais pour moi, je suis un ver de terre, *et non un homme* ; je suis l'opprobre des hommes et le *rebut* du peuple. » La source de Pascal est évidemment Jb, XXV, 6, puisque ici, selon lui, c'est l'homme, *n'importe quel homme*, qui est le « ver », le « cloaque », le « rebut ». Comment ne pas mettre cela en rapport avec le fragment S 751/L 919 ? Jésus y déclare à l'âme pécheresse : « Je t'aime plus ardemment que tu n'as aimé tes souillures./*Ut immundus pro luto.*» Cette expression a été identifiée par le P. Feuillet comme inspirée par Is, LXIV, 6-8[2]. L'argile, la terre, la boue c'est le *lutum* à partir duquel le divin potier a façonné le vase humain périssable. Le *immundus* seul dit la souillure. Pascal, dans la *Prière pour demander à Dieu le bon usage des maladies*, s'écrie : « Mais, Seigneur, que ferai-je pour vous obliger à répandre votre esprit sur ma misérable *terre*[3] ? » Et nous lisons dans Jb, X, 9 : « Souvenez-vous, je vous prie, que vous m'avez fait comme un ouvrage d'argile » ; « *Memento, quaeso, quod sicut lutum feceris me.* » Puis, le Christ s'exclame : « Qu'à moi en soit la gloire, et non à toi, ver et terre. » Le Christ a pris pour nous sauver la forme immonde (le ver) et périssable (la terre)... Or quand saint Augustin commente le verset 7 du Ps XXII (XXI), il interprète Jésus comme étant cet homme, et non Adam : « Ego autem sum vermis, et non homo. Vermis, et non homo : *nam est et homo vermis ; sed ille*, Vermis, et non homo. *Unde non homo ? Quia Deus*[4]. » Sur cet exemple, on mesure à quel point la Bible, par la médiation de l'interprétation augustinienne, imprègne le texte pascalien où, en filigrane, les réminiscences se mêlent, s'entrecroisent. Commenter véritablement les *Pensées* implique de démêler tous ces fils entrecroisés, noués, parfois confondus, c'est-à-dire de suivre l'incontournable prescription de E. Martineau qui, sur ce point, est inexpugnable : « ne jamais

---

1. Job, p. 387. Il désigne celle qui existe entre « la lumière et la pureté de Dieu et celle des anges ». *A fortiori*, quand il s'agit de Dieu et de l'homme.
2. Voir la note de Ph. SELLIER, p. 562 de son édition.
3. *OC* IV, p. 1006.
4. *Obras*, p. 216.

lire Pascal autrement que Pascal avait écrit : en ruminant, comme on eût dit au Moyen Âge [...] la parole de Dieu» — le prétexte biblique[1] !

VIII. « Roseau »

Jb, XL, 16 : «*[Behemot] dort sous l'ombre dans le secret des roseaux.*»
Pascal : «*L'homme n'est qu'un roseau*» *(S 231/L 200)*;
«*Roseau pensant*» *(S 145/L 113)*.

La plus célèbre métaphore de Pascal est sans doute celle du «roseau pensant». Le roseau est traditionnellement symbole de faiblesse; sa force tient à la «pensée». Là est la «grandeur» de l'homme, vestige à l'état de corruption et au seul titre d'une pure capacité, du premier état. Cette métaphore trouverait-elle sa fort lointaine origine dans un lieu de Jb, XL, 16, par l'intermédiaire des *Moralia* : «[Behemot] dort sous l'ombre dans le secret des roseaux et dans des lieux humides»? Le commentateur de la *Bible de Sacy* explique en effet : «c'est-à-dire dans le cœur des hommes du siècle, que Jésus-Christ a lui-même comparés à des roseaux agités par le vent[2]», tandis que «les lieux humides» désigneraient plus précisément, «selon saint Grégoire, la concupiscence de la chair, comme les roseaux nous figurent la gloire fragile et la vanité de l'orgueil[3]». Il nous est rappelé que «saint Jérôme et saint Grégoire expliquent allégoriquement du démon même ce qui est dit en ce lieu de Behemot ou de l'éléphant; et ils témoignent que toute la force qu'a cet ange des ténèbres contre les hommes et les femmes consiste dans cette concupiscence malheureuse qu'ils ont héritée de la corruption de la nature[4]». L'originalité de Pascal qui, à coup sûr, avait connaissance de l'exégèse de Grégoire serait donc

---

1. L'on se fût évité bien des erreurs dans l'interprétation, si l'on avait toujours procédé ainsi, chaque fois à la mesure d'un savoir à coup sûr nécessairement inférieur à ce qui est requis — la tâche demeure ouverte !
2. En marge, le commentateur renvoie à Mt, XI, 7. «Qu'êtes-vous allé voir dans le désert? Un roseau agité du vent?» demande Jésus, par ironie, au peuple, et de répondre : «Un prophète!» (*NT* I, p. 39.)
3. Job, p. 618.
4. *Ibid.*, p. 613.

d'avoir transmuté en grandeur, par le transfert, dans l'ordre de l'esprit, de ce qui ne semblait dire que l'indignité (ne l'oublions jamais, pour Pascal chaque ordre a, en propre, une relative grandeur). Il est certain que le rapprochement que nous effectuons est fragile, mais il peut être conforté. En effet, Pascal qui, comme J. Mesnard l'a montré, a lu Louis de Grenade, illustre dominicain du XVIIe siècle, a eu sous les yeux ce passage du *Traité de l'oraison et méditation, vrai chemin et adresse pour acquérir et parvenir à la grâce de Dieu*[1] : « Entre tous ces éléments, la terre est la plus basse et ès partie d'icelle, la boue (le *lutum*) est la plus vile, et appert-il que Dieu a créé l'homme de la plus abjecte et moins valant chose du monde, tellement que les papes, les empereurs, et les rois, quels que grands que puissent être, si ne sont-ils autre chose que poudre et cendre, et ceci étant bien entendu jadis par les Égyptiens, desquels est écrit que célébrant tous les ans la fête de leur naissance, ils portaient en leur main certaines herbes qui croissent ès mares, lesquelles sont toutes limoneuses, pour signifier la ressemblance que tous les hommes ont avec la paille, et la boue qui est le père commun de l'un et de l'autre[2]. » L'on peut citer encore ces deux autres extraits : « un verre d'eau froide, une haleine d'un malade suffit pour nous dépouiller de cette vie[3] ». « Aye la moindre opinion de toi que faire se pourra, pensant que n'es qu'un roseau qui se tourne à tous vents[4] ! »

Ph. Sellier avait remarqué que le « modèle syntaxique » de « Il ne faut pas que l'univers entier s'arme pour l'écraser, une vapeur, une goutte d'eau suffit pour le tuer » (S 231/L 200) vient de Montaigne[5] : « Quant à la force, il n'est animal au monde en butte de *[sic]* tant d'offenses que l'homme : il ne nous faut point une baleine, un éléphant et un crocodile, etc. » Or l'on sait que ces animaux sont précisément ceux qui font partie du bestiaire mythique du *Livre de Job*. Behemot est l'éléphant, Léviathan, selon les interprètes, la baleine[6] ou le

---

1. À Paris, chez la veuve Guillaume de La Noüe et Denys de La Noë, 1608 (B. N. D. 36638). Voir J. MESNARD, « L'invention chez Pascal », *La Culture du XVIIe siècle*, Paris, PUF, 1992, p. 374.
2. « Méditation pour le mardi au soir » (f° 91 v°; f° 95 r°; f° 110 r°).
3. F° 93 r°.
4. F° 82 r°. Voir Pascal : « raison [...] ployable à tous sens » (S 455/L 530).
5. Voir la note 18 de son édition, p. 255.
6. Voir par exemple SAINT THOMAS, *Job un homme pour notre temps, Exposition littérale sur le Livre de Job de saint Thomas d'Aquin,* trad. J. Kreit, Paris, Téqui, 1982, XL, 512-520. Pour saint Thomas aussi, la baleine et

crocodile, ce « reptile impur par l'Égypte enfanté[1] ». Tout converge pour rendre manifeste encore une fois que l'imagination et la réflexion de Pascal s'abreuvent, même inconsciemment, à la source lointaine (et qui ne peut tarir) des textes bibliques et de leur lecture par les Pères et les grands spirituels, ici, en l'occurrence, un des plus célèbres passages du *Livre de Job*.

IX. Les merveilles de la nature

Jb, V, 9 : « [Deus] qui facit magna et inscrutabilia, et mirabilia absque numero. »
Pascal : « L'auteur de ces merveilles les comprend. Tout autre ne le peut faire » (S 230, p. 249/L 199).

Pascal se souvient sans doute ici d'un passage de *L'Imitation de Jésus-Christ* : « Dieu, immense, éternel, infiniment puissant, fait dans le ciel et sur la terre des choses grandes, incompréhensibles, et nul ne saurait pénétrer ses merveilles[2] », et comment ne pas faire jouer aussi Is, XL, 28 : *« nec est investigatio mirabilium operum ejus*[3] *»* ? Ne peut-on détecter là encore une réminiscence de la théophanie du *Livre de Job*, dans la logique de l'indication répétée : « Job et Salomon » ? Cette dernière n'a tout de même pas pour seule fin de mentionner, comme en passant, le nom de deux personnages illustres, sans intention très particulière, selon la version minimaliste de Pol Ernst qui ne craint pas d'aligner le sage de Hus et le roi des rois sur « le roi d'Angleterre, le roi de Pologne, la reine de Suède[4] »... Nicole qui s'inspire du développement pascalien sur la « disproportion de l'homme » dans le chapitre des *Essais de morale* intitulé « De la faiblesse de l'homme », place bien, quant à lui, le passage du fragment S 230/L 199, objet de notre attention, sous le signe de Jb, XXXVIII et XXXIX : « Dieu ayant dessein

---

l'éléphant figurent Satan : voir XL, 245-254 (pour l'éléphant), 520-540 (pour la baleine).
1. Louis-Claude DE SAINT-MARTIN, *Le Crocodile ou la Guerre du bien et du mal*, Paris, Triades-Éditions, 1979, chap. I, p. 63.
2. Liv. IV, chap. XVIII, 5
3. Traduction de la *Bible de Sacy* : « et dont la sagesse est impénétrable ».
4. *Approches pascaliennes*, Gembloux, Duculot, 1970, p. 89.

d'humilier Job sous sa majesté souveraine le fait comme sortir de lui-même pour lui faire contempler ce grand monde et toutes les créatures qui le remplissent, afin de le convaincre par là de son impuissance et de sa faiblesse, en lui faisant voir combien il y a de causes et d'effets dans la nature qui surpassent, non seulement sa force, mais son intelligence » ; l'étalage par le Créateur de son omnipotence a pour but de faire sentir à l'homme la « disproportion » (tel est d'ailleurs, nous l'avons dit, le terme auquel a recours le commentateur de Jb, XXXVIII, dans la *Bible de Sacy*) entre le Seigneur et lui. Nicole écrit : « Plus Dieu sera grand et puissant à nos yeux, plus nous nous trouverons petits et faibles, et ce n'est qu'en perdant de vue cette grandeur infinie que nous nous estimons quelque chose. » Il préconise donc de « suivre [...] cette ouverture que l'Écriture nous donne, que chacun contemple cette durée infinie qui le précède et qui le suit, et qu'y voyant sa vie renfermée, il regarde ce qu'elle en occupe. Qu'il se demande à lui-même pourquoi il a commencé de paraître plutôt [voir S 227/L 194] en ce point qu'en un autre de cette éternité, et s'il sent en soi la force ou de se donner l'être ou de le conserver [ici nous reconnaissons les fragment S 167/L 135 et S 102/L 68]. Qu'il en fasse de même de l'espace, qu'il porte la vue de son esprit dans cette immensité où son imagination ne saurait trouver de bornes. Qu'il regarde cette vaste étendue de matière que ses sens découvrent. Qu'il considère dans cette comparaison ce qui lui est échu en partage, c'est-à-dire cette portion de matière qui fait son corps. Qu'il voie ce qu'elle remplit dans l'univers. Qu'il tâche de découvrir pourquoi elle se trouve en ce lieu plutôt qu'en un autre de cet infini où il est comme abîmé. Il est impossible que dans cette vue il ne considère pas la terre tout entière comme un cachot où il se trouve confiné. Que sera-ce donc de l'espace qu'il occupe sur la terre ? [...] il se vit toujours englouti comme un atome imperceptible dans l'immensité de l'univers[1]. »

L'on sait avec quelle vigueur Pascal déboute les métaphysiciens de leur prétention à vouloir démontrer l'existence de Dieu. « Prouver la divinité par les ouvrages de la nature » était banal depuis l'Antiquité, dans l'appel à toute une argumentation finaliste. Les stoïciens y avaient recours (ainsi Balbus dans le

---

1. *Choix des petits traités de morale de Nicole*, par Sylvestre de Sacy, Paris, J. Techener, 1857, p. 18.

De natura deorum de Cicéron) mais aussi les Pères de l'Église qu'ils avaient influencés, par exemple Gratien ou Tertullien[1] que ne manque pas de citer l'arminien Grotius[2]. L'auteur du *De veritate religionis christianae*, apologie célèbre dont la version latine parut en 1627 et qui fut longtemps considérée comme un modèle structurel par la cohorte des apologistes, écrivait : « Tant de merveilles ne nous crient-elles pas que l'auteur de la nature est une intelligence sublime[3] ! » Il faisait appel à la raison de ses interlocuteurs et voulait les convaincre en mettant en évidence des vérités admises par tous, dès qu'ils font preuve d'application d'esprit[4]. Or quoi de plus manifeste que le dessein divin à l'œuvre dans la Création ! L'auteur des *Pensées* ironise : « J'admire avec quelle hardiesse ces personnes entreprennent de parler de Dieu. En adressant leurs discours aux impies, leur premier chapitre est de prouver la divinité par les ouvrages de la nature[5]. Je ne m'étonnerais pas de leur entreprise s'ils adressaient leurs discours aux fidèles, car il est certain [que ceux] qui ont la foi vive dedans le cœur voient incontinent que tout ce qui est n'est autre chose que l'ouvrage du Dieu qu'ils adorent. Mais pour ceux en qui cette lumière est éteinte et dans lesquels on a dessein de la faire revivre, ces personnes destituées de foi et de grâce, qui, recherchant de toute leur lumière tout ce qu'ils voient dans la nature qui les peut mener à cette connaissance, ne trouvent qu'obscurité et ténèbres » (S 644/L 781). Et,

---

1. Voir M. SPANNEUT, *Le Stoïcisme des Pères de l'Église*, Paris, 1957, p. 282. Kant, dans la *Critique du jugement téléologique*, insistera sur l'aspect antique et populaire de la preuve physico-théologique (chère à son cœur, quand bien même elle n'a valeur à ses yeux que d'« argument » !).
2. Calviniste modéré condamné par le synode de Dordrecht. Il ne faut pas s'étonner que Pascal ait très probablement lu son ouvrage (qui jouissait d'une immense célébrité : vingt-six éditions en latin avant 1670, pas moins de quarante-six traductions anglaises de 1632 à 1865 ! Sacy en possédait une édition dans sa bibliothèque ; voir O. BARENNE, *Une grande bibliothèque de Port-Royal. La bibliothèque de M. de Sacy*, Paris, Études augustiniennes, 1985, p. 187). La traduction latine (il avait été rédigé en flamand, en vers) suscita un concert de louanges, y compris chez les catholiques (voir F. LAPLANCHE, *L'Évidence du dieu chrétien*, Strasbourg, 1983, p. 32). Il fut traduit en français au XVIIIe siècle par l'abbé Gouget (*Traité de la vérité de la religion chrétienne*, Paris, 1724), bien connu pour ses sympathies jansénistes.
3. *Ibid.*, p. 19.
4. Voir I Rm, I, 20 (et, dans un autre registre, Sg, XIII, 1, 9).
5. Ce sera, par exemple, au début du XVIIIe siècle, la voie fénelonienne de la première partie du *Traité de l'existence et des attributs de Dieu*. La physico-théologie au siècle des Lumières fera florès.

dans le fragment S 702/L 463, il écrit : « C'est une chose admirable que jamais auteur canonique ne s'est servi de la nature pour prouver Dieu. » Les *mirabilia* attestent, certes, à ses yeux la présence du Dieu caché, mais cette évidence n'en est pas une pour les athées. L'on dirait qu'il a prévu la contestation dont toute apologétique fondée sur l'argument physico-théologique fera l'objet de la part des matérialistes athées du siècle suivant, à commencer par La Mettrie, grand défenseur du paradigme épicurien : le hasard et la nécessité ! L'ordre au siècle des Lumières n'est plus une évidence ontologique, mais le désordre dans la nature comme dans la moralité[1] !

X. La « main »

Jb, XIII, 21 : « Retirez votre main de dessus moi »
(voir Jb, I, 11 : « Étendez un peu votre main[2]*»).*
Pascal : « Voyez d'un œil de miséricorde les plaies
que votre main a mises sur moi » (Prière, OC IV,
§ 10, p. 1007).

C'est le Satan qui dit à Dieu : « Mais étendez un peu votre main, et frappez tout ce qui est à [Job], et vous verrez s'il ne vous maudira pas en face », et le Seigneur de répondre : « mais je te défends d'étendre la main sur lui [c'est-à-dire d'attenter à sa vie] » (Jb, I, 12). Job implore : « retirez votre main. » Satan n'est ici que l'instrument. C'est la main de Dieu qui s'appesantit sur le « pécheur », dans la perspective pascalienne, bien entendu. Trouver, à l'instar de J. Mesnard, une réminiscence de ces passages du *Livre de Job* dans la *Prière pour demander à Dieu le bon usage des maladies*, est tout à fait justifié : « Le fond de la *Prière* est d'abord biblique [....]. Comme l'on pouvait s'y attendre, c'est en premier lieu le livre de Job qui est mis à contribution[3]. » Pascal identifie, d'une

---

1. Voir, par exemple, dans DIDEROT, *Lettre sur les aveugles à l'usage de ceux qui voient,* le thème du « chaos », des « monstres », ou encore les attaques du Philon de D. HUME, *Dialogues sur la religion naturelle* (X^e-XIe partie).
2. Voir le commentaire du « *Mitte manum tuam* » par SAINT AUGUSTIN, *In Psalmos*, 34, 7, *Obras*, p. 522.
3. *OC* IV, p. 983.

certaine manière, sa situation à celle de Job[1] (ainsi lorsqu'il fait écho à Jb, II, 7-8). Mais il s'identifie aussi au personnage lui-même : Job, c'est lui ! Ainsi affirme-t-il être « exempt de grands crimes[2] », ce qui, dans sa bouche, est à toute distance de l'affirmation d'impeccabilité — Job, lui-même, dans l'Épilogue, ne reconnaît-il pas sa culpabilité ?). Or pour Pascal, « la vraie maladie est le péché[3] », tel est le point que nous allons examiner maintenant.

XI. Plaie

Jb, II, 8 : « *Satan [...] frappa Job d'une effroyable plaie (ulcere pessimo) depuis la plante des pieds jusqu'à la tête.* »
Pascal : « *mon âme [...] toute malade et couverte d'ulcères* » *(Prière, OC IV, § VII, p. 1004).*

Pascal transpose la situation de Job à celle du pécheur : ce n'est plus le corps qui est dans un état repoussant, mais l'âme défigurée ! Le « toute » est intéressant. « Nul membre de son corps n'était exempt de souffrance », comme le remarquait, à propos de Job, Grégoire le Grand qui employait l'expression « plaie universelle » — mais, précisait-il, c'était dans le but « que toute son âme eût part au triomphe »[4]. Pascal n'oppose plus corruption du corps et gloire de l'âme. Il fait de la maladie non seulement la rançon du péché (le mal physique), mais l'image de l'état spirituel du pécheur, celle d'une âme viciée en son fond où fermente le « mauvais levain » (S 309/L 278). L'universalisation notée par l'auteur des *Moralia* : « nul membre », prend chez Pascal une portée radicale et combien pessimiste. Son texte s'inscrit dans la ligne noire de l'augustinisme jansénisant.

---

1. Voir ci-dessous : « Plaie ».
2. *OC* IV, p. 1005.
3. *Ibid.*
4. Liv. III, chap. III.

XII. La chair glorieuse

Jb, XIX, 26 : « Que je serai encore revêtu de cette peau, que je verrai mon Dieu dans ma chair. »
Pascal : « etc. » (S 658/L 811).

Ce « etc. » n'a pas à être pris à la légère. Il est le substitut de Jb, XIX, 26. Pour donner à ce verset sa pleine portée, dans l'optique de Pascal, il faut se souvenir de l'événement qui est à l'origine de la liturgie eucharistique : la Cène. Lorsque le célébrant reprend les paroles de Jésus à son dernier repas, ces paroles rendent réel ce qu'elles avancent et soudent, de manière irréfragable, ce souper et la crucifixion. De l'aspect « nutritionnel », il ne peut être fait abstraction. « Nourrir » n'est pas, par hasard, un terme récurrent du vocabulaire pascalien[1]. Dans la seizième Provinciale, le fait que l'hostie est une nourriture est souligné par l'auteur qui explique, en citant *La Fréquente communion* d'Arnauld, que cette « viande[2] » « entre ici [c'est-à-dire ici-bas] dans la bouche et dans la poitrine, et des bons et des méchants », et que c'est la même qui sera mangée par les saints dans le ciel où elle rassasiera leurs sens sublimés, mais, sur la terre, elle est « cachée sous des voiles qui en ôtent la vue et le goût sensible[3] ». D'une part donc, dans l'au-delà, les élus seuls auront le privilège de cette nourriture divine, d'autre part, ils la recevront différemment[4], puisqu'ils en jouiront sensiblement, la dégusteront. Ce qui prouve bien qu'il existe une sensibilité pure et un sensible quintessencié. Loin que ce dernier soit répudié, il accède, dans l'assomption de lui-même, à sa véritable nature : transfigurée. L'aliment surnaturel, peu appétissant sous les espèces communes et pour

---

1. Voir, par exemple, S 504/L 607/L 608.
2. Ce terme archaïque que Pascal utilise (voir « Non la viande qui périt mais celle qui ne périt point », Jn, VI, 27, cité dans le fragment S 299/L 268) signifie nourriture. Loin de la sensibilité de Pascal, l'on pourrait évoquer le fantasme de l'hostie qui saigne (voir l'ouvrage de P. CAMPORESI, *L'Enfer et le fantasme de l'hostie*). Mais il ne faut jamais oublier que c'est dans le sang qu'est fondée la Nouvelle Alliance, prophétisée par Ml, I, 11 : « oblation pure » ; voir S 693, p. 497/L 453. À notre avis, il y a une référence implicite à Malachie dans le fragment S 290/L 259. Il y a loin du Christ-prêtre « selon l'ordre de Melchisédech » (S 504/L 608 ; voir Ps, CIX, 5) au Christ des philosophes !
3. XVI *Prov.*, p. 314.
4. Sur cette « différence », voir *ibid.*, p. 313.

des sens grossiers, est infiniment délectable. Discours métaphorique ? Non ! C'est, tout au contraire, l'amorce de la théorie sur la nature des corps glorieux. Ils mangent donc ! Très intéressant est le passage de l'*Abrégé* où Pascal rapporte le fait que, Jésus Christ, ressuscité, « mange ». En tant que corps ressuscité, commente l'auteur, il n'avait certes plus besoin de manger, mais, en l'occurrence, il accomplit cette fonction, et « ce qu'il mangea [...] fut dans l'estomac consumé[1] ». Mais « un corps ressuscité aurait une puissance imparfaite, s'il n'avait le pouvoir de manger [c'est donc bien un corps], et aurait une puissance imparfaite, s'il en avait besoin ». Cependant, ce qui est vrai du Christ : ne pas en avoir besoin (Dieu est autosuffisant), ne l'est pas dans les élus, car le désir de Dieu, dimension spécifique de la créature dans sa finitude positivement perçue, n'est par définition jamais assouvi, bien au contraire est-il éternellement régénéré, relancé, réanimé, sinon ce ne serait pas, après la mort, la Vie ! Spéculer sur les corps glorieux... A quoi bon ? pourrait-on dire, n'est-ce pas « imaginer » encore et encore, là où il faudrait à nos images procurer des concepts ? Mais voilà qui est bien présomptueux : peut-être tout au contraire la religion a-t-elle besoin d'une remythologisation, si l'on veut bien nous autoriser l'expression, par différence avec la démythologisation de Rudolf Bultmann... Le corps glorieux, selon Pascal et Job (qui sait qu'il verra Dieu « dans sa chair »), éclaire rétrospectivement la nature du corps auquel notre âme est unie ici-bas. Son statut, disqualifié par le péché, est réévalué, puisqu'il est découvert comme figure du corps promis.

L'épisode du pain rompu dévoile le lien étroit qui existe entre la Cène et cette célébration. L'articulation Cène-Croix trouve là son prolongement à titre d'anticipation du banquet messianique. C'est là une vue eschatologique qui, si on la considère dans toute l'ampleur qui la caractérise chez Pascal, intègre en amont tous les repas, non seulement ceux du Christ mais ceux de l'Ancien Testament — entendons les repas « eucharistiques », au sens religieux du terme —, et en aval tous les repas « eucharistiques » (dans l'acception cette fois spécifiquement chrétienne) de la communauté. « La manne, l'agneau pascal[2] » sont des voiles qui dissimulent le Christ. Ils n'en sont pas moins, pour le juif spirituel, une manière de le

---

1. *OC* III, § 337, p. 311/Laf., p. 309.
2. Voir XVI *Prov.*, p. 314.

posséder déjà; car posséder le voile n'est pas de l'ordre du leurre, bien que ce ne soit pas encore la possession réelle dont seul jouit le bienheureux, lequel sait qu'il mange le pain du ciel, tandis que le chrétien est dans une position mixte puisque la vérité, toujours cachée, s'offre à lui dans l'hostie consacrée. L'aspect festif de la vie paradisiaque comme banquet manifeste que la joie promise rayonne par-delà la térébrante affliction du supplice. L'Eucharistie est «le pain de vie et des vivants[1]», figure de la gloire. Pascal aligne volontairement dans le fragment S 653/L 801 deux citations empruntées, l'une à Dt, VIII, 9 — «[La terre promise] où vous mangerez votre pain» —, l'autre à Lc, XI, 3 —» Donnez-nous aujourd'hui notre pain quotidien» : «*Comedes panem TUUM/panem NOSTRUM*[2].» Il prend soin de rappeler : «L'*Ancien Testament* contenait les figures de la gloire future et le *Nouveau* contient les moyens d'y arriver.» Il y a bien trois tabernacles, la synagogue, l'Église, le Ciel[3]. Et comment ne pas considérer aussi l'hostie dans sa dimension ecclésiale, puisque c'est par elle que notre espérance, être uni à Dieu, ne plus faire qu'un esprit avec Lui, trouve son progressif accomplissement par incorporation, selon un terme augustinien : «Celui qui vient à moi s'incorpore à moi[4]»? La théorie augustinienne du corps mystique, reprise par Pascal, est la suprême efflorescence de sa réflexion eucharistique. A l'état infralapsaire, la *massa perditionis* est un assemblage confus, désagrégé, chaotique, d'individualités solitaires et hostiles qui passent leur temps à se déchirer — guerre de chacun contre tous qui fait évidemment évoquer le système de Hobbes. Nul n'aime ni ne peut aimer, sinon de manière illusoire... Dans la «république chrétienne» (S 408/L 376), au contraire, toutes les relations sont restaurées. Amour devient le maître mot. Le moi est réconcilié avec lui-même et avec les autres ; il les aime, il s'aime car il devient «digne» d'être aimé, et ce, à toute distance du coupable amour-propre : il devient faux que «l'unique vertu [soit] de se haïr». Et s'il est, de fait, seulement licite d'aimer un être «qui soit en nous et qui ne soit pas nous», l'Être universel, assurément, est tel ! «Le royaume de Dieu est en nous» (S 471/L 564). Comme l'Église, nous sommes le temple du Saint-Esprit. La piste qui reconduit à

---

1. *Mort...*, OC II, p. 857/Laf., p. 277. Jn, VI, 51.
2. Les termes en capitales le sont dans le texte de Pascal.
3. Voir XVI *Prov.*, p. 314.
4. *In Joannis evangelium tractatus*, 25, 16.

autrui et à la cité est ainsi retrouvée. Désormais ce ne sont plus des « cordes qui attachent le respect des uns envers les autres [...] cordes de nécessité [...] cordes d'imagination » (S 668/L 828), mais un lien substantiel, librement consenti, suprêmement réel... Comme on le voit dans le fragment S 584/L 706 : *Lier et délier*, l'Église éternelle est ce lien, car le Christ eucharistique qu'elle célèbre est ce lien. L'amour de Dieu, au double sens du génitif, a cette vertu de coalescence.

TROISIÈME PARTIE

LA LIBERTÉ, LE MAL

« L'essence du péché consist[e] à avoir une volonté opposée à celle que nous connaissons en Dieu » (Lettre [9] à Mlle de Roannez, *OC* III, p. 1046).

CHAPITRE PREMIER

NATURE ET ORIGINE DU MAL

I. «Rem viderunt»

«La réalité des maux» (S 22/L 403)... Tel est le constat de Job, dans son affligeante banalité. «Tous se plaignent, princes, sujets, nobles, roturiers, vieux, jeunes, forts, faibles, savants, ignorants, sains, malades, de tous pays, de tous les temps, de tous âges et de toutes conditions» (S 181/L 148). Salomon ne disait-il pas, lui aussi : «Une inquiète occupation a été destinée d'abord à tous les hommes, et un joug pesant accable les enfants d'Adam depuis le jour qu'ils sortent du ventre de leur mère jusqu'au jour de leur sépulture, où ils rentrent dans la mère commune de tous[1]»? Le mal est «si ordinaire, au lieu que le bien est si rare[2]», remarque Pascal... Il entend par là le mal moral qui est toujours, à quelque égard, souffrance infligée à soi ou à autrui, à distinguer de la souffrance du mal subi — le «mal de peine», selon saint Thomas, punition du mal moral. Mais, quoi qu'il en soit, de la souffrance généralement parlant, l'«épreuve» — «si longue, si continuelle et si uniforme» — a un caractère d'universalité. La spirale est vertigineuse qui «de malheur en malheur nous conduit jusqu'à la mort qui en est un comble éternel» (S 181/L 148)... Cette lugubre variation sur le thème de la misère a quelque chose d'abyssal, en l'indéfini de sa morne répétitivité. Cependant, de fait, chacun la vit sur son mode, c'est pourquoi «l'exemple nous instruit peu. Il n'est jamais si parfaitement semblable qu'il n'y ait quelque délicate différence[3]». Chaque

---

1. Si, XL, 1. Rappelons que Salomon est, à l'époque, l'auteur supposé de l'*Ecclésiastique*.
2. À Mlle de Roannez, *OC* III, p. 1045/Laf., p. 270. Sur la «banalité du mal», voir les pertinentes réflexions de B. SAINT-SERNIN, *La Raison au XXe siècle*, Paris, Éd. du Seuil, 1995, p. 232-233.
3. S 181/ L 148. L'on songe, bien sûr, au principe leibnizien des indis-

vécu a sa tonalité propre : ce n'est jamais la même douleur, ni le même chagrin, ni la même angoisse... Mais chaque expérience particulière n'en a pas moins valeur de paradigme : elle vaut pour tous, elle est comme un miroir vivant qui exprimerait l'infini du malheur. Comme eût dit Leibniz : « L'on peut voir ici ce qui est partout », ou encore : « La première chose qui s'offre à l'homme quand il se regarde », c'est la misère de sa condition — « jusqu'aux abîmes[1] »... Cela est vrai, éminemment, de l'expérience de Job, à la mesure d'un statut paroxystique. L'homme de Hus n'est-il pas « le plus malheureux » des hommes ? Funeste privilège ? Bien au contraire ! Pour reprendre la métaphore chère à l'auteur de l'*Essai pour les coniques*[2], si l'on représentait la misère comme un cône, la section « tourment de Job » serait découverte comme la plus proche du mystérieux point haut de la Passion, site perspectif qui est le lieu d'une transmutation auprès de laquelle celle du plomb en or n'est rien, foyer incandescent où se consume le mal. Les auteurs médiévaux l'avaient bien compris qui, traditionnellement, mettaient en parallèle Job tourmenté et le Christ flagellé.

Mais revenons au régime ordinaire de l'existence mondaine, celui de la déception, de la tromperie — « l'expérience nous pipe » (S 181/L 148) —, en un mot de l'échec. Une évidence d'un type particulier, à laquelle le célèbre oxymoron cornélien « obscure clarté[3] » pourrait servir d'emblème, connote la « réalité des maux ». La misère est *vue*. « *Rem viderunt* » (S 238/L 206), affirme Pascal après saint Augustin. Entendons : les stoïciens, comme Job, ont *vu* la chose, la misère comme *chose* qui, dans le champ visuel, capte invinciblement notre regard, même si nous nous aveuglons pour ne pas voir ! Dans l'*Entretien avec M. de Sacy sur Épictète et Montaigne*, Pascal rapporte quasi textuellement un passage du *Manuel* : « Ayez tous les jours *devant les yeux* la mort et les maux[4]. » L'évidence,

---

cernables. N'oublions pas que Leibniz reconnaît le caractère fondamental de la réflexion pascalienne par rapport à son propre approfondissement du calcul différentiel.

1. Leibniz dit cela à propos du « corps » dans le commentaire qu'il consacre au fragment de Pascal sur la « disproportion de l'homme » (S 230/L 199) ; voir « Double infinité chez Pascal et monade » (*G. W. Leibniz. Textes inédits*, publiés par G. Grua, Paris, PUF, t. II, p. 553-555), mais il ne nous a pas paru illégitime de transposer ses expressions du registre matériel (Leibniz considère l'infinité de l'étendue de la matière) à celui de l'anthropologie.
2. *OC* II, p. 228 s.
3. *Le Cid*, acte IV, scène III.
4. *OC* III, p. 132 ; nous soulignons. Voir *Manuel* XXVI (XXI).

ici, est différente de celle qui caractérise les objets du géomètre, lequel a le privilège de « ne suppose[r] que des choses claires et constantes par la lumière naturelle[1] », car elle relève de l'ordre du vécu dont la dimension distinctive est la confusion. Ainsi, pour Descartes qui définit l'idée claire comme celle qui est « présente et manifeste à un esprit attentif[2] », l'union de l'âme et du corps est-elle à la fois claire et confuse (« la connaissance peut être claire sans être distincte[3] »). Le mal, pour Pascal, dit dans le langage cartésien qu'il ne dédaigne pas d'emprunter[4], serait donc ce qu'il y a de plus clair (par sa qualité de présence brutale qui obsède l'esprit au piège de l'existence) et ce qu'il y a de plus confus (dans l'incapacité où nous sommes de le cerner et de le discerner). Baudelaire ne soutenait-il pas que la plus grande ruse du diable consiste à faire croire qu'il n'existe pas ? Mais dans la terminologie pascalienne où « clair » ne s'oppose pas à « distinct », il faudrait dire que, des maux, l'évidence est obscure (et non plus « confuse »). La terrible évidence du phénomène, quand bien même elle ne ressortit pas au registre de la clarté géométrique, est patente. C'est là une forme « prégnante » de la configuration existentielle, au sens que donnent au mot les théoriciens contemporains de la *Gestalt*[5], mais aussi au sens du XVIIe siècle, qui connote l'urgence[6]. Il serait grave de minimiser la sinistre fécondité et le caractère pressant de la « réalité des maux », comme il serait dangereux d'en méconnaître la charge affective. L'universalité du malheur renvoie, comme son reflet inversé, à l'universelle aspiration que souligne le début du fragment S 181/L 148 : « Tous les hommes recherchent d'être heureux. »

---

1. *De l'esprit géométrique*, OC III, p. 395.
2. *Principes de la philosophie*, I, § 45. « La définition de la clarté inclut [...] une présence, et une présence ne peut être donnée que dans une expérience », écrit H. GOUHIER (*La Pensée métaphysique de Descartes*, Paris, Vrin, 2e éd., 1969, p. 21).
3. *Principes de la philosophie*, I, § 46.
4. J. PUCELLE, dans un article ancien sur « La "lumière naturelle" et le cartésianisme dans "L'Esprit géométrique" et "L'Art de persuader" » (*Pascal. Textes du tricentenaire*, Paris, Aubier, 1963, p. 50-61), a bien fait ressortir « l'ambiance intellectuelle commune », ici, à Descartes et Pascal (p. 51), mais aussi la complexité du rapport entre leurs modes d'appréhension et leurs univers respectifs (voir p. 61).
5. La *Gestalttheorie* emprunte le mot à l'anglais *pregnant*, « fécond ».
6. Jansénius écrivait à Saint-Cyran, le 22 avril 1622 : « la plus prégnante cause de ma pusillanimité » (voir J. ORCIBAL, *Jansénius d'Ypres [1585-1638]*, Paris, Études augustiniennes, 1989, p. 285, n. 101).

Pascal fait sienne l'inquiétude de saint Augustin — « nous désirons tous d'être heureux ; il n'y a point d'homme qui ne demeure d'accord de cette proposition, avant même qu'on la lui ait faite[1] » —, mais aussi celle du « dernier des Romains », le païen Boèce, qui écrivait, dans ce véritable « bréviaire de la sagesse antique » qu'est *La Consolation de la philosophie*, « [les mortels] s'efforcent tous de parvenir au terme unique du bonheur[2] ». Six siècles plus tard, saint Thomas, dans le contexte d'une argumentation rationnelle marquée par l'eudémonisme de l'*Éthique à Nicomaque*, insistera sur le fait que le désir qui tend au bonheur est le ressort de toute l'activité humaine[3]... « Que nous crient donc cette avidité et cette impuissance ? » s'interroge l'auteur des *Pensées*. La liaison des deux termes « avidité » et « impuissance » énonce le caractère tragique (si l'assouvissement est découvert à la fois comme nécessaire et impossible) de la sphère du divertissement, mais l'interrogation invite, par-delà, à la prise de conscience d'un désir « autre », vérité de toutes ses caricaturales anamorphoses, et qui n'est pas fatalement voué à l'insatisfaction : le désir du Souverain Bien, le désir de Dieu. « La vie chrétienne [...] n'est autre chose qu'un saint désir, selon [...] Augustin », celui de la béatitude céleste[4]. Il faut donc poser que seul le chrétien peut être heureux. Saint Thomas articulait la béatitude imparfaite (le bonheur ici-bas) et la béatitude parfaite (la vision de Dieu). Mais la vie profane est, dans la lugubre optique de Pascal, vouée au malheur, travaillée qu'elle est par les affres de la concupiscence au triple visage. « *Libido sentiendi, libido sciendi, libido dominandi*. Malheureuse la terre de malédiction que ces trois fleuves de feu embrasent plutôt qu'ils n'arrosent ! » (S 460/L 545). La quête des voluptés — triste pluriel ! — attachée à la *libido sentiendi*, la curiosité, dimension distinctive de la *libido sciendi*, trahissent l'éparpillement d'un moi dissous,

---

1. *Des mœurs de l'Église catholique*, chap. III, p. 10, trad. d'Arnauld, Paris, nouvelle édition, 1725.
2. Trad. A. Bocognano, Paris, Garnier, 1952, III, prose 2, p. 89 ; voir la préface, p. VIII, XI. Boèce sera considéré au Moyen Âge comme un auteur chrétien.
3. Voir « *Beatitudo est [...] finis rationalis creaturae* », *Script. in Sent.*, I, d. 38, qu. I, a. 2 ad 1.
4. *EG, Lettre...*, *OC* III, p. 659 (et *Tract. 4 in Epist. Joannis*). Boèce arrivait à la même conclusion dans son optique stoïcienne et néoplatonicienne : « Platon, voilà le grand consolateur de Boèce », écrit A. Bocognano dans son édition de *La Consolation de la philosophie* (Paris, Garnier, s. d, p. XII).

volatilisé à la périphérie de lui-même, condamné à demeurer inassouvi. La *libido dominandi* fait évoquer la volonté de puissance nietzschéenne, mais affectée, en l'occurrence, d'une valence toute négative, dans les ravages dénoncés de la «tyrannie», cette contrefaçon de la royauté véritable. C'est le fameux «en tyran, non en roi», du fragment S 485/L 584. Pascal fait encore écho à Boèce lorsqu'il médite, comme lui, sur la «dignité royale» : «N'est-elle pas assez grande d'elle-même, pour celui qui la possède, pour le rendre heureux par la seule vue de ce qu'il est?» (S 169/L 137), ou encore lorsqu'il s'attache à la métamorphose du «roi dépossédé» en despote[1] (S 148/L 116). L'auteur de *La Consolation* avait écrit des pages devenues classiques sur ces thèmes (et que Pascal peut donc avoir lues); il n'avait eu de cesse de souligner que «la part du malheur est nécessairement plus grande pour les rois[2]».

La différence entre l'état d'Adam et le nôtre ne tient pas, il convient de le souligner, à ce qu'il aurait connu un parfait bonheur du fait qu'il n'aurait rien eu à désirer! Tout au contraire, la dimension distinctive de la nature humaine à l'état supralapsaire était d'être littéralement «ordonnée[3]» à l'Être infini, c'est-à-dire aspirant à le rejoindre. La volonté intègre était tout entière transie par l'amour de Dieu, son moteur était donc de s'unir à l'objet de cet amour. Dans la partie centrale du *Traité de la prédestination*, Pascal rappelle la position augustinienne relative au désir du premier homme : «Adam désira[i]t sa béatitude et ne pouva[i]t pas ne pas la désirer[4].» Si Adam n'avait pas été un homme de désir, il n'aurait pu être tenté... Ce point a échappé à N. Grimaldi qui prête à l'homme pascalien une «nostalgie de l'En deçà» qu'il définit comme «le désir de ne plus désirer»[5]. À l'état infralapsaire, le Bien infini étant perdu, nous convoitons des biens de substitution, «choses périssables [...] fragiles et vaines». Or, «tout ce qui doit moins durer que son âme est incapable de satisfaire

---

1. Le thème de la tyrannie est très important chez Pascal, en rapport avec l'éloquence «qui persuade» et la philosophie politique (voir l'ouvrage récent de Ch. LAZZERI, *Force et justice dans la politique de Pascal*, Paris, PUF, 1993).
2. Trad. A. Bocognano, prose 5, p. 105.
3. Terme clef. Ch. LAZZERI (*Force et justice dans la politique de Pascal*, p. 7) parle très justement de «l'ordre de dépendance qui définit la *natura integra*», p. 7.
4. *OC* III, p. 792.
5. *Le Désir et le Temps*, Paris, PUF, 1971, p. 260.

le désir de cette âme qui recherche sérieusement à s'établir dans une félicité aussi durable qu'elle-même[1] ». L'espoir (cette caricature de l'espérance) de combler le « gouffre » qui s'est creusé est donc insensé. Freud expliquera que l'on ne renonce jamais à rien puisque l'on ne fait que remplacer une chose par une autre. Mais ici quel effrayant, quel insoutenable paradoxe : porter au fini un amour infini ! Voilà ce que l'on est en droit de désigner comme « arrêt », d'où cette expression récurrente dans les textes mystiques du « grand siècle », ceux de la fameuse « science des saints » : « s'arrêter à la créature », qui dit un élan brisé, une re-chute donc, celle d'Adam déjà, si l'ange mauvais, « en s'aimant plus que Dieu, lui a refusé sa soumission, s'est enflé d'orgueil, détaché de l'essence suprême et il est tombé[2] ». Telle est la racine du mal : se faire son propre centre — un exil finalement ! Se perdre dans sa propre égoïté, s'égarer dans le « labyrinthe du monde », n'est-ce pas la même chose ? À l'inverse, le vrai re-centrement est retour à la terre promise, le « paradis du cœur » : l'homme a deux centres, comme l'avait bien vu Johann Amos Comenius[3].

Faut-il écrire : le mal « existe » ? Assurément, la volonté déviée le fait « exister » dans les « choses », mais ce n'est là qu'une pseudo-création qui correspond à une tentative (nécessairement vouée à l'échec) de dé-création, un monstrueux et caricatural vouloir, celui de faire être le « rien » ! Bernanos, dans le *Journal d'un curé de campagne*, écrira que le monde du mal est « l'ébauche d'une création hideuse, avortée, à l'extrême limite de l'être[4] ». Quant à l'essence, il faut dire, avec saint Augustin, contre les manichéens : « le mal, dont je cherchais d'où il vient, n'est pas une substance, puisque s'il était une substance, il serait bon » ; « le mal ne représente aucune nature, et ce nom ne signifie que la privation d'un bien[5] ». (L'on retrouve ce même type d'affirmation chez bon nombre

---

1. *Conversion...*, *OC* IV, p. 41.
2. Saint Augustin, *De vera religione*, XIII, 26, BA, VIII, p. 59.
3. Voir *Le Labyrinthe du monde* et *Le Paradis du cœur*, deux textes qui datent de 1623.
4. *Œuvres romanesques*, Paris, Gallimard, coll. « Pléiade », 1961, p. 1143.
5. *Confessions*, liv. VII ; *La Cité de Dieu*, liv. XI, chap. XXII. Augustin (en dépit de ce qu'il lui doit) se sépare de Plotin, pour lequel « le mal est la matière première » (voir *Ennéades*, I, 8, 3, 12-16). La matière, selon lui, est le mal absolu ou premier (par soi). Les descriptions plotiniennes du mal et de la matière sont identiques, le problème étant que la matière est le résultat de la dérivation, et qu'elle est donc produite par l'âme, paradoxe !

de Pères de l'Église grecque[1]). Pour ne pas être substantiel, le mal n'en a pas moins sur le plan phénoménal une sorte de pesante densité — un spectacle qui fait obstacle, d'où le «*rem viderunt*» qui dit l'opacité, la pesanteur des choses, et fait évoquer aussi bien la *caducitas* cicéronienne que la *tarditas* augustinienne. Pascal se plaît à citer, avec saint Augustin, un verset biblique relatif au «corps qui nous aggrave et nous baisse vers la terre» (S 230, p. 254/L 199; Sg, IX, 15). Si le Bien se caractérise par son unicité, l'«être» du mal est multiple, créature protéiforme qui déploie dans l'espace immense ses ailes enténébrantes, comme on peut le voir au tout début du *Faust* de Murnau. «Le mal est aisé, il y en a une infinité, le bien presque unique[2]» (S 454, p. 364/L 526).

II. «Causam non viderunt»

La méditation sur le «remède[3]» est inséparable de la généalogie du mal (le fameux «*Unde malum?*») et de l'analyse du rapport entre ses formes diverses, la faute morale et ses conséquences (souffrance physique et mentale). «*Causam non vide-*

---

1. Par exemple, ATHANASE, *Oratio contra gentes*, 6 (PG 25, c. 12 D), ou BASILE dans un sermon où il démontre que Dieu n'est pas l'auteur du mal (PG 31, c. 341 B), ou encore GRÉGOIRE DE NYSSE. Pour ce dernier, «la genèse du mal ne peut se comprendre que comme absence, *apousia* du bien : tant que le bien est présent dans notre nature, le mal est, de soi, inexistant, *anyparkton*, et n'apparaît que par suite du retrait, *anachôrèsis*, du bien. Le bien et le mal ne s'opposent pas dans l'ordre substantiel, *kat'hypostasin*, mais comme l'être au non-être : le mal n'existe pas par lui-même, mais se conçoit comme l'absence du meilleur» (H.-I. MARROU, «Un ange déchu, un ange pourtant», dans COLLECTIF, *Satan*, Paris, Desclée de Brouwer, coll. «Études carmélitaines», 1948, p. 40; Marrou s'appuie sur le *Discours catéchétique*, trad. Méridier, Paris, Picard, 1908, 5, 11-12, p. 32, et 6, 6, p. 38). Les œuvres d'Athanase, de Basile le Grand et de Grégoire de Nysse figuraient dans la bibliothèque de Sacy (voir O. BARENNE, *Une grande bibliothèque de Port-Royal*, Paris, Études augustiniennes, 1985).
2. La suite du texte vaut d'être citée : «Mais un certain genre de mal est aussi difficile à trouver que ce que l'on appelle bien, et souvent on fait passer pour bien à cette marque ce mal particulier. Il faut même une grandeur extraordinaire d'âme pour y arriver, aussi bien qu'au bien.» N'y a-t-il pas là un accent que l'on pourrait qualifier de prébaudelairien?
3. C'est là un terme récurrent du vocabulaire pascalien : 7 occurrences au singulier, 17 au pluriel dans les *Pensées* (H. M. DAVIDSON, P. H. DUBÉ, *A Concordance to Pascal's Pensées*, Cornell University Press, 1975).

runt », dit encore le fragment S 238/L 206. Il ne suffit pas de constater l'effet, en l'occurrence le fait de la misère, encore faut-il l'imputer à sa cause. « Toutes ces personnes ont vu les effets, mais ils n'ont pas vu les causes. Ils sont à l'égard de ceux qui ont découvert les causes comme ceux qui n'ont que les yeux à l'égard de ceux qui ont l'esprit ; car les effets sont comme sensibles, et les causes sont visibles seulement à l'esprit. Et quoique ces effets-là se voient par l'esprit, cet esprit est à l'égard de l'esprit qui voit les causes comme les sens corporels à l'égard de l'esprit[1]. » Une autre vue est donc requise. La raison, confrontée au mal, ne saurait en comprendre la cause, mais elle n'est pas, pour autant, incapable de la concevoir ou de l'entendre, comme eût dit Descartes[2].

« [Les maux] proviennent de cette racine d'erreur et d'amour pervers que tous les fils d'Adam ont en eux depuis leur naissance », écrivait saint Augustin[3]. La cause du mal est donc le péché originel qui a plongé les hommes « dans une corruption universelle » (S 646/L 793). Pascal, lorsqu'il traite ce point capital de la théologie chrétienne, a, certes, en mémoire les analyses de l'évêque d'Hippone et de Jansénius si présentes dans la liasse XI, « Le souverain bien », mais peut-être aussi celles très pessimistes de Bérulle[4]. La catégorie de la « causalité » est l'instrument de la réflexion qui, pour se constituer, ne saurait faire l'économie du langage conceptuel. C'est ici le même langage que celui de la philosophie, mais cette dernière n'a valeur que d'auxiliaire. La tâche du théologien est bien d'expliciter la Révélation, mais, pour ce faire, encore

---

1. *Miscellanea*, S 480, p. 378/Papiers non classés, L 577. Dans l'édition Brunschvicg, ce passage (Br. 234) précède immédiatement le *« Rem viderunt, causam non viderunt »* (Br. 235), et dans l'édition Martineau, de même (p. 131).
2. « L'infini, en tant qu'infini, n'est point à la vérité compris, mais [...] néanmoins il est entendu » (*Premières réponses*, Paris, Gallimard, coll. « La Pléiade », p. 352).
3. *Juliani responsionem opus imperfectum (contra)*, PEV 31-32.
4. Voir le n° 137 de l'édition Migne et M. DUPUY, « Bérulle et Pascal, le péché originel », *Oratoriana*, nouvelle série, 6, 1962, p. 3-4, 9, 12-13, ainsi que H. GOUHIER, *L'Antihumanisme au XVIIe siècle*, Paris, Vrin, 1987, p. 47. Le nom de Bérulle ne surgit pas ici inopinément. Sur bien des points, des rapprochements féconds peuvent être opérés, comme l'avaient pressenti Ch. Du Bos et J. Dedieu (voir Ch. DU BOS, *Approximations*, Paris, Corréa, 19, p. 201-202, et J. DEDIEU, « Survivances et influences de l'apologétique traditionnelle dans les "Pensées" », *Revue d'histoire littéraire de la France*, 1930-1931).

doit-il en partir, et l'interlocuteur de Pascal qui découvre, par la lumière naturelle, que la faute première est principe explicatif doit recevoir le don de la foi, pour prendre la pleine mesure de cette affirmation! C'est pourquoi, comme le remarque Ch. Lazzeri, Pascal «reconduit» nécessairement l'anthropologie «à son fondement théologique[1]». Par ailleurs, c'est d'un dogme qu'il est question, en sa mystérieuse obscurité, en sa portée éclairante... Il s'agit bien d'une sorte de «connaissance», mais entée sur «le mystère de Dieu le Père et de Jésus-Christ, dans lequel tous les trésors de la sagesse et de la science sont renfermés[2]». Le péché originel est «principe» dans la triple acception du terme : logique (la portée explicative), chronologique (faute première, mais qui, comme telle, se précède toujours elle-même, c'est pourquoi elle renvoie au péché de l'ange), ontologique (même si le mal n'est pas substantiel) : le péché dit le fond sans fond, l'effrayant surgissement de l'insondable — la liberté. Et le plus difficile à «entendre» est qu'au bout du compte, d'une certaine manière, la peine ne soit rien d'autre que le péché lui-même!

Le mal constaté appelle donc au savoir de sa cause. La logique doit obéir à la réalité, fût-elle «incompréhensible» (par différence avec «insensée»). Si l'explication l'est encore plus, elle n'en a pas moins sa pleine portée : explicative! Voltaire, en 1748, remarquait avec son ironie coutumière : «C'est bien assez de ne rien entendre à notre origine, sans l'expliquer par une chose qu'on n'entend pas[3].» Mais pour Pascal, le péché d'origine, cause des maux, a valeur de «preuve» de la religion chrétienne : la raison doit «se rendre» au dogme qui «rend raison» de notre condition[4]. La raison est acculée à la «solution» chrétienne — sauf à ne jamais

---

1. *Force et justice dans la politique de Pascal*, p. 3.
2. Col, II, 3.
3. Voir *Mélanges*, Paris, Gallimard, coll. «La Pléiade», p. 1345, citation de la note 1 de la p. 106. L'on peut désigner sous le titre d'*Anti-Pascal*, comme R. POMEAU (voir *La Religion de Voltaire*, Paris, Nizet, 1956, p. 226-237), les remarques voltairiennes : *Sur les pensées de M. Pascal*.
4. Voilà qui semblait bien discutable à l'abbé BREMOND : «Quant à la preuve de la religion que Pascal pense pouvoir tirer de ce même péché originel et de la misère qui s'en est suivie, j'avoue ne la pas sentir. Pour moi, c'est la révélation qui me fait croire au péché originel, et non pas le péché originel qui me persuade de la vérité du christianisme» (*Histoire littéraire du sentiment religieux*, Paris, Bloud et Gay, 1923, t. IV, p. 391). Mais à Pascal aussi, c'est la Révélation qui enseigne le péché originel. Cette catégorie révélée fait preuve en fonction de sa capacité explicative. Aucun cercle ici.

résoudre l'énigme de l'existence ulcérée... L'indéniable supériorité de cette solution est patente : « Nulle religion que la nôtre n'a enseigné que l'homme naît en péché. Nulle secte de philosophes ne l'a dit. Nulle n'a donc dit vrai » (S 680, p. 473/L 418). Tout se passe comme si la raison, prise au piège de sa propre quête herméneutique, n'avait d'autre choix que de se mettre à l'écoute de la Révélation — c'est-à-dire *se convertir* (actif) à condition d'*être convertie* (passif : le don de Dieu). La raison « théologienne » n'a rien d'un fidéisme obscurantiste. Le paradoxe est ici que c'est l'aveu même de son impuissance qui lui confère le moyen d'exercer au plus haut étiage sa « capacité » — c'est-à-dire être capable de Dieu[1]. Mais sa métamorphose en raison chrétienne ne dépend pas d'elle. Il y faut le « talisman herméneutique de l'Eucharistie[2] ». La raison convertie comprend que la vérité n'est pas la traditionnelle adéquation de l'idée à la chose mais une Personne[3]. Quant à la pensée, elle ne peut être déliée de l'action. La « capacité » est indissociablement théorique (« capacité de connaître la vérité ») et pratique : choisir, se déterminer (« capacité d'être heureux »). La spéculation sur le péché originel ne peut donc demeurer un exercice rhétorique ; elle doit s'ouvrir sur le vécu de la foi, se métamorphoser en contrition par différence avec la simple attrition[4] : « Ce n'est pas l'absolution seule qui remet les péchés, au sacrement de pénitence, mais la contrition, qui n'est point véritable si elle ne recherche le

---

1. Ce terme « capacité » est bérullien. Bérulle disait que le Christ est « capable de Dieu », mais, ne l'oublions pas, il est aussi, pour le cardinal, « capable des âmes », puisqu'il vit en nous. C'est donc ici, comme pour Pascal, Dieu qui finalement est capable de Dieu ! L'on trouve aussi, sous la plume de Pascal, l'expression « être capables de la grâce » (S 240/L n° 208 ; voir aussi le fragment S 386/L 354 : « double capacité de recevoir et de perdre la grâce »). Et sur la « capacité de connaître la vérité et d'être heureux », voir le fragment S 151/L 119.
2. Voir la préface de X. Tilliette à l'ouvrage de M. ANTONELLI, *L'eucaristica nell'« action » (1893) di Blondel*, Rome, 1991, p. IX. La clef de l'apologétique pascalienne est la même.
3. J. RUSSIER avait excellemment noté : « une personne ne se démontre pas, mais se saisit dans une expérience immédiate, quand elle accepte de se faire connaître » (« L'expérience du Mémorial », *Blaise Pascal*, Paris, Éd. de Minuit, coll. « Cahiers de Royaumont », 1956, p. 232).
4. À propos de l'attrition, Saint-Cyran disait superbement qu'il ne s'agissait que d'« une invention humaine et du dernier relâchement dans le sacrement de pénitence » (voir J. ORCIBAL, *La Spiritualité de Saint-Cyran avec ses écrits de piété inédits*, Paris, Vrin, 1962, p. 114).

sacrement[1]. » L'esprit de « componction » est nécessaire[2] — puisque nous sommes tous coupables, au point que les saints eux-mêmes « subtilisent pour se trouver criminels et accuser leurs meilleures actions » (S 796/L 960) ! Le « faire pénitence » est essentiel, aussi bien pour Pascal que pour Arnauld ou Saint-Cyran, de même que l'ascèse, les bonnes œuvres — tout un comportement, un mode de vie chrétien. Et c'est bien de vie qu'il s'agit, puisque l'enjeu est la destinée de l'âme immortelle et que l'interrogation sur le mal est indissociable de la question du salut.

Comme Boutroux l'avait bien perçu, ce qui triomphe ici c'est une méthode du point de vue, liée à la théorie des ordres. C'est seulement dans l'ordre caritatif que se reconstitue la création spirituelle divisée[3] dont les « rets rompus » de Tibériade sont la figure (eux qui symbolisent toutes les divisions, tous les schismes, toutes les hérésies). L'« intégrité marque l'unité[4] ». À l'instar des philosophes, Pascal quête un point central d'ordonnancement (tel le point fixe de Descartes ou le levier d'Archimède). Seule la foi le lui découvre. Les concepts sont alors exhaussés à une puissance neuve, non plus catégories vides inaptes à dire l'Absolu, car maintenant abreuvés à la source fontale... Le regard se métamorphose : toutes choses, ici-bas, reflètent, comme dans un miroir, l'au-delà qu'elles occultaient, et, telle une fragile esquisse à la pointe fine, la vision béatifique est anticipée. Seul celui qui reçoit le don de la foi peut espérer accéder à cette amoureuse et mystique contemplation, en tant que le terme « mystique » dit l'intelligibilité d'un secret[5].

« Il faut [...] regarder [Dieu] comme l'auteur de tous les biens et de tous les maux, excepté le péché », écrit Pascal à Ch. de Roannez[6]. Le péché est la *causa sive ratio* du mal,

---

1. S 591/L 713 ; IV *Prov.*, p. 57 ; VI *Prov.*, p. 106 ; X *Prov.*, p. 182, 185, 186, 187, 190. Voir ARNAULD, *De la fréquente communion* (1643).
2. Voir Grégoire le Grand. La componction, douleur de l'âme, se présente sous deux aspects dans les *Moralia* : *compunctio paenitentiae*, liée au fait du péché ; *compunctio amoris*, liée au désir de Dieu. Elle est une « piqûre » divine : Dieu nous « point » pour nous réveiller (voir *Moralia*, VI). Pascal dirait : nous « touche ».
3. Voir Jb, I, 6 ; IV, 18 ; XV, 15.
4. *Abrégé...*, *OC* III, § 339, p. 313.
5. Voir Rm, IX, 11.
6. Lettre 8, *OC* III, p. 1044/Laf., p. 269.

selon une double logique, celle du choix d'Adam, celle de sa punition. Cette dernière, si l'on y réfléchit, n'est en fait que la faute elle-même : elle est sa propre punition ! Jésus sur la Croix expie le péché des hommes « dans sa chair innocente » et « s'adresse à Dieu pour demander la cause de cet abandon »[1]. N'a-t-il pas « été fait péché pour nous[2] » (S 751/L 919) ? Un renversement inouï s'opère. Le « faire » est imputatif : le Christ qui demeure innocent prend en charge le poids du péché et s'identifie au pécheur ; à l'inverse, ce dernier est, par le sacrifice, identifié à la justice divine, il est « fait » innocent. Pascal écrit encore : « Le péché originel est folie devant les hommes, mais on le donne pour tel. Vous ne me devez donc pas reprocher le défaut de raison en cette doctrine, puisque je la donne pour être sans raison. Mais cette folie est plus sage que toute la sagesse des hommes, *sapientius est hominibus* » (S 574/L 695). Ce texte ambigu met l'accent sur l'aspect irrationnel (au regard de l'entendement) de la faute initiale et la répulsion que cette thèse provoque en l'homme : « C'est une chose contre sa raison et [...] sa raison, bien loin de l'inventer par ses voies, s'en éloigne quand on le lui présente. » Sa difficulté provient de ce que plusieurs thèmes s'y croisent. Il s'éclaire si l'on distingue, comme Johannes Viguerius[3], folie du monde et folie de Dieu. La sagesse du monde est folie. C'est la mauvaise folie qui renvoie au péché d'Adam, folle

---

1. *Abrégé...*, *OC* III § 279. Ce passage fait écho au *Tetrateuchus* de Jansénius, commentaire des quatre évangiles, publié en 1639 (traduit en français en 1863), suivi d'un appendice, la « Series vitae Christi juxta ordinem temporum ». Pascal a pratiqué l'ensemble. Non seulement l'*Abrégé...*, mais les *Pensées* portent sa marque. Voir J. MESNARD, *OC* III, p. 186-187, et la note p. 299.
2. Voir II Co, V, 20 : Dieu « a fait celui qui ne connaissait point le péché une victime pour le péché » (*NT* II, p. 137 : cette traduction est donnée par Sacy comme variante ; dans le texte, il écrit : « il a traité celui qui ne connaissait pas le péché, comme s'il eût été le péché même »).
3. Entre autres : voir, par exemple, ÉRASME, *Moriae encomium : stultitiae laus*, Paris, 1re éd. sans date, très probablement 1511. La référence à Viguerius nous paraît d'autant moins arbitraire que l'auteur des *Institutiones ad naturalem et christianam philosophiam* (1565) rapporte (p. 130, r°) le « *sapientius est hominibus* » (plus sage que les hommes), sous la forme : « ce qui est folie de Dieu est plus sage que *tous* les hommes » ; il ajoute donc « tous » ; or Pascal, juste avant de citer saint Paul, écrit : « cette folie est plus sage que *toute* la sagesse des hommes. » Ce sera aussi la traduction du *Nouveau Testament de Mons* : « ce qui paraît en Dieu une folie est plus sage que *la sagesse de tous* [en italique dans le texte comme tous les ajouts] les hommes » (II, p. 69).

rébellion. La Sagesse (la «vraie» est toujours celle de Dieu) est la bonne folie. Cependant, un Christ crucifié est «un scandale aux juifs et une folie aux gentils» (I Co, I, 23). Ces derniers traitent le Christ d'insensé; l'idée d'un Dieu qui meurt ignominieusement sur une Croix leur paraît aberrante. Mais là est le plus haut sens qui «passe[1]» la capacité d'appréhension commune. «Le nœud de notre condition prend ses replis et ses tours dans cet abîme» (S 164, p. 213/L 131). Le mot «nœud», emprunté à Montaigne[2], mais utilisé par Pascal dans un contexte différent, est d'une force exceptionnelle : il ne renvoie pas simplement au «chaos» de la nature humaine (S 164/L 131; S 240/L 208) ou à l'«embrouillement» des discours philosophiques (S 164/L 131), il radicalise la situation. Par là, elle trouve sens... Le nœud est le péché lui-même : «Dieu voulant nous rendre la difficulté de notre être inintelligible à nous-mêmes [elle ne l'est évidemment pas pour l'entendement divin] en a caché le nœud si haut ou pour mieux dire si bas, que nous étions bien incapables d'y arriver.» «De sorte que ce n'est pas par les superbes agitations de notre raison, mais par la simple soumission de la raison que nous pouvons véritablement nous connaître» (S 164, p. 213/L 131). On ne saurait mieux poser que le dogme donne à connaître : «Si on soumet tout à la raison, notre religion n'aura rien de mystérieux et de surnaturel/Si on choque les principes de la raison, notre religion sera absurde et ridicule» (S 204/L 173). Double et non contradictoire requête. La religion est mystérieuse mais elle n'est pas «absurde» : elle est, au contraire, éminemment «raisonnable». Pascal fait un emploi fréquent du terme «absurde» qui signifie : ce qui est contre la raison. Ainsi aime-t-il à dire dans ses ouvrages scientifiques : «on conclut un absurde manifeste[3]», ou théologiques : «il est absurde de conclure [...] que Dieu ne quitte jamais le premier[4]», tandis qu'il qualifie d'«abîme d'absurdité» la thèse contradictoire de ses adversaires relative au don de persévérance[5]. L'adjectif a été introduit en français par Calvin. Au

---

1. C'est-à-dire dépasse, dans le langage du XVIIe siècle : «Ce sujet passe la portée de la raison» (S 111/L 76); «l'homme passe infiniment l'homme» (S 164, p. 212/L 131).
2. Voir la note 15 de Ph. Sellier, p. 213.
3. *Lettre au père Noël*, *OC* II, p. 524.
4. *EG, Lettre...*, *OC* III, § 15, p. 683 (voir aussi p. 699 : «il n'y a nulle absurdité de conclure...»).
5. *EG, Lettre...*, *OC* III, § 30, p. 703.

XVIIe siècle, il a le sens de « Ce qui choque le sens commun, qui est impertinent, incroyable, impossible[1] ». Au XXe siècle le terme désigne le registre du non-signifiant (chez Camus, par exemple). Comme l'écrivait de façon décisive H. Gouhier : « L'inexplicable ne peut jamais être considéré comme définitif. Le non-signifiant l'est radicalement[2]. » Or, ici, il y a une « raison des effets », selon le titre éclairant donné par l'auteur à la liasse VI des *Pensées*.

Le ressort proprement augustinien de la pensée de Pascal est la distinction des deux états telle que Jansénius l'énonce. La méconnaître a fait sombrer les deux grandes sectes philosophiques (stoïcisme-pyrrhonisme) dans des errements antagonistes : « l'état de l'homme à présent diffère de celui de sa création, de sorte que l'un [Épictète], remarquant quelques traces de sa première grandeur et ignorant sa corruption, a traité la nature humaine comme saine et sans besoin de réparation, ce qui le mène au comble de la superbe ; au lieu que l'autre [Montaigne], éprouvant la misère présente et ignorant la première dignité, traite la nature humaine comme nécessairement infirme et irréparable, ce qui le précipite dans le désespoir d'arriver à un véritable bien, et de là dans une extrême lâcheté[3]. » La séparation entre les deux états introduit la dimension historique : le décours des effets du péché originel transmis[4]. Dans la perspective de l'histoire surnaturelle, l'événement de l'Incarnation rédemptrice, irruption de l'éternel présent divin dans le temps humain, paradigme de l'insertion de la grâce dans la volonté de la créature, doit être dit à la fois comme central (il y un « avant » et un « après » de la Rédemption) et premier, dans tous les sens du terme. La méconnaissance de la distinction des deux états engendre aussi,

---

1. *Dictionnaire de Furetière*, 1690.
2. « Situation contemporaine du problème du mal », *Le mal est parmi nous*, Paris, Plon, 1948, p. 11.
3. *OC* III, p. 152.
4. L'on connaît le passage célèbre : « Il n'y a rien qui choque plus notre raison que de dire que le péché du premier homme ait rendu coupables ceux qui, étant si éloignés de cette source, semblent incapables d'y participer. Cet écoulement ne nous paraît pas seulement impossible, il nous semble même très injuste. Car qu'y a-t-il de plus contraire aux règles de notre misérable justice que de damner éternellement un enfant incapable de volonté pour un péché où il paraît avoir si peu de part qu'il est commis six mille ans avant qu'il fût en être » (S 164, p. 213/L 231).

comme le thématisent les *Écrits sur la grâce*, les erreurs symétriques des molinistes (néostoïciens!) et des calvinistes (néopyrrhoniens!). Le molinisme, en ce qui concerne la condition d'Adam *avant* la chute ou la façon d'entendre cette dernière et ses conséquences (concupiscence et ignorance), concorde parfaitement avec l'augustinisme mais croit pouvoir faire jouer — *après* la chute — le concept d'une grâce suffisante. Insuffisante, s'exclament ses adversaires, puisque dénuée d'efficace du fait du pouvoir exorbitant concédé au libre arbitre. Ce serait donc là une résurgence du néopélagianisme. Quant au calvinisme, il pose l'impuissance de la créature à accomplir les commandements, alors même que le péché n'a pas encore été commis! Ce qui, pour les jansénistes, n'est vrai qu'après la faute, puisque le décret de prédestination est, selon eux, infralapsaire[1]. Le décret de prédestination supralapsaire rend inopérant le *distinguo* célèbre entre «faire» et «permettre» qui — au point de vue des disciples d'Augustin (pour lesquels il ne vaut, certes, qu'à l'état d'innocence) comme de ceux de Molina (mais pour eux, il est toujours valable) — explique comment Adam a pu librement choisir le mal, sans que Dieu puisse être tenu pour responsable de son péché.

La créature ne peut sortir de l'état de misère, propre à la condition pécheresse, que par l'effet de la grâce rédemptrice du Christ. Ainsi peut s'actualiser ce qui ne subsiste plus dans la condition déchue qu'à titre de «trace vide», la capacité structurelle de la créature à connaître Dieu et à l'aimer, dans l'intime liaison du penser vrai et de l'agir bien. La grâce efficace dynamise et réoriente cette structure fondamentale qui ne requérait, à l'état d'intégrité originelle, qu'une grâce suffisante. Elle donne à la foi d'être intelligente et à la liberté d'être libre. Le libre arbitre se découvre «agi» par la grâce, ce qui le préserve dans son exercice. Quel paradoxe pour l'incroyant! Par ailleurs, le fragment S 164/L 131 souligne que «l'homme par la grâce est rendu semblable à Dieu et participant de sa divinité» — et Pascal de déclarer avec le psalmiste: «*Dii estis*» (S 746/L 916; Ps, LXXXI, 6) —, la grâce qui, dans la condition de nature innocente, se dit comme l'*auxilium sine*

---

1. Nous avons recours ici à une terminologie qui, pour n'être pas celle de Pascal, nous semble commode.

quo non et, dans celle de nature déchue, comme l'*auxilium quo*[1].

L'on peut aussi désigner comme «cause» le fait que le cœur, siège de la concupiscence, mais aussi point d'insertion de la grâce, réponde à l'appel de cette dernière. La conséquence est la mort du vieil homme et la naissance de l'homme nouveau. Le passage ne se peut faire que par la médiation de l'Eucharistie. Si la liberté humaine est préservée, c'est dans la mesure où la résolution, entée sur la contrition, de mener une vie chrétienne est le seul acte libre. Saint Ignace déclarait : «dans le chrétien comme dans le Christ, l'Homme et Dieu ne font qu'un, n'ont plus qu'un seul et même acte[2].» Mais l'élection (la décision, le choix au carrefour, la fameuse liberté d'indifférence si bien symbolisée dans son aspect factice par le malheureux âne de Buridan) n'est telle, ne prend sens et effectivité que si, et seulement si, elle coïncide, selon Pascal, avec l'Élection (prédestination de la grâce). Et c'est bien pourquoi le fragment S 172/L 140 critique la décision stoïcienne (cette caricaturale anamorphose de la vraie liberté) de se conformer à l'ordre du monde : «Quand Épictète aurait vu parfaitement bien le chemin, il dit aux hommes : "Vous en suivez un faux." Il montre que c'en est un autre, mais il n'y mène pas. C'est celui de vouloir ce que Dieu veut. Jésus-Christ seul y mène.» Ou la liberté relève de l'ordre de la charité, le seul que croise, à sa verticale, la dimension sur-naturelle de la transcendance métahistorique, ou elle n'est pas ! L'éternité, la plénitude des temps, le rythme même de la circumincession trinitaire, génialement méditée par Schelling dans *Les Âges du monde*, triomphe seule du mal. Le salut de l'histoire humaine est *hors* de cette histoire. «*Sentimus experimurque nos aeternos esse*[3]», disait justement Spinoza. Mais ce n'était là, pour l'auteur de l'*Éthique*, que l'expérience de la nécessité, dans la prise de conscience de la finitude, non celle, spécifiquement chrétienne, de la liberté de l'homme comme celle même de Dieu — si la créature n'est libre que *de* la liberté du Créateur.

---

1. Voir les subtils commentaires de J. CHÉNÉ relatifs aux «deux économies de la grâce d'après le *De correptione et gratia*», BA, XXIV, p. 787-797.
2. Sur Pascal et saint Ignace, voir ci-dessus, p. 22-30.
3. *Éthique*, V, scolie de la proposition 23 — proposition qui a suscité maintes analyses contradictoires ! Voir celle de P.-F. MOREAU, enfin centrée sur cette «expérience» même : *Spinoza. L'expérience et l'éternité*, Paris, PUF, 1994.

Le péché a donc rompu le lien entre la créature et le Créateur. Ce lien ne peut être rétabli, en vertu d'une solidarité sans pareille, que par la médiation d'«un homme qui pour marque de la communication qu'il a avec Dieu ressuscite les morts, prédit l'avenir, transporte les mers, guérit les maladies» (S 428/L 840). «Communiquer» peut s'employer au mode pronominal et signifie au XVIIe siècle se découvrir. Le langage, selon Pascal, masque l'essence des choses : «C'est une maladie naturelle à l'homme de croire qu'il possède la vérité directement[1].» Il ne suffit pas de nommer pour connaître et posséder. Rien n'est plus fragile, plus arbitraire, plus aléatoire, que la dénomination; Pascal a porté un rude coup à la confiance cartésienne en l'universalité des définitions primitives : «Ce n'est pas avoir l'esprit juste que de confondre par des comparaisons si inégales la nature immuable des choses avec leurs noms libres et volontaires, et dépendant du caprice des hommes qui les ont composés[2].» Du langage aussi, il convient donc de dire la misère — et la restauration ! Par la «communication», la transmission, gravement parasitée du fait du péché[3], est rétablie. Paradoxalement, c'est en se voilant (sous l'humanité) que Dieu se dévoile, et c'est là où il se cache le plus qu'il est le plus manifeste (l'hostie). De même le langage figuratif masque aux «charnels» ce qu'il découvre aux «spirituels», la Vérité éternelle qui est «dans le ciel» : «La figure a été faite sur la vérité, et la vérité a été reconnue sur la figure» (S 667/L 826).

Pascal prend toujours soin de corréler les trois termes «connaissance», «misère», «Dieu», en fonction d'une vue très profonde du langage humain comme lieu du mal à l'état de nature corrompue et de son indissoluble corrélation avec la liberté et le désir : «La connaissance de Dieu sans celle de sa misère fait l'orgueil./La connaissance de sa misère sans celle de Dieu fait le désespoir./La connaissance de Jésus-Christ fait le milieu parce que nous y trouvons, et Dieu, et notre misère» (S 225/L 192). La liaison misère-connaissance est, par conséquent, centrale, qui a le centre en elle... Et paradig-

---
1. *De l'esprit géométrique*, *OC* III, p. 404.
2. *Ibid.*, p. 407.
3. L'art de persuader s'efforce d'y remédier en faisant appel aux passions : «tant les hommes se gouvernent plus par caprice que par raison!» (*ibid.*, 2, *De l'art de persuader*, *OC* III, p. 416). Voir aussi *Logique de Port-Royal*, Ire partie, chap. XIV, sur la puissance du «style figuré». Pascal et ses amis ont découvert, avant Berkeley, que le langage avait, avant tout, une fonction émotionnelle.

matique, le statut de Job, celui qui, le mieux, connaît la misère et attend le Sauveur ! Entre Adam et Jésus-Christ, Job... « Adam, Jésus-Christ » : l'on sait que Pascal ramène volontiers toute l'histoire chrétienne à ces deux noms qui, d'un certain point de vue, n'en font qu'un, si Jésus est le nouvel Adam : « Et aussi les deux mondes, la création d'un nouveau ciel, et nouvelle terre, nouvelle vie, nouvelle mort. Toutes choses doublées, et les mêmes noms demeurant./Et enfin les deux hommes qui sont dans les justes[1], car ils sont les deux mondes, et un membre et image de Jésus-Christ. Et ainsi tous les noms leur conviennent de justes pécheurs, mort vivant, vivant mort, élu réprouvé, etc. » (S 614, p. 422/L 733). La thématique du *novum* est porteuse d'une immense espérance qui dissout l'angoisse du monde malade : il sera détruit, il sera recréé[2]. Et telle est l'espérance de Job, Job qui jouxte Adam (l'homme) — en tant que « le plus malheureux des *hommes* » —, Job qui jouxte le Christ (l'« Homme-Dieu[3] ») — en tant que « *le plus malheureux des hommes* ». Il porte en lui deux hommes : Adam et le Christ (lui-même double quant à sa nature divino-humaine) dont il est la figure. Comme chrétien, il est aussi membre du corps dont le Christ est la tête. Relevons aussi dans le fragment cité ci-dessus le mot « image ». Tout membre du corps mystique (cette « structure omnicentrée[4] ») est « image » du Chef, lui-même *« imago Patris*[5] », tandis que l'homme n'est « qu'à l'image[6] ». Au fait du péché répond le fait de l'Incarnation, à l'événement du péché, l'événement de la venue du Rédempteur, en l'annonce de « son dernier avènement[7] ». Ce sont là des *faits*. « Si les hommes savent quelque chose d'assuré, ce sont les faits », écrit Filleau de La Chaise, au seuil de son *Discours sur les preuves des livres de Moïse*[8]. Ce pourrait être signé de Pascal. Brunschvicg, à juste titre, a relevé cette paradoxale

---

1. « Juste » pour Pascal, nous l'avons dit, ne signifie pas innocent.
2. Voir la première lettre à Mlle de Roannez, *OC* III, p. 1029.
3. Voir *Entretien...*, *OC* III, p. 154.
4. Voir P. MAGNARD, *Nature et histoire dans l'apologétique de Pascal*, Paris, Les Belles-Lettres, 1975, p. 120 : « Il n'est d'homme dans le corps mystique, que n'habite Jésus-Christ. Jésus-Christ est en chacun, parce que chacun est remembré au corps. »
5. Voir EUSÈBE DE CÉSARÉE, *De ecclesia theologia*, liv. II, chap. XIV : *« eikona tou Patros »* (*Enchiridion patristicum*, 674).
6. Gn, I, 26-27.
7. Première lettre à Mlle de Roannez, *OC* III, p. 1029.
8. Paris, éd. Bossard, 1922 (introduction et notes de V. Giraud), p. 104.

et toute pascalienne complémentarité, entre « un certain positivisme » et « un certain mysticisme[1] »... Mais ces « faits » sont affectés d'une valence contraire.

Celle-ci peut être *négative* : le péché est une tentative de dé-création vouée à l'échec, nous l'avons dit, nous y reviendrons. Le mal est pris en charge par le libre arbitre. « La volonté des hommes est la source de la damnation[2]. » La liberté offre ici son faux visage : le « non » de l'indépendance autarcique et insulaire qui conduit à l'idolâtrie de soi-même. « Pélagianisme ? Titanisme ? » La question du P. de Lubac renvoie à la « thèse pélagienne fondamentale[3] », comme le disait Cassirer. Pic de La Mirandole prétendait, dans le *De hominis dignitate*, que l'homme était le sculpteur de lui-même : « Si nous [Dieu] ne t'avons fait ni céleste ni terrestre [l'homme, pour Pic, occupe une position intermédiaire], ni mortel ni immortel, c'est afin que, doté pour ainsi dire du pouvoir arbitral et honorifique de te modeler et de te façonner toi-même, tu te donnes la forme qui aurait eu ta préférence[4]. »

1. *Le Progrès de la conscience*, Paris, PUF, 1928, t. I, p. 169
2. *EG, Traité..., OC* III, p. 768.
3. Cité par H. DE LUBAC, *Pic de La Mirandole*, Paris, Aubier-Montaigne, 1974, chap. VI, p. 112.
4. *De la dignité de l'homme*, trad. Y. Hersant, Paris, Éd. de l'Éclat, 1993, p. 9. H. de Lubac est très sévère pour l'interprétation de Cassirer qui voyait en Pic un pélagien pur et dur : ce ne serait qu'une « savante légende » (*Pic de La Mirandole*, p. 31); « les passages dans lesquels l'auteur de l'*Oratio* exalte la liberté humaine sans y mettre apparemment aucune limite ne concernent pas la situation actuelle de l'homme » (chap. VI, p. 115). Il consacre un chapitre à la parenté de Pic et de Bérulle (chap. VII), ainsi que plusieurs pages (p. 345-351) à la comparaison fort ancienne entre Pic et Pascal ; en 1723, un Anglais, Jesup, avait composé un petit livre sur leurs *Vies parallèles*, où il écrivait que « l'âme de Pic avait pénétré le corps de Pascal » (p. 351). H. de Lubac oppose le « lyrisme cosmique » du premier à l'« inquiétude foncière » du second (p. 347), avec toutefois quelques intéressantes restrictions relatives à l'« antihumanisme » pascalien (voir p. 347-348). Ajoutons que, comme on le sait, Pascal a élogieusement parlé de Pic de La Mirandole, dans la XVIIe *Prov.*, à propos d'Origène (voir éd. Cognet, p. 345). Contrairement à l'hypothèse répandue par Brunschvicg (Br. 72) et souvent reprise, il n'est pas sûr que, dans les *Pensées*, ce soit à lui qu'il fasse allusion, lorsque, dans le fragment sur la « Disproportion de l'homme » (S 230/L 199), il daube sur ces « titres si ordinaires, *Des principes des choses, Des principes de la philosophie*, et aux semblables aussi fastueux en effet, quoique moins en apparence que cet autre qui crève les yeux : *De omne scibili* ». Le P. de Lubac écrit : « Rien [...] ne permet de l'affirmer [...]. Ce qui a contribué sans doute à cette erreur, c'est qu'il y eut à la Renaissance toute une tradition *de omni scibili*. Elle se réclamait de Moïse et pensait qu'une science exhaustive pouvait être obtenue grâce à l'art de Lulle joint à la Cabbale. Or l'un

Elle peut être *positive* : la venue du Christ est nouvelle création. C'est la thématique du *novum*[1]. La liberté recouvre son premier et son authentique visage : le «oui» d'une amoureuse dépendance. La miséricorde divine qui, explique Pascal, eût pu abandonner les pécheurs au sort épouvantable qu'ils méritaient décide d'en sauver quelques-uns. Par conséquent, «la volonté de Dieu est la source du salut», contrairement à ce que prétendent, et les molinistes qui «posent la volonté des hommes pour source du salut et de la damnation», et les calvinistes qui posent, qu'avant le péché, la volonté de Dieu est «source du salut et de la damnation». Le traité de la prédestination est parfaitement clair à cet égard, même si le fond demeure insondable. La raison est confrontée à cette logique *mystique*. Pascal, nous l'avons vu, a recours à ce terme : «ces miracles, écrit-il par exemple dans l'*Abrégé de la vie de Jésus-Christ*, peuvent aussi être entendus mystiquement[2]». Il opère une distinction frappante, dans ce même ouvrage, entre «raison temporelle» et «raison mystique» : «Hérode et Pilate devinrent amis : la raison temporelle en est que l'un et l'autre s'étaient rendu une déférence civile en cette occasion, mais la raison mystique est que Jésus, devant réconcilier en sa personne les deux peuples juif et gentil en détruisant les inimitiés en sa personne par sa croix, voulut pour marque de cette paix réconcilier dans l'*occasion* de sa passion ces deux pour amis[3].» Il importe derrière les événements contingents (causes occasionnelles) de décrypter le *sens caché* (tel est le sens tout paulinien de «mystique») de l'histoire empirique (lieu d'errance centrifuge, de «dispersion

---

de ses principaux représentants fut Paul "Scaliger", qui se laissait volontiers appeler *"Picus redivivus"*. À l'âge de vingt ans, il avait projeté d'imiter Pic en venant soutenir à Rome une série de *Conclusiones* à laquelle il avait donné pour titre *De omne scibili*» (p. 14 ; ne confondons pas ce Scaliger avec le célèbre philologue). H. de Lubac nous rappelle aussi (p. 28) que Pascal se retrouve associé à Pic et à Swedenborg dans *Les Misérables*. D'après J. DAGENS, Bérulle aurait été «obsédé» par l'*Oratio* (voir *Bérulle et les origines de la restauration catholique*, p. 273-275 ; «Pic de La Mirandole et la spiritualité de Bérulle», dans *Pensée humaniste et tradition chrétienne aux XVe et XVIe siècles*, Paris, CNRS, 1950).

1. Voir ci-dessus, p. 226. Cette thématique oblige à poser le problème de la différence des deux registres, ordre constitutif de la Création-ordre de la Rédemption, différence qui n'est pas purement formelle, puisque le premier ne trouvera son effectivité au sens propre que dans le second, mais la difficulté est précisément de penser la conjugaison du plan providentiel et du caractère événementiel.
2. *OC* III, p. 312.
3. *Ibid.*, § 246, p. 294 ; nous soulignons.

déchéante[1] », au même titre que l'espace). Elle accède, par là, à sa vérité comme histoire surnaturelle. La Providence utilise à ses fins les individus, les peuples (selon Pascal, la suite des persécutions endurée par le peuple juif cautionne le témoignage dont il est porteur...). La raison, incapable de comprendre la règle du jeu (le terme nous semble approprié), se soumet mais ne se démet en rien, si elle se remet. L'interrogation quant à la causalité demeure son réquisit spécifique, requête légitime de signification, dans la confrontation brutale avec le fait du mal. La foi apporte à la raison une réponse qui « dit bien ce que les sens ne disent pas, mais non pas le contraire de ce qu'ils voient. Elle est au-dessus, et non pas contre » (S 217/L 185). Elle n'entre donc en conflit ni avec les sens qui constatent les faits, ni avec la raison qui cherche à les expliquer. *« Je ne demande pas de vous une créance aveugle »* (S 182/L 149). Elle s'accompagne d'un type de certitude spécifique qui satisfait la raison, qui la contente, car s'il ne lui est pas donné de tout comprendre, sa « dernière démarche [la sienne propre, donc] est de reconnaître qu'il y a une infinité de choses qui la surpassent. Elle n'est que faible si elle ne va jusqu'à connaître cela » (S 220/L 188). Elle est donc forte de cet aveu même. Après tout, il lui est donné de « connaître », non au sens ordinaire mais au sens paulinien (Col, I, 26-27). « La vraie nature de l'homme, son vrai bien, la vraie vertu et la vraie religion sont choses dont la connaissance est inséparable » (S 12/L 393). A. Vinet déclarait justement : « Si tout le sens du mot connaître est intellectuel dans certains cas, il ne l'est point dans tous ; et l'on pourrait dire généralement que la connaissance intellectuelle ou le savoir n'est que le préliminaire, l'enveloppe ou l'empreinte logique de la véritable connaissance. Voilà le nœud du livre des *Pensées*[2]. » En d'autres termes, nous dirions volontiers que la raison pascalienne a une vocation surnaturelle (elle n'est dite « naturelle » qu'au titre d'une de ses fonctions : la connaissance scientifique, pas en son essence). Elle est (sur)naturellement théologienne, ordonnée à Dieu, à la « fin ». Le péché évide cette « capacité de connaître la vérité » (S 151/L 119) que Pascal qualifie, certes, de « naturelle » (mais n'oublions pas que, pour lui, la nature d'Adam est surnaturelle !) Cette capacité est la dimension distinctive de l'homme. Le péché

---

1. Voir P. MAGNARD, *Nature et histoire dans l'apologétique de Pascal*, p. 134.
2. *Études sur Blaise Pascal*, Paris, Fischbacher, 1904, 4ᵉ éd., p. 103.

ne l'annihile pas. La grâce la réactive. La philosophie aussi doit être rachetée! Elle doit être convertie, c'est-à-dire, d'une certaine manière, «se» renoncer... Tout se tient, l'édifice du connaître est une structure liée de type intégratif dont la clef de voûte est le Christ, «seul médiateur possible en l'absence de toute médiation[1]».

III. La Présence absente

«L'absence de Dieu est le mode de la présence divine qui correspond au mal[2].» En dépit de tout ce qui sépare et parfois oppose Simone Weil à Pascal (ne serait-ce que la regrettable exécration qu'elle voue à l'Ancien Testament), elle le rejoint dans cette profonde intuition, comme elle s'en faisait l'écho lorsqu'elle déclarait : «La connaissance de notre misère est la seule chose en nous qui ne soit pas misérable[3].» Le mal pour le chrétien dit Dieu, car l'absence dit la Présence absente, et sans doute est-ce pour cette raison que Job n'a jamais douté... Toute une dialectique œuvre chez Pascal entre la positivité de la Présence et le négatif de son retrait, dialectique qui ouvre sur un espace d'indifférenciation : la sphère des faux biens indéfiniment substituables : «le véritable bien étant perdu, tout devient son véritable bien» (S 16/L 397). Ce monde est le royaume de la facticité[4] où joue à vide la pseudo-liberté pécheresse en proie au vertige[5]; il n'y a, en effet, aucune raison de choisir ceci plutôt que cela (si tout se vaut). Il est vrai que le pécheur s'imagine le contraire, qui ne veut «rien» sacrifier puisque, croit-il, «tout» a de la valeur! L'auteur des *Nourritures terrestres* pourra déclarer, en toute logique : «Tout choix est effrayant, quand on y songe : effrayante une liberté

---

1. P. MAGNARD, *Nature et histoire dans l'apologétique de Pascal*, p. 110.
2. *Cahiers*, II, Paris, Plon, 1972, p. 252.
3. Voir A.-A. DEVAUX, «Simone Weil et Blaise Pascal», dans *Simone Weil. La soif de l'absolu*, Sud, 87-88, Paris, p. 75-99.
4. Nous avons recours volontairement à ce terme sartrien.
5. Il est intéressant de constater que ce terme «vertige», si adéquat à la situation décrite par Pascal et associé intimement à la représentation que nous nous faisons de l'auteur (qui, d'ailleurs, souffrait de ce mal), ne figure pas dans les *Pensées*!

que ne guide plus un devoir[1]. » Mais au pouvoir de la créature pécheresse (choisir) ne correspond strictement que le vide. Pascal a bien vu qu'à une conscience lucide, il faut, en fait, du courage pour demeurer dans le monde, non pour y renoncer[2] ! Si l'absence de Dieu déstabilise la créature, livrée à elle-même et à ses dérives (d'abord intimes, les pires !), elle retrouve son « assiette » dans la foi, au risque de la perdre, l'instant suivant... Mais la Présence immense, pour s'absenter, est première en sa plénitude. Le croyant sait donc, d'une certaine manière — et là est, précisément, son espérance —, que la consolation est toujours déjà présente. La douleur de la privation suppose d'avoir connu l'euphorie de l'union. D'où la nostalgie des pécheurs qu'habitent encore « quelque instinct impuissant du bonheur de leur première nature », quelque « lumière confuse » (S 182, p. 229/L 149)...

L'on comprend que Pascal ait pu écrire : « notre unique mal [est] d'être séparé de lui [du Christ] ». Au fond, il y a, au centre du discours pascalien sur le mal, deux évidences, deux expériences, dans l'énigme de leur indissoluble liaison : celle de l'amour de Dieu, celle du délaissement, l'union, la séparation, selon chaque fois une complexe modalité duelle (Dieu nous aime/nous l'aimons, Dieu nous quitte/nous le quittons ; le primat appartient toujours à Dieu : il a toujours, absolument parlant, l'initiative, et là est le plus grand mystère !). La situation de Job illustre, à son plus haut étiage, le thème de la Présence absente, c'est pourquoi il connaît la tentation du désespoir, péché rédhibitoire, péché contre l'Esprit, mais il n'y succombe pas, il refuse de blasphémer. L'espérance survit, telle une racine vivace, enfouie sous la carapace durcie de la neige. Autre racine que celle du mal qui, elle aussi, rampe et végète dans le « vilain fond de l'homme » — « *FIGMENTUM MALUM*[3] » ! Avec Job, nous sommes au centre de l'univers chrétien de Pascal, auquel l'adjectif si fort de « consolatif », comme l'on disait à l'époque, pourrait servir d'emblème[4], tandis que le

---

1. A. GIDE, Paris, Gallimard, p. 8.
2. « Qu'il ne faut pas examiner si on a vocation pour sortir du monde, mais seulement si on a vocation pour y demeurer », citation, de source inconnue, faite par Pascal dans la première lettre à Mlle de Roannez, *OC* III, p. 1030.
3. S 244/L 211 (en capitales dans le texte). Voir la note 9 de Ph. Sellier, p. 260.
4. Voir la première lettre à Mlle de Roannez : « Je vous dirai sur cela un beau mot d'Augustin, et bien consolatif » (*OC* III, p. 1030), et *Mort*... : « un

libertin, de sa « condition faible et mortelle et si misérable […] rien ne peut [le] consoler » (S 168, p. 216/L 136). L'importance est grande du terme « plénitude » dans le langage de Pascal qui évoque la « plénitude de consolations […] véritable état du christianisme », par opposition avec la « plénitude de maux sans consolation […] état de judaïsme[1] » — plénitude qui, cette fois, ne remplit ni ne comble, elle vide, elle creuse ! « Jésus-Christ est venu […] remplir les indigents et *laisser les riches vides* » (S 267/L 235)… La foi « que Dieu lui-même met dans le cœur » (S 41/L 7) comble le cœur évidé par le péché (et curieusement gonflé par lui : « plein d'ordure[2] »). La conscience de la possession du « vrai bien » est le fruit d'une expérience sensible qui ne peut s'opérer par la médiation des cinq sens : il y a donc une sensibilité pure (c'est-à-dire à quoi rien d'empirique n'est mêlé, comme le dira justement Kant). Ainsi le cœur se sait-il « touché », lorsqu'il rencontre la vérité comme personne ; vérité dont l'on pourrait dire, comme du bonheur (mais c'est la même chose), qu'elle n'est « ni hors de nous ni dans nous », mais « hors et dans nous » (S 26/L 407). L'expérience du mal peut donc être décrite au ténébreux revers de celle, éblouissante, de la Présence. Ce dont souffre Job par-delà l'incompréhension de sa femme et de ses amis, la perte des êtres qui lui sont chers, de son intégrité physique, de sa fortune, c'est du retrait de Dieu qui l'a quitté : « l'abandonnement de saint Pierre sans grâce[3]. » « *Deliquerunt me fontem aquae vivae*/Mon Dieu, me quitterez-vous ? » (S 742/L 913). Cette angoisse est, éminemment, celle de la neuvième heure[4]. « Au jour de sa chair, ayant crié avec grand cri à celui qui le pouvait sauver de mort[5]… » « *Eli, Eli, lamma sabactani*[6]… »

---

discours bien consolatif » (*OC* II, p. 852/Laf., p. 275). (Les lettres de « consolation » relèvent d'un véritable genre ; le terme est récurrent dans le texte.)
   1. Voir *Prière…*, *OC* IV, p. 1008/Laf. p. 364. (Pas de « s » au premier « consolation » dans Laf.)
   2. S 171/L 139 (voir S 511/L 618 : « nous sommes pleins de concupiscence […] pleins de mal »).
   3. *EG*, *OC* III, p. 714.
   4. Voir *Abrégé…*, *OC III*, § 279, et les si belles pages du P. TILLIETTE, « Le cri de la croix », *La Semaine sainte des philosophes*, Paris, Desclée, 1992, p. 97-104 : « La force de ce cri — *cum clamore valido* — retentit dans les âges et dans le silence de Dieu. »
   5. *Mort…*, *OC* II, p. 855.
   6. Nous reproduisons la graphie de l'*Abrégé…*, *OC* III, § 279, p. 299.

IV. « Un démon méchant » ?

Nous lisons dans le fragment S 164/L 131 : « [Il n'y a] point de certitude hors la foi si l'homme est créé par un Dieu bon, par un démon méchant ou à l'aventure. » Pour le pyrrhonien — et là est son problème ! — les trois hypothèses sont théoriquement équipollentes, même si elles n'ont pas les mêmes conséquences. Les premiers principes : « comme qu'il y a espace, temps, mouvement, nombres[1] » (S 142/L 110), dans le cas du « Dieu bon » sont « véritables » donc fiables, dans le cas du « démon méchant » ils sont « faux », et dans le cas où nous aurions été formés par hasard ils sont « incertains ». Il faut trancher : la validité de notre pensée en tant qu'elle s'efforce de décrypter le monde physique est en jeu. Comment trancher ? La première hypothèse est, certes, la bonne, mais pour le découvrir, il convient de sortir de la philosophie. « Nous n'avons aucune certitude de la vérité de ces principes — hors la foi et la Révélation. » « Prenez le christianisme et quittez la philosophie », dira, à son tour, Pierre Bayle, en proie au même type de questionnement[2].

Examinons brièvement le « à l'aventure ». Le libertin sceptique de Pascal, qui, avec Gassendi et ses disciples, s'est plongé dans la lecture des textes des atomistes antiques, se demande si la contingence ne pourrait pas être le signe distinctif de la condition humaine, selon l'antique hypothèse d'Épicure[3] (reprise par Lucrèce) : le célèbre *seu casu* mentionné par saint Thomas : « *Respondeo* [...] *sicut Democritus et Epicurei, ponentes mundum esse factum casu*[4]. » Au XVIIe siècle, Descartes[5], Malebranche[6] ou encore, à l'aube du XVIIIe siècle,

---

1. E. Martineau, dans son édition, enchaîne logiquement : Br. 282 (S 142/L 110); Br. 392 (S 141/L 109); Br. 434 (L 131 = S 164) (p. 72-73).
2. « Éclaircissement sur le pyrrhonisme », *Dictionnaire*, t. IV, p. 644. Mais la perspective fidéiste de Bayle n'est pas celle de Pascal, lequel fait à la raison toute sa place et envisage, selon nous, la possibilité de sa transfiguration.
3. Voir *Lettre à Hérodote*; *Lettre à Pythoclès*, et DIOGÈNE LAËRCE, *Vie, doctrines et sentences des philosophes illustres*, X, 42-44.
4. Voir *Somme théologique*, Iª p., qu. 22, a. 2.
5. *Méditations métaphysiques*, I, p. 40 (texte latin), éd. M. Beyssade, Paris, Le Livre de poche, 1990 [AT VII, 21].
6. Voir, par exemple, VIIe *Méditation chrétienne* (« Ce que c'est que la Providence »).

Fénelon[1] s'en font à leur tour, chacun sur son mode, les détracteurs. La négation épicurienne de la Providence est, bien entendu, également conjurée dans la perspective pascalienne, même si l'auteur est, comme son interlocuteur, persuadé que le monde offre une apparence bien chaotique (mais, pour sa part, il voit là l'effet du péché originel)[2]. Le «Dieu bon», objet de sa créance, est à la fois créateur et providentiel (qui pré-voit et pourvoit). Dans le fragment S 164/L 149, la Sagesse rappelle fermement aux êtres humains : «Je suis celle qui vous ai formés». Le terme «formés» est très fort, qui évoque le potier divin du second récit d'origine[3], et aussi Is, LXIV, 6-8 : «Et maintenant, Seigneur, tu es notre Père, nous sommes l'argile *(lutum)*, tu es notre formateur[4].» Dans la célèbre prosopopée, nous lisons encore : «Il vous a créé» (n'oublions pas que dans le *Livre des proverbes*[5] auquel la prosopopée emprunte sa forme, la Sagesse aide Dieu dans son œuvre). Aucun hasard d'origine! Quant à l'histoire, dans sa dimension essentielle d'histoire du salut, le plan divin la soustrait à la contingence (par contraste avec l'histoire phénoménale, règne aléatoire de l'arbitraire) : «J'ai appris que tout ce qui est arrivé a quelque chose d'admirable, puisque la volonté de Dieu y est marquée[6]»; «Dieu n'a pas abandonné ses élus au caprice et au hasard[7]». L'avènement du Messie n'est pas «un coup du hasard» (S 358/L 326) : Job et les Prophètes l'avaient prédit. Le hasard ne règne que dans les jeux!

Mais le constat que les esprits forts font de la misère et qui les pousse à en chercher la cause est aussi susceptible d'engendrer un autre soupçon, encore plus effrayant, blasphématoire : et si Dieu était méchant? Autre manière de nier la Providence...

---

1. Voir *Traité de l'existence de Dieu*, Paris, Mame-Éditions universitaires, 1990, Ire partie, chap. VIII, «Réponse aux objections des épicuriens». Le *«seu casu»* sera, en revanche, l'hypothèse favorite de La Mettrie et de bien des auteurs du siècle des Lumières, dans la reviviscence du paradigme épicurien, lequel occupera, par exemple, une place de choix dans la discussion des protagonistes des *Dialogues sur la religion naturelle* de Hume.
2. «Un chaos infini» (S 680, p. 469/L 418) nous sépare de Dieu. D'où la nécessité du pari pour le joueur libertin, voir L. THIROUIN, *Le Hasard et les règles : le modèle du jeu dans la pensée de Pascal*, Paris, Vrin, 1991.
3. Gn, II, 4-17.
4. Voir ci-dessus, le commentaire du *«Ut immundus pro luto»* (S 751/L 919).
5. VIII, 22-31.
6. Neuvième lettre à Mlle de Roannez, *OC* III, p. 1046.
7. *Mort...*, *OC* II, p. 852.

Il ne faut pas atténuer le poids anxiogène de ce doute : « Il est difficile, il est impossible de croire que le dieu bon, le "Père", ait trempé dans le scandale de la création. Tout fait penser qu'il n'y prit aucune part, qu'elle relève d'un dieu sans scrupule, d'un dieu taré », déclarera, de nos jours, un Émile Cioran[1]. Certes, Pascal ne pose pas le problème dans ces termes, mais il faut mesurer l'importance de l'enjeu. À la thèse des « dogmatistes » qui ne doutent pas des principes naturels, « les pyrrhoniens opposent, écrit-il toujours dans le fragment S 164, l'incertitude de notre origine ». « L'incertitude de notre origine enferme celle de notre nature », comme il le précise plus bas. Cette incertitude quant aux grandes questions qui travaillent tout homme (d'où viens-je, que suis-je?) inscrit l'hypothèse du « démon méchant » dans un contexte autrement plus dramatique que l'interrogation sur les premiers principes ! Il est convenu de reconnaître, avec Brunschvicg, dans ce « démon méchant », « le *malin génie* dont la fiction justifie le doute universel de la *Première méditation*[2] ». Mais, comme le terme de « fiction » le découvre, il ne s'agissait là pour l'auteur des *Méditations métaphysiques* que d'un « pantin méthodologique[3] », d'un « Satan épistémologique[4] », privé d'épaisseur ontologique. « Pas un instant le philosophe ne songe[ait] à se demander si quelque être réel correspond à cette fiction », remarque H. Gouhier[5]. Pour autant, l'hypothèse, remarquons-le, n'était pas étrangère aux croyances populaires d'une époque pour laquelle les démons sont des êtres spirituels réels, comme le rappelle T. Gregory qui évoque les procès de sorcellerie si nombreux encore à l'époque[6]. Le libertin de Pascal, quant à lui, est taraudé par la crainte qu'un démiurge malfaisant puisse être l'auteur de la Création. D'où sa détresse dès lors qu'il s'interroge — mais, certes, il préfère de beaucoup « n'y point

---

1. *Le Mauvais Démiurge*, Paris, Gallimard, 1969, p. 10.
2. Br. 434, p. 528 (note).
3. H. Gouhier, *Essais sur Descartes*, Paris, 1937, chap. IV, p. 156 : « œuvre de ma volonté qui l'a désiré et de mon imagination qui l'a fabriqué. »
4. Id., *La Pensée métaphysique de Descartes*, Paris, Vrin, 2ᵉ éd., 1969, p. 119. Comment M. Guéroult (qui prend soin de le distinguer du Dieu trompeur) a-t-il pu lui conférer une teneur métaphysique? Voir *Nouvelles réflexions sur la preuve ontologique de Descartes*, Paris, Vrin, 1955, p. 34-35, 86-87.
5. *Ibid.*, p. 121.
6. « Dio ingannatore e genio maligno. Nota in margine alle *Meditationes* di Descartes », *Giornale critico della filosofia italiana*, LIII (LV), fasc. IV, octobre-décembre 1974.

penser » (S 166/L 133)! Le Dieu du mal est infiniment plus inquiétant que le mauvais génie « qui [aurait] mis toute son adresse à [...] tromper [Descartes][1] ». Dans l'hypothèse où le « méchant démon » du texte pascalien serait ce malin génie, il ne s'agirait que d'une quelconque diablerie. R. Kennington a insisté avec subtilité sur la « finitude » du malin génie cartésien[2]. Ce qui hante le texte de Pascal, si l'on tient à rapporter ce qu'il dit à sa lecture de Descartes[3], c'est le soupçon métaphysique du Dieu trompeur de la première Méditation, dans l'infinité de sa redoutable omnipotence — la très fameuse *« vetus opinio »* soutenue par Gabriel Biel ou Grégoire de Rimini (Descartes déclarait à son contradicteur dans les *Secondes Réponses* : « Vous niez que Dieu puisse mentir ou décevoir ; quoique néanmoins il se trouve des scolastiques qui soutiennent le contraire, comme Gabriel, Ariminensis, et quelques autres, qui pensent que Dieu ment, absolument parlant[4] »).

Le libertin de Pascal est confronté, de fait, à l'alternative classique depuis l'époque d'Augustin et de Pélage jusqu'à celle d'Érasme et de Luther, entre l'omnipotence de Dieu et sa bonté, sa justice. Comment ne pas évoquer de nouveau le cas ultérieur mais si symptomatique de Pierre Bayle. Selon ce dernier, comme

1. *Méditations métaphysiques*, I, éd. M. Beyssade, Paris, Le Livre de poche, 1990, p. 45.
2. « The Finitude of Descartes' Evil Genius », *Journal of the History of Ideas*, 32, 1971, p. 441-446. Voir J.-L. MARION, *Sur le prisme métaphysique de Descartes*, Paris, PUF, 1986, p. 227.
3. Une référence au rêve apparaît au second paragraphe du fragment S 164/L 131, et les commentateurs ont cru reconnaître là aussi l'influence de Descartes. Pascal écrit : « Personne n'a d'assurance — hors la foi — s'il veille ou s'il dort, vu que durant le sommeil on croit veiller aussi fermement que nous faisons. » Le « de plus » qui ouvre le développement le distingue de celui qui précède. Plus aucun rapport ici avec l'hypothèse du « démon méchant ». Mais il y a bien, certes, un commun dénominateur aux deux paragraphes, c'est le leitmotiv « hors la foi ». « L'ensemble des choses extérieures » pourrait n'être que « mystifications de songes », remarquait effectivement Descartes, dans la première Méditation (p. 45). Le thème : « Rêvé-je ou si je veille », comme dit un personnage de l'*Esprit folet* d'Ouville (1642), était un lieu commun à l'époque. Il n'a rien de propre à Descartes qui l'énonce d'ailleurs par la bouche d'Eudoxe dans *La Recherche de la vérité* : « N'avez-vous jamais ouï ce mot d'étonnement dedans les comédies : *Veillé-je ou si je dors ?* Comment pouvez-vous être certain que votre vie n'est pas un songe continuel ? » (Paris, Gallimard, coll. « La Pléiade », p. 889). Voir aussi J. ROUSSET, *La Littérature de l'âge baroque en France*, Paris, Corti, 1960, p. 86 s. Nous avons déjà croisé ce thème (voir chap. « Salomon et Job »).
4. *Secondes réponses*, Paris, Gallimard, coll. « La Pléiade », p. 363. Voir aussi Méditation I, p. 38 [AT VII, 21] : *« [Deus] qui potest omnia »*.

l'a noté E. Labrousse, « l'attribut de toute-puissance ne parvient pas à rejoindre celui de bonté de sorte qu'on aboutit au cauchemar métaphysique que serait un Malin Génie *tout-puissant*, pour qui ses créatures ne seraient que les pantins d'un gigantesque théâtre de marionnettes, et qui n'aurait cure de leurs souffrances, uniquement curieux qu'il serait du spectacle d'ensemble[1] ». Alors que pour Descartes, c'est la philosophie qui, dans la quatrième Méditation, lève l'hypothèque du Dieu trompeur : « Vouloir tromper témoigne sans aucun doute ou de malice ou de faiblesse ; ce n'est donc pas le cas de Dieu[2] » (tandis que nous lisons dans l'*Entretien avec Burman* : « la méchanceté n'est pas compatible avec la toute-puissance[3] »), pour Pascal, la foi seule dissipe la redoutable suspicion. L'enjeu dépasse la simple évocation d'une argumentation sceptique. Pascal met en scène la *vetus opinio* qui aurait fait trembler Descartes, s'il ne l'avait jugée contradictoire.

Nous avons donc vu se dresser deux spectres qui seront tous deux conjurés : celui du hasard aveugle des épicuriens dont un Julien Offray de La Mettrie se fera l'écho, un siècle plus tard, à la fin de *L'Homme-Machine* : « Qui sait si la raison de l'existence de l'homme ne serait pas dans son existence même ? Peut-être a-t-il été jeté *par hasard* sur un point de la surface de la terre sans qu'on puisse savoir ni comment ni pourquoi mais seulement qu'il doit vivre et mourir, semblable à ces champignons qui paraissent d'un jour à l'autre[4] » ; celui du « démon méchant », dans lequel il faut oser reconnaître, par-delà le texte cartésien, le ténébreux principe manichéen. Le « démon méchant » de Pascal, selon une vue radicale, pourrait donner à imaginer Dieu comme mauvais en son concept, et non simplement comme un malfaisant démiurge à côté de Dieu (l'idée du Bien). Après tout, au siècle suivant, le marquis de

---

1. *Bayle*, Paris, Seghers, 1965, p. 65. Nous soulignons. Remarquons ici, sous la plume de l'auteur, la collusion curieuse du malin génie et du Dieu des théodicées (finalement, ce malin génie ne serait pas globalement, si l'on ose dire, méchant), alors qu'il aurait fallu d'emblée reconnaître, avec Bayle, le principe manichéen qui hante ce dernier et qui est d'ailleurs évoqué dans la suite du texte : « Bayle manifeste plus d'indulgence et de sympathie pour le dualisme manichéen que pour l'optimisme déiste » (p. 68).
2. P. 145.
3. Trad. J.-M. Beyssade, Paris, PUF, coll. « Épiméthée », 1981, texte 2, p. 18. Le terme latin est *malignitas* ; il est plus fort que celui de « méchanceté » ; en effet, « malignité » est synonyme de « malice ».
4. Éd. A. Vartanian, Princeton University Press, 1960. Voir D. LEDUC-FAYETTE, « La Mettrie et Descartes », *Europe*, octobre 1978. Nous soulignons.

Sade aura l'audace théorique d'aller jusqu'à semblable extrémité : « Sa main n'a créé que pour le mal ; elle ne se plaît que dans le mal ; le mal est son essence[1]. » Qui pourrait le nier ? Tout au long de l'histoire sont réverbérées les vieilles questions d'Épicure et de Lactance[2], le fameux trilemme dont David Hume remarquera, dans ses *Dialogues sur la religion naturelle*, qu'il reste « encore sans réponse. La Divinité veut-elle empêcher le mal, sans en être capable ? Elle est alors impuissante. En est-elle capable, mais sans en avoir la volonté ? Elle est alors malveillante. En a-t-elle à la fois le pouvoir et la volonté ? D'où vient alors que le mal soit[3] ? » Le constat du mal est le motif privilégié de l'athéisme. L'on pourrait multiplier les illustrations. Schopenhauer s'exclame : « Si un Dieu a fait ce monde, je n'aimerais pas à être ce Dieu : la misère du monde me déchirerait le cœur. Imagine-t-on un démon créateur, on serait pourtant en droit de lui crier en lui montrant sa Création : "Comment as-tu osé interrompre le repos sacré du néant pour faire surgir une telle masse de malheur et d'angoisse ?"[4] », tandis que son disciple Maupassant déclare : « Ah ! le pauvre

---

1. *Aline et Valcour*, 1793. Voir l'analyse remarquable de H. ROUSSEAU (*Le Dieu du mal*, Paris, PUF, 1963, p. 124 s.), qui voit là l'« inversion radicale de la pensée classique depuis Platon où le Bien est l'essence de Dieu, et de la pensée religieuse, où Dieu est amour », modèle purement théorique note l'auteur, conscient que dans toutes les religions (y compris manichéenne), à terme, le bien triomphe du mal.
2. Elles sont rapportées par Lactance ; sur les analogies qu'il est possible de détecter entre la pensée de Pascal et Lactance, voir J.-Cl. FREDOUILLE, « Pascal lecteur de Lactance ? », dans E. BURY, B. MEUNIER, éd., *Les Pères de l'Église au XVIIe siècle*, Paris, Éd. du Cerf, 1993. P. Bayle les cite en latin dans l'article « Pauliciens » du *Dictionnaire*, remarque E. L'on sait que Bayle — et Pascal ! — font partie des lectures importantes de Hume. Bayle est obsédé par le problème de la permission du mal : « S'il [Dieu] a prévu le péché d'Adam et qu'il n'ait pas pris des mesures très certaines pour le détourner, il manque de bonne volonté pour l'homme, ou il ne hait guère le crime, ou il est borné dans ses connaissances... S'il a fait tout ce qu'il a pu pour empêcher la chute de l'homme, et qu'il n'ait pu en venir à bout, il n'est donc pas tout-puissant » (*Réponses aux questions d'un Provincial*, II, LXXXI). Bayle voyait dans le Dieu des déistes de son époque un grand architecte moralement irresponsable (la permission du péché), et donc une sorte de malin génie ! Il se sentait tenté par le dualisme manichéen. Dans la remarque F de l'article « Pauliciens » du *Dictionnaire*, il écrit : « il ne faut combattre les manichéens que par l'Écriture (la raison est impuissante). » Consulter aussi l'article « Manichéens ». L'optimisme de Leibniz prend tout son sens comme réponse lénifiante aux angoisses de Bayle !
3. *Dialogues sur la religion naturelle* (1779), traduit et annoté par M. Malherbe, Paris, Vrin, 1987, Dialogue X, p. 128.
4. *Pensées et fragments*, éd. Bourdeau, Paris, Germer-Baillère, 1881, p. 77.

corps humain, le pauvre esprit, quelle saleté, quelle horrible création. Si je croyais au Dieu de vos religions, quelle horreur sans limites j'aurais pour lui[1]!» Autant conclure : «Il» n'existe pas! C'est pourquoi apologies et théodicées ont partie liée. Ainsi le livre premier du *De veritate religionis christianae* de Grotius (apologie qui est, à l'époque, un modèle du genre) contient-il une théodicée de portée générale, valable par-delà la seule religion chétienne[2]. L'apologétique pascalienne soucieuse avant tout de lever les obstacles à la foi, de déblayer en quelque sorte le terrain de son avènement ou de permettre son approfondissement et sa purification, ne peut que prendre en compte l'interrogation du fragment S 164/L 149. Mais l'originalité de Pascal est d'y répondre «hors» toute théodicée (discours philosophique, par excellence), dans une perspective strictement théologique et la reprise de la grande affirmation augustinienne : «Il faut que nous naissions coupables, ou Dieu serait injuste» (S 237/L 205). C'est la *«rerum evidentia»* du *Contra Julianum*, la grande évidence !

V. Trois néants

Le fondateur de l'Oratoire français écrivait : «Il y a trois sortes de néant : le néant duquel Dieu nous tire par la création, le néant où Adam nous met par le péché, et le néant où nous devons entrer avec le Fils de Dieu s'anéantissant soi-même pour nous réparer[3].» Distinguons avec lui ces trois moments qui fournissent une grille pour lire Pascal.

---

1. Voir A. VIAL, «Une lettre inédite de Maupassant», *Bulletin du bibliophile*, 5, 1951, p. 219. Dans une nouvelle, Moiron, un personnage, déclare : «Je compris que Dieu est méchant» (*Contes et nouvelles*, Paris, Gallimard, coll. «La Pléiade», vol. II, p. 989; précieuses notes, p. 1650 s.). Citons aussi le cri de Sombreval dans *Un prêtre marié* de Barbey d'Aurevilly : «Le bon Dieu! [...] où est-il le bon Dieu?... Est-ce celui-là qui met dans nos cœurs l'amour de nos enfants pour les prendre quand nous les avons élevés... le bon Dieu! ah! je le méprisais déjà comme une idée fausse, mais s'il pouvait exister, — à présent, je le haïrais comme un bourreau!» (*Œuvres romanesques complètes*, Paris, Gallimard, coll. «La Pléiade», vol. I, 1964, p. 1219).
2. Elle n'est démontrée, comme étant la seule véritable du fait de l'Incarnation, que dans le livre II.
3. BÉRULLE, *Opuscules de piété*, Paris, Aubier, 30, 1944, p. 240. Voir H. GOUHIER, *Blaise Pascal. Conversion et apologétique*, Paris, Vrin, 1986,

Le premier moment est : « l'état de la création », équivalent, selon le fragment S 164, p. 214/L 131, à « celui de la grâce ». Cette identification est essentielle qui dit la créature « élevé[e] au-dessus de toute la nature et rendu[e] comme semblable à Dieu et participant de la divinité ». L'on voit que la grâce ne s'ajoute pas à la nature, mais qu'elle la transit en son entier : « J'ai créé l'homme saint, innocent, parfait. Je l'ai rempli de lumière et d'intelligence. Je lui ai communiqué ma gloire et mes merveilles » (S 182, p. 229/L 149). De sorte que la perdre aboutit à ce que la nature se retrouve radicalement souillée — puisque l'état de « vraie nature » ou de « première nature » (S 168, p. 218/L 136), comme dirait Pascal, ne peut, dans la perspective augustinienne qui est la sienne, être conçue abstraction faite des dons de la grâce —, et non à ce qu'elle soit amputée de l'ajout dont elle aurait bénéficié, par différence avec les autres créatures. Ce discours est bien différent de celui d'un Suarez ou d'un Molina. Il ne nous paraît pas qu'il y ait là quelque « naturalisme » : loin que la grâce soit naturalisée, n'est-ce pas la nature qui devient surnaturelle ? Cela dit, l'on connaît toutes les discussions afférentes à l'état de pure nature[1] (qui ne désigne finalement qu'un état hypothétique, à savoir si l'homme avait été créé réduit à « sa » nature — ce qui n'est pas le cas —, et donc sans le secours de la grâce sanctifiante...).

Second moment : « l'état de la corruption et du péché » correspond à la tentative proprement démoniaque de dé-création, où l'homme « est déchu de cet état [de la grâce] et rendu sem-

---

chap. II : « Anéantissement ». Voir aussi *L'Antihumanisme au XVIIe siècle*, Paris, Vrin, 1987, p. 45-49, et notes p. 145. N'oublions pas que c'est Bérulle (la seule personne qui ait jamais eu de l'influence sur lui, disait Gibieuf) qui a amené Saint-Cyran à la Contre-Réforme, comme l'a montré J. ORCIBAL (*Les Origines du jansénisme*, t. II, *Jean Duvergier de Hauranne, abbé de Saint-Cyran et son temps [1581-1638]*, Paris, Vrin, 1947, p. 288) ; Orcibal s'attache à rendre manifestes les « emprunts » de Saint-Cyran au bérullisme (voir p. 259, n. 5, et p. 286-288) et à montrer que « le vœu de Saint-Cyran était que Jansénius tirât de l'*Augustinus* le cantique de la grâce, comme l'oratorien avait écrit le cantique de l'Incarnation dans les *Grandeurs de Jésus* » (*ibid.*, t. III, *Appendices, bibliographie et tables*, Paris, Vrin, 1948, Appendice III, p. 106). Pascal est profondément marqué par Saint-Cyran et donc par Bérulle.

1. « Pour comprendre la condition propre de notre nature, il faut faire abstraction de tout ce qui est au-dessus de la nature », écrivait SUAREZ, *De ultimo fine hominis*, disp. 16, sect. 2, § 1 (vol. IV, *Opera omnia*, éd. Vivès, Paris, 1856-1877, 20 vol.). Voir aussi les *Prolegomena ad gratiam* (*De natura et gratia* et *De gratia et libero arbitrio*).

blable aux bêtes». Pascal entend donc le «à l'image» de Gn, I, 26,17, comme désignant l'opposition radicale entre l'homme et les animaux, et une ressemblance toute morale[1], loin de souligner une analogie physique entre la divinité et l'homme (explicite dans l'affirmation biblique). Ce dernier, par sa faute, perd la «ressemblance» et s'enlise dans la ténébreuse *regio dissimilitudinis*. Son malheur est que lui, homme, se retrouve semblable aux bêtes, ce qui est bien différent de devenir une bête, la condition animale étant, en elle-même, en deçà du mal moral.

Troisième moment : la mort sur la Croix de l'homme-Dieu. Cet événement central est le commencement de l'histoire surnaturelle, et c'est à partir de lui, dans une lecture à la fois régressive et progressive, que doit être décryptée cette histoire, du point alpha au point oméga, sur la toile de fond du présent éternel du Christ. Ainsi lit-on en Jn, VIII, 58 : «En vérité, en vérité, je vous le dis, j'*étais* avant qu'Abraham *fût* au monde» (traduction du *Nouveau Testament de Mons*), mais si l'on regarde le texte latin, on lit : «*antequam Abraham fieret, ego sum*» et le texte grec : «*prin Abraam genesthai ego eimi*». L'opposition est nette entre le devenir humain et la métahistoricité divine. L'histoire surnaturelle est rythmée par les événements de la chute et de la Rédemption : «Si Adam n'eût point péché et que Jésus-Christ ne fût point venu, il n'y eût eu qu'une seule alliance, qu'un seul âge des hommes, et la création eût été représentée comme faite en un seul temps» (S 489/L 590). La réponse au questionnement sur le mal et sa résolution toute théologique (par différence avec la solution que croient apporter les auteurs de théodicées, ces excellents «amis» de Job) ne peut s'inscrire, nous tenterons de le montrer dans la suite, que sur l'horizon d'une méditation sur le mystère du temps, le temps de la grâce dont la doctrine est un aspect du théocentrisme. Chez Pascal, celui-ci prend le visage du christocentrisme, d'où la spécificité de l'atmosphère dans laquelle se meut sa spéculation. Souvenons-nous de la définition cyranienne de la grâce : «la souveraineté de Dieu sur les hommes et la soumission des hommes à Dieu[2].» Assigner au mal son statut dans la systémique pascalienne contraint à penser conjointement l'articulation du libéral arbitre humain et de la

---

1. C'est dans l'âme spirituelle de l'homme que saint Augustin cherchait l'analogie avec la Trinité.
2. J. ORCIBAL, *Appendices, bibliographie et tables*, Appendice III.

grâce (qui renvoie à la liberté divine) en rapport avec les «temps» de leur réciproque exercice, c'est-à-dire (le temps de l'époque supralapsaire étant mis entre parenthèses) le temps de la grâce et le temps de la mondanité. Dit spatialement : l'un vertical, l'autre horizontal, mais il conviendra de conférer à ces métaphores, leur portée conceptuelle. Considérons dans cette perspective le néant, relativement aux trois moments mentionnés.

D'abord, le néant créaturel ne dit que la finitude, la contingence, la dépendance[1]. Je ne me suis pas donné d'être, j'aurais pu ne pas être, mon être comparativement à l'Être divin n'est rien, il «est» seulement par la relation de dépendance qu'il entretient avec le Créateur, dans la mesure seulement où ce dernier le veut et continue de le vouloir, lui donne d'être et de persévérer dans l'être... Quant au «comme» du fragment S 164/L 131, il dit la proximité, certes, mais tout autant l'incommensurable distance qui n'est rien strictement, puisque celle de rien à l'Infini, tandis que rien rapporté à l'Infini devient ce quelque chose, ce presque rien, l'homme : «une ombre qui ne dure qu'un instant sans retour» (S 681, p. 477/L 427).

On peut ensuite considérer le néant du péché. Le péché n'est pas un néant, il tend au néant. Le non-être du mal (il n'est ni en soi ni par soi) n'est pas à proprement parler un néant[2]; nous ne sommes pas dans la perspective de l'éléatisme parménidien où l'être est, tandis que le non-être n'est pas; ici, le mal, pour exister, doit relever de la théologie de l'essence : il y a des degrés dans l'être, Dieu seul «est»; en ce sens, les créatures sont et ne sont pas; quant au mal, il est une diminution d'être dans l'être créé[3] — il l'exténue ! —, il ne fait que dupliquer le non-être de la finitude et de la contingence, mais la positivité du refus est d'un autre ordre que la privation ontologique. Ainsi que le dit Pascal, c'est le «véritable néant, parce qu'il est contraire à Dieu, qui est le véritable être[4]». Certes le vouloir de néantisation est voué, absolument parlant, à l'échec (seul Dieu pourrait, s'il le vou-

---

1. Et pourquoi faudrait-il avec Leibniz voir là le mal métaphysique?
2. Sur la différence néant-non-être, voir PLATON, *Sophiste*, 258 b, etc. (le sujet central de ce dialogue est, on le sait, le statut du non-être).
3. Voir SAINT AUGUSTIN. Ce dernier explique dans *La Cité de Dieu* (XIV, 13) que le péché réduit Adam à «moins d'être qu'il n'en possédait lorsqu'il était étroitement uni à Celui seul qui est pleinement».
4. Lettre de Pascal et de Jacqueline à Gilberte, 1er avril 1648, *OC* II, p. 583/Laf., p. 273.

lait, anéantir la Création). Il n'empêche que le mal moral (le seul mal, *le* mal) œuvre sur la scène multiple du théâtre du monde dont le cadre est la spatio-temporalité (un non-lieu, si notre véritable lieu est l'au-delà, espace autre en un temps autre, la spatio-temporalité du texte éternel). De toute sa portée destructrice, il voudrait instaurer le dés-être, il est malfaisant ! La liberté humaine ne fait que reconduire un comportement logiquement antécédent : la révolte de l'ange. Aucune raison de ne pas reconnaître l'orgueil satanique dans la prétention d'indépendance, il est au fond de la « malignité » qui « tente le cœur de l'homme en cette vie et l'accusera en l'autre »[1] (S 309/L 278). Aucune raison de passer sous silence la part du diable. Quant à la damnation, elle consacre — négativement ! — ce qu'il faut bien appeler, par différence avec le non-être, le « dés-être ».

Enfin, la troisième figure est double qui rend manifeste, premièrement, l'anéantissement *a parte dei* : la kénôse des théologiens, l'exinanition divine de l'hymne aux Philippiens, dont le sacrement eucharistique est la pointe extrême ; deuxièmement, l'anéantissement *a parte hominis* : l'humiliation, les renoncements... Reconnaître, accepter, affirmer le rien qu'on est (« Mon néant », écrit Pascal dans le fragment S 540/L 656, en écho du *« non sum »* de saint Jean-Baptiste... Se vouloir comme tel, à l'imitation du Christ, le seul « modèle[2] »).

Les deux anéantissements sont évidemment inséparables puisque le second ne trouve sa condition de possibilité que dans le premier. Là, dans cette liaison très précisément, se joue la coopération de la liberté et de la grâce qui fera l'objet d'un prochain chapitre, dès que nous aurons plus amplement explicité la théologie sacrificielle qui est au principe de la troisième figure. Le mal n'est que dans le néant du péché, et qu'il soit an-hypostatique ne diminue en rien sa positivité phénoménale, cette fameuse « réalité des maux ». *Res* ici dit, brutalement, la concrétude, non la substance. Il faut insister, à nouveau, sur le fait que Pascal jamais ne minimise ou n'édulcore cette fameuse « réalité » des maux. Déjà, dans l'*Entretien avec M. de Sacy*, nous l'avons vu, il reprochait au philosophe

---

1. Sur la « malignité », voir aussi les fragments S 458/L 539 et S 650, p. 444/L 717, ainsi que la note de Brunschvicg, p. 511 de son édition.
2. Mt, V, 48. Voir la fin de la lettre du 1er avril 1648 de Pascal et de Jacqueline à Gilberte, *OC* II, p. 583/Laf., p. 273.

Épictète[1] d'avoir méconnu cette terrible positivité phénoménale, à l'instar des futurs pélagiens qui minimiseront la misère et même l'occulteront : « Ces principes d'une superbe diabolique le conduisent à d'autres erreurs, comme que [...] la douleur et la mort ne sont pas des maux[2]. »

VI. Le bien, le mal, la mort

Dans la lettre que Pascal écrivit à ses proches, à l'occasion de la mort de leur père, lettre dont l'atmosphère est bérullienne et cyranienne, le lecteur attentif découvre une subtile et remarquable analyse. « N'appelons mal que ce qui rend la *victime* de Dieu *victime* du diable mais appelons bien ce qui rend la *victime* du diable en Adam *victime* de Dieu[3]. » Cette injonction nous livre la définition pascalienne du mal. Qui a pratiqué *De l'esprit géométrique*[4] sait l'importance du définir, car s'il est vain de vouloir tout définir[5], il est nécessaire de prévenir les

---

1. Il est important de bien voir qu'Épictète est perçu par excellence comme un « philosophe », non seulement par Pascal, mais encore à l'époque : « le meilleur » selon l'illustre grammairien Mercier dans son *Instruction de Théophile ou De l'enfant chrétien* (voir en particulier la conclusion). Cet ouvrage (que nous avons déjà cité) est fort intéressant comme exemple de stoïcisme chrétien. À l'instar d'Érasme qu'il admire, et dont il a édité les *Colloquia* en 1656, Mercier estime que la sagesse païenne prépare la voie au christianisme, et que le pédagogue se doit d'imprimer littéralement dans l'esprit des élèves les sentences stoïciennes. Il n'est pas indifférent de rappeler que la publication de l'ouvrage cité ci-dessus, et qui a eu un énorme succès, précède de peu l'*Entretien avec M. de Sacy sur Épictète et Montaigne*, et que ce dernier, tellement hostile aux lectures profanes, ne questionne pas seulement Pascal, en tant que son directeur de conscience, mais aussi l'interroge, et s'interroge, comme pédagogue, sur leur possible utilité.
2. *OC* III, p. 135. J. Mesnard remarque justement : « L'idée que la mort n'est pas un mal revient comme un leitmotiv chez Épictète » (p. 136).
3. *OC* II, p. 853/Laf. p. 349 ; nous soulignons.
4. Écrit majeur qui date de 1655, comme l'a montré J. Mesnard, et non des années 1658-1659 (Brunschvicg), 1657-1658 (Lafuma). Il précède donc « immédiatement *Les Provinciales* » (*OC*, III, p. 375/Laf., p. 349).
5. Voir *ibid.*, § 11 : « La géométrie [...] ne définit aucune de ces choses : espace, temps, mouvement, nombre, égalité, ni les semblables qui sont en grand nombre, parce que ces termes-là désignent si naturellement les choses qu'ils signifient à ceux qui entendent la langue que l'éclaircissement qu'on en voudrait faire apporterait plus d'obscurité que d'instruction » (*OC* III, p. 396). Voir *La Logique ou l'Art de penser*, Iʳᵉ partie, chap. XI, XII, XIII

ambiguïtés, afin d'éviter «d'embrouille[r] toutes choses, et [de perdre] tout ordre et toute lumière[1]». Il nous faudra donc constamment «substituer mentalement la définition à la place du défini[2]». Pascal nous enjoint donc de nous mettre d'accord sur ce qu'il convient de mettre sous le terme «mal», si clair (l'expérience commune), si obscur (son être) ! L'accent est mis sur un mot : «victime», mot qui, pour un esprit nourri de la Tradition, fait apparaître le fantôme de Job, et appelle, par association, celui de «sacrifice». Attention, cependant : «victime» est ici une notion-cheville, utilisée par Pascal de manière volontairement équivoque. Être «victime» de Dieu ne peut être synonyme d'être «victime» du diable ! Et l'on voit aussi que le mal est posé assertoriquement comme mal moral, réduit à cette unique dimension qui profondément dit le péché, sinon que ferait en cette affaire le diable ? Comment ne pas évoquer, à nouveau, la cohorte «des pécheurs endurcis, pécheurs sans mélange, pleins et achevés», de la quatrième Provinciale ? Constat lucide, constat effrayant ! «Mon Père, je me tiens obligé [...] de vous dire qu'il y a mille gens qui [...] pèchent sans regret, qui pèchent avec joie, qui en font vanité.» Et Pascal d'ironiser : «l'enfer ne les tient pas; ils ont trompé le diable à force de s'y abandonner[3].» L'enfer ne surgit pas inopinément. L'imputation à péché est, pour Montalte, une absolue nécessité et doit trouver sa sanction dans les tourments de la géhenne, tandis que la figure du tentateur est principielle. L'auteur s'insurge contre la naïveté opportuniste de ses adversaires qui feignent de croire qu'il n'y a pas péché dès lors qu'on est précipité, inattentif, oublieux de la loi divine, ou même inconscient, comme c'est le cas pour les païens. Les péchés d'ignorance sont une réalité. Fi d'un intellectualisme de mauvais aloi, de toute résurgence du socratisme moral et de l'adage : «Nul n'est méchant volontairement.» Bien au

(p. 66-80 dans la nouvelle édition de 1773; p. 83-93 dans l'édition Clair-Girbal, Paris, PUF, 1965).
1. *Ibid.*, p. 400.
2. *Ibid.*, p. 394. Voir sur ce sujet la brillante analyse de Brice PARAIN, *Recherches sur la nature et les fonctions du langage*, Paris, Gallimard, 1942 (en particulier, le chap. IV, «Descartes et Pascal», p. 81-100), et celle récente de D. DESCOTES, à propos de la «Technique de définition», dans *L'Argumentation chez Pascal*, Paris, PUF, 1953, p. 118-124. Voir encore le rapprochement suggestif fait en l'occurrence par G. BRYKMAN entre Pascal et Berkeley, qui, de même que Locke ou Hume, a lu ce dernier de près (*Berkeley et le voile des mots*, Paris, Vrin, 1993, p. 400-401).
3. IV *Prov.*, p. 60-61.

contraire ! Au point que ne pas savoir, c'est-à-dire être privé de lumière, est finalement assimilé par Pascal, ce génial théoricien de l'inconscient, à un obscur mauvais vouloir — à preuve la monstrueuse indifférence : « ils ne pensent jamais à Dieu [...] jamais le moindre remords n'a interrompu le cours [de leur vie][1] ». L'on retrouve ici la très pascalienne et intime conjugaison entre esprit et volonté que le « cœur » désigne, ce « cœur » qui peut être vide, mauvais, endurci...

La corrélation est indissociable entre la définition du mal et de son antonyme, le bien. Ils se conditionnent réciproquement, et, puisque l'auteur définit le mal comme péché, le bien au revers va apparaître sous la forme de l'expiation. Et le double sens à prêter à « victime » s'éclaire. La victime du diable, c'est Adam (et en lui toute l'humanité) qui succombe à la tentation. La victime de Dieu, c'est le chrétien qui consent à imiter le Christ — parangon de la victime de Dieu — et à souffrir pour racheter le péché dont nul (sauf le Christ) n'est exempt, d'où la sentence, référée à l'autorité de saint Augustin : « Il y a dans chaque homme un serpent, une Ève et un Adam[2]. » Pascal définit donc de manière précise, dans cette lettre, le bien et le mal. L'exigence visible de systématicité est d'un philosophe, mais, quant au fond, nous découvrons un profond théologien, doublé d'un subtil psychologue, attentif aux méandres et aux replis du labyrinthe de l'esprit de l'*homo absconditus*. C'est par là, nous semble-t-il, qu'il est plus proche de saint Augustin que d'un doctrinaire comme Jansénius (lequel, dans une certaine mesure, pétrifie la fluente synthèse augustinienne). Pour Pascal, bien et mal ne sont pas des entités. Sa procédure n'en est pas moins rigoureuse puisqu'il ajoute : « sur cette règle, examinons la nature de la mort. » Ce précepte est une conséquence : la mort déjà était présente, par implication, lors des définitions du bien et du mal dans l'optique sacrificielle, définitions en fonction desquelles Pascal se trouve en mesure de pouvoir rectifier une erreur d'appréciation, celle du commun des mortels, précisément, pour lequel la mort est « le comble du mal ». Par le biais de la règle posée, il démontre que, selon le point de vue adopté, la mort ressortit effectivement au mal ou au bien, dans l'inégalité des deux assertions. Selon le point de vue de l'homme ordinaire, elle est le pire des maux.

---

1. *Ibid.*, p. 59.
2. *Mort...*, *OC* II, p. 862/Laf., p. 279. Voir *De genesi contra manicheos*, II, 20.

Mais il lui faut prendre conscience qu'il ne s'agit là que de l'épiphénomène du seul mal véritable : le péché dont il est la punition, et, donc, au revers, que la mort est un bien en vue de l'accomplissement (dont elle est un facteur décisif) du Bien. Qui réagit par instinct (c'est-à-dire comme le précisera le *Dictionnaire de l'Académie*, en un «premier mouvement sans réflexion») la juge par conséquent «horrible» à bon droit, mais ne fait qu'énoncer, dans l'état de nature déchue, une position qui n'aurait été légitime que dans l'état de nature innocente, selon la bipartition augustinienne et janséniste à laquelle Pascal demeure constamment fidèle : la mort, véritablement, «est horrible[1]». «L'horreur de la mort était naturelle à Adam innocent, parce que sa vie étant très agréable à Dieu, elle devait être agréable à l'homme [...]. Depuis, l'homme ayant péché [...], cet horrible changement ayant infecté une si sainte vie, l'amour de la vie est néanmoins demeuré [or, il n'avait plus de raison d'être!]: et l'horreur de la mort étant restée pareille, ce qui était juste en Adam est injuste et criminel en nous[2].» Nous devons donc considérer «la mort dans la vérité que le Saint-Esprit nous a apprise», et, à l'instar d'Augustin et de Jansénius, en rapport avec la prise de conscience de la corruption de notre «mauvais fond», comprendre qu'en fait la mort se révèle aimable et «souhaitable», car elle libère l'âme de la prison de la geôle du monde (thème platonicien que nous avons déjà rencontré) et permet au corps d'accéder à l'état de «corps glorieux[3]». Il faut donc chérir la mort[4], «commencement de la béatitude de l'âme et commencement de la béatitude du corps». La conception platonicienne du corps-tombeau est ici dépassée. D'ailleurs, Pascal n'est pas dupe de la mythologie

---

1. *Ibid.*, p. 854.
2. *Ibid.*, p. 858/Laf., p. 277.
3. Voir *Mort...*, *OC* II; *Abrégé...* (§ 290, *OC* III, p. 301), et notre développement, ci-dessus, p. 202 s.
4. Ch. LAZZERI remarquait à juste titre qu'«à l'inverse de Hobbes, de Nicole et de La Rochefoucauld, la crainte de la mort ne constitue pas pour Pascal l'aspect fondamental régissant tout comportement humain» (*Force et justice dans la politique de Pascal*, p. 22). Il propose une remarquable analyse : «Dans l'état de corruption, il existe deux solutions et deux seulement au renversement entre l'objet de l'amour ou de la crainte et sa finalité : il faut recréer une sorte d'équivalence entre les deux états en inversant ou l'objet du sentiment ou le sentiment de l'objet : ou aimer la vie pour Dieu comme dans le premier état (1) ou aimer la mort pour un être qui lui est contraire (2) ou haïr la vie contraire à Dieu (3) ou haïr la mort pour un corps qui lui est glorieux (4)» (p. 20).

du corps mauvais ; il exalte le corps, «temple inviolable et éternel du Saint-Esprit» : «Ne considérons plus un corps comme une charogne infecte[1].» Cela n'a de sens, certes, qu'en fonction du statut originel du corps et de son statut futur dans l'au-delà. Nous sommes dans l'entre-deux : «Entre nous et l'enfer ou le ciel, il n'y a que la vie entre-deux, qui est la chose du monde la plus fragile[2]», tripartition qui, en raison de la participation aux deux extrêmes, la société de Satan, celle de Jésus-Christ, délimite une région instable de transit et fait évoquer le fameux *De triplici habitaculo*[3]. C'est aussi le cas du passage, tout imprégné de la *Cité de Dieu* augustinienne, de la quatorzième Provinciale, sur «le monde des enfants de Dieu qui forme un corps dont Jésus-Christ est le Chef et le Roi ; et le monde ennemi de Dieu dont le diable est le Chef et le Roi[4]». L'on songe au «corps de réprouvés» de la dix-septième Provinciale[5], ténébreuse antithèse du corps mystique : la division est la dimension distinctive du premier (quand bien même les méchants s'allient pour nuire) ; l'union, celle du second dans l'idée de communion des saints.

Il est intéressant de comparer la méditation de Pascal sur la mort avec celle de Malebranche. Dans le très beau texte des *Entretiens sur la mort*, le philosophe pose : «Ariste trouvait la vie trop courte, Théotime la trouvait trop longue. La seule pensée de la mort faisait horreur à Ariste : rien de plus terrible pour lui. Théotime au contraire parlait de la mort avec des transports de joie. C'est la fin de tous les maux, disait-il, c'est le temps de la récompense et du souverain bonheur. C'est le commencement d'une vie heureuse et qui ne finira jamais[6].» Pascal et Théotime tiennent le même discours, mais la tonalité est différente ; dans une perspective intellectualiste,

---

1. *Mort...*, *OC* II, p. 856.
2. S 185/L 152.
3. L'auteur de ce texte, qui date peut-être du VIIe siècle, est indéterminé (voir PL 40, en particulier : col. 991).
4. XIV *Prov.*, p. 271/Laf., p. 439. Satan, dans les *Provinciales*, apparaît comme le «dragon», en révolte contre l'«agneau» : «prince du monde», «dieu de ce siècle», qui a partout «des suppôts et des esclaves», et a mis en son royaume les «lois qu'il a voulu y établir» (XIV *Prov.*) Ces qualificatifs sont empruntés à l'Apocalypse que Pascal a méditée, même s'il se défie de ses «extravagances» (voir S 478/L 575).
5. XVII *Prov.*, p. 332.
6. Éd. G. Rodis-Lewis, Paris, Gallimard, coll. «La Pléiade», t. II, Entretien I, p. 970.

Malebranche (Théotime est son porte-parole) fait de la mort l'équivalent de la philosophie : elle a la même fonction que cette dernière, explique-t-il dans la préface qu'il écrivit en 1696[1], elle lève le voile. L'idée de Malebranche, en réminiscence de la parole célèbre : «La foi passera, l'intelligence triomphera éternellement», est que la mort apportera la connaissance ; au lieu de voir en Dieu, nous verrons comme Dieu voit — le «comme» préserve, certes, une distance : nous verrons toujours à notre point de vue, celui de telle âme particulière. Pascal est beaucoup plus sensible à la dimension de vie nouvelle, vraie vie, désir assouvi et constamment renouvelé. En tout cas, selon lui, la philosophie ici-bas ne peut prétendre au statut, qui serait usurpé, de procurer un avant-goût du savoir véritable. Elle nous égare et, loin de lever quelque voile, elle nous aveugle, sauf à se métamorphoser en théologie et à perdre ainsi son identité — ou alors est-ce son accomplissement ? Pour l'auteur des *Pensées*, nous ne voyons pas en Dieu, ni, à la différence d'Adam, ne voyons sa «majesté» : «L'œil de l'homme voyait alors la majesté de Dieu» (S 182, p. 229/L 149), et si la Révélation donne à connaître, cette «connaissance» est *de* la foi, elle ne peut être déliée de l'ordre du cœur, de la charité, elle n'est pas une victoire sur le plan de l'ordre des esprits.

Pascal présente un triptyque conceptuel : le bien, le mal, la mort, corrélé selon une logique ternaire. Aucune définition n'est donnée en soi et pour soi, absolument parlant ; chacune réfère à l'histoire humaine en tant qu'elle est transie par l'histoire surnaturelle. Le triomphe du bien sur le mal est celui de la mort chrétienne[2]. D'où toute une théorie de la propitiation expiatoire du mourir à soi (le moi haïssable) et du mourir au monde (songeons aux Pères du désert dont Arnauld d'Andilly traduisit les vies, à la retraite des Solitaires de Port-Royal) ; d'où l'extrême importance de décéder muni des sacrements de l'Église et en état de réelle contrition — quand la mort païenne ne dit que le seul trépas... et toute une dialectique connexe sur la «douleur» et la «consolation», qui doit être conjuguée avec celle du désespoir et de l'espérance : «Il n'est [...] pas juste [...] que nous soyons sans douleur comme des

---

1. *Ibid.*, p. 651.
2. Voir H. U. von Balthasar, *Pâques le mystère*, Paris, Éd. du Cerf, 1972 ; éd. 1981, p. 26 s.

anges qui n'ont aucun sentiment de la nature; mais il n'est pas juste aussi que nous soyons sans consolation comme des païens qui n'ont aucun sentiment de la grâce : mais il est juste que nous soyons affligés et consolés comme chrétiens[1].» En effet, seule la Vérité console[2]. Pascal reprend et transpose, à son tour, la comparaison célèbre entre la mort de Socrate et celle de Jésus[3]. Il ne s'agit pas pour lui de faire un parallèle entre la mort du maître de Platon et celle du Fils de Dieu, mais, par leur intermédiaire, entre deux conceptions de la mort : l'une païenne (celle de Socrate et de Sénèque, également cité) «qui considère la mort comme naturelle à l'homme», l'autre chrétienne qui la saisit en sa réalité surnaturelle. À l'évidence, Pascal, contrairement à Érasme, par exemple, ne regarde pas Socrate comme ébauche, *umbra* ou *adumbratio* du Christ[4], ni *a fortiori* comme sa figure. Il est patent que seul l'Ancien Testament «annonce» le nouveau. Platon ne fait qu'y «disposer[5]». Autre comparaison instructive, celle de la mort des Lacédémoniens avec celle des martyrs chrétiens : «Les exemples des morts généreuses des Lacédémoniens [...] ne nous touchent guère. Car qu'est-ce que cela nous apporte?/Mais l'exemple de la mort des martyrs nous touche, car ce sont nos membres. Nous avons un lien commun avec eux. Leur résolution peut former la nôtre non seulement par l'exemple, mais parce qu'elle a peut-être mérité la nôtre./Il n'est rien de cela aux exemples des païens. Nous n'avons point de liaison à eux[6].» Le paganisme apparaît à Pascal comme un état pélagien où la morale est régie par la loi et la raison : «comme [elle] est toute païenne, la nature suffit pour l'observer[7].» Le problème est qu'une morale de ce type est pour l'apologiste infra-

---

1. *Mort...*, *OC* II, p. 860.
2. Voir *ibid.*, p. 853.
3. Voir D. LEDUC-FAYETTE, *J.-J. Rousseau et le mythe de l'Antiquité*, Paris, Vrin, 1974. Th. DEMAN dans *Socrate et Jésus* (Paris, 1944) avait montré que le parallèle était reparu bien avant le XVIIIe siècle.
4. Voir *Confirmatio christianorum per Socratica*. D'ailleurs, pour Érasme, Socrate n'accède pas non plus au statut de figure, il est une simple *«adumbratio»*; saint Jean-Baptiste, en revanche, est figure du Christ.
5. Voir Ph. SELLIER, «Platon pour disposer au christianisme», *Diotima*, 7, 1979, p. 178-183.
6. S 391/L 359. Ce propos est tout à fait dans la ligne janséniste. Nicole, par contre, s'en écarte résolument, qui cite avec enthousiasme Cicéron pleurant sur la mort de Théramène (voir *Traité de la grâce générale*, 1715, II, p. 247-248).
7. V *Prov.*, p. 78.

morale et que les vertus païennes sont d'un autre ordre que les vertus chrétiennes. Ces dernières sont plus «sages». N'oublions pas que la sagesse est rangée par Pascal, lorsqu'il rédige la première version du texte célèbre sur les trois ordres, dans le troisième, c'est-à-dire celui de la charité. Il oppose «la vérité chrétienne [...] aux fausses maximes du paganisme[1]». Rarement on a fustigé avec autant de violence la morale naturaliste (et le matérialisme qui lui est inhérent). Ce type de «morale» serait apte seulement à «guérir les vices par d'autres vices», c'est-à-dire incapable d'échapper à l'emprise du mal, piégée qu'elle est dans la sphère que Kant appellerait du phénoménal, c'est-à-dire dupe d'une illusion : se croire libre. Or, «pour dégager l'âme de l'amour du monde, pour la retirer de ce qu'elle a de plus cher, pour la faire mourir à soi-même, pour la porter et l'attacher uniquement et invariablement à Dieu, ce n'est l'ouvrage que d'une main toute-puissante[2]». Autrement dit, il n'est de liberté que *de* Dieu, dans la dimension de la transcendance. L'auteur des *Provinciales* inscrit en parallèle la morale pharisienne qui fait «pratiquer aux hommes les devoirs extérieurs de la religion[3]» et la morale païenne, en fonction d'un procès de catégorisation qui lui est coutumier. Selon lui, les païens vulgaires, «adorateurs de bêtes», les juifs «charnels» et les «chrétiens grossiers», «Juifs de la loi nouvelle» (S 318/286; «Deux sortes d'hommes en chaque religion») relèvent d'une même catégorie : ce sont tous des païens! Ils privilégient l'extérieur aux dépens de l'intérieur, ils font primer la quantité sur la qualité, la lettre sur l'esprit, la loi sur la grâce. Ils adorent des idoles, y compris conceptuelles : «On se fait une idole de la vérité même, car la vérité hors de la charité n'est pas Dieu et est son image et une idole qu'il ne faut point aimer ni adorer. Et encore moins faut-il aimer ou adorer son contraire qui est le mensonge» (S 755/L 926). Les molinistes qui se font une fausse idée de la divinité et de la liberté sont donc, dit-il dans la quatorzième Provinciale, d'une certaine façon, des *païens*[4].

À terme, il apparaît possible d'esquisser le tableau récapitulatif des caractères du mal. Nous avons montré ci-dessus que les maux, pour être toujours l'effet du mal, peuvent (s'ils servent

1. XIV *Prov.*, p. 256.
2. V *Prov.*, p. 79.
3. *Ibid.*
4. Voir p. 256.

à combattre ce dernier ou si, plus généralement, ils sont subis et même voulus au titre de l'expiation) être néanmoins *du* bien. Ce tableau implique, par voie d'antonymie, celui complémentaire et indissociable des caractères du Bien. La majuscule permet de le distinguer. Les biens, tantôt, ne sont que la figure du Bien, tantôt, désignent seulement les «faux» biens et sont donc *du* mal; ainsi en est-il de tout ce qui assouvit les besoins, les «biens temporels de quelque nature qu'ils soient, soit or, soit science, soit réputation[1]», dans la confusion voulue de l'ordre des corps et de celui des esprits. Dans l'*Écrit sur la conversion du pécheur*, Pascal dresse une liste, d'apparence volontairement hétéroclite et bien dans sa manière, de tous ces biens fictifs que l'homme convoite si ardemment — et ce, dans un élargissement littéralement cosmique : «Le ciel, la terre, son esprit, son corps, ses parents, ses amis, ses ennemis, les biens, la pauvreté, la disgrâce, la prospérité, l'honneur, l'ignominie, l'estime, le mépris, l'autorité, l'indigence, la santé, la maladie et la vie même[2].» Le désordre de cette énumération est un leurre. Il résulte d'une logique profonde : tous les faux biens s'équivalent comme le rien qu'ils sont. Le précepte pascalien étant de «considérer comme un néant tout ce qui doit retourner dans le néant[3]», Dieu excepté, aucune chose n'a de valeur. Il est donc licite d'aligner des objets si différents puisqu'ils appartiennent tous à la sphère mondaine. Le lecteur attentif au détail aurait tort de juger contradictoire la réunion d'opposés comme la santé et la maladie, ou encore l'honneur et l'ignominie, etc. L'amalgame est volontaire et légitime : si richesse et pauvreté ou estime et mépris sont traités à l'identique, c'est parce qu'il est fait abstraction de leur spécification qui rendrait impossible la synonymie. La somme de tous les faux biens est égale à zéro, par différence avec la positivité plénière du tout, c'est-à-dire le Christ : «Jésus-Christ est tout en tous[4]» (S 768/L 946). Le néant pour Pascal est ce tout nié, un *nihil negativum*. Et il

---

1. *Conversion*, OC IV, p. 41.
2. *Ibid.*
3. *Ibid.*
4. «Considérer Jésus-Christ en toutes les personnes, et en nous-mêmes : Jésus-Christ comme père en son père, Jésus-Christ comme frère en ses frères. Jésus-Christ comme pauvre en les pauvres, Jésus-Christ comme riche en les riches. Jésus-Christ comme docteur et prêtre en les prêtres. Jésus-Christ comme souverain en les princes, etc. Car il est par sa gloire tout ce qu'il y a de grand, étant Dieu, et est par sa vie mortelle tout ce qu'il y a de chétif et d'abject. Pour cela il a pris cette malheureuse condition, pour pouvoir être en toutes les personnes, et modèle de toutes conditions.» (S 768/ L 946).

n'est pas surprenant que la « nature » du mal soit énoncée comme fondamentalement contradictoire : « tant le mal est contraire à soi-même, et tant il s'embarrasse et se détruit par sa propre malice[1]. » Nous sommes renvoyés au leurre constitutif. D'où la caractéristique du Bien : il est substantiel, en son aséité : « un bien véritable et subsistant par lui-même[2]. » Non seulement le Bien est qualifié de « véritable », mais il est la Vérité — ce qui implique que le mal est le mensonge : Satan est l'« esprit du mensonge » (S 698/L 973). Dans l'*Écrit sur la conversion du pécheur* se fait jour, derechef, une composante platonicienne qui fait évoquer le mythe de la caverne, le jeu des ombres portées : « La présence des objets visibles la [il s'agit de l'âme encore piégée par le péché] touche plus que l'espérance des invisibles [...], la solidité des invisibles la [il s'agit de l'âme engagée sur la voie de la conversion, c'est évidemment la même] touche plus que la vanité des visibles[3]. » Texte admirable qui dit la présence sensible comme déception[4] et fait mesurer son inconsistance, par différence avec la qualité « substantifique » (comme on eût dit au siècle précédent[5]) de la vraie nourriture : l'hostie de pain.

---

1. XVI *Prov.*, p. 323.
2. *Conversion*, p. 41.
3. *Ibid.*, p. 40.
4. Le même thème est développé dans le premier des *Entretiens sur la métaphysique, sur la religion et sur la mort* de Malebranche.
5. Voir RABELAIS, Prologue de *Gargantua* : « la substantifique moelle ».

CHAPITRE II

UNE THÉOLOGIE SACRIFICIELLE

« Il ne faut nous unir qu'à ses souffrances »
(S 767/L 943).
« Aucun sacrifice n'a de valeur qu'en relation avec le sacrifice du Christ[1]. »
« L'âme en état d'hostie[2]. »

Introduction

Port-Royal était un monastère cistercien. Comme tel, il faisait « une place capitale [à] la mystique eucharistique dans sa vie de tous les instants[3] ». Le primat accordé à la réflexion sur le sacrement de l'Eucharistie[4] est inséparable de son expression liturgique

---

1. J. MESNARD, « Le sacré dans la pensée de Pascal », *La Culture du XVIIe siècle*, Paris, PUF, 1992, p. 454-461.
2. Voir *Lettres spirituelles de M. Olier, curé de la paroisse et fondateur du séminaire de Saint-Sulpice* (1672), Paris, 1862, 2 vol., lettre LXXVIII, t. I, p. 305. Olier (1608-1657) était disciple, comme Condren (que Bremond surnommait le « génie du bérullisme ») ou Senault, de Bérulle.
3. Ph. SELLIER, « Jésus-Christ chez Pascal », *Revue des sciences philosophiques et théologiques*, 66, octobre 1982, p. 516. *L'Office de l'Église*, alias les *Heures de Port-Royal*, 1650, contient un abrégé de l'office du saint sacrement : « Les Messieurs publieront en 1659 la totalité de cet office avec un privilège du 27 août 1652 » (B. CHEDOZEAU, *La Bible et la liturgie en français*, Paris, Éd. du Cerf, 1990, p. 118).
4. Nous croyons utile de rappeler avec Nicole *(Instructions théologiques et morales sur les sacrements*, Paris, 1698 ; nlle éd., 1719, 2 tomes*)* les noms que l'on donne « ordinairement à ce sacrement » (voir chap. II, p. 4) : 1. Eucharistie, « parce que c'est le principal moyen par lequel Jésus-Christ rend grâce à Dieu son père pour les hommes, et les hommes par Jésus-Christ » ; 2. Cène : « il fut institué par Jésus-Christ après le souper » ; 3. Communion, « parce que c'est le lien d'unité du corps de Jésus-Christ et de l'Église » ; 4. Saint Sacrement, « parce que c'est le principal des signes des choses sacrées établi par Jésus-Christ » ; 5. Viatique : « il est particuliè-

dont la spécificité port-royaliste est source de conflits avec les catholiques ultramontains. « Par [le] culte de l'Eucharistie, Pascal est tout à fait de Port-Royal », écrivait l'auteur de *Pascal et la liturgie*. C'est un des nombreux mérites de cet ouvrage que d'avoir montré la place capitale du mystère eucharistique « dans la vie et la pensée de Pascal [...] cette dévotion qui exclut tout appel à l'imagination et rend sensible le mystère de Dieu, explique le dépouillement de sa foi[1] ». Ph. Sellier a également consacré de fortes pages à méditer sur le Christ eucharistique comme « second foyer de la christologie pascalienne[2] ». Le célèbre verset d'Is, XLV, 15 : « *Vere tu es Deus absconditus* », si cher au cœur de Pascal, constituait l'exergue du sceau du monastère : « *Deus absconditus.* » Souvenons-nous aussi de la neuvième invocation des litanies du Saint-Sacrement : « *DEUS ABSCONDITUS et Salvator, miserere nobis*[3]. » Dieu se cache dans l'Eucharistie, nous rappelle le correspondant de Ch. de Roannez : « Il est demeuré caché sous le voile de la nature qui nous le couvre jusques à l'Incarnation ; et quand il a fallu qu'il ait paru, il s'est encore plus caché en se couvrant de l'humanité [...] Et enfin quand il a voulu accomplir la promesse qu'il fit à ses Apôtres de demeurer avec les hommes jusques à son dernier avènement, il a choisi d'y demeurer dans le plus étrange et le plus obscur secret de tous, qui sont les espèces de l'Eucharistie[4]. » Et Montalte déclare dans la seizième Provinciale : « Il n'y a point d'autre différence entre Jésus-Christ dans l'Eucharistie, et Jésus-Christ dans le ciel sinon qu'il est ici voilé et non pas là. » Il explique aux révérends pères que seuls « les bienheureux possèdent Jésus-Christ réellement, sans figures et sans voiles », tandis que « les Juifs n'ont possédé de Jésus-Christ que les figures et les voiles, comme était la manne et l'agneau pascal[5] ». Toujours dans la quatrième lettre à Mlle de Roannez, Pascal écrit : « reconnaître [Jésus-Christ]

---

rement nécessaire pour fortifier les fidèles dans le passage de cette vie à l'autre » ; 6. Synaxe ou Eulogie : « C'est le lien de l'assemblée du peuple, et la source des bénédictions de Dieu sur les chrétiens. »
    1. Ph. SELLIER, *Pascal et la liturgie*, Paris, PUF, 1966, p. 105.
    2. « Pascal sacrifiant », *L'Intelligence du passé, les faits, l'écriture et le sens, Mélanges offerts à J. Lafond*, université de Tours, 1988, p. 517.
    3. *Pascal et la liturgie*, p. 104.
    4. *OC* III, p. 1036.
    5. XVI *Prov.*, p. 313. Pascal se réfère à la treizième session du Concile de Trente, chap. VIII : « afin qu'ils [les chrétiens] puissent passer du pèlerinage de cette misérable vie à la patrie céleste, pour y manger, sans aucun voile, le même Pain des anges qu'ils mangent maintenant sous des voiles sacrés » (*CT*, p. 117 ; Denz., 882).

sous des espèces de pain, c'est le propre des seuls catholiques : il n'y a que nous que Dieu éclaire jusque-là[1].» Bérulle, déjà, dans le troisième des *Discours de controverse* (intitulé «Sur la présence du corps de J.-C. en la Sainte Écriture»), avait rendu manifeste l'existence d'une véritable chaîne : «[l'Eucharistie] lie cette humanité déifiée et cet homme-Dieu à la personne de chacun de nous, par l'efficace et singulière vertu du sacrement de son corps, qui nous incorpore avec son humanité sainte et nous fait vivre en lui et de toute sa vie, comme ses membres et avec lui, en son Père[2].» Comment ne pas évoquer le corps mystique pascalien? L'«étrange secret[3]» dont fait état la célèbre lettre à Ch. de Roannez sur le «Dieu caché» est aussi le secret de la pensée pascalienne : il se situe au géométral de toutes les perspectives comme le point haut quêté par l'interprète, à partir duquel ce dernier, ébloui, voit s'ordonner les *membra disjecta* et, comme dans le mythe d'Amphion, les pierres isolées s'assembler pour édifier un rempart. Dans le passage suivant, tout se noue : «Jésus-Christ. Offices/Il devait lui seul produire un grand peuple élu, saint, et choisi, le conduire, le nourrir, l'introduire dans le lieu de repos et de sainteté, le rendre saint à Dieu, en former le temple de Dieu, le réconcilier à Dieu, le sauver de la colère de Dieu, le délivrer de la servitude du péché [...] donner des lois à ce peuple, graver ces lois dans leur cœur, s'offrir à Dieu pour eux, se sacrifier pour eux, être une hostie sans tache, et lui-même sacrificateur, devant offrir lui-même son corps et son sang. Et néanmoins offrir pain et vin à Dieu» (S 504/L 608). Pascal réalise avant la lettre le vœu de Blondel : montrer «qu'en l'hostie consacrée se concentrent toutes les solutions des problèmes ontologiques, éthiques, sociaux, eschatologiques et mystiques[4]». Si l'on accorde qu'«il n'y a qu'un point unique qui soit le véritable lieu», ce point est et ne peut être que celui «qui remplit tout», l'Eucharistie. «Je vous veux donc faire voir *(une image de Dieu en son immensité)* une chose infinie et indivisible : c'est un point se mouvant partout d'une vitesse infinie. Car il est en tous lieux et tout entier en chaque endroit» (S 620, p. 472/L 420; l'expression en italiques l'est dans le texte). La multilocation n'est donc

---

1. *OC* III, p. 1036/Laf., p. 267.
2. *Œuvres complètes*, éd. Migne, Paris, 1856, t. XXXIV, § 1, col. 968.
3. Voir l'article de M. DE CERTEAU, «L'étrange secret. Manière d'écrire pascalienne : la quatrième lettre à Mlle de Roannez», *Rivista di storia e letteratura religiosa*, 1, 1977, p. 104-126.
4. *La Philosophie et l'Esprit chrétien*, t. II, *Conditions de la symbiose seule normale et salutaire*, Paris, PUF, 1946, p. 165.

plus impensable; bien plus, c'est elle qui autorise à penser l'espace glorieux : «Jésus-Christ, dans l'Eucharistie, est véritablement en un lieu particulier, et miraculeusement en plusieurs lieux à la fois[1].» L'on conçoit alors que, de la fameuse sphère infinie dont la circonférence est nulle part et le centre partout, ce centre soit l'Eucharistie. Quant au temps de l'hostie, à la fois anticipation et mémorial[2] — «Faites ceci en mémoire de moi[3]» —, il éclaire toute la temporalité chrétienne[4]. L'Eucharistie est bien la «clef herméneutique universelle[5]».

Le phénomène, dans sa spécificité port-royaliste, doit être appréhendé sur l'horizon de ce qu'il est convenu de nommer la Contre-Réforme, terme auquel nous préférons avec J. Dagens celui de Restauration catholique[6], car la richesse des thèmes abordés en cette époque d'intense activité spirituelle et de fervente dévotion[7], la profondeur du souci de purification de l'institution ecclésiale débordent le cadre si douloureux de la polémique antiprotestante, d'ailleurs indissociable du point qui nous retient : le mystère de l'Eucharistie. C'est, en effet, l'interprétation de ce dernier qui sert de «pierre de touche pour le discernement des hérétiques[8]». Port-Royal, suspecté par ses

---

1. XVI *Prov.*, p. 317/Laf., p. 451.
2. Déjà, dans l'Ancien Testament, la commémoration est d'un autre ordre que le simple souvenir. Elle est re-création; voir M. MESLIN, «À chaque génération chaque [israélite] doit se considérer comme étant *lui-même* sorti d'Égypte», *Foi et langage*, 13, 4, 1980, p. 5; nous soulignons.
3. Cet ordre de réitération est absent chez Marc et Matthieu.
4. Sur ce point capital, le lecteur voudra bien se reporter au chapitre suivant, «Le mystère du temps».
5. Ph. SELLIER, «Pascal sacrifiant», p. 517.
6. Voir *Bérulle et les origines de la restauration catholique (1575-1611)*, Bruges-Paris, Desclée de Brouwer, 1952.
7. Entre autres ouvrages, voir L. COGNET, *La Spiritualité moderne*, Paris, Aubier, 1966, et le COLLECTIF, *Histoire spirituelle de la France*, Paris, Beauchesne, 1964.
8. J. LAPORTE, *Le Rationalisme de Descartes*, Paris, PUF, 1950, p. 405. Voir aussi L. MARIN, *La Critique du discours*, Paris, Éd. de Minuit, 1975, p. 54, et le fragment S 614, p. 423/L 733, «sur le sujet du saint sacrement». Il est intéressant de noter qu'Arnauld, à la fin de *La Perpétuité de la foi de l'Église catholique touchant l'eucharistie défendue contre les livres du Sieur Claude, ministre de Charenton* (1674), joint au troisième volume une passionnante série de documents qui, à propos de «la contestation qui s'est élevée en France sur le sujet de la créance des Orientaux», rendent patent le désaccord des orthodoxes avec les calvinistes au sujet du sacrement eucharistique.

ennemis d'*intelligence avec Genève*[1], trouve en Blaise Pascal son farouche avocat. Dans la seizième Provinciale, il défend contre cette accusation d'apostasie Saint-Cyran, Arnauld, la mère Agnès, toutes les «saintes femmes», dont il remarque non sans émotion que l'Eucharistie est «le principal objet de leur piété[2]», comme en témoignent d'ailleurs les Constitutions du monastère[3], et de dénoncer avec virulence l'hérésie calviniste : «[Cette hérésie] consiste essentiellement [...] à croire que Jésus-Christ n'est point enfermé dans ce Sacrement ; qu'il est impossible qu'il soit en plusieurs lieux ; qu'il n'est vraiment que dans le Ciel [...], et non pas sur l'autel ; que la substance du pain demeure ; que le corps de Jésus-Christ n'entre point dans la bouche ni dans la poitrine ; qu'il n'est mangé que par la foi, et qu'ainsi les méchants ne le mangent point ; et que la Messe n'est point un sacrifice, mais une abomination.» Pascal trouve véritablement absurde et scandaleux que les religieuses et leurs directeurs puissent être en butte à semblable calomnie, et avec sa véhémence coutumière il apostrophe ses adversaires : «Qui ne ferez-vous point passer pour calvinistes quand il vous plaira[4].» S'imaginer que cette plaidoirie pascalienne en faveur de l'orthodoxie de Port-Royal est purement conjoncturelle serait une erreur. Par-delà l'écrit de circonstance, Pascal ne cesse de «réfléchir» le dogme eucharistique : il le «réfléchit» au sens optique du terme, recevant de lui une lumière qui irradie par réfraction toute sa vision du monde, ce dont il est pleinement conscient et qu'il théorise. Magnifique exemple de réflexion spéculative... De l'intensité de cette méditation témoignent et ses lectures et ses écrits. Il cite avec une précision extrême les textes de ses amis, ainsi la *Théologie familière* de l'abbé de Saint-Cyran, le *Traité de la fréquente communion* d'Antoine Arnauld, et plusieurs autres ouvrages, parmi lesquels ceux de Bérulle. Quant au corpus pascalien relatif à la question, c'est quasiment l'œuvre entière, puisque tout s'y tient !

Certes, Pascal, étant donné la définition qu'il donne de la «philosophie», n'aurait pas recours à l'expression «philosophie eucharistique». Mais, pour notre part, nous la jugeons adéquate, à condition de faire subir au terme un déplacement : l'épithète

---

1. XVI *Prov.*, p. 309. Expression en italique dans le texte.
2. *Ibid.*, p. 302.
3. Voir Ph. SELLIER, *Pascal et la liturgie*, p. 39.
4. XVI *Prov.*, p. 304/Laf., p. 447.

eucharistique rendrait alors manifeste la conversion de la philosophie elle-même ! Il est notoire que l'expression « philosophie eucharistique » était usitée au XVIIe siècle. Elle servait même d'intitulé à un essai de Nicole[1]. Il importe de faire ressortir sa différence avec celle de « physique eucharistique ». Pascal ne pouvait rien ignorer des démêlés d'Arnauld et de Descartes. L'on connaît, par les quatrièmes objections aux *Méditations métaphysiques* de Descartes et la fameuse lettre de 1648, les interrogations du « Grand » Antoine, quant aux difficultés soulevées par la moderne physique cartésienne (qu'il souhaitait appeler en renfort du renouveau augustinien), difficultés relatives à la permanence des accidents — lorsque le pain n'est plus —, et aussi à ce que le corps du Christ puisse être sous les mêmes dimensions où était le pain[2]. Arnauld s'était estimé satisfait des réponses de Descartes. Pascal, en revanche, critiquerait ce dernier dans un passage elliptique des *Pensées*[3]... Il est patent, en tout cas, que si Pascal ne peut se désintéresser des problèmes de physique eucharistique, il est surtout pénétré du sentiment qu'il serait naïf et indécent de traiter l'hostie comme une chose parmi les choses, péril qui guette nécessairement tout discours physiciste, alors que l'Eucharistie ressortit à l'ordre de la charité. Elle est mystère, à l'instar de la Trinité ou de la Résurrection, objet de ce fait non de science mais de créance, et source de lumière, à la mesure de son obscurité même. « Que je hais, s'exclame Pascal, ces sottises de ne pas croire l'Eucharistie, etc./Si l'Évangile est vrai, si Jésus-Christ est Dieu, quelle difficulté y a-t-il là ? » (S 199/L 168.) Il y a une vérité du Mystère qui peut être établie par des preuves scripturaires. C'est un devoir pour le fidèle (pas seulement donc le clerc, mais n'importe quel fidèle) que d'accéder à une intelligibilité de ce qu'il croit. La treizième session du Concile de Trente, en octobre 1551, affirme que « la présence réelle » est telle « par une manière d'exister qui, ne se pouvant exprimer qu'à peine par parole, peut néanmoins être conçue par l'esprit éclairé de la foi, comme possible à

---

1. *Essais de morale*, t. VIII, lettre LXXXIII.
2. Voir l'article de J.-R. ARMOGATHE, *Archives de philosophie*, 3, 1973, p. 460-461, et son ouvrage, *Theologia cartesiana. L'explication physique de l'eucharistie chez Descartes et dom Desgabets*, La Haye, 1977. Voir aussi H. GOUHIER, *Cartésianisme et augustinisme au XVIIe siècle*, Paris, Vrin, 1978, chap. V, II-III, p. 133-147.
3. S 794/L 959. Le fait qu'il viserait la lettre à Mesland du 9 février 1645 est contesté par J.-R. Armogathe.

Dieu »[1]. Pascal, malgré tout ce qui les sépare, aurait, sans doute, souscrit à ces deux passages des *Instructions théologiques et morales sur les sacrements* (1698) de Nicole, relatif au mystère eucharistique : « On est obligé de s'en instruire non seulement comme d'un objet très important de notre Foi, mais comme du principal moyen du salut [...] des Chrétiens » ; « Il est toujours bon que les fidèles s'affermissent dans la foi par quelque lumière ; et ils peuvent même avoir besoin de ces preuves, ou pour éclairer les hérétiques, lorsqu'ils se trouvent avec eux, ou pour s'empêcher d'être surpris et ébranlés par leurs discours, quand ils sont contraints de les entendre »[2].

I. La Passion continuée

J. Mesnard voyait, à juste titre, dans la *Prière pour demander à Dieu le bon usage des maladies*, « une sorte de testament spirituel » de Pascal. Il ne manquait pas de noter : « C'est en premier lieu le livre de Job qui se trouve mis à contribution[3]. » Au cœur de ce texte d'une spiritualité brûlante se découvre la réponse donnée à la foi par la Parole vivante. Pascal supplie le Christ : « Entrez dans mon cœur et dans mon âme, pour y souffrir mes souffrances, et pour *continuer* d'endurer en moi ce qui vous reste à souffrir de votre Passion[4]. » Ce texte fait écho à la déclaration de l'apôtre (comme l'écrit encore J. Mesnard, « c'est [...] avec saint Paul que se réalise, chez Pascal, le lien entre Bible, théologie et spiritualité[5] ») : « Moi Paul, qui me réjouis maintenant dans les maux que je souffre pour vous, et qui accomplis dans ma chair ce qui reste à souffrir [des souffrances] de Jésus-Christ, en souffrant moi-même pour

---

1. Voir *CT*, p. 109 : « Il ne répugne point que notre Sauveur soit toujours assis à la droite du Père dans le Ciel selon la manière naturelle d'exister ; et que néanmoins en plusieurs autres lieux il nous soit présent en sa substance sacramentellement, par une manière d'exister », etc.
2. *Instructions théologiques et morales sur les sacrements*, t. II, « Ve Instruction », chap. I, p. 2 (Nicole explique, avec sa clarté accoutumée, en quoi c'est une « obligation de s'instruire du sacrement de l'Eucharistie », et donne des « preuves de la vérité de ce mystère tirées de l'Écriture »), et chap. III, p. 11.
3. *OC* IV, p. 983.
4. *Ibid.*, p. 1011 ; nous soulignons.
5. *OC* IV, p. 985.

son corps qui est l'Église[1].» Le terme «accomplir» renvoie au grec *ant-anaplèroô* qui signifie compléter, accomplir, combler[2]. Pascal, pour sa part, dit «continuer». Le mot n'est pas indifférent en rapport avec le caractère continué de la grâce, qui renvoie à la dimension fondamentale de la temporalité pascalienne (sa discontinuité), laquelle fusionne en chaque instant la totalité des ex-stases temporelles. L'expression «ce qui reste à souffrir des souffrances», est évidemment capitale, car le terme grec *hustérèma* veut dire : «ce qui manque». Il ne faut pas commettre de contresens sur ce «manque», sur ce «reste», qui dit le caractère en quelque sorte inachevé de la Passion. Nous reconnaîtrions volontiers ce «reste» dans l'ange intercesseur évoqué dans le discours qu'Élihou adresse à Job : «Si un ange choisi entre mille parle pour lui [à savoir quelqu'un plongé «dans le dernier accablement de l'affliction[3]»] Dieu aura compassion de lui» (Jb, XXXIII, 23-24). Cet ange est Jésus-Christ, selon saint Grégoire[4], mais aussi Job lui-même, en tant que sa figure — tout élu qui parle pour un autre. «Et si ces jours-là n'avaient pas été abrégés, nul n'aurait eu la vie sauve; mais à cause des élus ils seront abrégés, ces jours-là» (Mt, XXIV, 22) Le P. von Balthasar interprète ce «reste» au sens de «ce qui est laissé ouvert pour un complément, et qui se clôt et se complète par la réponse venant de l'apôtre et de l'Église dans son ensemble[5]». Ces souffrances, bien évidemment, ne sont point incomplètes en elles-mêmes mais «dans la chair» de l'apôtre. Pascal préfère dire «moi», pour faire entendre qu'il s'agit de l'homme entier (c'est d'ailleurs, précisément, le sens de «chair» dans saint Paul). Dans l'ordre du mérite, la Passion est complète, mais il convient que nous devenions l'instrument des mérites du Sauveur, que nous prolongions son œuvre, que nous portions «toujours en notre corps la mort du Seigneur [...] afin que la vie de Jésus paraisse aussi dans notre corps[6]». Tout cela ne peut donc être délié de

---

1. Col, I, 24; *NT*, II, p. 222.
2. Voir H. U. von Balthasar, *Pâques le mystère*, Paris, Éd. du Cerf, 1972; éd. 1981, p. 131. Autre leçon : *«ananta-plèrò»*, achever de remplir jusqu'en haut — *ananta* : «en montant» —, à la place de quelqu'un ou de quelque chose; voir *Les Saints Évangiles*, éd. Pirot-Clamer, Paris, Letouzey et Ané, 1950, t. XII, p. 112.
3. Job, p. 508.
4. *Moralia*, liv. XXIV. Voir Rm, VIII, 34 : «Il intercède pour nous.»
5. *Pâques le mystère*, p. 132, n. 103.
6. II Co, IV, 10, *NT* II, p. 133.

la théorie du corps mystique, aussi centrale dans les *Pensées*[1] que dans les écrits de saint François de Sales. Cette théologie de la souffrance est indissolublement une théologie de la charité. L'amour chrétien qui est, en son essence même, amour souffrant prolonge et continue l'amour divin : «[Le membre] en aimant le corps [...] s'aime soi-même, parce qu'il n'a d'être qu'en lui, par lui et pour lui. *Qui adhaeret Deo unus spiritus est*[2].» L'Église tout entière est attachée au bois de la Croix rédemptrice. Pascal, à l'instar de Bérulle, fait du mystère de l'Eucharistie l'«imitation du mystère de l'Incarnation, comme son application et son extension à chacun des chrétiens[3]». Là où un membre du corps mystique est crucifié, nous le sommes. Le chapitre II de la treizième session du Concile de Trente, intitulé «De la manière de l'Institution du Très Saint Sacrement», rappelle que «Notre Sauveur [...] est le symbole de l'unité de ce corps, dont il est lui-même le chef; et auquel il a voulu que nous soyons unis et attachés par le lien de la Foi, de l'Espérance et de la Charité, comme des membres étroitement serrés, et joints ensemble; afin que nous confessassions tous la même chose, et qu'il n'y eût point de schismes ni de divisions parmi nous[4]».

L'expression «victime de Dieu» se situe par-delà toute conception vindicative d'une justice de rétorsion, selon laquelle il ne serait question de rien d'autre que d'une réparation, au sens de dette d'honneur, comme quand Pascal écrit, dans un langage tout cornélien, que la créature doit «satisfaire [à Dieu] comme coupable[5]». Cette dimension, présente dans sa pensée et très en faveur à son époque[6], est transfigurée par l'insistance qu'il met à souligner la prodigue et surabondante générosité de la divine miséricorde, la gratuité absolue qui la caractérise.

---

1. Voir S 404/L 372 (Col, I, 18 : «Il est le chef et la tête du corps de l'Église.»)
2. S 404/ L 372 (I Co, XVI, 6, 17).
3. Nous citons ici Orcibal qui s'appuie sur *Grandeurs de Jésus*, VI, 4, p. 166-167.
4. *CT*, XIIIe Session, chap. II, p. 110.
5. *Conversion...*, *OC* IV, p. 44.
6. Condren écrivait, par exemple : «il faut que la satisfaction soit proportionnée au péché... Or il n'y a qu'un Dieu qui puisse satisfaire ainsi, il n'y a qu'un Dieu qui puisse satisfaire à un Dieu» (*L'Idée du sacerdoce et du sacrifice de Jésus-Christ*; la première édition est de 1677; elle figure dans la Bibliothèque de Sacy; voir O. BARENNE, *Une grande bibliothèque de Port-Royal*, Paris, Études augustiniennes, 1985; dernière édition revue et augmentée, Paris, 1901).

Le fameux rachat n'est pas une simple équivalence compensatoire... Le mystère eucharistique, à l'extrême pointe de la logique de l'Incarnation, éclaire l'essence de tout sacrifice : l'anéantissement de soi, l'holocauste parfait. Aimer c'est toujours donner — jusqu'à se donner soi-même. Pascal hérite de la terminologie de *L'Homme chrétien ou la Réparation de la nature par la grâce* de l'oratorien Senault : «La théologie du sacrifice fait son entrée dans la *Lettre sur la mort de son père* avec cette déclaration de foi : "Jésus-Christ, entrant au monde, s'est considéré et s'est offert à Dieu comme un holocauste et une véritable victime"[1].» Ce thème s'articule sur celui de l'anéantissement hérité de Benoît de Canfeld[2], thème prééminent chez Bérulle, dès les *Discours de controverse*[3].

II. Oblation-immolation

Les distinctions qu'établit Condren dans *L'Idée du sacerdoce et du sacrifice de Jésus-Christ* sont ici éclairantes, même si Pascal n'a pu lire ce texte composite qui n'est paru qu'en 1677. Il s'agit d'une compilation due à Quesnel, à partir, entre autres, de notes prises aux conférences de Condren. Ce dernier n'avait rien publié de son vivant (il est mort en 1641). Cependant son rayonnement exceptionnel, l'on peut même aller jusqu'à dire sa sainteté, si l'on en croit les contemporains[4], font qu'il n'est pas surprenant de trouver dans la *Lettre sur la mort de son père* quelque écho des théories du successeur de Bérulle à la tête de l'Oratoire[5]. Selon Condren, fidèle à

---

1. Ph. SELLIER, «Pascal sacrifiant», p. 437. Voir p. 442, n. 2 : «Pascal est nourri de Senault.» Sellier souligne, toutefois, quelques «distorsions». Sur Senault et Pascal, voir aussi G. FERREYROLLES, «De l'usage de Senault : apologie des passions et apologétique pascalienne», *Corpus, revue de philosophie*, 7, 1988, p. 3-20.
2. Voir L. COGNET, *La Spiritualité moderne*, IIe partie, chap. VII, 2, p. 244-258.
3. Voir en particulier le troisième qui date de 1609. L. Cognet souligne la «place centrale de l'Eucharistie dans la pensée bérullienne» (p. 358). Voir aussi Koji KAWAMATA, «Genèse de l'anéantissement», dans COLLECTIF, *Pascal. Port-Royal. Orient. Occident*, Paris, Klincksieck, 1991, p. 185.
4. Voir L. COGNET, *La Spiritualité moderne*, p. 382 s.
5. En 1629. Il y a des différences notables d'accentuation entre la théologie de Condren et celle de Bérulle, par exemple en ce qui concerne l'exemplarisme,

saint Thomas, le sacrifice est une activité naturelle et rationnelle où l'homme fait usage de choses sensibles pour les offrir à Dieu, reconnaissant ainsi sa dépendance, sa « sujétion ». C'est le « premier » acte religieux, un « devoir essentiel » qui, donc, n'est pas laissé à la libre appréciation de chacun. Condren a cette formule étonnante : « même si l'homme n'avait pas péché, il aurait un devoir de sacrifier [...] le devoir de sacrifice est de droit naturel. » Mais la référence à la raison est insuffisante pour faire entendre la sublimité du sacrifice, d'où toute une théologie entée sur le mystère trinitaire et sur celui de l'Incarnation. C'est là que nous rencontrons le terme clef d'hostie dont Pascal fait le même usage : Jésus prend « la qualité d'hostie et d'agneau », il « entre en exercice de son état d'hostie ». C'est donc le divin sacrifice qui est l'horizon obligé de tout sacrifice. C'est l'anéantissement du Fils de Dieu qui est le modèle de tout anéantissement, mais il faut bien voir que, par-delà sa mort, c'est de sa vie qu'il est question, et par-delà encore, de la génération du Verbe, déjà entendue comme l'éternelle kénôse et qui ne peut être dissociée de la production de l'Esprit-Saint. Condren distingue cinq étapes dans le sacrifice, selon la loi hébraïque, et les retrouve dans la vie de Jésus, conçue comme un « sacrifice continuel ». Pascal, lui aussi, parle de « sacrifice continuel et sans interruption » et note : « ce sacrifice a duré toute sa vie, et a été accompli par sa mort[1]. » Condren et Pascal savent, comme Bérulle, qu'il y a une perpétuité de ce mystère : « L'Incarnation est un état permanent et permanent dans l'éternité. Sans cesse, Dieu fait don de son Fils à l'homme ; sans cesse, ce Fils qui est le don de Dieu se donne lui-même à notre humanité ; sans cesse, le Père éternel engendre son Fils dans une nouvelle nature[2]. » Les cinq aspects du sacrifice, distingués par Condren, sont présents dans la lettre du 17 octobre 1651, dans la condensation (fusion légitime) du sacrifice du Christ, de celui de la messe et de celui en quoi réside la vie chrétienne :

---

ou encore en ce que, pour Condren, l'oblation est partie constituante du sacrifice, comme nous le verrons ci-dessous. Condren creuse l'abîme entre Dieu et le monde. Son augustinisme est beaucoup plus accentué que celui du cardinal, et son pessimisme est radical : le thème pascalien de la grandeur de l'homme lui est étranger. Voir Cl. POUILLARD, « Le père de Condren : vie, théologie, spiritualité », *Fidélité et ouverture*, 122, octobre 1992, p. 37-48.
1. *Mort...*, OC II, p. 854, 855.
2. *Œuvres complètes*, p. 921.

La sanctification et l'oblation.

« Que les temples des idoles seraient abattus et que parmi toutes les nations et en tous les lieux du monde lui serait offerte une hostie pure, non point des animaux » (S 355/L 324). L'agneau est la figure. Pascal écrit : « En entrant au monde, [Jésus] s'est offert », « sa sanctification a été immédiate de son oblation ». Et d'ajouter : « L'oblation et la sanctification qui précèdent sont des dispositions. » Entendons qu'elles précèdent conjointement la mort du Christ[1] et le sacrifice de la messe. Que l'oblation soit partie constituante du sacrifice est l'un des thèmes qui distinguent Condren de Bérulle pour lequel elle n'est que condition. Le terme « oblation » n'en est pas moins un terme capital du vocabulaire de ce dernier[2]. Ainsi déclarait-il : « ce même prêtre qui s'offre éternellement à Dieu en état d'hostie dans le ciel a voulu demeurer en la terre et sur nos autels, et s'y offrir par nos mains à la majesté de Dieu son Père en cet état d'hostie[3]. » Pour le fondateur de l'Oratoire français, l'oblation est initiale, elle est même le point d'intelligence d'une théologie éminemment synthétique, d'où le fameux vœu de servitude dans le texte duquel l'on peut lire : « Je m'offre et me présente à vous, ô Jésus, je me rends votre esclave[4]. »

L'immolation ou occision.

« L'accomplissement est la mort », déclare Pascal, tandis que Condren remarque : « Le fils de Dieu n'a pas été sacrifié aussitôt après l'oblation, au commencement de sa vie [...] il a attendu trente-trois ans », et d'insister sur la valeur transitive de la Croix : la finalité de la mort est notre transfiguration, « la vie n'est pas ôtée mais changée » ! Nicole, dans les pages si claires consacrées au « sacrement de l'Eucharistie » que nous avons

---

1. Condren écrivait : « [L'oblation] s'est faite aussi dès l'Incarnation [...] non passagère comme l'obligation légale, celle des anciens rites, mais pour durer toujours [...] obligation permanente et éternelle. » Condren dit ailleurs que le « sacrifice du matin » annonce le « sacrifice du soir ».
2. « Toutes nos œuvres doivent être comme des oblations » (lettre à Guillebert, éd. 1744, p. 287).
3. *Œuvres de piété*, éd. Migne, LXXX, 1, col. 1056.
4. *Narré de ce qui s'est passé sur les élévations suivantes à Jésus et à la très sainte Vierge*, 1623, éd. Bourgoing, p. 411.

déjà évoquées ci-dessus, écrira : « Ce sacrement [...] est signe [...] de la mort de Jésus-Christ et de son immolation sur le Calvaire[1]. »

La consomption et la consommation.

« Ainsi ce sacrifice étant parfait par la mort de Jésus-Christ, et consommé même en son corps par sa Résurrection, où l'image de la chair du péché a été absorbée par la gloire », écrit Pascal. Lorsque Dieu « a odoré et reçu l'odeur du sacrifice » (Pascal cite ici Gn, VIII, 21), il a « accepté » le sacrifice. « Comme la fumée[2] s'élevait et portait l'odeur au trône de Dieu, aussi Jésus-Christ fut, en cet état d'immolation parfaite, offert, porté et reçu au trône de Dieu même : et c'est ce qui a été accompli en l'Ascension[3]. » Bel exemple de la théorie des figuratifs : la fumée des victimes des holocaustes figure le Christ « porté en haut par l'air », tandis que ce dernier figure le Saint-Esprit.

Il importe donc de ne pas réduire le « sacrifice » à l'« immolation ». Comme toujours, l'étymologie éclaire : *sacrum facere* signifie « rendre sacré », tandis qu'*immolatio* vient de *mola*, le sachet de sel placé sur le front de la victime consacrée qui n'était pas obligatoirement égorgée. L'on constate le lien intime du sacrifice et du don (l'oblation). Mais, d'une part, il est bien évident que, pour le chrétien, le don de Dieu toujours antécède ; d'autre part, il faut que Dieu accepte le sacrifice, ainsi la session à la droite du Père du Fils ressuscité est-elle dans le christianisme preuve de l'acceptation. Pascal est particulièrement attentif à ce point qui ne peut être délié du dogme trinitaire, comme nous avons pu déjà le constater. Augustin déclare dans le *De libero arbitrio* : « Dieu d'en haut a tendu sa main droite, c'est-à-dire notre maître Jésus-Christ[4]. » Pascal médite sur la « séance

---

1. *Instructions théologiques et morales sur les sacrements*, t. II, Ve Instruction, chap. II, p. 10 de la nouvelle édition de 1719.
2. Selon l'étymologie, le nom hébreu « holocauste », *alah*, signifie « monter » ; il pourrait s'agir de la fumée. Le rituel est exposé en Lv, I, 7. Voir aussi VIII, 21 : « c'était un holocauste d'une odeur très agréable au Seigneur » (voir aussi VIII, 28).
3. L'on retrouve le « trône de Dieu » dans l'*Écrit sur la conversion du pécheur*.
4. II, 20, 54 (BA, VI, p. 379 ; voir la note 66 selon laquelle Augustin ne réfère pas à Job mais à Is, LIII, 1 : « Qui a cru à notre parole, et à qui le bras du Seigneur a-t-il été révélé ? »)

éternelle à la dextre » dans la *Lettre sur la mort de son père* et retrouve le thème dans l'*Abrégé de la vie de Jésus-Christ* : « Il sied à la droite du Père[1]. »

L'on sait que pour saint Thomas, il importe de distinguer la réalité du sacrifice *(sacrificium ut res)* du don extérieur *(sacrificium ut signum)* : la réalité du sacrifice, c'est l'acte par lequel l'homme se consacre à Dieu, l'offrande visible n'est qu'un signe. Ce pourquoi Pascal déclare : « L'essentiel n'est pas le sacrifice extérieur. » Pascal, à la différence de Calvin, ne pense pas que sacrifier se réduise à détruire[2] ; il conjugue, comme Bérulle, Condren et Olier, les deux thèmes du sacrifice-immolation et du sacrifice-oblation. Condren explique en référence à l'Ancien Testament que, dans tout sacrifice, il faut distinguer la sanctification (la victime doit être pure, c'est l'hostie sans tache de Pascal), l'oblation, l'immolation, la consomption, la communion. Dans la *Prière*, Pascal s'écrie : « Je vous loue, mon Dieu [...] de ce qu'il vous a plu prévenir [comprenons anticiper] en ma faveur ce jour épouvantable [le *Dies irae*, en détruisant à mon égard toutes choses, dans l'affaiblissement où vous m'avez réduit. » Le *« Dominus dedit, Dominus abstulit »* de Jb, I, 21, vient toujours à son esprit, alors même que résonnent tragiquement ses plaintes. Or accepter que Dieu ôte ce qu'il a donné, c'est comprendre que ce qui est donné ne l'est que parce qu'il est à donner[3]. D'où le thème que nous avons commenté ci-dessus de l'union au sacrifice du Christ, selon la perspective paulinienne, thème insuffisamment mis en valeur par Jean Chrysostome[4]. Cela implique de renoncer à ce qui fait obstacle à l'union. Renoncement est un terme plus adéquat que destruction. Il y a une pleine positivité du renoncement !

La possibilité de la vie chrétienne selon Pascal dépend totalement de la participation aux affres de la crucifixion qui ne

---

1. *Mort...*, *OC* II, p. 853. *Abrégé...*, *OC* III, p. 249.
2. C'est d'ailleurs pourquoi les protestants prétendent que l'Eucharistie n'est pas un sacrifice, sous prétexte, disent-ils, qu'il n'y a pas de destruction dans l'Eucharistie.
3. Nous sommes là au cœur de ce que Cl. BRUAIRE nommera l'« ontodologie » (voir *L'Être et l'Esprit*, Paris, PUF, coll. « Épiméthée », 1983, p. 51).
4. Jean Chrysostome utilise Col, I, 24, « pour exhorter les fidèles à se réjouir dans la tribulation plus que pour traiter de l'efficacité de leurs souffrances, qu'il ne fait que suggérer », comme l'écrit E. NOWAK (*Le Chrétien devant la souffrance. Étude sur la pensée de Jean Chrysostome*, Paris, Beauchesne, 1972, p. 204).

peut être déliée de la Résurrection[1], autrement dit, de la vision, loin de tout docétisme, de l'humanité du Christ dans sa chair martyrisée et dans sa chair glorifiée, vision qu'Ignace d'Antioche, avant Irénée ou Tertullien, plaçait au centre du plan salvifique ; à l'instar du fondateur de la spiritualité christocentrique, Pascal aurait pu déclarer : « [Les hérétiques] s'écartent [...] de l'Eucharistie [...] parce qu'ils ne confessent pas [qu'elle] est la chair de notre Sauveur J.-C., celle qui a souffert à cause de nos péchés, celle que dans sa bonté le Père a ressuscitée. Ainsi ils contredisent le don de Dieu[2]. »

III. La souffrance et le mal

Croix devient donc synonyme d'« épreuve », comme l'on voit dans la langue admirable de Calvin : « Il appert combien nous est nécessaire l'expérience de la croix[3]. » L'accent est mis sur la souffrance et, donc, d'une certaine manière sur la passivité, le subir. La volonté accepte et supporte (et n'accepterait ni ne supporterait, si elle n'était mue et aidée). Le paradoxe est grand de la souffrance qui s'éveille au contact du mal, qui émerge comme protestation spontanée, appréciation antéprédicative : le corps et l'âme réagissent brutalement. La plainte de Job traduit et formule cette réaction de rejet indigné, dans une saine appréciation. Le mal doit être objet de refus. Il ne s'agit pas pour le chrétien de rechercher la souffrance pour elle-même, mais de participer à sa transmutation, ce qui ne se peut que

---

1. M. Pontet minimise la présence de celle-ci dans la vision pascalienne ; voir *Pascal et Teilhard. Témoins de Jésus-Christ*, Paris, Desclée de Brouwer, 1968 : « La Résurrection n'a pas de place dans les *Pensées*. La moitié de l'acte rédempteur est pour ainsi dire passée sous silence » (p. 112). Mais les *Pensées* sont inachevées et doivent être complétées par les autres textes pascaliens...
2. *Epistula ad Smyrnaeos*, *Enchiridion patristicum*, n° 62, 7, 1, p. 21. Nous traduisons à partir du texte latin.
3. Voir *L'Institution chrétienne*, liv. III, chap. VIII (« De souffrir patiemment la croix, qui est une partie de renoncer à nous-mêmes », p. 169). Calvin explique que la Croix engendre l'humilité et l'espérance, fait valoir la grâce de Dieu par la patience et l'obéissance, est un remède en vue du salut, contre l'intempérance de la chair, que par elle Dieu corrige nos fautes et nous retient dans l'obéissance, et conclut que toute Croix nous atteste l'amour immuable de Dieu.

par la médiation christique, et de comprendre qu'il est bon, qu'il est juste de souffrir du mal, sinon cela signifierait qu'il n'est pas le mal! La souffrance doit donc être, en son essence, déliée du mal. Elle doit, en ce sens, être dite comme bien. C'est là ce que Cl. Bruaire eût désigné comme demande d'esprit, et qui fulgure dans la pensée de Dostoïevski : Raskolnikov veut expier... Voilà ce à quoi demeure aveugle le laxisme contemporain, dans son acharnement obtus à «déculpabiliser[1]».

Mais tenir que la souffrance est bonne, hors la perspective de cette *catharsis*, relèverait de l'inconscience, de la provocation ou du vice — la perversité sadomasochiste dans le raffinement de ses variantes. Pascal est trop grand psychologue pour ne pas savoir qu'il existe une jouissance du mal (celle même qui sera célébrée par Sade[2]). Dans la quatrième Provinciale, Montalte évoque les «francs pécheurs» qui font le mal «sans regret [...] avec joie, qui en font vanité»[3]. C'est seulement en vertu de la mystérieuse alchimie d'une prise en charge du mal sur le mode de l'expiation et du sacrifice — dont la Croix est le modèle — que la souffrance assumée combat le mal et le détruit. Le propre de l'homme, par différence avec la bête brute, est d'être apte à conférer à la souffrance un sens, de la valoriser au sens où elle signifie la présence du mal ressenti comme inadmissible. C'est pourquoi Dieu ne condamne pas à proprement parler Job, mais bien ses amis discoureurs dont la théologie leibnizienne, toute théodicée «doctrinale», n'est finalement qu'un avatar contre laquelle réagira Kant, au profit de la théodicée authentique, «justification de Dieu par Dieu[4]». Le *Livre de Job* est l'expression allégorique de cette distinction pour l'auteur de *Sur l'insuccès de toutes les tentatives philosophiques en matière de théodicée*. «Considérons donc la vie comme un sacrifice», écrit Pascal. «Que les accidents de la vie ne fassent d'impression dans l'esprit des chrétiens qu'à proportion qu'ils interrompent

---

1. Voir A. HESNARD, *L'Univers morbide de la faute*, Paris, PUF, 1949; *Morale sans péché*, Paris, PUF, 1954, et les pertinentes remarques de X. TILLIETTE, «La faute et son pardon», dans «La faute», *Corps écrit*, 19, 1986, p. 75-80.
2. Dolmancé (ce n'est qu'un exemple!) fait l'apologie du meurtre et prône la volupté de détruire (voir *La Philosophie dans le boudoir*, 3e et 4e Dialogue). Dieu, pour l'athée Sade, donne lui-même l'exemple!
3. IV *Prov.*, p. 60-61.
4. Voir P. FONTAN, «La théodicée de Kant» dans *Le Fini et l'Absolu. Itinéraires métaphysiques*, Paris, Téqui, 1990, p. 151-164. Le problème est que, chez Kant, tout se passe par raison pratique interposée : le Job kantien appuie sa foi sur la moralité.

ou qu'ils accomplissent ce sacrifice [...] Dès le moment que nous entrons dans l'Église [...], nous sommes offerts et sanctifiés. Ce sacrifice se continue par la vie, et s'accomplit à la mort, dans laquelle, l'âme [...] achève son immolation[1]. »

Le sage de Hus «figure» (ce qui est d'un autre ordre que le simple emblème) la Passion annoncée, la Passion que nous avons encore à souffrir. Le thème de la «souffrance chrétienne» trouve ici sa vertigineuse profondeur qui, pour être explorée dans sa dimension proprement pascalienne, exigeait que soit explicité (dans la mise au jour de la théologie pascalienne) le rapport sous-jacent entre la pensée de l'auteur et les dogmes. Ainsi donc, l'Eucharistie se distingue de tous les autres sacrements[2], puisqu'elle est le seul sacrement qui soit un sacrifice[3]. Lu selon la perspective traditionnelle qui ne fait fi, bien au contraire, ni de l'Épilogue ni du Prologue, le *Livre de Job* découvre le principe de résolution qui sera celui même de Pascal : devant Dieu, à sa lumière, il y a transmutation, le péché assumé (celui de tous les hommes, nul n'est hors rang) devient souffrance purifiante. Celle même de l'*Ecce Homo*. Comment ne pas souligner l'étroit rapport entre la prosopopée que, d'une certaine manière, on pourrait appréhender comme le cœur de l'Apologétique (l'argumentation de Pol Ernst est ici particulièrement convaincante qui la désigne comme le «noyau central[4]») et le *Livre de Job* où, comme en chacun des lieux qu'elle déploie, l'Écriture sainte se reflète et se réfracte. Au fond, il n'y a qu'une seule injonction : «Écoutez Dieu!» Non seulement le *Discours sur la religion chrétienne et quelques autres sujets*, comme dirait E. Martineau, suit le fil du discours du vieux Job, selon la formule claudélienne citée au seuil de ce travail, mais encore l'ensemble de l'œuvre spirituelle peut être envisagé sous cet angle. Job se cache dans Pascal! Mettre au jour sa présence ouvre à une vue panoramique de la pensée pascalienne et reconduit au foyer eucharistique qui l'irradie.

---

1. *Mort...*, *OC* II, p. 853-856.
2. Voir *CT*, XIIIe Session chap. III, p. 111.
3. Il régit la célébration de la messe (voir *CT*, Session XXII, «Exposition de la doctrine touchant le sacrifice de la messe», et, en particulier, chap. II, «Que le sacrifice de la messe est propitiatoire pour les vivants et pour les morts», p. 241).
4. Voir «Quelle place occupe la liasse APR dans l'Apologie?», *La Trajectoire pascalienne de l'apologie*, coll. «Archives des lettres modernes», 84, 1967.

CHAPITRE III

UNE ESCHATOLOGIE EXISTENTIELLE
(LE MYSTÈRE DU TEMPS)

> « Jésus sera en agonie jusqu'à la fin du monde. Il ne faut pas dormir pendant ce temps-là » (S 749, p. 557/L 919).

La place de la perspective eschatologique est prépondérante dans la pensée de Pascal. « L'idée directrice de la spiritualité pascalienne est celle du salut[1]. » Rien d'arbitraire donc à parler ici de sotériologie. Pascal cite dans le fragment S 726, p. 523/L 486, le *« Revertere ad me, quoniam redemi te »*, du prophète (Is, XLIV, 21) et déclare : « Le monde subsiste pour exercer miséricorde et jugement, non pas comme si les hommes y étaient sortant des mains de Dieu, mais comme des ennemis de Dieu, auxquels il donne par grâce assez de lumière pour revenir, s'ils le veulent chercher et le suivre, mais pour les punir, s'ils refusent de le chercher ou de le suivre » (S 700/L 461). La conversion est *ad Deum*, elle est orientée et inséparable de l'acte rédempteur, voilà pourquoi Pascal fait dire au Sauveur dans le Mystère de Jésus : « C'est mon affaire que ta conversion » (S 751, p. 561/L 919). Il est donc certain que le « Pascal sans histoire » de A. Béguin n'est tel que si l'on considère l'histoire naturelle. En revanche, il convient de prendre conscience que chaque instant de cette dernière croise le temps de la grâce, comme l'a montré P. Magnard. Un abîme sépare les deux types de temporalités[2]. C'est seulement par la mise au jour de l'eschatologie existentielle, à l'œuvre dans la pensée de Pascal, que l'on peut considérer selon une juste perspective le si délicat problème de l'articulation du libre

---

1. H. GOUHIER, *Blaise Pascal. Conversion et apologétique*, Paris, Vrin, 1986, p. 74.
2. Voir J.-L. MARION, « Le présent et le don », *Communio*, 11, 6, p. 65.

arbitre humain et du concours divin, au carrefour de «l'éternité subsistante» et de son négatif, «l'éternité détournée, avortée, retardée»[1].

I. L'éternité détournée

Du temps mondain, dans lequel nous sommes jetés, les moments se succèdent, à l'instar de ce qui se passe dans l'étendue cartésienne dont les points juxtaposés sont équivalents et substituables. Ce temps empirique vaut l'espace; il se caractérise par la même indifférenciation foncière, celle d'un régime isomorphe, isotrope. Notre estimation est faussée par les passions qui nous contraignent à nous le représenter comme durée mouvante, agitée, tantôt lente, tantôt rapide... Le temps du divertissement semble passer plus vite que celui du labeur — autre type de divertissement, si ce nom générique désigne toutes nos occupations[2]. «Ainsi se passent dans ma vie des mois vides et sans fruit, et des nuits pleines de travail et de douleurs» (Jb, VII, 3). Pesant fardeau que celui des années — «J'ai plus de souvenirs que si j'avais mille ans», écrira Baudelaire —, par différence avec le «joug [...] doux et léger» célébré par l'évangéliste[3]... Leurre du théâtre du monde où tout passe parce que rien, à ce niveau, réellement ne se passe: la naissance biologique vaut la mort biologique! La buée de l'*Ecclésiaste*... Le paradoxe est que ce temps illusoire nous est infiniment cher, nous le mesurons, nous le donnons avec parcimonie[4], nous déplorons sa fuite, nous voudrions hâter son cours et, comble de la «folie», de l'«aveuglement», notre vœu serait d'«anéantir l'éternité», entendons n'y point penser — nous

---

1. Nous empruntons ces expressions à Cl. Bruaire, *L'Être et l'Esprit*, Paris, PUF, coll. «Épiméthée», 1983, p. 105.
2. «Sans examiner toutes les occupations particulières, il suffit de les comprendre sous le divertissement» (S 713/L 478). Ainsi l'étude même de Pascal peut ressortir à cette catégorie, sauf à prendre la figure de la digression...
3. Mt, XI, 29-30, cité dans la septième lettre à Mlle de Roannez, *OC* III, p. 1043.
4. Voir Fénelon: «Rien n'est si contraire au véritable esprit d'oraison [...] que cette avarice du temps», lettre à Mme de La Maisonfort, 24 juin 1693, *Œuvres*, éd. Paris, 1852, 10 vol., t. IX, 9.

sommes très doués pour ce faire ! —, alors qu'elle devrait être au centre de nos préoccupations, «que toutes nos actions et nos pensées [devraient] prendre des routes différentes selon l'état de cette éternité», et, qu'en droit, «il est impossible de faire une démarche avec sens et jugement qu'en la réglant par la vue de ce point qui doit être notre dernier objet» (S 682/L 428). Mais nous inversons toutes les valeurs : «nous faisons de l'éternité un néant, et du néant une éternité» (S 684/L 432-[28]).

II. L'éternité subsistante

Cependant, si la grâce se fait sentir, quand elle nous «transporte[1]», quand la volonté divine transit notre propre vouloir et le fait accéder à l'effectivité de son exercice authentique (non une simple possibilité, comme dans la théorie de la grâce suffisante), alors chaque instant est «réellement» précieux, saturé d'éternité, plein de la plénitude qui fait le cœur plein. Il y a là, chez Pascal, comme l'avait admirablement vu G. Poulet, une théorie de la grâce continuée, parente des vues cyraniennes[2]. À chaque instant, la grâce peut être octroyée ou retirée. Au risque de l'«abandonnement», dans la terreur des ténèbres extérieures... Au «risque de l'espérance[3]», dès que le cœur «touché» ressent un avant-goût de la vie béatifique, dès ici-bas, dès maintenant, pré-connaissance de cet état auquel seule la mort ouvre : l'union à Dieu[4]. Faisons-nous partie des élus ou des réprouvés ? Le futur «ferons» serait inadéquat : chaque arrêt de la Providence est «conçu de toute éternité pour être exécuté dans la plénitude de son temps, en telle année, en tel jour, en telle heure, en tel lieu, en telle manière» ; «tout ce qui est arrivé a été de tous temps présu et préordonné en Dieu[5]». Que l'on ne se méprenne pas : cette éternité est simultanée à notre temporalité ; la contradiction est telle pour un regard

---

1. *Mort...*, *OC* II, p. 852/Laf., p. 275 : «transport de grâce».
2. *Études sur le temps humain*, Paris, Plon, t. I, 1949, chap. III, p. 48-78. Sur Saint-Cyran, voir t. IV, 1968, p. 33-54.
3. Comme le dit P.-A. CAHNÉ, *Pascal ou le Risque de l'espérance*, Paris, Fayard-Mame, 1981.
4. Voir FRANÇOIS DE SALES, *Traité de l'amour de Dieu*, dans *Œuvres*, Paris, Gallimard, coll. «La Pléiade», liv. III, chap. VI, p. 499 s.
5. *Mort...*, OC II, p. 852 («présu» = presçu = prévu).

myope. L'on peut tenir sans absurdité que le présent instantané de la grâce est comme aspiré par le futur, non le futur de nos entreprises trop humaines toujours vouées à l'échec, mais le futur de la vie parfaite. Véritable prolepse que ce présent déterminé par l'avènement du futur et qui fait évoquer l'épectase nysséenne dans l'identité de la conversion et de la proversion : « L'âme, écrivait Grégoire de Nysse, est tendue par le désir des choses célestes vers ce qui est en avant. » Or il s'agit là tout aussi bien d'un retour à l'Origine, selon un mouvement de resourcement qui est une relance vers l'*eschaton*.

Le sacrement du baptême dont Pascal ne se fait pas faute de rappeler que « dans les premiers temps » il ne précédait pas, comme de nos jours, l'« instruction », mais était administré uniquement à ceux qui avaient « abjuré [leur] vie passée, [...] renoncé au monde, et à la chair, et au diable[1] », a pour effet de nous instituer participants de l'Église éternelle qui ne peut périr : « Il y a plaisir d'être dans un vaisseau battu de l'orage, lorsqu'on est assuré qu'il ne périra point : les persécutions qui travaillent l'Église sont de cette nature » (S 617/L 743). Cette temporalité « autre » a sa spécificité : elle n'est plus succession des trois instances, passé, présent, futur, mais présent infiniment dilaté de la Passion continuée, dans la répétitivité toujours nouvelle de l'oblation de l'hostie, à laquelle le sacrement de la communion nous associe, fusion des trois ex-stases temporelles. Seule une méditation sur le « mystère du temps », dans la perspective sacrificielle évoquée au chapitre précédent, permet d'appréhender le « nœud » de la complexe articulation liberté humaine-concours divin qui recoupe la question de la liberté et du mal... Telle est la clef de cette eschatologie existentielle, dimension distinctive de la théologie pascalienne : un schématisme eucharistique. Par la médiation de l'Eucharistie, la catégorie de la temporalité phénoménale accède à sa vérité : l'Éternité métahistorique, tandis que l'espace est transfiguré en structure omnipolaire[2].

La Passion doit donc être conçue comme l'événement central de l'histoire du salut, *situs* privilégié en fonction duquel cette histoire devient globalement signifiante du jour de la Création à

---

1. *Comparaison des chrétiens des premiers temps avec ceux d'aujourd'hui*, OC IV, p. 54/Laf. p. 360. J. Mesnard suggère que cet opuscule eût pu être intitulé : *De la signification du baptême* ou *De la condition du baptisé* (p. 51).
2. Voir P. MAGNARD, *Nature et histoire dans l'apologétique de Pascal*, Paris, Les Belles-Lettres, 1975.

celui du Jugement, dans un constant rapport tangentiel avec le plan divin, comme l'éternité en tant que contemporaine au temps mondain dans chacun des moments qui le tissent. Cela pourrait être dit, dans le langage conjugué de Plotin et de Schelling, la *diastasis* du Père (passé éternel), du Fils (présent éternel), de l'Esprit (futur éternel)[1]. C'est en vertu de cette conception du temps chrétien comme contemporanéité de tous ses moments, la fameuse «Perpétuité», dont le transcendantal (condition de possibilité) est la simultanéité de l'éternité au temps empirique, que Pascal se réfère à l'«*agnus est occisus ab origine mundi*» de l'Apocalypse. Le sacrifice de Job, le «sacrifice continuel» qui, dans cette perspective, est la dimension distinctive de la vie chrétienne, ne prennent sens que par cette ouverture sur l'au-delà : une autre scène. La kénôse historique, l'exinanition, est ici le modèle logique (mais aussi à «imiter») qui a pour horizon la kénôse ontologique : l'économie *ad extra* ne peut être déliée de son rapport avec l'économie *ad intra*, la circumincession trinitaire : Dieu se donne à lui-même, en lui-même, éternellement, jusqu'à se donner lui-même dans sa Création et sur la Croix.

De cette surabondante effusion circumincessive *procède* le Saint-Esprit[2]. Pascal écrit : «[Le Christ] leur donna sa paix et leur inspira le Saint-Esprit par son souffle, qui en était le symbole extérieur, qui marque qu'il procède aussi de lui (Aug., Cyrill., Hil.).» Vinet, lorsqu'il déclarait : «Le christianisme considéré dans l'homme, c'est le témoignage, c'est le règne du Saint-Esprit[3]», a mis au jour la caractéristique, souvent mal vue, de la théologie pascalienne. Le «*Adhaerens Deo unus spiritus est*[4]» : «On s'aime parce qu'on est membre de Jésus-

---

1. J.-Fr. MARQUET, «Le philosophe devant le mystère de la Trinité», *Les Études philosophiques*, 3, 1988, p. 326
2. Voir *Abrégé...*, *OC* III, § 336, p. 310/Laf., p. 309. C'est le «*A Patre procedit*» de Jn, XV, 26; voir AUGUSTIN, *De Trinitate*, 4, 20, 28 (*Enchiridion patristicum*, n° 1657); CYRILLE, *Thesaurus de sancta et consubstantiali Trinitate Assertio* 12 (*Enchiridion*, n° 2068) et *De sancta et consubstantiali Trinitate dialogi Enchiridion*, n° 2089; HILAIRE, *De Trinitate* (*Enchiridion*, n° 857 s.). Voir aussi Cl. BRUAIRE, *L'Être et l'Esprit*, p. 182.
3. *Études sur Blaise Pascal*, Paris, Fischbacher, 1904, chap. V, «De la théologie du livre des "Pensées"» (p. 212); voir aussi : «Au lieu de nous adresser, comme Lamennais, à l'Église, il nous adresse au Saint-Esprit» (p. 231); pour une comparaison approfondie, voir P. MAGNARD, «Lamennais, interprète de Pascal», *Pascal au miroir du XIXe siècle* (textes réunis par D. Leduc-Fayette, Paris, Mame-Éditions universitaires, 1993, p. 89-100).
4. I Co, VI, 17. Voir la théologie bérullienne de «l'adhérence», et H. BREMOND, t. III, Ire partie, chap. II, section II, B, p. 115 s.

Christ; on aime Jésus-Christ parce qu'il est le corps dont on est membre. Tout est un. L'un est en l'autre. Comme les trois Personnes » du fragment S 404/L 372, est à cet égard décisif qui, de surcroît, introduit à l'herméneutique pascalienne, dans le refus où elle est de séparer la connaissance et l'amour. « Tout sens qui a rapport à l'amour de Dieu est vérité » disait H. Gouhier[1]. La seule herméneutique valable pour Pascal est christologique, mais sa christologie n'est pas dissociable de l'Évangile éternel. Si expliquer un passage de la Bible est toujours montrer en quoi il parle du Christ (ainsi lorsque Job s'exclame : *« Scio enim quod Redemptor meus vivit »*), il est évident que le triplet *Et incarnatus est, Hoc est corpus meum, Corpus mysticum*, ne peut être délié de la conception principielle du Dieu unitrine dont l'Eucharistie est le hiéroglyphe. Quand Pascal note : « Moïse *d'abord* [nous soulignons] enseigne la Trinité » (S 346/L 315), ce n'est pas seulement une réminiscence du *Pugio fidei*, véritable résumé de la troisième partie de cet ouvrage. Lorsqu'il souligne que l'Ancien Testament délivre, sous la forme figurée, le même enseignement que le Nouveau Testament, il demeure attentif au mystère trinitaire. Son univers spirituel est vivifié par le dynamisme d'une extraordinaire cohérence, c'est un tout organique. Deux erreurs connexes sont à éviter : lire les *Pensées* sous le seul angle de l'anthropologie; lire le *Mystère de Jésus* du seul point de vue de ce qu'il est convenu d'appeler une christologie d'en bas, alors qu'il s'agit là d'une christologie « d'en haut ». La Croix ni l'Eucharistie ne peuvent être déliées de la Trinité. Comme l'écrit le P. von Balthasar : « La tendance anthropocentrique ne pourra jamais garder son regard fixé sur l'arrière-plan trinitaire de la croix, car il s'agit pour elle finalement de l'interprétation de "l'existence" individuelle, dans une sorte de transcendantalisme théologique, tandis que le mouvement opposé manifestera et interprétera sans cesse tout ce qui est christologique et sotériologique en l'enracinant dans le mystère trinitaire. C'est seulement de cette façon que le croyant rejoint les grandes interprétations pauliniennes et johanniques de la croix; la croix du Fils est révélation de l'amour du Père, et l'effusion sanglante de cet amour s'achève intérieurement par l'effusion de leur esprit commun dans les cœurs des hommes[2]. » Nous jugeons décisif ce passage d'une lettre de Pascal et de Jacqueline à

---

1. *Blaise Pascal. Commentaires*, Paris, Vrin, 3ᵉ éd., 1984, p. 208.
2. *Pâques le mystère*, Paris, Éd. du Cerf, 1972; éd. 1981, p. 137.

Gilberte, en date du 5 novembre 1648, qui articule admirablement la Trinité *ad intra* et la Trinité économique, le temps de Dieu en lui-même et sa gracieuse dispensation continuée : « Il faut que la même grâce, qui peut seule en donner la première intelligence [du ciel], la continue et la rende toujours présente en la retraçant sans cesse dans le cœur des fidèles pour la faire toujours vivre, comme dans les bienheureux Dieu renouvelle continuellement leur béatitude, qui est un effet et une suite de la grâce, et comme aussi l'Église tient que le Père produit continuellement le Fils et maintient l'éternité de son essence par une effusion de sa substance qui est sans interruption aussi bien que sans fin./Ainsi la continuation de la justice des fidèles n'est autre chose que la continuation de l'infusion de la grâce, et non pas une seule grâce qui subsiste toujours[1]. » Là encore, l'influence de Bérulle se fait sentir, qui, d'ailleurs, prolonge une tradition héritée du pseudo-Denys : « L'être créé a toujours nécessairement besoin d'être conjoint à Dieu comme à sa cause première et de recevoir son influence continuelle, comme étant en sa dépendance beaucoup plus absolument que le rayon n'est en celle du soleil, duquel, s'il s'est un moment séparé, il perd au même instant son être et son existence[2]. » Chaque moment du temps de l'histoire naturelle, si la grâce l'in-habite au sens augustinien, se dilate donc à la dimension de l'éternité. Abolition du temps? Non, tout au contraire, son assomption dans la fulgurante présence de la temporalité méta-empirique du Dieu vivant : la « nuit de Feu ». La question du mal ne trouve réponse qu'à ce niveau suprarationnel d'incandescence. Alors, l'on comprend pourquoi c'est la grâce qui donne à la liberté d'être libre, tandis que la *delectatio victrix*, loin de signifier du libre arbitre la disparition, est au contraire à la source de son épanouissement. Il n'y a donc aucun diallèle dans l'affirmation que *chercher est trouver* (sphère de l'intellect), que *demander est obtenir* (sphère de la volonté) : le « toujours déjà[3] » ! —, ou encore que l'homme puisse être dit libre quand la théorie de la grâce efficace semble réduire à l'impuissance le libre arbitre.

1. *OC* II, p. 696.
2. *Discours de l'état et des grandeurs de Jésus* (1623), *Œuvres complètes*, Migne, 1856, col. 251. Voir J. ORCIBAL, *Le Cardinal de Bérulle. Évolution d'une spiritualité*, Paris, Éd. du Cerf, 1965, p. 99-101.
3. Il faut être attentif aux adverbes temporels chez Pascal, « toujours », « déjà », mais aussi « jamais » ; voir : « Je ne me séparerai jamais de sa communion, au moins je prie Dieu de m'en faire la grâce ; sans quoi je serai perdu pour jamais » (troisième lettre à Mlle de Roannez, *OC* III, p. 1034).

Cette méditation sur le temps surnaturel est finalement l'horizon qui situe la proposition suivante : il y a une identité rythmique entre la Bible, le *Livre de Job*, et les *Pensées*. Identité qu'énoncent les séquences chute-apocatastase (nous expliquerons pourquoi nous préférons dire «procope») Job dépouillé-Job rétabli ; le péché-la gloire[1]... Le «récit» est chaque fois le même : l'histoire d'un homme qui tombe, celle de la misère inhérente à cette chute, dans la déchirure d'un lien. Le lien est «rompu», dit Pascal. Le cas de Job est paradigmatique, Job qui ne peut ni ne veut vivre si son Dieu l'a abandonné, Job qui continue, envers et contre tout, à en appeler au Dieu qu'il croit. Or cette histoire est aussi celle d'une élévation, d'une restitution, d'une restauration. Le mystère distinctif du christianisme, scandale pour le profane, est qu'au principe de cette remontée il y ait, derechef, une descente ! La créature humaine déchoit, qui ambitionnait d'être Dieu en l'impatience de voir accomplie la promesse d'apothéose finale[2]. Dieu condescend à prendre la forme la plus humble, celle même de l'être déchu. Le schème chute-restauration est donc à considérer doublement. Dans le cas d'Adam, il s'agit d'une pure descente, antonyme de la remontée : littéralement, il tombe ! Dans le cas de Dieu, la descente ne peut être distinguée de l'élévation même car la suprême humiliation qu'il choisit de subir est l'expression même de sa grandeur : c'est pourquoi, en s'abaissant, il relève Adam à sa hauteur, car là est le principe de la transmutation de la misère humaine en grandeur restaurée, et, d'une capacité toute vide, la mystérieuse réanimation, si, par les humiliations, dans l'imitation du Christ, le chrétien accède à la «sainte humilité» qui est la véritable grandeur (la «superbe» n'étant attachée qu'à la fausse). Le thème était central chez Augustin : «L'humilité a la vertu d'élever le cœur d'une manière admirable, l'orgueil de l'abaisser. Ne semble-

---

1. N. FRYE écrit dans *Le Grand Code*, Paris, Éd. du Seuil, 1984, p. 269 : «En un sens, la délivrance de Job est donc une délivrance de sa propre histoire, c'est le mouvement dans le temps qui est transcendé quand nous n'avons plus besoin du temps», du temps du monde, conviendrait-il d'ajouter ! J. STEINMANN notait : «Dans Job, il y a [...] une théophanie divine, un jugement, un rétablissement du héros dans une prospérité nouvelle — ce qui se retrouve dans les apocalypses» (*Le Livre de Job*, Paris, Éd. du Cerf, 1955, p. 303). La forme entière de la Bible, selon nous, est apocalyptique, selon cette circularité si justement mise en exergue par Frye.
2. Sur «l'impatience», voir les précieuses remarques de M. VETÖ, *Éléments d'une doctrine chrétienne du mal*, Conférences Thomas More, 1981, p. 12.

t-il pas y avoir une sorte de contradiction dans ce fait que l'élévation de l'orgueil est en bas et l'abaissement en haut[1] ?» Seule l'âme qui s'est «rabaiss[ée] jusqu'aux derniers abîmes du néant, [en] considérant Dieu dans des immensités qu'elle multiplie sans cesse», peut espérer être l'objet d'une «élévation si éminente et si transcendante qu'elle ne s'arrête pas au ciel (il n'a pas de quoi la satisfaire) ni au-dessus du ciel, ni aux anges, ni aux êtres les plus parfaits. Elle traverse toutes les créatures, et ne peut arrêter son cœur qu'elle ne se soit rendue jusqu'au au trône de Dieu, dans lequel elle commence à trouver son repos et ce bien qui est tel qu'il n'y a rien de plus aimable, et qu'il ne peut lui être ôté que par son propre consentement[2].» Ce théocentrisme, rare sous la plume pascalienne, n'est qu'une «manière» toute bérullienne de dire le sacrifice.

La Bible, le *Livre de Job* (en vertu d'une métonymie) et les *Pensées* (en dépit de leur structure éclatée — mais tous les éclats sont comme aimantés par le foyer qui les attire, les soude, les unit, l'Eucharistie) narrent la même geste : la Création dans la promesse de divinisation, la chute, le sacrifice rédempteur dans l'annonce de la Parousie. Une «narration», toute chargée de péripéties, qui met en jeu non seulement Job, mais la cohorte des personnages bibliques et, à travers eux, l'humanité tout entière, est comme le dynamisme secret de l'Apologie. C'est le même temps qui œuvre dans la Bible, dans le *Livre de Job*, dans la *Weltanschauung* pascalienne. La grâce nous fait échapper au temps empirique, celui qui efface, ulcère, effrite, donc au mal, par une promotion (non la simple restitution de l'état antérieur perdu, à la différence de l'apocatastase origénienne : «Toujours la fin est semblable au début», écrivait Origène, au seuil du *Péri Archôn*) : la procope de l'homme à Dieu — chère à saint Hilaire —, à la plénitude des temps, dans l'accomplissement de la promesse initiale, dont le *«Sicut eritis dei»* du tentateur n'était que la démoniaque anamorphose. «Victoire» en hébreu est synonyme d'«éternité» (Schelling ne manquera pas d'y insister) : voilà qui dit du temps la vraie nature, celle d'une destinée, non d'un destin biologique.

L'instant n'est pas limite théorique ou réalité évanescente, «entre» (?) passé et futur, il est le seul temps véritable dans sa densité présente, l'acmé de la triple ek-stase temporelle qu'il faut cueillir, comme les disciples d'Épicure cueillaient le jour,

---

1. *La Cité de Dieu*, XIV, XIII, éd. Combès, Paris, 1959, p. 414-415.
2. *Conversion*, OC IV, p. 42-43.

mais non dans leur perspective hédoniste — cette triste clôture sur le moi introuvable : triste parce que la frustration relance la quête, alors que, dans la vie béatifique, elle est cet accomplissement lui-même ; triste parce que le sujet se fuit, se projette hors de lui, se divertit, littéralement, se perd, et s'il revient à lui, c'est pour prendre conscience d'un vide mortifère que les « biens » de ce monde jamais ne parviendront à combler. « Si je commence à dormir, je dis aussitôt : quand me lèverai-je ? et étant levé, j'attends le soir avec impatience[1]. » Tel est le temps du monde, dont Job est la victime, tel le temps de l'*Ecclésiaste* qui coule, vertigineuse fluidité, à l'image des fleuves de Babylone... L'instant est ouverture sur la grâce qui, seule, lui confère, comme au moi finalement, son être. Par le Réparateur s'opère toute restitution, comme par le Créateur la donation[2] originaire. Le secret de l'efficacité de la grâce est cette instantanéité même où s'abolit l'écart temporel. Dans l'ordre de la charité, irradié par la grâce, règne un temps substantiel que tout modèle mathématique est impuissant à traduire.

Mais le grand problème pour la philosophie est évidemment celui de cette insertion de l'Infini dans le fini, qui, nécessairement, doit s'opérer en un point de l'étendue et un moment de l'histoire empirique (temps spatialisé, horizontal). La théologie le résout. Le point d'insertion est découvert, à chaque fois, comme moment crucial, qui enferme toutes les lignes, toutes les surfaces, tous les volumes, le passé comme le futur, non au sens d'une préformation, toujours synonyme de déterminisme, mais au sens d'une potentialité — celle d'un avent. L'irruption de l'*Evenit* dans notre temporalité est de l'ordre de la surprise et, cependant, il n'est pas contradictoire d'y voir la réalisation du plan divin. Car le temps de Dieu est l'éternel présent de sa vivacité, tandis que notre seul temps vrai est l'instant présent, celui de la digression qui reconduit à l'unique nécessaire, c'est-à-dire celui de la conversion...

Seul le dogme de la transsubstantiation permet de penser la liberté de l'homme et celle du Christ en lui, son mérite comme le sien propre (c'est pourquoi il a fallu qu'Il soit fait péché pour nous), son imploration comme la sienne même : « Nos prières et nos vertus sont abominables devant Dieu, si elles

---

1. Jb, VII, 4.
2. Sur ce concept et l'incapacité de la phénoménologie husserlienne à le penser en cette dimension originaire, hypnotisée qu'elle est par le donné, voir J.-L. MARION, *Réduction et donation*, Paris, PUF, 1989.

ne sont les prières et vertus de Jésus-Christ» (S 769/L 948). La grâce est donc ce «sujet différent[1]» qui s'insère dans la nature humaine, influe le sentiment, incline le cœur (là où la racine du péché prolifère en ramifications enchevêtrées, là où, précisément, travaille la motion divine qui éclaire l'entendre et dynamise le vouloir). Selon que la créature cède à l'attraction de son propre néant (mouvement qui ne dit qu'un écart directionnel, aucune positivité ne pouvant être à l'œuvre[1]) ou à l'attrait irrésistible de la grâce efficace, elle *se meut illusoirement, se divertit*, éparpillement du moi introuvable à sa périphérie (pure surface, la superficialité même, espace du décentrement et de l'errance!), ou *est mue réellement, digresse*, c'est-à-dire est ramenée au véritable centre, hors d'elle et en elle, non-lieu selon l'appréhension commune, lieu véritable (que figure l'hostie) au regard du théologien. Le point d'ancrage est découvert dans le «cœur», foyer du dé-centrement coupable (notre décision : caricaturale élection, pseudo-choix) et du re-centrement salutaire, procope à une autre dimension (l'appel divin : l'Élection proprement dite). «Tout ce qui est incompréhensible ne laisse pas d'être.» Ce n'est pas arbitrairement (puisque la question est identique, en un registre distinct, du géomètre et du théologien, celle de la relation infini-fini) que l'auteur de la liasse «APR» passe des exemples mathématiques à la proposition : «Incroyable que Dieu s'unisse à nous.»

En résumé, nous avons tenté d'articuler trois termes, la *liberté*, sous ses deux volets, divine et humaine, le *mal* sous ses deux faces, la faute et la souffrance, que nous avons déliées, pour mieux rendre manifeste en quoi la seconde pouvait être le bien; le *temps*, selon la conception chrétienne de l'histoire surnaturelle. Chacun des instants qui tissent au long cours la navigation de l'*homo viator* — «Vous êtes embarqués!» — s'inscrit donc dans le registre d'une eschatologie existentielle où tout se joue toujours dans l'instant. Tout peut instantanément être perdu, tout peut être restauré. Un point du temps, et tout est consommé, parce que le point contient tout. L'on pourrait faire appel aux métaphores arguésiennes, le sommet du cône

---

1. Voir *Entretien avec M. de Sacy*, OC III, p. 154 [34].
2. La dissociation notionnelle opérée par Descartes entre la vitesse et la direction est ici utile (le changement de direction, selon l'auteur des *Principes*, n'exige l'action d'aucune force), comme on voit dans le *Traité de la prémotion physique* de Malebranche.

(géométrie dans l'espace), le point de tangence (géométrie plane), en tant qu'ils sont identiquement points d'intégration ; mais finalement, par différence avec la nécessaire inadéquation des modèles géométriques qui ne disent que l'étendue, quand bien même elle échapperait au règne morne et indifférencié du pur substituable (comme, par exemple, chez Leibniz, par le biais de la dignité qualitative du *situs*), c'est au schème eucharistique que nous renvoie la théologie pascalienne, dans son temps propre (la répétition comme recommencement), dans son lieu propre (l'ubiquité de la multilocation). Le seul sacrement qui soit un sacrifice n'est pas extérieur à la comédie humaine (au sens de *La divina commedia* de Dante). Il est la chose même, l'acmé paroxystique mais aussi le dénouement, la rose présente dans la Croix d'Angelus Silesius, l'agonie obscure, la Résurrection triomphante du matin de Pâques. Le mal est vaincu, en dépit de ses rebonds (l'Antéchrist qui surgit au détour des *Pensées*), en dépit de la distance qui, pour les créatures, sépare l'Incarnation de la Parousie.

Pascal ne tente jamais de justifier la présence du négatif en l'intégrant comme un ingrédient nécessaire dans l'harmonie universelle. À la question (par différence avec problème) de la liberté et du mal agi et subi, que Pascal pose le plus souvent non abstraitement (toutefois, les *Écrits sur la grâce* correspondent à un effort de rationalisation) mais sous l'angle concret des fautes commises, de la détresse, de la maladie, de la mort, la réponse (par différence avec solution) est religieuse qui renvoie à son expérience spirituelle et, par le biais d'une réflexion théologique, tout entière irradiée par un christocentrisme extrême, eucharistique, accède à son étiage propre d'intelligibilité.

Pascal a médité sur la conversion. Il convient donc à son interprète d'y être attentif. Là encore, nous ferons jouer les deux vecteurs du temps mondain et du temps de la grâce, dans leur dissymétrie foncière qui est aussi celle des deux types de liberté et de causalité (la part de Dieu, volonté dominante et cause première, auquel revient de toute éternité l'initiative du bien, la part humaine, volonté « suivante », qui se déploie « ici et maintenant », et qui peut être dite cause première du mal, à titre négatif[1]).

---

1. Voir SAINT THOMAS : « la cause première du manque à la grâce vient de nous » (*Somme théologique*, I-II, qu. 112, a. 3 ad 2).

Dans la perspective du temps mondain, la conversion a son «avant» et son «après», elle peut et doit être préparée, elle débute, elle progresse, elle régresse, elle est toujours à refaire... Notre «coopération» est requise, mais l'initiative ne nous appartient pas : sans Dieu, nous pouvons seulement «faire le rien». Nous ne sommes libres, au mauvais sens du terme (une *libertas minor*, eût dit saint Augustin), que pour le mal; nous sommes réellement libres pour le bien, mais «*Sine me nihil potestis facere*» (Jn, XV, 5).

Selon le temps de la grâce, il faut parler d'irruption, dans toute la brutalité du terme, de «violence», comme le dit Pascal : la grâce saisit, ex-alte, tandis que sa cessation doit se dire en termes de rejet, de chute. Or ce qui se joue sur la scène transcendante est toujours déjà joué si les élus sont prédestinés. L'avant est l'après. Toutes les catégories doivent donc, elles aussi, êtres converties, sauf à ne pouvoir exprimer ce qui advient dans cette sphère atopique où œuvre un dynamisme essentiel, à la source duquel il faut reconnaître la déhiscence inscrite dans le procès effusif de la circumincession trinitaire — comme la vie de l'éternel Amour.

La conversion, nous l'avons dit, est celle du «cœur» «touché» par la grâce. Elle est l'occasion, pour le pécheur, d'une véritable jubilation. L'aspect affectif ne doit pas être occulté. La *Lettre sur la mort de son père* offre un texte décisif : «Dieu a créé l'homme avec deux amours, l'un pour Dieu, l'autre pour soi-même; mais avec cette loi, que l'amour pour Dieu serait infini, c'est-à-dire sans aucune autre fin que Dieu même, et que l'amour pour soi-même serait fini et rapportant à Dieu[1].» Le terme «fin» implique, à l'œuvre, le désir sous ses deux visages : concupiscence du mal et concupiscence du bien. Le second peut surprendre. Cependant, si la différence qualitative est abyssale entre la jouissance liée aux «plaisirs empestés» (S 680, p. 472/L 418) et la joie pure qu'engendre la possession d'un bien impérissable, les mots pour le dire sont interchangeables. «Dieu change le cœur de l'homme par une douceur céleste qu'il y répand, qui, surmontant la délec-

---

1. *OC* II, p. 857. Voir la suite : «Depuis, le péché étant arrivé, l'homme a perdu le premier de ces amours; et l'amour pour soi-même étant resté seul dans cette grande âme capable d'un amour infini, cet amour-propre s'est étendu et débordé dans le vide que l'amour de Dieu a quitté; et ainsi il s'est aimé seul, et toutes choses pour soi, c'est-à-dire infiniment./Voilà l'origine de l'amour-propre. Il était naturel à Adam, et juste en son innocence; mais il est devenu et criminel et immodéré, ensuite *[sic]* de son péché.»

tation de la chair, fait que l'homme sentant d'un côté sa mortalité et son néant, et découvrant de l'autre la grandeur et l'éternité de Dieu, conçoit du dégoût pour les délices du péché, qui le séparent du bien incorruptible[1]!» G. Ferreyrolles emploie à ce propos l'expression très juste de «transfert de délectation[2]». Le recueil d'*excerpta* à la fin de la *Lettre sur la possibilité des commandements* est révélateur de l'importance de cette théorie hédoniste[3]. Mais, contrairement à G. Ferreyrolles, nous ne voyons pas ici un effet de la rencontre entre le jansénisme et le néo-épicurisme[4]. Saint Augustin disait déjà : «On montre des noix (ces noix sont symboliques) à un enfant, et il est attiré en aimant; il est attiré par le lien, non du corps, mais du cœur[5].» Du plaisir, du jouir, l'analyse est complexe[6]. Elle ne peut se réduire à l'analyse purement physicienne du «ballet des esprits» (comme le dit Pascal après Descartes et son *Traité des passions*) quand c'est de l'amour de Dieu qu'il est question. Un net renversement s'opère selon que la sensation est ordonnée au corps ou à l'âme. Pour autant, la concupiscence peut se dire, nous l'avons vu, dans un registre duel; la vertu est volupté; Pascal n'est pas toujours aussi loin qu'on pourrait le croire des humanistes dévots qui, tel Desmarets de Saint-Sorlin[7], se refusaient à voir une transition violente entre le charnel et le spirituel. Son vocabulaire rejoint celui de François de Sales qui a su le mieux exprimer tous les charmes de l'union à Dieu. Le saint auteur du *Traité de l'amour de Dieu* se plaisait à décrire «les cordages ordinaires par lesquels la divine Providence a accoutumé de tirer nos cœurs à son amour», car, expliquait-il, «le propre lien de la volonté humaine, c'est la volupté et le plaisir [...] le Père éternel nous tire : en nous enseignant, il nous délecte, non pas en nous imposant aucune nécessité; il jette dedans nos cœurs des délectations et des

---

1. XVIII *Prov.*, p. 359.
2. «De l'usage de Senault : apologie des passions et apologétique pascalienne», *Corpus, revue de philosophie*, 7, 1988, p. 12.
3. Voir *EG*, *OC* III, p. 684-692.
4. «De l'usage de Senault : apologie des passions et apologétique pascalienne», p. 15.
5. *Traité sur l'Évangile de Jean*, chap. XXVI, § 5.
6. «On croit toucher des orgues ordinaires en touchant l'homme. Ce sont des orgues à la vérité, mais bizarres, changeantes, variables *(dont les tuyaux ne se suivent pas par degrés conjoints. Ceux qui ne savent toucher que les ordinaires)* ne feraient pas d'accords sur celles-là. Il faut savoir où sont les [touches]» (S 88/L 55; les mots en italiques le sont dans le texte).
7. Voir *Les Délices de l'esprit* (1658).

plaisirs spirituels, comme des sacrées amorces par lesquelles il nous attire suavement à recevoir et à goûter la douceur de sa doctrine[1] ». Mais le style de Pascal est moins fleuri, l'expérience décrite plus âpre. L'accent est mis sur la volupté du renoncement, de la désappropriation, comme le diraient certains mystiques : « De même que ceux qui quittent Dieu pour retourner au monde ne le font que parce qu'ils trouvent plus de douceur dans les plaisirs de la terre que dans ceux de l'union avec Dieu, et que ce charme victorieux les entraîne, et, les faisant repentir de leur premier choix, les rend des *pénitents du diable*, selon la parole de Tertullien, de même on ne quitterait jamais les plaisirs du monde pour embrasser la croix de Jésus-Christ, si on ne trouvait plus de douceur dans le mépris, dans la pauvreté, dans le dénuement et dans le rebut des hommes, que dans les délices du péché[2]. » Le plaisir ressenti par le chrétien est d'une essence surnaturelle dont les « délices du péché » sont la hideuse caricature (songeons à Augustin : « la chaudière des criminelles amours[3] »). Le nom véritable de ce plaisir est la « joie », cette joie que « le monde ne peut donner ni ôter », comme le répète Pascal après saint Jean.

La présence du désir désigne donc une sphère qui ne peut être celle de la pure logique, mais celle, dirions-nous volontiers, de la *surexistence*, car, comme le remarquait R. Mauzi, puisque pour Pascal la condition humaine garde, « malgré tout, un *sens*, on ne [peut] la confondre avec l'*existence pure*[4] ». Tout le problème, nous allons le voir, est celui d'un « cercle », mais ce n'est pas un paralogisme. Le « cercle » en cette neuve perspective n'est plus le lieu d'un piège absurde, il relève de la logique du cœur. « Quand Pascal parle de "la véritable conversion du cœur", l'expression est presque tautologique : si la conversion est véritable, elle est du cœur, si elle est du cœur elle est véritable[5]. » La logique du cœur est d'un autre ordre que la logique formelle. C'est une logique circulaire[6] qui dit un perpétuel retour à la source gracieuse qui la promeut, au plus intime du for intime. L'intériorité est révélante, comme

---

1. *Traité de l'amour de Dieu* (1616), p. 444.
2. Lettre VI à Mlle de Roannez, *OC* III, p. 1041.
3. *Confessions*, III, chap. I, 1 (autre traduction : « la rôtissoire des honteuses amours »).
4. *L'Idée de bonheur au XVIIIe siècle*, Paris, A. Colin, 1965, p. 23.
5. H. GOUHIER, *Blaise Pascal. Conversion et apologétique*, p. 55.
6. Contrairement à J. RUSSIER, nous ne voyons aucun « cercle vicieux » dans la pensée de Pascal (voir *La Foi selon Pascal*, Paris, PUF, 1949, 3 vol.).

le disait si bien A. Forest[1]. La relance du dynamisme est immédiate : rentrer en soi est sortir de soi, si l'Autre absolu est rencontré au plus intime du for intime. Le «cercle» finalement n'est que celui de la vie unitive (l'expression chère à Blondel est ici adéquate) : cercle de l'«unir». Dieu nous attire à lui ; nous aspirons à Le rejoindre. Souvenons-nous du fameux «*Fecisti nos ad Te, Domine, et inquietum est cor nostrum donec requiescat in Te*» augustinien[2] que l'on retrouve dans le texte pascalien, intimement fusionné avec le «*Ambulabam per tenebras et lubricum et quaerebam Te foris a me et non inveniebam*[3]». L'on voit aussi que la conversion est à la fois *epistrophè* et *metanoia*, et qu'elle doit être analysée dans la perspective du triple visage de la théologie pascalienne, à la fois «positive[4]» mais aussi — il faut y insister — «spéculative», telle que les *Écrits sur la grâce* en offrent l'épure rigoureuse, et enfin «mystique» au sens où François de Sales définit la théologie mystique comme l'oraison même : «[Elle] parle de Dieu avec Dieu et en Dieu même[5].» C'est bien pourquoi c'est dans la prière que nous allons découvrir la structure intime de l'acte libre selon Pascal.

---

1. Voir son *Pascal*, Paris, Seghers, 1971.
2. *Confessions*, I, chap. I.
3. Voir S 18/L 399 et S 19/L 400, et P. Courcelle, *La Postérité des « Confessions »*, p. 432-433.
4. Nous en avons eu maint exemple dans la deuxième partie de ce travail.
5. *Traité de l'amour de Dieu*, liv. VI, chap. I, p. 609.

CHAPITRE IV

DE LA PRIÈRE COMME PARADIGME DE L'ACTE LIBRE

> « L'oraison même est entre les mains de Dieu », saint Augustin, cité par Pascal (*EG, Lettre...*, *OC* III, p. 676).

Il convient, pour la clarté de l'exposé qui va suivre, de rappeler brièvement, à titre préliminaire, les corollaires de la théorie augustinienne et janséniste des « deux états », relativement à la liberté et à la grâce. À l'état supralapsaire, le libre arbitre possédait la faculté d'opter pour le mal et la force nécessaire pour choisir le bien. La grâce dite suffisante la lui conférait. Adam, avant la chute, dans son « indifférence prochaine aux opposites », était « entièrement libre et dégagé ». « Il pouvait par ce secours prochainement suffisant demeurer dans la justice, ou s'en éloigner sans être ni forcé, ni attiré de part ni d'autre[1]. » À l'état infralapsaire, le libre arbitre est perdu. L'inclination au mal serait irrésistible sans l'intervention de la grâce efficace dont l'attrait est, lorsqu'elle s'exerce, plus irrésistible encore : « Maintenant, dans la corruption qui a infecté l'âme et le corps, la concupiscence [...] a rendu l'homme esclave de sa délectation, de sorte qu'étant esclave du péché, il ne peut être délivré de l'esclavage du péché que par une délectation plus puissante qui le rende esclave de la justice[2]. » Encore faut-il entendre que cet esclavage est la liberté même : « Dieu dispose de la volonté libre de l'homme sans lui imposer de nécessité [...] le libre arbitre, qui peut toujours résister à la grâce, mais qui ne le veut pas toujours, se porte aussi librement qu'infailli-

---

1. *EG, Lettre...*, *OC* III, p. 703/Laf., p. 332. J. Mesnard a justement relevé l'emploi de ce style archaïsant (si plein de charme) qui manifeste l'antériorité de la *Lettre...* par rapport au *Discours...* et au *Traité...*
2. *EG, Lettre...*, *OC* III, *ibid.*

blement à Dieu, lorsqu'il veut l'attirer par la douceur de ses inspirations efficaces./Ce sont là [...] les divins principes de saint Augustin et de saint Thomas », et, comme Pascal le fait dire au premier : « Dieu nous fait faire ce qu'il lui plaît, en nous faisant vouloir ce que nous pourrions ne vouloir pas[1]. » La thèse de Molina et de ses disciples apparaît indéfendable à Pascal et ses amis : qu'est-ce qu'une grâce suffisante qui ne suffit plus ? Pour autant, ils soutiennent que l'homme est libre, puisque Dieu donne à la liberté qui subsiste à titre de « capacité » de s'exercer, tandis qu'ils jugent hérétique le discours luthérien sur le serf arbitre[2].

Pascal déclare au début du *Traité de la prédestination* : « Il est question de savoir si la volonté de l'homme est la cause de la volonté de Dieu, ou si la volonté de Dieu est la cause de la volonté de l'homme. » La première hypothèse qui soumet Dieu à l'homme a quelque chose d'absurde ; elle est cependant logiquement impliquée dans la position pélagienne dont le molinisme est un avatar. La reviviscence du conflit saint Augustin-Pélage est l'occasion d'une flambée des passions... Mais soutenir l'autre hypothèse est faire fi de la liberté, dans laquelle certains auteurs vont même jusqu'à voir la dimension distinctive de l'homme. Pascal poursuit : « [La volonté] qui sera dominante et maîtresse de l'autre sera considérée comme unique en quelque sorte ; non pas qu'elle le soit, mais parce qu'elle enferme le concours de la volonté suivante. Et l'action sera rapportée à cette volonté première et non à l'autre ; quoiqu'on ne nie pas qu'elle puisse être aussi en un sens rapportée à la volonté suivante ; mais elle l'est proprement à la volonté maîtresse comme à son principe. Car la volonté suivante est telle qu'on peut dire en un sens que l'action provient d'elle,

---

1. XVIII *Prov.*, p. 360-361. Augustin ne l'a pas dit, du moins, en ces termes ! Il écrivait dans le *De correptione et gratia*, I, 2 : « Il faut donc reconnaître que nous avons un libre arbitre pour faire le mal et le bien ; mais pour faire le mal, chacun est libre à l'égard de la justice et esclave du péché, tandis que, pour le bien, personne ne peut être libre, à moins d'avoir été délivré par celui qui a dit : *Si le Fils vous délivre, alors vous serez vraiment libres* » (BA, XXIV, p. 271). Le chapitre VIII sur la « persévérance », « secret impénétrable de Dieu », est essentiel, qui montre que « ce n'est pas par sa liberté que la volonté humaine acquiert la grâce, mais plutôt par la grâce qu'elle acquiert sa liberté, et pour persévérer elle reçoit, en outre, de la grâce le don d'une stabilité délectable et d'une force invincible » (*ibid.*, p. 307).

2. Voir *Traité du serf arbitre*, 1525 (Éd. Je sers, 1937), publié en réponse à l'*Essai sur le libre arbitre* d'Érasme.

puisqu'elle y concourt, et en un sens quelle n'en provient pas, parce qu'elle n'en est pas l'origine; mais la volonté primitive est telle qu'on peut bien dire d'elle que l'action en provient, mais on ne peut en aucune sorte dire d'elle que l'action n'en provient pas[1]. » La problématique est donc nette dans son implication : la situation foncière de « dépendance » de la volonté « suivante » (à ne pas entendre au seul point de vue chronologique). Liberté serve? L'on aurait tort de songer à Luther. Bien plutôt, c'est Bérulle et le vœu de servitude qu'il conviendrait d'évoquer car, loin ici que la liberté soit perdue, au contraire, elle retrouve dans sa soumission la condition de possibilité de son exercice, fondamentalement compromis par le péché. Elle est restituée à elle-même, confirmée.

La distinction faite dans le *Traité de la prédestination* entre les deux volontés renvoie à celle des deux types de causes que l'on trouvait dans la *Lettre sur la possibilité des commandements* et qui était énoncée en des termes empruntés à la scolastique[2]. La volonté divine est cause première, la volonté humaine, cause seconde, la question traditionnelle étant celle du « concours divin ». Pascal ne met pas en doute que la liberté humaine collabore[3] : « Dieu ne nous sauve pas sans notre coopération », répète-t-il après saint Augustin ou saint Prosper. Mais, de fait, comme eux, il met l'accent résolument, dans cette *Lettre*, sur la « cause première » qui seule peut être dite agir véritablement (en ce qui concerne l'autre, c'est une façon de parler, mais qui a sa légitimité). « Dieu opère en nous la volonté même de [...] demander [le bien] »; « le salut ne dépend que de Dieu[4] ». La « cause seconde » est donc « agie ». La tonalité est néothomiste : l'on songe à Alvarez, cité dans les *Provinciales*, et à son *De auxiliis divinae gratiae et humani arbitrii viribus*[5]. Alvarez avait été délégué par Bannez, le maître le plus éminent de l'école dominicaine, à l'époque, pour repré-

---

1. *EG, Traité...*, § 7 et 8, *OC* III, p. 782.
2. Voir J. MESNARD, « Thomisme espagnol et jansénisme français », *L'Âge d'or de l'influence espagnole. La France et l'Espagne à l'époque d'Anne d'Autriche (1615-1666)*, Mont-de-Marsan, Éditions interuniversitaires, 1991.
3. Denz., 182, 200, 797, 814.
4. *EG, Lettre...*, *OC* III, p. 661.
5. Voir l'édition de Lyon, 1620. J. MESNARD a bien montré « l'emprise de la pensée thomiste sur Pascal, sous l'influence notamment de Lalane [...], fort apparente dans les *Écrits sur la grâce* [...] dont [...] la mise en chantier [est] antérieure de peu aux *Provinciales* » (p. 421), et ce que Pascal doit à Alvarez et, plus généralement, aux néo-thomistes espagnols, dans son article remarquable, « Thomisme espagnol et jansénisme français ».

senter les Dominicains lors des congrégations *De auxiliis* (1596-1607). L'assertion fondamentale de Bannez était : « Dieu étant le principe de tout être ne présuppose rien qui soit fait par un autre, et dont il ne soit Lui-même la cause. Ainsi il détermine tout et n'est déterminé par rien[1]. » Il écrivait aussi : « À une seule et même chose peuvent convenir à la fois un mode de nécessité et un mode de contingence. Mais le mode de contingence lui convient *simpliciter*, c'est-à-dire intrinsèquement et par sa propre nature, et le mode de nécessité lui convient *secundum quid*, c'est-à-dire par relation à quelque chose d'extrinsèque[2]. » Que devient la liberté humaine ? Saint Thomas avait donné la réponse lorsqu'il posait que Dieu en agissant dans les natures, loin de les altérer, les perfectionne. Selon Pascal, la volonté humaine « libre » l'est d'autant plus qu'elle est soumise au vouloir de Dieu, qu'elle « se résout de conformer à ses volontés le reste de sa vie[3] ». Ce mot « conformer » a une résonance salésienne. Saint François avait consacré à l'« amour de conformité » de bien belle pages de son *Traité de l'amour de Dieu* : « La conformité [...] de notre cœur à la volonté signifiée de Dieu consiste en ce que nous voulions tout ce que la divine Bonté nous signifie être de son intention, croyant selon sa doctrine, espérant selon ses promesses, craignant selon ses menaces, aimant et vivant selon ses ordonnances et avertissements[4]. » C'est la liberté divine qui donne à la liberté humaine d'être réellement libre. Saint Thomas déclarait : « c'est une grande vertu dans une cause que de donner à son effet le pouvoir d'être cause[5]. » C'est bien ce que Pascal veut signifier quand il affirme que, par la prière, Dieu confère à l'homme la « dignité de la causalité » (S 757/L 930) et lui octroie d'être cause en lui donnant le pouvoir de demander. Mais ce pouvoir qui, cependant, émane de Lui est un pouvoir réel qui ne doit pas être confondu avec l'origine dont il procède. Au fond, tout se passe comme si la liberté dans son essence était fondamentalement orientée ou, si l'on préfère, ordonnée à une fin : Dieu qui est à sa source.

---

1. Cité par le P. DE RÉGNON, *Bannez et Molina*, Paris, 1883, p. 169.
2. *Ibid.*, p. 102.
3. *Conversion...*, *OC* IV, p. 44.
4. Voir *Traité de l'amour de Dieu*, liv. VIII, chap. III (« Comme nous nous devons conformer à la divine volonté que l'on appelle signifiée »), p. 720.
5. « *Ex virtute enim agentis est quod suo effectui dat virtutem agendi* », *Somme théologique*, I^a p., qu. 105, a. 5 in corp.

La liberté est donnée à elle-même. Pascal ne pouvait délier la question de la liberté de celle de la grâce. C'est la même ! Le péché peut, en ce sens, se dire en termes d'écart directionnel, de déviance, quand la créature, saisie d'une sorte d'ivresse, s'imagine qu'elle peut faire tout et n'importe quoi. Elle veut s'identifier à l'ange, elle est reconduite à la bête. La grâce la ré-oriente, la fait coïncider avec elle-même. L'âme qui ne veut plus véritablement que ce que Dieu veut connaît une paix, une sérénité à nulle autre pareille, celle que donne la véritable indifférence, suprême engagement, aux antipodes de la caricaturale situation du pauvre âne de Buridan.

Nous n'entrerons pas dans les détails du litige déclenché par le *De concordia liberi arbitrii cum gratiae donis, divina praescientia, providentia, praedestinatione et reprobatione*[1], dont les thèses sont résumées de manière succincte par J. Mesnard : « Tout [l']effort [de Molina] consiste à réduire la grâce adjuvante à la grâce excitante[2]. Dès lors, le don de la grâce occupe une place initiale, exerce un rôle préparatoire ; c'est au libre arbitre humain qu'il appartient de passer au stade de l'acte. La grâce ôte des obstacles, donne un pouvoir ; mais avec cet appui, le libre arbitre obtient seul un effet. La grâce excitante étant très libéralement dispensée par Dieu, la volonté de l'homme est maîtresse de ses actions[3]. » La controverse entre les molinistes et les néothomistes a été bien retracée, documents à l'appui, par le P. Schneemann, à la fin du siècle dernier[4] — l'on sait que, pour l'essentiel, la position d'Arnauld et de ses amis, défendue par Montalte dans les *Provinciales*, prétend rejoindre celle des Dominicains. « La parenté est souvent affirmée à Port-Royal entre ce thomisme repensé et l'augustinisme janséniste », écrit J. Mesnard qui pose la question : « dans quelle mesure le premier peut-il servir de caution au second[5] ? » Pascal veut montrer que la dispute entre Port-Royal et les thomistes ne porte que sur des mots, qu'objectivement ils sont alliés, même si, par diplomatie, les thomistes ne veulent pas toujours le reconnaître, telle est du moins la

---

1. Lisbonne, 1588 ; Anvers, 1595.
2. C'est-à dire celle qui est au commencement de l'acte (elle est « opérante », « excitante », « prévenante ») à celle qui accompagne l'accomplissement (elle est « coopérante », « adjuvante », « subséquente »).
3. Voir J. MESNARD, « Thomisme espagnol et jansénisme français. »
4. *Controversiarum de Divinae Gratiae liberique arbitrii concordia, initia et progressus enarravit Gerardus Schneemann*, Fribourg, 1881.
5. Voir « Thomisme espagnol et jansénisme français ».

thèse toute stratégique des fameuses *Lettres*. Quant au fond, J. Mesnard, dans son introduction aux *Écrits sur la grâce*, a admirablement débrouillé l'écheveau.

Que la prière puisse représenter pour Pascal l'acte par excellence dont les actes suivent — «Ensuite de ces prières, elle [la volonté] commence d'agir[1]» — est le point central à examiner. Par là se découvre, dans toute sa plénitude, le visage de la liberté pascalienne que nous n'avons jusqu'à présent fait qu'esquisser. Visage paradoxal au regard de la pensée du XXe siècle. Pascal, comme Job dans l'Épilogue, prie alors qu'il est confronté à l'épreuve de la maladie — cette forme si réfractaire à toute élucidation rationnelle, du mal de peine. Mais il prie aussi avant de tenter de réduire son interlocuteur à parier. Mais il prie aussi «après» l'avoir «transporté» par ses propos : «Si ce discours vous plaît et vous semble fort, sachez qu'il est fait par un homme qui s'est mis à genoux auparavant et après, pour prier cet Être infini et sans parties, auquel il soumet tout le sien, de se soumettre aussi le vôtre, pour son propre bien et pour sa gloire» (S 680, p. 471/L 418)... Telle est la véritable atmosphère de l'argument dit du «pari», à laquelle bien des interprètes, fascinés par le seul appareil mathématique mis en œuvre, se devraient d'être plus sensibles. Que l'apologiste doive prier afin de pouvoir mener à bien sa tâche : convaincre et persuader, s'inscrit sur la toile de fond d'une requête plus vaste, en rapport avec tous les actes de la vie, laquelle devrait se passer «à» prier, bien plus devrait n'être que prière. En effet, «il est bien juste que la prière soit continuelle, quand le péril est continuel», écrit Pascal à sa «dirigée[2]». *«Vigilate et orate*[3]...» Tout le reste est divertissement. La prière précède les résolutions, les accompagne et les suit.

Il faut dire avec le roi David : «Seigneur, je suis pauvre et mendiant[4].» La prière de Job qui expose ses plaies est le prototype de la «prière du pauvre», connue des spirituels, «la plus grande manière de prier», selon le *Catéchisme* de Saint-Cyran[5]. L'âme doit implorer, exprimer sa faiblesse, prier Dieu «comme

---

1. *Conversion...*, *OC* IV, p. 44
2. Première lettre à Mlle de Roannez, *OC* III, p. 1030.
3. Mc, XIII, 33. Voir la cantate BWV 115 (22e dimanche après la Trinité).
4. Voir *EG, Lettre...*, *OC* III, p. 715 [Ps XXXIX, 18].
5. Voir J. ORCIBAL, «Saint-Cyran», *La Table ronde*, 160, avril 1961, p. 59-60.

indigente[1] », dans l'espérance d'être entendue, à l'imitation du Christ. « Jésus prie dans l'incertitude de la volonté du Père », lui qui a aussi « prié les hommes, et n'en a pas été exaucé » (S 749, p. 557/L 919)... Mais comme toujours chez Pascal, la perspective s'inverse. La prière pascalienne est aussi le vrai langage de la grandeur[2]. De même que le Christ n'est jamais plus grand que dans son extrême abaissement, de même la prière du pauvre est signe d'une incomparable richesse. La bonne nouvelle est que Dieu soit susceptible d'être prié (imaginerait-on prier un Dieu « simplement auteur des vérités géométriques » !) et que le don de prier puisse être conféré (l'un ne va pas sans l'autre). L'effrayant mystère, l'abyssal mystère, est que si la prière est l'effet d'une « grâce efficace », en toute logique, « ceux qui ont cette grâce prient [...] ceux qui [n'ont pas cette grâce] ne prient pas [...] ils n'ont pas le pouvoir prochain de prier »[3]. « On ne peut demander la grâce de prier sans l'avoir ! » Voilà définie la véritable pauvreté, la pauvreté essentielle (elle ne peut être d'ordre économique !) : être « pauvres de la grâce », comme il est dit dans le fragment S 803/L 969, esquisse du passage de la *Lettre sur la possibilité des commandements* que nous venons de citer[4]. Et nous butons, encore et toujours, sur ce même point de l'initiative divine, de la grâce qui déclenche, de la souveraine avance, à laquelle la prière ne fait que répondre, elle qui fondamentalement est demande[5]. Et c'est à Job que l'on songe, à la grâce qui lui est faite, en réponse, de pouvoir prier. Réponse qui atteste que la grâce ne l'avait pas quitté, sinon il n'eût pu ni su demander... Cependant non seulement la grâce peut ne pas être donnée, mais quand elle l'est, pour autant, elle n'est pas inamissible. « Nul ne peut être assuré du grand don de persévérance », comme le soulignait Saint-Cyran dans ses *Lettres chrétiennes* : « [Si Dieu] ne nous secourait à tous moments par des grâces nouvelles, nous péririons tous [...] sans cela [l'homme] ne peut subsister un seul

---

1. *Conversion...*, *OC* IV, p. 44.
2. Voir É. MOROT-SIR, « La prière, comme langage de vérité, et vérité en tout langage », *La Métaphysique de Pascal*, Paris, PUF, 1973, p. 132-144.
3. *EG, Lettre...*, *OC* III, p. 711. L'on voit que, hors polémique, Pascal ne recule pas devant l'emploi de l'expression traditionnelle : « pouvoir prochain ».
4. Voir la note 2 de J. Mesnard, *OC* III, p. 715.
5. Voir sur ce point la remarquable note de J.-M. BEYSSADE, *La Philosophie première de Descartes*, Paris, Flammarion, 1979, p. 196.

moment[1]. » La grâce n'est pas seulement, par rapport au procès de la conversion, éclair initial, elle est « incessamment » réitérée comme un « flux », selon une comparaison que Pascal emprunte au chapitre XXIV de l'*Ecclésiastique* : « Car c'est un flux continuel de grâces que l'Écriture compare à un fleuve et à la lumière que le soleil envoie incessamment hors de soi et qui est toujours nouvelle, en sorte que, s'il cessait un instant d'en envoyer, toutes celles qu'on aurait reçues disparaîtraient, et on resterait dans l'obscurité[2]. »

Ainsi, dans la prière pascalienne, tout se conjugue selon les trois catégories chères à Cl. Bruaire, du désir, de la liberté, du langage. Mais le registre de l'anthropologie est ici transi à la verticale par celui de la surnaturalité, et il convient de dédoubler les trois titres, en désir de Dieu aux deux sens du génitif : subjectif et objectif, en liberté humaine et en liberté divine, celle-ci conférant à celle-là « la dignité de la causalité », en langage à Dieu qui ne va pas sans langage de Dieu (la prière suppose la Révélation). A chaque fois les trois instances inséparablement duelles, si tout finalement provient de Dieu, sont présentes dans le présent (temps) d'un présent (don) et d'une Présence : seule l'accentuation introduit au niveau de l'exposition un jeu de différences. La prière pascalienne est aussi langage du corps. L'on aurait tort de voir dans le « discours de la machine » comme un appendice surajouté. Bien au contraire, le corps a son rôle à jouer car c'est l'homme entier qui est concerné par la vie de foi. L'union âme-corps pourrait être décryptée par analogie avec l'union des deux natures (à ceci près que la nature humaine du Christ est, bien entendu, à la fois âme et corps), au sens où il n'y pas, selon nous, chez Pascal, une théorie dualiste stricte, à la façon de celle de Platon, mais bien plutôt une théorie implicite de l'union, comme finalement chez Descartes (l'âme cartésienne n'est pas le fantôme dans la machine que Ryle se plaisait à y voir). C'est pourquoi le mal n'est pas imputé par Pascal au corps mais à l'esprit « libre », c'est pourquoi aussi prier ne va pas sans certaines postures : « Il faut que l'extérieur soit joint à l'intérieur pour obtenir de Dieu, c'est-à-dire que l'on se mette à genoux, prie des lèvres, etc. » (S 767/L 943). Aucune momerie ici !

---

1. *Lettres chrétiennes*, Paris, 1675, t. I, p. 434. Sur la « persévérance », voir bien sûr le *De correptione et gratia* d'Augustin, BA, XXIV.
2. Voir la première lettre à Mlle de Roannez, *OC* III, p. 1034. De ce flux gracieux, le triple fleuve de la concupiscence est la contrefaçon.

Pascal sait que la prière est le phénomène central de la vie religieuse. L'expression «communiquer à ses créatures la dignité de la causalité» s'inscrit dans toute une théologie de la prière. C'est la Parole de Dieu qui entre en communion avec nous, pour que nous entrions en communion avec lui, participation anticipée du royaume où Il sera «tout en tous». L'on n'insistera jamais assez sur cette préséance qui dit une absolue et toute gracieuse initiative[1] : «On croira que l'on tient la prière de soi. Cela est absurde» (S 757/L 930). Dans le magnifique commentaire qu'il donnait du *«Da quod jubes»*, saint Augustin disait aussi : «Accordez-nous vous-même d'accomplir ce que vous nous ordonnez[2].» Par la prière seulement, le chrétien peut vouloir ce que Dieu veut : «Tout ce qu'il veut nous est bon et juste» (S 769/L 948), tandis que tel est l'objet de sa demande, et aucun autre. La conversion — l'on voit bien que, comme l'écrivait Édouard Morot-Sir, «au sens profond du mot la conversion est l'acte de prière[3]» — ne consiste pas «en une adoration qui se fait de Dieu comme un commerce et une conversation telle qu'ils [les interlocuteurs de Pascal] se la figurent». En effet, «il y a une opposition invincible entre Dieu et nous, et [...] sans un médiateur il ne peut y avoir de commerce» (S 410/L 378). C'est pourquoi saint Augustin pensait que c'est le Christ lui-même qui admoneste Job, à la fin du livre[4]. Il y a là une vue profonde que Pascal ne désavouerait pas. Nous atteignons le foyer incandescent de la problématique. Pascal déclare : «Nos prières [...] sont abominables devant Dieu, si elles ne sont les prières [...] de Jésus-Christ» (S 769/L 948). Le Médiateur est donc l'auteur de nos prières, comme il l'est de nos actes vertueux. Lui seul est finalement cause, et le dogme de l'union hypostatique seul éclaire l'incompréhensible «coopération» liberté divine-liberté humaine, puisqu'en son unique personne Jésus-Christ unit les deux natures divine et humaine. Et qu'il soit la tête du corps dont nous sommes membres explique que ce

---

1. J.-L. CHRÉTIEN écrit très bien : «La prière s'apparaît à elle-même comme toujours devancée et précédée toujours par celui auquel elle s'adresse» («La parole blessée. Phénoménologie de la prière», *Phénoménologie et théologie*, Paris, Criterion-Idées, 1992, p. 55).
2. *De peccatorum meritis et remissione*, liv. II, chap. XI. Voir N. MERLIN, *Saint Augustin et les dogmes du péché originel et de la grâce*, Paris, Letouzey et Ané, 1931, p. 45.
3. *La Métaphysique de Pascal*, Paris, PUF, 1973, p. 133.
4. *De peccatorum meritis et remissione*, liv. II, chap. XI.

soit lui qui veuille en nous, lorsque nous voulons vraiment, c'est-à-dire voulons ce que Dieu veut, que ce soit lui qui agisse en nous quand nous agissons «bien», et qu'à lui, seul, revienne alors tout le mérite, si «c'est par une action divine que notre volonté devient bonne». Si Dieu est cause dominante, si nous sommes causes suivantes — nous le sommes! —, c'est parce que le Christ fait le passage. Au seuil de ce chapitre, nous citions un extrait du *Traité de la Prédestination*[1], nous insistions sur le vocabulaire emprunté à la tradition thomiste, et donc, implicitement, sur l'aspect «conceptualisation» (tout à fait concerté); or dans la suite immédiate de ce texte, Pascal commente, pour appuyer son discours, plusieurs lieux évangéliques. Ces derniers n'ont pas uniquement pour rôle d'illustrer la dualité, mise en exergue, de la cause première qui est seule cause, de la cause seconde qui n'en est pas moins cause, car le pouvoir de causation lui est réellement conféré, «communiqué», mais de rendre manifeste que la solution passe par le Christ. Celui-ci déclare : «Ce n'est pas moi qui fais les œuvres mais le Père qui est en moi[2]»; «Les œuvres que j'ai faites[3]», de même l'apôtre dit : «J'ai travaillé, non pas moi, mais la grâce de Jésus qui est avec moi[4].» Ce n'est donc pas tant, pour Pascal, Dieu qui donne à la liberté d'être libre, mais le Christ, ce qui, certes, dit le même (dans le mystère de la consubstantialité : Père-Fils), mais sous l'angle d'une différence dont nous avons tâché de montrer qu'elle était le secret, l'intime ressort de la liberté : cette déhiscence en Dieu même entre le Père et le Fils, comme effusion de l'Esprit. Et il y a chez Pascal une magnifique et symphonique orchestration de tous les dogmes, dont le *leitmotiv* de l'Incarnation, pour être le thème privilégié, dans la dimension sacrificielle que nous avons soulignée, ne peut être considéré abstraction faite de l'ensemble. L'anthropologie pascalienne est magnifiée en cette reprise théologique qui l'exhausse à sa véritable dimension (l'homme comme misérable et grand, sans couture, par analogie avec l'homme-Dieu) et substitue au monde éclaté, royaume de la diabolie où règne le péché, le monde organique : celui du corps mystique. Par la médiation eucharistique s'opère la reconstitution, tandis qu'être privé de la communion est l'absolue séparation. L'ana-

---

1. Voir *OC III, Traité...*, p. 782-783.
2. Jn, XIV, 10.
3. Jn, XIV, 12.
4. I Co, XV, 10.

lyse conceptuelle inspirée de saint Thomas ne peut être amputée par Pascal de la dimension tout augustinienne qui l'authentifie, celle de la foi comme vécue, en sa tonalité essentiellement affective qui dit l'existence d'une sensibilité purement spirituelle : crainte, espérance, «délectation de la grâce»; la joie qu'il y a à succomber à l'irrésistible attrait de cette dernière, à céder à sa puissance d'infinie séduction, aux antipodes de la jouissance pécheresse (même s'il s'agit bien là de l'assouvissement d'une concupiscence, mais parfaitement sainte). Prier est la joie suprême, «joie intérieure, secrète et imperceptible, céleste et ineffable», comme disait Saint-Cyran[1] (et très différente en sa manifestation du transport de la *Sainte Thérèse* du Bernin), cette joie mystique que célèbre la sixième lettre à Mlle de Roannez : «Les gens du monde n'ont point cette joie *que le monde ne peut ni donner ni ôter*, dit Jésus-Christ même[2].» La prière de Pascal, comme la prière de Job, est une hiérophanie; dans cet état surnaturel, l'âme est arrachée au théâtre de l'empirie, elle réintègre son véritable lieu. C'est une prière de feu, l'*oratio* des chants cisterciens

---

1. Voir J. ORCIBAL, «Saint-Cyran», *La Table ronde*, 160, avril 1961, p. 61.
2. *OC* III, p. 1041. Voir le commentaire de Ph. SELLIER, en rapport avec le *«Gaudete»* de Ph, IV, 4-7, dans *Pascal et la liturgie*, Paris, PUF, 1966, p. 70-71.

DIGRESSION(S)

I. « L'espérance enragée »

La Bible est traversée par un long cri — la Bible comme théâtre du cri... Lamentations de Jérémie, sanglots de Rachel qui a perdu ses fils « et ne peut se consoler de leur perte », déploration désabusée de l'*Ecclésiaste*, pleurs du psalmiste, plainte inhumaine de l'homme-Dieu sur la Croix — « au supplice, dans la souffrance, l'angoisse et la mort[1] »... Langage éclaté de Job en proie à son insupportable tourment, mais l'« espérance enragée[2] » qui l'habite est ici emblématique, car « Dieu n'est point le Dieu des morts, ni des désespérés[3] » — Pascal l'affirme. Le christianisme transcende donc la perspective tragique qui — *si* la grâce peut être retirée... — lui est inhérente. Il faut oser parler d'une *catharsis* du tragique opérée par la Croix. Le geste de l'amour triomphant est l'*abaissement*, chiffre d'une résolution que la philosophie est impuissante à concevoir. Ce geste kénotique, tout amour l'imite, sauf à ne pas être. La théologie sacrificielle, dans la logique qui lui est propre, conjugue la Croix et la « gloire »; elle se situe dans la perspective dynamique et eschatologique du *novum*, de l'avenir : les *invisibilia* promis, la joie future de l'âme des élus. L'histoire du pauvre homme Job, l'histoire du saint homme Job, narre une chute et une restauration; elle dit la déréliction et l'adoption filiale. La confrontation est dramatique entre un malheureux terrassé et le Seigneur qu'il prie, mais, dans l'Épilogue, l'apothéose du juste consolé, enfin pacifié à la lumière d'une théophanie, est messagère d'espérance... « *Sunt in Scripturis sacris profunda mysteria*[4] ». Vouloir

---

1. Comme dirait Angelus SILÉSIUS (voir *Le Voyageur chérubinique*, 1657).
2. Selon l'expression si violente de P. CLAUDEL, *Le Livre de Job*, Paris, Plon, 1946, p. 6.
3. *Abrégé...*, OC III, § 279, p. 299.
4. SAINT AUGUSTIN, cité dans la préface du *Livre de Job (Bible de Sacy)*.

prendre les règles de la philosophie « comme mesure des mystères les plus profonds » est absurde, écrivait Jansénius : la philosophie n'est pas « l'arsenal de toutes les solutions[1]. » Les tentatives de théodicée sont vouées à l'échec ; le *Livre de Job* contient une clef, celle de l'indéfectible fidélité d'un homme au Dieu d'amour : *« Quis mihi det ut »* ; *« Scio enim quod Redemptor meus vivit »*... L'interprétation pascalienne de ces paroles répond aux interrogations de la christologie du XXᵉ siècle, si fortement attachée à méditer l'énigme du mal et le « silence » divin. L'actualité du texte pascalien est toujours subsistante, loin d'être seulement conjoncturelle.

L'apologiste avait fort bien compris que le drame de Job, dans la singularité datée de son histoire, a une portée d'universalité et de contemporanéité. « Tout malheureux est Job[2] », écrira, en écho, Michel Serres. Job est le symbole de la condition humaine. Mais il convient de dire aussi : « Le Christ est chacun de nous[3]. » Cela est vrai de Job, tout particulièrement, en raison de son expérience extrême du malheur, qui ne le conduit jamais à désespérer, absolument parlant : « *[Le Seigneur] m'a ôté toute espérance*, comme à un arbre qui est arraché [...]. Je verrai mon Dieu dans ma chair [...] je le verrai [...] moi-même et non un autre [...] je le contemplerai de mes propres yeux : *c'est là l'espérance que j'ai* et qui reposera toujours dans mon cœur[4]. » Ces paroles de Job éclairent le vécu de la foi, auquel Pascal était, selon Maritain, tellement attentif[5], comme indissoluble liaison de la crainte et de l'espérance, de la douleur et de la consolation. Victor Cousin s'égarait lorsqu'il déclarait d'un ton péremptoire : « La foi de Pascal [est] fille de la peur plutôt que de l'amour[6]. » Peur et amour s'unissent au point haut, la Croix, dont le « Ceci est mon corps » est la « reprise » (dans l'acception de la « Répétition » kierke-

---

1. *Augustinus*, t. II, *Liber proemialis*, chap. III. Pascal déplore qu'on se serve des « faibles arguments de la raison » pour persuader des « vérités de notre religion », au lieu d'invoquer « l'autorité de celui qui parle », la Parole divine dont la force est « inséparable de la vérité » : elle est la Vérité même. La théologie est science d'autorité, si la philosophie ne l'est certes pas. Voir *Préface sur le Traité du vide*, OC II, p. 778.
2. *Hermès III, La traduction*, Paris, Éd. de Minuit, 1974, p. 219.
3. Comme le rappelle opportunément J.-Fr. Marquet, à l'écoute de Nicolas de Cues ; voir *Singularité et événement*, Grenoble, Jérôme Millon, 1995, p. 37.
4. Jb, XIX, 10, 26, 27 ; nous soulignons.
5. Voir « Pascal apologiste », *Revue hebdomadaire*, juillet 1923, p. 187.
6. *Des Pensées de Pascal*, Paris, Ladrange, 1843, p. 163.

gaardienne). C'est ici la seule perspective valable — parce qu'elle n'en est plus une, mais leur géométral. Pascal n'emploie d'ailleurs jamais le mot «angoisse» dans les *Pensées*[1]. En revanche, le mot «joie» revient fréquemment sous sa plume, dans l'expression d'une délectation proche parente de la *fruitio Dei* augustinienne, une «joie sensible», c'est-à-dire «ressentie», comme le remarquait avec sa finesse accoutumée le P. Varillon, bien différente de la «joie sèche» d'un Fénelon[2]. L'on est loin des «tristes ténèbres» qui obscurcirent le cœur de Maine de Biran, à l'occasion de la lecture qu'il fit des *Pensées*[3] (il est vrai qu'il n'avait pas connaissance du «Mystère de Jésus»). La légende est tenace, depuis le XIXe siècle, d'un Pascal torturé par l'angoisse[4]. Bien des interprètes ont brodé également sur son «pessimisme[5]», sans toujours s'interroger sur la question si importante de savoir «qui» parle dans tel ou tel fragment[6], ni sur les différences des mentalités, en fonction des époques[7]. Seule l'anthropologie pascalienne peut être qualifiée de «pessimiste». Gardons-nous de projeter sur sa vision du monde nos propres hantises, à l'instar des romantiques, des existentialistes, ou encore de certains de nos contemporains.

1. Kierkegaard est le premier, nous semble-t-il, à avoir thématisé, en profond psychologue et sous un angle assurément théologique, le phénomène de l'angoisse, dans *Om Begrebet Angest* en 1844. Mais l'angoisse kierkegaardienne de l'esprit fini confronté à sa propre infinité n'éclaire pas la «crainte» pascalienne.
2. Introduction à FÉNELON, *Œuvres spirituelles*, Paris, Aubier, 1954, p. 81.
3. Cité par LAVALETTE-MONBRUN, *Maine de Biran critique et disciple de Pascal*, Paris, 1914, p. 105.
4. Une conférence de Barrès portait ce titre. Voir *Les Maîtres*, Paris, Plon, 1927, et sur Barrès, lecteur de Pascal, les notations de *Mes cahiers*. L. Van Eynde vient de faire paraître une confrontation des *Pensées* et de *Sein und Zeit*, focalisée sur «le sentiment de l'effroi ou l'angoisse», *L'Ontologie acosmique. La crise de la modernité chez Pascal et Heidegger*, Bruxelles, Publications des Facultés universitaires Saint-Louis, 1993.
5. Voir par exemple, à la fin du XIXe siècle, C. BOS, «Du pessimisme de Pascal d'après les études les plus récentes», *Annales de philosophie chrétienne*, octobre 1897.
6. «Je m'effraie», «J'entre en effroi...» avoue l'interlocuteur de Pascal! Voir S 102/L 68 et S 229/L 198. Nous commentons plus bas le célèbre fragment S 233/L 201. Pascal affectionne l'adjectif «effroyable»!
7. Les termes de «pessimisme» et d'«optimisme» datent du XVIIIe siècle: «pessimisme», 1759; «pessimiste», 1789; «optimisme», 1737; «optimiste», 1752. Voir J.-M. PAUL, *Le Pessimisme. Idée féconde, idée dangereuse?*, Presses universitaires de Nancy, 1993.

Comment notre réflexion, cependant, pourrait-elle faire abstraction de la terreur de l'enfer qui, du XIIIe au XVIIIe siècle, saisit tout chrétien (seul le *Schéol* menaçait les anciens Hébreux)[1]? Comment ne pas évoquer la *poena damni* qui dit l'absolue séparation? L'éventualité selon laquelle nous pourrions faire partie de la cohorte des damnés ne doit pas être occultée. Voilà ce qui faisait trembler François de Sales, ce qui fera trembler Fénelon (qui conjurent cette angoisse par la théorie de l'amour désintéressé[2]). Pascal affirme, dans le *Traité de la prédestination*, que nous devons croire, sous peine «de péché contre le Saint-Esprit irrémissible en ce monde et en l'autre[3]», que nous et les autres — «quelque méchants et impies qu'ils soient» (propos admirable!) — faisons partie des prédestinés. Le problème est que nul ne peut en être certain. Le décret de prédestination est, dans la perspective de l'augustinisme janséniste, infralapsaire: «Dieu a séparé cette masse tout également coupable et tout entière digne de damnation[4]». C'est donc sur cet horizon qu'il faut entendre le passage suivant: «Alors, il reviendra au même état où il est monté/ Juger les vivants et les morts, et séparer les méchants d'avec les bons. Et envoyer les injustes au feu éternel[5].» Au dernier jour, la colère divine précipitera dans les ténèbres extérieures la foule des pécheurs endurcis. Qui ne tremblerait devant le «péril d'une éternité de misère»? «La mort, qui nous menace à chaque instant, doit infailliblement nous mettre dans peu d'années, dans l'horrible nécessité d'être éternellement [...] malheureux/Il n'y a rien de plus réel que cela, ni de plus terrible» (S 681, p. 476/L 427).

Dans le fragment S 621/L 152, le thème de l'enfer est abordé de front: «Objection: Ceux qui espèrent leur salut sont heureux en cela, mais ils ont pour contrepoids la crainte de l'enfer. — Réponse: Qui a plus sujet de craindre l'enfer, ou celui qui est dans l'ignorance s'il y a un enfer, et dans la certitude de la damnation, s'il y en a; ou celui qui est dans une certaine

---

1. Voir J. Delumeau, *Le Péché et la Peur*, Paris, Fayard, 1983, IIIe partie, chap. XIII, p. 416-446.
2. Voir D. Leduc-Fayette, *Fénelon et l'amour de Dieu*, Paris, PUF, coll. «Philosophies», 1996.
3. *EG, OC* III, p. 789.
4. *Ibid.*, p. 788.
5. *Abrégé...*, *OC* III, p. 318. «Feu éternel» est une image convenue. Pascal se tient à toute distance des métaphores baroques évoquées par Camporesi (*L'Enfer et le fantasme de l'hostie*, Paris, Hachette, 1989).

persuasion qu'il y a un enfer, et dans l'espérance d'être sauvé, s'il est. » Le détail du texte démontre que la crainte devrait être incomparablement plus grande, en droit, dans le cas du sceptique qui « ignore s'il y a un enfer » que dans celui du croyant. Le « si » marque bien le doute relativement à l'existence de l'enfer et, donc, qu'il pourrait se faire que ce dernier existe. Le libertin peut être certain qu'il sera damné (à supposer cette existence) puisqu'il n'aura pas mené une vie chrétienne[1]. Son interlocuteur, en revanche, persuadé (le terme de « persuasion » marque la différence avec une certitude mathématique) du bien-fondé de la réalité de l'enfer, espère légitimement dans son salut, puisque telle est l'essence de la foi. Entre la certitude d'être damné, si l'on se trompe, et la présomption d'être sauvé, si l'on est dans le vrai et de perdre « rien » (autrement dit les biens de ce monde, si l'on fait erreur), alors que « tout » (le salut de l'âme) est perdu dans le cas contraire, qui hésiterait ? L'argument dit du « pari » n'est au fond que le commentaire de Lc, IX, 25 : « Et que servirait à un homme de gagner tout le monde aux dépens de lui-même, et en se perdant lui-même ? » L'affirmation de E. Souriau : « l'intervention des peines de l'enfer [...] est absente des données du pari[2] », est bien dogmatique. Lachelier avait manifesté (au départ !) plus d'acribie : « Celui qui parie que Dieu n'est pas [...] que lui arrivera-t-il s'il se trompe, et si son âme subsiste après sa mort ? [...] Est-il voué [...] à des souffrances positives et, pour parler le langage de la théologie chrétienne, aux peines de l'enfer ? On ne peut pas dire que Pascal n'ait pas envisagé cette éventualité : il en parle dans quelques passages qui ne sont pas sans rapport avec notre texte, il n'en parle pas dans ce texte même et ne la fait pas entrer dans les calculs sur lesquels se fonde son pari. Nous n'avons ici devant nous qu'une alternative, celle de la vie éternelle et du néant[3]. » Par la suite, Lachelier, à son tour, aurait aimé effacer du commentaire de Havet sur le « pari » (commentaire dont, d'ailleurs, il se réclame explicitement) « tout ce qui est relatif à l'enfer », et il reproche à Condorcet de voir seulement dans l'argument du pari (qu'il

---

1. Se pose le problème du païen. « Il est nécessaire et inévitable que ceux qui ignorent la justice la violent », déclare Augustin, cité par Pascal (*EG*, *OC* III, p. 733 ; voir aussi IV *Prov.*, p. 67). Il ne peut donc y avoir de vertu des païens, sauf grâce exceptionnelle.
2. *L'Ombre de Dieu*, Paris, PUF, 1955, chap. II, p. 53, n. 1.
3. *Le Fondement de l'induction*, Paris, Alcan, 1902, p. 178-179.

se contenterait de citer « en passant ») « l'alternative du néant et de l'enfer, c'est-à-dire précisément ce qui n'y est pas[1] »...

Selon Pascal, le véritable enjeu du pari est la béatitude ou la damnation[2]. Même s'il ne nomme pas l'enfer, ce dernier demeure donc présent en filigrane. La teneur du discours est adaptée à la conjoncture : un apologiste mathématicien s'adresse à un joueur mathématicien. Mais H. Gouhier notait à juste titre : « [Pascal] prévoit le moment où il faudra en parler et faire face aux réactions de celui qui a parié[3]. » Si l'auteur s'adressait à un homme du commun (et alors le « pari » n'aurait plus lieu d'être dans sa forme mathématique constitutive adaptée à un interlocuteur ciblé), sans doute invoquerait-il la perspective de la damnation... Il remarquait, dans une lettre à sa sœur Gilberte, que des êtres « ignorants et presque stupides [...] sont touchés au seul nom de Dieu et par les seules paroles qui les menacent de l'enfer[4] ». L'enfer joue un rôle dans la pédagogie de la foi, à laquelle l'apologiste est si attentif. « Il arrive très souvent que Dieu se sert de [...] moyens extérieurs pour [...] faire comprendre [les choses saintes]. » C'est sur l'imagination des esprits frustes qu'il faut agir, afin de « faire rentrer [ces choses saintes] dans le cœur[5] ». « Que l'extérieur ne sert à rien sans l'intérieur » (S 693/L 453 ; il

---

1. *Ibid.*, p. 174-175.
2. Brunschvicg l'avait bien vu : « Entre l'incrédulité et la religion, il faut choisir : ne pas choisir, c'est tout de même avoir fait un choix, le choix le plus dangereux, puisque c'est courir le risque des peines éternelles » (Br., introduction, p. 274).
3. H. GOUHIER, *Blaise Pascal. Commentaires*, Paris, Vrin, 3e éd., 1984, p. 276. L'auteur résume ainsi la position de l'objectant dans le dialogue que nous avons cité : « Le Dieu qui sauve [...], c'est aussi le Dieu qui punit ; si je ne crois pas en l'existence de ce Dieu, je suis en définitive plus tranquille au bord de mon futur néant que le croyant qui tremble devant l'incertitude de son salut et la menace de sa damnation. » Ne peut-on reconnaître ici la position même de Sartre qui reprochait aux chrétiens de prêter aux athées leur propre désespoir ? (*L'existentialisme est un humanisme*, Paris, Nagel, 1970, p. 95.)
4. *OC* II, p. 697/Laf., p. 274.
5. *Ibid.* Sur la nécessité pour le retraitant (Pascal, pour sa part, ne vise dans le texte cité que les esprits frustes) de « voir avec les yeux de l'imagination » le lieu de l'enfer, voir IGNACE DE LOYOLA, *Exercices spirituels*, Paris, Éd. du Seuil, 1982, Première semaine, exercice 5 de la *Pratique*, et les analyses de G. FESSARD, *La Dialectique des « Exercices spirituels » de saint Ignace de Loyola*, Paris, Aubier, 1956 ; P. A. FABRE, *Ignace de Loyola. Le lieu de l'image*, Paris, Vrin, 1992, p. 35-36, 38-42, 259.

s'agit ici, dans ce fragment intitulé « L'état des Juifs [3] », de la circoncision de la chair à laquelle il convient de substituer, métaphoriquement, celle du cœur).

Par ailleurs, le bref et dense dialogue du fragment S 621/L 648 met admirablement en lumière le contrepoint crainte-espérance qui caractérise (en sa disproportion même, puisque c'est l'espérance qui, à l'évidence, l'emporte) l'expérience du croyant. Il ne s'agit pas d'un simple espoir mais de la vertu théologale, indissociable de la foi et de la charité. Saint Augustin, cité par Pascal, déclarait : « La parfaite charité chasse la crainte [...] elle soulève comme si elle nous donnait des ailes[1]. » L'angoisse du péché et la confiance dans la grâce ne sont ni quantitativement, ni qualitativement, équivalentes. Pascal est pénétré par sa lecture du chapitre V de l'*Épître aux Romains*, qui est celle même des port-royalistes dans le *Nouveau Testament de Mons*, comme on peut le constater dès que l'on est attentif aux ajouts en italiques (résumés qui servent d'intitulés aux paragraphes distingués par les éditeurs et qui regroupent à chaque fois un certain nombre de versets). Ainsi lit-on : « Confiance en Dieu. Fermeté et joie dans les maux. Amour et Saint-Esprit dans le cœur » (§ 1), ou encore : « Jésus-Christ source plus abondante de grâce qu'Adam du péché. » Saint-Paul disait : « si par le péché d'un seul plusieurs sont morts, la miséricorde et le don de Dieu s'est répandu beaucoup plus abondamment sur plusieurs par la grâce d'un seul homme, qui est Jésus-Christ[2]. » Tout se passe comme si la logique de la loi (la faute-la punition) était transcendée par la logique de la foi (le don gratuit de Dieu), de sorte que, puisqu'« il n'en est pas de la grâce comme du péché[3] », l'espérance doit résorber, à sa vive flamme, la crainte toujours néanmoins subsistante... Ce qui conduit à considérer le rapport en Dieu des deux attributs traditionnels de « justice » et de « miséricorde[4] ». Pascal écrit dans le *Traité de la prédestination* : « L'Église

---

1. *EG, Lettre...*, *OC* III, p. 642.
2. Rm, V, 15.
3. *Ibid.*
4. L'on trouve dans la *Somme théologique* un véritable traité de la justice et de la miséricorde, dont il importe de détecter le rythme ternaire : 1. « L'œuvre de la divine justice présuppose toujours l'œuvre de miséricorde et se fonde sur elle » (I^a p., qu. 21, a. 4, c ; donc, la miséricorde est première). 2. La justice est impliquée par la miséricorde : « C'est pour Dieu affaire de justice d'accorder aux êtres les perfections qui correspondent à leurs exigences connaturelles » (ces « exigences » ne disent que la proportionnalité ;

prétend que la prédestination vient de la volonté absolue de Dieu et la réprobation de la prévision du péché[1]. » Il est significatif que « prédestination » s'oppose ici à « réprobation » : la prédestination est toujours au salut[2]. Nous sommes aux antipodes de la doctrine calviniste[3] que l'auteur des *Écrits sur la grâce* attaque avec une extrême virulence, faisant une nette différence entre l'erreur moliniste (« les molinistes et nous sommes conformes en la créance de la volonté de Dieu pour le salut des hommes en leur création[4] ») et l'hérésie proprement « abominable » de la doctrine réformée (« les calvinistes diffèrent horriblement de nous[5] »). Calvin s'exclamait : « Quiconque voudra être tenu pour homme craignant Dieu n'osera pas simplement nier la prédestination, par laquelle Dieu a ordonné les uns au salut, et assigné les autres à la damnation éternelle[6]. » L'on remarquera que Pascal fait jouer l'élément de la « prévision », de la prescience divine, élément qui entre dans ce que l'auteur de *L'Institution chrétienne* dénonce comme « cavillation », ce type de raisonnement fautif par excès de subtilité[7]. Nous lisons, toujours dans le *Traité de la prédestination* : « Au jour de la Création, Dieu a eu une volonté générale et conditionnelle de sauver tous les hommes [...] Adam, ayant par son libre arbitre mal usé de cette grâce [...] il en a

---

ibid., a. 3, c. 3). La miséricorde transcende la justice : « La miséricorde divine ne va pas contre la justice, mais au-delà [...] » (*ibid.*, a. 3 ad 2m). « Ce qui suffirait à conserver l'ordre de la justice est au-dessous de ce que la bonté divine accorde en fait car elle dépasse toute exigence de la créature » (même remarque sur « exigence », *ibid.*, a. 4, c).

1. § 11, *OC* III, p. 768.
2. Voir Suarez : « Sur la prédestination, l'Église n'a presque rien défini directement et par elle-même, si ce n'est, en général, qu'elle existe, et qu'elle concerne les bons et non les mauvais (concile d'Orange). » Quant à lui, il considère qu'Augustin est la plus grande autorité en la matière, voir *De divina gratia*, Mayence, 1620, Prol. 6, c. 6, n. 16-18.
3. « Nous disons donc, comme l'Écriture le montre évidemment, que Dieu a une fois décrété par son conseil éternel et immuable lesquels il voulait prendre à salut, et lesquels il voulait vouer à la perdition » (*L'Institution chrétienne*, liv. III, chap. XXI, II, § 5-7, « Exposé succinct de la doctrine de la prédestination »), p. 404.
4. § 10. L'on sait que les disciples de saint Augustin, comme ils se nomment eux-mêmes, reconnaissent comme valable la doctrine de la grâce suffisante à l'état supralapsaire. Ils reprochent aux molinistes de confondre les deux états de la nature innocente et de la nature déchue.
5. *Ibid.*
6. *L'Institution chrétienne*, n. 5, p. 398.
7. Calvin réfute la thèse de la prescience relativement au décret de prédestination au chap. XXII, § 1-9.

voulu sauver une partie par une volonté absolue fondée sur la seule miséricorde toute pure et gratuite[1]. » Comme l'écrit J. Mesnard : « La grâce était due en justice à l'homme innocent. Ce qui, par antithèse, a pour effet de mettre fortement en relief la gratuité de la grâce de Jésus-Christ[2]. » La dimension salvatrice n'est pas logiquement impliquée dans l'idée de Dieu, ni qu'il prenne la forme humaine et subisse le supplice ignominieux de la Croix pour racheter les pécheurs. Cependant, le Seigneur est « mort pout tous ». Tous ? Là est l'épineux problème pour les jansénistes : doit-on l'entendre au sens de toutes les catégories d'êtres humains, quels que soient la race ou le sexe, ou de tous les individus ? Dans la dix-septième Provinciale, Montalte déclare : « N'ai-je pas visiblement reconnu que Jésus-Christ est mort pour ces damnés, et qu'ainsi il est faux, *qu'il ne soit mort que pour les seuls prédestinés*, ce qui est condamné dans la cinquième proposition[3] ? Il est donc sûr, mon Père, que je n'ai rien dit pour soutenir ces propositions impies, que je déteste de tout mon cœur. Et quand le Port-Royal les tiendrait, je vous déclare que vous n'en pouvez rien conclure contre moi, parce que, grâces à Dieu, je n'ai d'attaches sur la terre qu'à la seule Église Catholique, Apostolique et Romaine[4]. » Et dans les *Pensées*, Pascal écrit : « C'est à Jésus-Christ d'être universel. L'Église même n'offre le sacrifice que pour les fidèles. Jésus-Christ a offert celui de la croix pour tous » (S 254/L 221). Comment H. Bremond pouvait-il donc déclarer : « L'affirmation "Il est mort pour tous" [...] trouverait [Pascal] hésitant[5] » ? Mais, certes, selon Pascal, le salut ne profite pas indistinctement à tous les individus : « *Jésus-Christ rédempteur de tous*. Oui, car il a offert comme un homme qui a racheté tous ceux qui voudront venir à lui. Ceux qui mourront en chemin, c'est leur malheur. Mais quant à lui, il leur offrait rédemption. Cela est bon en cet exemple où celui qui rachète et celui qui empêche de mourir sont deux, mais non pas en Jésus-Christ qui fait l'un et l'autre. Non, car

1. § 27-28, *OC* III, p. 787-788.
2. *OC* III, p. 597.
3. Rappelons-la : « Il est semi-pélagien de dire que Jésus-Christ est mort pour ou qu'il a répandu son sang généralement pour tous les hommes » (trad. Carreyre, *DTC*).
4. XVII *Prov.*, p. 330 ; la proposition en italique l'est dans le texte.
5. *Histoire littéraire du sentiment religieux en France depuis la fin des guerres de Religion jusqu'à nos jours*, t. IV, *La Conquête mystique : l'école de Port-Royal.*, p. 330.

Jésus-Christ, en qualité de rédempteur, n'est pas peut-être maître de tous, et ainsi, en tant qu'il est en lui, il est rédempteur de tous» (S 451, p. 360/L 911). La position pascalienne rejoint celles de saint Paul et de saint Augustin[1] : «Si Dieu avait voulu damner tous les hommes, il aurait exercé sa justice, mais sans mystère. S'il avait voulu sauver effectivement tous les hommes, il aurait exercé sa miséricorde, mais sans mystère. Et en ce qu'il a voulu en sauver les uns, et non pas les autres, il a exercé sa miséricorde et sa justice; et en cela il n'y a point encore de mystère. Mais en ce que, tous étant également coupables, il a voulu sauver ceux-ci et non pas ceux-là, c'est en cela proprement qu'est la grandeur du mystère[2].» Y aurait-il un sens à parler de liberté et de vie morale, si ne régnait cette incertitude fondamentale qui les préserve en leur essence[3] ? Elles sont liées, en effet, à l'incertain, au risque. Leur atmosphère propre est celle de la crainte transcendée par l'espérance. Impossible de s'installer dans une position conquise : la conversion est toujours à recommencer. Le juste doit se reconnaître pécheur, le pécheur repenti ne doit jamais désespérer. Chaque instant est la chance d'un «plus» mystérieux... Attente de la grâce qui figure la gloire : «La grâce n'est qu'une figure de la gloire, car elle n'est pas la dernière fin. Elle a été figurée par la Loi et figure elle-même la [gloire], mais elle en est la figure et le principe ou la cause» (S 306/L 275). Patience humble, en la conjugaison tout ignatienne du *«ad majorem gloriam dei»* et de la *«majorem humilitatem»*[4].

1. Rm, XI, 33. Voir *De correptione et gratia*, VIII, 17 (BA, XXIV, p. 305).
2. *EG, Lettre...*, OC III, § 12, p. 712.
3. Voir G. Fessard, «Enfer éternel ou salut universel», dans *Le Mythe de la peine*, Paris, Aubier, 1967. Le P. Fessard montre «qu'entre enfer éternel et salut universel il y a un lien dialectique tel que l'espérance du second exige l'affirmation du premier». Dans le même ouvrage, G. Scholem écrit : «Job, après avoir démoli, anéanti le mythe courant de la peine, l'accepte, pour ainsi dire de nouveau en haussant les épaules; sauf que ce mythe s'en trouve repoussé en arrière : du domaine de l'histoire et de la préhistoire au domaine d'une cosmogonie absolument impénétrable, à propos de laquelle on ne donne ici aucune réponse utile. De telle sorte que le livre de Job nous laisse avec cette question sans réponse, qui retentit le long des siècles jusqu'à nos jours» («Le mythe de la peine dans le judaïsme», p. 141). Pour Pascal, bien évidemment, le problème ne peut se poser en ces termes, puisque Job n'est pas innocent, même s'il est juste, comme nous l'avons dit, et son acceptation est d'un autre ordre que ce méprisant haussement d'épaules : elle est la réponse !
4. L'on s'étonnerait à tort de voir ici surgir saint Ignace, en dépit de l'hostilité notoire de Jansénius envers la Compagnie et de la satire mordante

Il convient, d'autre part, de poser le problème dans les termes adéquats : « Ainsi l'Église pose que la volonté de Dieu est la source du salut, et que la volonté des hommes est la source de la damnation[1]. » C'est nous qui ne profitons pas du salut offert à titre universel. Le mal est entièrement pris en charge par la liberté humaine. Il importe de souligner que, par là même, il acquiert une positivité propre, paradoxale, celle du mauvais vouloir délibéré. Pascal est soucieux que la réalité du phénomène ne soit pas édulcorée par quelque prise de position intellectualiste. La quatrième *Provinciale* insiste sur le danger qu'il y a à méconnaître la méchanceté consciente, lucide, qui jouit des ravages qu'elle cause ; même thème dans le fragment S 658/L 811 : « Jamais on ne fait le mal si pleinement et si gaiement que quand on le fait par conscience. » La volonté est tellement « dépravée » (S 680, p. 473/L 418) que certains osent braver même l'enfer ! Le XVIIe siècle est l'époque des blasphémateurs — ainsi le chevalier de Roquelaure était-il « le plus grand blasphémateur du royaume qui se plaisait à charbonner les églises de couplets ordurians, emplir de blasphèmes tripots et jeu de paume [...] et, tel plus tard le Dom Juan de Molière, encourager par des aumônes un mendiant à renier Dieu[2] ». Comment en effet, avec Tallemant des Réaux, ne pas évoquer *Dom Juan* ? Il est curieux que Sainte-Beuve, si attentif à *Tartuffe*, en parle à

---

des *Provinciales*. Pascal, pour sa part, a toujours soigneusement distingué les Jésuites de son temps du fondateur de l'ordre. La spiritualité ignatienne est trop haute et a eu trop d'impact pour qu'il lui soit demeuré étranger. Il en est proche, ne fût-ce qu'à travers Bérulle (en ce qui concerne par exemple la contemplation, orientée vers l'imitation, des mystères de la vie de Jésus). L'on peut trouver chez le fondateur de l'Oratoire français nombre de traits ignatiens ; voir, par exemple, H. BREMOND, *Histoire littéraire du sentiment religieux en France depuis la fin des guerres de Religion jusqu'à nos jours*, t. III, 1, p. 57. Il ne faut pas oublier que Bérulle était élève des jésuites, qu'il avait pratiqué les Exercices lors de sa retraite en 1602 à Verdun. Sur Bérulle et saint Ignace, voir H. BREMOND, *ibid.*, t. III, Ire partie, chap. III, section III, « L'oratoire », p. 252 de l'éd. A. Colin, 1967. L'on peut suivre la trace d'une influence ignatienne dans le discours pascalien de la machine, marqué par Descartes qui a emprunté certaines de ses conceptions concernant la méthode et la psychologie aux *Exercices spirituels*. Plus profondément, nous croyons détecter une parenté spirituelle entre le bref *Écrit sur la conversion du pécheur* et les *Exercices spirituels*.
1. *EG, Traité...*, OC III, § 12, p. 768.
2. TALLEMANT DES RÉAUX, *Historiettes*, Paris, Gallimard, coll. « La Pléiade », 2 vol., éd. Adam, t. II, p. 385-387.

peine, alors qu'aucune pièce de Molière ne touche de plus près à l'histoire des idées religieuses[1].

La sincère contrition doit s'accompagner de l'espérance légitime du pardon. La crainte subsiste. Être consolé ne signifie pas ne plus craindre, puisque l'on peut retomber dans le péché incessamment ; l'amour de Dieu peut donc être perdu. « Notre unique mal [est] d'être séparé de lui » (S 182, p. 228/L 149). La chute de saint Pierre n'arriva pas *« par sa froideur, ni par sa négligence, mais par le défaut de la grâce*[2] »... Le Christ a fait l'expérience de l'« abandonnement[3] ». Il est le seul à *réellement* savoir ce qu'il en est de l'amour de Dieu, donc à mesurer l'étendue de la perte. C'est en ce sens qu'il serait légitime d'affirmer que la crainte vétérotestamentaire est sublimée dans les Évangiles. La bonne crainte trouve dans le cri du Christ — « résumé poignant de la Passion[4] » — son expression paroxystique[5]. Il n'est pas indécent de revenir à Job « l'homme tout court », comme dit Claudel, intimement persuadé qu'à travers le sage de Hus, c'est le Fils de l'Homme qui parle, et le poète d'écrire : « *Le bois*, murmure [Job] mystérieusement, *a l'espérance. Qui me donnera un auditeur, et que le Tout-Puissant écoute mon désir [...] afin que je le porte sur mon épaule et que je le ceigne comme une couronne*[6]... » Job qui a perçu la nécessité de la venue du Médiateur puisqu'il n'y a « personne qui puisse reprendre les deux parties, et mettre sa main entre les deux » (Jb, IX, 33 ; entendons entre le Tout-Puissant qui laisse le Satan le persécuter et, lui, la victime), Job qui en appelle du Dieu écrasant au Dieu juste, au Dieu miséricordieux : « le témoin *de mon innocence* est dans le ciel » (Jb, XVI, 20) ; « Je souhaiterais qu'il ne proposât contre moi que l'équité et la justice, et j'espérerais de gagner ma cause devant un tel juge » (Jb, XXIII, 7)[7]. Le *Livre de Job*,

---

1. Voir H. GOUHIER, « Inhumain dom Juan », *La Table ronde*, novembre 1957, p. 72.
2. III *Prov.*, p. 43. En italique dans le texte (Pascal cite saint Chrysostome).
3. Voir ci-dessous notre Prologue, et *EG*, *OC* III, p. 714.
4. X. TILLIETTE, *La Semaine sainte des philosophes*, Paris, Desclée, 1992, p. 97.
5. *Abrégé...*, *OC* III, § 286, p. 300.
6. *Le Livre de Job*, p. 7. Les lignes en italique sont censées être les paroles de Job. Claudel offre la version exacerbée de l'interprétation chrétienne traditionnelle.
7. Mais, dans la perspective de Pascal ou de Port-Royal, Job n'est pas innocent !

décrypté dans l'optique de la tradition chrétienne, représente, comme une avancée de l'Ancien Testament vers le Nouveau, l'irruption du Nouveau dans l'Ancien (ce qui ne peut se comprendre qu'en fonction de la contemporanéité de tous les moments du temps dans le mystère de l'histoire surnaturelle), ou encore, à l'intérieur de la littérature sapientielle elle-même, comme une ouverture à la dimension prophétique : « C'est un esprit de prophétie qui s'est rué sauvagement sur [Job], qui le tord et qui le ravage ! Quand il me tuerait, s'écrie-t-il, j'espérerais en Lui », s'exclame encore Claudel. Pascal a, lui aussi, détecté cette présence d'un souffle oraculaire dans le chapitre XIX du *Livre de Job*, d'où la différence d'accent (sur laquelle nous avons insisté) entre les fragments S 22/L 403 et S 658/L 811...

Et voici qu'avec le Christ la crainte découvre son vrai et troublant visage, celui du gisant de Holbein, cette face tuméfiée qui faisait frémir Hippolyte et Muichkine[1] (mais comment ne pas évoquer celle de Job : « Mes chairs ont été réduites à rien, mes os se sont collés à ma peau, et il ne me reste que les lèvres autour de mes dents[2] » ?) ; celui, douloureux et rayonnant, de qui enfante, souffre et espère. Et la promesse fait frémir Pascal, des « nouvelles choses », « la création d'un nouveau ciel, et nouvelle terre, nouvelle vie, nouvelle mort » (S 614/L 733). D'où la jubilation des larmes : « Joie, joie, joie, pleurs de joie », ainsi l'accouchée...

II. La décision du lecteur

Tel est donc le choix interprétatif qui a régulé notre démarche. Au départ, quand nous ne faisions que présenter un programme d'orientation, la tentative pouvait paraître arbitraire et le soupçon affleurer que le texte biblique serait « plaqué » sur le texte pascalien, si tant est, comme l'écrit G. Genette, avec un humour révélateur de son hostilité à l'herméneutique textuelle, qu'il soit possible de « traquer dans n'importe quelle œuvre les échos partiels, localisés ou fugitifs de n'importe

---

1. Voir Dostoïevski, *L'Idiot*, et X. Tilliette, *La Semaine sainte des philosophes*, p. 115.
2. Jb, XIX, 20.

quelle autre, antérieure ou postérieure[1] ». Mais nous défendrions volontiers les droits de l'herméneute, si l'ouvrage achevé apporte la preuve que le jugement constitutif qui a présidé à son organisation est bien fondé. La «catégorie Job» a permis ici d'unifier le champ d'une lecture. Le célèbre poème vétérotestamentaire loge au plus intime de la *Theologia crucis* pascalienne. L'auteur des *Pensées* éprouve le besoin de faire d'un individu particulier, à la destinée singulière (c'est là un trait qui se retrouve chez Kierkegaard), le *témoin* de la «réalité des maux» — expression générique — et le *prophète* de la suprême consolation, en son face-à-face avec Dieu. Il ne raisonne pas sur l'homme en général. Il se réfère à une situation concrète à laquelle il reconnaît, certes, une valeur exemplaire — tout comme il n'hésite pas, quand bien même le moi est haïssable, à dire «Je», quand il le faut, ou «Tu», et, comme Job, à interpeller Dieu. Assurément, il ne renonce pas toujours au lexique catégorial et attributif des philosophes, ainsi dans les *Écrits sur la grâce*, mais le plus souvent il s'exprime à distance des concepts de l'ontologie traditionnelle, parce que la connaissance, pour lui, s'enracine dans une expérience antéprédicative et que, toujours, il donne le primat à la relation sur la substance qui demeure inconnaissable.

Le *Livre de Job* joue donc, par rapport à la pensée de Pascal, le rôle de pré-texte et même d'«hypertexte», selon un terme que nous empruntons au vocabulaire de Genette dans *Palimpsestes*[2] et dont la pertinence se confirme à terme. Car (nous espérons l'avoir rendu manifeste) il ne s'agit pas, en l'occurrence, seulement d'intertextualité[3] et de la co-présence effective (par le biais des citations) ou allusive, du texte de Job à ceux de notre auteur — selon un mode de fonctionnement qui suppose la complicité de l'écrivain et de son public, sur la toile de fond de leur commune culture, un même code, en

---

1. *Palimpsestes. La littérature au second degré*, Paris, Éd. du Seuil, 1982, p. 18.
2. L'intertextualité et l'hypertextualité sont deux des cinq formes de la transtextualité, selon Genette.
3. «L'intertextualité a toujours fonctionné : l'œuvre d'un Philon en est un vivant témoignage avant que la patristique en fasse un art de penser. La lecture allégorique que Philon donne de l'histoire d'Abraham tant dans le *De migratione* que dans le *De congressu eruditionis gratia* montre comment un texte biblique vient se loger dans un contexte pour délivrer un sens que jusqu'alors il celait, et enrichir ainsi ce contexte d'une dimension en profondeur qu'on ne lui aurait pas soupçonnée» (P. MAGNARD, *Le Dieu des philosophes*, Paris, Mame-Éditions universitaires, 1992, p. 258).

l'occurrence rien moins que le « Grand Code » de N. Frye[1] : la Bible (elle-même nécessairement considérée comme une « œuvre de conception unitaire[2] »). C'est d'ailleurs pourquoi nous prêterions volontiers — en assumant la responsabilité de cet élargissement (que d'aucuns jugeront abusif) — au terme « transtextualité » (qu'emploie également Genette), par-delà sa connotation technique, la portée de la véritable transcendance. Car notre conviction est que la littérarité de la littérature n'est jamais plus elle-même que lorsqu'elle accède à son essence métaphysique. L'antique formule du *poeta theologus*[3] a sa part de vérité profonde... La prose se transmue tout naturellement en poésie dès que la parole atteint un certain degré d'intensité. Secret commun au *Livre de Job* et aux textes pascaliens[4].

Mais tout cela ne vaut qu'en fonction d'une *métonymie*. Le *Livre de Job* est « une sorte de microcosme de [la] thématique générale [de la Bible][5] ». Chaque lieu biblique, en effet, exprime le livre entier, le condense et le réfracte — selon son mode. Et tel est, d'ailleurs, le principe de la lecture chrétienne des deux Testaments, dans leur irréfragable continuité, dans leur secrète identité, la lecture de Pascal, dont nous avons tenté de réverbérer l'écho. Il est dit dans l'*Épître de Jacques* : « Vous avez appris quelle a été la patience de Job et vous avez vu la fin du Seigneur. » Sacy note en bas de page que, par là, il est licite d'entendre : « *la passion* de Jésus-Christ ; ou *la gloire qui l'a suivie*[6]. » Et voilà pourquoi Pascal ne considère pas le *Livre de Job* comme un texte relevant de la seule littérature sapientielle et ne l'utilise pas dans le seul cadre du discours sur la misère humaine, mais l'inscrit au cœur du fragment

---

1. *Le Grand Code*, Paris, Éd. du Seuil, 1984.
2. *Anatomie de la critique*, Paris, Gallimard, coll. « Bibliothèque des idées », 1969, p. 394.
3. Voir E. R. Curtius, *La Littérature européenne et le Moyen Âge latin*, Paris, PUF, 1956, chap. xii, p. 343-363.
4. L'on sait que dans le *Livre de Job* alternent passages en prose et poèmes, mais dans le texte de Pascal, plus subtilement, la prose tout naturellement devient, à des moments précis, poésie. Donnons-en deux magnifiques exemples (entre autres) : « Ainsi l'Eucharistie parmi le pain nouveau » ; « Car la vie est un songe, un peu moins inconstant », superbe alexandrin qui fait évoquer Calderón.
5. N. Frye, *Anatomie de la critique*, p. 394. Ainsi Ph. Sellier peut-il voir dans les *Psaumes* « un raccourci de tout l'Ancien Testament », *Bible de Sacy*, p. 654.
6. Jc, V, 11, *NT*, p. 347, et p. 1578 dans la *Bible de Sacy*. Les termes en italique le sont dans le texte.

S 658/L 811, dans le droit fil de toute la tradition de l'exégèse figuriste. Ainsi le *Livre de Job* peut-il nous faire découvrir «tout ensemble et Dieu et [notre] misère» (S 690, p. 491/L 449). Le Dieu de Job est le Dieu des chrétiens qui se dissimulera sous la forme défigurée du serviteur souffrant, évoquée dans le fragment S 301/L 270 : «Le monde ayant vieilli dans ces erreurs charnelles, Jésus-Christ est venu dans le temps prédit, mais non pas dans l'éclat attendu. Et ainsi ils n'ont pas pensé que ce fût lui.» Et c'est Is, LIII, 3 que Pascal cite, dans la célèbre lettre à Ch. de Roannez où fulgure le thème du Dieu caché : «*Nous n'avons pas pensé que ce fût lui*[1].» Impossible de ne pas se remémorer l'admirable traduction que donne Sacy des trois versets présents à l'esprit de Pascal : «Il nous a paru un objet de mépris, le dernier des hommes, un homme de douleurs qui sait ce que c'est que souffrir. Son visage était comme caché. Il paraissait méprisable, et nous ne l'avons point reconnu/Il a pris véritablement nos langueurs sur lui, et il s'est chargé lui-même de nos douleurs. Nous l'avons considéré comme un lépreux, comme un homme frappé de Dieu et humilié./Et cependant il a été percé de plaies pour nos iniquités ; il a été brisé pour nos crimes. Le châtiment qui nous devait procurer la paix est tombé sur lui, et nous avons été guéris par ses meurtrissures[2].»

La décision de confronter l'ensemble des textes pascaliens, à commencer par les *Pensées* (en dépit de l'ordre dispersé et fragmentaire dans lequel elles se présentent), avec le poème vétérotestamentaire (appréhendé comme un tout sans que soit prise en compte sa composition par strates successives) nous a permis de détecter à l'œuvre un schème dynamique : chute-ascension[3], celui même qui régit en son entier le récit biblique et donc l'histoire surnaturelle, la «forme encyclopédique» chère à Frye : «la rythmique du mythe cyclique qui fait suivre tout désastre d'une restauration, toute humiliation d'une période de prospérité, et que l'on trouve en résumé dans l'histoire de Job[4].» La chute est abyssale. Pascal décrit le sceptique précipité (la tête la première, selon l'étymologie, comme on peut le voir dans une des plus célèbres gravures de William Blake) dans

---

1. *OC* III, p. 1036.
2. Is, LIII, 3-5, *Bible de Sacy*, p. 940.
3. Voir Ph. SELLIER, «L'ascension et la chute», *Chroniques de Port-Royal*, 1972, p. 116-126.
4. *Anatomie de la critique*, p. 385.

le gouffre du désespoir[1]. Mais par-delà toute figuration spatiale, le vecteur catamorphe doit être interprété comme plongée dans les tréfonds de l'inconscient, le «cœur» où est tapie, bourgeonne et se ramifie la maléfique racine — le «cœur» qui est aussi le lieu où la grâce opère : elle réoriente la dynamique pervertie de l'agir, elle fait que s'amorce le revirement salvateur de la conversion. Le schème ascensionnel est celui d'une exaltation, d'une élévation, un «avènement de gloire», comme le dit Pascal : «ils nous ont appris [...] qu'il y aurait deux avènements, l'un de misère pour abaisser l'homme superbe, l'autre de gloire pour élever l'homme humilié» (S 291/L 260). Les deux avènements ne se situent pas sur le même plan et ne relèvent pas du même ordre. Aucun mécanisme compensatoire — comme celui que suggère Saint-Cyran : «L'humilité de Jésus-Christ a été opposée à la superbe d'Adam, un Dieu s'étant autant abaissé qu'un homme s'était voulu élever[2]» — n'est à l'œuvre selon Pascal. L'abaissement glorieux du Christ est sans commune mesure avec notre vain effort d'autodéification...

Dans une brutale confrontation avec la puissance maléfique — «Sous le soleil de Satan»... Saint-Cyran n'écrivait-il pas : «Job disait que le démon *se* faisait passage à travers de son âme, ce qui est une étrange façon de parler[3]»? Le cri de Job, affligé dans ses biens, dans son corps, dans son âme — «Job fut affligé dans tous les trois[4]» —, traverse le ciel et parvient «jusqu'au trône de Dieu[5]». Sa parole est médiatrice. Le livre biblique dit conjointement la nature humaine, la nature divine et, tandis que plane l'ombre du père du mensonge, la misère de l'homme en proie à la tentation du désespoir et sa grandeur... Job est le monogramme qui unit les thèmes fondamentaux, tels les différents jambages, de la pensée pascalienne. «À nous qui cherchons Pascal», pour reprendre la belle formule de Fortunat Strowski[6], Job s'est offert comme un fil conducteur. La lecture pascalienne du *Livre de Job* permet de découvrir la relation fondamentale qu'entretiennent souffrance et sacrifice.

1. Voir S 240/L 208.
2. *La Spiritualité de Saint-Cyran avec ses écrits de piété inédits*, Paris, Vrin, 1962 p. 520.
3. *Ibid.* En italique dans le texte.
4. *Ibid.*, p. 388. Voir Jb, I, 13-22 ; II, 7.
5. *Conversion...*, *OC* IV, p. 42. C'est ici une des rares fois où Pascal adopte un langage théocentrique.
6. *Pascal et son temps*, Paris, Plon, 1907-1913, 3 vol.

Le mystère fondamental du christianisme dans son visage duel, sacrifice de la Croix-sacrifice eucharistique, est la clef qui ouvre à la compréhension de la pensée de Pascal, comme elle est au principe de la lecture traditionnelle du *Livre de Job*. Nous sommes à toute distance des sacrifices antiques dans lesquels Ravaisson voyait « de vagues et pâles images de la conception du dévouement volontaire de Dieu même[1] ». Job est le prophète de la souffrance. La souffrance est une forme authentique de prophétie. Point que Maïmonide avait déjà vu dans sa saisissante interprétation[2].

Le moment le plus poignant du drame du mal est, sans doute, toujours celui où l'homme en appelle à Dieu, l'interroge, le met en cause. Cela va parfois jusqu'au blasphème. N'est-ce pas là une tentation qui, paradoxalement, affirme le Dieu qu'elle nie ? Job n'y succombe pas. Sa situation est paradigmatique. Le silence de Dieu renvoie au péché comme son châtiment, ce péché pour lequel Job souffre, celui de l'humanité pécheresse dont il porte le fardeau sans le savoir. Dieu eût pu demeurer absolument caché : « Dans l'état de corruption, Dieu pouvait avec justice damner toute la masse entière[3]. » La grâce n'est jamais due, absolument parlant : « le seul mot de grâce exclut toute idée de dette[4]. » L'Incarnation rédemptrice dit la gratuité de la divine miséricorde qui l'emporte sur la « justice ». L'intervention de la dimension de la Transcendance, à la verticale de notre histoire empirique, lorsque l'Infini vient « in-habiter » le fini et que l'éternité métahistorique entre en contact avec le temps, ne peut relever que d'un geste gracieux. Il y a bien là, au regard de la sagesse des sages, quelque « môria », terme grec qui n'est pas synonyme de « folie », car la folie a encore une sorte de grandeur en son désordre même, alors que les philosophes ne voient dans le langage de la Croix qu'une sottise sans consistance, une ineptie, *stultitia*, dit la Vulgate[5].

---

1. « La philosophie de Pascal », *La Revue des Deux Mondes*, 16 mars 1887.
2. Voir H. COHEN, *La religion de la raison tirée des sources du judaïsme*, trad., Paris, PUF, 1994, p. 321.
3. *Traité*, OC III, p. 787.
4. J. LAPORTE, *Les Vérités de la grâce*, Paris, 1923, p. 47. Selon les jansénistes, Dieu se « doit » à lui-même (par différence avec le concept traditionnel de dette) d'ajouter aux dons naturels de la créature les dons surnaturels sans lesquels elle n'eût pu être ni bonne ni heureuse, mais de même il « se » doit de pardonner quand il eût pu, en toute justice, seulement condamner !
5. Voir I Co, XVIII et XXII. *Môros* signifie « émoussé », « fade »…

Dieu décide de se révéler — tel est son « droit ». Or si les lieux où il se révèle sont toujours ceux-là même où il se cache, l'épiphanie ne peut être déliée de l'occultation, l'espace de la manifestation étant « la vie entre deux » (S 185/L 152). Le régime du *Livre de Job* est dialectique, dialectique du visible et de l'invisible, de l'évident et de l'obscur, de la parole et du silence. La corrélation de ces éléments est subtile, l'assemblage sujet à variation.

D'abord, le Dieu caché se tait, l'homme parle (questionne) : Job interpelle le Seigneur, le Seigneur se tait ; l'interlocuteur de Pascal questionne, sa raison se heurte au « mur[1] » de l'incompréhensibilité foncière de la condition humaine. Comment ne pas être saisi de panique à « la vue de toutes [les] misères qui nous touchent, qui nous tiennent à la gorge » (S 526/L 633) ?

Ensuite, le Dieu qui se révèle (le même Dieu) parle : le Seigneur questionne sa créature : quel est l'auteur de toutes les « merveilles » de la Création, qui les a orchestrées ? Curieuse « réponse », sans rapport (en apparence) avec ce qui taraude le malheureux Job : le sort « injuste » qui s'acharne sur lui. Par quelle instance, sinon le cœur (l'« *intelletto d'amore* », comme disait Dante dans la *Vita nuova*), le message peut-il être reçu ? Le cœur pascalien est « l'organe de la vérité[2] », « l'organe qui saisit la valeur de l'être [...], ordonné à saisir cette valeur qui ne se manifeste que venant d'en haut par la Révélation : celle de la sainteté divine, procurant à l'homme son salut et son achèvement[3] ». Il est seul apte à discerner dans son inquiétante

---

1. Comme le dit Ph. SELLIER dans l'introduction à son édition des *Pensées*, p. 76.
2. Formule de Ch. DU BOS (voir *Journal*, Paris, 1923, p. 354-355 : « L'appréhension par le cœur est aux yeux de Pascal fait primitif parce que acte unique de l'être [...] non divisible en moments distincts et comme soustrait au temps. » (Suit une comparaison avec l'intuition chez Bergson, digne de retenir l'attention.)
3. R. GUARDINI, *Pascal ou le Drame de la conscience chrétienne*, Paris, Éd. du Seuil, 1951, p. 137 : « Le cœur répond à la valeur. La valeur est le sens lumineux de l'être. Par elle l'être confirme qu'il est digne d'exister. Cette *dunamis* appelle le mouvement du cœur, l'amour. » SAINT AUGUSTIN disait : « *Dominus ergo Deus noster beatificator hominum, det mihi intelligere quod dicam [...] Sonus enim cordis, intellectus est* » (*Enarrationes in Psalmos*, Ps. 99, 3). Sur le « cœur », voir, entre autres, dom JUNGO, *Le Vocabulaire de Pascal*, D'Artrey, 1950 ; J. LAPORTE, *Le Cœur et la raison selon Pascal*, Paris, 1950 (le cœur, dit l'auteur, doit « intervenir au commencement et au terme de l'apologétique » : au commencement, à titre préparatoire, pour orienter l'esprit et faire qu'il s'ouvre aux preuves ; au terme, par la substitution à la « croyance probable qui naît du raisonnement » de

étrangeté la nature purement « spirituelle » du mal (nous l'entendons par différence avec « matériel », et dans l'acception que lui conférait Heidegger, à l'écoute de Georg Trakl, non *« geistig »* mais *« geistlich »*, « insurrection de l'Effrayant dont la flambée se dissipe à l'aveugle[1] »...). Le mal provient *de* l'esprit. À son feu, à nul autre, il peut être consumé.

Ainsi, parce que Dieu parle au cœur, le passage s'opère du silence obtus de l'homme « qui a des yeux et qui ne voit point, qui a des oreilles et qui est sourd » (S 735, p. 531/L 489 ; Pascal traduit Is, XLIII, 8), au silence de l'homme éveillé. Ce second silence est signe d'une intelligence surnaturelle, dans le respect du proprement incompréhensible qui, en droit, représente le *summum* de l'intelligibilité. Il y faut la grâce qui donne d'« écouter Dieu ». Le silence final de Job est le silence bruissant de la prière, langage à Dieu, engendré par le langage de Dieu. Le langage échappe à la vacuité ; le silence devient, de la parole, la forme la plus haute. L'on pourrait même aller jusqu'à dire qu'il a sa place obligée au cœur de tout discours, comme en musique. Il faudrait étudier les « blancs » chez Pascal, et l'on verrait pourquoi la seule forme du discours continu était inapte à rendre sa pensée... La métamorphose du silence est la conversion qui ne va pas sans la « peine », comme on le voit dans le plus ancien fragment des *Pensées*, le fragment S 753/L 924 : « cette peine ne vient pas de la piété qui commence d'être en nous, mais de l'impiété qui y est encore. Si nos sens ne s'opposaient pas à la pénitence — et que notre corruption ne s'opposât pas à la pureté de Dieu il n'y aurait en cela rien de pénible pour nous. Nous ne souffrons qu'à proportion que le vice, qui nous est naturel — résiste à la grâce surnaturelle : notre cœur se sent déchiré entre des efforts contraires, mais il serait bien injuste d'imputer cette violence à Dieu qui nous attire au lieu de l'attribuer au monde qui nous retient. » La première est « violence amoureuse et légitime », la seconde « injurieuse et tyrannique[2] ». La prise de conscience

---

« l'assurance absolue qui naît de l'inspiration », p. 158) ; Ph. SELLIER, « Imaginaire et théologie : Le "cœur" chez Pascal », *Cahiers de l'Association internationale des études françaises*, Les Belles-Lettres, 1987, p. 285-295.

1. *Unterwegs zur Sprache*, Neske, 1959, « Die Sprache im Gedicht. Eine Erörterung von Georg Trakls Gedicht » (p. 37-82), *La Nouvelle Revue française*, 1958.

2. Ce fragment est peut-être (hypothèse de Pol Ernst) une note préparatoire à la deuxième lettre à Ch. de Roannez. Ce n'est pas prouvé, selon J. Mesnard ; voir *OC* III, p. 1032.

doit induire une nécessaire modification du comportement : il faut s'arracher aux biens de ce monde. Un «trouble [...] traverse le repos [que l'âme] trouvait dans les choses qui faisaient ses délices. /Elle ne peut plus goûter avec tranquillité les choses qui la charmaient. Un scrupule continuel la combat dans cette jouissance [...] Mais elle trouve encore plus d'amertume dans les exercices de piété que dans les vanités du monde [...] il naît dans elle un désordre et une confusion[1].» Le vocabulaire de Pascal, ici encore, appellerait une étude approfondie, dans son aspect «affectif», hérité de la spiritualité cistercienne, de l'*ars amandi* de saint Bernard. Au cœur vide, faussement plein de lui-même, l'ascèse substitue le cœur plein, plein de Dieu parce que évidé du «moi», mais, par là, ce dernier est restitué à lui-même et aux autres, c'est-à-dire à Dieu. En dehors de sa relation avec le Créateur (la «dépendance créaturelle» de Bérulle), la créature, en effet, n'est pas elle-même. Après le péché, à cause du péché, l'homme est caché à lui-même, il passe sa vie à essayer vainement d'appréhender l'essence de son moi, à tenter de l'habiter, ce qui ne se peut que par la médiation christique : «si nous ne passons par ce milieu, nous ne trouvons en nous que de véritables malheurs, ou des plaisirs abominables[2].» La théorie du corps mystique dit le «moi» élargi à la dimension ecclésiale. La dissolution de l'individualité (mais elle n'est que celle de l'égoïté détestable) n'est qu'apparente. Le moi se retrouve donc «soi» en tant que Christ est en lui — voilà qui anticipe l'état de la «béatitude éternelle et essentielle» (S 653/L 804) où chacun sera réintégré dans le sein de la divinité, sans que pour autant il y ait là fusion et abolition de la personne (par différence avec la perspective stoïcienne) : ne serons-nous pas interpellés par notre nom de baptême? «La foi reçue au baptême est la source de toute la vie du chrétien et des convertis [cette vie qui ne s'arrête pas à la mort]» (S 754/L 925). «Je serai (si je peux le laisser se construire) un Nom[3]...»

Donc, à la fin, tout s'éclaire, à condition que Job reconnaisse qu'il a parlé imprudemment et qu'il fasse pénitence, «dans la poussière et dans la cendre». La réponse est, par conséquent,

---

1. *Conversion...*, *OC* IV, p. 40. La structure de cet écrit pascalien ne peut être appréhendée que dans le contexte du «grand siècle de la conversion» (voir R. DUCHÊNE, *La Conversion au XVIIe siècle*, CMR 17, 1983).
2. *Mort...*, *OC* II, p. 854; Laf. p. 276.
3. J.-Fr. MARQUET, *Singularité et événement*, p. 53.

proprement *théo*-logique. Dieu interpelle Job qui s'agenouille et prie. Tout lui est alors rendu. Tout? Le double de ses fils, de ses moutons, de ses chameaux? Ce ne sont là que figures. Car imaginer «un Dieu qui exerce sa providence sur la vie et les biens des hommes pour donner une heureuse suite d'années à ceux qui l'adorent : c'est la portion des Juifs» (S 690, p. 491/L 449). Il faudrait dire : Job est rendu... Tel Ulysse qui, après les combats et les tourments de l'errance, retrouve Ithaque. La vérité de l'*Iliade* — «L'*Iliade* ; misère de l'homme sans Dieu[1]» — n'est-elle pas l'*Odyssée*? Prostré dans la poussière, Job ne cherche plus, il sait qu'il a toujours déjà trouvé. Il entend qu'il n'existe pas, ou si peu ou si mal, sinon comme créature dépendante. Il remise donc le soi, il se remet. Le «me» qui grammaticalement n'existe que par rapport au «tu» (ici le «Tu») se substitue au «moi haïssable» du «Je». «Que votre volonté soit faite et non la mienne.» Rien de plus, rien de moins : un simple acquiescement (ce qu'il y a de plus difficile)... Une action sans action? Une nécessaire passivité? Non, un acte, par différence avec la pseudo-activité de tous les gestes du divertissement dans leur stérile et bruyante frénésie — quel silence maintenant succède à la cacophonie du monde, ce pandémonium —, un acte libre, un acte «propre» puisqu'il consiste à se laisser désapproprier : l'anéantissement sacrificiel... Et telle est la «réponse» de Job, à l'écoute de Dieu. Avec P. Ricœur, nous écririons volontiers : «La réponse religieuse est obéissante, au sens fort d'une écoute où est reconnue, avouée, confessée, la supériorité, entendons la position de hauteur de l'appel[2].» Et Pascal de s'écrier : «Le Dieu d'Abraham, le Dieu d'Isaac, le Dieu de Jacob, le Dieu des chrétiens est un Dieu d'amour et de consolation ; c'est un Dieu qui remplit l'âme et le cœur de ceux qu'il possède ; c'est un Dieu qui leur fait sentir intérieurement leur misère et sa miséricorde infinie, qui s'unit au fond de leur âme, qui la remplit d'humilité, de joie, de confiance, d'amour ; qui les rend incapables d'autre fin que de lui-même» (S 690, p. 491/L.449). Dans la démarche exemplaire qui est la sienne, Pascal a pleine conscience que la question et la réponse ne sont pas du même ordre. Le questionnement sur le «pourquoi» du mal appartient

---

1. S. WEIL, *Cahiers*, II, Paris, Plon, 1972, p. 119. Pascal n'aurait pas recours à Homère !
2. *Finitude et culpabilité*, t. II, *La Symbolique du mal*, Paris, Aubier, 1960, p. 17.

à l'ordre de l'esprit, la réponse relève de celui de la charité : « Agenouillez-vous. » Pascal n'opère aucune déduction du mal qui l'exténuerait par la rationalisation de sa nature réfractaire à toute synthèse. L'obscurité matricielle du péché d'origine est préservée, elle demeure insondable à ses yeux, comme à ceux de son maître Augustin, dans le *De doctrina christiana*, dans la gravité de ses effets, soulignée sans pathos, mais avec quelle pointe acérée : une eau-forte !

III. La « catharsis » du mal

Que la souffrance, liée au mal comme sa punition, puisse être aussi instrument du rachat est difficilement compréhensible. Il faut délier le mal de la souffrance rédemptrice qui est souffrance *du* mal. C'est par là qu'elle le rédime. Muichkine, « l'idiot » de Dostoïevski, cette nature quasi parfaite et pure, si proche du Christ, lorsqu'il reçoit une gifle, ne pense pas à sa propre humiliation mais à la honte de son agresseur : aucun retour sur soi, comme dirait Fénelon, une attention totale à l'autre... Il y a transmutation, le péché devient souffrance[1]. La victime souffre non de l'agression subie mais — comme lieu-tenant du coupable — de son péché. La souffrance *du* mal, en ce sens, est l'amour lui-même. Il est difficile, certes, de s'élever à l'idée que Job souffre, non comme le croient ses amis pour quelque péché qu'il aurait commis, même sans le savoir, mais pour les péchés de tous qu'il prend en charge. C'est là comme un transfert de la culpabilité, en fonction duquel Pascal et la Tradition interprètent ses tourments comme anticipant ceux du Christ. À la fois, comme n'importe quel homme il expie, mais comme juste, comme « chrétien », comme saint, il participe à la Passion éternelle. Aucune composante doloriste (à la connotation nécessairement morbide) ne doit être diagnostiquée dans ce thème. Nous sommes ici confrontés à ce que le P. Tilliette désigne comme « un mystère de substitution, d'expiation vicaire [...] par le biais du malheur, sans quoi le mal serait toujours l'absurdité pure[2] ». Ce mystère sacrificiel

---

1. C'est là une des grandes idées de Simone Weil.
1. Voir *Le Christ de la philosophie. Prolégomènes à une christologie philosophique*, Paris, Éd. du Cerf, 1990, p. 50.

est celui de l'agneau égorgé dès la fondation du monde...
« Jésus-Christ n'a fait autre chose qu'apprendre aux hommes qu'ils s'aimaient eux-mêmes, qu'ils étaient esclaves, aveugles, malades, malheureux et pécheurs, qu'il fallait qu'il les délivrât, éclairât, béatifiât et guérît, que cela se ferait en se haïssant soi-même et en le suivant par la misère et la mort de la croix » (S 302/L 271). Ce texte est d'une extraordinaire richesse. Il est, à la fois, constat du mal, affirmation de l'omniculpabilité et porteur d'une immense espérance. Il affirme la dimension surnaturelle de l'histoire humaine promise à une destinée : une demeure de subsistance assurée, par différence avec le destin biologique qui renvoie aux maladies, au pourrissement, à la désagrégation, en un processus dès la naissance engagé, consommé à la mort — et qui a son répondant dans la sphère psychologique et morale : les amours défaites, les désirs frustrés, un moi ventilé à la périphérie de lui-même, la corruption, l'avarice spirituelle... La culpabilité est universelle[1], l'imitation du Christ, le remède. Tout chrétien se doit de prolonger la Passion...

La pénitence véritable passe par la Croix qui l'universalise. Pascal est persuadé qu'il existe une communion des pécheurs dans la contrition (et non, évidemment, dans le péché, lequel, par essence, est principe diairétique qui désolidarise et isole). Ce trait le distinguerait de Jansénius dont la conception du salut est individualiste, alors qu'il convient de donner tout son poids à la comparaison augustino-pascalienne de l'union des saints à la Trinité[2]. L'on sait l'importance attachée par Saint-Cyran, dans l'optique de sa psychologie de la conversion, à la pénitence et au « renouvellement », la substitution du cœur nouveau au « cœur de pierre et de glace[3] », au point de retarder dans certains cas l'absolution ou de refuser la communion — Arnauld aussi préconise cette technique dans *De la fréquente communion*, comme retour aux pratiques de l'Église des premiers temps,

---

2. Comment ne pas évoquer, à propos de cette omniculpabilité, la belle dialectique du mal et de son pardon, dans la *Phénoménologie de l'esprit* de Hegel ?
3. Pascal reprochait à Condren d'avoir déclaré : « Il n'y a point [...] de comparaison de l'union des saints à [celle] de la Sainte Trinité », alors que « Jésus-Christ dit le contraire » (S 645, p. 439/L 787).
4. XVI *Prov.*, p. 318. Voir J. ORCIBAL, *La Spiritualité de Saint-Cyran avec ses écrits de piété inédits*, Paris, Vrin, 1962 : « Ainsi l'abbé enseignait-il dès 1627 à Chavigny qu'il n'y avait pas de conversion sans la substitution d'un "cœur nouveau" à notre cœur de chair » (p. 121).

dans la perspective archaïsante très caractéristique de la restauration catholique (en particulier gallicane). L'abbé écrivait : «Nous avons tous péché en Adam, nous nous trouvons tous de même en Jésus-Christ pour faire ensemble pénitence de notre péché[1]», ou encore : «dans l'Église primitive, des innocents portaient par humilité les marques du péché sans en avoir la coulpe[2].» Pascal ou Jansénius affirmeraient que tous sont pécheurs, même les justes, même les saints. La Rédemption accomplie a un caractère eschatologique : le chrétien est en marche. Il doit se vivre comme «juste et pécheur», non au sens de Luther (puisque la grâce sanctifie), mais au sens d'une transition, d'un passage, d'une dynamique. Donc, il doit savoir qu'il est, à la fois, «déjà» racheté (le péché est ôté) et «toujours encore» coupable... La dimension du «toujours» coupable est, assurément, très accentuée par les jansénistes.

Pascal ne pourrait admettre de voir en Job un contestataire ! Cette dimension a retenu, nous y avons insisté, l'attention de bien des interprètes[3]. De fait, elle est déjà rectifiée dans le corps du poème lui-même : «Est-ce avec un homme que je prétends disputer pour n'avoir pas lieu de m'affliger et de m'attrister?» demande Job à ses amis. Le commentateur de la *Bible de Sacy* interprète ainsi ses paroles : Job ne veut pas «disputer contre le Seigneur», mais c'est avec lui, non avec ses amis dont le point de vue humain, trop humain, est nécessairement fautif, qu'il veut «conférer [...] comme avec celui qui peut seul lui faire connaître les raisons de sa conduite[4]». L'Épilogue lui donne raison. Ph. Sellier remarquait : «Job comme Pascal est hanté par le jugement de Dieu, mais alors que l'apparente dureté du Tout-Puissant fait monter à ses lèvres des paroles de révolte, Pascal reste parfaitement soumis. Il corrige [dans la *Prière pour demander à Dieu le bon usage des maladies*] les reproches de Job : *"Quaere posuisti me contrarium tibi?"* [...] : "Mon Dieu, je vous ai toujours été contraire" [...] et se rappelant l'abandon du croyant ancien à la volonté de Dieu, au début de ses maux, il répète avec lui :

---

1. Cité par J. ORCIBAL, «Saint-Cyran», *La Table ronde*, 160, avril 1961, p. 65.
2. *Ibid.*, p. 67.
3. Le Job de Pascal diffère donc du Job de Kierkegaard (mais, certes, chez ce dernier, la dimension du paradoxe fait que l'on ne peut réduire Job à la seule contestation, puisque celui qui revendique manifeste par là non seulement sa liberté, mais sa foi et sa confiance).
4. Jb, XXI, 1, et Job, p. 320.

"Donnez-moi, ôtez-moi ; mais conformez ma volonté à la vôtre"[1]. » Qu'est-ce donc qui distingue Job du Prométhée enchaîné d'Eschyle, auquel il a été souvent comparé, mais selon des éclairages fort divers[2] ? Tout, à notre sentiment, sauf peut-être si l'on tient à voir, comme Simone Weil, dans Prométhée lui-même un avatar de « la réfraction dans l'éternité de la Passion du Christ »... Sainte-Beuve, pour sa part, ne qualifiait-il pas Pascal de « Prométhée chrétien », dans le même passage où il le compare à Job[3] ? Le Job de Pascal n'a rien d'un héros. Sa seule supériorité est d'oser, tel le prophète Jérémie, clamer « la réalité des maux » : « Il n'y a que l'homme de misérable. *Ego vir videns* », comme le déclarera aussi Pascal, en mémoire des *Lamentations*. Lorsque les tenants du « prométhéisme » de Job vont jusqu'à soutenir qu'il se vivait comme un rebelle acharné à « revendiquer », ils lui prêtent une vision du monde imprégnée d'un hellénisme qui lui est étranger. Son questionnement n'a rien à voir avec un quelconque réquisitoire qui aurait pour but de mettre Dieu en face de ses responsabilités ! Non d'ailleurs que Pascal n'admette pas la « contestation », mais est-il besoin de souligner avec J. Mesnard à quel point il distingue « la contestation dans la perspective de l'homme sans Dieu » de « la contestation de l'homme avec Dieu »[4] ?

IV. « L'intelligence de la vérité[5] »

Face au monde, cet empire divisé en proie à la *diabolie* (au sens étymologique), se dresse, selon le prophète Daniel, « un royaume qui ne sera jamais détruit[6] ». De l'harmonie promise, nous avons, dès ici-bas, les arrhes. Notre raison possède le

---

1. Voir *Pascal et la liturgie*, Paris, PUF, 1966, p. 90.
2. Voir ci-dessus, par exemple, le cas de E. Bloch (entre autres), section « En aval », p. 75 s.
3. Voir *PR*, III, t. II, p. 390-391, et *Intuitions préchrétiennes*, Paris, La Colombe-Fayard, 1951, p. 106.
4. J. MESNARD, « Pascal et la contestation », *La Culture du XVIIe siècle. Enquêtes et synthèses*, Paris, PUF, 1992, « Pascal », p. 393-404.
5. *Mort...*, *OC* II, p. 856.
6. Dn, II, 44 ; cité par Pascal (S 720/L 485).

principe de résolution de toutes les «contrariétés[1]». Il existe des vérités «répugnantes» (c'est-à-dire, dans le langage du XVIIe siècle, qui se combattent). Or comment la vérité pourrait-elle être double? Pascal met en œuvre une dialectique qui lui est propre. Il découvre une idée théologique qui est, à la fois, idée logique et remède, à quoi tout s'ordonne, à partir de quoi tout s'explique : «l'union des deux natures en Jésus-Christ» (S 614/L 733). Il écrit dans le fragment S 690, p. 490/L 449 : «la religion chrétienne [...] consiste proprement au mystère du Rédempteur, qui uni[t] en lui les deux natures.» L'originalité de la théologie pascalienne, dans son aspect polémique (la lutte contre les «erreurs contraires[2]» de Luther, de Calvin, d'une part, des disciples de Molina, d'autre part) tient pour une grande part à cette méthode relative à la résolution des contrariétés, cet «art tout divin[3]» qui fait jouer, à la lumière de «la vérité de l'Évangile», un modèle : le dogme de l'union hypostatique, en fonction duquel s'élabore la stratégie du principe du renversement du pour au contre, dans la mise en œuvre de la catégorie hébraïque de «totalité», par différence avec toute totalisation immanente[4]. Le fragment S 509/L 616 : «Où est Dieu? Où vous n'êtes pas. Et *Le royaume de Dieu est dans vous*. Rabbins», est emblématique. Le thème de l'union des contraires comme «vérité entière» régit l'Apologie.

Le dogme a permis à Pascal, dans le développement conclusif de l'*Entretien avec M. de Sacy sur Épictète et Montaigne* (qui fait suite au rappel du théologoumène des deux états)[5], d'expliquer la possibilité d'accorder les contradictoires : «grandeur» et «misère» sur le plan de la logique. L'exigence de la raison ne demeure pas pour Pascal vaine requête : le théologique est éminemment «logique»! Là où la logique ordinaire trébuche, il permet d'échapper, par l'accès à la dimension verticale de la Transcendance, au piège où l'entendement, captif

1. «Contrariété» est synonyme de «contradiction» : «ce bon Père jésuite m'avait promis de m'apprendre de quelle sorte les casuistes accordent les contrariétés qui se rencontrent entre leurs opinions et les décisions des papes...» (VI *Prov.*, p. 95).
2. S 614/L 733.
3. *Entretien...*, *OC* III, p. 154.
4. La fameuse image de la sphère infinie est ici éclairante : son centre est partout, sa circonférence nulle part, donc la totalisation ne peut être effectuée.
5. *Entretien...*, *OC* III, p. 152-154.: «L'état de l'homme à présent diffère de celui de sa création» (§ 32, p. 152); le § 34, p. 153, est introduit par «donc».

du plan phénoménal, celui de l'immanence, se débat[1]. « L'union ineffable des deux natures dans la seule personne d'un homme-Dieu » fait entendre l'affirmation, autrement énigmatique, du fragment S 614/L 733, relativement aux « deux hommes qui sont dans les justes, car ils sont les deux mondes, et un membre et image de Jésus-Christ. Et ainsi tous les noms leur conviennent de justes pécheurs, mort vivant, élu réprouvé, etc. ». La grâce introduit dans l'homme un sujet différent, ce que ne comprennent pas les « sages du monde [qui] placent les contraires dans un même sujet ». Ceux-ci contreviennent donc au principe d'identité, cher à saint Thomas, en affirmant que, dans un même moment du temps et sous un même rapport, un sujet peut être dit « uniquement » grand et « uniquement » misérable. (L'interlocuteur de Sacy opère une radicalisation, sinon il n'y aurait pas contradiction puisque l'homme pourrait être à la fois grand *et* misérable : la thèse d'Épictète ne rend fausse que la radicalisation de la thèse montaignienne et réciproquement[2]). Pascal parle d'« image » : l'union de la nature et de la grâce est à l'image de l'union dans la personne du Christ de la nature humaine et de la nature divine, mais aussi d'« effet » : l'union de la nature et de la grâce est l'effet du vouloir de Dieu qui « nous a élus en lui avant la création du monde par l'amour qu'il nous a porté[3] ».

Le même dogme apparaît aussi, et toujours logiquement, à Pascal, comme le modèle de la mystérieuse coopération du libre arbitre et de la grâce. Cette idée, quoique Jansénius en soit proche, n'est pas explicitement formulée dans l'*Augustinus*. On la trouve chez saint Thomas, comme le soulignera Quesnel : « Saint Thomas nous élève à la comparaison la plus noble, la plus propre et la plus digne de Dieu et de ses enfants [...] il nous invite à considérer le cœur de l'homme dans la main de Dieu comme l'humanité sainte et la volonté humaine de J.-C. était dans la main du Verbe à qui elle était unie[4]. » En effet, de même qu'en l'unique personne du Christ où s'unissent sans

---

1. Kant ne procède pas autrement quand il en appelle à la liberté nouménale pour faire échapper la vie morale au piège du déterminisme.
2. Là est le piège, dans la radicalisation des propos : *Épictète-Montaigne* ; l'homme est grand (vrai)-l'homme est misérable (vrai) ; il est uniquement grand (faux)-l'homme est uniquement misérable (faux).
3. Ep, I, 4.
4. *Tradition de l'Église romaine sur la grâce et la prédestination*, t. II (1687), p. 105. Arnauld partage cette opinion.

fusion ni séparation les deux natures[1], sa volonté humaine, tout en étant soumise au vouloir divin, demeure libre, car enfin est-il possible d'imaginer que le Fils soit nécessité à obéir au Père ? L'acte rédempteur perdrait tout son sens, bien qu'à l'inverse un refus ne puisse être envisagé qui serait contrevenir au plan providentiel. « Ma » volonté ne perd pas son mouvement propre en voulant ce que veut Dieu, dans le moment même où Il le veut[2]. Par là, nous sommes amenés à comprendre le « comment » de la transformation de la misère en grandeur, de la servitude en soumission, de la pseudo-liberté (leurre de l'autosuffisance dont la vérité est l'aliénation) à la liberté chrétienne qui est la liberté même de Dieu en tant qu'elle se communique. Ainsi, seulement, connaîtrons-nous que l'homme est « grand et incomparable » (point de vue : la fin), au lieu de le juger « abject et vil » (point de vue : la multitude).

Dans les *Pensées*, Pascal invite à ne pas s'arrêter sur la spécification des opposés. « Et d'ordinaire il arrive que, ne pouvant concevoir le rapport de deux vérités opposées et croyant que l'aveu de l'une enferme l'exclusion de l'autre, ils s'attachent à l'une, ils excluent l'autre, et pensent que nous au contraire » (S 614/L 733). L'auteur donne deux exemples qu'il commente : « Jésus-Christ est Dieu et homme », « le sujet du Saint Sacrement ». Dans les deux cas, l'on peut dire que « la foi catholique [...] comprend ces deux vérités qui semblent opposées ». Au point haut se concilient les contradictoires. La foi nourrit la raison. Lecteur assidu de la Bible, Pascal a rencontré bien des cas où l'opposition des contraires exprime la totalité. Jésus « apparut aux onze [...]. Et leur dit que toute puissance lui est donnée au ciel et en la terre — c'est-à-dire partout, suivant la façon de parler des Hébreux, comprenant toutes choses en deux mots, comme le bien et le mal, debout et assis, etc.[3] » J. Mesnard commente ces lignes dans une note importante : « L'union du ciel et de la terre désigne la totalité de l'espace. L'union du bien et du mal [...] désigne la totalité des choses. La jonction de debout et assis [...] permet d'évoquer la totalité des attitudes suggérant l'idée de liberté. [...]

---

1. Voir la critique pascalienne des hérésies eutychéenne (une nature) et monothélite (une volonté) : XVIII *Prov.*, p. 346, 348.
2. « Les saints docteurs conviennent à considérer la volonté du Fils de Dieu et celle des hommes comme un instrument libre qui n'a de bons mouvements que ceux que Dieu lui imprime, et qu'il lui imprime sans blesser sa liberté » comme l'écrit Quesnel, voir ci-dessus.
3. *Abrégé...*, *OC* III, § 340, p. 315.

cette théorie [...] offre un intérêt d'autant plus considérable qu'elle a pu nourrir toute la réflexion de Pascal sur la vérité conçue comme totalité, d'une part, comme union des contraires, d'autre part[1]. » L'on peut citer maintes autres illustrations bibliques du principe de totalité[2], et, d'abord, II R, XIV, 17, puisque Pascal lui-même s'y réfère dans le fragment S 747/L 979, à partir du texte de la Vulgate : *«Neque benedictione, neque maledictione movetur sicut angelus Domini »* (il s'agit de David qui, selon la servante Thécua, est «comme un ange de Dieu qui n'est touché ni des bénédictions ni des malédictions[3] »). Telle est la supériorité du roi qui comprend tout, le bien et le mal, c'est-à-dire toutes choses[4]. Pascal rend manifeste la transmutation possible de la misère en grandeur. Le bien et le mal ne doivent donc plus être considérés comme opposés dans leur spécification, mais selon une perspective qui les transcende. Ainsi s'éclaire ce passage de la *Lettre sur la mort de son père*, si déconcertant pour le profane : «Il est juste que nous soyons affligés et consolés [...] que nous disions comme les apôtres : "Nous sommes persécutés et nous bénissons" [...] que nos afflictions soient comme la matière d'un sacrifice [...] que ces sacrifices particuliers honorent et préviennent le sacrifice universel où la nature entière doit être consommée par la puissance de Jésus-Christ./Ainsi nous tirerons avantage de nos propres imperfections, puisqu'elles serviront de matière à cet holocauste; car c'est le but des vrais chrétiens de profiter de leurs propres imperfections, parce que tout coopère en bien pour les élus[5]. » Ces derniers, en effet, par-

---

1. *Ibid.*
2. Voir ceux donnés par J. Mesnard, pour «bien et mal» : Gn, II, 9, 17; III, 5, 22; pour «debout et assis» : Gn, XXVII, 19; Is, LII, 2.
3. Traduction de la *Bible de Sacy*, p. 372. Voir *Second écrit des curés de Paris* : «Nous ne serons point détournés ni par leurs malédictions ni par leurs bénédictions» (Laf. p. 480).
4. Voir Gn, II, 9, et XXIV, 50. La traduction de Dhorme à partir de l'hébreu : «le roi est comme un ange de Dieu, pour comprendre le bien et le mal» (2 S, XIV, 17; les Septante et la Vulgate rangent les deux livres de *Samuel* avec ceux des *Rois*, d'où la différence de nomenclature), donne sa pleine portée au propos.
5. *OC* II, p. 860/Laf. p. 278. La citation est tirée de I Co, IV, 12 (11. «nous avons souffert la faim et la soif, la nudité et les mauvais traitements : nous sommes errants et vagabonds»; 12. «nous sommes abattus de lassitude, en travaillant de nos propres mains : on nous maudit, et nous bénissons : on nous persécute, et nous souffrons»; 13. «on nous dit des injures, et nous répondons par des prières : nous sommes devenus comme les ordures du monde, comme les balayures qui sont rejetées de tous», *NT* II, p. 77). L'on peut évoquer Job...

ticipent à la vie du Fils. La fin du passage est une allusion à Rm, VIII, 28 : « Or nous savons que tout contribue au bien de ceux qui aiment Dieu, qu'il a appelés selon son décret [pour être saints][1] », appel divin « précédé » — comment échapper au joug du langage humain qui « temporalise » l'éternel ! — d'un acte de prescience et de prédestination.

Dans la théologie pascalienne, la méditation trinitaire : « Tout est un. L'un est en l'autre. Comme les trois personnes » (S 404/L372), joue un rôle déterminant, même si elle demeure souvent en filigrane, sauf dans l'*Abrégé de la vie de Jésus-Christ* « qui part de la Trinité [...] pour y revenir à la fin[2] ». Il est frappant que Pascal déclare : « Moïse d'abord enseigne la Trinité, le péché originel et le Messie », reprenant un thème augustinien[3], mais aussi qu'il résume ainsi par une formule percutante la troisième partie du *Pugio fidei*. Certes, Pascal a déclaré : « il est indifférent au cœur de l'homme de croire trois ou quatre personnes en la Trinité » (S 799/L 965), ou encore : « je n'entreprendrai pas ici de prouver par des raisons naturelles [...] la Trinité » (S 690, p. 491/L 449), mais le fait qu'il donne le primat à la pratique, au comportement, n'invalide pas, pour lui, la nécessité de penser sa foi et de s'élever à « ces hautes intelligences[4] », ou, comme il dit encore, ces « célestes lumières », ces « divines connaissances » (S 240/L 208).

La réflexion de Pascal s'organise à partir des dogmes, dans leur polyphonie unitairement orchestrée, celle même que dit l'« analogie de la foi[5] » : ainsi le dogme trinitaire, celui de la Création en vue de l'adoption filiale (don des temps eschatologiques du salut), du péché originel (qui découvre la cause de la misère), de l'union hypostatique (au principe du rétablissement de la grandeur). Le dogme eucharistique signifie la portée universelle de l'unique sacrifice, actualisé pour chacun sur l'horizon de l'état permanent d'offrande de l'Agneau glorifié-égorgé au ciel, tandis que, sur la terre, la participation de

---

1. *NT* II, p. 36.
2. *Abrégé...*, éd. Mesnard, Desclée, p. 54. Ce rôle est attesté par la récurrence dans l'œuvre du thème de la session à la droite (voir ci-dessus), que ce soit dans la *Lettre sur la mort de son père* ou dans l'*Abrégé...*
3. Voir p. 300, n. 11, éd. Sellier.
4. *Préface sur le Traité du vide*, *OC* II, p. 779.
5. Au sens : l'objet de la foi est un ensemble unifié. Comment comprendre l'Incarnation si on la sépare du mystère de la circumincession trinitaire, de l'éternelle kénôse du Père en son Fils ? Comment comprendre la théorie du corps mystique si on ne la relie pas au dogme trinitaire ?

chaque membre au corps en est le prolongement, dans cette théorie pascalienne (et d'abord paulinienne) de la Passion continuée. L'ensemble des textes du *Discours sur la religion chrétienne* relatif au corps mystique est central dans la synthèse christologique pascalienne, qui énonce le thème capital de la participation, selon le modèle physiologique d'un flux animateur circulant dans toutes les parties. Serait-il osé d'y reconnaître le sang du Christ ? Une mystérieuse solidarité unit tous les chrétiens. Elle a nom amour : « On s'aime parce qu'on est membre de Jésus-Christ. On aime Jésus-Christ parce qu'il est le corps dont on est membre. » (S 404/L 372) Et voilà comment l'amour de soi cesse d'être criminel quand il est re-centré : Dieu en nous parce que nous sommes en lui. Mystérieuse géométrie qui conjugue le plus grand et le plus infime, le fini et l'infini[1]...

Vertigineuse profondeur... Mais le *« mirum »* dont parle Rudolf Otto ne nous paraît pas, contrairement à lui, un défi « à toute pensée conceptuelle ». Otto n'est-il pas le premier à déclarer : « C'est dans le *mirum* que se trouve l'apaisement et la satisfaction de l'âme de Job. Un tel *mirum* possède le caractère double du fascinant et de l'auguste. Le "mystère" seul et à l'état pur serait [...] celui de l'incompréhensibilité absolue. Un tel mystère aurait tout au plus pu convaincre Job au silence, mais non le convaincre intérieurement. C'est bien plutôt la valeur positive, inexprimable, tout ensemble objective et subjective, de l'incompréhensible qui se fait sentir ici[2] » ? Écrire comme il le fait aussi : « on s'agenouille, l'âme apaisée devant l'incompris, le mystère révélé et non révélé dont on reconnaît

1. La mathématique pascalienne fournit un modèle qui permet de mieux entendre tout cela. Encore une fois, il ne s'agit que d'un modèle : le royaume des mathématiques relève du second ordre, la résolution de l'antinomie existentielle du troisième. Cependant, il est symptomatique que Pascal fasse se succéder en un même mouvement, dans le fragment S 182/L 149, des considérations mathématiques et théologiques (est-il besoin de rappeler que dans le fragment Infini/rien, le pari repose sur un calcul ?) : « Incompréhensible./Tout ce qui est incompréhensible ne laisse pas d'être. Le nombre infini, un espace infini égal au fini./Incroyable que Dieu s'unisse à nous. » (p. 231) Le géomètre pascalien est confronté à l'impossibilité de tout définir. Souvenons-nous du bilan de l'*Entretien*..., relativement à la géométrie (« incertitude dans les axiomes et dans les termes qu'elle ne définit point, comme d'étendue, de mouvement, etc. ») (*OC* III, p. 143), auquel les *Pensées* font écho : « Il n'y en a point [de géomètre] qui comprenne une division infinie », mais « il n'y a point de géomètre qui ne croie l'espace divisible à l'infini » !
2. *Le Sacré*, Paris, Payot, 1968, p. 120.

la manière et par là même le droit[1] », atteste la reconnaissance du *droit*. Nous n'entendons pas ici simplement le droit du plus fort (ce qui réduirait Dieu à n'être que le sanglant despote de l'hérésie marcionite), mais le « droit de Dieu », dans la légitimité d'une acception plénière[2]. La foi donne la capacité d'accéder à « l'intelligence de la vérité[3] ». « Que si la miséricorde de Dieu est si grande qu'il nous instruit salutairement, même lorsqu'il se cache, quelle lumière n'en devons-nous pas attendre lorsqu'il se découvre ? » (S 690, p. 487/L 438.) Pascal réserve sa place à un certain degré d'intellection, dans la dialectique du sens donné et dérobé, de l'ouverture et du retrait. Le « Ceci est mon corps » transforme aussi la philosophie et opère la métabase plurielle de toutes les catégories, en particulier celle de « causalité ». Même si le terme n'est rencontré qu'une fois dans les *Pensées*, cet *hapax* est d'autant plus signifiant qu'il est employé à propos de la prière (dont nous avons montré ci-dessus qu'elle était précisément, pour Pascal, le paradigme de l'acte libre). Ainsi la cause efficiente accède-t-elle à sa vérité qui est d'être cause finale, ainsi la liberté est-elle décryptée non comme le pouvoir constitutif de faire n'importe quoi, non comme l'asservissement à une contrainte externe, mais ordonnée à sa fin, soumise à l'attrait d'un désir. Ravaisson avait détecté, dans son analyse du fragment S 665/L 824 : « La Loi obligeait à ce qu'elle ne donnait pas ; la grâce donne ce à quoi elle oblige », le progrès radical accompli depuis la conception aristotélicienne de la forme-cause ; le premier moteur était « aimé », Dieu est amour et donne de l'aimer. La philosophie, dans cette perspective ravaissonienne, n'est déboutée de ses prétentions que « si » elle n'est pas chrétienne, que si elle s'imagine être autosuffisante — et c'est alors qu'elle devient spécialement « vaine », se repaît de mots, s'égare dans des abstractions, occulte les faits, parle « des choses corporelles spirituellement et des spirituelles corporellement » (S 230, p. 254/L 199), oublie enfin la grande leçon de saint Augustin : « *Quicquid praecipitur est caritas.* » « Ils ont connu Dieu et n'ont pas désiré uniquement que les hommes l'aimassent » (S 175/L 142). Le Verbe rend la philosophie possible — comme théologie. N'est-ce pas là le trajet suivi par Pascal dans l'*Entretien avec M. de Sacy sur Épictète et Montaigne*, et ce

---

1. *Ibid.*, p. 121.
2. Voir Cl. BRUAIRE, *Le Droit de Dieu*, Paris, Aubier, 1974.
3. *Mort...*, *OC* II, p. 856/Laf. p. 277.

pourquoi il finit par déclarer à Sacy : « Je vous demande pardon [...] de m'emporter ainsi devant vous dans la théologie, au lieu de demeurer dans la philosophie qui était seule mon sujet ; mais elle m'y a conduit insensiblement ; et il est difficile de ne pas y entrer quelque vérité qu'on traite, parce qu'elle est le centre de toutes les vérités[1] » ? L'objet de la philosophie est plus que la philosophie ! Pascal examine les discours des philosophes, montre qu'ils sont opposés (quand bien même chacun détient sa part de vérité) et que la résolution de leurs « contrariétés » n'est possible que par le recours à l'Évangile. La raison s'ouvre à une perspective surnaturelle, elle franchit le seuil, elle ne reste pas sur le parvis du temple, elle n'est plus raison pro-fane. Par sa soumission consentie et dans sa dépendance même, elle trouve la condition de légitimité de son exercice et découvre sa vocation : contempler Dieu.

À l'origine du parcours qui restitue la continuité et l'harmonie est le véritable Transcendantal dans son secret. L'édifice pascalien « n'est pas déterminé de bas en haut, mais de haut en bas. Ce n'est pas le fondement qui est décisif, c'est le faîte[2] ». V. Carraud concluait son passionnant ouvrage par cette affirmation abrupte : « L'ordre de la charité brille par son absence » dans les *Pensées*. L'on n'y trouverait, écrivait-il, que « fort peu d'indications d'une pensée de la charité et aucune mise en œuvre d'une théologie de l'amour[3] ». Il nous a paru, tout au contraire, que le don de Dieu au « cœur » est le ressort et l'aliment de la spéculation pascalienne. J.-L. Marion y voyait « une destitution de la métaphysique par la charité[4] ». Ne conviendrait-il pas plutôt de parler d'une « conversion[5] » de la métaphysique (puisque les catégories philosophiques sont inaptes à synthétiser le donné empirique, sauf à être converties à la lumière du christocentrisme) et d'une métaphysique « sau-

---

1. *OC* III, p. 154.
2. R. GUARDINI, *Pascal ou le Drame de la conscience chrétienne*, p. 74. Il aurait mieux valu, pour suivre la métaphore, traduire le terme allemand par « fondation » plutôt que par fondement. L'origine est le fondement.
3. *Pascal et la philosophie*, Paris, PUF, 1992, p. 457.
4. Selon une formule qui a sa part de vérité négative : le rejet par Pascal de la philosophie selon la définition que lui-même prête au terme. Voir *Sur le prisme métaphysique de Descartes*, Paris, PUF, 1986, chap. V, « Dépassement », § 25, p. 356 s.
5. *Mutatis mutandis*, ce processus pourrait être comparé à celui que met en œuvre Cl. BRUAIRE dans *L'Être et l'Esprit* (Paris, PUF, coll. « Épiméthée », 1983), quand il convertit les catégories aristotéliciennes à l'être ontodologique de notre esprit.

vée »? Comme l'écrivait le P. von Balthasar : « La synthèse qui réunit tout dans l'immanence n'est manifestement possible que dans la transcendance[1]. » Le Vrai se donnerait-il à penser (dans la tâche inconcessive du vrai penser) s'il n'était toujours déjà présent, si le Sens n'était pas toujours antécédent, comme la définition que Dieu se donne de lui-même à lui-même, dans le présent de son éternité : son Verbe dont le « dire » du chrétien Pascal est, à la fois, la réverbération et la réfraction. L'intelligence pascalienne est irradiée par le Christ. Quelle puissance travaille une raison « sanctifiée[2] » !

« Se moquer de la philosophie, c'est vraiment philosopher ! » (S 671/L 513). *Vraiment philosopher*... Si la philosophie sacrifiait sa prétention à l'autonomie[3], ne vaudrait-elle pas, pour l'auteur des *Pensées*, « une heure de peine », serait-elle encore « inutile » et « incertain[e][4] » ? Elle accéderait à son exercice authentique, travailler à réfléchir, au sens étymologique, c'est-à-dire optique (ou acoustique si l'on songe aux ondes sonores), la Parole qui l'inspire... Mais alors, assurément, la philosophie devient indiscernable de la théologie, la frontière est gommée, et, comme le dit le P. Tilliette, dans l'expression « philosophie chrétienne », l'épithète « ruine l'autonomie philosophique et compromet la philosophie ». C'est bien pourquoi il préfère parler, à propos de Pascal, de *« Philosophia Christus »*, dans le paradoxe (néanmoins éminemment philosophique !) d'une non-philosophie : pour un Pascal, « il n'y a plus de philosophie séparée ni même de philosophie tout court[5] ». Et d'ailleurs,

---

1. *Op. cit.*, p. 107.
2. Voir X. TILLIETTE, « La christologie de la philosophie chrétienne », *Pour une philosophie chrétienne. Philosophie et théologie*, Namur, Lethielleux, 1983, p. 64.
3. Il y a, par ailleurs, un droit de la raison autonome en son ordre, celui de la science. Le péché ne l'a pas corrompue en ce sens ; voir J. MESNARD, « Science et foi selon Pascal », *La Culture du XVIIe siècle. Enquêtes et synthèses*, p. 352 : « la lumière naturelle à l'œuvre dans les sciences relève d'une part incorrompue de la nature humaine. Mais cette face a son revers : ont seules échappé à la corruption les vérités qui ne touchent pas le cœur ; voilà pourquoi la science est à la fois rigoureuse et décevante. » La raison n'est corrompue qu'en rapport avec sa fin, or elle la met entre parenthèses dans son activité scientifique. Certes, au total, celle-ci est-elle dévaluée, si seul le salut n'est pas indifférent. Cette fin est précisément la vision béatifique à quoi elle est appelée. Réduite à elle-même, « la raison corrompue par le péché originel ne peut accéder à la vérité dans l'ordre des valeurs » (J. MESNARD, « Pascal et le problème moral », *ibid.*, p. 358).
4. Voir S 118/L 84.
5. *Le Christ de la philosophie*, p. 36.

Pascal aurait-il accepté d'accoler l'épithète «chrétienne» à une discipline qu'il ramène à son étiage : l'ordre de l'intellect, incommensurable à celui de la charité ? L'on a envie de lui appliquer, en la transposant, la formule que J. Reiter employait à propos de Bernard de Clairvaux, «Pascal, philosophe malgré lui[1]». D'une certaine façon, Pascal, sur son mode, réalise le vœu de l'apologiste Justin : «Faire passer la philosophie au Christ[2]», ce qui, finalement, dans l'horizon de Rm, XII, 6, est la transfiguration du philosophe en théologien, mais aussi en prophète ! Jean Desmorets avait bien perçu chez Pascal ce «ton d'un dépassement messianique[3]», auquel nous avons, pour notre part, été si sensible[4].

V. La Voie, la Vérité, la Vie

«Cette morale qui a en tête un Dieu crucifié» (S 799/L 964).
«Toute la foi consiste en Jésus-Christ et en Adam, et toute la morale en la concupiscence et en la grâce» (S 258/L 226).

Le constat naturaliste prend acte de ce monde comme le lieu où se déploie le phénomène du mal dans l'archipel polymorphe de ses manifestations empiriques. La religion chrétienne apporte une réponse éclairante. La Révélation dissipe donc les ténèbres où nous nous débattons, cependant que l'obscurité demeure matricielle. Pascal n'eût jamais songé à faire une «idole de l'obscurité» (S 755/L 926). Au contraire, le mystère *rend raison*. «Reconnaissez donc la vérité de la reli-

---

1. Voir R. BRAGUE (éd.), *Saint Bernard et la philosophie*, Paris, PUF, 1993, p. 11.
2. Voir *La philosophie passe au Christ. L'œuvre de Justin*, Paris, Desclée de Brouwer, 1982.
3. *Dans Pascal*, Paris, Éd. de Minuit, 1953, p. 191.
4. «Le catholicisme pascalien suppose une expérience personnelle de Dieu, une décision, un mysticisme qui apparente tout chrétien à ses prédécesseurs dans la foi, les prophètes d'Israël» (Ph. SELLIER, «Pour un Baudelaire et Pascal», *Baudelaire. «Les Fleurs du mal.» L'intériorité de la forme*, Paris, SEDES, 1989, p. 13).

gion dans [son] obscurité même » (S 690/L 439). Qui en connaît les principes peut « rendre raison et de toute la nature de l'homme en particulier, et de toute la conduite de l'homme en général ». Il faut que la véritable religion « nous rende raison de ces étonnantes contrariétés [notre grandeur-notre misère] [...] de ces oppositions que nous avons à Dieu et à notre propre bien » (S 182, p. 228/L 149). Ce « rendre raison » récurrent qui fit la joie de Ravaisson (dans le souci qui était le sien de « pascaliser » Leibniz[1]) suscita aussi cette remarque de H. Birault : « La pensée de Pascal obéit résolument au *principium grande* de Leibniz, au *principium rationis sufficientis reddendae*[2]. » Mais cela doit être entendu dans la seule perspective « théo-logique », car Pascal part toujours de la Parole (sauf à adopter, par tactique, la démarche contraire, mais, à terme et en droit, cette démarche est appelée à s'inverser, si la conversion est opérée). Par ailleurs, le fait que la Sagesse ne rende pas « raison de toutes choses » (S 182, p. 232/L 149) ne contrevient pas au fait que rien n'est sans raison.

« Personne ne doit mettre en doute que la participation à ce sacrement [l'Eucharistie] nous introduise en la connaissance du Seigneur[3]. » Cette injonction est l'énoncé par Pascal lui-même de ce qui est au centre de la thèse que nous soutenons. En effet, ainsi, et ainsi seulement, nous est-il donné de comprendre ce qui confère à l'homme sa « dignité[4] » — et comment cette dernière peut lui être restituée, une fois perdue ? Les versets 6 à 8 du chapitre II de l'*Épître aux Philippiens* de saint Paul jouent, en quelque sorte (à l'instar du *Livre de Job*, dans la perspective de l'exégèse figurative), le rôle de rétroréférence par rapport à l'ensemble de la pensée pascalienne, en tant qu'elle est centrée sur le thème de l'anéantissement : « Il s'est anéanti lui-même en prenant la forme et la nature du serviteur en se rendant semblable aux hommes [...] il s'est rabaissé lui-même,

---

1. Comme l'affirmait J. GUITTON, *Pascal et Leibniz*, Paris, Aubier, 1951, voir p. 175. Ravaisson, qui affirmait l'identité fondamentale de la religion et de la philosophie, croyait en découvrir le paradigme dans la pensée de Pascal et déclarait : « [La religion] cherche, pour tous les êtres, ce qui est leur être même et ce qui en rend raison. »
2. « Pascal et le problème du moi introuvable », dans COLLECTIF, *La Passion de la raison*, Paris, PUF, coll. « Épiméthée », p. 169.
3. *Abrégé*..., *OC* III, § 330, p. 308. Pascal renvoie à SAINT AUGUSTIN, *Epist.*, 59, qu. 8.
4. « Comment jugez-vous dignes de manger le pain du Ciel ceux qui ne le seraient pas de manger celui de la terre ? » (XVI *Prov.*, p. 319.)

se rendant obéissant jusqu'à la mort de la croix.» L'Eucharistie, mystérieuse quintessence de l'union de la souffrance et de la grâce, est l'ultime prolongement passif de la dynamique de l'exinanition. Elle fait participer celui qui la reçoit — et dont les souffrances deviennent alors celles du Christ lui-même — à la Passion. Par son immédiation, la grâce donne au cœur la vraie force de supporter ses épreuves : la faiblesse du Crucifié! Elle lui donne aussi la co-naissance. Rien dans le procès conversif, de toute façon, ne s'accomplit sans la grâce. Inquiet ou rassuré, le cœur augustino-pascalien est «mû», littéralement travaillé par une motion transcendante : un Autre l'agit, il n'est libre que *de* Sa liberté, il ne pense que *de* Sa pensée.

Il faut dire de Pascal ce que le P. Bourgoing disait de Bérulle : «Jésus était son centre et toute sa circonférence[1].» Sa pensée trouve son expression la plus achevée dans le commentaire qu'il fait d'un des lieux, célèbre entre tous, de l'évangile johannique. «Je suis la Voie, la Vérité et la Vie» (Jn, XIV, 6). Saint Augustin peut ici encore servir de fil conducteur : *«Surge, ambula : Homo Christus via tua est, Deus Christus patria est. Patria nostra Veritas et Vita : via nostra, Verbum caro est et habitavit in nobis*[2].*»* C'est la *«Via, Veritas»* du fragment S 172/L 140[3]. Nous retrouvons la «Vie» dans le fragment S 404/L 372, relatif au corps mystique. La voie est le Christ, la vérité et la vie sont notre terre natale. La voie est l'humilité : le Christ a connu la plus humble des morts; il a pris la *forma servi*, il a subi volontairement le supplice, infamant par excellence à l'époque de la domination romaine, de la croix. Ainsi lisons-nous dans l'*Abrégé de la vie de Jésus-Christ* : «il a conversé parmi les hommes, dénué de sa gloire et revêtu de la forme d'un esclave»; dans le fragment S 273/L 241 : «Un Dieu humilié et, jusqu'à la mort de la croix»; dans le fragment S 285/L 253 : «Un Dieu humilié jusqu'à la croix»; ou encore dans le fragment S 299/L 268 : «Un Dieu humilié. Voilà le chiffre que saint Paul nous donne.» Le fragment S 655/L 808 prescrit de «s'offrir par les humiliations aux inspirations, qui

---

1. Voir Lettre-Préface, *Œuvres* de Bérulle (repr. de l'éd. *princeps*, 1644, Montsoult, 1960), p. XIII. L. COGNET contestait, pour sa part, le caractère christologique de la synthèse bérullienne, dans *La Spiritualité moderne*, I, *L'Essor : 1500-1650*, Paris, 1966, p. 369-370.
2. *Miscellanea augustiniana*, Rome, vol. I, mai, XCV, 5, 334. Voir aussi *Sermon*, 142, n. 1, cité par Ph. Sellier en commentaire à S 225/L 192.
3. Chez Bérulle, c'est le doublet «voie-vie» qui est privilégié. Voir *Œuvres de piété*, CXIII, éd. Migne, col. 1179, et XXX, col. 962.

seules peuvent faire le vrai et salutaire effet : *Ne evacuetur crux Christi* ». Les humiliations ne sont que préparatoires ; l'humilité est l'effet des inspirations. L'humilité est au principe du retournement de la misère en grandeur. Nous retrouvons l'idée selon laquelle il n'y a pas équivalence entre la chute et le redressement : la misère est finie, elle est humaine, trop humaine ; la grandeur est infinie — qui participe à la gloire de Dieu. La religion chrétienne « élève infiniment plus que l'orgueil de la nature, mais sans enfler » (S 240/L 208). Cette crainte de l'enflure renvoie à la tradition cistercienne. Les adeptes de la règle de saint Benoît citaient volontiers l'adage paulinien : « *Scientia inflat*[1]. » Saint Bernard dénonçait ceux « qui se sont contentés de la science qui enfle[2] », enflure toute morale ; pas question de sombrer dans l'ignorance : « *Non decet sponsam Verbi esse stultam*[3]... » Quant à l'élévation, elle est admirablement décrite par l'auteur de l'*Écrit sur la conversion du pécheur* : « l'âme commence à s'étonner de l'aveuglement où elle a vécu [...]. Par une sainte humilité que Dieu relève au-dessus de la superbe, elle commence [Pascal, comme saint Ignace, est très attentif aux commencements de la foi] à s'élever au-dessus du commun des hommes. » Ce sont les inspirations qui convertissent les humiliations en humilité, selon le vœu encore de saint Bernard : « est humble celui qui fait tourner l'humiliation en humilité *(qui humiliationem convertit in humilitatem)*[4]. » Tout se noue : la misère trouve sa grandeur, la douleur est consolée ; tout se dénoue : Job humilié et offensé est sanctifié et il est délivré du mal.

L'humilité, toujours selon la tradition cistercienne, est liée à la « simplicité de l'Évangile[5] » : « Jésus-Christ a dit les choses grandes si simplement qu'il semble qu'il ne les a pas pensées » (S 340/L 309). Job n'était-il pas cet « homme simple » (Jb, I, 1)

---

1. I Co, VIII, 1 : « La science enfle ; mais la charité édifie », *NT* II, p. 89. Voir *De sancta simplicitate scientiae inflanti anteponenda*, PL 145, 695.
2. *Sup. Cant.*, 85, 9, 7.
3. *Ibid.*, 69, 2.
4. Sermon XXXIV sur le *Cantique des Cantiques*, cité par R. Brague (éd.), *Saint Bernard et la philosophie*, p. 133. (Arnauld avait proposé à Jacqueline Pascal, en méditation, un fragment du sermon XLV. Voir J. Mesnard, *OC* III, p. 1077-1080.)
5. Voir « *Christianae simplicitatis humilitas* » (*Exord. magn. Cist.*, d. 3, c. 8, PL 185, 1059) et S 240/L 208. Dans ce fragment, Pascal avait écrit primitivement « sagesse » en écho à la « sagesse de la terre » qui précède dans le texte. La substitution de « simplicité » à « sagesse » n'est pas neutre. Elle accentue la fracture entre les ordres.

qui, comme l'écrira Duguet, « ennemi de tout artifice, de tout mensonge et de tout mélange [...] par la vérité et la charité entr[a] dans une parfaite unité[1] » ? Guillaume de Saint-Thierry, parmi d'autres, avait souligné que « la simplicité sainte, c'est la volonté toujours la même dans la recherche du même bien. Tel fut Job [...]. C'est proprement la volonté tournée foncièrement vers Dieu, ne demandant du Seigneur qu'une seule chose, la recherchant avec ardeur, n'ambitionnant pas de se multiplier en s'éparpillant dans le siècle. La simplicité, c'est aussi, dans la manière de vivre, l'humilité véritable, celle qui, en fait de vertu, attache plus de prix au témoignage de conscience qu'à la réputation[2] ». Ces lignes pourraient être de Pascal selon lequel vérité et humilité sont indissociables, comme pour le fondateur de l'ordre de Cîteaux dont Port-Royal dépendait[3]. R. Brague a fait ressortir à quel point Bernard de Clairvaux unissait « l'humilité avec la connaissance et plus encore avec la vérité[4] ». Cette méthode n'est point celle de la philosophie qui prétend atteindre le vrai de par ses propres forces, au point de ne même plus savoir parler « de l'humilité humblement » (S 539/L 655). Kierkegaard se souvient manifestement de cette pensée et de son auteur, lorsqu'il écrit dans *Jugez vous-même* : « Un juge expert à cet égard a dit que c'était rare de voir quelqu'un écrire humblement sur l'humilité[5]. » Bien des philosophes pratiquent la fausse humilité ! Lorsqu'ils dissertent sur

---

1. *Explication du Livre de Job*, Paris, 1732, I, p. 3.
2. *Epist. ad Fr. de Monte Dei*, I, 13 ; trad. : *Lettre d'or*, Paris, 1956, p. 54. Voir J. DÉCHANET, *Guillaume de Saint-Thierry. Aux sources d'une pensée*, Paris, Beauchesne, 1978 ; et l'article de P. MAGNARD (« Image et ressemblance », p. 76-77) qui écrit, lui aussi : « Et Guillaume d'anticiper Pascal » (p. 76).
3. Pascal reproduit une partie d'une lettre qu'écrivit le saint à son neveu vers 1119 (*Ep.*, 180, PL 182, 343 C ; XVIII *Prov.*, éd. Cognet, p. 371), tandis qu'il cite aussi dans cette même lettre (p. 372) l'*Ep.*, 339 (PL 182, 544 A), et le *De consideratione* (liv. II, chap. XIV, PL 182, 157 A). Sur Pascal et Bernard de Clairvaux, voir par exemple les articles de M. ADAM, *XVIIe Siècle*, 44, 1959, p. 174-183 ; A. FOREST, *Giornale di metafisica*, 13, 1958, p. 409-424 ; H. FLASCHE, « Bernhard von Clairvaux als Geistesahne », *Sacris erudiri*, 5, 1953, p. 331-360 ; « Pascal y Bernardo di Clairvaux », *Philosophia*, 8, Mendoza, 1951, p. 31-50.
4. *Ibid.*, p. 139. Voir aussi J.-L. CHRÉTIEN, « L'humilité selon saint Bernard », *Communio*, 10, 4, 1985, p. 112-127.
5. Cité par A. CLAIR (qui doit l'indication de ce point à H. Politis), dans « Un auteur singulier face à un auteur singulier : Kierkegaard lecteur de Pascal », *Kierkegaard. Penser le singulier*, Paris, Éd. du Cerf, 1993, chap. V, p. 145-172, en particulier p. 146.

la misère, le font-ils humblement ? M. de Sacy, alors que Pascal venait de lui apprendre que Montaigne avait dénoncé la faiblesse humaine « avec une humilité sincère, au lieu de s'élever par une sotte insolence[1] », remarquait, avec discernement, que les critiques de l'auteur des *Essais* ne lui paraissaient pas « sortir d'un grand fond d'humilité et de piété » ! Pascal, en lui répondant que Montaigne a fort « utilement humilié » les hommes, se situait sur un autre plan : l'apport bénéfique de cet acharnement. Implicitement, il était donc d'accord avec son directeur, comme on voit dans les *Pensées* : « les discours d'humilité sont matière d'orgueil aux gens glorieux » (S 539/L 655). La véritable humilité est une vertu ; elle est le « remède », enseigné par « la vraie religion » (S 249/L 216), au péché philosophique qui réactualise la faute originelle — l'orgueil, cet « étrange monstre » (S 712/L 477) — et conduit à vouloir arraisonner Dieu par des preuves métaphysiques : « C'est ce que produit la connaissance de Dieu qui se tire sans Jésus-Christ » (S 223/L 190). Formellement, la « superbe » est l'analogue de la « nonchalance », « chose [également] monstrueuse » (S 681/L 427)[2] ! L'*Entretien avec M. de Sacy sur Épictète et Montaigne* avait mis au jour le mécanisme de cette équivalence : « l'un [Épictète], connaissant le devoir de l'homme et ignorant son impuissance, se perd dans la présomption ; [...] l'autre [Montaigne] connaissant l'impuissance et non le devoir, il s'abat dans la lâcheté[3]. » Le fragment S 522/L 629 rend manifeste la réciprocité des deux excès qui menacent les philosophes, le jeu de balance qui transforme l'un en l'autre : « d'une présomption démesurée à un horrible abattement de cœur.[4] » Tel est le lot de ceux qui ne voient pas la « vérité entière », c'est-à-dire le Christ, et parce qu'ils s'élèvent « dans le sentiment intérieur qui leur reste de leur grandeur passée » sont condamnés à « s'abattre dans la vue de leur faiblesse présente » (S 240/L 208 ; l'on notera la récur-

---

1. *OC* III, p. 144.
2. Voir aussi S 97/L 63 ; S 559/L 680 ; S 638/L 774.
3. *Entretien...*, *OC* III, p. 153.
4. Voir le premier paragraphe de S 240/L 208, et aussi S 384/L 352 : « La misère persuade le désespoir. / L'orgueil persuade la présomption. / L'Incarnation montre à l'homme la grandeur de sa misère par la grandeur du remède qu'il a fallu. » L'on pourrait voir là une préfiguration de la dialectique hégélienne stoïcisme-scepticisme-conscience malheureuse. Hegel avait lu l'*Entretien...* (voir J. WAHL, *Le Malheur de la conscience dans la philosophie de Hegel*, Paris, Rieder, p. 165). Mais il y a toute distance entre la méthode de Pascal qui oblige à un recours transcendant et la subsomption (ou sursomption) hégélienne.

rence du terme « s'abattre » sous la plume de Pascal). Les philosophes qui édifient des systèmes, « châteaux en l'air » comme on dira au XVIIIe siècle, sont comparables aux insensés bâtisseurs de cette tour qui, comme l'écrivait Dostoïevski dans *Les Frères Karamazov*, « se construit sans Dieu, non pour atteindre les cieux depuis la terre mais pour abaisser les cieux jusqu'à la terre », la tour de Babel, promise à l'écroulement, qui, déjà, craque et gronde, fissurée abyssalement[1]. L'orgueil a pour seul contrepoids l'humilité, mais ils n'appartiennent pas au même ordre, l'un est le vice correspondant à l'ordre des esprits, l'autre ressortit à l'ordre de la charité et, comme toute vertu pour Pascal, provient de Dieu. Le comportement humble ouvre à la connaissance humble. Hors la foi est le mensonge, tandis qu'elle est accès à l'intelligibilité, non la connaissance des essences qui est savoir divin, mais la connaissance « en vérité ».

Pascal insiste, dans le fragment S 106/L 72, sur la nécessité de « se connaître soi-même. Quand cela ne servirait pas à trouver le vrai, cela au moins sert à régler sa vie. Et il n'y a rien de plus juste. » Le vieux précepte socratique du *« gnôthi seauton »*, pour ne plus être au principe, retrouve toute sa validité, tandis que la morale pascalienne trouve sa dimension propre, inséparable de la théologie, avec finalement une seule règle : « Il faut n'aimer que Dieu et ne haïr que soi » (S 405/L 373). La morale rationnelle, au sens étroit — « morale [...] toute païenne, la nature suffit pour l'observer[2] » —, est remisée à son niveau. Les maximes « fondées sur l'autorité humaine » (fussent-elles « bonnes », mais faible est la différence avec « méchantes » quand c'est de « sainteté » qu'il s'agit) et qui n'ont pour elles que d'être « raisonnables » tiennent toujours « de la tige sauvage sur quoi elles sont entées » (S 746/L 916). La charité est bien « l'âme et la vie » des vertus chrétiennes[3].

---

1. Voir S 230, p. 252/L 199. H. DE LUBAC (dans *Le Drame de l'humanisme athée*, Paris, SPES, 1950, p. 335-348) cite ce même texte et rappelle que, pour Dostoïevski, la tour de Babel symbolisait l'aventure socialiste (p. 335).

2. V *Prov.*, p. 78.

3. Le fragment S 392/L 360 (qui, dans la copie de Gilberte Pascal, porte l'indication « Morale ») exprime la quintessence de la morale pascalienne. Même si cette dernière ne peut être dissociée du discours sur la grandeur bien comprise de l'homme dont « toute la dignité est de penser », V. Carraud a-t-il raison d'écrire : « On ne saurait attendre de la contemplation pascalienne qu'elle aime son objet » (« Pascal et la philosophie », p. 419), et de voir dans l'Apologie, en fonction de sa lecture (à notre sens, contestable) de la liasse VI, la substitution à la « grandeur des devoirs » (telle qu'elle apparaît dans l'*Entretien avec M. de Sacy sur Épictète et Montaigne*) d'une « grandeur

Elle resplendit au cœur de l'édifice pascalien, clef de voûte de cette cathédrale, là où se conjuguent la vérité et la vie. « La plus grande des vertus chrétiennes [...] est l'amour de la vérité » (S 747, p. 555/L 979).

Dans les *Écrits sur la grâce*, Pascal commente le *«Vivo jam non ego sed vivit in me Christus»* de Ga, II, 20 : « *Je vis, non pas moi, mais Jésus-Christ qui vit en moi*[1]. » C'est Jésus qui prie en moi lorsque je prie, qui agit en moi lorsque j'agis, et cependant il faut tenir : je reste libre. Loin que la liberté humaine soit réduite à néant par celle de Dieu[2], tout au contraire est-ce la « pré-venance » de cette dernière qui lui donne d'être libre. Comme le dira Ravaisson, « ce qu'il y a de réel dans la volonté est la grâce prévenante[3] ». Il faut s'entendre sur le sens à donner à cette expression. Les semi-pélagiens admettaient bien la nécessité, pour commencer toutes nos actions et pour le commencement de la foi, de la grâce prévenante[4]. Mais ils

---

de la pensée » (*ibid.*, p. 88) qui n'aurait rapport qu'au seul intellect, en la dislocation du cœur chrétien, du corps chrétien ? Pascal dit pourtant que « travailler à bien penser est le principe de la morale », non « la (nouvelle) [entre parenthèses dans le texte] morale cartésienne fondée sur la grandeur de la pensée » (et, l'on en conviendra, suspecte, comme la stoïcienne, de « la présomption d'autosuffisance ») ; mais la morale chrétienne, tout simplement, où le don de Dieu est à donner : « Dieu ayant fait le ciel et la terre, qui ne sentent point le bonheur de leur être, il a voulu faire des êtres qui le connussent et qui composassent un corps de membres pensants. Car nos membres ne sentent point le bonheur de leur union, de leur admirable intelligence, du soin que la nature a d'y influer les esprits, et de les faire croître et durer. Qu'ils seraient heureux s'ils le sentaient, s'ils le voyaient ! Mais il faudrait pour cela qu'ils eussent intelligence pour le connaître, et bonne volonté pour consentir à celle de l'âme universelle. Que si, ayant reçu l'intelligence, ils s'en servaient à retenir en eux-mêmes la nourriture, sans la laisser passer aux autres membres, ils seraient non seulement injustes mais encore misérables, et se haïraient plutôt que de s'aimer ; leur béatitude, aussi bien que leur devoir, consistant à consentir à la conduite de l'âme entière à qui ils appartiennent, qui les aime mieux qu'ils ne s'aiment eux-mêmes. » Pascal, ainsi reconduit au prochain qui souffre, s'exclame : « Si je pouvais, je vous donnerais la foi ! » (S 659/L 815.)

1. *Traité...*, *OC* III, p. 782.
2. Ce sera la perspective de Sartre : « *the question that occupied Pascal is just as actual today as it was then, namely the question of freedom* » (Jan MIEL, *Pascal and Theology*, The John Hopkins Press, 1969, p. XI).
3. « Fragments de philosophie par M. Hamilton », *La Revue des Deux Mondes*, p. 396-427, en particulier p. 425. Voir D. LEDUC-FAYETTE, « Loi de grâce et liberté », *Les Études philosophiques*, 1, 1993.
4. Comme il est précisé dans la quatrième des fameuses propositions incriminées : « *semipelagiani admittebant praevenientis gratiae interioris necessitatem ad singulos actus, etiam ad initium fidei* ». L'on trouve la liste

estimaient que la volonté pouvait lui obéir ou la rejeter, et en cela ils étaient hérétiques aux yeux des jansénistes puisque leur position compromettait l'efficacité de la grâce[1]. « Si le Fils vous met en liberté, vous serez vraiment libres. » Pascal aime à citer souvent le *« Vere liberi »* johannique[2]. La liberté, assurément, n'est pas un pouvoir de constitution, elle est subordonnée à l'initiative divine : « la force de sa [celle du Christ] grâce à laquelle toute la gloire en est due » (S 759/L 931). Mais qu'en est-il de cette « force » ? Elle n'est pas coercitive[3], bien qu'elle nous mène, cependant, à l'action victorieusement : « Dieu inspire [...] infailliblement[4]. » Au rebours, elle délivre de la contrainte et s'accompagne « du jugement et de l'exercice de la raison[5] ». La nécessité mise en cause n'est pas de type purement mécanique, elle est d'un autre ordre. La grâce n'a rien d'un outil, elle a tout d'un principe d'animation vital. L'on comprend qu'elle puisse être dite « délectable » — « La grâce médicinale [...] n'est autre chose qu'une suavité [...] répandue dans le cœur par le Saint-Esprit[6] » —, elle qui suscite une ardeur sans pareille, motion qui transporte et exalte — par elle, l'homme est « élevé au-dessus de toute la nature » (S 164, p. 213/L 131) —, motion éclairante : les hommes sont « capables de la grâce qui peut les éclairer » (S 681, p. 480/L 427). Nous sommes dans le registre du spirituel, ce ne sont pas des choses qui sont maniées, choses mues comme on dit des mobiles, mais des mouvements : Pascal parle des

---

des cinq propositions en français dans l'édition Cognet. La première est « malicieusement tirée » (comme dit l'*Écrit à trois colonnes*, présenté le 19 mai 1653, au pape Innocent X par les députés jansénistes) de l'*Augustinus*, les autres « fabriquées » à partir de l'ouvrage de Jansénius. Sur le semipélagianisme, voir *Augustinus*, t. I, liv. VIII, chap. XII-XIII, et aussi l'écrit joint au t. III, *Erroris massiliensum*. Cet écrit qui met en parallèle les « erreurs » des théologiens molinistes et des Marseillais semipélagiens est très éclairant.

1. Jansénius a dénoncé cette erreur, entre autres, au liv. VIII du t. I, chap. VI, VII s.; au liv. II du t. III (*De gratia Christi Salvatoris*; voir, en particulier, le chap. VI), et dans *Erroris massiliensum*, voir chap. III (p. 465 a dans l'édition de 1652).
2. Jn, VIII, 36. Voir S 285/L 253 ; S 299/L 268 ; S 654/L 807.
3. Voir la troisième Proposition (« fabriquée ») : *« Ad merendum et demerendum, in statu naturae lapsae, non requiritur in homine libertas a necessitate, sed sufficit libertas a coactione. »*
4. S 440/L 869.
5. Voir *Écrit à trois colonnes*, et *Augustinus*, t. III, liv. VI, chap. VI, p. 266, et chap. XXXIV, p. 300 a et b.
6. *EG, Traité...*, p. 795.

«mouvements de grâce» (S 580/L 702). Il serait vain d'avoir recours ici aux métaphores spatiales qui ne réfèrent qu'à l'extériorité, il faudrait parler de «gestes», encore mieux d'actes. Au fond, tout cela ne peut et ne doit être exprimé que dans le langage de l'ontodologie de Cl. Bruaire — si «la grâce donne ce à quoi elle oblige» (S 665/L 824) —, c'est-à-dire celui de l'amour, libre par définition : «L'amour, c'est la liberté[1]»; de même que dire Dieu comme amour n'aurait aucun sens si le propos ne renvoyait à Sa liberté. Il faut bien que l'homme soit libre si est inscrite en lui une «capacité d'aimer» Dieu. Pascal l'affirme dans sa version transformée et transformante du *cogito* cartésien[2] : «Il est sans doute [c'est-à-dire, indubitable] qu'il connaît au moins qu'il est et qu'il aime quelque chose. Donc s'il voit quelque chose dans les ténèbres où il est et s'il trouve quelque sujet d'amour parmi les choses de la terre, pourquoi, si Dieu lui découvre quelque rayon de son essence, ne sera-t-il pas capable de la connaître et de l'aimer en la manière qu'il lui plaira de se communiquer à nous» (S 182, p. 232/L 149). L'amour est toujours une initiative, quand bien même dans le cas de la nature déchue, il y faut l'attrait de la grâce. Il y va de son essence. Pour Pascal, l'homme ne saurait être un instrument inerte — ce qui n'exclut pas une sorte de passivité spirituelle, au sens du *pati divina* de l'Aréopagite —, mais comme l'avaient dit saint Augustin[3] et saint Thomas[4], l'homme par la grâce est «*rendu comme semblable à Dieu et participant de la divinité*» (S 164/L 131). La grâce, qui n'est pas un *auxilium sine quo non* mais un *auxilium quo*[5], fait notre mérite, même si «pour faire d'un

---

1. R. GUARDINI, *Pascal ou le Drame de la conscience chrétienne*, p. 139.
2. Chez Descartes, la pensée, coextensive au champ consciencial, implique l'amour, mais le primat est donné à l'intellect (voir Méditation II). Chez Pascal, exister c'est aimer, aimer c'est exister.
3. Voir Sermon XIII, *De verb. apost.*, chap. XXI.
4. «*Donum autem gratiae nihil est quam quaedam participatio divinae naturae*», *Somme théologique*, I[a] II[ae], qu. 112, a. I, *in corpore*. Voir II P, I, 4 : «[le Christ] nous a [...] communiqué les grandes et précieuses grâces qu'il avait promises, pour vous rendre par ces mêmes grâces participants de la nature divine» (*NT* II, p. 367).
5. L'on sait qu'il y a deux sortes de secours, celui sans lequel une chose ne se fait pas *(adjutorium sine quo non)* : par exemple sans nourriture, vivre est impossible, mais il est possible de la refuser; celui par lequel une chose se fait *(adjutorium quo)* : la béatitude est nécessaire à la perfection du bonheur. À l'état supralapsaire, la grâce était du premier type ; à l'état infralapsaire, elle est du second (grâce efficace). Voir *Augustinus*, t. III, liv. II, chap. I-IV.

homme un saint, il faut bien que ce soit la grâce» (S 440/L 869). Ceux qui choisissent «jusqu'à la mort par leur propre volonté d'accomplir la loi plutôt que de la violer, parce qu'ils y sentent plus de satisfaction [...] méritent la gloire, et par le secours de cette grâce qui a surmonté leur concupiscence, et par leur propre choix et le mouvement de leur libre arbitre, qui s'y est porté de soi-même volontairement et librement[1]». Telle est la position des disciples de l'auteur du *De correptione et gratia*[2]. L'effet de la grâce, au sein de notre humanité réparée, est de nous faire recouvrer la liberté perdue par la faute d'Adam. Si nous prenons «pour règle [...] la volonté de Dieu» (S 769/L 948), nous devenons libres[3]. Bérulle ne disait-il pas: «Plus nous serons siens, plus nous serons libres[4]»? Dans l'ordre de la charité, exclusivement, nous pouvons donc être dits libres. Mais il convient d'être attentif au futur: l'*homo viator* ne sera pleinement charitable que dans l'éternité et ne sera donc pleinement libre que dans sa véritable patrie[5].

L'axiologie de Pascal, dont la théorie des trois ordres qui régit toute sa pensée est le plus beau fleuron, est inséparable de la valeur vérité: «La vérité est donc la première règle et la dernière fin des choses» (S 771/L 974). C'est pourquoi la pensée est toujours pensée de «la dernière fin» (S 681, p. 475/L 427). Le «bien penser» (S 232/L 200), le penser «comme il faut» (S 513/L 620) prend, dans cette perspective, sa véritable portée, qui consiste à penser selon la seule norme: le Bien. C'est pourquoi Pascal y voit le principe d'une morale toute surnaturelle. La pensée véritable, celle de la charité, est orientée, finalisée: «La vérité hors de la charité n'est pas Dieu» (S 755/L 926)... Le *cogito* pascalien a une dimension éthique. La fameuse assertion: «Par l'espace l'univers me comprend et m'engloutit comme un point, par la pensée je le comprends» (S 145/L 113) exalte, certes, la suprématie de l'homme conscient sur la matière ou les bêtes brutes. Le propos doit être décrypté dans la perspective des trois ordres: l'ordre

---

1. *EG, Traité...*, *OC* III, p. 796.
2. Arnauld traduisit cet ouvrage (voir l'édition des *Œuvres*, Lausanne, t. XI, n° XXXI). Voir chap. XII et BA, XXIV, p. 344-358.
3. Voir *EG, Traité...*, *OC* III, § 14-15, p. 795.
4. *Œuvres de piété*, éd. Migne, CXXI (col. 1148) (n'oublions pas que Saint-Cyran était à l'écoute de Bérulle).
5. L'on pourrait parler d'une temporalisation des vertus théologales: ainsi la foi est condamnée à disparaître dans l'au-delà où ne subsistera plus que l'intelligence.

des esprits est assurément supérieur à celui des corps, mais sa véritable grandeur provient de l'ordre transcendant qui la lui confère : celui de la charité, à partir duquel tout doit être considéré et qui situe les deux autres dans la hiérarchie qui les caractérise. La pensée, hors la charité, n'a qu'une valeur toute relative, précaire. Elle s'égare ou même sombre facilement, d'où le péremptoire «qu'elle est sotte» (S 626/L 756)!

Ce qui fait la dignité de la pensée est aussi ce qui fait la valeur d'un acte : le rapport qu'il entretient avec la «fin». Arnauld affirmait, quant à lui : «la principale distinction des vertus d'avec les vices, et des bonnes actions avec les péchés, se doit prendre de la fin à laquelle elles doivent être rapportées, et cette fin n'est autre que Dieu[1]», et Nicole : «Le prix qu'elles ont en elles-mêmes [il s'agit des choses du monde] n'est rien. Elles l'empruntent toutes du rapport qu'elles ont au souverain bien[2].» Toute morale simplement conforme à la loi, dans le respect des seuls «devoirs extérieurs de la religion», est radicalement insuffisante, de même toute morale païenne — cela au rebours de la position d'un La Mothe Le Vayer ou d'un Antoine Sirmond qui défendirent la vertu des païens contre les augustiniens[3]. Ce qui est requis, c'est «une vertu plus haute que celle des pharisiens et des plus sages du paganisme. [...] pour dégager l'âme de l'amour du monde, pour la retirer de ce qu'elle a de plus cher, pour la faire mourir à soi-même, pour la porter et l'attacher uniquement à Dieu, ce n'est que l'ouvrage d'une main toute-puissante[4].» La morale pascalienne est donc «téléologique», selon la juste expression de A. W. S. Baird[5], puisque la Création est institution de la nature

---

1. «Seconde apologie pour Monsieur Jansénius», *Œuvres*, Paris, 1777, t. XVII, p. 342.
2. *Essais de morale*, vol. II, p. 65.
3. Voir sur la querelle H. Busson, *La Pensée religieuse française de Charron à Pascal*, Paris, Vrin, 1933, p. 402-411, et, à propos de Sirmond, L. Cognet, «Le problème des vertus chrétiennes dans la spiritualité française au XVIIe siècle», *Les Vertus chrétiennes selon saint Jean Eudes*, Paris, 1960. À la fin du XVIIe siècle, en 1677, un janséniste, Jacques Esprit, qui, d'ailleurs, ne veut pas prendre parti dans la querelle théologique des sages païens, publiera un ouvrage laborieux, au titre programmatique : *De la fausseté des vertus humaines*, qui suscitera l'ire de Voltaire (voir *Dictionnaire philosophique portatif*, art. «Fausseté des vertus humaines»).
4. V *Prov.*, p. 79.
5. *Studies in Pascal's Ethics*, La Haye, Martinus Nijhoff, 1975, voir p. 56-84, «Pascal's Teleological Approach to Ethics in the *Pensées*». L'auteur montre bien qu'il n'y a aucune valeur morale des actes dans l'ordre de la nature : «*virtue is confined to the supernatural order*» (p. VII).

humaine par sa fin : « Il n'y a que Dieu qui doive être la dernière fin comme lui seul est le vrai principe[1]. »

Au fond, il n'y a qu'une règle, celle énoncée par le célèbre précepte augustinien : *« Dilige, et quod vis, fac*[2]. » La nécessité de l'amour de Dieu est hautement proclamée dans la dix-septième Provinciale où Montalte déclare à ses interlocuteurs : « Vous anéantissez la morale chrétienne en la séparant de l'amour de Dieu, dont vous dispensez les hommes[3]. » La charité est « l'âme et la vie » des vertus chrétiennes[4]. Là encore, n'évacuons pas la Croix ! Le grand reproche adressé par Pascal aux courageux missionnaires qui allèrent en Chine, en Inde, est de supprimer, « quand ils se trouvent en des pays où un Dieu crucifié passe pour folie [...] le scandale de la croix », de ne prêcher « que Jésus-Christ glorieux, *et non pas Jésus-Christ souffrant*[5] ». Défaut rédhibitoire ! Dans la sphère morale, prioritairement, se manifeste le christocentrisme pascalien sous l'exposant de la Passion qui en est la marque distinctive. C'est là que le *Livre de Job* est utile qui reconduit au mystère d'une théologie sacrificielle.

Rien de mortifère dans cette perspective. Il y a un eudémonisme et même un hédonisme pascalien, dans tout le paradoxe inhérent à l'emploi de qualificatifs liés aux morales antiques. Le terme « bonheur » compte vingt-six occurrences dans les *Pensées*. Seule la possession d'« un bien véritable et subsistant par lui-même, qui pût soutenir [l'âme] et durant et après cette vie[6] » (et dont tous les faux biens sont de pitoyables caricatures[7]) engendre le bonheur qui est le but recherché — car il est « le tout du monde » (S 78, p. 177/L 44). L'erreur est de le quêter ici-bas puisque « personne sans la foi n'est arrivé à ce point » : être heureux ! C'est l'excès du malheur qui donne à la quête son caractère âpre, poignant, obstiné. Que de l'assouvissement convoité, nous ne puissions escompter, *hic et nunc*, que les arrhes, si tant est que Dieu nous donne

---

1. Comme Blaise et Jacqueline l'écrivaient à leur sœur, voir *OC* II, p. 582.
2. *Tractatus in epist. Johannis*, tr. 8, n. 8.
3. XVII *Prov.*, p. 331
4. V *Prov.*, p. 78.
5. *Ibid.*, p. 76 ; nous soulignons.
6. *Conversion...*, *OC* IV, p. 41.
7. Pascal blâme Épictète de chercher la félicité par les choses qui sont en notre pouvoir. C'est se perdre « dans la présomption de ce qu'on peut » (*Entretien...*, *OC* III, p. 133).

la prière et de persévérer dans cet acte, ne change rien au fait que « nul n'est heureux comme un vrai chrétien » (S 389/L 357). Il faut imaginer Job heureux et voir la rose fleurir sur le bois de la souffrance, comme le voulait Angelus Silésius.

La morale pascalienne est placée sous le signe constant de l'attrait. Le lexique est, comme toujours, très révélateur ; il est souvent question de « délices », évocatrices du jardin d'Éden : « Ô mon Dieu, qu'une âme est heureuse dont vous êtes les délices, puisqu'elle peut s'abandonner à vous aimer, non seulement sans scrupules mais encore avec mérite ! Que son bonheur est ferme et durable, puisque son attente ne sera pas frustrée, parce que vous ne serez jamais détruit, et que ni la vie ni la mort ne la sépareront jamais de l'objet de ses désirs[1]... » Et c'est pourquoi, dans le *Mémorial*, la « renonciation totale » est présentée comme « douce » (S 742/L 913), tandis que dans la liasse « APR » il est question de l'« avènement de douceur » (S 182, p. 232/L 149), par opposition au *Dies irae*. Certes, Pascal n'est pas François de Sales, mais il faut se défier des clichés sur sa dureté et sa « rigueur toute janséniste », comme on dit... Le refus des compromissions ne fait-il pas partie de l'essence de la morale et l'intransigeance, de ses qualités premières ? L'affectivité, pour autant, n'est pas exclue[2], mais il s'agit ici de sentiment « pur » : « Qu'est-ce qui sent du plaisir en nous ? Est-ce la main, est-ce le bras, est-ce la chair, est-ce le sang ? On verra qu'il faut que ce soit quelque chose d'immatériel » (S 140/L 108). Même si nous nous gardons, bien entendu, de confondre la morale de Pascal avec le formalisme kantien, nous voyons dans ce sentiment « pur » quelque chose d'analogue au sentiment kantien du respect, à quoi rien d'empirique n'est mêlé, mais qui n'en est pas moins un sentiment. Les *a priori* pascaliens sont matériels qui renvoient au contenu du « cœur[3] ». Il nous semble légitime de parler d'une logique du cœur chez Pascal qui anticiperait par

---

1. *Prière...*, *OC* IV, § 5. Voir la note de J. Mesnard, p. 1003, et Ph. SELLIER, *Pascal et la liturgie*, p. 84-85.
2. Voir, par analogie, L. BAIL, *Théologie affective ou saint Thomas en méditation*, Paris, 1654.
3. Voir D. LEDUC-FAYETTE, « Pascal, il "filosofo" del cuore », dans *Antonio Rosmini, filosofo del cuore ?*, sous la direction de Giuseppe Beschin, Brescia, Morcelliana, 1995, p. 253-273.

là Max Scheler[1]. Rien de surprenant à ce que, dans la ligne de la *Devotio moderna*, Pascal puisse écrire : « Dieu change le cœur de l'homme par une douceur céleste qu'il y répand, qui, surmontant la délectation de la chair, fait que l'homme sentant d'un côté sa mortalité et son néant, et découvrant de l'autre la grandeur et l'éternité de Dieu, conçoit du dégoût pour les délices du péché, qui le séparent du bien incorruptible. Trouvant sa plus grande joie dans le Dieu qui le charme, il s'y porte infailliblement de lui-même par un mouvement tout libre, tout volontaire, tout amoureux[2]. » Tel est le registre adéquat quand la comédie (au sens du XVIIe siècle) est une histoire d'amour dont l'acte ultime (par différence avec l'antépénultième que Pascal nomme, dans le fragment S 197/L 165, le « dernier » : « Le dernier acte est sanglant, quelle belle que soit la comédie en tout le reste. On jette enfin de la terre sur la tête, et en voilà pour jamais ») n'est pas sanglant. Simplement se joue-t-il sur une autre scène : « Je sais [...] que je serai encore revêtu de cette peau, et que je verrai mon Dieu dans ma chair » (Jb, XIX, 26). Mais le vocabulaire affectif, si révélateur, ne doit pas occulter que Pascal accorde la plus grande place à l'activité rationnelle, la délibération en tant que Dieu l'éclaire. Les éléments intellectuels ont leur rôle à jouer dans la morale pascalienne (quoiqu'elle ne soit certes pas une morale intellectualiste, puisqu'il ne suffit pas de savoir pour bien faire, et, d'ailleurs, le péché originel nous a rendus aveugles). « Rien ne donne l'assurance, que la vérité. Rien ne donne le repos, que la recherche sincère de la vérité[3] » (S 496/L 599). La richesse de la théorie morale pascalienne qui articule les trois instances constitutives de l'anthropologie : la liberté, le désir, la vérité, et les entrelace dans le monogramme du « cœur » est grande.

Loin de tout docétisme, Pascal est particulièrement attentif, tel Ignace d'Antioche, à la nature humaine dans la personne

---

1. Ce dernier ne manque pas de citer Pascal, dans *Le Formalisme en éthique*, Paris, Gallimard, 1955, p. 267. Voir aussi K. WOJTYLA, *Le système philosophique de Max Scheler peut-il être employé comme instrument d'élaboration d'une éthique chrétienne?*, publié en polonais, suivi d'un résumé en français, Lublin, 1959.
2. XVIII *Prov.*, p. 359.
3. « Résoudre un cas de conscience ne consiste pas à choisir entre des probabilités, mais à chercher une vérité » (J. MESNARD, « Pascal et le problème moral », p. 360).

du Christ. Aucune analyse abstraite dans ses textes, ni de l'essence de Dieu, ni de l'essence de l'homme. Pascal laisse les métaphysiciens se débrouiller avec leur «galimatias[1]». Il «considère», au sens de ce terme dans les écrits spirituels où la «considération» précède toujours l'«élévation», la vie de l'homme-Dieu, dont il retrace toutes les étapes dans la *Paraphrase brève de la Concorde des Évangiles*[2], tandis que, dans le *Mystère de Jésus*, il revit intensément l'«ennui» et l'«épouvante» du jardin des supplices[3]... Et si la *Paraphrase brève de la Concorde des Évangiles* est essentiellement «contemplative et théologique[4]», dans le *Mystère de Jésus*, la *Lettre sur la mort de son père* ou la *Prière pour demander à Dieu le bon usage des maladies,* Pascal préconise, dans la droite ligne de Thomas a Kempis et de Bérulle, l'imitation active du Christ. Il énonce, à titre personnel, la règle valable pour tout chrétien : «Il faut ajouter mes plaies aux siennes et me joindre à lui, et il me sauvera en se sauvant.» C'est «un des grands principes du christianisme que tout ce qui est arrivé à Jésus-Christ doit se passer et dans l'âme et dans le corps de chaque chrétien; que, comme Jésus-Christ a souffert durant sa vie mortelle, est mort à cette vie mortelle, est ressuscité d'une nouvelle vie, est monté au ciel, et sied à la droite du Père; ainsi le corps et l'âme doivent souffrir, mourir, ressusciter, monter au ciel, et seoir à la droite[5].» Et, dans la *Prière*, Pascal implore ainsi le Seigneur : «Entrez dans mon cœur et dans mon âme, pour y souffrir mes souffrances, et pour continuer d'endurer en moi ce qui vous reste à souffrir de votre Passion, que vous achevez dans vos membres jusqu'à la consommation parfaite de votre Corps ; afin qu'étant plein de

---

1. Terme employé comme adjectif au XVIIe siècle. Mme de Sévigné écrit le 24 avril 1671 : «si cette fin vous apparaît un peu galimatias...»
2. Selon le titre proposé par J. Mesnard, voir *OC* III, p. 232.
3. C'est ainsi que le P. TILLIETTE propose de traduire par «De l'ennui et de l'épouvante du Christ» la *Disputatiuncula de tedio, pavore, tristitia Jesu [...]* d'Érasme : «au vocable *tedium* correspond exactement l'ennui du XVIIe siècle, au sens de Pascal "Jésus dans l'ennui", repris par Baudelaire et par le Cébès de *Tête d'or* : "J'ai plein mon cœur d'ennui", la *noia* de Leopardi», *La Semaine sainte des philosophes*, p. 32. Voir S 749/ L 919, p. 558 : «Jésus dans l'ennui».
4. Présentation de J. Mesnard, *Abrégé de la vie de Jésus-Christ*, Paris, Desclée, coll. «Les Carnets», 1992, p. 54.
5. *Mort...*, *OC* II, p. 859/Laf. p. 278.

vous, ce ne soit plus moi qui vive et qui souffre, mais que ce soit vous qui viviez et qui souffriez en moi[1]... »

Cet accent mis sur la participation à l'humanité souffrante du Christ fait évoquer bien des Pères et nombre d'auteurs médiévaux de la lignée augustinienne, tels saint Bernard ou saint Bonaventure qui, dans le prologue du *Lignum vitae*, déclarait : « Je suis attaché à la croix avec Jésus-Christ[2]. » Bérulle, quant à lui, déclarera : « Il [...] plaît [au Fils de Dieu] imprimer dans les âmes ses états et ses effets, ses mystères et ses souffrances, et un jour il lui plaira imprimer en nous ses grandeurs et sa gloire. Attendons ce jour heureux, et en cette humble et fidèle attente, portons très volontiers l'impression et l'imitation de son abaissement, de sa croix et de ses souffrances[3]. » Pour le fondateur de l'Oratoire en France, comme pour Pascal, c'est la notion de sacrifice qui articule les discours opposés sur la misère et la grandeur (dimension distinctive duelle de la vision pascalienne du monde), et permet de métamorphoser l'une en l'autre, en fonction de ce schématisme eucharistique que nous avons tenté de rendre manifeste. La confrontation Pascal-Job nous a permis de faire ressortir que « la misère assumée sur le mode sacrificiel est déjà de la grandeur », comme l'avait souligné P. Magnard[4]. Si ce dernier a pu écrire : « Job complète Salomon », c'est dans la mesure où l'homme de Hus, héraut des maux de l'humanité, est figure de l'homme-Dieu et a ajouté par anticipation — « ajoute » : tous les témoins sont contemporains ! — ses plaies à celles du Seigneur.

Il était commun dans la tradition patristique de s'étendre, et sur les maux qui accablent l'humanité, et sur la dignité foncière de cette dernière telle qu'elle fut créée[5]. Contrairement à ce que l'on avance souvent, Pascal ne privilégie pas le thème de la misère, à la différence du franciscain Conrius dans le *Pèlerin de Jéricho*[6]. Il le décrypte toujours au revers de celui de la grandeur, non seulement de la grandeur perdue, mais aussi de la *grandeur promise* : « Dieu doit accomplir ses pro-

---

1. *Prière...*, *OC* IV, § 15, p. 1011-1012.
2. Voir Ga, II, 20 : « J'ai été crucifié avec Jésus-Christ. »
3. *Œuvres complètes*, t. LXXVIII, col. 1053-1054.
4. *Nature et histoire dans l'apologétique de Pascal*, Paris, Les Belles-Lettres, 1975, p. 382.
5. Voir, par exemple, Grégoire de Nysse, *Sur la création de l'homme*, chap. XVI.
6. Voir L. Cognet, *Le Jansénisme*, Paris, PUF, coll. « Que sais-je ? », 1961, p. 40.

messes» (S 428/L 840). Que cette «grandeur», du fait du péché, soit réservée aux seuls élus est une autre question[1]. Cette incertitude, en tout cas, préserve le caractère distinctif de l'existence chrétienne, dans laquelle le sentiment du risque[2] engendre la crainte «tempérée» par l'espérance, cette vertu théologale inséparable de la foi et de la charité : «La seule religion chrétienne [...] donnant à trembler à ceux qu'elle justifie et consolant ceux qu'elle condamne [...] tempère avec tant de justesse la crainte avec l'espérance» (S 240/L 208). Job n'a jamais cessé d'en appeler à Dieu «parce qu'on espère au Dieu que l'on croit» (S 451/L 908). La «vraie vie», à toute distance du destin assigné par «la charogne infecte» (mais, précisément, ne considérons plus le corps comme tel : «à la mort, le corps meurt à sa vie mortelle; au jugement, il ressuscitera à une nouvelle vie; après le jugement, il montera au ciel, et seoira à la droite[3]») est cette tension même que l'on aurait tort de qualifier de tragique, puisque l'issue peut être glorieuse. La destinée, tel est donc le seul souci[4] : «Il importe à toute la vie de savoir si l'âme est mortelle ou immortelle» (S 196/L 164). Souci d'ordre sotériologique et eschatologique, en rapport étroit avec le désir constitutif de la créature qui est le désir de la béatitude, indissociable du désir de Dieu, remarquablement analysé par Pascal : il est «naturel», «il est nécessairement dans tous». Aucun bien particulier ne peut le combler : c'est un «gouffre infini», «rien dans la nature qui n'eût été capable de lui en tenir la place» (S 181/ L 148). Dans cette aspiration réside, cependant, la grandeur subsistante de l'homme déchu, si la misère, de l'état de nature corrompue, est l'affligeante réalité. Adam, déjà, était un «homme de désirs» (S 720, p. 516/L 485)... L'expression est employée dans la Bible par l'ange Gabriel pour désigner le prophète Daniel, dont Pascal a traduit, entre autres, les versets 20 à 25 : L'«homme de désirs» est celui qui doit «entend[re] la parole et entre[r] dans l'intelligence de la vision» (Dn, IX, 20). Mais la faute d'Adam a été de vouloir «[faire] le dieu» (S 751,

---

1. Rappelons que le décret de prédestination, selon les jansénistes, est infralapsaire.
2. Terme absent du lexique pascalien des *Pensées*, et cependant combien présent quant à l'esprit !
3. *Mort...*, *OC* II, p. 856, 859. Voir quelques lignes plus bas : «béatitude du corps» (Laf. p. 276-277).
4. Point bien vu par A. MOSCATO, *Pascal e la metafisica*, Gênes, 1978, voir p. 71-72.

p. 562/L 919). Le diable, après tout, n'est que le mime de Dieu!

«Plus l'homme devient homme, plus s'incruste et s'aggrave dans sa chair, dans ses nerfs et dans son esprit, le problème du mal : du mal à comprendre et du mal à subir[1].» Inéluctablement, tôt ou tard, l'expérience du tragique quotidien conduit chacun «là où le soleil se tait[2]». Confrontée à la pérennité et à l'universalité de l'acharnement des bourreaux comme à celui de la détresse des victimes, l'intelligence se brise à vouloir «expliquer». Et toujours donc les questions de Job resurgissent. Un pourquoi obsédant! Qui oserait lui fermer la bouche — sinon ses «amis»? Si finalement il se tait, cela ne vient pas du fait que Dieu lui aurait fermé la bouche! Pascal n'a jamais cherché à éviter, à occulter ou même à dissoudre, à l'instar des faiseurs de théodicée, le mal en sa pleine et paradoxale positivité : la positivité d'une absence, celle du Bien... L'on mesure, à la lecture des *Provinciales*, à quel rare degré il a pris conscience de la «réalité» du mal moral et de la lugubre jouissance que procure l'exercice de la liberté défaillante, acharnée à «faire» du non-être. La nature déchue et tarée s'embrase au feu de noires voluptés. Particulièrement effrayante est la version pascalienne de la profanation de l'hostie : «la table de Jésus-Christ [environnée] de pécheurs enviellis tout sortant de leurs infamies [et] au milieu d'eux un prêtre que son confesseur même envoie de ses impudicités à l'autel, pour y offrir, en la place de Jésus-Christ, cette victime toute sainte au Dieu de sainteté, et la porter de ses mains souillées en ces bouches toutes souillées[3].» Criminel sacrifice qui fait évoquer le «prêtre blême» de Georg Trakl, officiant sur un autel ensanglanté[4]. Ce sang, tous nous l'avons sur les mains, si tous nous sommes, à divers titres, coupables...

La réponse pascalienne est celle des anciens et des nouveaux prophètes, l'expression de sa foi, la Parole de «l'homme des douleurs[5]».... Mais la Croix pour Pascal — ce qui le situe à

---

1. TEILHARD DE CHARDIN, *Énergie spirituelle de la souffrance*, Paris, Éd. du Seuil, 1951, p. 9.
2. DANTE, *Enfer*, chant I, v. 60.
3. XVI *Prov.*, p. 319.
4. *Verwandlung des Bösen*, paru le 15 octobre 1913 dans le *Brenner*.
5. «Jusque-là est allée la condescendance, jusque-là est allée l'exinanition», écrit le P. X. TILLIETTE («Le cri de la croix», dans «La souffrance inutile», *Giornale di metafisica*, 1, 1982, p. 89).

toute distance de certains théologiens de notre siècle — n'est pas seulement le symbole d'une souffrance inouïe, de la déchéance liée au plus infamant des supplices, elle est aussi, de façon indissociable, suprême exaltation : « Il a fallu que le Christ ait souffert pour entrer en sa gloire » (S 285/L 253). Le Golgotha est aussi promesse de la Résurrection. La Croix n'est pas une tombe, ni la naissance du Christ, la mort de Dieu... Jamais, il ne serait venu à l'idée de Pascal de substituer le Fils au Père[1], dans une réaction proprement œdipienne, comme celle emblématique d'un William Blake — rien de surprenant à ce que celui-ci ait autant marqué Ernst Bloch — pour lequel le Christ, au lieu de s'asseoir à la dextre, supplante au ciel le Seigneur, tandis que Yahvé chute, tel Satan[2]... La théologie sacrificielle de l'auteur de la *Prière pour demander à Dieu le bon usage des maladies* ne dit qu'une chose : la perfection de l'amour, ou plutôt l'amour comme la perfection elle-même, le don total, sans réserve, de soi — mystique désappropriation dont le Dieu chrétien seul est capable dans le mystère de sa radicale « extra-version », par essence effusive : le dogme unitrinitaire n'enseigne-t-il pas le contraire de l'avarice spirituelle ?

À l'ombre de la mort triomphe la confiance rassurée de Job, de Pascal : « Un Messie triomphant de la mort par sa mort » (S 273/L 241). Après avoir commenté, dans le paragraphe 279 de l'*Abrégé de la vie de Jésus-Christ*, le « Mon Dieu, mon Dieu, pourquoi m'avez-vous délaissé ? », omis par saint Luc, l'auteur s'appuie, dans le paragraphe 286, sur ce dernier, pour reconnaître, tel le centenier, que l'ultime cri de l'agonie du Sauveur « ne pouvait pas être naturel, car ceux qui meurent de faiblesse perdent la voix longtemps avant la mort, et il cria à haute voix immédiatement ». Ainsi le Christ manifesta-t-il « sa volonté et sa pleine puissance[3] ». Mystérieuse réconciliation

---

1. P. Piovani allait jusqu'à écrire : « *Sulla traccia dell'indicazione di Pascal* [?] l'angoisse [en français dans le texte ; rappelons que Pascal n'emploie jamais le terme] *sottitende una radicale transizione dal Dio al Cristo* » (*Oggettivazione etica e assenzialismo*, Naples, Morano, 1981, p. 124). Sur P. Piovani, voir X. Tilliette, « Il Cristo dei non credenti », *Rassegna di teologia*, 2, 1992, p. 135.
2. Voir la gravure *Le Christ élevé*, illustration pour le *Paradis retrouvé* (1671) (liv. IV). Dans un autre ordre d'idées, voir la subtile interprétation de P. Boutang, *William Blake*, Paris, L'Herne, 1970, p. 245. Sur Bloch, voir ci-dessus, section « En aval ».
3. *OC* III, p. 299-300.

que celle de l'impassibilité divine — Dieu ne peut pâtir — et de l'idée gnostique de la théopathie divine[1]... Mystérieuse sacralisation que celle de la souffrance, elle-même affectée d'une valeur sacramentelle, radicalement déliée du mal parce qu'elle coïncide avec le fond même de l'amour...

Si « Figure porte absence et présence » (S 296/L 265) — le dosage en est variable —, qui, mieux que l'homme de Hus, pourrait être dit porteur de la Présence ? Pascal le voit comme déjà stigmatisé. Job qui symbolise, à ses yeux, la misère et la grandeur de l'humanité lui apparaît essentiellement comme la « figure » et le messager du Sauveur. Les *Pensées* donnent à entendre comment le récit poétique, à la fois sapientiel *et* prophétique, ouvre à la double et indissoluble énigme du mal et de la souffrance. La nécessité de l'Incarnation, mise en cause par la théorie pélagienne et ses résurgences à travers l'histoire, ne peut plus être occultée. Le *Livre de Job* est un des *topoi* privilégiés où s'appréhende le mieux la subtile articulation de la liberté humaine et du concours divin. Sa *lectio*[2] permet de soulever un coin du voile : le Dieu chrétien n'est pas seulement le Dieu qui se cache. Le « Écoutez Dieu » pascalien peut ainsi s'entendre : lisez la Bible, cet univers entr'expressif dont le *Livre de Job* est une monade. Que les esprits forts « donnent [donc] à cette lecture quelques-unes de ces heures qu'ils emploient si inutilement ailleurs » (S 681, p. 481/L 427)...

Si « Figure porte absence et présence », Job a joué, dans cet essai, le rôle d'une grandeur évanouissante... Seul Jésus-Christ enseigne « aux hommes la voie parfaite./Et jamais il n'est venu, ni devant ni après, aucun homme qui ait enseigné rien de divin approchant de cela » (S 356/L 325). Job s'efface... Car voici Celui sans lequel « le monde ne subsisterait pas, car il faudrait, ou qu'il fût détruit, ou qu'il fût comme un enfer » (S 690, p. 492/L 449).

---

1. Un théologien japonais, Kazoh KITAMORI, a écrit une *Theology of the Pain of God* en 1946. Voir *Concilium*, 95, p. 64 s.
2. Voir la *Règle* de saint Benoît : la recherche de Dieu ne va pas sans la connaissance des lettres ; le *lectio divina* suppose la possession de livres, le savoir de la lecture, la méditation.

Bibliographie

I. INSTRUMENTS DE RÉFÉRENCE

1. Ouvrages généraux

Le Saint Concile de Trente, nouvellement traduit par l'abbé Chanut, Paris, 3ᵉ éd., 1686.
La Sainte Bible, contenant le Vieil et le Nouveau Testament, traduit du latin en français, Anvers, Plantin, 1578 (dite *Bible de Louvain*).
Bible de Sacy, éd. par Ph. Sellier, Paris, Laffont, 1990.
Job, traduit en français avec une explication tirée des saint Pères et des auteurs ecclésiastiques, A Paris, chez G. Desprez et J.-B. Desessars, 1740.
Le Nouveau Testament de Notre-Seigneur Jésus-Christ, traduit en français sur l'édition Vulgate, aves les différences du grec, Mons, 1640, 2 vol.
La Sainte Bible, traduite en français sous la direction de l'École biblique et archéologique de Jérusalem, Paris, Éd. du Cerf, 1955.
Les Saints Évangiles, éd. Pirot-Clamer, Paris, Letouzey et Ané, 1950, t. IX-XII.
L'Ancien Testament, éd. É. Dhorme, Paris, Gallimard, coll. «La Pléiade», 1956, 2 vol.
Novum Testamentum graece et latine, Stuttgart, 22ᵉ éd., 1957.
La Bible, traduite et présentée par A. Chouraqui, Paris, Desclée de Brouwer, 1985.
MIGNE (J.-P.), *Patrologiae cursus completus. Series prima in qua prodeunt Patres, doctores scriptoresque Ecclesiae latinae [...]*, Paris, 1844-1855, 217 vol.
—, *Series graeca*, Paris, 1857-1866, 161 vol.
DENZINGER, *Enchiridion symbolorum, definitionum et declarationum de rebus fideis et morum*, Barcelone-Fribourg-en-Brisgau-Rome, éd. 1957; trad., Éd. du Cerf, 1996.
Dictionnaire de spiritualité ascétique et mystique, doctrine et histoire, Paris, 1932-1988.

Dictionnaire de théologie catholique, commencé sous la direction de A. Vacant et E. Mangenot, continué sous celle de E. Amann, Paris, 1903-1972.

Rahner (K.), Vorgrimler (H.), *Petit dictionnaire de théologie catholique*, Paris, Éd. du Seuil, 1961.

Rouët de Journel, *Enchiridion patristicum*, Barcelone-Fribourg-en Brisgau, 18ᵉ éd., 1953.

La Bible de tous les temps, Paris, Beauchesne, 1984-1989, 8 vol.

2. Le XVIIᵉ siècle

Arbour (R.), *L'Ère baroque en France. Répertoire chronologique des éditions des textes littéraires*, Genève, Droz, 1977-1985, 5 vol.

Dictionnaire de l'Académie française, Paris, sieur Coignard, 1694, 2 vol.

Dictionnaire du français classique, Paris, Larousse, 1988.

Dumonceaux (P.), *Essai sur quelques termes clés du vocabulaire affectif et leur évolution sémantique au XVIIᵉ siècle*, Lille, 1971.

Furetière (A.), *Dictionnaire universel contenant généralement tous les mots français, tant vieux que modernes, et les termes de toutes les sciences et les arts*, La Haye-Rotterdam, 1690, 3 vol.

Le XVIIᵉ Siècle, Dictionnaire des lettres françaises, publié sous la direction du cardinal Grente, Paris, Arthème Fayard, 1954.

II. ÉTUDES PARTICULIÈRES

1. Job

La liste qui suit n'a aucune prétention à l'exhaustivité ; le lecteur peut trouver une bibliographie très riche, mais ne portant que sur les ouvrages modernes, dans Moretto (G.), « Presenza del "Libro di Giobbe" nel pensiero moderno. Una bibliografia », *Giornale di metafisica*, 1, 1982, p. 208-217. Il convient de citer à titre liminaire : Lévêque (J.), *Job et son Dieu. Essai d'exégèse et de théologie biblique*, Paris, Gabalda, coll. « Études bibliques », 1970. Cet ouvrage constitue une véritable somme sur le sujet. Examen exégétique et littéraire, il offre une analyse stratigraphique du livre et dégage, à chaque étape, la spécificité de la relation spirituelle de Job à Dieu. Le volume comporte une abondante bibliographie (p. 694-757) et deux index : un index scripturaire et un index des termes hébreux.

a. Commentaire des Pères et des auteurs médiévaux

ALBERT LE GRAND, *Commentarium in Job (Postilles)*, éd. Weiss, Fribourg-en-Brisgau, 1904.
ATHANASE (saint), *Excerpta in Job*, PG 27.
AUGUSTIN (saint), *Adnotationes in Job*, *Œuvres*, PEV 8, PL 34.
CHRYSOSTOME (saint JEAN), *De patientia Job; De beato Job; In beatos Job et Abraham (sermo)*, dans la traduction latine d'Érasme, Paris, Guillard, 1543 (voir aussi PG 64).
GRÉGOIRE LE GRAND (saint), *Moralia in Job*, introduction et notes de dom Robert Gillet (I et II), Paris, Éd. du Cerf, SC 1 et 2, PL 75-76.
HILAIRE (saint), *Fragmentum in Job*, PL 10, 723 c.
Le Mystère de la pacience de Job, anonyme, XVe siècle, éd. A. Meiller, Paris, Klincksieck, 1971.
MAÏMONIDE, *Guide des égarés*, trad. Munk, Paris, Maisonneuve et Larose, 1970, 3 vol., IIIe partie, chap. XXII.
ORIGÈNE, *Selecta in Job*, PG. 12; *Enarrationes*, PG 17.
THOMAS D'AQUIN (saint), *Expositio in Iob*, *Opera omnia*, éd. Vivès, Paris, 1871-1879, vol. XVIII, p. 1-227; vol. XXVI de l'édition Leonine, Rome, 1965.
—, *Job, un homme pour notre temps, Exposition littérale sur le Livre de Job de saint Thomas d'Aquin*, trad. J. Kreit, Paris, Téqui, 1982.

b. Les XVIe, XVIIe et XVIIIe siècles

BÈZE (Th. DE), *Jobus [...] partim commentariis, partim paraphrasi illustratus*, Genève, 1589.
CAJETAN, *In librum Job*, Rome, 1535.
CALMET (dom), *Commentaire littéral sur tous les livres de l'Ancien et du Nouveau Testament*, Paris, 1707-1716, 26 vol.
CALVIN (J.), *Sermons de M. J. C. sur le Livre de Job*, Genève, 1554, dans *Calvini opera*, Brunswick, 1887, t. XXXIII-XXXIV.
CHASSIGNET (J.-B.), *Job ou la fermeté*, Besançon, s. d.
DUGUET (J.-J.), *Explication du Livre de Job*, Paris, 1732.
DU VAIR (G.), *Méditation sur Job*, dans la série des *Méditations chrétiennes*, 1610.
GUYON (M.-J.), *Les Livres de l'Ancien Testament de Notre-Seigneur Jésus-Christ avec des explications et réflexions qui regardent la vie intérieure*, Cologne, 1714-1715, 12 vol., t. VII.
KANT (E.), *Sur l'insuccès en matière de théodicée* (1791), trad. Paul Festugière, Paris, Vrin, 1931; voir aussi *Œuvres philosophiques*, t. II, Paris, Gallimard, coll. «La Pléiade», p. 1405-1408.
SENAULT (J.-Fr.), *Paraphrase sur Job*, 1637.

Spinoza (B.), *Tractatus theologico-politicus*, Hambourg, Künrath, 1670, chap. x.

c. Les XIXe et XXe siècles

Amado Lévy-Valensi (E.), *Job : réponse à Jung*, Paris, Éd. du Cerf, 1991.
Bigot (L.), « Livre de Job », *DTC*, VIII, 2, col. 1458-1486.
Bloch (E.), « Studien zum Buch Hiob », *Auf gespaltenem Pfad, Für Margarete Susman*, Darmstadt, Erato-Press, 1964, p. 84-101 ; voir aussi *Atheismus im Christentum*, Francfort-sur-le-Main, Suhrkamp Taschenbücher, 1973.
Bochet (M.), *Présence de Job dans le théâtre d'après-guerre*, t. II, *En France*, Berne-Francfort-sur-le-Main-Paris, 1988.
—, « Job », *Dictionnaire des mythes littéraires*, sous la direction de P. Brunel, Paris, Éd. du Rocher, 1988, p. 838-846.
Chestov (L.), *La Balance de Job*, Paris, Flammarion, 1971.
Claudel (P.), *Le Livre de Job*, Paris, Plon, 1946.
Cohen (H.), *La Religion de la raison tirée des sources du judaïsme*, trad., Paris, PUF, 1994, p. 321-325.
Eisenberg (J.), Wiesel (E.), *Job ou Dieu dans la tempête*, Paris, Fayard-Verdier, 1985.
Girard (R.), *La Route antique des hommes pervers*, Paris, Grasset, 1985.
Gouhier (H.), « Le cri de Job », dans *Le Combat de Marie Noël*, Paris, Stock, chap. vi, p. 77-85.
Greenleaf (W. H.), « A Note on Hobbes and the Book of Job », *Anales de la catedra Francisco Suarez*, 1974, p. 11-34.
Hagerdorn (D.), *Der Hiobkommentar des Arianer Julian*, Berlin, De Gruyter, 1973.
Jaspers (K.), *La Foi philosophique face à la Révélation*, trad., Paris, Plon, 1962, p. 363-383.
Jauss (H. R.), *Pour une herméneutique littéraire*, trad., Paris, Gallimard, coll. « Bibliothèque des idées », 1982, « Les questions de Job et les réponses à longue échéance (Goethe, Nietzsche, Heidegger) », p. 119-137.
Jung (C. G.), *Réponse à Job*, trad., Paris, Buchet-Chastel, 1964.
Kannengiesser (Ch.), « Job chez les Pères », *DSp*, VIII, Paris, 1974, p. 1218-1225.
Keele (O.), *Dieu répond à Job*, Paris, Éd. du Cerf, 1995.
Lamb (J.), *The Rhetoric of Suffering Reading the Book of Job in the Eighteenth Century*, Oxford, Clarendon Press, 1995.
Leduc-Fayette (D.), « La ténèbre divine dans la "Réponse à Job" de C. G. Jung », *Le Pessimisme*, Presses universitaires de Nancy, 1992.

Moretto (G.), *Giustificazione e interrogazione. Giobbe nella filosofia*, Naples, Guida, 1991.
Neher (A.), « Étude et commentaire de textes : le Livre de Job », *La Conscience juive. Données et débats*, Paris, PUF, 1963, p. 150-167.
—, « Job dans l'œuvre d'Ernst Bloch », dans *Utopie-Marxisme selon E. Bloch* (coll.), Paris, Payot, 1976, p. 233-238.
Nemo (Ph.), *Job ou l'Excès du mal*, Paris, Grasset, 1978.
Pelletier (A.-M.), « Job ou le mystère de la souffance innocente », *Lectures bibliques aux sources de la culture occidentale*, Paris, Nathan Université-Éd. du Cerf, 1995, chap. XIII, p. 197-214.
Pic (D.), « Faust et Job ou les Aventuriers de l'Autre perdu », *Études allemandes*, 3, recueil dédié à R. Girard, université de Lyon-II, mai 1989, p. 189-199.
Quinet (E.), *Le Génie des religions*, Paris, 1842, p. 311-321.
Renan (E.), *Le Livre de Job*, Paris, 1858.
Steinmann (J.), *Le Livre de Job*, Paris, Éd. du Cerf, 1955.
Susman (M.), *Das Buch Hiob und das Schicksal des jüdischen Volkes*, Zurich, 1946.
Wahl (J.), « Sören Kierkegaard et le Livre de Job », *Être et penser*, 27, 1948, p. 147-166.
Wirszubski, « Giovanni Pico's Book of Job », *Journal of the Warburg and Courtaud Institute*, 32, 1969.
Wolfskehl (K.), *Hiob, oder Die vier Spiegel Gedichte*, Hambourg, 1950.

2. Pascal

a. Œuvres complètes

Éd. Brunschvicg-Gazier-Boutroux, Paris, Hachette, coll. « Grands écrivains de la France », 1904-1914, 14 vol.
Éd. Lafuma, Paris, Éd. du Seuil, coll. « L'Intégrale », 1963.
Éd. J. Mesnard, Paris, Desclée de Brouwer : t. I, 1964 ; t. II, 1970 ; t. III, 1991 ; t. IV, 1992 ; t. V-VII, à paraître.

b. Éditions séparées

Pensées.

Éd. anciennes
Pensées de M. Pascal sur la religion et sur quelques autres sujets, à Paris, chez Guillaume Desprez, 1670 [éd. de Port-Royal].
Pensées de Pascal, éd. Havet,1852, 3e éd., Paris, Delagrave, 1881.
Opuscules et « Pensées » de Pascal, éd. Brunschvicg, Paris, Hachette, 1897.

Éd. modernes
Fr. Kaplan, Paris, Éd. du Cerf, 1982.
Ph. Sellier, Paris, Bordas, coll. «Classiques Garnier», 1991.

Essai de reconstitution.
E. MARTINEAU, *Pascal, Discours sur la religion et sur quelques autres sujets*, Paris, Fayard-A. Colin, 1992.

Autres.
Abrégé de la vie de Jésus-Christ, texte établi et présenté par J. Mesnard, Paris, Desclée, coll. «Les carnets», 1992.

Entretien avec M. de Sacy, original inédit présenté par Pascale Mengotti et Jean Mesnard, Paris, Desclée, coll. «Les carnets», 1994.
[Nous nous sommes aussi reportée aux éditions Courcelle (P.), Paris, Vrin, 1960; et Gounelle (A.), Paris, PUF, 1966.]

Provinciales, Éd. Louis Cognet, Paris, Garnier, 1965.

c. Outils de travail

DAVIDSON (H. M.), DUBÉ (P. H.), *A Concordance to Pascal's «Pensées»*, Cornell University Press, 1975.
—, *A Concordance to Pascal's «Les Provinciales»*, New York-Londres, Garland Publishing Inc., 1980, 2 vol.
HELLER (L. M.), GOYET (Th.), *Bibliographie Blaise Pascal (1960-1969)*, Clermont-Ferrand, Adosa, 1989.
MAIRE (A.), *Bibliographie générale des œuvres de Blaise Pascal*, Paris, Giraud-Badin, 1925, 5 vol.

d. Études

ANTOINE (G.), «Le langage de Pascal», *La Table ronde*, 171, avril 1962.
ANTONIADIS (S.), *Pascal traducteur de la Bible*, Leyde, Brill, 1930.
ARMOGATHE (J.-R.), «L'imagination de Mersenne à Pascal», *Phantasia imaginatio*, V[e] colloque international du Lessico Intelletuale Europeo, éd. par M. Fattori et M.-L. Bianchi, Ed. dell'Ateneo, Rome, 1987, p. 259-272.
BAIRD (A. W. S.), *Studies in Pascal's Ethics*, La Haye, Martinus Nijhoff, 1975.
BALTHASAR (H. U. VON), «Les yeux de Pascal», dans *Pascal et Port-Royal*, Paris, Fayard, 1962.
—, *La Gloire et la Croix. Styles*, t. II, *De Jean de la Croix à Péguy*, Paris, Aubier, 1972, chap. «Pascal», p. 69-127.

BECCO (A.), «Informatique et lexique pascalien : remarques techniques et tableaux documentaires», dans *Méthodes chez Pascal*, Actes du colloque tenu à Clermont-Ferrand, 1976, Paris, PUF, 1979, p. 197-200.

BÉGUIN (A.), *Pascal par lui-même*, Paris, Éd. du Seuil, 1952.

—, *Blaise Pascal. L'homme et l'œuvre*, Paris, Éd. de Minuit, 1956, coll. «Cahiers de Royaumont», 1.

BLANC (A.), «Claudel, lecteur de Pascal : deux imaginaires incompatibles», dans *Pascal. Port-Royal. Orient. Occident* (coll.), Paris, Klincksieck, 1991, p. 123-134.

BLANCHET (A.), «La nuit de feu», dans *La Littérature et le Spirituel*, II, Paris, Aubier, 1960, p. 11-38.

—, «Pascal est-il le précurseur de Karl Marx ?», *ibid.*, p. 39-60.

BLONDEL (M.), «Le jansénisme et l'antijansénisme de Pascal», *Dialogues avec les philosophes*, Paris, Aubier-Montaigne, 1966.

BOUCHILLOUX (H.), *Apologétique et raison dans les «Pensées» de Pascal*, Paris, Klincksieck, 1995.

BRUNSCHVICG (L.), *Le Génie de Pascal*, Paris, Hachette, 1924.

—, *Pascal et Descartes, lecteurs de Montaigne*, New York-Paris, 1944.

—, *Pascal, Spinoza et ses contemporains*, Paris, PUF, 1951, chap. x, IIe partie, p. 194-211.

CAILLET (E.), *Pascal's Genius in the Light of Scripture*, Philadelphie, 1945.

CALVET (J.), «Notes sur les "Pensées" de Pascal, à propos de l'édition Brunschvicg», *Bulletin de littérature ecclésiastique*, Institut catholique de Toulouse, 6, juin 1905.

CARRAUD (V.), *Pascal et la philosophie*, Paris, PUF, 1992.

—, «Les deux infinis moraux et le bon usage des passions. Pascal et les *Passions de l'âne*», dans *Pascal et la question de l'homme*, numéro spécial, XVIIe *Siècle*, 1994-4, p. 669-694.

CERTEAU (M. DE), «L' "étrange secret". Manière d'écrire pascalienne : la quatrième lettre à Mlle de Roannez», *Rivista di storia e letteratura religiosa*, 1, 1977, p. 104-126.

CHESTOV (Léon), *Gethsémani. Essai sur la philosophie de Pascal*, Paris, Grasset, 1923.

CHRISTODOULOU (K. E.), «Socrate chez Montaigne et Pascal», *Considération sur les «Essais» de Montaigne*, Athènes, 1984, p. 43-53.

CLAIR (A.), «Un auteur singulier face à un auteur singulier : Kierkegaard lecteur de Pascal», *Kierkegaard. Penser le singulier*, Paris, Éd. du Cerf, 1993, chap. v, p. 145-172.

COURCELLES (D. DE), «Écritures spirituelles de la conversion à la suite des "Confessions" d'Augustin : les exemples de Thérèse d'Avila et de Pascal», *Recherches de science religieuse*, 4, 1989, p. 509-529.

COUSIN (V.), *Des «Pensées» de Pascal*, Paris, Ladrange, 1943.

CROQUETTE (B.), *Pascal et Montaigne*, Genève, Droz, 1974.

DANIÉLOU (J.), « La nuit de Pascal », *La Table ronde*, avril 1962.
DAVIDSON (H. M.), *The Origins of Certainty : Means and Meaning in Pascal's « Pensées »*, Chicago University Press, 1979.
DEDIEU (J.), « Survivances et influences de l'apologétique traditionnelle dans les "Pensées" », *Revue d'histoire littéraire de la France*, 1930, p. 481-513 ; 1931, p. 1-39.
DESCOTES (D.), *L'Argumentation chez Pascal*, Paris, PUF, 1993.
DESMORETS (J.), *Dans Pascal. Essai en partant de son style*. Paris, Éd. de Minuit, 1953.
DEVAUX (A.-A.), « Simone Weil et Blaise Pascal », *Sud*, 87-88, p. 75-99.
DROZ (E.), *Étude sur le scepticisme de Pascal*, Paris, Alcan, 1886.
DUBARLE (A.-M.), « Pascal et l'interprétation de l'Écriture », *Revue des sciences philosophiques et théologiques*, 1941-1942, p. 346-379.
DUPUY (M.), « Bérulle et Pascal, le péché originel, *Oratoriana*, nouvelle série, 6, 1962.
ERNST (P.), *Approches pascaliennes*, Gembloux, Duculot, 1970.
—, *Géologie et stratigraphie des « Pensées »*, Oxford, 1993.
FERREYROLLES (G.), *Les « Provinciales »* Paris, PUF, 1984.
—, « L'ironie dans les "Provinciales" de Pascal », *Cahiers de l'Association internationale des études françaises*, Les Belles-Lettres, 38, mai 1986.
—, « De l'usage de Senault : apologie des passions et apologétique pascalienne », *Corpus, revue de philosophie*, 7, 1988.
—, *Les Reines du monde. L'imagination et la coutume chez Pascal*, Paris, Champion, 1995.
FEUILLET (A.), « Étude du "Mystère de Jésus" de Pascal », *L'Agonie de Gethsémani*, Paris, Gabalda, 1977.
FOREST (A.), « Pascal et saint Bernard », *Giornale di metafisica*, 1958.
FRANCIS (R.), *Les « Pensées » de Pascal en France de 1842 à 1942*, Paris, Nizet, 1959.
FUMAROLI (M.), « Pascal et la tradition rhétorique gallicane », dans *Méthodes chez Pascal*, Actes du colloque tenu à Clermont-Ferrand,1976, Paris, PUF, 1979, p. 359-372.
GANDILLAC (M. DE), « Pascal et le silence du monde », *Blaise Pascal. L'homme et l'œuvre*, Paris, Éd. de Minuit, 1956, p. 343-385.
GOLDMANN (L.), *Le Dieu caché*, Paris, Gallimard, 1955.
GOUHIER (H.), *Blaise Pascal. Commentaires*, Paris, Vrin, 1966 ; 3e éd., 1984.
—, *Blaise Pascal. Conversion et apologétique*, Paris, Vrin, 1986.
GOUNELLE (A.), *La Bible selon Pascal*, Paris, PUF, 1971.
GOYET (Th.), « La méthode prophétique selon Pascal », dans *Méthodes chez Pascal*, Actes du colloque tenu à Clermont-Ferrand,1976, Paris, PUF, 1979, p. 63-74.
GUARDINI (R.), *Pascal ou le Drame de la conscience chrétienne*, Paris, Éd. du Seuil, 1951.
GUITTON (J.), « Pascal interrompu », *Livres de France*, 1962.

—, *Pascal et Leibniz. Étude sur deux types de penseurs*, Paris, Aubier, 1951.
HACKING (I.), «The Logic of Pascal's Wager», *American Philosophical Quarterly*, 9, 1972.
HARRINGTON (Th.), *Vérité et méthode dans les «Pensées» de Pascal*, Paris, Vrin, 1972.
—, *Pascal philosophe*, Paris, SEDES, 1982.
HELLER (L. M.) et RICHMOND (I. M.), éd., *Thématique des «Pensées»*, Paris, Vrin, 1988.
JERPHAGNON (L.), *Le Caractère de Pascal. Essai de caractérologie littéraire*, avant-propos de É. Morot-Sir, Paris, PUF, 1962.
JOURNET (Ch.), *Vérité de Pascal. Essai sur la valeur apologétique des «Pensées»*, Saint-Maurice, 1951.
JUNGO (dom M.), *Le Vocabulaire de Pascal*, D'Artrey, 1950.
KAWAMATA (K.), «Genèse de l'anéantissement», dans *Pascal. Port-Royal. Orient. Occident* (coll.), Paris, Klincksieck, 1991, p. 183-190.
—, «Pascal et Saint-Cyran», dans J. MESNARD, *Méthodes chez Pascal*, Actes du colloque tenu à Clermont-Ferrand, 1976, Paris, PUF, 1979, p. 433-442.
LAPORTE (J.), *Le Cœur et la raison selon Pascal*, Paris, 1950.
LAZZERI (Ch.), *Force et justice dans la politique de Pascal*, Paris, PUF, 1993.
LEDUC-FAYETTE (D.), «Pascal et le vide du cœur», *Revue des sciences philosophiques et théologiques*, 1, 1990, p. 15-22.
— (textes réunis par), *Pascal au miroir du XIXᵉ siècle*, Paris, Mame-Éditions universitaires, 1993.
—, «De la volonté-cœur. Le Pascal de Ravaisson», dans *Pascal au miroir du XIXᵉ siècle* (textes réunis par), Paris, Mame-Éditions universitaires, 1993, p. 51-61.
—, «Pascal, il "filosofo" del cuore», dans *Antonio Rosmini, filosofo del cuore?*, sous la direction de Giuseppe Beschin, Brescia, Morcelliana, 1995, p. 253-273.
—, «La catégorie pascalienne de l'hérésie», *Revue philosophique de la France et de l'étranger*, 2, 1995, p. 211-228.
LE GUERN (M.), *L'Image dans l'œuvre de Pascal*, Paris, Colin, 1969.
LHERMET (J.), *Pascal et la Bible*, Paris, Vrin, 1931.
MAC KENNA (A.), *De Pascal à Voltaire, le rôle des «Pensées» de Pascal dans l'histoire des idées entre 1670 et 1734*, Oxford, The Voltaire Foundation, 1990, 2 vol.
—, «L'argument "Infini-rien"», dans *Méthodes chez Pascal*, Actes du colloque tenu à Clermont-Ferrand, 1976, Paris, PUF, 1979, p. 497-508.
—, «Pascal et le corps humain», *XVIIᵉ Siècle*, 177, octobre-décembre 1992.
MAGNARD (P.), *Nature et histoire dans l'apologétique de Pascal*, Paris, Les Belles-Lettres, 1975; repris sous le titre *Pascal. La clé du chiffre*, Paris, Éditions universitaires, 1991.

MARIN (L.), *La Critique du discours, sur la « Logique de Port-Royal » et les « Pensées » de Pascal*, Paris, Éd. de Minuit, 1975.

MARION (J.-L.), *Sur le prisme métaphysique de Descartes*, Paris, PUF, 1986, chap. v, « Dépassement », p. 293-369.

MARITAIN (J.), « Pascal apologiste », *Revue hebdomadaire*, juillet 1923.

MARQUET (J.-Fr.), « Pascal et Lequier ou l'enjeu des jeux de Dieu », dans *Pascal au miroir du XIXe siècle* (textes réunis par D. Leduc-Fayette), Paris, Mame-Éditions universitaires, 1993.

MESNARD (J.), *Pascal, l'homme et l'œuvre*, Paris, Boivin, 1951 ; 5e éd., Paris, Hatier, 1967.

—, *Les « Pensées » de Pascal*, Paris, SEDES, 1976 ; rééd. revue, 1993.

—, « Pascal », dans *La Culture du XVIIe siècle. Enquêtes et synthèses*, Paris, PUF, 1992, p. 305-486.

—, « Le texte des œuvres de Pascal de 1779 à 1914 », dans *Pascal au miroir du XIXe siècle* (textes réunis par D. Leduc-Fayette), Paris, Mame-Éditions universitaires, 1993.

MICHAUT (G.), *Les Époques de la pensée de Pascal*, Paris, Fontemoing, 1902, 2e éd.

MICHON (H.), *L'Ordre du cœur. Philosophie, théologie et mystique dans les « Pensées » de Pascal*, Paris, Champion, 1996.

MIEL (J.), *Pascal and Theology*, Baltimore-Londres, The Johns Hopkins Press, 1969.

MOROT-SIR (É.), *La Métaphysique de Pascal*, Paris, PUF, 1973.

MOSCATO (A.), *Pascal e il discorso*, Milan, 1963.

—, *Pascal e la metafisica*, Gênes, 1978.

—, « Il thema "du moi haïssable" in Pascal », *Giornale di metafisica*, 1, 1980, p. 117-144.

Pascal au miroir du XIXe siècle, textes réunis par D. Leduc-Fayette, Paris, Mame-Éditions universitaires, 1993.

PONTET (M.), *Pascal et Teilhard, témoins de Jésus-Christ*, Paris, Desclée de Brouwer, 1968.

POULET (G.), « Pascal », *Études sur le temps humain*, Paris, Plon, chap. III, p. 48-78.

PUCELLE (J.), « La "lumière naturelle" et le cartésianisme dans l'"Esprit de géométrie" et l'"Art de persuader" de Pascal », dans *Pascal. Textes du tricentenaire*, Paris, Aubier, 1963, p. 50-61.

RAVAISSON (F.), « La philosophie de Pascal », *La Revue des Deux Mondes*, 16 mars 1887.

RAYMOND (M.), « La conversion de Pascal », *Vérité et poésie*, Neuchâtel, 1964, p. 13-37.

ROBINET (A.), « Informatique et lexique pascalien », dans *Méthodes chez Pascal*, Actes du colloque tenu à Clermont-Ferrand, 1976, Paris, PUF, 1979, p. 189-196.

RODIS-LEWIS (G.), « Les trois concupiscences », *Chroniques de Port-Royal*, 11-14, 1963, p. 81-92.

—, « Pascal devant le doute hyperbolique de Descartes » *Chroniques de Port-Royal*, 1972.

—, « Doute et certitude chez Descartes et Pascal », *Europe*, 594 (1978).
Romeyer (B.), « La théodicée de Pascal », *Études sur Pascal (1623-1923)*, *Archives de philosophie*, 1923.
Russier (J.), *La Foi selon Pascal*, Paris, PUF, 1949, 2 vol.
—, « L'expérience du Mémorial et la conception pascalienne de la connaissance », *Blaise Pascal. L'homme et l'œuvre*, Paris, Éd. de Minuit, 1956, coll. « Cahiers de Royaumont », 1, p. 225-258.
Sciacca (M.), *Pascal*, dans *Opere*, I, 1, Palerme, Éd. de l'Épos, 1989.
Sellier (Ph.), *Pascal et la liturgie*, Paris, PUF, 1966.
—, « La Rochefoucauld, Pascal, saint Augustin », *Revue d'histoire littéraire de la France*, 69, 1969, p. 551-575.
—, *Pascal et saint Augustin*, Paris, A. Colin, 1970.
—, « L'ascension et la chute », *Colloque de la Société des amis de Port-Royal*, 28 et 29 octobre 1970, p. 116-126.
—, « Platon pour disposer au christianisme », *Diotima*, 7, 1979, p. 178-183.
—, « Rhétorique et apologie : "Dieu parle bien de Dieu" », dans *Méthodes chez Pascal*, Actes du colloque tenu à Clermont-Ferrand, 1976, Paris, PUF, 1979.
—, « Jésus-Christ chez Pascal », *Revue des sciences philosophiques et théologiques*, 66, octobre 1982, p. 505-521.
—, « Imaginaire et théologie : le "cœur" chez Pascal », *Cahiers de l'Association internationale des études françaises*, Les Belles-Lettres, 1987, p. 285-295.
—, « Pascal sacrifiant », *L'Intelligence du passé, les faits, l'écriture et le sens, Mélanges offerts à J. Lafond*, université de Tours, 1988, p. 437-442.
—, « Pour un Baudelaire et Pascal », *Baudelaire. « Les Fleurs du mal. » L'intériorité de la forme*, Paris, SEDES, 1989.
—, « La Bible de Pascal », dans *La Bible de tous les temps*, Paris, Beauchesne, 1984-1989, 8 vol., t. VI.
—, « L'ouverture de l'apologétique pascalienne », *XVIIe Siècle*, 177, octobre-décembre 1992.
Serres (M.), *Le Système de Leibniz et ses modèles mathématiques*, Paris, PUF, 1968, 2 vol., IIIe partie, « Le point fixe ».
Shiokawa (T.), *Pascal et les miracles*, Paris, Nizet, 1977.
Souriau (M.), *L'Ombre de Dieu*, Paris, PUF, 1955, chap. « Valeur actuelle du pari de Pascal ».
Strowski (F.), *Pascal et son temps*, Paris, Plon, 1907-1913, 3 vol.
Thirouin (L.), *Le Hasard et les règles : le modèle du jeu dans la pensée de Pascal*, Paris, Vrin, 1991.
— « Les premières liasses des "Pensées" : architecture et signification », *XVIIe Siècle*, 177, octobre-décembre 1992.
Valensin (A.), « Leçons sur Pascal », dans *Regards*, Paris, Aubier, 1955, p. 203-258.

Van Eynde (L.), *L'Ontologie acosmique. La crise de la modernité chez Pascal et Heidegger*, Publications des facultés universitaires Saint-Louis, Bruxelles, 1993.
Vinet (A.), *Études sur Blaise Pascal*, Paris, Fischbacher, 1848-1904, 4ᵉ éd.
Wetsel (D.), *L'Écriture et le reste. The « Pensées » of Pascal in the Exegetical Tradition of Port-Royal*, Columbus Ohio State University Press, 1981.

3. Le XVIIᵉ siècle

a. Port-Royal

Sources primaires.
Arnauld (Antoine), *Œuvres*, Paris-Lausanne, 1775-1783.
—, *De la fréquente communion*, Paris, 1643.
—, *La Perpétuité de la foi de l'Église catholique touchant l'Eucharistie* (1674), Paris, nouvelle édition, 1713.
Arnauld et Nicole, *La Logique ou l'Art de penser*, Paris, chez E. F. Savoye, édition de 1743 ; voir *L'Art de penser*, édition critique par A. Clair et F. Girbal, Paris, PUF, 1965.
Barcos (Martin de), édité par L. Goldmann, *Correspondance de Martin de Barcos*, Paris, PUF, 1956.
Jansénius (Cornelius), *Augustinus* (1641), réédition, Rouen, 1643.
—, *Traduction d'un discours de la réformation de l'homme intérieur [...]* par Arnauld d'Andilly, Paris, 1642, 1644, 1659.
Nicole (Pierre), *Essais de morale*, Paris, 1671.
—, *Instructions théologiques et morales sur les sacrements* (1698), Paris ; nouvelle édition chez Charles Osmont, 1719, 2 t.
Choix des petits traités de morale de Nicole, par M. Sylvestre de Sacy, Paris, J. Techener, 1856.
Saint-Cyran (Jean Duvergier de Hauranne, abbé de), *Lettres chrétiennes et spirituelles*, Paris, publiées par Arnauld d'Andilly, 1648.

Études.
Barenne (O.), *Une grande bibliothèque de Port-Royal. Inventaire inédit de la bibliothèque d'Isaac-Louis Le Maistre de Sacy*, Paris, Études augustiniennes, 1985.
Bremond (H.), *Histoire littéraire du sentiment religieux en France depuis la fin des guerres de Religion jusqu'à nos jours*, t. IV, *La Conquête mystique : l'école de Port-Royal*.
Ceyssens (L.), « Le "Saint Augustin" du XVIIᵉ siècle : l'édition de Louvain (1577) », *XVIIᵉ Siècle*, 135, avril-juin 1982, p. 103-120.
Cognet (L.), *Le Jansénisme*, Paris, PUF, coll. « Que sais-je ? », 1961.
Delassault (G.), *Le Maistre de Sacy et son temps*, Paris, Nizet, 1957.

LAPORTE (J.), *La Doctrine de Port-Royal*; t. I, *Essai sur la formation de la doctrine, 1, Saint-Cyran*; t. II, *Exposition de la doctrine (d'après Arnauld), 1, Les Vérités de la grâce*, Paris, 1923.
—, *La Morale (d'après Arnauld)*, t. I, *La Loi morale*, Paris, Vrin, 1951; t. II, 1952.
LESAULNIER (J.), *Port-Royal insolite. Édition critique du Recueil de choses diverses*, Paris, Klincksieck, 1992.
MAGNARD (P.), «La spiritualité de M. de Sacy, ou l'homme qui se cache», *Chroniques de Port-Royal*, 33, 1984, p. 19-34.
—, «La spiritualité de la mère Angélique», *Chroniques de Port-Royal*, 41, 1992, p. 195-210.
MESNARD (J.), «Thomisme espagnol et jansénisme français», *L'Âge d'or de l'influence espagnole, La France et l'Espagne à l'époque d'Anne d'Autriche (1615-1666)* Actes du XXe colloque du CMR 17, Bordeaux, 1990, Mont-de-Marsan, Éd. Interuniversitaires, 1991, p. 415-426.
ORCIBAL (J.), *Les Origines du jansénisme*, Paris, 1947-1962: t. II, *Jean Duvergier de Hauranne, abbé de Saint-Cyran et son temps (1581-1638)*, Paris, Vrin, 1947; t. III, *Appendices, bibliographie et tables*, Paris, Vrin, 1948; t. V, *La Spiritualité de Saint-Cyran avec ses écrits de piété inédits*, Paris, Vrin, 1962.
—, «Saint-Cyran», *La Table ronde*, 160, avril 1961.
—, *Jansénius d'Ypres (1585-1638)*, Paris, Études augustiniennes, 1989.
POULET (G.), «Saint-Cyran», *Mesure de l'instant*, Paris, Plon, 1968, II, p. 54 s.
RODIS-LEWIS (G.), «Augustinisme et cartésianisme à Port-Royal», *Descartes et le cartésianisme hollandais*, Paris, 1950, p. 131-182.
SAINTE-BEUVE (Ch. A.), *Port-Royal*, Paris, Gallimard, coll. «La Pléiade», 3 vol.

b. Divers

Sources primaires
ALVAREZ (D.), *De auxiliis divinae gratiae et humani arbitrii viribus et libertate, ac legitima ejus cum efficaciza eorumdem concordia libri XII*, Lyon, 1611.
BAIL (L.), *Théologie affective ou saint Thomas en méditation*, nouvelle édition, Paris, 1654.
BAYLE (P.), *Dictionnaire historique et critique*, Rotterdam, 1697; choix d'articles (reprod. 5e éd., 1740) par E. Labrousse, Hildesheim-New York, G. Olms, 1982, 2 vol.
BÉRULLE (P. DE), *Œuvres complètes*, éd. Migne, Paris, 1856.
—, *Les Œuvres de l'éminentissime [...] par les soins du R. P. François Bourgoing*, Paris, 1644.
—, *Opuscules de piété*, Paris, Aubier, 1944.

Grenade (Louis de), *Traité de l'oraison et de la méditation [...]*, Paris, 1608.
Bossuet (J.-B.), *Œuvres complètes*, par F. Lachat, Paris, 1862-1866, 31 vol.
—, éditions séparées : *Correspondance*, publiée par Ch. Urbain et E. Lévesque, Paris, 1909-1925, 15 vol. ; *Libri Salomonis : Proverbia, Ecclesiastes, Canticum canticorum, sapientia, ecclesiasticus*, Paris, 1693 ; *Avertissement aux protestants sur les lettres du ministre Jurieu contre l'Histoire des variations*, t. IV, Paris, chez Guillaume Desprez, 1734 ; *Œuvres oratoires*, édition critique, Bruges-Paris, 1926-1927, 7 vol. ; *Oraisons funèbres*, par J. Truchet, Paris, coll. «Classiques Garnier», 1961 ; *Traité de la concupiscence*, Paris, coll. «Les textes français», 1930.
Chassignet (J.-B.), *Le Mépris de la vie et consolation contre la mort*, Besançon, 1601.
Chéron (J.), *Examen de la théologie mystique*, 1657.
Collius (Fr.), *De animabus paganorum*, 1623.
Condren (Ch. de), *L'Idée du sacerdoce et du sacrifice de Jésus-Christ*, 1677.
Corneille (P.), *Œuvres complètes*, Paris, Gallimard, coll. «La Pléiade», 3 vol. ; voir *Sur la contestation entre le sonnet d'Uranie et de Job* (1653) et *L'Imitation de Jésus-Christ* dans le tome II.
Desargues (G.), *Brouillon-projet d'une atteinte des événements d'un cône et d'un plan*, éd. R. Taton, Paris, PUF, 1951.
Descartes (R.), *Œuvres de Descartes*, publiées par Ch. Adam et P. Tannery, I-XI, Paris, CNRS-Vrin, 1973-1978.
—, éditions séparées : *Entretien avec Burman*, édition traduite et annotée par J.-M. Beyssade, Paris, PUF, coll. «Épiméthée», 1981 ; *Méditations métaphysiques*, trad. M. Beyssade, Paris, Le Livre de poche, 1990.
Drelincourt (L.), *Sonnets chrétiens*, Éd. du Chêne, 1948.
Fénelon, *Traité de l'existence de Dieu*, Paris, Mame-Éditions universitaires,1990.
—, *Œuvres spirituelles*, éd. Fr. Varillon, Paris, Aubier, 1954.
Filleau de La Chaise, *Discours sur les «Pensées» de Pascal*, introduction et notes de V. Giraud, Paris, Bossard, 1922.
François de Sales (saint), *Œuvres*, Paris, Gallimard, coll. «La Pléiade».
Godeau (A.), *Paraphrases de Psaumes*, 1648.
Gracián (B.), *El Discreto*, 1645.
Grenade (Louis de), *Traité de l'oraison et méditation [...]*, Paris, 1608.
Grotius, *Traité de la vérité de la religion chrétienne*, Leyde, 1627 ; voir la traduction de l'abbé Gouget, Paris, 1724, 2ᵉ éd., Paris, 1754.
Malebranche (N.), *Œuvres*, Paris, Gallimard, coll. «La Pléiade», 2 vol.
Masson (M.), *Fénelon et Mme Guyon. Documents nouveaux et inédits*, Paris, Hachette, 1907.

MERCIER (N.), *Instruction de Théophile ou De l'enfant chrétien*, 1654.
MOLIÈRE, *Œuvres complètes*, Paris, Gallimard, coll. «La Pléiade», 2 vol.
PIERRE CANISIUS (saint), *Petit catéchisme pour les catholiques [...]*, Paris, 1610.
QUESNEL (P.), *Tradition de l'Église romaine sur la grâce et la prédestination*, 1687.
RACINE, *Œuvres complètes*, Paris, Gallimard, coll. «La Pléiade», 2 vol.
SÉVIGNÉ (Mme DE), *Correspondance*, Paris, Gallimard, coll. «La Pléiade», 3 vol.
SENAULT (J.-Fr.), *L'Homme criminel ou la Corruption de la nature par le péché selon les sentiments de saint Augustin*, 1644; 4e éd., 1656.
—, *L'Homme chrétien ou la Réparation de la nature par la grâce*, 1648.
SILÉSIUS (A.), *Le Voyageur chérubinique*, 1657.
SILHON (J. DE), *Les Deux Vérités, l'une de Dieu et de sa providence, l'autre de l'immortalité de l'âme* (1626), Paris, Fayard, coll. «Corpus», 1991.
SIMON (R.), *Histoire critique du Vieux Testament*, Paris, 1680.
SPINOZA (B.), *Œuvres complètes*, Paris, Gallimard, coll. «La Pléiade», 1954, 1978.
TALLEMANT DES RÉAUX, *Historiettes*, Paris, Gallimard, coll. «La Pléiade», 2 vol.
VINCENT DE PAUL (saint), *Entretiens spirituels aux missionnaires*, Paris, Éd. du Seuil, 1960.

Études.
ADAM (A.), *Histoire de la littérature française au XVIIe siècle*, Paris, Domat, 1954.
—, *Les Libertins au XVIIe siècle*, Paris, Buchet-Chastel, 1964.
ARMOGATHE (J.-R.), *Theologia cartesiana. L'explication physique de l'eucharistie chez Descartes et dom Desgabets*, La Haye, Martinus Nijhoff, 1977.
BADY (R.), *L'Homme et son institution de Montaigne à Bérulle (1580-1625)*, Paris, coll. «Annales de l'université de Lyon», 1964.
BELLEMARE (R.), *Le Sens de la créature dans la doctrine de Bérulle*, Bruges-Paris, 1959.
BÉNICHOU (P.), *Morales du grand siècle*, Paris, Gallimard, coll. «Bibliothèque des idées», 1948.
BURY (E.), MEUNIER (B.), éd., *Les Pères de l'Église au XVIIe siècle*, Paris, Ed. du Cerf, 1993.
BUSSON (H.), *La Pensée religieuse française de Charron à Pascal*, Paris, Vrin, 1933.
—, *La Religion des classiques*, Paris, PUF, 1948.
CAHNÉ (A.), «Saint Augustin et les philosophes au XVIIe siècle», *XVIIe Siècle*, 135, avril-juin 1982, p. 121-132.

CALVET (J.), *La Littérature religieuse de François de Sales à Fénelon*, Paris, Del Duca, 1956.
CHEDOZEAU (B.), *La Bible et la liturgie en français*, Paris, Éd. du Cerf, 1990.
COCHOIS (P.), « Cœur (Le) », *Les Études carmélitaines*, Bruges-Paris, 1950.
COGNET (L.), *Les Origines de la spiritualité française au XVIIe siècle*, Paris, 1949.
—, « Le problème des vertus chrétiennes dans la spiritualité française au XVIIe siècle », dans *Les Vertus chrétiennes selon saint Jean Eudes*, Paris, 1960.
—, *La Spiritualité moderne*, I, *L'Essor : 1500-1650*, Paris, 1966.
DAGENS (J.), *Bérulle et les origines de la restauration catholique (1575-1611)*, Bruges-Paris, Desclée de Brouwer, 1952.
EYMARD D'ANGERS (J.), *Pascal et ses précurseurs. L'apologétique en France de 1580 à 1670*, Paris, 1954.
FUMAROLI (M.), *L'Âge de l'éloquence*, Genève, Droz, 1980.
GALY (J.), *Le Sacrifice dans l'École française de spiritualité*, Paris, 1951.
GILSON (E.), *La Liberté chez Descartes et la théologie*, Paris, Vrin, 1982.
GOUHIER (H.), *Cartésianisme et augustinisme au XVIIe siècle*, Paris, Vrin, 1978.
—, *L'Antihumanisme au XVIIe siècle*, Paris, Vrin, 1987.
GOYET (Th.), *L'Humanisme de Bossuet*, t. I, *Le Goût de Bossuet*; t. II, *L'Humanisme philosophique*, Paris, Les Belles-Lettres, 1965, 2 vol.
GREGORY (T.), « Dio ingannatore e genio maligno. Nota in margine alle Meditatione di Descartes », *Giornale critico della filosofia italiana*, 53 (55), fasc. 4, octobre-décembre 1974.
GRUA (G.), *Jurisprudence universelle et théodicée selon Leibniz*, Paris, PUF, 1953.
KENNINGTON (R.), « The Finitude of Descartes' Evil Genius », *Journal of the History of Ideas*, 32, 1971, p. 441-446.
KOYRÉ (A.), *Du monde clos à l'univers infini*, Paris, PUF, 1962.
KRAILSHEIMER (A. J.), *Studies in Self-interest, from Descartes to La Bruyère*, Oxford, 1962.
LAFOND (J.), *La Rochefoucauld. Augustinisme et littérature*, Paris, Klincksieck, 1986.
LAGRÉE (J.), *La Raison ardente*, Paris, Vrin, 1991.
LAPORTE (J.), *Études d'histoire de la philosophie française au XVIIe siècle*, Paris, 1951.
LE BRUN (J.), *La Spiritualité de Bossuet*, Paris, Klincksieck, 1972.
LEDUC-FAYETTE (D.), *Fénelon et l'amour de Dieu*, Paris, PUF, coll. « Philosophies », 1996.
—, « La lecture de l'Écriture sainte : un "droit"? », *Antoine Arnauld, Chroniques de Port-Royal*, 44, 1995, p. 97-112.

LE GUERN (M.), « Thomisme et augustinisme dans "De l'usage des passions" de Senault », *Corpus, revue de philosophie*, 7, 1988, p. 21-30.
LUBAC (H. DE), *Augustinisme et théologie moderne*, Paris, Aubier, 1965.
NEVEU (B.), « Le statut théologique de saint Augustin au XVIIe siècle », *Troisième centenaire de l'édition mauriste de saint Augustin*, colloque, Paris, 1990, p. 15-28.
PINTARD (R.), *Le Libertinage érudit en France dans la première moitié du XVIIe siècle*, Paris, 1943.
STEINMANN (J.), *Richard Simon et les origines de l'exégèse biblique*, Paris, Desclée de Brouwer, 1960.
VIEILLARD-BARON (J.-L.), « L'image de l'homme chez Descartes et le cardinal de Bérulle », *Revue philosophique*, 4, 1992, p. 403-419.
VOELTZEL (R.), « La méthode théologique de Hugo Grotius », *Revue d'histoire et de philosophie religieuse*, 1952, p. 126-133.

4. Autres

a. Œuvres antérieures au XVIIe siècle

ANSELME DE CANTORBERY (saint), *Meditatio ad concitandum timorem*, dans *Sancti Anselmi opera omnia*, éd. F. S. Schmitt, Stuttgart, 1966, vol. III.
—, *Œuvres philosophiques*, Paris, Aubier-Montaigne, 1947.
AUBIGNÉ (A. D'), *Les Tragiques*, Genève, Droz.
AUGUSTIN (saint), *Opera omnia*, PL.
—, *Œuvres*, Péronne, Écalle, Vincent, Charpentier et Barreau, Paris, 1869-1878, 34 vol.
—, *Œuvres de saint Augustin*, Paris, Desclée de Brouwer, coll. « Bibliothèque augustinienne ».
—, *Enarraciones sobre los Salmos, Obras de San Agustin*, t. XIX-XXII, Madrid, coll. « Biblioteca de autores cristianos », 1965-1967.
BERNARD (saint), *Opera*, 1690, *Œuvres mystiques*, édité et traduit par A. Béguin, Paris, 1953.
BOÈCE, *La Consolation de la philosophie*, traduction, introduction et notes par A. Bocognano, Paris, Garnier, s. d.
BONAVENTURE (saint), *Itinéraire de l'esprit vers Dieu*, Paris, Vrin, 1960.
BRÉHIER (E.), *Plotin. « Les Ennéades »*, Paris, 1924-1938.
BRUNO (G.), *Le Banquet des cendres* (1584), Paris, Éd. de l'Éclat, 1988.
CALVIN, *L'Institution chrétienne* (1536), édition critique par J. D. Benoit, Paris, Vrin, 1957-1963, 5 vol. ; Kerygma-Farel, 1978, 3 vol.

CANFELD (Benoît DE), *La Règle de perfection. The Rule of Perfection* (premier état, 1590), éd. Orcibal, Paris, 1982.
CHARRON (P.), *Trois vérités contre tous les athées* (1594); *Les Trois Livres de la sagesse* (1601); *De la sagesse*, Fayard, coll. «Corpus», 1986.
CICÉRON, *De natura deorum. De la nature des dieux*, trad. abbé d'Olivet, 1732; traduit et annoté par Ch. Appuhn, Paris, Garnier, s. d.
COMENIUS (J. A. K.), *Le Labyrinthe du monde et le paradis du cœur* (écrit en 1623, publié en 1631), Paris, 1992.
CUES (N. DE), *Œuvres choisies*, avec une introduction de M. de Gandillac, Paris, Aubier-Montaigne, 1942.
DU BARTAS (G. S.), *La Sepmaine ou création du monde*, Paris. 1578.
DU VAIR (G.), *Traité de la constance et de la consolation ès calamités publiques*, Paris, Éd. de la Nef, 1941.
ÉRASME, *Œuvres choisies*, présenté traduit et annoté par J. Chomarat, Paris, Le Livre de poche, 1991.
Érasme, Paris, Robert Laffont, coll. «Bouquins».
Imitation de Jésus-Christ (L'), texte latin original, trad. Lamennais, introduction par le R. P. Chenu, Paris, Plon, 1950.
IGNACE DE LOYOLA (saint), *Exercices spirituels* (texte définitif, 1548), Paris, Éd. du Seuil, 1982.
LULLE (R.), *Le Livre du gentil et des trois sages*, Paris, Éd. de l'Éclat, 1992.
LUTHER (M.), *De la liberté du chrétien* (1520), trad. Ch. Cristiani, Paris, Bloud et Gay, 1914.
—, *Le Serf Arbitre* (1525), trad. D. de Rougemont, Paris, coll. «Je sers», 1936.
MANETTI (G.), *De dignitate et excellentia hominis*, 1452; Bâle, 1532.
MARTIN (R.), *Raimundi Martini Pugio fidei adversus Mauros et Judaeos, cum observationibus Josephi de Voisin*, Paris, 1651; éd. Carpzov, Leipzig, 1687 [1278].
MOLINA (L.), *De concordia liberi arbitrii cum gratiae donis, divina praescientia, providentia, praedestinatione et reprobatione*, Lisbonne, 1588; Anvers, 1595.
MONTAIGNE (M. DE), *Les Essais*, éd. Villey; réimpr. Paris, Verdun-Saulnier, 1965.
MORE (Th.), *La Tristesse du Christ*, Paris, Téqui, 1990.
PIC DE LA MIRANDOLE (J.), *Oratio de hominis dignitate*, Bâle, 1504; *De la dignité de l'homme*, trad. Y. Hersant, Paris, Éd. de l'Éclat, 1993.
PLATON, *Opera*, éd. Marsile Ficin, Bâle, 1561, 2 vol.
—, *Œuvres complètes*, Paris, Gallimard, coll. «La Pléiade», 2 vol.
RABELAIS (F.), *Œuvres*, Paris, Éd. du Seuil, coll. «L'Intégrale».
STOÏCIENS (LES), Paris, Gallimard, coll. «La Pléiade».

SUAREZ (F.), *Opera omnia*, éd. Vivès, Paris, 1856-1877, 20 vol.
—, *De divina gratia*, Mayence, 1620.
THOMAS D'AQUIN (saint), *Summa theologica*, éd. J. Pecci, Paris, Lethielleux, 1939 s., 5 vol.
TRAGIQUES GRECS, ESCHYLE-SOPHOCLE, Paris, Gallimard, coll. « La Pléiade ».

b. Les XVIIIe et XIXe siècles

BAUDELAIRE (Ch.), *Œuvres complètes*, Paris, Gallimard, coll. « La Pléiade ».
DIDEROT (D.), *Lettre sur les aveugles à l'usage de ceux qui voient* (1749), dans *Œuvres*, Paris, Gallimard, coll. « La Pléiade ».
DOSTOÏEVSKI (F.), *L'Idiot* (1868-1869); *Les Frères Karamazov* (1879-1880), Paris, Gallimard, coll. « La Pléiade ».
HEGEL (G. W. F.), *Phénoménologie de l'esprit* (1807), trad. J. Hyppolite, Paris, Aubier-Montaigne, 1941, 2 vol.
HUME (D.), *Dialogues sur la religion naturelle* (1779), traduit et annoté par M. Malherbe, Paris, Vrin, 1987.
KIERKEGAARD (S.), *Œuvres complètes*, Paris, Éd. de l'Orante, 1966-1986, 20 vol.
—, *La Répétition* (1843), trad. Tisseau, Bazoges-en-Pareds, 1948.
LA METTRIE (J. OFFRAY DE), *L'Homme machine* (1748), éd. A. Vartanian, Princeton University Press, 1960.
LEIBNIZ (G. W.), *Essais de théodicée sur la bonté de Dieu, la liberté de l'homme et l'origine du mal* (1710), éd. Jalabert, Paris, Aubier, 1962.
NIETZSCHE (F.), *Ecce homo* (1888), dans *Œuvres complètes*, t. VIII, Paris, Gallimard, 1974.
RENAN (E.), *Œuvres complètes*, Paris, Calmann-Lévy, 1947-1961.
—, *Judaïsme et christianisme*, textes présentés par J. Gaulmier, Paris, Copernic, 1977.
ROUSSEAU (J.-J.), *Rêveries du promeneur solitaire* (1782), dans *Œuvres complètes*, Paris, Gallimard, coll. « La Pléiade », Deuxième Promenade, t. I, p. 102-1010.
SADE (D. A. F.), *Aline et Valcour* ou *Le Roman philosophique* (1793), dans *Œuvres*, Paris, Gallimard, coll. « La Pléiade », t. I.
SAINT-MARTIN (L.-Cl.), *Le Crocodile ou la Guerre du bien et du mal*, Paris, Triades Editions, 1979.
SCHELLING, *Les Âges du monde*, trad. S. Jankélévitch, Paris, Aubier, 1949.
SCHOPENHAUER, *Le Monde comme volonté et comme représentation* (1819), Paris, Alcan, 7e éd., 1924.
—, *Parerga et paralipomena* (1850), Paris, Alcan, 1905.
VOLTAIRE, *Romans et contes*, *Mélanges*, Paris, Gallimard, coll. « La Pléiade ».

c. Le XXe siècle

Nous n'avons pas jugé utile de reproduire de manière systématique les intitulés de tous les ouvrages ou articles que nous avons cités. En revanche peuvent figurer ici quelques écrits lus avec profit mais non cités dans le corps du texte.

Adorno (Th.), *Negative Dialektik*, Francfort-sur-le-Main, Suhrkamp, 1966.
Antonelli (M.), *L'eucaristica nell' « action » (1893) di Blondel. La chiave di volta di un' apologetica filosofica*, Rome 1991, (préface de X. Tilliette).
Armogathe (J.-R.), «Ernst Bloch, prophète marxiste», *Les Quatre fleuves*, 2, Paris, Éd. du Seuil, 1974.
Balthasar (H. U. von), *Points de repère*, Paris, Fayard, 1973.
—, *Pâques, le Mystère*, Paris, Éd. du Cerf, 1981.
—, *Le Chrétien et l'angoisse*, Paris, Desclée de Brouwer, 1954.
Barr (J.), «The Symbolism of Names in the Old Testament», *Bulletin of the John Rylands Library*, 52, 1969, p. 11-29.
Barth (K.), *Kirkliche dogmatik*, Zurich, 1945.
Barthes (R.), *Fragments d'un discours amoureux*, Paris, Éd. du Seuil, coll. «Tel quel», 1977.
Béguin (A.), *Création et destinée*, Paris, Éd. du Seuil, 1973.
Bénichou (P.), *Les Mages romantiques*, Paris, Gallimard, coll. «Bibliothèque des idées», 1988.
—, *Le Sacre de l'écrivain*, Paris, Corti, 1985.
Bernanos (G.), «La liberté, pourquoi faire?», *Essais et écrits de combat*, Paris, Gallimard, coll. «La Pléiade».
—, *Journal d'un curé de campagne* et *M. Ouine*, dans *Œuvres romanesques*, Paris, Gallimard, coll. «La Pléiade».
Bloch (E.), *Das Prinzip Hoffnung*, édition en trois tomes, Francfort-sur-le Main, 1967.
—, *L'Athéisme dans le christianisme* (1973), Paris, Gallimard, 1978.
Blondel (M.), *La Philosophie et l'esprit chrétien*, Paris, PUF, 1946, 2 vol.
Bottéro (J.), *Naissance de Dieu. La Bible et l'historien*, Paris, Gallimard, 1986; voir «Le récit du péché originel», p. 203-222, et «L'Ecclésiaste et le problème du mal», p. 222-253.
Boulnois (O.), (sous la dir. de), *La Puissance et son ombre. De Pierre Lombard à Luther*, Paris, Aubier, 1994.
Brague (R.), (sous la dir. de), *Saint Bernard et la philosophie*, Paris, PUF, 1993.
Brès (Y.), *La Souffrance tragique*, Paris, PUF, 1992.
Bruaire (Cl.), *Le Droit de Dieu*, Paris, Aubier, 1974.
—, *Pour la métaphysique*, Paris, Fayard, 1980.
—, *L'Être et l'Esprit*, Paris, PUF, coll. «Épiméthée», 1983.
—, *La Force de l'Esprit*, Paris, Desclée de Brouwer, 1986.

BUBER (M.), *Bilder von Gut und Böse* (1952), dans *Werke*, t. I, *Schriften zur Philosophie*, Munich-Heidelberg, Kösel-Schneider, 1962.

—, « Le mal est-il une force indépendante ? », *Archives de philosophie*, 1988, 51, p. 529-545 ; voir l'introduction de D. Bourel.

CAMPORESI (P.), *L'Enfer et le fantasme de l'hostie*, Paris, Hachette, 1989.

CHALIER (Catherine), *La Persévérance du mal*, Paris, Éd. du Cerf, 1987.

CHENU (M.-D.), « Platon à Cîteaux », *Archives d'histoire doctrinale et littéraire du Moyen Âge*, 21, 1954.

CHESTOV (L.), « Job ou Hegel ? À propos de la philosophie existentielle de Kierkegaard », *La Nouvelle Revue française*, 23, 1936, p. 755-762.

CHRÉTIEN (J.-L.), « L'humilité selon saint Bernard », *Communio*, 10, 4, 1985, p. 112-127.

—, « La parole blessée. Phénoménologie de la prière », *Phénoménologie et théologie*, Paris, Criterion Idées, 1992, p. 41-78.

CIORAN (E.), *Le Mauvais Démiurge*, Paris, Gallimard, 1969.

CLAIR (A.), *Kierkegaard. Penser le singulier*, Paris, Éd. du Cerf, 1993.

CLAUDEL (P.), éd., *Le mal est parmi nous*, Paris, Plon, 1948.

COURCELLE (P.), *Les « Confessions » de saint Augustin dans la tradition littéraire*, Paris, Études augustiniennes, 1963.

CURTIUS (E. R.), *La Littérature européenne et le Moyen Âge latin*, Paris, PUF, 1956.

DAHAN (G.), *La Polémique chrétienne contre le judaïsme*, Paris, Albin Michel, 1991.

DANIÉLOU (J.), *Essai sur le mystère de l'histoire*, Paris, Éd. du Seuil, 1953.

—, *Dieu et nous*, Paris, Grasset, 1956.

—, *Les Saints païens de l'Ancien Testament*, Paris, Éd. du Seuil, 1956.

—, *Approches du Christ*, Paris, Grasset, 1960.

—, *Les Origines du christianisme latin*, Paris, Desclée-Éd. du Cerf, 1991.

—, « Plotin et Grégoire de Nysse sur le mal », *Plotino*, p. 485-494.

DELUMEAU (J.), *Le Péché et la Peur*, Paris, Fayard, 1983.

Du Bartas, poète encyclopédique du XVIe siècle, sous la direction de J. Dauphiné, Lyon, La Manufacture, 1988.

DUPONT (J.), MATHEY (F.), *Du Caravage à Vermeer*, Lausanne, Skira, 1951.

ELLUL (J.), *La Raison d'être. Méditation sur l'Ecclésiaste*, Paris, Éd. du Seuil, 1987.

FESSARD (G.), *La Dialectique des « Exercices spirituels » de saint Ignace de Loyola*, Paris, Aubier, 1956.

—, « Enfer éternel ou salut universel ? », *Le Mythe de la peine*, colloque Castelli, Paris, Aubier, 1967.

FESTUGIÈRE (A.-J.-J.), *La Révélation d'Hermès Trismégiste*, t. II, *Le Dieu cosmique*, Paris, Gabalda, 2ᵉ éd., 1949.
FEUILLET (A.), *L'Agonie de Gethsémani*, Paris, Gabalda, 1977.
FONTAN (P.), «La théodicée de Kant», *Le Fini et l'absolu. Itinéraires métaphysiques*, Paris, Téqui, 1990, p. 151-164.
FRYE (Northrop), *Anatomie de la critique*, Paris, Gallimard, coll. «Bibliothèque des idées», 1969.
—, *Le Grand Code*, Paris, Éd. du Seuil, 1984.
GENETTE (G.), *Palimpsestes. La littérature au second degré*, Paris, Éd. du Seuil, 1982.
GIDE (A.), *Les Nourritures terrestres*, dans *Romans*, Paris, Gallimard, coll. «La Pléiade».
GIL (F.), *Traité de l'évidence*, Grenoble, Jérôme Millon, 1993.
GLATZER (N. N.), *Geschichte der Talmudischen Zeit*, Berlin, Schocken, 1937.
GOOD (E. M.), *Irony in the Old Testament*, Londres, 1965.
GOUHIER (H.), «Situation contemporaine du problème du mal», dans *Le mal est parmi nous*, Paris, Plon, 1948.
—, «Inhumain don Juan», *La Table ronde*, novembre 1957.
—, «Le "dieu noir" dans l'expérience spirituelle du poète Marie Noël», *Archivio di filosofia*, Rome, 1980, p. 83-86.
—, «La philosophie chrétienne», *Étienne Gilson. Trois essais*, Paris, Vrin, 1993.
GRANIER (J.), «Pour un nouveau dialogue entre théologie et philosophie», *Revue de métaphysique et de morale*, 4, 1980.
GRASSI (E.), *La Métaphore inouïe*, Paris, Quai Voltaire, 1991.
HADOT (P.), *La Citadelle intérieure. Introduction aux pensées de Marc Aurèle*, Paris, Fayard, 1992.
GREGORY (T.), *Scetticismo e empirismo*, Bari, 1961.
HEIDEGGER (M.), *Unterwegs zur Sprache*, Neske, 1959.
JANKÉLÉVITCH (W.), *Le Mal*, Grenoble, B. Arthaud, 1947.
—, *L'Ironie ou la Bonne conscience*, Paris, PUF, 1950.
JONAS (H.), *La Religion gnostique*, Paris, 1978.
JOSSUA (J.-P.), *Pierre Bayle ou l'Obsession du mal*, Paris, Aubier-Montaigne, 1977.
JUNG (C. G.), *Métamorphoses de l'âme et ses symboles*, Genève, Librairie de l'université-Georg et Cie S.A., 1973.
KAJON (I.), *Fede ebraica e ateismo dopo Auschwitz*, Pérouse, Benucci, 1993.
LADRIÈRE (J.), *L'Articulation du sens*, t. II, *Les Langages de la foi*, Paris, Éd. du Cerf, 1984, IIIᵉ partie, chap. XIX, «Approche philosophique d'une réflexion sur l'Eucharistie», p. 309-334.
LAPLANCHE (F.), *La Bible en France entre mythe et critique (XVIᵉ-XIXᵉ siècle)*, Paris, Albin Michel, 1994.
LAVELLE (L.), *Le Mal et la Souffrance*, Paris, Plon, 1940.
LAZZARINI (R.), *Il male nel pensiero moderno. Le due vie della liberazione*, Naples, 1936.

Leclercq (dom J.), *L'Amour des lettres et le désir de Dieu*, Paris, Éd. du Cerf, 1956 ; 1990, 3ᵉ éd.
Leduc-Fayette (D.), *J.-J. Rousseau et le mythe de l'Antiquité*, Paris, Vrin, 1974.
—, « La Mettrie et Descartes », *Europe*, octobre 1978.
—, « L'espérance défigurée », *International Studies in Philosophy*, 15, 3, 1983, p. 45-54.
—, « Diderot. Le désordre et le mal », *Revue philosophique de la France et de l'étranger*, 3, 1984, p. 337-351.
—, « Du retour à l'origine », *Revue philosophique de la France et de l'étranger*, 1, 1990, p. 47-57.
—, « Désir et destin », *Les Études philosophiques*, 3, 1988, p. 28-300.
—, « Loi de grâce et liberté », *Les Études philosophiques*, 1, 1993, p. 25-34.
Le Guern (M.), *Éléments pour une histoire de l'ironie*, Lyon, Presses universitaires de Lyon, 1978.
Lévinas (E.), « Transcendance et mal », *Le Nouveau Commerce*, 41, 1978.
—, « La souffrance inutile », *Giornale di metafisica*, 1, 1982, p. 13-25.
Lubac (H. de), *Le Drame de l'humanisme athée*, Paris, SPES, 1950.
—, *Augustinisme et théologie moderne*, Paris, Aubier, 1965.
—, *Exégèse médiévale. Les quatre sens de l'Écriture*, Iʳᵉ partie, 2 vol., 1959 ; IIᵉ partie, 2 vol., Paris, Aubier, 1964.
—, *Pic de La Mirandole*, Paris, Aubier-Montaigne, 1974.
—, *L'Écriture dans la tradition*, Paris, Aubier, 1966.
Magnard (P.), *Le Dieu des philosophes*, Paris, Mame-Éditions universitaires, 1992.
Marcel (G.), *Pour une sagesse tragique*, Paris, Plon, 1968.
—, *Être et avoir*, Paris, Aubier, 1968, 2 vol.
Marion (J.-L.), « Le sujet en dernier appel », *Revue de métaphysique et de morale*, 1, 1991.
—, « Le présent et le don », *Communio*, 11, novembre 1977.
—, « Le phénomène saturé », *Phénoménologie et théologie*, Paris, Criterion, 1992, p. 79-128.
Maritain (J.), *De Bergson à Thomas d'Aquin*, Paris, Flammarion, 1944, chap. VII, « Saint Thomas d'Aquin et le problème du mal », p. 269-301.
Marquet (J.-Fr.), « Témoignage et testament », *Le Témoignage*, colloque Castelli, Paris, Aubier, 1972, p. 151-161.
—, « Le philosophe devant le mystère de la Trinité », *Les Études philosophiques*, 3, 1988, p. 323-328.
—, *Singularité et événement*, Grenoble, Jérôme Millon, 1995.
Marrou (H.-I.), « Un ange déchu, un ange pourtant », *Satan*, *Études carmélitaines*, 1948, p. 28-43.
Mauzi (R.), *L'Idée du bonheur au XVIIIᵉ siècle*, Paris, Colin, 2ᵉ éd., 1965.

Maybaum (I.), *The Face of God after Auschwitz*, Amsterdam, Polak-van Gennep, 1965.
Merlin (N.), *Saint Augustin et les dogmes du péché originel et de la grâce*, Paris, Letouzey et Ané, 1931.
Mouroux (J.), *Le Mystère du temps. Approche théologique*, Paris, Aubier, 1962.
Neher (A.), « La philosophie juive médiévale », *Histoire de la philosophie*, Paris, Gallimard, coll. « La Pléiade », t. I, p. 1006-1048.
—, *L'Essence du prophétisme*, Paris, PUF, 1955.
—, « Pensée biblique et non-philosophie », *Les Études philosophiques*, 2, 1994, p. 15-16.
Neveu (B.), *L'Erreur et son juge. Remarques sur les censures doctrinales à l'époque moderne*, Naples, Bibliopolis, 1993.
Nowak (E.), *Le Chrétien devant la souffrance. Étude sur la pensée de Jean Chrysostome*, Paris, Beauchesne, 1972.
Otto (R.), *Le Sacré*, Paris, Payot, 1968.
Pelikan (J.), *La Réforme de l'Église et du dogme.1300-1700*, Paris, PUF, 1994.
Pétré (H.), *L'« Exemplum » chez Tertullien*, Paris, 1940.
Philonenko (A.), *J.-J. Rousseau et la pensée du malheur*, Paris, Vrin, 1984, 3 vol.
Plinval (G. de), *Pélage. Ses écrits, sa vie et sa réforme*, Paris, Payot, 1943.
Pontet (M.), *L'Exégèse de saint Augustin prédicateur*, Paris, Aubier, 1946.
Présence de Gabriel Marcel, « G. Marcel et E. Bloch : Dialogue sur l'espérance », cahier I, Paris, Aubier, 1979, p. 39-74.
Régnon (P. de), *Bannez et Molina*, Paris, 1883.
Reinbold (A.), *Georges de La Tour*, Paris, Fayard, 1991.
Rétat (L.), *Religion et imagination religieuse : leurs formes et leurs rapports dans l'œuvre de E. Renan*, Paris, Klincksieck, 1977.
Ricœur (P.), *Finitude et culpabilité*, t. II, *La Symbolique du mal*, Paris, Aubier, 1960.
Rondet (H.), *Essais sur la théologie de la grâce*, Paris, Beauchesne, 1964.
Rousseau (H.), *Le Dieu du mal*, Paris, PUF, 1963.
Rousset (J.), *La Littérature de l'âge baroque en France*, Paris, Corti, 1960.
Saint-Sernin (B.), *La Raison au XXe siècle*, Paris, Éd. du Seuil, 1995.
Sartre (J.-P.), *L'existentialisme est un humanisme*, Paris, Nagel, 1946.
Scheler (M.), *Le Formalisme en éthique et l'éthique matériale des valeurs*, Paris, Gallimard, 1955.
Scholem (G.), « Le mythe de la peine dans le judaïsme », *Le Mythe de la peine*, colloque Castelli, Paris, Aubier, 1967.
Schuhl (P.-M.), « Montaigne et Socrate », *La Fabulation platonicienne*, Paris, PUF, 1947.

Screech (M. A.), *Érasme. L'extase et l'éloge de la folie*, Paris, Desclée de Brouwer, 1980.
—, *Montaigne et la mélancolie*, préface de M. Fumaroli, Paris, PUF, 1992.
—, *Rabelais*, Paris, Gallimard, coll. «Bibliothèque des idées», 1992.
Sellier (Ph.), «Qu'est-ce qu'un mythe littéraire?», dans «La Farcissure. Intertextualités au XVIe siècle», *Littérature*, 55, 1984, p. 112-126.
Sendrail (M.), *Histoire culturelle de la maladie*, Paris, Privat, 1980.
Serres (M.), *Hermès III. La traduction*, Paris, Éd. de Minuit, 1974.
Spanneut (M.), *Le Stoïcisme des Pères de l'Église*, Paris, 1957.
Tilliette (X.), *Karl Jaspers*, Paris, Aubier, 1960.
—, «La conscience morale dans la situation contemporaine», *Giornale di metafisica*, 1, 1979, p. 38-53.
—, *Eucharistie et philosophie*, Paris, Institut catholique, 1983.
—, «Problèmes de philosophie eucharistique», *Gregorianum*, 64, 1983, p. 273-305; 65, 1984, p. 606-634.
—, «La faute et son pardon», *Corps écrit*, 19, 1986, p. 75-80.
—, *Le Christ de la philosophie. Prolégomènes à une christologie philosophique*, Paris, Éd. du Cerf, 1990.
—, «Du mal et de la souffrance», *Les Études philosophiques*, 1, 1990.
—, *Filosofi davanti a Cristo*, édition italienne sous la direction de G. Sansonetti, Brescia, Queriniana, 1989, 1991.
—, *La Semaine sainte des philosophes*, Paris, Desclée, 1992.
—, «Il Cristo dei non credenti», *Rassegna di teologia*, 2, 1992, p. 123-136.
Varillon (Fr.), *La Souffrance de Dieu*, Paris, Centurion, 1975.
Vieillard-Baron (J.-L.), Kaplan (F.), éd., *Introduction à la philosophie de la religion*, Paris, Éd. du Cerf, 1989.
Vetö (M.), *Éléments d'une doctrine chrétienne du mal*, St Thomas More Lecture, 1981.
Wahl (J.), *Le Malheur de la conscience dans la philosophie de Hegel*, Paris, PUF, 1951.
Walker (D.P.), *The Ancient Theology. Studies in Christian Platonism from the Fifteenth to the Eighteenth Century*, Londres, Duckworth, 1972.
Weil (S.), *Intuitions préchrétiennes*, Paris, La Colombe-Fayard, 1951.
—, *Cahiers I, II, III*, Paris, Plon, 1970, 1972, 1974.
Zac (S.), «Le rationalisme de Maïmonide et ses limites», *Les Études philosophiques*, 2, 1994, p. 204-216.
Zanta (L.), *La Renaissance du stoïcisme au XVIe siècle*, Paris, Champion, 1914.

Index des références à Job dans l'œuvre de Pascal

(citations explicites ou implicites)

Pensées (éd. Sellier-Lafuma)
S 22/L 403 «Salomon et Job», «Misère», «Vanité»
[S 103/L 69
S 109/L 74]
S 658/L 811, Moïse et Job, «Prophétie», Jb, XIX, 23-27, «Don», «chair»
S 216/L 184, Jb, VI, 28, «Mensonge»
S 230/L 199, Jb, V, 9, «Merveilles incompréhensibles»

Provinciales (éd. Cognet)
Lettre XI, p. 196, Jb, XXII, 19, «Ironie»
Lettre XI, p. 204, Jb, XIII, 7, «Mensonge»

Lettre V à Mlle de Roannez (*OC* III, éd. Mesnard)
P. 1040 Jb, XXXI, 23, et Jb, XXVIII, 28, «Crainte»

Lettre sur la mort de son père (*OC* II)
P. 853 Jb, XIV, 15, «La dextre»

Abrégé de la vie de Jésus-Christ (*OC* III)
P. 249 Jb, XIV, 15, «La droite»

Prière pour demander à Dieu le bon usage des maladies (*OC* IV)
§ IV, Jb, I, 21, «Don»
§ VII, Jb, II, 8, «Plaie»
§ X, Jb, I, 11 et XIII, 21, «Main»
§ XIII, Jb, I, 21, «Don»

Index des noms*

ABEN EZRA, 108.
ADAM (Charles), 168.
ADAM (Michel), 340.
ADORNO (Theodor), 80.
ALAIN DE LILLE, 110.
ALBERT LE GRAND (saint), 61.
ALSTED (Johannes Heinrich), 14.
ALVAREZ (Diego), 291.
AMADO LÉVY-VALENSI (Éliane), 29, 82.
AMBROISE (saint), 13, 56, 144.
ANSELME D'AOSTE (saint), 137, 173.
ANTONELLI (Mario), 218.
ANTONIADIS (Sophie), 99, 108, 146.
ARCHIMÈDE, 219.
ARIMINENSIS (Grégoire de Rimini), 236.
ARISTOTE, 59, 61, 86, 125, 137.
ARMOGATHE (Jean-Robert), 14, 67, 71, 83, 99, 159, 260.
ARNAULD (Antoine), 26, 69, 108, 119, 128, 192, 202, 212, 219, 258 à 260, 293, 325, 328, 346, 347.
ARNAULD (Mère Agnès de Saint-Paul), 71, 259.
ARNAULD D'ANDILLY (Robert), 128, 249.
ARNAULD D'ANDILLY (Mère Angélique de Saint-Jean), 71.
ARTAUD (Antonin), 81.
ASFELD (l'abbé d'), 76.
ATHANASE D'ALEXANDRIE (saint), 53, 215.
AUBIGNÉ (Agrippa d'), 64, 124.
AUGUSTIN (saint, évêque d'Hippone), 21 à 23, 30, 31, 38, 56 à 59, 73, 74, 86, 91, 93, 94, 104, 107, 115 à 117, 120, 124, 128, 135 à 137, 139, 143, 144, 160, 164, 166, 173, 177 à 179, 182, 184, 186, 192, 194, 200, 210, 212, 214 à 216, 223, 231, 241, 242, 246, 247, 267, 277, 280, 285, 296, 301, 305, 307, 308, 310, 319, 323, 333, 337, 338, 345.

BACON (Francis), 130, 142.
BAIL (Louis), 349.
BAIRD (A. W. S.), 347.
BALTHASAR (Hans Urs von), 25, 43, 47, 83, 101, 249, 262, 278, 335.
BANNEZ (Dominique), 291, 292.
BARBEY D'AUREVILLY (Jules), 137, 239.
BARCOS (Martin de), 71.

* Texte et notes. Les noms bibliques ont été omis, en raison de leur fréquence.

BARENNE (Odette), 22, 54, 56, 74, 199, 215, 263.
BARR (James), 15.
BARRÈS (Maurice), 303.
BARTFELD (F.), 78.
BARTH (Karl), 31.
BARTHES (Roland), 13, 41.
BASILE LE GRAND (saint), 106.
BATAILLON (Marcel), 130.
BAUDELAIRE (Charles), 62, 142, 211, 274, 351.
BAYLE (Pierre), 134, 233, 236 à 238.
BECKETT (Samuel), 81.
BÈDE LE VÉNÉRABLE, 21, 160.
BÉGUIN (Albert), 18, 273.
BÉNICHOU (Paul), 77, 78.
BENOÎT (saint), 339.
BENOIST (René), 108.
BENSÉRADE (Isaac de), 69, 70.
BERDIAEFF (Nicolas), 80, 84.
BERKELEY (Georges), 147, 148, 225, 245.
BERNANOS (Georges), 72, 179, 214.
BERNARD DE CHARTRES, 142.
BERNARD DE CLAIRVAUX (saint), 53, 60, 86, 129, 144, 321, 336, 339, 340, 352.
BERNOULLI (Jacques), 180.
BÉRULLE (Pierre de), 22, 24, 66, 91, 131, 216, 218, 227, 228, 239, 240, 255, 257 à 259, 263 à 266, 321, 346, 351, 352.
BEYSSADE (Jean-Marie), 237, 295.
BEYSSADE (Michelle), 233, 236.
BÈZE (Théodore de), 64.
BIAS DE PRIENE, 137.
BIEL (Gabriel), 236.
BIRAULT (Henri), 337.
BLAKE (William), 316, 355.
BLAMPIGNON, 71.
BLOCH (Ernst), 82, 83, 107, 326, 355.
BLONDEL (Maurice), 103, 132, 218, 257, 288.

BLOY (Léon), 179.
BOCHET (Marc), 40, 81.
BOCOGNANO (Adrien), 212, 213.
BOÈCE (Manlius Severinus Boethius, ou), 137, 212, 213.
BONAVENTURE (Jean Fidanza, saint), 352.
BOS (Camille), 303.
BOSCH (Jérôme), 134.
BOSSUET (Jacques-Bénigne), 15, 42, 46, 54, 68, 69, 72 à 74, 137, 186.
BOTTÉRO (Jean), 51.
BOUCHILLOUX (Hélène), 29.
BOUHOURS (Dominique), 13.
BOULNOIS (Olivier), 63.
BOUREL (Dominique), 80.
BOURGOING (François), 338.
BOUTANG (Pierre), 355.
BOUTROUX (Émile), 219.
BOYANCÉ (Pierre), 89.
BRAGUE (Remi), 336, 339, 340.
BRÉGY (Mme de), 70.
BREMOND (Henri), 217, 255, 277, 309, 311.
BRÈS (Yvon), 52.
BRUAIRE (Claude), 7, 28, 47, 268, 270, 274, 277, 296, 333, 334, 345.
BRUNEL (Pierre), 37.
BRUNO (Giordano), 63.
BRUNSCHVICG (Léon), 14, 27, 80, 99, 102, 106, 111, 150, 216, 226, 227, 235, 243, 306.
BRYKMAN (Geneviève), 245.
BUBER (Martin), 80, 81.
BULTMANN (Rudolf), 203.
BURIDAN (Jean), 224.
BURMAN (François), 237.
BURY (Emmanuel), 238.
BUSSON (Henri), 347.

CAHNÉ (Pierre-Alain), 275.
CALDERÓN DE LA BARCA (Pedro), 132, 315.

INDEX DES NOMS

CALMET (dom Augustin), 37, 75, 144.
CALVET (Jean), 32, 66.
CALVIN (Jean), 64, 144, 221, 268, 269, 308, 327.
CAMPORESI (Piero), 182, 202, 304.
CAMUS (Albert), 81.
CANFELD (Benoît de), 264.
CARRAUD (Vincent), 15, 29, 55, 67, 71, 88 à 91, 168, 185, 334, 342.
CASSIEN (Jean), 19, 91.
CASSIRER (Ernst), 227.
CATHERINE DE SIENNE (sainte), 72.
CATON D'UTIQUE, 73.
CÉARD (Jacques), 129.
CERTEAU (Michel de), 165, 167, 257.
CHADUC (Louis), 130.
CHALIER (Catherine), 84.
CHAMPIER (Symphorien), 85.
CHANUT (abbé), 20.
CHARRON (Pierre), 122, 123, 185, 193.
CHASSIGNET (Jean-Baptiste), 66, 73.
CHASTILLON (cardinal de), 144.
CHATEAUBRIAND (François-René), 77.
CHEDOZEAU (Bernard), 14, 26, 27, 255.
CHÉNÉ (Jean), 224.
CHENU (le P. M.-D.), 22, 86.
CHÉRON (Jean), 91.
CHESNEAU (Charles), (Julien Eymard d'Angers), 179.
CHESTOV (Léon), 78, 84.
CHOURAQUI (André), 79, 125.
CHRÉTIEN (Jean-Louis), 297, 340.
CHRISTODOULOU (Kyriaki), 16.
CICÉRON, 56, 85, 87, 88, 131, 134, 164, 167, 188, 199.

CIORAN (Émile), 235.
CLAIR (André), 50, 340.
CLAUDEL (Paul), 33, 35, 90, 93, 104, 144, 157, 179, 301, 312, 313.
CLÉMENT D'ALEXANDRIE, 21, 42, 53.
CLÉMENT DE ROME, 54.
CLÉOPÂTRE, 126.
CODURC (Philippe, Codurcus), 70, 160.
COGNET (Louis), 91, 192, 258, 264, 338, 344, 347, 352.
COHEN (Hermann), 62, 80, 318.
COMENIUS (Johann Amos), 214.
CONDORCET (Antoine Caritat, marquis de), 305.
CONDREN (Charles de), 255, 263 à 266, 268, 324.
CONRIUS (Conry, Florent), 352.
CONTI (prince de), 70.
CORNEILLE (Pierre), 22, 130, 131.
CORNEILLE (Thomas), 128.
COURCELLE (Pierre), 86, 104, 288.
COURCELLES (Dominique de), 131.
COUSIN (Victor), 302.
CROQUETTE (Bernard), 87, 122.
CUES (Nicolas de), 302.
CURTIUS (Ernst Robert), 315.
CYPRIEN (saint), 56.
CYRANO DE BERGERAC, 103, 104.
CYRILLE D'ALEXANDRIE (saint), 143, 277.

DAGENS (Jean), 228, 258.
DAHAN (Gilbert), 110.
DANIÉLOU (Jean), 31, 34, 54, 56.
DANTE (Dante Alighieri), 284, 319, 354.
DAVIDSON (H. M.), 115, 116.
DÉCHANET (Jean), 340.
DEDIEU (Joseph), 216.

DELASSAULT (Geneviève), 68, 69.
DELFORGE (Frédéric), 14, 181.
DELUMEAU (Jean), 304.
DEMAN (Théodore), 250.
DÉMOCRITE, 233.
DÉMOSTHÈNE, 180.
DENYS L'ARÉOPAGITE (Pseudo-Denys), 86, 161, 345.
DERHAM (William), 76.
DESARGUES (Girard), 20.
DESCARTES (René), 15, 25, 41, 44, 67, 94, 102, 130, 132, 185, 211, 216, 219, 233, 235, 236, 237, 245, 260, 283, 286, 296, 334, 345.
DESCOTES (Dominique), 245.
DESGABETS (dom Robert), 260.
DESIDERIO (Monsu), 131.
DESMARETS DE SAINT-SORLIN (Jean), 286.
DESMOREST (Jean), 140, 189, 336.
DEVAUX (André-A.), 230.
DHORME (Édouard), 13, 37, 93, 95, 330.
DIDEROT (Denis), 104, 200.
DIOGÈNE LAËRCE, 233.
DOEDERLEIN (Jean-Christophe), 76.
DOSTOÏEVSKI (Fédor), 78, 270, 342.
DRELINCOURT (Charles), 66, 69, 88.
DUBÉ (P. H.), 115, 215.
DUCHÊNE (Roger), 321.
DUGUET (Jacques-Joseph), 76, 144, 340.
DUMONCEAUX (Pierre), 141, 148.
DUPLEIX (Scipion), 149.
DUPONT (J.), 14.
DUPUY (M.), 216.
DU BARTAS (Guillaume de Salluste), 130, 193.
DU BOS (Charles), 216, 319.

DU FOSSÉ (Pierre-Thomas), 70, 71.
DU PRÉAU, 85.
DU VAIR (Guillaume), 55, 168.

EIGELDINGER (Marc), 104.
EISENBERG (Josy), 79.
ELLUL (Jacques), 123, 125.
ÉLUARD (Paul), 103.
EMPÉDOCLE, 62.
ÉPICTÈTE, 15, 65, 100, 104, 118, 190, 210, 222, 224, 244, 328, 341, 348.
ÉPICURE, 233, 238, 281.
ÉRASME (Didier), 53, 55, 64, 87, 94, 115, 120, 125, 127, 131, 173, 176, 180, 220, 236, 244, 250, 290, 351.
ERNST (Pol), 110, 111, 136, 151, 174, 197, 271, 320.
ESCHYLE, 52, 326.
ESPRIT (Jacques), 347.
ESTIUS (Wilhelm van Est), 71, 160.
EUDES (saint Jean), 347.
EURIPIDE, 52.
EUSÈBE DE CÉSARÉE, 226.

FABRE (Pierre-Antoine), 306.
FARQHARSON (A. S. L.), 19.
FÉNELON (François de Salignac de La Mothe-), 4, 13, 15, 32, 65, 66, 68, 74, 77, 156, 167, 169, 178, 234, 274, 303, 304, 323.
FERMIGIER (André), 14.
FERREYROLLES (Gérard), 23, 180, 264, 286.
FESSARD (Gaston), 30, 154, 306, 310.
FESTUGIÈRE (André J.-J.), 85, 89, 91.
FEUILLET (André), 32, 194.
FICIN (Marsile), 85 à 87.

INDEX DES NOMS

FILLEAU DE LA CHAISE (N.), 106, 226.
FLASCHE (Hans), 340.
FONTAINE (Nicolas), 26, 54, 55.
FONTAN (Pierre), 29, 75, 270.
FORCE (Pierre), 15, 105, 111.
FOREST (Aimé), 288, 340.
FOULET (A.), 75.
FRANCKE (August H.), 91.
FRANÇOIS DE SALES (saint), 13, 16, 32, 35, 43, 66, 72, 91, 263, 275, 286, 288, 292, 304, 349.
FRÉDÉRIC II (de Hohenzollern, roi de Prusse), 105.
FRÉDOUILLE (Jean-Claude), 238.
FREUD (Sigmund), 52.
FRYE (Northrop), 80, 144, 180, 280, 315, 316.
FUMAROLI (Marc), 95, 113.
FURETIÈRE (Antoine), 15, 42, 44, 178, 222.

GARASSE (François), 68, 179.
GARRIGUES (Jean-Michel), 39.
GASSENDI (Pierre Gassend, dit), 142, 233.
GAULMIER (Jean), 78.
GENÉBRARD (Gilbert), 59.
GENETTE (Gérard), 313 à 315.
GIBIEUF (Guillaume), 240.
GIDE (André), 231.
GIL (Fernando), 150.
GILLET (dom R.), 56.
GINZBERG (L.), 52.
GIONO (Jean), 128.
GIRARD (René), 41, 50.
GIRAUD (Victor), 226.
GLATZER (N. N.), 52.
GOETHE (Wohann Wolfgang), 40, 84.
GOLDMANN (Lucien), 71.
GOOD (E. M.), 181.
GORÉ (Jeanne-Lydie), 74.
GOUGET (abbé Cl. P.), 199.

GOUHIER (Henri), 11, 18, 21, 35, 40, 59, 102, 108, 118, 142, 211, 216, 222, 235, 239, 260, 273, 278, 306, 312.
GOULU (dom Jean de Saint-François), 65, 168.
GOUNELLE (André), 106, 107, 119, 121, 168.
GOYET (Thérèse), 68, 137.
GRACIÁN (Baltasar), 127.
GRASSI (Ernesto), 113.
GRATIEN, 199.
GREENLEAF (W. H.), 67.
GRÉGOIRE DE NYSSE (saint), 86, 215, 276, 352.
GRÉGOIRE DE RIMINI, voir ARIMINENSIS.
GRÉGOIRE LE GRAND (saint), 56, 59 à 61, 74 à 76, 121, 126, 132, 144, 156, 157, 160, 173, 188, 195, 201, 219, 262.
GREGORY (Tullio), 142, 235.
GRENADE (Louis de), 196.
GRILLET (Claude), 77.
GRIMALDI (Nicolas), 213.
GROTIUS (Hugo van Groot, dit), 141, 148, 149, 199, 239.
GRUA (Gaston), 210.
GUARDINI (Romano), 23, 26, 31, 319, 334, 345.
GUEROULT (Martial), 235.
GUILLEBERT, 266.
GUITTON (Jean), 337.
GUYON (Marie-Jeanne), 13, 68.

HABERT (Isaac), 23.
HACKING (Jan), 31.
HADOT (Pierre), 19, 89.
HAGERDORN (D.), 59.
HALLÉVI (Juda), 153.
HAMILTON, 343.
HARNACK (A. von), 83.
HAVET (Ernest), 109, 116.

HEGEL (Georg Wilhelm Friedrich), 324, 341.
HEIDEGGER (Martin), 65, 80, 84, 113, 303, 320.
HELLER (L. M.), 105.
HENRI VIII, Tudor (roi d'Angleterre), 64.
HERSANT (Yves), 62, 63.
HESNARD (André), 270.
HILAIRE (saint), 53, 117, 143, 168, 192, 277, 281.
HOBBES (Thomas), 67, 204, 247.
HOLBEIN (Hans), 313.
HOMÈRE, 41, 125, 322.
HUBERT (sœur Marie-Louise), 87.
HUME (David), 122, 147, 200, 234, 238, 245.

IGNACE D'ANTIOCHE (saint), 269, 351.
IGNACE DE LOYOLA (saint), 22, 30, 224, 306, 310, 311.
INNOCENT X, 344.
IRÉNÉE (saint), 56, 184, 269.

JANKÉLÉVITCH (Vladimir), 125, 173.
JANSÉNIUS (Corneille Jansen, dit), 26, 86, 108, 123, 128, 185, 188, 211, 246, 247, 302, 310, 324, 325, 328, 344, 347.
JASPERS (Karl), 26, 84.
JAUSS (Hans Robert), 34, 41, 84.
JEAN CHRYSOSTOME (saint), 12, 23, 27, 29, 53, 55, 58, 64, 67, 115, 124, 127, 132, 184, 188, 268.
JEAN DE LA CROIX (saint), 25, 131.
JÉRÔME (saint), 54, 195.
JERPHAGNON (Lucien), 179, 184.
JESUP, 227.
JONAS (Hans), 80.
JONCOUX (Mlle de), 179.
JOSSUA (Jean-Pierre), 130, 134, 135.
JULIEN L'APOSTAT (empereur romain), 148.
JULIEN (l'arien), 59.
JULIEN D'ÉCLANE, 59, 135, 136, 239.
JUNG (Carl Gustav), 29, 40, 82.
JUNGO (dom Michel), 13, 32, 99, 105, 319.
JURIEU (Pierre), 186.
JUSTIN (saint), 56, 336.

KAFKA (Franz), 80.
KAJON (Irène), 80.
KANNENGIESSER (Charles), 53, 54, 56 à 58.
KANT (Emmanuel), 21, 29, 44, 75, 84, 102, 130, 178, 199, 238, 251, 270, 328, 349.
KAWAMATA (Koji), 264.
KEEL (Othmar), 81.
KENNINGTON (Richard), 236.
KIERKEGAARD (Sören), 13, 15, 50, 78, 83, 180, 303, 314, 325, 340.
KITAMORI (Kazoh), 256.
KRISTEVA (Julia), 41.

LABROUSSE (Élisabeth), 237.
LACHELIER (Jules), 305.
LACTANCE (Caecilius Firmianus), 238.
LADRIÈRE (Jean), 27.
LAFOND (Jean), 14, 256.
LAFUMA (Louis), 19.
LALANE (Noël de), 291.
LAMARTINE (Alphonse de), 77.
LAMENNAIS (Félicité de), 22, 277.
LAPLANCHE (François), 199.
LAPORTE (Jean), 178, 258, 318, 319.
LAZZERI (Christian), 213, 217, 247.

INDEX DES NOMS

La Bonnardière (Anne-Marie), 57.
La Mettrie (Julien Offray de), 200, 234, 237.
La Mothe Le Vayer, 69, 347.
La Rochefoucauld (François de), 127.
La Tour (Georges de), 11, 12, 134.
La Valette-Monbrun (de), 303.
Leblanc (P.), 66.
Le Brun (Jacques), 41, 42, 46, 54, 68.
Leclercq (Dom Jean), 39.
Le Caron, 71.
Leduc-Fayette (Denise), 4, 11, 13, 17, 27, 49, 65, 66, 82, 83, 102, 127, 133, 169, 178, 184, 237, 250, 277, 304, 350.
Lefèvre d'Étaples (Jacques), 85.
Le Guern (Michel), 33, 129, 170, 181.
Leibniz (Georg Wilhelm), 81, 143, 180, 209, 210, 238, 242, 337.
Le Maistre (Antoine), 54.
Le Maistre de Sacy (Isaac) voir Sacy.
Le Moyne (le Père), 179.
Léonard (Émile G.), 64.
Leopardi (Giacomo), 351.
Leroux (Pierre), 79.
Lesaulnier (Jean), 171.
Lévêque (Jean), 39.
Lévinas (Emmanuel), 29, 81, 84.
Lhermet (Jean), 14, 27, 49, 103, 175.
Locke (John), 76, 130, 245.
Lorraine (cardinal Charles de), 85.
Louis de Grenade, 196.
Lubac (Henri de), 23, 43, 60, 62, 97, 101, 227, 228, 342.
Lucrèce, 233.
Lulle (Raymond), 94, 227.

Luria (Isaac), 80.
Luther (Martin), 236, 291, 325, 327.
Luynes (duc de), 74.

Magnard (Pierre), 19, 34, 46, 92, 109, 142, 143, 147, 153, 226, 229, 230, 273, 276, 277, 314, 340, 352.
Mahomet, 68, 148.
Maïmonide (Mousa ben Maimon, dit Moïse), 61, 92, 150, 151, 318.
Maine de Biran (François-Pierre Gonthier de Biran, dit), 303.
Malebranche (Nicolas), 24, 46, 67, 73, 82, 146, 233, 248, 249, 253, 283.
Malherbe (Michel), 238.
Manetti (Giannozzo), 62.
Marc Aurèle, 19, 88.
Marcel (Gabriel), 34, 47, 83.
Marcel (R.), 87.
Marcion, 83.
Marin (Louis), 258.
Marion (Jean-Luc), 236, 273, 282, 334.
Maritain (Jacques), 302.
Marquet (Jean-François), 152, 154, 277, 302, 321.
Marrou (Henri-Irénée), 215.
Martineau (Emmanuel), 194, 216, 233, 271.
Martin (Raymond) (Ramon Marti), 46, 108 à 110.
Marx (Karl), 82.
Mathey (F.), 14.
Maupassant (Guy de), 238, 239.
Mauzi (Robert), 287.
Maxime le Confesseur (saint), 86.
Maybaum (Ignaz), 80.
Mazarin (Cardinal de), 144.
Meiller (A.), 55.

MENGOTTI (Pascale), 55.
MERCIER (Nicolas), 104, 244.
MÉRÉ (Antoine Gombaud, chevalier de), 55.
MERLIN (N.), 57, 117, 297.
MESLAND (le Père), 260.
MESLIN (Michel), 258.
MESNARD (Jean), 18, 25, 28, 32, 55, 87, 89, 113, 142, 145, 158, 168, 169, 175, 180, 196, 200, 220, 244, 255, 261, 276, 289, 291, 293 à 295, 320, 329, 330, 335, 339.
MICHAUT (Gustave), 128, 188, 190.
MIEL (Jan), 343.
MILTON (John), 188.
MOLIÈRE, 311, 312.
MOLINA (Luis de), 59, 223, 240, 290, 293, 327.
MOLINIER (Auguste), 111.
MOLINOS (Miguel), 91.
MOMIGLIANO (A.), 55.
MONTAIGNE (Michel Eyquem de), 15, 16, 33, 73, 86 à 88, 100, 104, 110, 118, 122, 135, 180, 196, 221, 222, 341.
MORE (saint Thomas), 64.
MOREAU (Pierre-François), 224.
MORETTO (Giovani), 79.
MOROT-SIR (Édouard), 295, 297.
MOSCATO (Alberto), 32, 353.
MUNCH (Edvard), 13.
MURNAU (Friedrich Wilhelm), 215.

NEHER (André), 29, 80, 102, 140, 143, 153.
NEMO (Philippe), 81, 84.
NEVEU (Bruno), 184.
NICOLAS DE LYRE, 110.
NICOLE (Pierre), 34, 71, 74, 75, 91, 186, 197, 198, 247, 250, 255, 260, 261, 266, 347.
NIETZSCHE (Friedrich), 50, 84.

NINON DE LENCLOS, 70.
NOËL (Marie), 40.
NOËL (le Père Étienne), 221.
NOUGAYROL (Jean), 51.
NOWAK (Edward), 268.

OLIER (Jean-Jacques), 255, 268.
OLIVER (Bernard), 46.
ORCIBAL (Jean), 108, 191, 211, 218, 240, 241, 263, 279, 294, 299, 324, 325.
ORIGÈNE, 41, 53, 59, 93, 131, 227, 281.
OTTO (Rudolf), 90, 332.
OUVILLE (Antoine Le Métel), 236.

PARAIN (Brice), 245.
PAREYSON (Luigi), 81.
PASCAL (Jacqueline), 87, 130, 243, 244, 278, 347.
PASCAL (Gilberte), 87, 130, 243, 244, 278, 306.
PAUL (Jean-Marie), 82, 303.
PAVILLON (Nicolas, évêque d'Alet), 70.
PÉGUY (Charles), 25.
PÉLAGE (moine), 58, 59, 290.
PÉNAFORT (Raymond de), 109.
PEREDA (Antonio de), 131.
PÉRIER (Étienne), 106.
PÉRIER (Marguerite), 29, 50.
PÉRION (Joachim), 59.
PETAU (Denys), 86.
PÉTRÉ (H.), 56.
PFEFFERKORN, 110.
PHILIPP (Wolfgang), 77.
PHILONENKO (Alexis), 49.
PHILON D'ALEXANDRIE, 174, 314.
PIC (Danièle), 41.
PICARD (Raymond), 68.
PIC DE LA MIRANDOLE (Jean), 62, 63, 97, 227.
PIERRE CANISIUS (saint), 72.

PIERRE LE VÉNÉRABLE, 110.
PINDARE, 125, 188.
PIOVANI (Pietro), 355.
PLATON, 17, 86, 87, 92, 137, 180, 212, 238, 242, 250, 296.
PLESSIS-GUÉNÉGAUD (Mme du),
PLINE L'ANCIEN, 125.
PLINVAL (Gaston de), 59.
PLOTIN, 30, 86, 92, 214, 277.
PLUCHE (abbé), 76.
PLUTARQUE, 123.
POLITIS (Hélène), 340.
POMEAU (René), 141, 217.
PONTCHÂTEAU (Sébastien-Joseph du Cambout, marquis de) 71.
PONTET (Maurice), 56, 157, 269.
PORPHYRE DE TYR, 86.
PORSET (Charles), 141.
POUILLARD (Claude), 265.
POULET (Georges), 275.
PROSPER D'AQUITAINE (saint), 291.
PUCELLE (Jean), 147, 211.

QUESNEL (Pasquier), 264, 328, 329.
QUIGNARD (Pascal), 12.
QUINET (Edgar), 40.

RABELAIS, 55, 144, 253.
RACINE (Jean), 54, 68, 72, 165.
RAHNER (Karl), 24.
RAPIN (René), 86.
RAULET (Gérard), 83.
RAVAISSON (Félix), 17, 143, 318, 337, 343.
RAYMOND (Marcel), 32.
RÉGNON (le Père de), 292.
REINBOLD (Anne), 12.
REINHARDT (H.), 62.
REITER (Josef), 336.
RENAN (Ernest), 50, 78, 79, 81.
RÉTAT (Laudice), 79.
REUCHLIN, 110.

RICHELIEU (Armand-Jean du Plessis, duc de), 109.
RICHMOND (I. M.), 105.
RICŒUR (Paul), 322.
RIVAUDEAU (André de), 64.
ROANNEZ (Charlotte Gouffier, dite Mlle de), 12, 19, 158, 175, 176, 219, 256, 257, 299, 316, 320.
ROBINET (André), 115.
ROCHOT (Bernard), 142.
RODIS-LEWIS (Geneviève), 73, 248.
ROLLIN (Charles), 76.
ROQUELAURE (chevalier de), 311.
ROSENZWEIG (Franz), 28, 80.
ROSMINI (Antonio), 349.
ROTH (Joseph), 80.
ROUSSEAU (Hervé), 238.
ROUSSEAU (Jean-Jacques), 4, 49, 95, 103, 127, 141.
ROUSSET (Jean), 126, 127, 236.
ROZEN (Joseph de), 109.
RUFIN D'AQUILÉE, 131.
RUPERT VON DEUTZ, 39.
RUSSIER (Jeanne), 43, 218, 287.
RYLE (Gilbert), 296.

SACY (Isaac Le Maistre de), 13, 21, 22, 26, 27, 54, 70, 71, 74, 103, 104, 137, 167, 173, 181, 199, 215, 244, 263, 315, 316, 328, 334, 341.
SACY (Sylvestre de), 74.
SADE (François Donatien, marquis de), 182, 238, 270.
SAINT-CYRAN (Jean Duvergier de Hauranne, abbé de), 87, 108, 128, 190, 191, 218, 219, 240, 259, 275, 294, 295, 299, 317, 324, 346.
SAINT-MARTIN (Louis Claude de), 197.
SAINT-SERNIN (Bertrand), 31, 209.

SAINT-THIERRY (Guillaume de), 86, 340.
SAINT-VICTOR (Hugues de), 181.
SAINTE-BEUVE, 70 à 72, 131, 135, 180, 311.
SANDEUS (Maximilien van der Sandt), 91.
SAN FILIPPO (Angelo Maria de), 182.
SARTRE (Jean-Paul), 80, 81, 306, 343.
SAVARON (Jean), 130.
SAVON (Hervé), 26.
SCALIGER (Paul, *alias* Picus redivivus), 228.
SCHAERER (René), 52.
SCHELER (Max), 350.
SCHELLING (F. W. J.), 20, 76, 80, 143, 224, 277, 281.
SCHMIDT (Albert-Marie), 67.
SCHNEEMANN (Gérard), 293.
SCHOLEM (Georg), 310.
SCHOPENHAUER (Arthur), 116, 238.
SCHUHL (Pierre-Maxime), 17.
SCHULTENS (Albertus), 76.
SCIPION L'ANCIEN, 88, 89.
SCOT ÉRIGÈNE (Jean), 86.
SCREECH (Michaël), 94.
SELLIER (Philippe), 14 à 22, 25, 30, 33, 45, 47, 56, 58, 65, 71, 86, 88, 91, 100, 105, 108, 109, 118, 123, 134 à 136, 141, 142, 151, 152, 158, 159, 163, 168, 174, 189, 192, 196, 231, 250, 255, 256, 258, 264, 299, 315, 316, 319, 320, 325, 336, 338, 349.
SENAULT (Jean-François), 23, 66, 129, 170, 190, 255, 264.
SENDRAIL (Marcel), 51.
SÉNÈQUE, 55, 56, 87, 123, 136, 250.
SENTIS (Laurent), 61.
SERRES (Michel), 11, 302.

SÉVIGNÉ (Marie de Rabutin-Chantal, marquise de), 13, 351.
SHAFTESBURY (Antony Ashley Cooper, comte de), 75.
SHAKESPEARE, 94.
SHIOKAWA (Tetsuya), 146.
SILÉSIUS (Angelus), 284, 301, 349.
SILHON (Jean de), 86.
SIMON (Richard), 37, 93, 107, 108, 139.
SIRMOND (Antoine), 347.
SLUSE (René François de), 108.
SOCRATE, 17, 86, 87, 137, 180, 250.
SOLON D'ATHENES, 137.
SOPHOCLE, 52, 125.
SORTAIS (Gaston), 142.
SOULIÉ (Marguerite), 64.
SOURIAU (Étienne), 305.
SPANNEUT (Michel), 54, 199.
SPINOZA (Baruch), 99, 105, 153, 154, 224.
STEINMANN (Jean), 40, 70, 139, 140, 144, 156, 280.
STEWART (H. F.), 35.
STROWSKI (Fortunat), 65, 109, 317.
SUAREZ (Francesco), 240, 308.
SUSMAN (Margarete), 28, 38, 80, 83.
SWEDENBORG (Emmanuel), 228.

TALLEMANT DES RÉAUX (Gédéon), 311.
TATON (René), 20.
TEILHARD DE CHARDIN, 157, 354.
TERTULLIEN, 56, 67, 86, 185, 199, 269, 287.
THÉRÈSE D'AVILA (sainte), 59, 131, 299.
THIROUIN (Laurent), 31, 99, 100, 118, 146.

INDEX DES NOMS

Thomas a Kempis, 22, 351.
Thomas d'Aquin (saint), 24, 38, 55, 59, 61, 137, 144, 170, 196, 209, 212, 233, 265, 268, 290, 292, 299, 328, 345.
Tilliette (Xavier), 26, 80, 81, 132, 145, 218, 232, 270, 312, 313, 323, 335, 351, 354, 355.
Tirinius, 160.
Todisco (Orlando), 94.
Tognon (G.), 63.
Trakl (Georg), 320, 354.
Tristan l'Hermite, 137.

Valdes Leal (Juan), 132.
Valéry (Paul), 171.
Van Eynde (Laurent), 303.
Varillon (François), 15, 30, 303.
Vatable, 108, 146.
Vaugelas (Claude Favre de), 128.
Vergez (André), 147.
Véron (François), 137.
Vetö (Miklos), 280.
Vial (André), 239.

Viau (Théophile de), 69.
Vigny (Alfred de), 77.
Viguerius (Johannes), 220.
Villey (Pierre), 16.
Vincent de Paul (saint), 66.
Vinet (Alexandre), 33, 229, 277.
Viola (Coloman), 164.
Virgile, 95.
Voisin (Joseph de), 109.
Voiture, 70.
Voltaire (François-Marie Arouet de), 75, 105, 180, 181, 347.
Vorgrimler (H.), 24.

Wahl (Jean), 78, 81, 83, 341.
Walker (Daniel Paul), 85.
Weil (Simone), 230, 322, 326.
Wendrock (*alias* Nicole), 179.
Wetsel (David), 15, 65, 71, 146.
Wiesel (Élie), 79.
Wirszubski (C.), 62.
Wojtyla (Karol), 350.
Wolfgang (Philip), 77.
Wolfskehl (Karl), 28, 29, 188.

Zanta (Léontine), 65, 189.

Table des matières

Présentation par Xavier Tilliette.. I
Liste des principales abréviations utilisées............................ 9
Prologue 11

PREMIÈRE PARTIE
LE «MYSTÈRE». LA «CLEF»

Chapitre I. Le «mystère» de Job... 37
Chapitre II. Job miroir. Job aux miroirs................................. 49
   I. En amont... 51
   II. Job au Grand Siècle... 65
   III. En aval 75
Chapitre III. La «clef»... 85

DEUXIÈME PARTIE
PASCAL ET L'UNIVERS VÉTÉROTESTAMENTAIRE

Introduction.. 99
Chapitre I. «Salomon et Job». De la «vanité» et de la «misère» par antonomase... 113
Chapitre II. Job et Moïse. L'essence de la prophétie............ 139
Chapitre III. De quelques autres lieux jobiens 163
   I. «*Quaestio*»... 164
   II. Le don 167
   III. La crainte 169
   IV. L'ironie 179
   V. Guerre.. 183
   VI. Mensonge 192
   VII. Ver 193

VIII. Roseau	195
IX. Les merveilles de la nature	197
X. La « main »	200
XI. Plaie	201
XII. La chair glorieuse	202

TROISIÈME PARTIE
LA LIBERTÉ, LE MAL

Chapitre I. Nature et origine du mal	209
I. « *Rem viderunt* »	209
II. « *Causam non viderunt* »	215
III. La Présence absente	230
IV. « Un démon méchant » ?	233
V. Trois néants	239
VI. Le bien, le mal, la mort	244
Chapitre II. Une théologie sacrificielle	255
Introduction	255
I. La Passion continuée	261
II. Oblation-innolation	264
III. La souffrance et le mal	269
Chapitre III. Une eschatologie existentielle (le mystère du temps)	273
I. L'éternité détournée	274
II. L'éternité subsistante	275
Chapitre IV. De la prière comme paradigme de l'acte libre	289

DIGRESSION(S)

I. L'« espérance enragée »	301
II. La décision du lecteur	313
III. La « catharsis » du mal	323
IV. « L'intelligence de la vérité »	326
V. La Voie, la Vérité, la Vie	336

Bibliographie	357
Index des références à Job dans l'œuvre de Pascal	382
Index des noms	383

COGITATIO FIDEI

Théologie et sciences religieuses
Cogitatio fidei

Collection dirigée par Claude Geffré

L'essor considérable des sciences religieuses provoque et stimule la théologie chrétienne. Cette collection veut poursuivre la tâche de *Cogitatio fidei*, c'est-à-dire être au service d'une intelligence critique de la foi, mais avec le souci d'une articulation plus franche avec les nouvelles méthodes des sciences religieuses qui sont en train de modifier l'étude du fait religieux.

1-2. P. BENOIT
Exégèse et théologie
tomes I et II

3. Y. CONGAR
*Les Voies
du Dieu vivant*

4. Y. CONGAR
*Sacerdoce et laïcat
devant leurs tâches
d'évangélisation
et de civilisation*

7. O. A. RABUT
*Valeur spirituelle
du profane*

8. N. DUNAS
*Connaissance
de la foi*

9. P.-R. RÉGAMEY
*Portrait spirituel
du chrétien*

10. M.-D. CHENU
*La Foi
dans l'intelligence*

11. M.-D. CHENU
*L'Évangile
dans le temps*

13. O. A. RABUT
*La Vérification
religieuse*

14. F. G. BRACELAND,
X. LÉON-DUFOUR,
A. PLÉ, etc.
*Mariage et célibat
Encyclopédie
de la foi*

15. T. I
Adam-Eschatologie

16. T. II
Espérance-Lumière

17. T. III
Mal-Puissance

18. T. IV
Rédemption-Virginité

19. W. JAEGER
*À la naissance
de la théologie
Essai sur
les Présocratiques*

20. E. SCHILLEBEECKX
*Le Mariage.
Réalité terrestre
et mystère de salut, t. I*

21. M. SECKLER
Le Salut et l'Histoire

22. D. DUBARLE
*Approches
d'une théologie
de la science*

23. H. DE LUBAC
J. DANIÉLOU
E. SCHILLEBEECKX
Y. CONGAR, etc.
*Théologie d'aujourd'hui
et de demain*

24. R. DE VAUX
Bible et Orient

25. J.-M. POHIER
*Psychologie
et théologie*

27. Y. CONGAR
*Situation
et tâches présentes
de la théologie*

28. J.-P. JOSSUA
*Le Salut, incarnation
ou mystère pascal*

30. P. BENOIT
*Exégèse et théologie,
t. III*

31. J. MOUROUX
*À travers le monde
de la foi*

32. P. ROQUEPLO
*Expérience du monde,
expérience de Dieu?*

33. L. BEIRNAERT,
C. DARMSTADTER,
R. HOSTIE, etc.
La Relation pastorale

36. LUCIEN-MARIE
L'Expérience de Dieu

37. R. SCHNACKENBURG,
A. VOEGTLE,
H. SCHURMANN, etc.
*Le Message de Jésus
et l'Interprétation
moderne*

38. P. ROQUEPLO
*La Foi
d'un mal-croyant*

40. G. M.-M. GOTTIER
Horizons de l'athéisme

41. J. COLETTE,
C. GEFFRÉ,
C. DUBARLE,
A. DUMAS, etc.
*Procès de l'objectivité
de Dieu*

42. H. CHAVANNES
*L'Analogie entre Dieu
et le monde selon saint
Thomas d'Aquin
et selon Karl Barth*

43. J.-P. MANIGNE
*Pour une poétique
de la foi*

44. G. LAFONT
*Peut-on connaître
Dieu en Jésus-Christ?*

45. M. XHAUFLLAIRE
*Feuerbach
et la théologie
de la sécularisation*

46. J.-H. WALGRAVE
*Un salut aux
dimensions du monde*

47. F. FERRÉ
*Le langage religieux
a-t-il un sens?*

48. G. CRESPY
*Essais
sur la situation
actuelle de la foi*

49. D. DUBARLE,
G.-PH. WIDMER,
J. POULAIN, etc.
*La Recherche
en philosophie
et en théologie*

50. J. MOLTMANN
*Théologie
de l'espérance*

51. CONGRÈS
D'OTTAWA
*Le Prêtre hier,
aujourd'hui, demain*

52. F. BRAVO
La Vision de l'histoire
chez Teilhard
de Chardin

53. R. PANIKKAR
Le Mystère du culte
dans l'hindouisme
et le christianisme

54. F. HOUTART,
J. LADRIÈRE,
A. ASTIER, etc.
Recherche interdisci-
plinaire et théologie

55. CH. WIDMER
Gabriel Marcel
et le théisme existentiel

56. L. MALEVEZ
Histoire du salut
et philosophie

57. J. B. METZ
Pour une théologie
du monde

58. P. SCHELLENBAUM
Le Christ dans l'éner-
gétique teilhardienne

59. J.-M. AUBERT
Pour une théologie
de l'âge industriel

60. COMMISSION
INTERNATIONALE
DE THÉOLOGIE
Le Ministère
sacerdotal

61. J. FLORKOWSKI
La Théologie de la foi
chez Bultmann

62. W. PANNENBERG
Esquisse
d'une christologie

63. C. GEFFRÉ,
H. BOUILLARD,
J. AUDINET,
L. DEROUSSEAUX,
I. DE LA POTTERIE
Révélation de Dieu
et langage des hommes

64. J. MOLTMANN,
DOM HELDER
CAMARA, etc.
Discussion
sur « la Théologie
de la révolution »

65. J.-P. DE JONG
L'Eucharistie comme
réalité symbolique

66. J.-M. POHIER
Au nom du Père...
Recherches
théologiques
et psychanalytiques

67. CH. DUQUOC
Christologie, essai
dogmatique.
II. Le Messie

68. C. GEFFRÉ
Un nouvel âge de la
théologie

69. M. XHAUFFLAIRE
La « Théologie
politique »,
Introduction
à la théologie politique
de J.B. Metz

70. J. MOLTMANN,
W. D. MARSCH,
M. MASSARD, etc.
Théologie
de l'espérance,
II. Débats

71. P. J. A. M.
SCHOONENBERG
Il est le Dieu des
hommes

72. A. GRILLMEIER
Le Christ dans
la tradition chrétienne
De l'âge apostolique
à Chalcédoine

73. M. LIENHARD
Luther, témoin de
Jésus-Christ

74. R. PARENT
Condition chrétienne
et service de l'homme
Essai
d'anthropologie
chrétienne

75. J.-M.-R. TILLARD
Devant Dieu et pour
le monde
Le Projet des religieux

76. G. PHILIPS,
Q. DUPREY,
M.-D. CHENU
J.-J. VON ALLMEN,
etc.
Le Service théologique
dans l'Église
Mélanges offerts
à Yves Congar pour
ses soixante-dix ans

77. P. VALADIER
Nietzsche et la critique
du christianisme

78. J.-C. SAGNE
Conflit, changement,
conversion

79. J. ROLLET
Libération sociale
et salut chrétien

80. J. MOLTMANN
Le Dieu crucifié

81. Y. LABBÉ
Humanisme
et théologie

82. R. MARLÉ
Parler de Dieu
aujourd'hui
La Théologie
herméneutique
de Gerhard Ebeling

83. N. AFANASSIEFF
L'Église
du Saint-Esprit

84. G. D. KAUFMANN
La Question de Dieu
aujourd'hui

85. Y. CONGAR
Un peuple messianique
Salut et libération

86. P. FRUCHON
Existence humaine
et révélation
Essais
d'herméneutique

87. J.-M. R. TILLARD,
J.-L. D'ARAGON,
F. DUMONT,
E. R. FAIR-
WEATHER, etc.
Foi populaire,
foi savante

88. W. KASPER
Jésus le Christ

89. G. VAHANIAN
Dieu et l'utopie
L'Église et la technique

90. L. DUPRÉ
L'Autre Dimension.
Recherche sur le sens
des attitudes religieuses

91. FR. BUSSINI
L'Homme pécheur
devant Dieu

92. A. DELZANT
La Communication de
Dieu

93. B.J.F. LONERGAN
Pour une méthode en
théologie

94. N. VIALLANEIX
Écoute, Kierkegaard
(t. I)

95. N. VIALLANEIX
Ecoute, Kierkegaard
(t. II)

96. G. LAFON
Esquisses pour un
christianisme

97. S. BRETON
Écriture et révélation

98. A. GANOCZY
Homme créateur,
Dieu Créateur

99. J.B. METZ
La Foi dans l'histoire
et dans la société
Essai de théologie fon-
damentale pratique

100. A. DUMAS
Nommer Dieu

101. M. DESPLAND
La Religion
en Occident.
Évolution des idées et
du vécu

102. J. MOLTMANN
L'Église dans la force
de l'Esprit. Une contri-
bution à l'ecclésiologie

103. R. MEHL
Vie intérieure et transcendance de Dieu

104. P.-M. BEAUDE
L'Accomplissement des Écritures

105. A. SHORTER
Théologie chrétienne africaine

106. S. BRETON
Unicité et monothéisme

107. M. AMIGUES
Le Chrétien devant le refus de la mort

108. Travaux du CERIT
dirigés par M. MICHEL
Pouvoir et vérité

109. F. MUSSNER
Traité sur les juifs

110. Cl. GEFFRÉ (éd.)
La Liberté religieuse dans le judaïsme, le christianisme et l'islam

111. J. DORÉ (éd.)
L'Ancien et le Nouveau

112. Y. CONGAR
Diversité et communion

113. M. MICHEL
La Théologie aux prises avec la culture

114. P. BEAUCHAMP
Le Récit, la Lettre et le Corps. Essais bibliques

115. P EICHER
La Théologie comme science pratique

116.-117 E. JÜNGEL
Dieu mystère du monde, t. I et II

118. A.-M. DUBARLE
Le Péché originel : perspectives théologiques

119. Y. CONGAR
Martin Luther, sa foi, sa réforme

120. Cl. GEFFRÉ
Le Christianisme au risque de l'interprétation

121. Cl. GEFFRÉ (éd.)
Théologie et choc des cultures

122. B. FORTE
Jésus de Nazareth, Histoire de Dieu, Dieu de l'histoire

123. J. MOLTMANN
Trinité et royaume de Dieu. Contributions au traité de Dieu

124. J. LADRIÈRE
L'Articulation du sens I. Discours scientifique et parole de la foi

125. J. LADRIÈRE
L'Articulation du sens II. Les Langages de la foi

126. Travaux du CERIT
dirigés par M. MICHEL
La Théologie à l'épreuve de la vérité

127. CH. A. BERNARD
Théologie affective

128. W. KASPER
Le Dieu des chrétiens

129. J.-F. MALHERBE
Le langage théologique à l'âge de la science. Lecture de Jean Ladrière

130. B. WELTE
Qu'est-ce que croire?

131. D. K. OCVIRK
La Foi et le Credo. Essai théologique sur l'appartenance chrétienne

132. D. BOURG
Transcendance et discours. Essai sur la nomination paradoxale de Dieu

133. J. GREISCH
L'Âge herméneutique de la raison

134. G. ALBERIGO et J.-P. JOSSUA (éd.)
La Réception de Vatican II

135. S. BRETON
Deux mystiques de l'excès : J.-J. Surin et Maître Eckhart

136. E. SCHÜSSLER-FIORENZA
En mémoire d'elle

137. G. GUTIÉRREZ
La Force historique des pauvres

138. Travaux du CERIT
dirigés par D. BOURG
L'Être et Dieu

139. G. LAFONT
Dieu, le temps et l'être

140. J. SOBRINO
Jésus en Amérique latine

141. A. BIRMELÉ
Le Salut en Jésus Christ

142. H. BOURGEOIS, P. GIBERT, M. JOURJON
L'Expérience chrétienne du temps

143. J.-M. R. TILLARD
Église d'Églises

144. L.-M. CHAUVET
Symbole et sacrement

145. Y. LABBÉ
Essai sur le monothéisme trinitaire

146. J. MOLTMANN
Dieu dans la création

147. P. GAUTHIER
Newman et Blondel

148. J. L. SEGUNDO
Jésus devant la consience moderne

149. H. LEGRAND (éd.)
Les Conférences épiscopales

150. M. MESLIN
L'Expérience humaine du divin

151. J. L. SEGUNDO
Le Christianisme de Paul

152. J. CAILLOT
L'Évangile de la communication

153. M. L'ENHARD
L'Évangile et l'Église chez Luther

154. A. GRILLMEIER
Le Christ dans la tradition chrétienne, t. II / 1

155. X. TILLIETTE
Le Christ de la philosophie

156. A. FOSSION
La Catéchèse dans le champ de la communication

157. Cl. BOFF
Théorie et pratique

158. W. KASPER
La Théologie et l'Église

159. H.WALDENFELS
Manuel de théologie fondamentale

160. B. SESBOÜÉ
Pour une théologie œcuménique

161. J. JOUBERT
Le Corps sauvé

162. F. KERR
La Théologie après Wittgenstein

163. J. ANSALDI
L'Articulation de la foi, de la théologie et des Écritures

164. **L. PANIER**
    La Naissance du Fils de Dieu
165. **Cl. GEFFRÉ (éd.)**
    M. de Certeau ou la Différence chrétienne
166. **E. SCHILLEBEECKX**
    L'Histoire des hommes, récit de Dieu
167. **B. RORDORF**
    Tu ne te feras pas d'image
168. **J.-M. R. TILLARD**
    Chair de l'Église, chair du Christ. Aux sources de l'ecclésiologie de communion
169. **J. L. SEGUNDO**
    Qu'est-ce qu'un dogme ?
170. **J. DUPONCHELLE**
    L'Être de l'alliance
171. **J. MOLTMANN**
    Jésus, le Messie de Dieu
172. **A. GRILLMEIER**
    Le Christ dans la tradition chrétienne, t. II / 2
173. **A. CARR**
    La Femme dans l'Église
174. **G. ROUTHIER**
    La Réception d'un concile
175. **Y.-M. BLANCHARD**
    Aux sources du Canon
176. **J. MOINGT**
    L'Homme qui venait de Dieu
177. **O.-H. PESCH**
    Thomas d'Aquin. Grandeur et limites de la théologie médiévale
178. **E. ARENS (éd.)**
    Habermas et la théologie
179. **Gh. LAFONT**
    Histoire théologique de l'Église catholique
180. **J. FANTINO**
    La Théologie d'Irénée
181. **J. S. O'LEARY**
    La Vérité chrétienne à l'âge du pluralisme religieux
182. **P. FRUCHON**
    L'Herméneutique de Gadamer
183. **D. GONNET**
    La Liberté religieuse à Vatican II
184. **Y. CONGAR**
    Église et papauté
185. **W. G. JEANROND**
    Introduction à l'herméneutique théologique
186. **G. GANOCZY**
    Dieu, l'homme et la nature
187. **Y. TOURENNE**
    La Théologie du dernier Rahner
188. **J. DUPUIS**
    Homme de Dieu, Dieu des hommes
189. **P. LATHUILIÈRE**
    Le Fondamentalisme catholique
190. **V. HOLZER**
    Le Dieu Trinité dans l'histoire
191. **J.-M. R. TILLARD**
    L'Église locale
192. **A. GRILLMEIER**
    Le Christ dans la tradition chrétienne, t. II / 4
193. **Gh. LAFONT**
    Structures et méthode dans la « Somme théologique » de saint Thomas d'Aquin
194. **J.-Cl. LARCHET**
    La Divinisation de l'homme selon saint Maxime le Confesseur
195. **G. PROUVOST**
    Thomas d'Aquin et les thomismes
196. **Fr. MARTIN**
    Pour une théologie de la lettre
197. **J.-Cl. BASSET**
    Le Dialogue interreligieux
198. **D. LEDUC-FAYETTE**
    Pascal et le mystère du mal

Achevé d'imprimer en novembre 1996
sur système Variquik
par l'imprimerie SAGIM
à Courtry

Imprimé en France

Dépôt légal : novembre 1996
N° d'édition : 10268 - N° d'impression : 1960

Théologie et sciences religieuses
Cogitatio Fidei
COLLECTION DIRIGÉE PAR CLAUDE GEFFRÉ

Denise Leduc-Fayette
Pascal et le mystère du mal

Selon Claudel, Pascal a repris « le fil du discours du vieux Job ». Le propos de ce livre polyphonique, à la frontière de l'étude littéraire, de la philosophie et de la théologie, est de montrer que la figure de Job, clef du mystère du mal, est aussi clef d'interprétation de la pensée pascalienne. Job est à la fois le témoin privilégié de la condition humaine et la figure prophétique du Christ souffrant. Mais la thèse de l'auteur est de nous convaincre que Job, le livre et le personnage, clef de lecture des figures de l'Ancien Testament, est, comme l'avait pressenti Philippe Sellier, le modèle d'organisation des *Pensées*.

La figure de Job ouvre ainsi la porte de la théologie pascalienne dan[s] laquelle la catégorie du *sacrificiel*, dans sa double acception d'immolation [et] d'oblation, joue un rôle central. Cette théologie du sacrifice délie le mal [de] la souffrance et se situe à toute distance des théodicées des philosophes. S[on] foyer est le sacrement eucharistique, prolongement extrême de l'Incarnati[on] comme anéantissement de Dieu. La logique pascalienne de l'Euchari[stie] métamorphose toutes les catégories, à commencer par celle de la causali[té] qui est arrachée à son déterminisme.

La troisième partie de l'ouvrage, qui réactualise la vieille controverse [du] libre arbitre et du concours divin, réussit à nous administrer la preuve q[ue] le livre de Job est bien un des lieux privilégiés pour appréhender la subt[ile] articulation de la liberté divine et de la liberté humaine au carrefour [de] l'Élection (la prédestination) et de l'élection (le choix de la créature). O[n] débouche alors sur une *eschatologie existentielle* où l'instant décisif est celu[i] de la « conversion ».

Cet ouvrage original n'est pas seulement une contribution très importante à l'intelligence de la théologie pascalienne souvent occultée au profit de la dimension apologétique des *Pensées*. Il rejoint le souci dominant de la christologie contemporaine qui face à « l'excès du mal » ne peut opposer que le paradoxe d'un « Dieu souffrant ».

Denise Leduc-Fayette est maître de conférences à Paris-IV-Sorbonne et rédacteur de la *Revue philosophique de la France et de l'étranger*.

cerf

190 F
ISBN 2-204-05428-3
ISSN 0587-6036
96-XI